逝者如斯夫

20世纪中国哲学中的
"时间"观念

方用◎著

上海人民出版社

国家社会科学基金项目

"中国现代哲学中的'时间'观念研究"（15BZX058）

同济大学人文学院优秀著作扶持规划资助项目

目　录

引言

"时"与"时间"

一、"花相似"或"人不同"

2020 年 8 月 1 日，星期六，墙上挂钟的长短针正指向 8:43，电脑屏幕的右下角则显示为 20:43。这是时间吗？

8 月 1 日是中国人民解放军建军纪念日。今天，退伍军人老郑和他的战友们在微信群中互致问候忆念青春，并相约明年今日再聚旧地。喧闹的"现在"，唤醒了他们某些渐行渐远的"过去"，并且还伴随着重逢的期待延伸向"未来"。对军人而言，这一天是一个属于他们的特殊日子。"节日就是一次'大征召'（levée en masse）。大征召就是一个节日。"①20 世纪以来，中国增加了很多新节日，这使得某些"时间"变得意义非凡；但同时又遗忘了很多旧节日，甚至那些曾经"举国若狂"的"时间"也已变得陌生。②

8 月 1 日也是建军的生日，名字透露了他出生的时代。但他本是个满世界飞的成功商人。今天，他拿着长筷子挑长寿面，感慨岁月不饶人，转眼就到知天命之年了。他还说："我已经 11 年没在中国，没和家人一起过生日了。"我不知道此刻他是在算计这段时间以来元气大伤的公司财务，还是在感谢这暂时的停摆中，难得的阖家团圆？生命走过了五十载春秋，他是否就领会了天命？

远在宁夏工作的学生告诉我这几天是古尔邦节的小长假。在阿拉伯语中，"古尔邦"有"牺牲、献身"之意。我们聊克尔凯郭尔《恐惧与颤栗》中对时间性的揭示。③在伊斯兰历中，今天是 1441 年 12 月 11 日。

---

① ［法］莫娜·奥祖夫：《革命节日》，刘北成译，商务印书馆 2012 年版，第 32 页。

② "子贡观于蜡。孔子曰：'赐也乐乎？'对曰：'一国之人皆若狂，赐未知其乐也。'"（《礼记·杂记下》）"蜡祭"从周朝一直延续到明清，但在 20 世纪却知者寥寥；很多传统节日在近现代都曾被疏远或否弃。

③ 每年伊斯兰历的 12 月 10 日，是古尔邦节，又称"宰牲节"。丹麦哲学家克 （转下页）

　　窗外，月已近圆，荷香雅淡，鸣蝉聒噪。一个超长的梅雨季刚刚结束，中伏已至，这是一年中最热的日子。今天是农历六月十二，也是庚子年癸未月丙子日——后面这个说法，很多现代中国人其实是生分的。在中国，2020 年也被称为"内卷元年"①……

　　日历或钟表；过去、现在和未来；寒往暑来、节气更迭、生死流转、月满花开……这些是时间吗？通行公历的 2020 年 8 月 1 日或伊斯兰历的 1441 年 12 月 11 日；他们的节日或他的生日……这些表示时间的数字的背后隐藏着什么？时间是公共的还是个体的？是客观外在的还是深植人心的？是确定且匀质的，还是恍惚又跌宕的？不同经历、身份、信仰的人，他们的"当下"有何不同？在外独自奔波和在家亲情环绕，哪一种日子更令人神往？

　　　　我们所有的时间经验都可以分成两类，一类是关于事件定时定位的标度时间经验，一类是关于人生短促或者无聊的慨叹，即对时间之流变的感悟。这两类经验就是两种原型时间经验，我称之为标度时间经验和时间之流经验，它们概括了人类所有的时间经验的性质。②

年年岁岁花相似，岁岁年年人不同。因为"花相似"，我们得以有了"标度时间经验"，时间因而是可以测度的、普遍的、客观的；因为"人不同"，我们得以拥有和创造"时间之流经验"，这是属于个体的、绵延的、主观的时间。"花相似"呈现了时间的循环性，"人不同"则展示了时间的直线型。然而"去年今日此门中，人面桃花相映红。人面不知何处去，桃花依旧笑春风。"（［唐］崔护《题都城南庄》）"花"依旧，"人"不见，此时此刻，是去年，还是今日？

　　感受和反思这两种互相纠缠的时间经验，构成了错综复杂的时间观念。当然，我们在此可以再追问一句："时间"就只是"我们的""时间经验"吗？

（接上页）尔凯郭尔在《恐惧与颤栗》中用非常诗性的语言展示了亚伯拉罕献祭的时间历程以及他跌宕起伏的内在时间体验；张祥龙从现象学角度，进一步将此献祭的时间性揭示为"绝对'个别'的或亲子时间化的"，是由"最炽热跌宕"的亲子之爱所生成的"活的内时间"。他同时也讨论了儒家视野中的亲子关系及其"时机化"。（参见张祥龙：《家与孝——从中西间视野看》，生活·读书·新知三联书店 2017 年版，第 4—16、38—52 页）

　　① 如《世界是平的》的作者托马斯·L. 弗里德曼（Thomas L. Friedman）在 2020 年 3 月 17 日的《纽约时报》上撰文：Our New Historical Divide：B. C. and A. C. —the World Before Corona and the World After。

　　② 吴国盛：《时间的观念》，北京大学出版社 2009 年版，第 8 页。

二、张无忌的生日是哪天?

少时读《鲁滨孙历险记》时,有一个印象深刻的细节:

> 我来到了岛上的十一二天后,忽然想到要是没有本子又没有笔和墨水,
> 日子就没法记得准,甚至会忘了安息日,把安息日同工作日混在一起;为了
> 防止这种情况的发生,我用一根大木柱做成一个大十字架,竖在我初次登岸
> 的地方,又拿刀子用大写字母在柱子上刻下这样一句话:"我一六五九年九月
> 三十日在此上岸。"在这根方木柱的两侧,我用刀刻出凹痕,到第七道时就刻
> 个加倍长的,而逢上每个月的第一天,就刻一道再长一倍的凹痕;这一来,
> 我就有了自己的日历,可以计算星期和年月了。①

鲁滨孙很快就意识到能清晰地记录时间的重要性。尽管他一度绝望,但仍一直
很用心地写着日记,用明确的时间记录那些荒岛上琐碎杂乱或惊心动魄的
经历。

后来读金庸的《倚天屠龙记》,我一直很疑惑,谢逊一行意外漂流到穷发之北
的"冰火岛",十年间他们是如何推算时间的?特别是冰火岛在人迹罕至的北极圈
附近,在中原观天象的经验并不能完全适用的情况下,他们如何"制作"能给张
无忌过生日、能预测风向转换的日历的?②与《鲁滨孙历险记》非常确凿的年月日

---

① [英]笛福:《鲁滨孙历险记》,黄杲炘译,上海译文出版社 2010 年版,第 62 页。主人
公 Robinson 也常译作"鲁滨逊"。

② 如《倚天屠龙记》"浮槎北溟海茫茫"章写道:"原来他三人顺水漂流,此时已近北
极。这片光彩,便是北极奇特的北极光了。中国当时从来无人得见。""七侠聚会乐未央"章
中云:"当张翠山说到该地半年白昼、半年黑夜之时,四人尽皆骇异。""谁送冰舸来仙乡"章
又云:"两人在这冰山之上,明知回归无望,倒也无忧无虑。其时白日极长而黑夜奇短,大反
寻常,已无法计算日子,也不知太阳在海面中已升沉几回。"(参见金庸:《倚天屠龙记》,广
州出版社 2008 年版,第 192、298、201 页)对于生活于中原的人而言,冰火岛的环境是完全
陌生的。而且,最初上岸时,他们就已经错过了记录时间的可能性。"谁送冰舸来仙乡"章还
有:"五岁生日那天,张翠山道:'大哥,孩子可以学武啦,从今天起你来教,好不好?'"
"到第八年上,谢逊果然要张无忌跟他学武功。……岛上无事可纪,日月去似流水,转眼又是
一年有余。"(同上书,第 216、217 页)可见虽然时间如流水,但他们总能知道确凿的日子。
同一章还写道:"谢逊道:'这几年来我日日留心岛上的风向水流,每年黑夜最长之(转下页)

相比，《倚天屠龙记》中的时间表达都是含混的。晚清以来西学东渐，一些学者在对比中逐渐发现：是否足够重视"时间"，是中西文化的一个重要差别，这两部小说似乎无意中也支持了这个观点。

鲁滨孙独自一人被命运抛在荒岛，逐渐能够自给自足了，还有了仆人"星期五"。他在荒岛生活28年2个月零19天，几番命悬一线又死里逃生之后，他逐渐确立了对上帝的信仰。有一个能够确定安息日的大十字架日历对他是如此的重要，在这片令人绝望的荒岛上①，在几乎看不到未来的艰难度日和茫然等待中，这个日历就是他与现代文明世界的唯一联系，是他在将来的某一天毅然抛弃荒岛后，能够再次接榫现代文明世界时空秩序的重要通道。

谢逊一行却不太一样，他们之间本来充满了剑拔弩张的防范和敌对，上岸后慢慢成了生死与共、相濡以沫的一家人。他们并无强烈的重归中原之念。尤其是张、殷夫妇，他们视冰火岛为"仙山"，愿与爱人在此长相厮守，逍遥自在。②因为这同甘共苦的亲情、远离江湖险恶的安然，他们多数日子都是气定神闲、悠游自在的。张无忌的降临，意味着生命和时间在这世外之境的延续；但这生命和时间要绵延不息代代相传，他就必须重归中原。因而，除了张无忌的成长在提示着时间的流逝、引发他们筹划未来，在这"岁月无尽"荒岛上，他们"无事可纪"地度过一年又一年，"时间"对他们真的不太重要。

谢逊和张翠山义结金兰，一个新生命的诞生疗愈了谢逊的狂心病，在冰火岛上的四个人构成了一个坦诚以见守望相助的"家"。与此不同，鲁滨孙后来解救了

（接上页）时，总是刮北风，数十昼夜不停。咱们可以扎个大木排，装上风帆，乘着北风，不停向南，要是贼老天不来横加捣蛋，说不定你们便可回归中土。'"（同上书，第216页）瞎了眼睛的谢逊如何感受昼夜交替，又如何在纯粹的心理体验中比较夜长夜短的呢？金庸应该是读过《鲁滨孙历险记》的，对于"时间"问题，也许他是故意宕开一笔？

① 有意思的是，鲁滨孙在第一篇日记中就将荒岛命名为"绝望岛"，但后来却成了充满希望的"幸福的荒岛"。（参见［英］笛福：《鲁滨孙历险记》，第67、142页）。他的荒岛时间是从绝望到希望，而这"希望"一大半来自上帝的仁慈与指引。在金庸的《倚天屠龙记》中谢逊说："这岛上既有万载玄冰，又有终古不灭的火窟，便称之为冰火岛罢。"（参见金庸：《倚天屠龙记》，第208页）冰与火是自然风光，也是他们将在岛上的人生遭际，张、殷和谢逊之间终究冰释前嫌，以同生共死的亲情、谢逊和张无忌兼父子兼师徒的关系互相取暖，这是他们的荒岛时间。

② 金庸的《倚天屠龙记》中多次提到他们有在冰火岛上相依终老之意。如"殷素素想起从此要和他在这岛上长相厮守，岁月无尽，以迄老死，心中又欢喜，又凄凉"。"张翠山道：'既是天意要让咱们共处孤岛，说不定这一辈子再也难回中土，我二人便好好的奉养你一辈了。'""依着殷素素的心意，在这海外仙山般的荒岛上逍遥自在，实不必冒着奇险回去，但想到无忌长大之后如何娶妻生子，想到他一生埋没荒岛实在可惜，当下便兴高采烈的一起来扎结木排。"（参见金庸：《倚天屠龙记》，第204、207、237页）最后，张殷一家三口依依不舍地离开了冰火岛，而谢逊继续淹留数载。

一个吃人部落的成员，他给后者起名为"星期五"，向他灌输基督教，将他改造为绝对忠诚的仆人。十字架的日历、"星期五"，并不是一些空洞的、偶然的记录时间的数字，其背后蕴含的是一整套的基督教文化，以及近代资本主义扩张中"文明"对"野蛮"、"先进"对"落后"的殖民。鲁滨孙和"星期五"的主仆关系，也并非自然、平等的表现。鲁滨孙最初依赖的各种物品全部来自沉船，他的十字架日历所呈示的时间——那些年月日和星期几，也不是荒岛本有的。①浪漫主义者卢梭倘若真的要如他所愿的那样去小心翼翼地呵护爱弥儿，恐怕只能给他一本精心处理过的节选本吧？②

之所以对这个"十字架日历所呈示的时间"如此关注，正是因为晚清以来的中国一度也遭遇过类似的"荒岛"情境。公元纪年、星期制、二十四小时等涌入并代替了传统的干支或帝王纪年、农历、节气、十二时辰，中国终究或主动或被迫地接受了西方的"时间"，慢慢地疏远或淡忘了某些传统中独有的中式"时间"。但与荒岛不同，中国有绵续千载的文化、有持不同时间观的人，所以历法和计时的每一点变更，也往往会引起社会的轩然大波；而有"家"的时间，也使荒岛故事更加令人神往。

三、如果心灵不存在，是否还存在时间？

人们常说时间是最均匀最公正的，但柏格森说，这种日常生活中所习以为常的时间并不是"真的时间"，"如果心灵不存在，是否还存在时间？"他的答案应该是否定的，因为在他看来，真正的时间是一种主观性的、与主体的感受、意识活

① 有学者已指出："鲁滨逊的经历与北美首批移民的经历如出一辙。""鲁滨逊从旧世界来到新世纪（荒岛），……借助一些工具和基本技术，鲁滨逊征服了土地，控制了动物和土著人。"（参见［美］理查德·莱汉：《文学和价值观：美国鲁滨逊与西部理念》，［美］卢瑟·S. 路德克主编：《构建美国——美国的社会与文化》，王波、王一多等译，江苏人民出版社 2006 年版，第 201、203 页）小说中"星期五"的命名虽然是因为他的获救正巧是"星期五"，但"星期五"在基督教文化中确实有着独特的意涵。

② 在爱弥儿 12 岁时，卢梭认为可以很郑重地向他推荐人生的第一本书，同时也将是之后很长一段时间整个图书馆中唯一的一本书，即《鲁滨孙历险记》。卢梭认为该书"提供了自然教育最精彩的论述"，可以帮助和引导他获得能独立在"荒岛上安顿下来"的"一切有用的东西"，但同时又能暂时地免于社会关系的困扰，过"自己一个人生活"。（参见［法］让-雅克·卢梭：《爱弥儿》（上），叶红婷译，台海出版社 2016 年版，第 288—298 页）但笛福的小说显然没有这么"自然"。

动相关的东西，没有了"心"，也不存在任何时间经验。

我们自己也真实地感受着主观时间的奇妙：孩提时会翘首以盼快快长大；成年后总是渴望童心永驻。春宵从来苦短，无眠更漏难挨。主观时间最显著的特征之一就是相对性。人心各异，其"时"有别；人心思变，其"时"亦无常。

文学家从来不吝以生花之笔展示各种主观的时间体验——如《白夜》中的男人慨叹："我的天！整整一段幸福的时光！难道这对人的一生来说还嫌短吗？"（〔俄〕陀思妥耶夫斯基：《白夜》）一个茨威格笔下的女人对其"六十七年生命里一段二十四小时的时间"竟然"全神贯注凝望了整整一生"。（〔奥〕斯蒂芬·茨威格：《一个女人一生中的二十四小时》）《滑铁卢的一分钟》中一个特殊人物的某个特殊的一秒钟，甚至能决定他人乃至世界的一个世纪。（〔奥〕斯蒂芬·茨威格：《滑铁卢的一分钟》）朱自清在徘徊中忧伤八千多日的匆匆，徐志摩却在煎熬中投诉分分秒秒的缓慢，爱因斯坦则狡黠地说：这就是相对论啊。在人心中，瞬间可以永恒，而万年也可能只是旦暮。但哲学家会天真地发问：为什么会这样呢？

"惟天地之无穷兮，哀人生之长勤。往者余弗及兮，来者吾不闻。"屈原的《远游》也许不那么广为人知。"前不见古人，后不见来者。念天地之悠悠，独怆然而涕下。"陈子昂的《登幽州台歌》，三岁小儿亦可朗朗上口。但两首诗句的时间意识却有同工之妙。过去已过去，未来尚未来，"我"孑然一身，孤立于现在。时间在此似乎是被定格后又阻断了，过去和未来无法来到现在，现在的我也无法回返过去、难以接榫未来。"我"从何而来？"我"去向何处？仅此寥寥数字，写尽"现在"的苍凉，如一片薄薄又坚硬的绝壁，孤傲地立于悠远的天地之间，但在一"哀"一"念"中，"我"已不再拘滞于当下这一瞬。

朱自清曾满怀喜悦地倡导"三此"的人生：

> 你们正在做什么，就尽力做什么吧；你们要努力满足此时此地此我！这叫做"三此"，又叫做刹那。①

但"三此""刹那"又终归于"神思""玄想"的"心的旅行"——"此时"之"刹那"能"思接千载"，但作为"逃脱"的法门又吊诡地成为不在"此"的存在。如果主观的绵延是"真的时间"，这个时间何以成为自由的前提？

---

① 朱自清：《刹那》，《朱自清全集》第四卷，时代出版社2000年版，第1295页。他又说："哲学的潜思就是逃脱的一种法门。""心的旅行也不以存在的世界为限！"（参见朱自清：《海阔天空与古今中外》，《朱自清全集》第一卷，第114—115页）

古今中外，返老还童或长生不老似乎都魅力十足。但逆生长的本杰明·巴顿并不幸福，其悲剧不仅在于倒计时的生活方式及其依旧无法逃脱从生到死的"直线运动"，更在于时间之箭在他生命内外是相反相违的。①个体的生命之流并非一封闭而孤立的存在，但如果总是难以与周遭世界同频共振，痛苦就无法避免。清末民初，几起意外的自杀事件曾震惊国人，甚至至今仍回响不绝。②死生事大矣，为何一定要决绝地切断个体之"时间"？其实，无论是觉醒的"先时之人"，抑或是为某种渐趋衰亡的旧时文化"所化之人"，如果真的是唯有一死才能"见其独立自由之意志"，都终究是一种生不逢时或不合时宜之大悲。他们非为一己之私而弃世，只是不甘于随波逐流，但无论是为"过去"殉葬，或是对"未来"绝望，个体内在的生命之流确实都与外在的社会或国家的时间产生了某种错位。

梁漱溟自称为"问题中人"，他说自己一生都为两个问题所"支配"，即"现实中国的问题"和超越现实的"人生问题"："两个问题不一样，一个就让我为社会、为国事奔走，一个又让离开。"③柏格森的思想曾在中国风靡一时，影响过包括梁氏在内的两三代学者，但他们又都不能全心服膺于柏格森的"生命冲动"。如果时间以心灵为本，个体置身于诡谲莫测的时代巨澜中，洞悉过去、现在和未来并认同其更迭并非易事，知几探微难、与时俱进亦难；退回方寸之心以安顿一己不易，直面社会、探求国家存续之命脉和走向未来之道路更难。古往今来，这是真实存在的吗？或者只是一种心灵的幻觉？④

---

① 参见菲茨杰拉德的短篇小说《返老还童》。又，"直线运动"的概念来自阿伦特，她说："从生到死就是一个可知的生命历程。个人生命处于直线式的运动过程之中……生命有限的凡态即是：在运动着的万物周而复始的天地中，沿着直线运动。"（［美］汉娜·阿伦特：《人的条件》，竺乾威等译，上海人民出版社1999年版，第10页）

② 如陈天华、梁济、王国维等，先后都选择了自沉的方式赴死。对他们决意赴死的原因、意义等问题不仅在当时颇受关注，相关讨论至今仍不绝于耳。其实民初自杀频发，除了这些"名人"，普通民众也会选择某种极端方式结束生命。自杀现象之严重，以至于现代被称为"自杀时代"（参见李大钊：《论自杀》，《李大钊全集》第四卷，第19—36页）。不管如何，自杀都是一种主动终止个体之"时间"的方式，虽然他还可能活在别人的"时间"中。但"今看死的人……他的天地鬼神万物尚在何处？"（王阳明：《传习录》）自杀者，"他的"时间已经结束。

③ 梁漱溟：《美国学者艾恺先生访谈记录摘要》，《梁漱溟全集》第八卷，山东人民出版社1993年版，第1148页。

④ 佛教从缘起性空的角度以时间为空为幻，且论之以心，如《金刚经》之"过去心不可得，现在心不可得，未来心不可得"。爱因斯坦关于时间是幻觉的话为人们津津乐道："现在，他又一次比我先行一步，他离开了这个离奇的世界。这没有什么意义。对于我们有信仰的物理学家来说，过去、现在和未来之间的分别只不过有一种幻觉的意义而已，尽管这幻觉很顽强。"（［美］爱因斯坦：《悼念贝索》，《爱因斯坦文集》第一卷，许良英等编译，商务印书馆2010年版，第839页）英国哲学家麦克塔加（J. M. E. McTaggart）于1908年发表了《论时间的非实在性》，其结论是：时间是不真实的。

四、"时"与"时间"

"时间"对中国人来说是个"新词"。学术界大多认为以"时间""空间"翻译 time、space 来自日本的"和制汉语"。①日本学者的译介一度是近代中国接触西方文明的重要窗口。王国维说：

> 言语者，思想之代表也，故新思想之输入，即新言语输入之意味也。十年以前，西洋学术之输入，限于形而下学之方面，故虽有新字新语，于文学上尚未有显著之影响也。数年以来，形上之学渐入于中国，而又有一日本焉，为之中间之驿骑，于是日本所造译西语之汉文，以混混之势，而侵入我国之文学界。②

面对西方文化中的"新事物"，日本学者制造了许多"译西语之汉文"，其中部分词语经过留日的中国学生，或康有为、梁启超等主张学习近邻的思想家辗转引入中国，不仅极大地丰富和发展了 20 世纪的中国语言，亦带来了剧烈的思想冲撞，或和缓的文明对话。

古汉语的一个重要特点是单音词占优势，但也呈现出从单音词向双音词发展的趋势。在古汉语中，与现代的"时间"（time）概念比较对应的名词是：时、宙、世。

"旹"即"时"之古字，从日生作，有太阳从地面升起之意。③"时，四时也。"（《说文解字》）段玉裁注曰："本春秋冬夏之称，引伸之为凡岁月日刻之用。"作为各种测度时间的总称，"时"与"日"的运动密切相关，古人正是通过

---

① 实藤惠秀考察了日语词汇进入中国语文的情况，列出了"中国人承认来自日语的现代汉语词汇"一览表，其中就有"时间"一词。（参见［日］实藤惠秀：《中国人留学日本史》，谭汝谦、林启彦译，生活·读书·新知三联书店 1983 年版，第 331 页）亦可参见《汉语外来词词典》（刘正埮等编，上海辞书出版社 1984 年版，第 190、316 页）；《东往东来：近代中日之间的语词概念》（陈力卫著，社会科学文献出版社 2019 年版，第 218 页）。陈著同时指出，日语中"时间"一词可能最早出现于末广铁肠于明治 19 年（1886 年）发表的政治小说《雪中梅》。但梁启超认为"时间"一词首先出自佛典译语，见后文。

② 王国维：《论新学语之输入》，谢维扬、房鑫亮主编：《王国维全集》，浙江教育出版社、广东教育出版社 2009 年版，第一卷，第 127—128 页。

③ 生：《说文解字》曰："出也。象艸过屮，枝茎益大，有所之。一者，地也。"

对"日"的观测来确定时间。我们现在常常强调时间与空间不可分，中国古代也非常重视"时"与"位"的统一性，这突出地表现在《周易》"六位时成"的思想中。《周易》六爻成卦，"夫卦者，时也，爻者，适时之变者也"（王弼：《周易略例·明卦适变通爻》），"卦者，时也，爻者，位也。……其所曰为时者，一时也；其所指为位者，一时之位也。"（［清］李光地：《御纂周易折中》）"卦"直接从总体上揭示了天地人物的"时"之情状，卦中的爻，则通过"位"的变化来表示事物在此"时"中的不同态势，爻之所处则谓之"位"。"时""位"不离，但"时"更为根本，"位"乃"时"之"位"，"位"之吉凶系于阴阳，阴阳之变，即"时"也。

《周易》反复言"时"、孟子赞孔子为"圣之时者也"、《尔雅》云"时，是也"、天降甘霖被称作"时雨"……中国古典的"时"除了"时间"（time）之外，还有"时刻"（moment）、"时机"（chance）、"合乎时宜"（appropriateness）、"时势"（trend）等多重内涵，是20世纪以来中国学人理解西方传入的"时间"（time）、建构中国现代时间观念最重要的源头与动力。

"宙"，《说文解字》："舟舆所极覆也。"段玉裁注曰：

> 覆者、反也。与复同。往来也。舟舆所极覆者、谓舟车自此至彼而复还此如循环然。故其字从由。如轴字从由也。训诂家皆言上下四方曰宇。往古来今曰宙。由今溯古。复由古沿今。此正如舟车自此至彼、复自彼至此皆如循环然。

段注解释了舟车往复与时间流转的关系，指出"宙"即古今之循环。就此而言，"往古来今"未必有近现代以来国人所强调的"不可逆性"的特征，对时间方向性的凸显恰恰是进化论的逻辑。先秦时，"宇""宙"二字已相对而言，又逐渐合为一词。如《尸子》云："天地四方曰宇，往古来今曰宙。"《庄子》等经典对"宇""宙"以及合成词"宇宙"①有比较细致的释义，后人又多有推衍，这些也是20世纪中国学者理解西方的 space、time 的重要资源。

1902年严复翻译《穆勒名学》时，"空间""时间"的译法已经引入，但他依旧坚持主张译之以"宙"和"宇"，因为在他看来：

> 窃尝谓万物本体虽不可知，而可知者止于感觉，但物德有本末之殊，而心知有先后之异。此如**占位、历时**二事，物舍此无以为有，吾心舍此无以为

---

① 如"外不观乎宇宙，内不知乎大初"（《知北游》）、"余立于宇宙之中"（《让王》）等。

知。**占位者宇，历时者宙**。体与宇为同物，其为发见也，同时而并呈；心与宙为同物，其为发见也，历时而递变。并呈者著为一局，递变者衍为一宗；而一局、一宗之中，皆有其井然不纷、秩然不紊者以为理，以为自然之律令。自然律令者，不同地而皆然，不同时而皆合。此吾生学问之所以大可恃，而学明者术立，理得者功成也。无他，亦尽于对待之域而已。是域而外固无从学，即学之亦于人事殆无涉也。

盖相似与不相似者，宇之事也；并存与不并存者，宙之事也。宇、宙为万物共有之原行，所关至巨，而不可徒以伦举也，故特标之以自为类如此。①

他认为"宇"（space）的含义主要是"占位"、其与物"同时而并呈""相似与不相似"；"宙"（time）的含义主要是"历时"、其与物"历时而递变""并存与不并存"。"宇""宙"是万物"共有之原行"，是万物的存在与变化的"理"，正因为有"理"可循，因而学术得以成立。他同时说："可知者止于感觉"，可见其论"宇""宙"，主要是从万物在感觉中的秩序而言。从知识论出发理解时间，是中国现代时间观的重要内容，亦与深刻影响 20 世纪中国学人的康德传统接近。

对严复的声明，王国维曾有一段长评：

夫普通之文字中，固无事于新奇之语也；至于讲一学，治一艺，则非增新语不可。而日本之学者，既先我而定之矣，则沿而用之，何不可之有？故非甚不妥者，吾人固无以创造为也。侯官严氏，今日以创造学语名者也。严氏造语之工者固多，而其不当者亦复不少……又西洋之新名，往往喜以**不适当之古语**表之，如译 space（空间）为宇，time（时间）为宙是也。夫谓 infinite space（无限之空间）、infinite time（无限之时间）曰宇曰宙可矣，至于一孔之隙、一弹指之间，何莫非空间时间乎？空间时间之概念，足以该宇宙；而宇宙之概念，不足以该空间时间。以宇、宙表 space、time，是举其部分而遗其全体（自概念上论）也。以外类此者，不可胜举。夫以严氏之博雅而犹若是，况在他人也哉！且日人之定名，亦非苟焉而已，经专门数十家之考究，数十年之改正，以有今日者也。窃谓节取日人之译语，有数便焉：因袭之易，不如创造之难，一也；两国学术有交通之便，无扞格之虞，二也。……有此二便而无二难，又何嫌何疑而不用哉？②

---

① 严复：《〈穆勒名学〉按语》，汪征鲁、方宝川、马勇主编：《严复全集》第五卷，福建教育出版社 2014 年版，第 58、68 页。

② 王国维：《论新学语之输入》，《王国维全集》第一卷，第 127—128 页。

王氏批评严复刻意抗拒日本人用心选择的译词，并声明"宇""宙"无法表达"一孔之隙、一弹指之间"即极小的空间、极短的时间，从而缩小、限制了概念的外延，故为"不适当之古语"。

"有实而无乎处者，宇也；有长而无本剽者，宙也。"（《庄子·庚桑楚》）"实"，实在；"处"，方域、界限；"无乎处"，无定处；即"宇"或空间是实际存在却无定处可求的。"长"，增长、长久；"剽"，通"标"，指末端；"本剽"，本末，始终；指"宙"或时间是不断延长却无始无终的。这段话特别凸显了"宇""宙"的无限性。

《墨经》也给时间、空间下过定义：

> 久，弥异时也。（《经上》）　久：合古今旦莫。（《经说上》）
> 宇，弥异所也。（《经上》）　宇：冡东西南北。（《经说上》）

"久"是一切时间关系的总和，"宇"是一切空间关系的总和。

《墨经》还讨论了时空的有限和无限：

> 穷，或有前不容尺也。（《经上》）
> 穷：或不容尺，有穷。莫不容尺，无穷也。（《经说上》）
> 始，当时也。（《经上》）
> 始：时，或有久，或无久。始当无久。（《经说上》）

梁启超说，"或"即"域"字，即区域、空间，如果空间不能再往前用尺度量了，那便是"有穷"；而若可一直往前度量，永远达不到"不容尺"的情况，那便是"无穷"。《墨经》对"无穷"的解释，与 17 世纪英国哲学家洛克"测量海深"的比喻相映成趣。[1]"久"是时间的总和，亦即现在所谓绵延，是有长度的；刚开始之时，还没有绵延或时间长度，是"无久"。"无穷""无久"与空间、时间的极限有关。[2]

---

[1] "不过在这个界限以外所余的东西，则我们对它便不能得到一个积极清晰的观念，就如一个水手只把测海线底大部分下在海中，不能确知海底深度似的。他底线并不能达到海底，因此，他虽然知道，海深已有多少啄，并且知道它还更深一些，不过究竟还有多么深，他却完全没有清晰的观念。在这里，我可以说，他如果继续增加新线，并且常看到测锤往下沉，而却不能停止住，则他底心理趋向正同我们追寻完全的、积极的无限观念时所有的心向差不多。在这种情形下，不论这条线是十啄长或千啄长，它都一样可以发现出它以外还有地方。"（［英］洛克：《人类理解论》，关文运译，商务印书馆 1983 年版，第 187 页）

[2] 《墨经》中有关时空的讨论在近现代颇受关注，从梁启超、胡适、章太炎直至冯契等都从知识论层面对此有过详细的阐释。

另外，唐代陆德明《经典释文》引《三苍》云，"四方上下为宇，宇虽有实而无定处可求也"，"往古来今曰宙。……宙虽有增长亦不知其始末所至者也"。他也强调了时空的无限性的特征。

然而"无限"可以为"大"，如空间的不断拓展，时间的持久延伸，事实上亦可以为"小"，《庄子》中亦言"秋毫之末""白马过隙"等。就此而言，王国维对严复的责难失之偏颇。

梁漱溟亦反对以"宇"说空间，以"宙"谓时间。他说：

> 宇宙，其大无外，其小无内，大小内外皆分别对待之词，不适用于浑一绝对之宇宙。①

"其大无外，其小无内"，即从大小而论空间之"无限"。但他认为，在中国传统对"宇"和"宙"的界说中，看不出空间和时间的联系，看不出时空与运动的关系。同时时间有始有终，空间有大有小，这些都是描述世间现象之语，也不适合中国传统中作为本体的宇宙。因而这种译法是将时空分判为二，是罔顾事实的"世俗之见"，他强调时空合一，且不离迁流不驻之事实，并反对虚空。

王国维、梁漱溟的批评虽各有缘由，却又平添更多歧义。由此，精准翻译之艰、理解外来观念之难亦可见一斑。

值得注意的是，"宇宙"二字皆从"宀"，本义与房屋相关。张法曾从中国文化发展的视角讨论了对以"宙"为时间以及以"宇宙"象征"天地"的传统的形成：

> 宇指房屋的檐边，"房四垂为宇"，祖庙四面的檐边象征作为整体的圣地。宙……指舟车上的蓬，远古当巫王进行在南方江河中的舟船和北方道路上的车马中时，巫王之所在，乃天神之所在，宙以巫王流动的舟车象征神圣时间。……在中国对天地进行现象本质合一认知的方式中，房屋是一小天地，天地是一大房屋。当四方各族融合为华夏时，宇宙一词就定型在房屋上，作为圣地的房屋整体象征着天地整体。……中国文化从先秦开始用具体的房屋来指天地，与西方文化从罗马时期开始，用抽象的普遍性 universe 来指 cosmos（宇宙）正好有一个对照。②

这里对中国古人认知方式及其结果的阐发，揭示了中西文化在把握时间、宇宙等方面不同特点，强调了具体的思维，以及由房屋所象征的"家"在中国古代的时

---

① 梁漱溟：《思索领悟辑录》，《梁漱溟全集》第八卷，第3页。
② 张法：《宇宙：上下四方与古往今来》，《中国青年报》2019年3月1日第4版。

间智慧中的重要意义。

除了严复，梁启超、蔡元培、胡适等都倾向以"宇""宙"译为 space 和 time，但终究未改变以"空间""时间"为正式译词的结果。

"世"，本义是"三十年为一世。从卅而曳长之"（《说文解字》）。段玉裁注："按父子相继曰世。""世"即代际相续，生生不息，有限的个体在此时间的绵延中走向无限，所以亦有时间义。佛教传入后，"世"与"界"对言，分别对应有情众生之世间的"时"与"空"：

> 世为迁流。界为方位。……东南西南东北西北上下为界。过去未来现在为世。……一切众生织妄相成。身中贸迁。世界相涉。而此界性。……与世相涉。（《楞严经》卷四）

佛教中的"世"有二义，一与表示空间的"界"相对，"世"为"时"之异称，即有情众生生命之流转与轮回。众生现在生存之现在世、出生以前生存之过去世及命终以后生存之未来世合为"三世"。佛教大都以"时"为假立，其性为空：

> 时住不可得，时去亦叵得，时若不可得，云何说时相。因物故有时，离物何有时，物尚无所有，何况当有时。（龙树《中论·观时品》）①

佛教主张"时"为过去现在未来三世之分别，"界"为十个方位之确定，并强调"世"与"界"均以众生之妄业为缘交织而成、以众生之轮回迁化为依托，故"世""界"相互关涉，空间不离时间，唯识学更将"时"视作不离"识"的不相应行法之一。佛教"世"的第二义为"世间"之略称，即三界六道众生生存之所，是无常无我的有为法。"言世间者，可毁坏故，有对治故，隐真理故，名之为世。堕世中故名为世间。"（窥基《成唯识论述记》卷一）"世间"由表示时间的"世"和表示空间的"界"组成，为众生"迷"因与"苦"果之流转。佛教的宗旨是要引导众生由迷转悟、离苦得乐，进入超越"世""界"的永恒涅槃，即超越时间、空间的"出世间"。中国古典思想中常论"古今"之别，佛教以"三世"论时间之流逝的观点极大丰富了传统的时间思想，也直接影响了现代哲学对时间向度的讨论。

在佛经中，偶尔也有"时间"一词，如"世尊亦遣尊者富楼那。为王说法。

---

① 但被佛教斥为"外道"的小乘胜论或时论师视"时"为实在者。

如是时间。经三七日。"（《观无量寿经》）所以梁启超说："空间，时间，佛典译语，日本人沿用之。若依中国古义，则空间，宇也；时间，宙也。其语不尽通行，故用译语。"①

"时间"也曾出现在唐宋以后偏口语化的小说、戏剧中，如"时间尚在白衣，目下风云未遂"（《西厢记诸宫调》卷一）、"如若不依，时间就打上凌霄宝殿，教他龙床定坐不成"（《西游记》第四回）等等。此处"时间"读音应为（shí jiàn），意思为眼下、一时、立即、马上等，"间"指"间隔"，"时间"实为很短的时间间隔。②现代的"时间"（time）一般读作（shí jiān），意涵与古义并不完全一致。胡适正是在此意义上，曾质疑将"时""间"两字合用的译法，他说：

> 余尝以为 time 当译为"时"，space 当译为"间"。《墨子·经上》云"有间，中也。间，不及旁也"，今人以时间两字合用，非也。③

"间"，空隙之意。有间隙，则在二者之中。胡适强分"时"与"间"，似乎更倾向于彰显"时"之绵延不绝、不可间断的特征。

在清末的报刊上，现代意义上的、与英语 time 对应的"时间"一词已经逐渐流行开来。④但对此翻译是否准确、time 与古汉语中的"时""宙"以及佛教中的"世"等概念的关系，学界的讨论至今不绝如缕。⑤这一方面是因为概念本身的复杂性、丰富性，增加了异质文化对话的难度。"时间"在西方也是歧义迭出，中国要理解、消化这个充满"秘密"⑥的概念并非易事。另一方面"时间"作为与世界之存在、变化密切相关的名词，其本身的内涵和外延都在演变之中，而人们的时间

---

① 参见梁启超：《新史学》，汤志钧、汤仁泽编：《梁启超全集》第二集，中国人民大学出版社 2018 年版，第 502 页。

② 如"时间尚在白衣，目下风云未遂"一句，凌景埏校注："时间，指目下，目前。"

③ 参见胡适：《时与"间"有别的》，《留学日记卷十一》，季羡林编：《胡适全集》第 28 卷，安徽教育出版社 2006 年版，第 222—223 页。

④ 详参湛晓白：《时间的社会文化史——近代中国时间制度与观念变迁研究》，社会科学文献出版社 2013 年版，第 10 页。

⑤ 2007 年 3 月，《中国科技术语》编辑部收到了曹先擢读者来信。他对刊物中一篇《百岁未老名词情》颇有疑虑："space 的汉译问题，20 世纪初蔡元培与胡适曾有过不同意见，那时还没有今天的空间技术、航天技术，问题简单得多。即使那时也有一个汉译的造字、造词问题。今天出现的歧义乃科学发展带来的，不奇怪。但应该经过讨论有一个最佳的定名。今天的讨论正是历史的继续，是对历史的回响。"虽然他本意是纠结于文中所论为"名词"还是"术语"？不过这里他正好提到了 space 一词、还附上了胡适这篇《时与"间"有别的》的日记。更重要的，提到了科学发展给"名词"带来的变化。

⑥ 汉娜·阿伦特曾将时间称作"自然的最伟大、最深刻和最神圣的秘密"。参见［美］汉娜·阿伦特：《人的条件》，第 269 页。

观亦在不断丰富和深化。

西学东渐后，不少中国学者，如胡适、冯友兰、张东荪、贺麟、牟宗三等，很快都意识到中国传统哲学中对"时间""空间"不够重视及其消极影响，谢幼伟则将"注重时间"视为现代西方哲学的重要特征之一①，他们努力引进、理解西方哲学中的各种时空观。但这并不意味着中国传统中没有时间意识、没有对时空问题的深沉而丰富的思考。如何融汇中西，更重要的是面对中国的现代化之"事"，建构中国的现代时间观就成了百年来中国学人自觉的重任之一。

五、"时间"与"时间经验"

"标度时间经验和时间之流经验"，前者表现为某种物理化的、客观化的、外在化的形式；后者是人心内在的，具有主观性、相对性和偶然性，但二者终究是人类有关时间的两种"经验"，都离不开人类的精神活动。很多科学家和哲学家强调，"经验"并不就是"时间"本身。从亚里士多德到牛顿，都认为"时间"是表示物质运动的持续性和先后秩序的概念。亚里士多德主张"时间乃是就先与后而言的运动的数目，并且是连续的"②，并认为时间比一切在时间里的事物都更长久。牛顿断定存在着"绝对的、真实的和数学的时间，它自身以及它自己的本性与任何外在事物无关，它均一地流动"③，无论静止还是运动，时间总是匀速的不变的。爱因斯坦则坚持"时间—空间未必能看成是可以脱离物质世界的真实客体而独立存在的东西"④，并明确反对空无一物的时间和空间的观点。马克思主义哲学强调时间和空间是物质运动的存在形式……这些观点虽然不尽相同，但都认为"时间"与"时间经验"有别，"时间"并非人类精神的创造物，而是事物运动本身的属性或形式。

"时间经验"本身也值得追问，比如"时间经验"是如何构成？何种"时间经验"是最原初的？答案并非不言自明。胡塞尔就把时间分析看作"所有现象学问

---

① 详见谢幼伟：《导论三　现代西洋哲学之特征》，《现代哲学名著述评》，山东人民出版社 1997 年版，第 53—57 页。

② ［古希腊］亚里士多德：《物理学》，徐开来译，苗力田主编：《亚里士多德全集》第二卷，中国人民大学出版社 1991 年版，第 120 页。

③ ［英］牛顿：《自然哲学的数学原理》，赵振江译，商务印书馆 2006 年版，第 7 页。

④ ［美］阿尔伯特·爱因斯坦：《狭义与广义相对论浅说》序，杨润殷译，北京大学出版社 2006 年版。

题中最困难的问题",进而探索我们从何感知我们具有一个有关"以前的现在的延续意识",他早期的内时间意识分析区分了三个层次:"现象学时间""内在时间"(或主观时间)和"客观时间",并主张内时间意识是客观时间产生的前提。这开辟了有关时间问题的一个富有生命力的崭新研究领域,并在西方世界结出了累累硕果。尽管中国哲学界对此问题的关注与西方未能同步,然而一旦发现此宝藏,兴奋之余,学者们陆续沉入冷寂艰辛的研究,至今也已收获颇丰。①

冯友兰曾说:

> 盖旧日中国哲学,未尝离事物而分别看时空,因亦未将时空单独作讨论之对象。②

这一方面是因为中国古代哲学存在着某些不明晰的用语,如程朱试图以"古今""始终"等表示时间的词语说明超越时间的"理"等,但另一方面,也体现了古代中国人本无意割裂时空与事物。古人说"时雨""时蔬",主张"与时俱化""与时偕行",甚至以虫、鸟、风、花等物变喻"时"。二十四节气与七十二候非常明显地体现了这种独特的时间意识。如从小寒到谷雨,江南二十四候就分别对应于二十四番"花信风","始梅花,终楝花"(宗懔《荆楚随时说》),花应时而开,风应花而来,风、花不仅是"时"之信使,更是"时"之呈现。

"时间"于我们的存在如此切近,我们在消磨或享受"时间"、科学家以实验研究"时间"、文学家用妙笔表现"时间"、历史学家在记录"时间"建筑学家将"时间"凝固……但是,究竟何为"时间"?此问一出,我们或者可以不假思索地答之以川上之叹:

> 逝者如斯夫,不舍昼夜!(《论语·子罕》)

但稍一犹疑,我们似乎又马上陷入奥古斯丁式的茫然③或罗素的"陷阱"④中,周

---

① 详见张祥龙、杜小真等著:《现象学思潮在中国》,第一篇第一章,首都师范大学出版社 2003 年版。

② 冯友兰:《新理学》,《三松堂全集》第四卷,河南人民出版社 2001 年版,第 52 页。

③ "时间究竟是什么?没有人问我,我倒清楚;有人问我,我想说明,便茫然不解了。"([古罗马]圣奥古斯丁著:《忏悔录》,周士良译,商务印书馆 1963 年版,第 242 页)

④ "过去存在吗?不存在。将来存在吗?不存在。那么只有现在存在吗?对,只有现在存在。但是在现在范围之内没有时间的延续吗?没有。那么时间是不存在的吗?哎呀,我希望你不要这样唠叨个没完。"(参见[英]罗素:《人类的知识》,张金言译,商务印书馆 1983 年版,第 319 页)

金刚只能默然①。但哲学家们还是要思考"时间"。现在，就让我们谦逊地沿着百余年来中国哲人的"时间"之思，开启一趟中国的现代时间观念之旅吧。

---

① 《五灯会元》载，"鼎州德山宣鉴禅师……常讲《金刚般若》，时谓之周金刚"。禅师南下龙潭途中遇一卖饼婆子，"婆曰：我有一问，你若答得，施与点心。若答不得，且别处去。《金刚经》道：'过去心不可得，现在心不可得，未来心不可得。'未审上座点那个心？……师无语，遂往龙潭。"（参见释普济著，苏渊雷点校：《五灯会元》，中华书局1984年版，第371—372页）

第一章

《今别离》的"钟声"与"现代"时间的预言

今人常以黄遵宪为晚清以来"真正走向世界的第一人"①。光绪十六年（1890年），黄氏再次远离故土，度越重洋，赴任大清帝国驻英国使馆参赞。《今别离》即作于此时。诗中描摹了海轮、钟声、电报、照片等现代工业社会的新事物和时人罕知的时差现象，以及由此诸景所生发的离情别绪。其"景"可作为现代时间的象征，其"情"也充溢着与古代不同的时间意象和体验。我将《今别离》视作中国即将走出"天下"和"古代"、走向"世界"和"现代"的预言，也是国人的时间观念即将革故鼎新的预言。然而，"汝魂将何之?"中国的现代之旅，以及中国时间观念的现代之旅，道阻且长。

第一节　黄遵宪之《今别离》及其时间经验

一、黄遵宪与《今别离》

其一

> 别肠转如轮，一刻既万周。眼见双轮驰，益增中心忧。
> 古亦有山川，古亦有车舟。车舟载离别，行止犹自由。
> 今日舟与车，并力生离愁。明知须臾景，不许稍绸缪。
> 钟声一及时，顷刻不少留。虽有万钧柁，动如绕指柔。
> 岂无打头风? 亦不畏石尤。送者未及返，君在天尽头。

---

① 　参看杨忆：《黄遵宪：走向世界第一人》，《源流》2005 年 4 月号。

望影倏不见，烟波杳悠悠。去矣一何速，归定留滞不？

所愿君归时，快乘轻气球。

其四

汝魂将何之？欲与君追随。飘然渡沧海，不畏风波危。

昨夕入君室，举手搴君帷。披帷不见人，想君就枕迟。

君魂倘寻我，会面亦难期。恐君魂来日，是妾不寐时。

妾睡君或醒，君睡妾岂知。彼此不相闻，安怪常参差！

举头见明月，明月方入扉。此时想君身，侵晓刚披衣。

君在海之角，妾在天之涯。相去三万里，昼夜相背驰。

眠起不同时，魂梦难相依。地长不能缩，翼短不能飞。

只有恋君心，海枯终不移。海水深复深，难以量相思。①

　　这是晚清诗人黄遵宪组诗《今别离》中的两首。黄遵宪（1848—1905），字公度，别号人境庐主人，广东嘉应州人。自光绪三年（1877 年）起，黄氏宦游海外近二十年，先后就职于日、美、英、新加坡等不同国家，今人常谓之为晚清以来"真正走向世界的第一人"。特殊的人生阅历使其有难得的机缘比国人更早地了解世界、感受和见识日本、欧美等国家现代化进程中涌出的种种新事物新思想。"在中国近代史上，黄遵宪是一位走在时代前面，影响了中国近代化进程的重要人物。"②尽管黄遵宪未必能全面地、自觉地理解这一切将给风雨飘摇中的帝国带来什么，但他的确较早地、敏锐地意识到了这场古今之变与过去的不同，急切呼吁国人须"识时""知今"，并期冀其见闻感思能见用于朝廷。

　　此组《今别离》作于光绪十六年（1890 年），黄遵宪采用乐府杂曲歌辞旧题的古老形式，表现的却是轮船、钟声、轻气球（其一）、电报（其二）、相片（其三）等一系列新事物，以及时人罕知的昼夜背驰的时差（其四）等现象。这些特殊的事物或现象不仅与现代时间系统相关，也生发了诗人离愁别绪中崭新的时间体验。

　　其实，在这样一个特殊的历史时刻，正在互道珍重的，何止是这一双情意绵绵的离人？这个已经摇摇欲坠的古老帝国，也正不得不放下曾经的荣光，跳出世

① 黄遵宪：《人境庐诗草》卷六《今别离》，黄遵宪著，陈铮编《黄遵宪全集》（上），中华书局 2005 年版，第 121—122 页。

② 梁通：《跋〈黄遵宪与近代中国〉》，参见郑海麟：《黄遵宪与近代中国》，生活·读书·新知三联书店 1988 年版，第 453 页。

世传续的"中国"①"天下"②之旧梦，而不得不放眼看"世界"、不得不鼓足勇气走向"世界"了。

黄遵宪曾享"诗史"之誉，文学史亦标之以"诗界革命"的一面旗帜，但作诗在他不过是"余事"而已，康有为云："公度岂诗人哉?"③梁启超断言："古有以一人之用舍，系一国之兴亡者，观于先生其信之也。"④黄氏早年倡导"识时贵知今，通情贵阅世"，在改刻本《日本国志·凡例》中亦坦露其作书之心迹：

> 检昨日之历用之今日则妄，执古方以药今病则谬，故杰俊贵识时。不出户庭而论天下事则浮，坐云雾而观人之国则暗，故兵家贵知彼。日本变法以来，革故鼎新，旧日政令，百不存一。今所撰录，期适用也。若夫大八洲之事，三千年之统，欲博其事，详其人，则有日本诸史在。⑤

黄遵宪清醒地意识到一个更弦易辙的"时"即将来临，《今别离》是情人之幽思，更是晚清之面影。虽然黄氏之诗洋溢着开明、期待、果敢与乐观的精神，其人却屡屡在朝中受挫，其变法之志、救弊之举、强国之论，终究都虚付流水。"诗"虽有成，终在"事"外。

梁启超曾力赞"先时之人物"为"造时势之英雄"，并说："若无先此之英雄，则恐所谓时势者渺不可睹也。"⑥黄遵宪很欣赏此论，而其人亦堪此名。即使在一百多年后，我们再细品这些诗句，其中借各种新物象所呈现的非同寻常的时间意象，及其开辟的别具一格的时间意境，仍然令人耳目一新。这种极具张力的时间意识，与中国古代的时间经验异趣颇丰。这是中国必将走出"天下"和"古代"、走向"世界"和"现代"的预言，也是国人的时间观念必将革故鼎新的预言。

---

① "中国"曾出现在1963年出土的何尊铭文中，这说明早在3000年前已有此概念。宋人石介云："居天地之中者曰中国，居天地之偏者曰四夷。"（《中国论》）这里的"中国"并非现代意义上独立的国家概念，而是华夏民族形成之初，以己之居域为"天下之中"，以他国为"边"。天主教徒已于明末清初传入"地球"，但直到甲午战败，中国人才真正痛感作为世界之"中"的"中国"是不存在的。从西周至今，"中国"一词的含义经历了重要转换（详见葛兆光：《宅兹中国——重建有关"中国"的历史论述》，中华书局2011年版）。
② "在中国政治思想史上，'天下'与'国'是两个历史悠久的并列概念。""近代中国思想史的大部分时期，是一个使'天下'成为'国家'的过程。"（参见［美］列文森：《儒教中国及其现代命运》，郑大华、任菁译，中国社会科学出版社2000年版，第04、07页）
③ 康有为：《人境庐诗草康有为序》，《黄遵宪全集》（上），第68页。
④ 梁启超：《嘉应黄先生墓志铭》，《梁启超全集》第十七集，第293页。
⑤ 黄遵宪：《日本国志》，《黄遵宪全集》（下），第821—822页。
⑥ 梁启超：《南海康先生传》，《梁启超全集》第二集，第359页。

二、《今别离》中的时间经验

（一）"钟声一及时，顷刻不少留"

黄遵宪这组《今别离》诗中，非常显明地体现时间之现代意象的，首先当推那几下突如其来似雷贯耳的"钟声"。此处的"钟"，既不是中国古代的编钟、钟鼓之类的青铜乐器，也并非钟鼎之族家中，或者寺庙里由人按时敲打的巨钟，而是悬挂在轮船码头，或是街市钟楼中那些能洪亮地自动报时的机械钟。这"钟声"里回荡着"现代"的时间：

> 工业时代的关键机器不是蒸汽机，而是时钟。在时钟发展史的每一个阶段，它都是机器的出色代表，也是机器的一个典型符号；即使到了今天，时钟仍然无处不在，为其他机器所不及。①

芒福德认为，机械钟的发明和使用，不仅仅是技术进步的硕果，同时还标志着工业时代的开启，并逐渐构建起一套与传统相异的，以全球化、科学、理性等为重要特征的时间观念。

在中国传统的农业社会，人们的基本观念是"安土重迁"，远距离的人际往来比较稀少，"当地时间"（local times）足够了。"自轮船、火车通行，往来有一定时刻，钟表始盛行。"②火车、轮船等新式交通工具使远距离来往成为现实，人们穿梭于全国乃至世界各地成为可能，行程的空间距离在逐渐扩张，但起止的时间间隔却在渐次缩短，在此意义上，"空间"仿佛被压缩了。由此，校订各行其是的异域时间、通过钟表来确定跨越空间的统一的公共时间成为必要。工业社会的现代时间与钟楼有着极其重要的关联。

李欧梵说：

> 满月在中西诗歌里都是流行的诗歌符号，而摩天楼上的钟则是指代现代时间的最好载体。③

海关的钟楼成为新时代的象征，首先是因为跨海轮船需要以统一的公共时间为依

---

① ［美］刘易斯·芒福德：《技术与文明》，陈允明、王克仁、李华山译，李伟格、石光校，中国建筑工业出版社 2009 年版，第 15 页。
② 黄苇、夏林根编：《近代上海地区方志经济史料选辑》，上海人民出版社 1984 年版，第 344 页。
③ 李欧梵：《上海摩登——一种新都市文化在中国（1930—1945）》，毛尖译，浙江大学出版社 2017 年版，第 182 页。除了香港，上海是中国最早进入"世界时"系统的城市。

据来设置行程。正是现代交通工具的推广，使得确定全国乃至全球统一的公共时间，以及表现公共时间的钟表日益重要。1884 年，英国格林尼治标准时间（GMT）被确立为世界时间的基准，统一的"世界时"系统在理论上已经基本确立，虽然最终的实现过程还遥遥无期。①

对于黄遵宪而言，此刻的"钟声"首先是催发离别的标志，但具有象征意义的是，这艘随着《今别离》诗中"钟声"启程的海轮，将载着诗人抵达"世界时"的"时间之家"所在的国家；诗人也即将进入"世界时"系统。启航的"钟声"同时也是告别的"钟声"——告别"大清帝国"的时间，驶向"世界"的时间。

"世界时"所示的时间也是世界霸权的象征。格林尼治成为全球时间（和空间）的原点，本来就是帝国之间角力的结果。1894 年 2 月 15 日，法国青年、无政府主义者马夏尔·布尔丹（Martial Bourdin）携化学爆破物袭击皇家天文台，此事件引人注目之处在于：

> 对于一个无政府主义者，还有比一个标志全球时空秩序的建筑物更合适的袭击目标吗？……摧毁皇家天文台，也就（至少暂时地）摧毁了这个建筑所标志的世界时空秩序，这难道不是最彻底的无政府主义行动吗？②

因爆破物提前引爆，布尔丹也重伤不治。他的行动象征着对时间背后权力体系的反抗，但终究未能撼动。如《时间的全球史》所言，在 19、20 世纪之交，时间系统的改革是一个"全球现象"，"现代时间系统"正在兴起，而"世界标准时间"（world standard time）是此系统中非常重要的组成部分。③19 世纪中叶以来被卷入"世界"的中国，也无法独立于时间的全球化历程。"钟声一及时，顷刻不少留"，即使有再多的不舍和留恋，我们都已无法游离在现代时间或世界时间之外。

---

① 从历史来看，首先是各国陆续实现国内时间的统一。如 1880 年 8 月，英国议会首次确定格林尼治时间为全英国的标准时间；3 年后美国也选择了格林尼治时间；1884 年 10 月 13 日，国际天文学家代表会议正式采用格林尼治时间（GMT）为国际标准时间，格林尼治因而成为"世界时"的"时间之家"。格林尼治时间以地球自转为基础，后来科学家们发现地球自转有逐渐变慢的趋势和季节性甚至某些不规则的变化，1979 年末日内瓦举行的世界无线电行政大会上通过决议，确定用由更精准的原子钟确立的"世界协调时"（UTC）取代格林尼治时间，作为无线电通讯领域内国际标准时间。如今我们的电脑、手机等所显示的时间就是基于"世界协调时"。尽管 UTC 取代了 GMT，但精确的协调世界时依旧是由格林尼治天文台向世界各地发出。又，奥格尔详细地展示了时间的全球史，并指出："对平均时间系统的采纳来说，1884 年的会议几乎毫无意义，因为时间统一的进程一直拖到了 20 世纪二四十年代。"（参见［美］瓦妮莎·奥格尔：《时间的全球史》，郭科、章柳怡译，孙伟译校，浙江大学出版社 2021 年版，第 18 页）

② 刘永华：《时间与主义》，北京师范大学出版社 2018 年版，第 179—180 页。

③ 完整的"现代时间系统"还包括第二章将讨论的"世界历法"（world calender）等。

"钟声"不仅直接传达当下的时间，其撼动人心的洪亮与回响也具有丰富的隐喻。比如"丧钟"宣布死亡，"警钟长鸣"是正告，还有教堂"钟声"中的宗教意蕴，等等。最重要的是，"钟声"总是在提醒下一个钟点的开始。在黄遵宪诗中，启程的"钟声"，承载了"时间"的某些现代因素，预言了在不可阻挡的全球化进程中，传统的"中国时间"即将遭遇并接受"世界时间"。

（二）"别肠转如轮，一刻既万周"

这次，黄遵宪将再次乘海轮远渡重洋。自古及今，舟车都是离别的象征。然而"今日舟与车，并力生离愁"，以轮船、火车等为代表的现代新式交通工具却有一个新特征：力。蒸汽机提供的持续高效的动力，不仅能万里迢迢地跨山越水，也生起了情人更浓更烈的离愁，以及对遥不可及的远方与未来的担忧和茫然。

徐世昌赞叹黄遵宪能将其在东西各国游历时所遇之"奇景异态"一一入诗，"为古今诗家所未有也"。古今别肠多，在唐人孟郊笔下是"别肠车轮转，一日一万周"，而在晚清黄氏这里却是"别肠转如轮，一刻既万周"。离人眼中旋转的，是舟车之"轮"，而绞痛柔肠的，是心中之"轮"。急剧旋转的"轮"，令人感觉时间也如轮一样飞快流逝，"今"之"一刻"犹如"古"之"一日"，时间仿佛在加速、在"变快"。"快"之物往往同时是坚定、有力的，使人猝不及防、目眩心慌，启航的坚定嘲弄着别离的缱绻。"去矣一何速"，舟车之轮的有力不仅无情地加速了分离，也反衬出离人面对时间流逝的无力。杨柳依依、槛前团露，这些古时别景的总体气氛是安宁、轻柔、自然的。兰舟催发之际，有情人犹可"执手相看泪眼"，再"无语凝噎"片刻，从当下时空抽离的启程仍可以有一点回缓的余地、有一些通达的人情味。与古代相较，黄遵宪诗中这些现代之"景"多是人工的产物，"快"是基本特征。即使孟郊亦有"驰光忽以迫，飞辔谁能留"之急迫和无奈，但黄氏此时所感更是恍惚与悲凉："钟声一及时，顷刻不少留"，时间一到，相执的双手会被兀然响起的钟声坚硬地劈开，"送者未及返，君在天尽头。望影倏不见，烟波杳悠悠"，朦胧的泪眼顷刻之间不仅已无法相看，甚至连彼此茕茕独立的背影都无从寻觅。不仅"景"是"快"的，"情"有时也求快："驰书迅已极"的电报将捎来情人的消息，是热望的，但在等待中又似乎总是姗姗来迟，于是思人抱怨"每日百须臾，书到时有几？"不曾远行，已盼归期；别离如此匆促仓皇，"所愿君归时，快乘轻气球"，重逢应该可以更加迅捷轻松吧？"快"在此又似乎成了面对未来时唯一的慰藉。

尽管钟表等计时器似乎会告诉我们时间是匀质的[①]，但与"从前慢"相比，

---

① 如前已述，科学家们发现地球的旋转速度其实在逐年减慢，这是 UTC 取代 GMT 的重要原因之一。"原子钟出现后，我们测量时间的精确度实际上远超过促发时钟产生的自然界循环现象。……我们的时钟也显示出地球本身慢下来了，每年的旋转速度都愈来愈慢。由（转下页）

"快"是现代时间体验中一个十分突出的新形象，而且似乎还有愈演愈烈之势。罗萨以"加速"为关键词讨论现代时间结构、批判新异化，其理论尤其适用于现代化进程中以"追赶"为特征的中国。"不是我不明白，这世界变化快"。今天，我们常常一边奢想着能慢下脚步来欣赏风景，一边却真实地分秒必争不敢懈怠——"加速"的时间体验早已取代了田园牧歌式的悠游笃定，漫无边际的焦虑使得我们总是行色匆匆。时间与"效率"直接结盟，能够在有限的时间处理更多的事件，或者用更短的时间完成同样的进步，是评判时间价值的重要甚至唯一的标准。

与"快"相联的另一特点是"远"，即距离、空间的翻倍扩增。在黄遵宪的诗中，虽然已经有跨越空间的舟车、电报等现代交通、通讯工具，但"地长不能缩，翼短不能飞"，空间的阻隔仍使得此刻的别离沉重迷茫，使得未来的重逢缥缈虚无。随着现代科技的日新月异，产生了越来越迅捷的交通方式和信息往来，人类对世界感知方式也发生了变化：

> 科技加速完全改变了社会的"时空体制"，改变了社会生活的空间和时间的知觉与组织。原本人类知觉因为受我们的知觉器官和受地球重力的影响，通常可以马上区分出上、下，前、后，而不是早先、稍晚，但人类知觉里空间优先于时间的"自然的"（亦即人类学的）优先性，似乎已被翻转了。在全球化与时空扭曲的互联网时代，时间越来越被认为压缩了，或甚至消弭了空间。
>
> 空间在晚期现代世界失去了它的重要性。①

"安土重迁"是中国古代的生活图景，"背井离乡"则是现代人的命运。见识过海

（接上页）于月球对地球及地球上的海洋拉扯的力道不平均（太阳造成的摩擦力则没那么强），导致潮汐摩擦的力量出现，这就会减缓地球转动，仿佛在我们旋转的星球上踩下巨大的煞车（事实上平均下来，每年增加不到一秒钟。在恐龙横行地球的时代，'一天'可能只有二十三个小时）。我们的原子钟如果自行其是，最后会跟太阳时间出现明显的分歧。解决方法就是偶尔加个'闰秒'。有需要的话，到了六月底或十二月底，世界标准时间就会加一闰秒，让原子钟的时间和地球的旋转保持同步（也就是和平均太阳时间一致）。如果不加以修正，过几千年，时间显示是午夜，可是太阳却高挂天空。"（参见［加拿大］丹·福尔克：《探索时间之谜——时间的科学和历史》，严丽娟译，海南出版社2016年版，第69—70页）自1972年以来，已经增加了27个"正闰秒"，但从2020年开始地球自转时间又比24小时略短，有报道指出，2020年7月19日这天地球自转时间比完整的24小时短1.460 2毫秒，是有史以来最短的一天；而在过去12个月中，地球自转时间共出现28次较24小时短的纪录。英国国家物理实验室资深研究科学家会彼得·威伯利证实地球目前自转速度达到50年来最快，但他认为"现在讨论负闰秒可能还言之过早"。

① ［德］哈尔特穆特·罗萨：《加速：现代社会中时间结构的改变》，董璐译，北京大学出版社2015年版，第14页。

轮、热气球的黄氏显然还是无法预料当今的计算机技术、网络等现代科技手段已经彻底"消弭了空间",世界的界限已经模糊乃至无效,人们生活在一个"全新而且更平坦"的全球竞技场。①但他确实比他的同时代人跨越了更遥远的空间,是中国较早领会时间之"优先性""重要性"的人。另一方面,海轮在晚清和民国初年不仅仅是交通工具,还有着更丰富的象征意义——因为最初走向世界的那些国人,就是乘坐海轮进入新的时间系统、感受不同的时间经验的。

(三)"驰书迅已极,云是君所寄"

"驰书迅已极,云是君所寄。"古人别离后只能在漫漫闲愁中焦灼地等待鱼书雁信,而现代有了电报,在须臾之间,即可报平安寄相思。然而如诗中所言,电报虽然迅捷,寥寥数字却难解满腔幽情,更缺少手书"见字如面"的温情脉脉。文字本已有隔,"三四译"又难"达人意"。可见电报是传递简明信息的好媒介,却实在不是抒发别绪慰藉离愁、填补时间空白的好方式。

电报虽然不解风情,但终究是一项能及时连接万里、可以"一闪至君旁"的新发明。电报最大的优势是由神速所带来的异地信息在时间上近似的"同一性",如诗中所言,"一闪"即可跨越千山万水。尽管此时人手拍发电报的传递速度与后来使用电传打字机相较仍十分受限②,但"驰书迅已极",毕竟是当时最迅捷的信息传递方式了。

黄遵宪应该确信电报的引入和推广对于晚清的军事和现代化进程功不可没。③不过,他没有预料到,电报将担负起举足轻重的作用,成为构建全球统一的"现代时间系统"的决定性因素。瞬间往来的信息使得确立更精确的全球统一的时间系统更为迫切和可能。如果说钟表标识的时间还有地方性,以"即时"或"同一性"为特征的电报则使时间完全与某地的太阳升落、月亮盈亏无关,格林尼治时间最终成为世界标准时间,而正是电报,使得与格林尼治标准时间的校对变得准确可行。通过肉眼观测以定时还是被彻底否弃了,伊斯兰世界最终也选择以电报

① 《世界是平的:一部二十一世纪简史》一书详细地分析了计算机、网络等科技手段是如何把世界变"平"的,以及这个"平"的世界对公司管理乃至日常生活的巨大影响。(参见〔美〕托马斯·弗里德曼:《世界是平的:一部二十一世纪简史》,何帆等译,湖南科学技术出版社2010年版)

② 黄遵宪《今别离》组诗作于1890年,此时世界各地采用的还是有线电报,所以诗云:"门前两行树,离离到天际。中央亦有丝,有丝两头系。……安得如电光,一闪至君旁!"20世纪20年代电传打字机发明后,拍发电报实现了自动化,不仅提高了传送速度,也增加了准确性。在传真、长途电话普及以前,这是长途通讯最迅捷最重要的方式。

③ 黄遵宪说,"轮舟""铁道""电信"等为"可得而变者","可以务财训农通商惠工"(参见黄遵宪:《〈皇朝金鉴〉序》,《黄遵宪全集》(上),第265页)。其观点与将电报与铁路视作"富强之道"的李鸿章相同。"电报"的建、毁与中国近代化进程的关系,详见吴军:《文明之光》第十三章第五节,人民邮电出版社2014年版。

确立斋月，而所谓"世界"标准时间终究是以西方的计时系统为普遍原则，是"欧美对一个相互关联的世界的愿景表现出的特权"①。

比起海轮和火车等交通工具，电报，以及之后的电话、传真以及现在的网络等通讯工具的发明和普遍推广，一方面带来了丰富而及时的信息交流，使得全世界几乎能立即同时共享一切信息；另一方面，个体时间也越来越多地被侵入和占有。芒福德将"跨越长距离的瞬间通信"称作"新生代技术阶段最杰出的成就之一"：

> 电报及其后的一系列发明，都在克服空间距离的障碍并且缩小表达与反应之间的时间差。……借助于机械装置，通信又回到最初的人与人之间的瞬时反应了。现在即时联系的可能性不再受到时间和空间的限制，而仅仅取决于机械设备的完善、设备的容量以及个人当前的精力。……后果又会怎样呢？显然，现在的交流范围更广了：更多的联系、花费更多的精力、花费更多的时间。……即时的联系确实方便，但也带来了负面的影响。……有了电话以后，个人的精力和注意力不再由自己控制，有时要受某个陌生人自私的打扰或支配。②

电报一方面使得被空间阻隔的人与人能在"瞬时"完成信息的传递、回应，也使得刹那有了价值；但"即时"的另一面是时间的碎片化、无序化，个体在时间上"自作主宰"更加艰难。"即时"还剥夺了人们慢慢回味、深入思考的余地，"电报式话语不允许人们进行历史的回顾，也不鼓励深入的分析"③，无需等待、不再期盼、没有犹豫、缺乏想象……这样的时间，有时显得冰冷而无情、生硬而机械、轻浮而浅薄。当然，电报终究不是个人之间的即时通讯，且已消逝在历史的长河中；而芒福德或波兹曼还不曾论及手机和互联网，可是今天的我们，早已更越来越无法抗拒或逃脱"即时的联系"所带来的便利和控制。

（四）"开箧持赠君，如与君相逢"

《今别离》其三，写的是照片。古今多情人，别离后都是朝思暮想，一种相思

---

① ［美］瓦妮莎·奥格尔：《时间的全球史》，第 276 页。《时间的全球史》详细分析了电报等新发明在确立全球统一的时间中不可替代的特殊作用。该书第六章中，论及 1910 年秋，伊斯兰世界有关如何确定斋月的精确结束时间方法的激烈辩论，是选择"使用电报来报告新月的消息"，还是遵循伊斯兰律法所规定的"看见"？电报等新技术最终取代目测的传统律法，融入了伊斯兰教及其历法，伊斯兰世界因而不仅是"现代的"，同时也是"全球化"的。

② ［美］刘易斯·芒福德：《技术与文明》，第 213 页。

③ ［美］尼尔·波兹曼：《娱乐至死·童年的消逝》，章艳、吴燕莛译，广西师范大学出版社 2009 年版，第 64 页。

两处闲愁。古代也有雁字鱼书，毕竟只是"如面"而并非真的面对面，更何况隔山断水，尺素难至，离人大多数时候还只能沉浸于回忆往事和期待重逢之中。但现代的照片却是一种能以更具象更实在的方式将瞬间定格的发明，"开函喜动色，分明是君容"，欣赏照片的确是比阅读文字更为真切的"见面"。照片带来了更多别后的讯息，倘若把两人的照片合于一处，就如同是"汝我长相从"了。照片给天各一方的情人带来了类似重逢的惊喜，尽管在惊喜之后仍不免有"对面不解语"之恨。

摄影技术的出现，直接的影响首先是通过照片，使已经隐遁的"过去"得以凝固、保留。时间流动不居，生灭聚散，一去不返，人类的天性却总在追寻永恒，希望记录经历，保存过往。摄影创造了一种"能把转瞬间丝毫不差地固定下来的一种手段"。古代，人们只能倚仗文字或绘画的方式记录或描摹某些事件或片刻，但很难"不走样"；现在，摄影捕获某些瞬间，通过一个个静止的图像，更加惟妙惟肖地复制并留存了某些特别的场景或情态。"拍照"的行为本身也表现着某种时间意识：

> 拍照就是参与另一个人（或物）的必死性、脆弱性、可变性。所有照片恰恰都是通过切下这一刻并把它冻结，来见证时间的无情流逝。相机开始复制世界的时候，也正是人类的风景开始以令人眩晕的速度发生变化之际：当无数的生物生活形式和社会生活形式在极短的时间内逐渐被摧毁的时候，一种装置应运而生，记录正在消失的事物。[1]

"见证时间的无情流逝"，苏珊之言无误但又有悲观之意；而我们也可以乐观地说，比如：拍照使我们得以岁月留痕、收藏生命的片段，以"对抗"无情流逝的时间。当回忆都已模糊甚至无迹可寻时，照片还能温柔地呼唤"过去"使之现身，从而重新勾连我们完整的生命。当人们被"令人眩晕的速度"裹挟着奔跑、旋转之际，相机复制的世界——那些仿佛已经淡忘的年少轻狂、某个夏日午后的荷叶罗裙、虽然褪色但环绕左右的故旧亲朋……或许正是这些凝固的瞬间，还能平复或护佑疲惫茫然的身心。"追求一种永恒的东西乃是引人研究哲学的最根深蒂固的本能"[2]，奔忙的生命依旧渴望安宁、稳定和恒久。照片，不仅提供了一种超越时空之隔而共同参与这些瞬间的重要方式，也已经成为现代生活中一种追求永恒的最为普遍的方式。

---

① ［美］苏珊·桑塔格：《论摄影》，黄灿然译，上海译文出版社 2008 年版，第 15 页。
② ［英］罗素：《西方哲学史》（上卷），何兆武、李约瑟译，商务印书馆 2016 年版，第78 页。

摄影技术的发展，进而诞生了一个图像的时代。早在1854年，克尔凯郭尔就曾预言：

> 有了达盖尔银版法，大家都可以拍一张肖像——以前只有名人才可以；与此同时，所做的一切事情都是为了使他们看上去都一模一样——使得我们只需要一张肖像。①

"拍一张肖像"无疑揭示了现代社会的某种"平等"，克尔凯郭尔的前半句话揭示了与传统的肖像画相比较，摄影所特有的某个优势——易普及、大众化，尤其是当摄影设备越来越平民化之后，只要愿意，每个人都可以是自己或他人时间的记录者，每个人都可以留下自己在某个瞬间的故事。照片展示了某种真实而生动的个体时间。当然后半句话更深刻，这预言了现代社会中"大家"的某种同质化单一化的特征。②但摄影确实使每个人都有能力随时把世界或个人的某些瞬间尽量丝毫不差地固定下来。

19世纪，照片和电影陆续传入中国，并在20世纪上半叶迅速推广、普及。之后，电视、网络陆续成为普罗大众日常生活的重要部分。如今，各种本来需要沉心涵泳的经典被动漫化，在学校，图文并茂的PPT大有取代粉笔和板书的力道，……波兹曼曾宣称摄影术和电报预示了"阐释时代"的终结，并开启了以"图像和瞬息时刻的二重奏"为语言的"躲躲猫的世界"，还感慨"电视侵蚀了童年和成年的分界线"，并最终导致了童年的消逝。③柏格森、德勒兹等哲学家将电影纳入哲学思考，并讨论了影像与时间体验的某些独特而重要的关联。④照片开启了

---

① 转引自［美］苏珊·桑塔格：《论摄影》，第208页。

② 显然我们本质上并非满足于"只需要一张肖像"。如今微信朋友圈常常生动地展示着众人熙熙，我亦熙熙的"一模一样"，各种修图使"照片"成为"照骗"，我们通过九宫格的照片索取存在感，但真正的"我"已隐没难觅。这实在又是某种现代的吊诡。

③ ［美］尼尔·波兹曼：《娱乐至死·童年的消逝》，第237页。

④ 柏格森时代，电影刚刚起步，但他是第一位关注影像和运动、时间等关联的哲学家，"我们的日常认识机制，就是摄影机的机制"，这种理智的认识机制把时间理解为断裂的点，其牺牲了意识中"最精华部分"即"只朝着生命的方向前进"的直觉，并因而无法体验真正的绵延时间。（参见［法］柏格森：《创造进化论》，肖聿译，华夏出版社1999年版，第264、227页）他还以"记忆锥形图"的方式将时间形象化（参见［法］柏格森：《材料与记忆》，肖聿译，华夏出版社1999年版，第144页）。如柏格森所言，电影画面的连续性不过是将一系列静止的电影胶片快速放映的结果，电影胶片定格的依旧是一个个瞬间，就这点而言，电影与照片相同。德勒兹的研究更深更远，尤其是在《电影2：时间—影像》中提出"时间挣脱了自己的锁链"，现代电影将实现"从属关系的倒置"，即"时间不再隶属运动，而是运动隶属时间"。这是时间观的又一重大转折。（参见［法］吉尔·德勒兹：《电影2　时间—影像》，谢强、蔡若明、马月译，湖南美术出版社2004年版，第64、432—433页）

图像时代，图像改变了我们和世界打交道的方式，也丰富甚至颠覆了我们感受时间、理解时间的某些方式。

另一方面，"照片"作为凝固瞬间的艺术形式，与雕塑有着某种异曲同工之妙。

> 具有不可逆性质的时间在雕塑中既凝冻又流逝。由于具有不同的人生内容，时间并不同质。也正因为在艺术中直接感受着着凝冻而又流逝的时间，而不同质，各种有限的事物的肯定价值便被积淀在艺术和人的这种种感受里。①

在雕塑、照片等艺术中，时间暂停了，使我们有可能以某种静态的方式去感受时间和生命的另一面。若时间只有流逝，我们便很难确证事物的存在、肯定事物的价值。正是在动与静、流逝与凝固中，我们调整、建构对时间和生命的多重领悟。

弗卢塞尔进一步拓展了摄影哲学。在他看来，影像提供的并非"冻结的事件"，"影像用情境取代了事件，把事件转化为场景"。②他创造了"摄影的时空"：

> 它不是牛顿式的或爱因斯坦式的时空范畴，而是把时空划分成非常明确的、彼此分开的区域。所有这些时空区域源于与要捕获的猎物之间的距离，而对"拍摄对象"的观察就处在时空的核心。……或者，还有闪电般凝视的时间区域（快门速度），快速眺望的、从容凝视的、冥思般审视的时间区域——摄影的动作就发生在这一时空中。③

"摄影的时空"并非纯粹的物理时空，毋宁说，它首先是摄影者用"心"裁剪的特殊时空。尽管在某种意义上，照片与文字、画像等有着类似的时间结构和特征，比如都可以将某个人或物或事件从一个特定的单一的时空中抽取出来，在此后反复的欣赏回味中不断重构各种"观者"的时间意识。但摄影提供的是一种"技术性的影像"——它依赖充满科技元素的相机——"摄影的时空"还包括相机快门提供的时间区域。因而与传统的影像不同，弗卢塞尔说："传统影像是'史前的'，技术性的影像是'后历史的'""影像自身的时空……是魔法的世界……这样一个世界在结构上有别于历史的线性"。④"史前的""历史的线性"的时间是通过因果

---

① 李泽厚：《美的历程》，安徽文艺出版社 1994 年版，第 263—264 页。
② ［巴西］威廉·弗卢塞尔：《摄影哲学的思考》，毛卫东、丁君君译，中国民族摄影艺术出版社 2017 年版，第 10 页。
③ 同上书，第 32 页。
④ 同上书，第 10 页。

必然性联结起来的不可重复的秩序，"后历史的""魔法"的时间则充满了偶然，摄影者、拍摄对象、"观者"难至相机本身，都充满了偶然。弗卢塞尔以"影像—装置—程序—信息"为摄影哲学奠基，并最终提出了摄影哲学的任务：

> 摄影哲学的任务，就是思索在一个被装置支配的世界里这一自由的可能性及其意义；思索人类如何能够在面对死亡这一偶然的必然性面前，为自己的生命赋予意义。①

如果说克尔凯郭尔预言了某种"平等"意识以及平民化世俗化时间的开启，弗卢塞尔的摄影哲学则通过"摄影""影像"的时空将生命的必然与偶然、因果与自由等设为己任，这一切肇始于现代科技之一——相机的发明。他们的观点已经或将会启发中国思想界并引起回应。更重要的是，作为一门具体的艺术，摄影的哲学担当又令人想起李泽厚以"偶然性"言"命"②、以美学为"第一哲学"的理念③及其"面向未来"的特征，以及孙周兴有关"未来哲学"的技术性和艺术性的构想④。

（五）"相去三万里，昼夜相背驰"

"夜来幽梦忽还乡，小轩窗，正梳妆。"（［宋］苏轼《江城子·乙卯正月二十日夜记梦》）在古代，哪怕生死永隔，也可以托梦相逢。但在《今别离》其四中，黄遵宪构画出了一个传统离人无法想象的场景：时差，以及由时差带来生活节奏的错位。古人总能期待"千里共婵娟"，不管空间距离多么遥不可及，在同时仰望一轮明月的瞬间，天涯已化为咫尺。"月"还可贯连古今："今人不见古时月，今月曾经照古人。古人今人若流水，共看明月皆如此。"（［唐］李白《把酒问月》）人生短暂，明月亘古。那轮共同的明月因而成为构筑情感时空的特殊符码，月之阴晴圆缺也成为时间流逝的象征，"苒苒几盈虚，澄澄变今古"（［唐］王昌龄《同从弟南斋玩月忆山阴崔少府》）。

如今，黄氏已漂洋过海，独自徘徊在三万里之外的思妇无奈地发现"天涯共此时"竟然已成奢望："举头见明月，明月方入扉。此时想君身，侵晓刚披衣。"因为有八个小时的时差，这对有情人不仅无法共时赏月，而且昼夜相背眠起不一，

---

① ［巴西］威廉·弗卢塞尔：《摄影哲学的思考》，第71页。
② "'知命''立命'，即个性的自我建立，亦即个人主体性的探索追求。所谓'命'，我以为不应该解释为'必然性''命定性'……应解释为偶然性，即每一个体要努力去了解和掌握专属自己的偶然性的生存和命运，从而建立自己，这就是'知命'和'立命'。"（参见李泽厚：《论语今读》，生活·读书·新知三联书店2008年版，第20页）
③ 李泽厚：《实用理性与乐感文化》，生活·读书·新知三联书店2005年版，第111页。
④ 详参孙周兴：《人类世的哲学》，商务出版社2020年版，第39—45页。

这种生活步调的参差使得魂梦相依也困难重重，她很不安："君魂倘寻我，会面亦难期。恐君魂来日，是妾不寐时。"离人之间，在遥不可及的空间阻隔之上，又多了一层因为缺少共同时间而导致的沟通之艰。

虽然早在明代，"时差"的概念随着利玛窦、熊三拔等传教士来华已经传入中国，甚至还影响了清朝初年的历法建制。①19世纪中叶以后，随着出洋游历、留学或任职的国人增多，以及西学东渐和新式教育的推广，人们对"时差"的体验、介绍、讨论才逐渐增多，但在很长一段时间，能够理解时差的国人其实依旧屈指可数。②

值得注意的是，对于晚清的国人而言，"时差"不仅是一种独特的时间现象和时间体验，更是冲击国人传统宇宙观、重塑"中国"与世界关系的重要概念。魏源曾在《海国图志》中专门讨论过"地球""经纬度""时差"等问题。③"地球"也是黄遵宪诗文中经常出现的概念。对时差原因的探求，最终破除了国人自古以来坚守的"天圆地方""乾动坤静"等传统观念，人们终于相信"地"竟然是一个不断转动的"球"，宇宙观的变化撼动着传统的天地秩序。④天尊地卑瓦解了，基于乾父坤母的人伦秩序也崩塌了。人们不得不破除"中国"为世界之"中央"的夜郎自大，不得不跳出固有的"天下"观念。"天长地久""天不变，道亦不变"……传统的"天地"是"时间"悠远绵延之源，然而，如果"天地"变了，"时间"之根尚在何处？

今天，我们已不惧客观的"时差"，电灯的开关模糊了昼夜的界限，网络的便捷实现了信息的即时往来。如何主动调整生物钟以适应"时差"带来的身心不适，或者通过计算"时差"来安排和调整不同时区的联络或工作……这些都将成为与时间有关的特殊"技能"，科技于此也在大展宏图，试图削减甚至要破除时间之"自然性"的作用。⑤

---

① 如顺治元年，传教士汤若望奉旨编订《时宪历》，其中就有一项新增的内容："诸方节气及太阳出入昼夜时刻"，"时差"即是各地昼夜时刻差异的原因之一。传教士还指出，纬度的不同也影响昼夜长短，如阳玛诺说："昼夜长短由于太阳及南北极出入地平也。"（参见阳玛诺《天文略》，《钦定四库全书》子部六天文算法类一）

② 比如1910年，初抵美国的胡适在致族叔胡近仁的信中曾提及："此间晨兴之时，正吾祖国人士酣眠之候；此间之夜，祖国方日出耳。"因时差，中美两国的昼夜时间部分颠倒。1914年8月29日，胡近仁寄赠胡适《苦热怀适之美国诗》："骄阳苦煎熬，斗室况湫隘。……不知重洋外，故人作何态？颇闻谈瀛者，炎凉正相背。"可见后者误以为美国季节的寒暑也与中国相反。

③ 参见魏源：《海国图志》卷99，《魏源全集》第7册，岳麓书社2005年版。

④ 参见葛兆光：《天崩地裂：当中国古代宇宙秩序遭遇西洋天学》，《中国思想史：七世纪至十九世纪中国的知识、思想与信仰》，复旦大学出版社2001年版。

⑤ 比如多年来，科学家一直致力于研究控制睡眠周期的基因，以期发明缓解和克服时差，以及治疗失眠的药物。但值得注意的是，2017年诺贝尔生理学或医学奖授予杰弗里·C. 霍尔（Jeffery C. Hall），迈克尔·罗斯巴什（Michael Rosbash）和迈克尔·W. 杨（Michael W. Young），奖励他们发现"昼夜节律控制分子机制"。

仿佛只有日月的更迭，还能固执地提醒我们，"时"本"从日"。古人日出而作日落而息，与天地同行、与日月合辙。现代人却期待永昼，甚至渴望不眠。①科技或许早已解决时差造成的"参差"之困，但"昼夜相背驰"的"时差"现象的存在正是在诘问我们：什么才是时间之源？如同斋月的确定不再倚赖抬头可见的那弯新月，各种人造物使得时间的"自然性"以及我们生活的自然性变得越来越无足轻重，多方钟表时间仍以时区为依据，"时差"提醒我们：远方的太阳还未升起、远方的人儿还在梦中。

（六）"今"之别离

《今别离》这组诗循用的是乐府杂曲歌辞的古老形式，以五言之古法，发抒的也是"离别悲伤之怀"这样一种古老的情感。"别离"是一种特殊的时间感受——"黯然销魂者，唯别而已矣"（［南朝］江淹《别赋》）。"别离"意味着即将斩断与此时此处的关联，挥手转身，时空俱换。渐行渐远，往昔何有？此去经年，今朝何在？一别数载，来日何托？"今"本来就是时间概念，"今别离"也挑明了此次相送，应别有异样情怀，新愁新怨。

组诗（其一）的开篇就制造了"古"与"今"的对立："古亦有山川，古亦有车舟。车舟载离别，行止犹自由。今日舟与车，并力生离愁。"山川隔所爱，车舟载离人，然山川未变，古今有别。如诗中所及，今日之人在别离之际所感所受的，是被现代交通工具所生发的别样忧怀况味。

"长相思兮长相忆，短相思兮无穷极。"（［唐］李白《秋风词》）离人常念相思苦，回忆是将过去的人事拉到现在的时空，或将忆者从此时此地抽离，遁入已逝的情境。沉湎于回忆之人，以过去相守的温情反衬或对抗现在分离的寂寥，经过时间淘洗和沉淀的"过去"获得了更丰富的内涵甚至是更高的价值。然而世事无常，"早知如此绊人心，何如当初莫相识"（［唐］李白《秋风词》）。为逃避"现在"的悲凉，忆者甚至期待扭转时间，拒绝"过去"的"故事"。

黄遵宪诗中亦有相思苦，但总体而言，他的相思并不太多彷徨于过往的情事，更多的还是在感受和传递不能相守的"现在"：如第二、三首以思妇口吻诉说收到电报、照片之后的五味杂陈；第四首诉说因"时差"而无法魂梦相依。这些都是古代无有之物、难得之情，黄氏抓住工业社会独有的新事物或新体验，以新颖别

---

① 当下，存在越来越忙碌的人们不断试图压缩各种"无用"的时间的现象，他们并未真正意识到应该将良好睡眠视作健康生活方式的重要因素。2018 年 3 月，中国医师协会睡眠医学专业委员会发布《全球睡眠状况及睡眠认知最新调查数据和睡眠医学最新成果》，其中包括：中国 90 后年轻人在睡眠观念、时间、质量和习惯等多方面普遍存在问题；同时，人们在对健康生活方式的理解中，多数人没有"优先"考虑睡眠。2001 年，国际精神卫生组织将每年的 3 月 21 日定为"世界睡眠日"，2003 年中国睡眠研究会将此正式引入中国。"世界睡眠日"的设立，恰恰反衬了时人在生命的价值序列中对"睡眠"之不可替代性的疏忽。

致的意境描摹相思之况味。同时，诗中也表达了对重逢的期待与盼归的热望："安得如电光，一闪至君旁！所愿君归时，快乘轻气球。"与转向"过去"的回忆不同，这里的期待与热望是迎向"未来"的。尽管山水迢迢、归路渺渺，但放眼向前，未来可期。这种对"现在"的关注、对"未来"的信任，也是现代时间意识的重要特征。

黄遵宪这一代晚清人士遭遇的是"三千年未有之变局"。时间感极为敏锐的黄氏对此"变"相当自觉，作为诗人，他曾在其诗集的自序中结合诗之"志"比较全面地表达了他对"古今"的基本观点：

> 士生古人之后，古人之诗，号专门名家者，无虑百数十家。欲弃去古人之糟粕，而不为古人所束缚，诚戛戛乎其难。虽然，仆尝以为诗之外有事，诗之中有人。今之世异于古，今之人亦何必与古人同？①

他并未隔绝古今，也认为"诗固无古今也"，但他不因袭旧法，不固守古格，更反对贵古返古。他更关注的是"今日"之物事人情、典故语言：

> 苟能即身之所遇，目之所见，耳之所闻，而笔之于诗，何必古人？我自有我之诗者在矣。（《与朗山论诗书》）
> 我手写我口，古岂能拘牵。即今流俗语，我若登简编；五千年后人，惊为古斓斑。（《杂感·大块凿混沌》）

在他看来，时移世易，必须觉察古今之别，力求以今为尊，涤故更新。

正是以"识时""知今"的时间观念为基础，黄遵宪在诗文创作中主张突破古法，强调以今日之"我"书写"古人未有之物，未辟之境"，其诗常常新意迭出。"公度之诗，诗史也"②，"多纪时事"③。黄氏之诗所描写的不仅是个人的牵挂缠绵，更生动而详尽地展示了晚清悲壮的历史画卷和和雄阔的世界图景，发抒其对帝国危亡之忧愤与亟盼变法求强之深思。黄氏深通易学，又较早在日本接触了进化论的洗礼④，他的诗文充满了对"今"即现实的关切和尊崇，反对执古方以药今，进而相信"后胜于前"（《日本国志·天文志》）。在大多数情况下，他对

① 黄遵宪：《〈人境庐诗草〉自序》，《黄遵宪全集》（上），第68—69页。
② 梁启超：《饮冰室诗话》七十九，《梁启超全集》第三集，第219页。
③ 陈衍：《石遗室诗话》，郑朝宗、石文英校点，人民文学出版社2004年版，第107页。
④ 黄遵宪任驻日参赞期间，正是日本进化论风靡之际。其所撰之《日本国志》中有丰富的进化论思想。从时间上来看，其接触进化论比严复早了将近十年，只是不够系统；而更遗憾的是，《日本国志》及其思想生不逢时。

"今"所代表的现代世界中的各种"新"充满了认同与期待。

黄遵宪不仅是诗人，更是晚清时期较早觉悟到古今之变，并希望通过积极变法来应对巨变，以挽救帝国危机的思想家。对"变"的觉察与回应，建基于对时间流逝的敏锐体悟和对古今之异的清醒辨识。他不仅体会到"今"之别离与"古"有别，同时也预感到即将进入的新世纪更是风云难料、变幻无常。在这样一个以空前之变局和高度之动荡为特征的时代，个体身世浮沉，国族命运未卜，"通古今之变"无疑是重建个体和国家秩序、挺立于"世界"、与"时间"对话的重要根基。

今别离，将何之？走出古代，走向"摩登"时代。

第二节　从"古—今"到"古代—现代"

一、"古"与"今"

《说文解字》云："古，故也。从十、口。识前言者也。""古"即过去的往昔；"十、口"表示口口相传。过去的人与事，通过世世代代的言传辗转至今。段玉裁注曰："故，使为之也。按故者，凡事之所以然。而所以然皆备于古。""故"是使某事存在的"所以然"；以"故"释"古"，就是认为一切"故"在古时都已齐备无缺了。

"今，是时也。"（《说文解字》）"今"即这时、现在；段注云："今者对古之称。古不一其时。今亦不一其时也。云是时者。如言目前。则目前为今。目前已上皆古。""古"与"今"相对而言，并非某一固定的时间点，早于现在的，都是"古"。

在《诗经》《尚书》等中国最古老的典籍中，"古""今"已经对言，分别表示已经过去的往昔与当下所处的现在。《诗经》云："匪且有且，匪今斯今，振古如兹。"（《周颂·载芟》）人事有代谢，往来成古今，但一定有不随时间变化而"振古如兹"的"故"。在《尚书》中屡见"稽古"一词，如开篇即是"曰若稽古。帝尧曰放勋"（《尚书·尧典》）。"稽古"即考察古代的事迹，既然一切"故"都已备于"古"，所以通过"稽古"可以明辨是非、总结经验。唯稽古，才能崇德象贤。"稽古"是为了能"承古"，"今不承于古，罔知天之断命，矧曰其克从先王之烈？"（《尚书·商书·盘庚上》）现在如果不能继承先王敬慎天命的传统，就无法知道老天所决定的命运，更何况说能继承先王的事业呢？"承古"才能

"启今"。

所以"古"值得一再"思"、反复"稽"、也必须"承"。年轻的谋人要亲近，黄发的老者更要请教。如果偏离了古言古训，"事不师古"，不仅难有成就，也终将受天之罚。①"古"之尊、"古"之贵，在此已发端。

一切过往都已成"古"，逐渐积累的"古"越来越久远，越来越悠长。于是在《周易》中又有了"上古""中古"之分，如"上古结绳而治""上古穴居而野处""易之兴也，其于中古乎?"（《周易·系辞传下》）

先秦时已有了"古今之辨"，即讨论有关古今之变化及其特征以确立对古今的基本态度。如：

> 执古之道，以御今之有。（《道德经》第十四章）②
> 自古及今，其名不去，以阅众甫。（《道德经》第二十一章）

"自古及今"，表示时间从过去到现在的流逝。但"道"是"常"与"久"，亘古亘今；老子将古今之变视作偏离古道后的迷不知返，在他看来，这是一条趋死之途：

> 今舍慈且勇，舍俭且广，舍后且先，死矣!（《道德经》第六十七章）

《论语》载：

> 古之学者为己，今之学者为人。（《论语·宪问》）
> 古者民有三疾，今也或是之亡也。古之狂也肆，今之狂也荡；古之矜也

---

① 如"事不师古，以克永世，匪说攸闻。"（《尚书·商书·说命下》）又如武王伐商，作《牧誓》云："今予发惟恭行天之罚。"（《尚书·周书·牧誓》）等等。

② 《道德经》第十四章帛书甲乙本均为"执今之道，以御今之有"，学界对此非常关注。高明认为"托古御今是儒家的思想，法家重视现实，反对托古"，并引《荀子》《史记》等以证与其他传世本有异的帛书"为是"。（参见高明：《帛书老子校注》，中华书局1996年版，第289页）徐梵澄亦言"此处一字之异，可观儒家与道家之处世不同"。他以老子为代表的道家主张"执今御古"，而儒家采用"执古御今"，"然时不返古，世必日进，执古御今有必不可能者。执今御古，斯可矣。由今而返推至古，古可知也"（徐梵澄：《老子臆解》，中华书局1988年版，第20页）。其慕老扬老之意一目了然。但张舜徽《老子疏证》"亟取帛书校读今本"，于此不做勘校，未加发明，却引清人高延第之论云："以上皆言道之体用如此，乃古道也。执古可以治今，居今亦可以反古，皆以道为纲维也。"（张舜徽：《老子疏证》，《周秦道论发微 史学三书平议》，华中师范大学出版社2005年版，第178页）其不言之意深可玩味。刘笑敢亦不取"执今"之说（参见刘笑敢：《老子古今》上卷，中国社会科学出版社2006年版，第187页）。结合《道德经》文本，特别是第六十七章，以及老庄的古今之论，"执今"之说仍可商榷。

廉，今之矜也忿戾；古之愚也直，今之愚也诈而已矣。（《论语·阳货》）

联系孔子言"好古"、欲"从周""复礼"，显然他对礼坏乐崩的古今之变是忧心忡忡的，其对古今之臧否也是确定的。

孔子不仅谈古今，亦论今之后的"将来"：

后生可畏，焉知来者之不如今也？（《论语·子罕》）

年轻人将来可期，他们完全可能超过现在之人啊！这里他似乎确实也展示了他对"后生"的某种乐观；然而，"可畏"是否也可能是更严重的堕落？既然"今"已经令人心忧，"来"亦可能愈加让人心惧啊！孔子或许并无此忧，但《庄子》把这种可能性表达得清清楚楚：

来世不可待，往世不可追也。……方今之时，仅免刑焉！（《庄子·人间世》）

古今之变就是一个世道互丧、德一衰再衰的过程，过去有至一之境但已无迹可寻，现在只能绕着躲着以求自保，而将来呢？还有指望吗？值得期待吗？

尽管在先秦有荀子倡导"法后王"，有韩非明确提出从"上古""中古""近古"到"今"的演变①；但不可否认，在中国文化的传统中，崇古抑今的倒退或循环的时间意识确实是主流。

二、"三千年未有之变局"

黑格尔将世界历史视作"'精神'在时间里的发展"，他虽然主张"历史必须从中华帝国讲起"，认为中国是世界历史的起点，但他话锋一转，又强调在中国

---

① 荀子虽然提出"善言古者必有节于今"（《荀子·性恶》），主张"以今持古"乃至"法后王"（《荀子·儒效》），显示了在古今之争中立足"今"和"后"的某种"进步"倾向。但他同时也说"古今一也"，斥责"古今异情，其所以治乱者异道"是"妄人"之言（《荀子·非相》）。《商君书》等法家开始将历史的演变区分为具有不同特征的不同阶段；韩非承继此说，如将历史描述为从有巢氏、燧人氏的"上古之世"到尧、舜、鲧、禹的"中古之世"，再到桀、纣、汤、武的"近古之世"，进而再到"当今之世"的更迭过程，并认为古法难适今世："然则今有美尧舜汤武之道于当今之世者，必为新圣笑矣"。但韩非虽然强调古今之异，主张"世异则事异""事异则备变"，却未必有明确和自觉的历史进化论，比如他说："上古竞于道德，中世逐于智谋，当今争于气力"，古今有别，所以"仁义用于古而不用今"，然而历史的动力从"道德"到"智谋"再到"气力"，这样的古今之变显然并非"进步"。（参见《韩非子·五蠹》）

"一种终古如此的固定的东西代替了一种真正历史的东西",除了朝代更迭,两千年的中国并没有发生任何实质的变化。中国永远停留在"历史的幼年时期","仅仅属于空间的国家",只有"非历史的历史",没有变化、没有进步,始终处于不"发达成熟"的状态。①

《庄子》就曾慨叹周鲁之异如水陆,认为孔子汲汲于复周礼实乃劳而无功的穷途末路。后人亦论沧海桑田世变甚巨,如:

> 宇宙风气,其变之大者三:鸿荒一变而为唐、虞,以至于周,七国为极;再变而为汉,以至于唐,五代为极;宋其三变,而吾未其极也。([明]陈邦瞻:《宋史纪事本末·叙》)

在他看来,不仅周鲁有别,秦汉、唐宋都有鼎革……然而历史情境中的个体在当下所领会的古今之悬隔,新故之撕裂,在漫长的时间流逝中往往被压缩被简化,甚至归于淡忘乃至不足轻重。

晚清以来,国人亦常言中国二三千年未变,如谭嗣同曾云:"二千年来之政,秦政也,皆大盗也;二千年来之学,荀学也,皆乡愿也。"②顾准亦曰:"专制主义使中国长期处于停滞不前,进展有限的状态之中。"③与此不同,陈旭麓反对粗率地以"停滞"言之:"过去描述封建社会的长期性,经常使用'停滞''阻滞''迟滞'三个词。比较起来,后一个似乎更恰当些。封建社会的长期性,并不意味着中国社会停滞,社会总还是在变化的。这种变化,因为微小,仅以前后相接的两个朝代而论可能不太明显,但隔开几个朝代加以比较,是能够看得出来的。可以说:代代相承,变化微渐。"④以"代代相承,变化微渐"论悠长的时间之逝,无疑更为公允。

但晚清自认所蒙受的是"三千年未有之变局",三千年的古今实乃一以贯之,而此时正遭逢着拔根裂骨的巨变。与过去的"三千年"不同,此时的古今之争与中西之辨互相纠缠着,"今"已不可能与"西"隔绝。

晚清的古—今之争不仅与中—西牵连,还与旧—新相涉,更关联着道—器、体—用等等。此时帝国虽已岌岌可危,但真能睁眼看世界、锐意鼎革救亡之人却寥寥可数,朝廷内还在胶着于夷夏之辨,即使是相对开明的洋务派,在论及"道"

---

① 参见[德]黑格尔:《历史哲学》,王造时译,上海世纪出版社 2006 年版,第 110、66、97、128 页。《法哲学原理》中亦有类似的观点。

② 谭嗣同:《仁学》,谭嗣同著,蔡尚思、方行编:《谭嗣同全集(增订本)》下册,中华书局 1981 年版,第 337 页。

③ 顾准:《顾准文集》,贵州人民出版社 1994 年版,第 301 页。

④ 陈旭麓:《近代中国社会的新陈代谢》,第 19 页。

"体"之时，也小心翼翼；而对绝大多数国人而言，西方世界仍是遥不可及或素不相识的。帝国仍自沉于天朝上国的迷梦中，色厉内荏地迎对"蕞尔小国"或"四方来朝"。

黄遵宪是最早漫游世界的国人之一，"足遍五洲多异想"（《以莲菊桃杂供一瓶作歌》），"吟到中华以外天"（《奉命为美国三富兰西士果总领事留别日本诸君子》），他的诗文也塑造了部分晚清国人对西方、对世界的想象。无论是诗歌创作，还是政治主张，他都反对俗儒之傲慢自是和胶柱鼓瑟。基于长年海外游走的丰富阅历而沉思著文，他强调以"识时"为要，知今贵今，除旧布新；又提倡"知彼"，力主"所当师四夷""中国必变从西法"①，虽然此时他的目力总体并没有超越"物""技"的层面，其视域亦未真正跳出"夷夏""体用"之辨，甚至还有"西学中源"之论②，但他坚信必须向西求法，还应该以主动学习西方且维新成功的日本为鉴，中国的"未来"不可避免地要打上"西方"的烙印、要追赶"西方"的身影。

在黄遵宪《今别离》诗中，一方留在故国深深思念、久久等待，而另一方已辞别故土、独处异域，横亘在他们之间的自然"时差"激起了"魂梦难相依"的愁怨。但对于被迫睁眼看世界的中国人来说，"时差"还有着某种独特的象征——

---

① 黄遵宪曾于 1877 年至 1882 年作为清政府首任驻日参赞出使日本，在此期间他利用业余时间"采风问俗"，又集数年之功呕心著成《日本国志》一书，有意为"朝廷咨诹询谋"："仆之此书，期于有用，故详近而略古，详大而略小""今所撰录，皆详今略古，详近略远；凡牵涉西法，尤加详备，期适用也"。然而此书自 1887 年著成后被总理衙门束之高阁，直到 1895 年，甲午战败、丧权辱国的"马关条约"签订后才正式出版。梁启超曾感慨万千："中国人寡知日本者也。黄子公度，撰《日本国志》，梁启超读之，欣怿咏叹黄子，乃今知日本、乃今知日本所以强，赖黄子也。又潸愤责黄子曰：乃今知中国、知中国之所以弱，在黄子成书十年久，谦让不流通，令中国人寡知日本，不鉴不备、不患不悚，以至今日也。"（参见梁启超：《〈日本国志〉后序》，《梁启超全集》第一集，第 184 页）"而所成之《日本国志》四十卷，当吾国二十年前，群未知日本之可畏，而先生此书则已言日本维新之效成则且霸，而首受其冲者为吾中国。及后而先生之言尽验，以是人尤服其先见。"（参见梁启超：《嘉应黄先生墓志铭》，《梁启超全集》第十七集，第 294 页）雷颐则云："具有高度前瞻性的《日本国志》'事前'无法出版，只到结局已定、大祸已至才姗姗来迟，不能不令人遗憾万分。然而这并非偶然，晚清的政治、社会状况决定了屡屡如此。……中日现代化道路的迟速不同因素多多，重要一点，是文化、观念的作用，即如何面对现代性挑战。"（参见雷颐：《〈日本国志〉出版的幕后故事》，《中国青年报》2014 年 7 月 30 日 7 版）

② "吾取法于人，有可得而变者，有不可得而变革者。其可得而变革者，轮舟也，铁道也，电信也，凡所可以务财训农通商惠工者皆是也。其不可得而变革者，君臣也，父子也，夫妇也，凡关于伦常纲纪者皆是也。"（黄遵宪：《〈皇朝金鉴〉序》，《黄遵宪全集》（上），第 265 页）"形而上，孔孟之论至矣；形而下，欧米之学尽矣。"（冈千仞《观光纪游》同治十七年八月一日日记，《小方壶斋舆地丛钞》第五帙，杭州古籍书店 1985 年版）不过甲午战败，黄遵宪痛心疾首，以悲愤之笔写下了一系列泣血之作，并且大力支持南学会的活动，是"戊戌变法"的重要鼓吹者和参与者。

当耶稣基督"骑在炮弹上飞过来"①，随着晚清在军事上的屡屡受挫、在文化上亦被西学逼得节节败退，中西之异逐渐被等同于古今之别。

19 世纪末首先涌入国内的西潮正是进化论，"世道必进，后胜于今"的理念逐渐深入人心，这种直线的、奔向未来的时间观深深震撼了国人，在各种"独系演化论""阶梯论"②中，中国是落后的，必须加快脚步才能缩小与西方的差距。晚年黄遵宪曾提出以"封建—郡县—共和"为历史进程的"进化三世说"③，又说：

> 弃而不可留者，年也；流而不知所届者，时势也。再阅数年，加富尔变而为玛志尼，吾亦不敢知也。④

"流而不知所届"，虽然前路茫茫，不知何往，但他也跳出了历史倒退论或循环论，甚至以大同、民主为"必至"的历史大势。⑤

进化论的时间观是蔓延整个 20 世纪的主旋律，以"文化时差"来理解中西之别的方式，也一直在或显或隐地影响着国人的思维。自然意义的时差，中英两国太阳升落的先后与国家之优劣毫不相干；但文化时差，却以通过模拟个体成长阶段或阐发历史发展过程等方式，引出了一条自古及今的时间线，并由此判定了先进与落后、文明与野蛮。先是西方（和西方化的日本），后是俄国，可是他们真的能昭示中国乃至人类的"未来"吗？

"时差"本来只是外在钟表所呈现的自然之运动而已。但如众多思想家强调的那样，文化是有生命的。那么，不同的文化，是否也有其内在绵延的时间之流、有其特殊的节奏？时间可以消灭空间，但是否能消灭有生命的文化？

三、"摩登"时代

"近代"或"现代"均译自英语"modern"，不妨先统称为"摩登"时代。⑥

---

① 蒋梦麟：《西潮·新潮》，岳麓书社 2000 年版，第 13 页。
② 参见梁漱溟：《中国文化要义》，《梁漱溟全集》第三卷，第 43 页。
③ 详见黄遵宪：《南学会第一、二次讲义》，《黄遵宪全集》（上），第 280—282 页。
④ 黄遵宪：《致梁启超函》（光绪二十八年十一月一日），《黄遵宪全集》（上），第 438 页。
⑤ 如："举世趋大同，度势必有至。"（黄遵宪：《病中纪梦述寄梁任父其二》）。
⑥ 20 世纪 20 年代后，中国逐渐流行"modern"的音译形式"摩登"。"摩登"在当时不仅指"现代"，更有"时髦"之意，表示某人的思想、穿着或言行迎合时尚、合乎正在流行的样子。比如鲁迅曾作《在现代中国的孔夫子》一文，"孟子批评他为'圣之时者也'，倘翻成现代语，除了'摩登圣人'实在也没有别的法。……"这里鲁迅以"摩登"解释孟子的"时"，以此讥讽袁世凯等现代人"把孔夫子当作砖头用"的尊孔行径。1936 年卓别林电影《摩登时代》，对我国影响甚深，"时髦"逐渐成为"摩登"最主要最常用的含义，如李欧梵直接将"摩登"与上海的现代性联系起来，他说："毕竟，英文 modern（法文 moderne）是在上（转下页）

据考证，"现代"（modern）以拉丁词"modo"为词根，"本意是'现在、此刻、刚才和很快'，表明一种时间性的现在现时、此时此刻，用以描述新近发生或正在发生的时刻、时间、时期和时代。"①

沈国威曾非常细致地考察了汉语中"近代""现代"等概念的源头及其确立、普及的曲折过程。②他指出"近代"是中国的古典词，已经出现于汉语古籍，是一个表示时间的概念，指"过去不远之时代"，这个用法从古代一直延续到20世纪初。之后，"近代"的词义发生了变化，被作为英语 modern 的译词，进而被确定为历史学上划分时代的术语。在欧洲，modern 主要指的是与中世纪相区别的文艺复兴以后的时期，或者是17、18世纪资产阶级革命以后的时代，例如英国一般以1640年的资产阶级革命为近代的开端。随着西方历史学的导入，"近代"首先在日本获得了历史学上的新义，然后又扩散到中、韩等国，乃至整个汉字文化圈。但汉语古籍中并无"现代"一词，"现代"是日本翻译英语 modern 时新创制的词语，其字面含义是"现在的时代"。

汉语文献中大量使用"现代"是在1910年前后。另一方面，日语将 modernize、modernization 译成"近代化"，汉语则译成"现代化"，日本史学界还有以"近世"对应 modern age 的译法。

20世纪之初，中国学界也曾不严谨地使用"近世""近代"乃至"当世"等词。

但断代标志不一，如陈独秀如此割划：

> 以全宋属之近代，且觉中国文学，一变于魏，再变于唐，故拟区分上古讫建安为古代期，建安讫唐为中古期，唐宋讫今为近代期。③

（接上页）海有了它的第一个译音。据权威的中文词典《辞海》解释，中文'摩登'在日常会话中有'新奇和时髦'义。因此在一般中国人的日常想象中，上海和'现代'很自然就是一回事。"他在阐释茅盾名著《子夜》开篇"Light，Heat，Power"和"Neon"四个英文词时说："在中文本中用的是英语，显然强烈地暗示了另一种'历史真实'：西方现代性的到来。"（参见李欧梵：《上海摩登——一种新都市文化在中国（1930—1945）》，第5页、第4页）值得注意的是，汉娜·阿伦特曾有一个很有洞见的区分："不过，摩登时代与现代世界不同。从科学上说，开始于17世纪的摩登时代到20世纪初已经终结。从政治上说，我们今天生活于其中的现代世界是随着第一颗原子弹的爆炸而降生的。"（参见［美］汉娜·阿伦特：《人的条件》序言，第6页）

① 王纯菲、宋伟编著：《中国现代性：理论视域与文学书写》，文化艺术出版社2013年版，第5页。

② 详见沈国威：《近代关键词考源：传统、近代、现代》，《东亚观念史集刊》2013年第4期，第417—437页。

③ 陈独秀：《答书》，收入胡适：《胡适全集》第一卷，第29页。

陈氏将唐宋以往均纳入"近代",同时他也将欧洲文艺复兴以降称作"近代",但中西之"近代"又显然不可同日而语。

待谢无量①、胡适、冯友兰等治中国哲学史,就必须认真地讨论"中国哲学史"的历史分期了,他们都采用的"三分说"。如胡适区分了"古代""中世"和"近世"三个时代②,冯友兰不仅讨论了西方哲学史中有关"上古""中古""近古"的三时期划分法,更以"酒"与"酒瓶"的关系为喻说时代之思想与时代的关系,以哲学之"特别精神,特殊面目"而非外在客观的测度时间或历史事件为标志讨论不同时代哲学之异。以此为镜,他考察中国哲学的特点与延续:

> 中国哲学史,若只注意于其时期方面,本亦可分为上古、中古、近古三时期……但自别一方面言之,则中国实只有上古与中古哲学,而尚无近古哲学也。……自董仲舒至康有为,皆中古哲学,而近古哲学则尚甫在萌芽也。③

他认为,若就哲学之"特别精神,特殊面目"而言,中国在很长时期都处于"旧瓶装新酒"的经学时代,仍滞留于"中古",而西方哲学已进至"近古"。冯友兰甚至以此中西之别为一相当普遍之事实,他说:

> 直至最近,中国无论在何方面,皆尚在中古时代。中国在许多方面,不如西洋,盖中国历史缺一近古时代。哲学方面,特其一端而已。④

在他看来,中国总体上都还没有进入真正意义上的"近古时代",中西之别并不是

---

① 谢无量在《中国哲学史》中将中国哲学划分为"上古哲学"(古代及儒家、道墨诸家及秦代)、"中古哲学"(两汉、魏晋六朝唐)与"近世哲学"(宋元、明清)这三个时期。

② 胡适认为"自老子至韩非,为古代哲学。……唐以后,印度哲学已渐渐成为中国思想文明的一部分。……印度哲学在中国,到了消化的时代,与中国固有的思想结合,所发生的新质料,便是中国近世的哲学。……明代以后,中国近世哲学完全成立。"(参见胡适:《中国古代哲学史》,《胡适全集》第五卷,第201—202页)陈独秀、胡适等以隋唐之际区分"中古"与"近代期"或"中世"与"近世",其论与后来在中国颇受关注的"内藤假说"并不同。日本学者内藤湖南认为"唐和宋在文化的性质上有显著差异:唐代是中世的结束,而宋代则是近世的开始,其间包含了唐末至五代一段过渡期。"(参见刘俊文主编,黄约瑟译:《日本学者研究中国史论著选译》第一卷,中华书局1992年版,第10页)。目前,在西方和日本历史中,论及中国的分期时,往往认为中国在宋或明进入 modern,如:The third method of periodization(often used by Western and Japanese historians)is to apply the conventional categories of European history:ancient, medieval, and modern. The Nan-Bei Chao are usually taken to mark the transition to medieval, and the Song(or the Ming), the transition to modern.(Endymion Wilkinson, Chinese History:a Manual, Harvard University Asia Center, 2000, p.8)

③ 冯友兰:《中国哲学史》(下),《三松堂全集》第三卷,第6—7页。

④ 同上书,第9页。

空间的，而是时间的，是"中古"与"近古"的落差。

冯友兰坦承：他的"三分法"是因袭了西方的观念。

在 20 世纪 20 年代，德国的斯宾格勒开始反思和批评西方历史分期的"三分法"了，认为近代以来在西方形成的"古代—中古—近代"这一理论框架是一个"历史的托勒密体系"（Ptolemaic system of history），即是将西欧视作世界历史和文化的中心，但这不过是西方人的自欺欺人，是一种幻觉和假象。这样的框架漠视西欧以外的其他文化，如把印度和中国文化"那深广而复杂的内容都贬抑为脚注"。同时他还揭示这个三分的框架"全然是一个直线发展的概念……不过是出于神秘数字'三'的形而上诱惑而对它作的一种无意义的滥用"，这个主宰了我们的历史思维的框架是"令人难以置信的、空洞的和没有意义"，且随着"高级文化"的出现，这个"哥特时代的历史分期法，早已变得陈腐和没有意义了，它显然正在消逝中"①。针对从维科以来的以西方为中心的"古代—中古—近代"的三分框架，他则有意掀起一场历史领域的"哥白尼发现"，试图将文化视为"生命有机体"，理解为一个包含着从出生到成长、从衰老到死亡的有机的过程，认为西方文化到"近代"已经趋于没落，"文化"将转向"文明"。

"古代—中古—近代"的三分框架以西方文化为中心，将世界文化纳入一个线性的纵向的进化过程，不同文化因而有着高低优劣之分，而西方，尤其是西欧则居于文化之巅。这是"历时性"的视角。斯宾格勒扭转了我们理解文化的时间视角，他以"共时性"为基础，确认了每一种文化都有其独立地位和重要价值。

斯宾格勒的历史哲学被称为"文化形态学"，在西方他不仅曾深刻启发了汤因比等学者，而且影响至今不衰。虽然中国直到 21 世纪初才有了《西方的没落》的第一本全译本，但斯宾格勒的思想几乎没有时间差地进入了中国思想界，并引起了较大的关注。②朱谦之、梁漱溟等都曾将其引为同道，雷海宗、林同济等为中心的"战国策派"更是以此为纲，试图跳出三分模式而确立中国文化的地位、谋求其复兴的动力与方向。

"城头变幻大王旗"，晚清以来的风起云涌也刺激着国人对时代特征及变迁的

---

① ［德］奥斯瓦尔德·斯宾格勒：《西方的没落》Ⅰ，吴琼译，四川人民出版社 2020 年版，第 82—87 页。

② 《西方的没落》的第一个全译本分两卷，150 万字，由中国人民大学哲学系吴琼翻译，上海三联书店 2006 年出版，这也是该书全译本；后四川人民出版社于 2020 年出版了修订译本。另外还有 2015 年万卷出版公司的张兰平译本、2017 年群言出版社的齐世荣译本等。有关斯宾格勒思想在中国的早期传播，可参看王敦书：《斯宾格勒的"文化形态史观"在华之最初传播——吴宓题英文本〈斯宾格勒之文化论〉手迹读后》（《历史研究》2002 年第 4 期）、李长林撰写的《斯宾格勒"文化形态史观"在中国的早期传播》（《历史研究》2004 年第 6 期）、《20 世纪三四十年代斯宾格勒"文化形态史观"在中国的传播》（《史学理论研究》2007 年第 2 期）等论文。

思考，努力定位中国当下所处的历史阶段、确立中国将走向的理想社会。随着马克思主义传入中国，五种社会形态的历史分期也在争论中逐渐理解、接受并确立下来①。

值得注意的是，谢无量、胡适的"近世"早已开启，而冯友兰却认为中国"近古"还未来临；斯宾格勒对西方"三分法"的反思以及中国部分学者对此观点的认同，都表明"摩登"时代不只是客观的、外在的时间概念。为了与古汉语的"近代"区别，以及完整表述"现代"的两层含义，我们暂且以"现代"统称"摩登"时代。

四、何为"现代"？

（一）"古代"与"现代"

如前所述，"近代""现代"均为日本译词，但英、日、中语言翻译的复杂性，尤其是各国都有对"近代""现代"含义和分期的异议，这无疑造成了对话的困难。就中国而言，大多数教科书明确以 1840 年的"鸦片战争"、1919 年的"五四运动"和 1949 年的"中华人民共和国成立"等政治事件为标志，划定"古代""近代""现代"与"当代"。但对于"近代"或"现代"是否有别、中国何时进入"近代"或"现代"，思想界至今仍众口不一。如有学者坚持明清之际，"近代中国"已经开端，也有学者认为鸦片战争才是真正的起点②；有学者将"近代"视作"古代""现代"之间的"过渡时代"，但时间跨度更长。③

"现代"首先与"现代化"有关，正是这一"化"，使得我们得以走出"古代"，进入"现代"。高瑞泉长期研究中国现代哲学，他说：

> 如果从社会史或文化史的角度看时代，特别是从现代化运动的角度看，

---

① 比如在 20 世纪 20—30 年代曾有"中国社会性质的论战"、梁漱溟反对各种"独系演进论"，直至 90 年代仍有"姓社姓资"的思想大讨论，等等。

② 徐中约概括了历史学界的两种代表性的观点："学者对于把 16 世纪还是 19 世纪看作是近代中国的开端这个问题颇有分歧。一个很有影响的学派，其中主要包括西方的历史学家和政治学家、马克思主义学者和许多接受过西方教育的中国学者，把 1839—1842 年的鸦片战争看作近代中国的起点……第二个学派，主要由一些较为传统的中国史学家组成……他们认为：以明（1368—1643 年）清（1644—1911 年）两代交替时期欧洲探险家和传教士来华那段时期作为近代中国的起点会来得恰当……界定近代中国起自 1600 年前后的做法，可以使近代中国的开端与近代欧洲的开端趋于一致。"（参见［美］徐中约：《中国近代史：1600—2000 中国的奋斗》，计秋枫等译，世界图书出版公司 2008 年版）

③ 陈旭麓提出："作为过渡社会形态的近代中国开始于 1840 年"，他主张"近代中国"延续了 110 年，"中国近代社会新陈代谢的本质是一步步有限地推向近代化（我使用近代化一词与现代化有别），即推封建主义之陈，行民主主义（资本主义）之新"（参见陈旭麓：《关于中国近代史线索的思考》，《历史研究》1988 年第 3 期）。

那么从 19 世纪 60 年代中国现代化开始起步，直到 20 世纪晚期，都可以称作"现代"。①

重要的不是简单地确定一个进入"现代"的时间点；在这将近一个半世纪中，中国通过现代化运动实现了民族振兴、国家独立，中国人也在现代化运动中逐渐形成了一系列与古代不同的"意识内容、知识结构和精神理想"，并因此成为了不同于古代人的"现代人"。他进而指出：

> 从"古今之变"这一基本的历史事实出发，视中国晚近一个多世纪的"变"之实质为中国的现代化，即经过一个多世纪的急剧变化，古代中国已经转变为现代中国。这一历史性转变并非自然过程，而是中国人在现代世界的时势下根据自身的社会条件和期待主动追求的结果。从社会史视角，我们可以将此转变视为一次重大的社会转型，即古代社会秩序如何让位于现代社会秩序。②

高氏认为这一百多年，中国已经完成了从"古代"到"现代"的巨变，并以某些标志性事件确立了一个从 1895 年到 1995 年的"伸头去尾的 20 世纪"。

我将沿袭高瑞泉有关"现代"的界定，首先将"现代"视作在"古代"之后且与"古代"相异的时代。不管如何，西方"摩登"时代——也可进而细分为"近代"（Early Modern）、"现代"（Modern Age）——经由日本翻译而传入中国，并取代了过去朝代更迭的表述方式、或"自古及今"的笼统之论，在现代汉语中推广开来，逐渐发展成为各种历史分期的专门术语，也成为我们表达与"古代"不同的"时间"观念。

尽管我们可以以某个特殊的历史事件为限，准确地划分历史阶段，但更需要思考的是：所谓"近代"或"现代"，其"性"即基本特征是什么？如何判断中国是否走出了"古代"而进入了新的历史时期？何况，中国和中国哲学都需要"近代化"或"现代化"，"化"是一个过程，"近代"或"现代"的起点不过是"化"的开始。③但"近代化"或"现代化"的具体内容是什么？中国怎样才能通

---

① 高瑞泉：《中国现代精神传统——中国的现代性观念谱系》，上海古籍出版社 2005 年版，第 5 页。

② 高瑞泉：《动力与秩序：中国哲学的现代追寻与转向（1895—1995）》，广西师范大学出版社 2019 年版，第 11 页。高著将研究的主要时段确立为 1895 年到 1995 年的一百年，他认为"1895 年是中国现代思想激进化的开端，1995 年……堪称一个哲学世纪结束的标志"（参见高著"序"）。

③ 比如《儒学现代化史纲要》一书，就将儒学走向现代性的漫长历程从宋代儒学一直叙述到现代新儒学及境外新儒学。（参见崔罡、黄玉顺主编：《儒学现代化史纲要》，齐鲁书社 2022 年版）

过"近代化"或"现代化"之路走向富强、自由？中国哲学如何通过"近代化"或"现代化"的改造以参与世界哲学的建构？这些都是 20 世纪思想界虑之再三，同时也在认识世界和认识自身的过程中不断调整、积累和深化的重要话题。我以黄遵宪之《今别离》为"现代"时间观的预言，将整个 20 世纪中国哲学中有关"时间"的思考视作研究对象，并关心其在 21 世纪的延续。从研究对象来看，早期的梁启超等是"跨世纪"（19—20 世纪）的一代，后期的李泽厚等又是"跨世纪"（20—21 世纪）的一代。这样看这个研究时段，实则"伸头"且"拖尾"。

哈贝马斯曾从词源上阐释过作为"一种新的时间意识"的"现代"：

> "现代"（modernus）一词最早出现在公元 5 世纪，意思是要把已经皈依基督教的现代社会与仍然属于异教的罗马社会区别开来。从那以后，"现代"一词在内涵上就有意识地强调古今之间的断裂。"现代"一词在欧洲被反复使用，尽管内容总是有所差异，但都是用来表达一种新的时间意识。——这样，"现代"世界与"古代"世界之间的对立，就在于它是彻底面向未来的。"当下"这个瞬间环节之所以重要，因为它使得每一代人都重新开始把握整个历史。①

哈贝马斯指出，"现代"（modern）与"古代"（antique）相对，在西方首先强调的即是古今之"变"中的某些"断裂"，其特征即在"彻底面向未来"。不管我们以何为分界线，从"古代"到"现代"首先是一种一维的时间观，"现代"从过去奔涌而来，并朝向未来，"未来"是"现代"哲学中时间问题的关键词之一。

（二）"传统"与"现代"

黄遵宪曾尽八年之力撰写 50 万字的《日本国志》，但该书却时运不济。甲午之役更为沉重和深刻地震动了朝廷上下，也警醒和刺痛了国人。"古今之间的断裂"更显著地表现在文化上，此即"传统"的中断、与"现代"的形成与开展。从文化层面，1895 年，通常被理解为一个有着深刻象征意义的历史时刻，比如被视作"中国思想文化由传统过渡到现代、承先启后"之"转型时代"的起点②，或"中国现代思想激进化的开端"③等。

---

① 汪民安、陈永国、张云鹏主编：《现代性基本读本》（上卷），河南大学出版社 2005 年版，第 121 页。

② "所谓转型时代，是指 1895—1925 年初前后大约 30 年的时间，这是中国思想文化由传统过渡到现代、承先启后的关键时代。"（张灏：《中国近代思想史的转型时代》，参见张灏：《幽暗意识与民主传统》，新星出版社 2006 年版，第 134 页）

③ 高瑞泉：《动力与秩序——中国哲学的现代追寻与转向（1895—1995）》序，广西师范大学出版社 2019 年版。

　　如前已述，中国的"摩登"时代是打上了西方的烙印的。"传统"并非单纯的时间概念，对于被迫卷入世界的中国而言，"传统"不仅是"古代"的，也与外来文化相对，"传统"表达的是文化在空间与时间中的双重绵延，与"传统"相对的"现代"则意味着颠覆或打破某些时空兼备的持续性。正是在此意义上，"现代"中国和"现代"中国人具有了某些与"古代"不同，又与"西方"相近的特征。如胡适区分了 wholesale westernization（可译为"全盘西化"）和 wholehearted modernization（可译为"一心一意的现代化"，或"全力的现代化"，或"充分的现代化"等），并"很诚恳"地建议大家选择后者。冯友兰从"别共殊"的视角理解"近代"或"现代"文化，主张学习"共相"，保留"殊相"。西方文化的优越性在于"近代或现代"，文化的"近代化或现代化"是中西各民族各国家的"共相"，因而也是中国自由之路的必经步骤。陈旭麓则将"民主和科学"视作"完全意义上的近代"的标尺[1]，等等。他们虽然并不赞同中国的"现代化"就是彻底的"西方化"，但确实从整体上将中国的"传统"判定为"古代"的。

　　即使在西方，有关"近代"或"现代"的内涵亦歧义迭出。比如罗素说：

　　　　通常谓之"近代"的这段历史时期，人的思想见解和中古时期的思想见解有许多不同。其中有两点最重要，即教会的威信衰落下去，科学的威信逐步上升。旁的分歧和这两点全有连带关系。近代的文化宁可说是一种世俗文化而不是僧侣文化。[2]

相较某些西方哲学家，罗素和斯宾格勒一样，也注意到东方文化的特殊性及其价值[3]，所以他并没有高傲地将西方"近代"的特征视作全世界的标尺。

---

　　① "80年来，中国人从'师夷之长技以制夷'开始，进而'中体西用'，进而自由平等博爱，进而民主和科学。在这个过程中，中国人认识世界同时又认识自身，其中每一步都伴随着古今中西新旧之争。高扬民主和科学之旗，包含着80年中西文化论争所积累起来的认识成果，又体现了认识的一种飞跃。它由古今中西新旧之争而来，又是对古今中西新旧之争的历史概括。中国人因此而找到了一个最重要、最本质的是非标准，而后才可能有完全意义上的近代中国和近代中国人。"（参见陈旭麓：《近代中国社会的新陈代谢》，第398页）

　　② ［英］罗素：《西方哲学史》（下卷），第3页。

　　③ 如罗素将其"哲学史"限定为"西方"的，同时还明确地说："我们用'黑暗时期'这一词汇来概括公元600年到公元1000年这一段时期意味着我们过分着重了西欧。这一时期，适值中国的唐朝，也就是中国诗的鼎盛时期，同时在其他许多方面也是一个最为出色的时期。从印度到西班牙，盛行着伊斯兰教光辉的文明。这时举凡基督教世界的损失不但不意味着世界文明的损失，而且正好是恰恰相反。当时没有人能想象西欧在武力与文化方面会在以后跃居于支配地位。对于我们来说好像只有西欧文明才是文明，但这却是一种狭隘的见解。"（［英］罗素：《西方哲学史》（上卷），第532页）

西方的启蒙运动曾不断质疑和批判"古代"的价值，从而使得古今之变有了明确的方向，与"传统"相对的"现代"曾被热情颂扬，如大卫·莱昂所言：

> 启蒙哲学家宣称，古代与现代之争朝着有利于现代的方向解决。"现代"——建立在理性之上的后中世纪文明——略胜一筹。①

"现代"与"理性"结盟，并逐渐成为"进步"的重要象征。但"现代"的高歌猛进同时也引来了对之的反思和对抗，哈贝马斯不仅指出"现代"是"一种新的时间意识"，同时又声明：

> 新的时间意识还阐明了一种"危机"概念，现代性的自我批判和自我确认涉及的就是这样一个"危机"概念。"批判与危机"成为了分析模式，因为现代意识发现自己面对着挑战，而且必须处理许多问题。②

"传统"本来是世代相承的文化之"常"，但在"现代"，这根"神圣的链子"③被"批判与危机"彻底打断或颠覆了。在哈贝马斯看来，"现代意识"可以自己发现和解决这些"危机"，但在很多后现代主义者看来，只有从"现代"外部切入才可能产生真正的觉察和质疑，如鲍曼强调自己"是从'后现代'的经验的角度来定义'现代'，而不是从'现代'的经验来定义'后现代'"④。如同"现代"表征了与"古代"的断裂，"后现代"同样也通过呈现一系列"断裂"把"现代"逼成了一个"问题"。但对于西方文化而言，这两次"断裂"主要都并非来自异质文化的冲撞或斩伐。

"传统"与"现代"在中国的情况更为复杂。一方面，中国社会与传统的断裂、"现代"的凸显几乎是伴随着西方列强的侵略和奴役而被动开始的；中国人在逐渐开始自觉、积极地反思和批判传统、努力探索中国的现代化之路的同时，也意识到"现代"必将重估和批判中国文化的"传统"，甚至成为无根

① ［加］大卫·莱昂：《后现代性》，郭为桂译，吉林人民出版社 2004 年版，第 35 页。
② 汪民安、陈永国、张云鹏主编：《现代性基本读本》（上卷），第 123 页。
③ "所以同样在科学里，特别在哲学里，我们必须感谢过去的传统，这传统有如赫尔德所说，通过一切变化的因而过去了的东西，结成一条神圣的链子，把前代的创获给我们保存下来，并传给我们。"（参见 ［德］黑格尔：《哲学史讲演录》第一卷，贺麟、王太庆等译，上海人民出版社 2013 年版，第 10 页）
④ 转引自 ［美］史蒂文·塞德曼编选：《后现代转向》，吴世雄译，辽宁教育出版社 2001 年版，第 265 页。

之木。①另一方面，中国还没来得及真正走上"现代"之旅，西方的"现代"危机就逐渐展露，甚至以惨烈的世界大战的方式令举世心寒茫然。于是中国又得忙着回避、破解或超越西方的"现代"陷阱。虽然作为一种思潮，"后现代主义"（Post-modernism）在西方流行于20世纪中叶以后，并在20世纪80年代以后陆续传入中国。但西方自黑格尔之后就开始警惕和揭露对"现代"的诸多危机，一些思想家甚至开始将目光转向东方，试图在古老的东方文化中寻觅解救西方的良药。世界大战也直接引起了部分中国人对西方文化的警惕。更重要的是，马克思主义对西方资本主义的批判，及其在中国的传播和发展，使得中国思想界自觉地努力远离某些"现代"病症。②如何在复兴中国文化、建设中国的"现代"进程中尽可能避免西方的"现代"问题，甚至使中国文化"翻身"成为"世界文化"③，这些都成为国人关注的焦点。由此中国的"现代"在与"传统"抗争的同时也经常回望或复归"传统"。

"现代"并不是一个偶然的瞬间，并非只是一种疏离或破坏的力量。"现代"也有持续性，也有积累和建构。"摩登"时代至今已经一个多世纪了，这个风驰电掣的时代是否也在飞速变化中形成了一条崭新的"神圣的链子"？

冯契曾提出了"古代传统"与"近代传统"的概念。他说：

> 一谈到传统，人们往往就想到古代传统……不错，我们有悠久的古老的民族文化传统，这是足以自豪和需要批判地加以继承的。但是，构成当代人直接精神背景的，却不是原封不动的古代文化传统。古代文化中那些在当代生活中依然有生命力的东西，大多是经过近代历史的筛选，并发生了不同程度变形的东西。所以，批判继承民族文化传统的问题，首先应注意的是自1840年以来100余年间形成的近代传统。④

---

① "现在对于东西文化的问题，差不多是要问：西方化对于东方化，是否要连根拔掉？中国人对于西方化的输入，态度逐渐变迁，东方化对于西方化步步的退让，西方化对于东方化的节节斩伐！到了最后的问题是已将枝叶去掉，要向咽喉去着刀！而将中国化根本打倒！"（参见梁漱溟：《东西方文化及其哲学》，《梁漱溟全集》第一卷，山东人民出版社1989年版，第335页）

② 详参俞吾金：《马克思对现代性的诊断及其启示》，《中国社会科学》2005年第1期。

③ "换言之，就是东方化还是要连根的拔去，还是可以翻身呢？……东方化可否翻身成为一种世界文化？如果不能成为世界文化则根本不能存在，若仍可以存在，当然不能仅只使用于中国而须成为世界文化。"（参见梁漱溟：《东西方文化及其哲学》，《梁漱溟全集》第一卷，第338页）

④ 冯契：《〈中国近代哲学史史料学简编〉序》，《冯契文集》第九卷，华东师范大学出版社2016年版，第412页。

冯契明确指出,在时代的大浪淘沙中,古代传统已经发生了"革命性变革",形成了新传统。高瑞泉则系统研究了这一百多年来形成的新传统,他称之为"现代传统":

> 作为现代人,我们的意识内容、知识结构和精神理想,主要是由现代传统所提供的。
>
> 我所说的现代精神传统是指在中国现代化运动中发育起来的一组现代性观念所代表的精神传统……说它们构成了现代精神传统,就是因为它们不同于古代传统,主要是在 19 世纪中叶以后渐次发展起来,不仅超越了党派、政见、思潮的分歧,成为中国人普遍的公共意识;而且历经一百多年的历史变迁,至今依然活跃在当代中国人的观念世界之中,成为当代大多数人的直接精神背景。离开了它们,就不可能真正理解近现代乃至当代中国思想文化。①

他强调"现代传统"有别于"古代传统",是由包括进步、竞争、创造、平等、民主、科学、大同理想、平民人格等一系列现代性观念形成的新谱系,这些观念塑造了中国的"现代人",离开这个"现代传统",我们将无法准确理解现代中国的人和事。我们可以发现,这个逐渐形成的"现代传统"中,既有学习西方文化、反思和扬弃中国古代传统的部分,又有接续和重释中国古代传统,以批判或补益西方文化的内容。另一方面,这些"现代性观念"同时又具有丰富的时间性特征,比如"明天会更好"就是"进步"所彰显的信念之一,理想人格从"圣人"转向"平民",时间的主体也发生了转化。

(三)中国时间观念的"现代化"

因而,我们可以从两个含义上理解"摩登"一词——首先,单纯时间性的、与"古代"相对的历史阶段;其次,就文化、精神的代际更迭而言,中国的"现代"中断了中国的"古代传统",并已经构建了融汇中西、贯通古今的"现代传统"。也正由此,我倾向以"现代"来表述"摩登"时代。

黄遵宪的《今别离》,虽然并不曾从哲学上讨论何为"时间",但文字之中又处处不离"时间"。我并无心穷尽组诗中所有的时间感受,撷取的几个方面,恰恰构成了有关时间问题的诸多矛盾,比如时间的公共性和个体性、客观性和主观性、时间的快与慢、变易与凝固、时间的自然属性和科学性、社会性、时间的价值序列……这些是有关时间观念的讨论中无法避免的重要主题或具体内容,但因为各种以科技为特征的现代工具——如钟表、海轮、相机等的参与,黄遵宪的时间感受也充满了现代性。古今多别离,黄氏匠心独运地写出了 19 世纪末这场别离所特

---

① 高瑞泉:《中国现代精神传统》,第 4、5 页。

有的时代情状。作为诗人，他敏锐且形象地通过文字向我们展现了工业革命后，某些"西方"的、"现代"的时间特征和主观体验。这些有关时间的感受与中国古代大相径庭，却也是中国领受和实现世界化、现代化之进程中难以逃脱的喜与悲。胡适认为黄遵宪年轻时所作之《杂感》"可以算是诗界革命的一种宣言"①，我们或许也可以说，其中年之《今别离》是一种中国"现代"时间的预告——这个古老的"天下""帝国"终将崩解，成为"地球""世界"之一国，并即将开启一种以全球化的工业文明为基础的"现代"时间。

正是在中西文化的撞击与比较中，中国学人逐渐觉察"时间"一词在西方哲学中的重要地位，而且中国人也普遍缺乏某些与现代生活密切相关的时间意识。比如鲁迅曾将"写得快"作为汉字拉丁化的重要优势，并说："时间就是性命。无端的空耗别人的时间，其实是无异于谋财害命的。"②再如冯友兰曾以"中国人不守时间"为例讲逻辑问题③，等等。究其根本，他们正是深切地领悟到节约时间、恪守时间在现代社会中已经不可或缺，因而也将成为现代中国人普遍的必要的素养和追求。

别离亦即启航，去往一个陌生的世界；而漂泊于异域者亦渴望回归，只是远行后的返航，必定携带着他乡的信息。不管旅途有多艰辛，如果"未来"能以回归家园为指向，也是令人心温暖和安宁的。"时间"之旅亦同，以西方哲学为镜，我们发现了中国传统时间观的某种缺失——这并不是说中国传统哲学中不讨论时间、没有时间意识，只是说，一方面，在中国古代，没有如西方哲学那样，持久地、自觉地将"时间"视作形式性的独立概念；另一方面，中西方时间观有着较大差异。一个多世纪以来，理解、学习西方时间观，回望和重释中国传统的时间智慧，汲取营养以培植中国人独特的时间意识，建构中国人独特的时间观念，是中国哲学的重要主题之一。这是"时间"的返家之途，也是中国哲学与"现代"或"未来"的契约之一。

虽然对中国何时进入"现代"等问题至今依旧众说纷纭，同时，作为思想或观念，其孕育、演进更是一个隐显交织、断续相错的过程，很难以一个确定、具体的历史事件来判定"现代"的具体时间点，并由此为"现代"的"时间"确立准确的起点。不过，晚清的中国已经被卷入了"用时间消灭空间"④的现代旋风，而黄遵宪敏锐地感受到了"现代"的逼近。今且挥手作别，迎接"现代"、思考"未来"。

---

① 胡适：《五十年来中国之文学》，《胡适全集》第2卷，第290页。
② 鲁迅：《且介亭杂文·门外文谈》，《鲁迅全集》第六卷，第99页。
③ 冯友兰：《新事论》，《三松堂全集》第四卷，第209页。
④ 马克思在19世纪中叶就提出"资本按其本性来说，力求超越一切空间界限"，因而"过去地方的和民族的自给自足和闭关自守状态"必将终结。随着铁路、蒸汽轮船、电报等等的发明与应用，"用时间消灭空间"将是大势所趋。（详见马克思：《1857—1858年经济学手稿》《共产党宣言》等。）

本章小结

作为一个特殊的历史阶段,"现代"的含义和价值也在摇摆、变化之中。最初,在某些特别固执和怀旧的人那里,"现代"是危险、堕落、破坏和掠夺,"现代"剥夺了他们本有的权势和安稳;而在大多数思"变"求"新"的人看来,"现代"意味着富强、自由、进步、希望,"现代"也是一次重建新秩序的洗牌。但随着现代化进程的展开,"现代"所包裹的重重矛盾逐渐生长,使得"现代""从一个意涵积极、正面、值得期待的词,变得令人疑虑,负面的意涵在其中有所扩大"[1]。过去,"现代"曾对"前现代"开展过猛烈的批判和认真的反思,现在,"后现代"对"现代"也毫不手软,尽管我们还没走出"现代"。长江后浪推前浪,这就是"时间"的力量。

我们可以从很多特征去描述"现代",但伊夫·瓦岱特别强调现代性本质上就是一种与古代或传统不同的时间意识,他说:

> 现代性是一种"时间职能":没有比这更好的说法了。从定义上而言,现代性的价值表现在它与时间的关系上。它首先是一种新的时间意识,一种新的感受和思考时间价值的方式。[2]
>
> 现代性首先与一种新的时间意识是对应的。区分作者和作品现代性的东西不仅仅是哲学或意识形态方面的观点,而首先是感知时间,尤其是感知现时的不同方式。[3]

伊夫·瓦岱的观点启发了我们对思想者及其文本的理解。中国的"现代"以古今中西之争为背景,首先试图探求的是"中国向何处去"的时代问题,这也是中国传统时间观念现代化的具体情境。中国现代时间观念的建构中必然包蕴着中国古代时间传统的中断与延续,同时也将充满了中西时间智慧的冲突、对抗与学习、融通。本章借黄遵宪《今别离》中的"现代"之物以领悟和预言"现代"的时间观,并将由此开启中国现代哲学的时间观念之旅。

---

① 俞金尧:《历史学:时间的科学》,《江海学刊》2013 年第 1 期。

② [法] 伊夫·瓦岱:《文学与现代性》,田庆生译,北京大学出版社 2001 年版,第 42—43 页。

③ 同上书,第 50 页。

第二章

"世纪""分秒"与现代纪时系统的确立

　　时间过而不留，无定难指，但有了历法等作为时间的标志或符号，我们就能清晰地表述或记录具体的事件所发生的确定时间。张闻玉说："历法就是利用天象的变化规律调配年、月、日、时的一种纪时法则。"[1] 他强调，中国古代历法最独具的特点就是"历法与天象"密不可分，依据日月星辰运行的规律，历法不仅要预定年、月、日、时等纪时系统，同时还包含着预报日食、月食、推算行星运行轨迹，以及确立"节气"等丰富内容。[2]

　　或许我们可以想象一下黄遵宪年代的一张船票。票面上会如何标志出发与到达的时间信息？晚清以来，中西时间系统发生碰撞，中国传统的时间系统遭遇挑战，有些经历了相当激烈的争论与变革、有些采取了比较和缓的调整或修订。我们现在熟悉的这套纪时方式，其实在中国"诞生"了不过一百余年。纪时，既是有关"时间"本身的记载，也是时间观念的重要内容之一。因为历法不只是提供了一套客观的外在的"时间"形式，而且还是与政治、文化、社会生产、个体存在等多重因素密切相关的复杂"系统"，其改易往往会直接影响国家社稷乃至民众日常生活的各个方面，也会深刻地影响个体的时间态度、体验等主观方面。

第一节　"20 世纪"与"1916 年"

　　翻开一本简明的 2020 年的中国日历。比如今天，基本信息是：2020 年 8 月 1 日，星期六，建军节；庚子年阴历六月十二日；某些日历上还有宜剃头、沐浴、忌搬家、结婚等相关内容。

----

[1]　张闻玉：《古代天文历法讲座》，广西师范大学出版社 2017 年版，第 6 页。
[2]　中国传统的历法还常常包含有"历注"，即关于各种"宜""忌"的附注，如"宜出行""宜嫁娶""诸事不宜"之类，以供百姓用事择日。

我们现在正式使用的时间系统首先包括公元纪年、太阳历（格里高利历），以七日一个星期的周期排列等，这些在日历上常常以较大字号或最醒目的颜色表示。但这并不是中国人本来的"时间"。

明末，耶稣会士已经将西历引入中国①；鸦片战争之后，随着西学东渐、现代报纸的出现，以及越来越频繁的中西交流，西方时间系统的影响更加广泛，逐渐渗透于普通民众的日常生活中。②中国传统的历法受到西方时间系统的全面挑战，纪年之辨、历法之争此起彼伏，甚而至今未绝。

一、《二十世纪太平洋歌》与"世纪"

戊戌变法失败后，康有为、梁启超客居海外。光绪二十五年十一月十八（1899 年 12 月 20 日），梁启超乘"香港丸"轮船离开日本横滨，前往夏威夷。③这

① 详见徐光启纂，潘鼐汇编：《崇祯历书·附西洋新法历书增刊十种》，上海古籍出版社 2009 年版。"崇祯改历"是中国历史上非常重要的事件，《崇祯历书》是建立在西方数学和天文学基础之上的，且由西方传教士龙华民、汤若望等参与修订，这极大地冲击了严于夷夏之辨的中国文化传统，自晚明至清初，一直被以儒家为正统的朝中人士批驳、抗议。比如黄道周认为泰西历精于测候，中原历法主于理数，他主张以《易》推步制历，并以此为明本知故："《易》称治历明时，亦云随时损益，然必须明其本，深求其故。"（参见黄道周：《治历法》，见黄道周著：《黄道周集》，翟奎凤、郑晨寅、蔡杰整理，第 2 册，中华书局 2017 年版，第 620 页）杨光先则更是声明"宁可使中夏无好历法，不可使中夏有西洋人"（杨光先：《日食天象验》，杨光先等撰：《不得已》，陈占山校注，黄山书社 2014 年版，第 79 页）。

② 魏源作《海国图志》，已有大量关于中西历的讨论，如《中国西洋纪年通表》中列出了从公元 1 年开始到 1841 年期间的西洋的公元纪年、中国的王位纪年和年号纪年。（参看魏源：《海国图志》卷七十二、卷七十三、卷一百，《魏源全集》第七册，岳麓书社 2004 年版）1874 年，江南制造局编译出版的《四裔编年表》不仅是"晚清第一部专门介绍西方历史的年表体著作"，而且其编纂特点即是"以中国王位纪年和年号纪年为主，辅以干支纪年，将中国的纪年方式与基督纪年结合在一起。采用中西合历的纪年方法能比较清晰地表现在同一时空背景下世界上发生的历史事件，国家、民族见的互相关系，著名历史人物，重要的法令和重要的科技发明等"（参看邹振环：《〈四裔编年表〉与晚清中西时间观念的交融》，《近代史研究》2008 年第 8 期）。更丰富的讨论可参见湛晓白《时间的社会文化史——近代中国时间制度与观念变迁研究》，该书的第一章、第二章详实地考察了晚清以来公元纪年的传入与纪年之争、近代历法改革的历史。

③ 梁启超曾两次游历美国。1899—1900 年间从日本横滨乘船出发，抵达檀香山，并积极参加各种集会、演讲及应酬，一时名声大噪；1903 年先从日本横滨至加拿大温哥华，在此滞留近两个月后前往美国，陆续在纽约、波士顿、哈佛、华盛顿和费城等城市考察、活动。他将自己在游历中的见闻和思考著成两本游记：《夏威夷游记》（又名《汗漫录》《半九十录》）和《新大陆游记》。"光绪二十五年己亥……西历十二月十九日，即中历十一月十七日（以后所记皆用西历），始发东京。……二十日正午乘香港丸发横滨……午后一点，舟遂展轮。……三十一日，舟抵檀香山，午后两点登岸。"（梁启超：《新大陆游记附录二夏威夷游记》，《梁启超全集》第十七集，第 258—263 页）据此，梁氏自横滨至檀香山的具体时间为西历 1899 年 12 月 20 日出发，12 月 31 日到达。亦可参照《梁启超年谱长编》等。

是他第一次横渡太平洋，心潮澎湃，激情四溢，遂作《二十世纪太平洋歌》：

> 誓将适彼世界共和政体之祖国，问政求学观其光。乃于西历一千八百九十九年腊月晦日之夜半，扁舟横渡太平洋。①

这里他交代了出发的准确时间："西历一千八百九十九年""腊月晦日之夜半"。前者为"西历"，即我们现在所谓"阳历""公元纪年"；后者为中国传统的"阴历"，"腊月"即阴历十二月，进入腊月就意味着到了阴历年的年尾；"晦日"是指每月的最后一天，即大月的第三十日或小月的第二十九日。故"腊月晦日"即中国传统阴历年的最后一天，"夜半"，更是新旧交替的时刻。

其后又云：

> 蓦然忽想今夕何夕地何地，乃是新旧二世纪之界线，东西两半球之中央。不自我先不我后，置身世界第一关键之津梁。②

今夕何夕？诗人突然惊觉，是"新旧二世纪之界线"！但诗中这个如此具体详实的启程时间，却令人疑窦顿生。首先，这与梁启超出发的实际日期并不相符；其次，从1899年到1900年，确实是两个世纪的更迭。问题是，"世纪"本一西方时间概念，经日本翻译传入中国。③"世纪"划分的标志是以西历的1899年12月31日和1900年1月1日的那个"夜半"，而并非中历"腊月晦日之夜半"。

暂且不妄加推断梁启超制造这一"时间之谜"的缘由，如同他实际也无法断定自己正立于"东西两半球之中央"一样，或许这些都不过是诗人在酒意阑珊和诗兴勃发之际，为情设景，故意为之，从而创造并享受当"我"置于这个重要而特殊的时间节点和空间方位的独特体验，如他情不自禁地要"曼声浩歌/歌我二十世纪太平洋"。

从中国时间观念史的角度，梁启超这首"世纪之歌"意义非凡，李欧梵甚至将梁启超视作新时间观念之"始作俑者"：

> 虽然他并不是第一个使用西历的人，但他是用日记把自己的私心风貌和时间观念联系起来的第一人。如果进一步寻找，在公开场合中同时使用中西

---

①② 梁启超：《二十世纪太平洋歌》，《梁启超全集》第十七集，第602页。

③ 参见［日］实藤惠秀：《中国人留学日本史》，谭汝谦、林启彦译，生活·读书·新知三联书店1983年版，第328页；另可参见刘正埮、高名凯、麦水乾、史有为编：《汉语外来词词典》，第317页。

历的是《申报》。梁启超在中国现代史中扮演了一个极为重要的角色，他在1899 年的登高一呼，在其后十年、二十年间几乎改变了中国上层知识分子的对于时间观念的看法。①

梁启超此诗中首先提及他启程赴美的时间是"西历一千八百九十九年"。在《夏威夷游记》第一天的日记之首，他写道"西历十二月十九日，即中历十一月十七日（以后所记皆用西历）"，这里他特别加注提示此日记体的游记中所涉时间均为"西历"。李欧梵对此高度赞赏，认为梁启超由此"正式把西方的时间观经由西历介绍进来了"②。

接下来梁启超以自问自答的方式写道：

> 或问曰："子中国人也，作日记而以西历纪日，毋乃无爱国心乎？"答之曰："不然，凡事物之设记号，皆所以便人耳。记号之种类不一，如时、月、日、度、量、衡之类皆是也。乃至于语言文字，亦记号之繁而大者耳。记号既主于便人，则必以画一为贵。……抑所谓爱国云者，在实事不在虚文。吾国士大夫之病，惟争体面，日日盘旋于外形，其国家之实利实权，则尽以予人而不惜，惟于毫无关轻重之形式与记号，则出死力以争之，是焉得为爱国矣乎？吾则反是。"③

---

① 李欧梵：《晚清文化、文学与现代性》，《中国现代文学与现代性十讲》，复旦大学出版社 2002 年版，第 6 页。毋庸置疑，梁启超对西历的推广影响甚巨，但《申报》在 1875 年就开始在报头同时使用中西日历并一直沿用，这无疑有助于西历在知识阶层的普及。另一方面，直到 1912 年民国改元，部分知识分子和大多数普通民众对西历的接纳依旧相当有限。梁启超"1899 年的登高一呼"，未必真有应者云集，但至少可以视作有关"现代时间"的一个具有象征意味的"标志"。

② "我觉得这句话是梁启超思想的一个重要变革。他非但记录了他的世界观的改变，而且影响所及，我认为整个晚清的科幻小说就从这里开始。为什么这样开始呢？因为他正式把西方的时间观经由西历介绍进来了。西历是从耶稣生下来以后纪年的，现代西历时间的观念是直线进行的，从过去、现在到将来，而将来非但变成一种可能，而且几乎可以变成一个想象的现实，从过去进到将来，是可以算出来的，或者说可以预测出来的。西方科幻小说最主要的特点，就是把时间设在将来。"（参见李欧梵演讲：《两间驻望：中西互动下的中国现代文学》，席云舒录音整理，上海人民出版社 2021 年版，第 67 页）

③ 梁启超：《新大陆游记 附录二 夏威夷游记》，《梁启超全集》第十七集，第 259 页。实际上，梁启超对西历的理解和接受有一个变化的过程。早年他曾说："日本明治初年，废太阴历而用太阳历，吾昔尝姗笑之……举一国人数千年所习安者，一旦舍弃，而贸然以人，毋乃太自轻而失为治之体乎？"但在世纪之交已明确倾向于西历，而发表于 1910 年的《改用太阳历法议》则更是全面透彻地分析了改历之由，且影响颇大。（参见梁启超：《改用太阳历法议》，《梁启超全集》第七集，第 112—113 页）

晚清以来，中西历法之争日趋尖锐，梁启超对此有着敏锐的自觉，可以说他是第一波历法之争的重要代表。他为自己舍中历用西历的辩白，首先是强调历法不过是表示时间的"记号""形式"，努力淡化历法的政治含义和文化意蕴，尤其是批驳将"纪年"与"奉今王正朔"相提并论的观点，斥责某些士大夫纠结于此"毫无关轻重之形式与记号"是错置爱国之名实的"病"；其次他强调历法作为"记号"是为了与人方便，所以需要简单、统一。他将"由繁而简"作为选择历法的"公理"："盖由繁而简，乃自然之理，人心所必至者也。"①他以"科学"之名，认为西历编订准确、在世界上使用广泛，以及便于在外游历时使用，与"爱国"无涉。

《二十世纪太平洋歌》不是梁启超第一次使用"世纪"一词②，在此次赴美之行中的另一组诗《壮别》中，他亦云：

> 世纪开新幕（此诗成于西历一千八百九十九年十二月二十七日，去二十世纪仅三日矣），风潮集远洋（泰西人呼太平洋为远洋，作者今日所居之舟、来日所在之太平洋，即为二十世纪第一大战场也）。③

有意思的是，梁氏还特地在诗中加入了对时间和空间的详细解释，并预言太平洋将成为新世纪西方列强争夺的焦点。④

西历以耶稣降生为纪年之始，每百年为一"世纪"，逐渐累加，如从19世纪到20世纪，这是一种确定的、匀质的、直线性的时间观。中国古代也常以"百年"论人事。如"百年曰期"（《礼记·曲礼上》），"百年"即人之一生，如"不学狂驰子，直在百年中"（陶潜《拟古》诗之二）。一生终结，亦曰"百年之后"。"百年"亦可为虚说，指时间长久，如百年大计、百年不遇等。中国古代语境中的"百年"往往与具体的人事变迁相关联，并没有统一、固定的对应年份，具有相对性。如《红楼梦》中的"百年基业"即是贾家之盛衰历史，树倒猢狲散之后，这

① 梁启超：《纪年公理》，《梁启超全集》第一集，第737—738页。
② 暂时也难以断定梁启超是否为使用"世纪"一词的第一个中国人，但在写作《二十世纪太平洋歌》之前，他已屡屡言及"世纪"。可以肯定的是，对包括"世纪"在内的很多新词在国内的推广，梁氏影响甚大，故时人云："日本译自西洋之科学的名词及其他学艺之术语，如经济、伦理、哲学之类，皆为梁氏用入己文，此类译名，即随梁之文势而普让于中国。严几道氏虽极图自立，创译'讲学''名学''爱智学'，然至今仍以不甚通透之日本译名最为通行，梁文有力焉。"（参见彬彬：《梁启超》，载夏晓虹编：《追忆梁启超》，中国广播电视出版社1997年版，第18页）
③ 梁启超：《壮别二十六首》，《梁启超全集》第十七集，第588页。
④ 参见梁启超：《瓜分危言》，《梁启超全集》第一集，第719页。

个"百年"就不再维继了。所以中国的"百年"与确定化、形式化的"世纪"含义不同。中国传统历法中有"六十甲子"之说，即根据天干地支的循环相配确立了以六十年为一个周期的纪年方式。事实上，干支纪法适用于年、月、日、时等"四柱"①，就其有确定的起始和对应的时间而言，与"世纪"类似。但前者是以六十为单位，周而复始，展示的是一种圆形的循环的时间观，梁启超说：

> 每六十年乃一周，而不称为第几甲子，仅足供百年内之人之用，而不足为千年数千年后之人用。②

人生百年，况且七十古来稀，干支纪年对个人一生并无大碍；但若漫步悠长的时间之河，便不甚明了了。

梁启超在《夏威夷游记》开篇曾言，他本一"乡人"，十七岁后"始游他省"，后被"十九世纪世界大风潮之势力所簸荡、所冲激、所驱遣"，后又游他国、他洲，学为"国人""世界人"。对"世纪"一词的青睐，正是"世界人"的时间观念之一。梁氏在《二十世纪太平洋歌》中书写了一部人类文明演化史：他以"世界人"的视野提出了人类文明由"河流文明时代"走向"内海文明时代"，再进至"大洋文明时代"的"三纪说"③，并指出在此"大洋文明时代"，帝国列强贪婪地瓜分世界，以致全球"一砂一草皆有主"，现在"东亚老大帝国"正被他们视作仅剩的一块大肉，虎视眈眈垂涎欲滴。因而，20世纪的太平洋必将是人间的修罗场，悲剧喜剧壮剧惨剧将齐齐登场。立此时空之点上，梁启超依旧相信"我有同胞兮四万五千万，岂其束手兮待僵！"他呼唤同胞"御风以翔""破浪以飏"，熬过这最黑暗的时刻。诗歌最后，他极目远望，"一线微红出扶桑""但见寥天一鸟鸣朝阳"——这是20世纪太平洋的第一线曙光啊，也是壮别19世纪"东亚老大帝国"、立足"大洋文明时代"的第一缕希望之光！

梁启超强调历法的"工具性"特征，然这历法之争的背后，与其相信他仅仅是为了"方便"，不如说是他强烈的"国人"，尤其是"世界人"之"世界时间"的热切表达。"世纪"是梁氏的自觉选择，是他频频使用的概念；与"年"相比，"世纪"之百年能让人有更宏阔的视野、更充分的准备、更长远的目标、更沉稳的积蓄。

李欧梵曾强调"世纪"的特殊意义：

---

① 旧时以人出生的年、月、日、时为四柱，合四柱之干支为八字；星命家将人出生的年、月、日、时各配干支，以推断一生的祸福吉凶。

② 梁启超：《纪年公理》，《梁启超全集》第一集，第739页。

③ 参见梁启超：《二十世纪太平洋歌》，《梁启超全集》第十七集，第603页。

> 中历与西历之间的区别主要在于"世纪"的观念，中国人只讲十年、百年，但是在西方"世纪"是非常重要的。梁启超特别提到 19 世纪，这完全是一个西方的观念。①

康有为曾写信语重心长地劝诫其得意门生不要使用包括"二十（世）纪"等在内的日文新词。②但是梁启超在一艘海轮上已经将"世纪"引入了中国，这是"今"、是"新"、是"进步"、是"现代"，是告别"过去"告别"乡人"乃至"国人"的决断、是面向"未来"面向"世界"的希望。"世纪"是一个现代"世界人"的"世界时间"。如今的中国，"世纪"这个源自西方的最特别的时间概念已深入人心，但可以视作中国传统时间观念之重要特色的"甲子"循环却又日渐陌生，以前"戊戌"变法、"辛亥"革命之说，但现在似乎大都只隐身于诸如书画作品的落款等极为特殊或有限的场合了。

二、"世纪末"

梁启超惊叹自己处在"新旧二世纪之界线"，他豪情万丈地歌颂即将展开的"新世纪"即 20 世纪，同时也心潮澎湃地向往着跻身"世界"的未来中国。1901 年，梁启超曾极其自信和乐观地预言：

> 二十世纪之中国，必雄飞于宇内，无可疑也，虽然，其时机犹在数十年以后焉。③

梁启超最关注最期盼的不是 19 世纪，而是 20 世纪。在他看来，此刻他所高歌的 20 世纪的第一线曙光，正意味着新的机遇、新的希望，如果能有英雄出世，抓住"时机"，定能将悲剧转成喜剧，惨剧换作壮剧。

"时机"可以等待、可以发现与顺应，更可以预言、可以创造。梁启超认为英雄与时势是彼此依赖、互相造就的，他既承认时势造英雄，更呼唤英雄造时势：

> 有应时之人物，有先时之人物。……其为人物一也……虽然，为一身计，则与其为先时之人物，诚不如为应时之人物；为社会计，则与其得十百应时之人物，无宁得一二先时之人物。何则？先时人物者，社会之原动力，而应

① 李欧梵：《晚清文化、文学与现代性》，《中国现代文学与现代性十讲》，第 6 页。
② "乃摭拾东文入文，凡至恶俗之字，如手段、手腕……二十纪等……亦日日入文，以致波荡成风。……此诚汝之罪也。"（参见康有为：《与梁启超书 1910 年 8 月 5 日》，《康有为全集》第九集，姜义华等编校，中国人民大学出版社 2007 年版，第 151 页）
③ 梁启超：《南海康先生传》，《梁启超全集》第二集，第 360 页。

时人物所从出也。质而言之，则应时人物者，时势所造之英雄；先时人物者，造时势之英雄也。既有时势，何患无应此之英雄？然若无先此之英雄，则恐所谓时势者渺不可睹也。应时者有待者也，先时者无待者也。同为人物，而难易高下立判焉矣。[①]

此处的"时"，即时势（trend）。英雄与时势，互为因果，相续不断，"应时人物"是能发现和抓住时机、与时偕行之人，但"先时人物"是能提前预判并创造时机之人，他们走在"时"之前而认清了"时"之大势，并积极行动以加速社会运转、以缩短现在之"时"与代表未来的"时"之间的距离。尽管因其来得过早，不合时宜，因而也必得背负这被压缩了的时间的压力，但这是社会真正的"原动力"。

同年，梁启超著《十九世纪之欧洲与二十世纪之中国》一文，他从 18 世纪末的法国大革命的血雨腥风写起：

动力与反动力，互相起伏，互相射薄，小退大进，而卒有今日。读近百年来之西史，何其壮也！何其快也！[②]

如今，梁启超所处又是一个世纪交替之时，中国能否也能抓住这"革新之机"，书写一部中国的百年大史？梁启超鼓励维新人士勿自尊大，亦勿自暴自弃：

惟尽其责任……二十世纪之亚陆，其未必多让于十九世纪之欧陆耶！

吾意今世纪之中国，其波澜傀诡，五光十色，必更壮奇于前世纪之欧洲者。哲者请拭目以观壮剧，勇者请挺身以登舞台。[③]

世纪之交，梁启超年纪尚不足三十，仍是翩翩少年郎，他不再"哀时"，而是自诩为"少年中国之少年"。他满怀热望地呼唤能先时造势的人物，在其骨子里，永远不失的是对民族、国家的信心和希望，对未来的信心和希望。

可贵的正是梁启超的这种乐观与豪迈。《二十世纪太平洋歌》真正能改变"中国上层知识分子的对于时间观念的看法"的力量，不仅在于以"世纪"为标志的西历作为一种工具，有助于孤陋的"乡人"转变为开放的"世界人"；更在于他的"时间之谜"非常特别地将他定位在世纪交替之际，伴随着这一线微红，梁氏抚今

---

① 梁启超：《南海康先生传》，《梁启超全集》第二集，第 359 页。

② 梁启超：《十九世纪之欧洲与二十世纪之中国》，《梁启超全集》第二集，第 112 页。

③ 同上书，第 112—113 页。

追昔，热切构想着他的《新中国未来记》①，并憧憬着一个"少年中国"的崛起——这个"少年中国"真正扭转了国人对生命、对历史、对个体和国家之未来的理解。

与梁启超朝向 20 世纪的乐观、兴奋、明亮不同，此时，西方，尤其是欧洲，"新世纪"却正在以某种奇特的方式艰难开启：

> 在欧洲，20 世纪是在"世纪末"（Fin de siècle）的氛围中诞生的。这一法文语词虽然包含新时代正在到来的含义，但更是关于旧时代正在终结的断言。……在文学、艺术等文化诸领域，"世纪末"概念代表着一种退化、颓废、唯美的氛围，一种因文明陷入危机而产生的厌烦、悲观、犬儒的情绪，一种情感主义、主观主义和非理性主义的哲学态度。②

欧洲文化的危机已经显露，而欧洲人似乎也没来得及准备足够的热情和方法去迎接新世纪。"世纪末"并不只是对世纪之交中前一世纪的客观称呼，更是一种独特的文化现象、文化气氛或情绪，是对欧洲 19 世纪的质疑、批判，甚至绝望。欧洲"世纪末"的情绪总体是悲伤的、消沉的，其色彩偏于暗淡。

不过，中国的思想家总体上也是慢慢才体会到欧洲已经被"世纪末"的状态所笼罩且无力自拔。在进入 20 世纪以后很长一段时间，"西方"还是中国的维新派、革命派、启蒙者的"未来"。梁启超是在近二十年之后，他亲自经历第一次世

---

① 《新中国未来记》是梁启超于光绪二十八年（1902 年）发表的政治小说。该书发表时，他在"绪言"中说："余欲著此书，五年于兹矣。"小说第一回楔子开篇即言："话表孔子降生后二千五百一十三年（今年二千四百五十三年），即西历二千零六十二年（今年二千零二年），岁次壬寅，正月初一日，正系我中国全国人民，举行维新五十年大祝典之日。……"（参见梁启超：《新中国未来记》，《梁启超全集》第十七集，第 7、9 页）孔子生于公元前 551 年，由此推算，此年应为 1962 年才对。梁启超在小说中构想了中国维新成功，繁荣富强，百业俱兴，已跻身世界强国之列，中国与世界各国已经建立了平等友好的往来关系。《新中国未来记》是一部未竟之作，作为政治小说在文学上也未必成功，但书中对于未来新中国的想象，体现了他的政治理想和信念，反映了他对国强民安、中外交好的渴望。值得注意的是，小说先写"未来"，即想象"全国人民举行维新五十年大祝典之日"的宏大场景，接着通过孔觉民博士受邀讲《中国近60 年史》回到"过去"、后三回再借黄克强和李去病之口讲述他们在旧中国的经历和见闻、二人就"革命"和"立宪"展开激烈的讨论，并开始考察中国的社会现状，由此呈现世纪之交的"现在"——梁启超将当时的历史事件、报纸消息等巧妙地穿插在黄、李的考察中。这种叙述方式也体现了很自觉的时间意识。另外，"日本学者清水贤一郎特别研究了这部小说，指出眉批也很重要，这种眉批直接把叙事与读者联系起来。小说中孔博士的演讲是从将来的立场出发的，而眉批和注则是从现在的立场出发的"（参见李欧梵：《晚清文化、文学与现代性》，《中国现代文学与现代性十讲》，第 12 页）。这些都反映了梁启超文学创作中独特的时间观念。《新中国未来记》并未最终完成，但通常也被视作中国的第一本科幻小说。

② 汪晖：《世纪的诞生》，生活·读书·新知三联书店 2020 年版，第 9—10 页。

界大战后的欧洲，才真正意识到中国应该出离"沉醉西风"了：

> 那些老辈，故步自封，说什么西学都是中国所固有，诚然可笑。那沉醉
> 西风的，把中国甚么东西都说得一钱不值，好像我们几千年来就像土蛮部落，
> 一无所有，岂不更可笑吗？
>
> 欧洲人做了一场科学万能的大梦，到如今却叫起科学破产来。这便是最
> 近思潮变迁一场大关键。①

梁启超亲眼看到了西方的经济溃败、精神凋敝，也亲耳听到西方人对自己文化的
困惘，以及对东方文化的期待，同时也真切地感受到社会上危机层出暗潮涌动，
所以他不再迷信西学先进、科学万能。这是一个重要转折：

> 第一次世界大战又给中国的文化保守主义一个绝妙的转机。梁启超的
> 《欧游心影录》是第一枚信号，梁漱溟的《东西文化及其哲学》紧随其后，对
> 以发达的工具理性为标志的西方文化大张挞伐。②

再加上斯宾格勒《西方的没落》等思想的引入，欧洲"世纪末"的气氛就这样被
中国人知晓。梁启超转而对年轻人布置了新任务：

> 我们可爱的青年啊，立正，开步走！大海对岸那边有好几万万人愁着物
> 质文明破产，哀哀欲绝的喊救命，等着你来超拔他哩。③

在他看来，中国的青年不仅要拯救自己的国民于水火之中，同时还得肩负为欧洲
黎民和文化拔苦除厄的重责。事实上，之后很多有见识的中国学人的思考，其目
光都是朝向未来和世界的，胡适则明确提出了"世界的哲学"的概念。④

诚然，中国同样也有自己的"世纪末"——

　　19世纪末，是清王朝的"世纪末"，由于它是中国最后一个封建专制政

① 梁启超：《欧游心影录》，《梁启超全集》第十集，第64页。
② 高瑞泉：《科学与人生观》之"本书说明"，张君劢等著，高瑞泉编：《科学与人生观》，黄山书社2008年版，第3页。
③ 梁启超：《欧游心影录》，《梁启超全集》第十集，第85页。
④ 胡适认为中西两支哲学"今日"已经"互相接触、互相影响，五十年后、一百年后，或竟能发生一种世界的哲学，也未可知"（参见胡适：《中国古代哲学史》，《胡适全集》第五卷，第200页）。

权，因而这也是中国封建专制统治的"世纪末"。①

　　不过，进化论思潮却照亮了中国"世纪末"的夜空，鼓舞和引领着中国人满怀乐观地走向新世纪，尽管这个"新世纪"在长达二十多年的时间里其实信奉的是 19 世纪的欧洲世界。虽然有章太炎和鲁迅等曾反思过欧洲的"世纪末"②，但进化论思潮所确立的"进步"观念更加深入人心，20 世纪一定胜过 19 世纪一度成为中国人的普遍信念。

　　西方学者认为，"世纪末"就是：

　　　　20 世纪的世界必须作为一个整体、一个完整的地球来理解的信念。汽船、公路、铁路和电报等技术和全球交通使得未来世界成为一个较小的地方，一个可以被作为单一体系进行阐释的地方。③

实际上，无论是西方的悲观并将目光转向东方——不仅仅是东方文化，同时更是对东方市场的觊觎；还是中国要学习或赶超西方（以及十月革命后的苏俄）、抑或拯救西方——有一点却是相通的："世纪末"意味着世界性。对于中国，"世纪"本来就是一个刚刚从西方传入的崭新名词。接受这个名词，一方面，首先意味着放弃中国古代时间系统，这也是中国文化传统的某种中断；另一方面，表面上是中国接受了西方的时间系统，但更深一层，也是中国在走向世界、与世界对话，尽管这一过程难免夹杂着耻辱、悲愤、无奈。但中国还是很积极、乐观地迎接了"20 世纪"，并且相信，清王朝的"世纪末"应该也必将被进化的时间洪流淘汰。④

三、《一九一六年》与"纪年"

　　与"世纪"相关联的是以"公元"的方式纪年，所以中国人接受了西方的

---

　　①　高瑞泉主编：《中国近代社会思潮》，上海人民出版社 2007 年版，第 60 页。
　　②　"章太炎的《俱分进化论》和鲁迅的《文化偏至论》与欧洲'世纪末'的退化论相互呼应。……表达的是对'19 世纪'政治经济方案的批判和否定。"（参见汪晖：《世纪的诞生》，第 10—12 页）另外，鲁迅在《破恶声论》中，不仅反思、批判了"十九世纪文明之通弊"，同时也构想、期待着"二十世纪之新精神"（参见鲁迅：《坟·文化偏至论》，《鲁迅全集》第一卷，第 45—58 页）。
　　③　转引自汪晖：《世纪的诞生》，第 12 页。
　　④　如宋教仁于 1905 年创办革命杂志《二十世纪之支那》，此即同盟会机关报《民报》的前身。但是李欧梵提出一个"帝制末"的概念，认为"从 1900 年到 1910 年，就是到辛亥革命前夕，这十年之间，当时社会上的一般人，特别是都市人，包括知识分子、大官、商人、平民，不管识字不识字，他们到底有什么感觉呢？我个人认为这种感觉就是中国式的'帝制末'、晚清王朝下的'帝制末'式的感觉。……在中国语境里面没有'世纪末'这个名词。"（参见李欧梵：《两间驻望——中西互动下的中国现代文学》，第 13—14 页）

"世纪",同时也将接受"西元"即西方的公元纪年。公元纪年以"耶稣出生之年"作为纪年的开始①,这是一种可以逐年累加、无限延伸的线性时间观——向耶稣诞生之前上溯,是公元前,向耶稣诞生之后拓展,是公元后。公元纪年当然有着浓浓的基督教色彩,这至今还是在中国等非基督教国家被强烈抵制的因素之一。

中国传统的纪年方式最常见的有干支纪年、帝王纪年等。比如梁启超《夏威夷游记》云:"光绪二十五年己亥……",就是叠加了帝王和干支两种纪年。梁氏非常关注纪年的意义,先后多次著文阐发,如:

> 纪年者,历史之符号,而于记录考证所最不可缺之具也。以地理定空间之位置,以纪年定时间之位置,二者皆为历史上最重要之事物。凡符号之优劣。有一公例,即其符号能划一,以省人之脑力者为优;反是则为劣是也。故凡野蛮时代之符号,必繁而杂。凡文明时代之符号,必简而整。百端皆然。而纪年其一端也。②

> 纪年者何义也?时也者,过而不留者也。……故不得不为之立一代数之记号,化无定为有定,然后得以从而指名之,于是乎有纪年。……纪元之必当变也……③

---

① "公元"即"公历纪元",也被译作"西元"("西方纪元")"耶稣纪元"或"基督纪元"。公元 525 年,罗马修道院院长狄奥尼修斯提出了"以耶稣出生之年作为年份起算点"的纪年方法,在拉丁语中,被称作"Anni Domini Nostri Jesu Christi",意为"我们的主耶稣基督的年",推算耶稣降生距此时已有 525 年。公元纪年在很长时间仅被教会用作计算复活节的日期,8 世纪,英国教会历史学家比德第一个用"公元"纪年,之后"公元"逐渐被西欧部分基督教国家采用。1582 年,教皇格里高利十三世实行历法改革,修订儒略历,之后首先是西方天主教国家和人民陆续接纳了新历法,大多数东正教国家于 20 世纪初也改用了格里高利历,格里高利历逐渐成为全球通行的"阳历"。另,公元纪年可以记录公元元年之后的历史,直到 17 世纪,致力于编写世界年表的牛顿等学者才引入了法国神学家佩塔维斯提出的"基督以前"(Before Christ)的概念,将公元元年以前的年代定位"公元前",这样就有了"以耶稣出生之年"为开端的公元前(B. C.)、公元后(A. D.)。"用'公元前'/'公元'这样一种标记年代的方式,晚至 18 世纪才成为标准的纪年体系。线性时间观之所以到近代才主导历史学,与牛顿的时间观有关。牛顿认为,存在着一种绝对的、真实的、数学的时间,'绝对时间''均匀地流逝着而同任何外部事物无关'。这样,用'公元前'/'公元'标记时间的方式,与牛顿的绝对时间就很容易地结合在一起。牛顿本人正是最早使用这一纪年体系的学者之一,他根据自己在物质世界中所发现的那种可数量化的秩序,将人类历史上所发生的事件编成年表,写出一系列编年体著作,其中包括《年代学提要》(1726)和他去世后出版的《古代王国编年修订》(1728),他的主要目的就是要标注历史上所发生的那些事的准确时间。由于牛顿在近代科学中的影响,他的'绝对时间'为线性时间观奠定了科学基础。"(俞金尧:《历史学:时间的科学》,《江海学刊》2013 年第 1 期)但公元纪年的起点是公元 1 年,不存在"公元 0 年"。

② 梁启超:《中国史叙论》,《梁启超全集》第二集,第 315 页。

③ 梁启超:《新史学》,《梁启超全集》第二集,第 521 页。

晚清以降，废止帝王年号的呼声此起彼伏，或者是为了与"世界时间"保持同步，或者是因为这种方式"全无表明时间距离之功用"，更多的是为了体现推翻帝制、追求共和的政治诉求。干支纪年过于形式化且周期太短，如果没有帝王纪年的"加持"，很难在上下五千年的历史中准确定位。"纪年"一度成为有识之士的思考重点，并提出了孔子纪年、黄帝纪年等不同主张。①如梁启超也提出过以孔子生年为开端的纪年方法。就以"科学""公理"之名为新式历法正名，同时保留孔子在中国时间表达中的权威而言，梁启超与其师康有为并无歧见。事实上，康有为是孔子纪年的发明者，他提出了以孔子卒年为起点。毋庸置疑，康梁二人均是受西历中基督教时间之启发，只是梁启超以孔子生年为开端，与西历以耶稣之诞辰为始更加一致，但无论是私人的日记写作，还是具体论述中国、世界的历史事件，梁氏实际上都更倾向于西历。所以，虽然他也宣扬孔子纪年，从其在《新史学》等文章中的阐述来看，确实也有民族情感和爱国思想的因素，但更多的还是倾向于视之为一种简易、方便、有效的工具，就此而言，与康有为坚固的"保教"之论有别。

"黄帝纪年"是晚清曾实际采用过的一种纪年方式，如宣统三年（即1911年）武昌起义时，湖北革命党人即用"黄汉（大汉）四千六百零九年"发布文告。"中华民国"的国号确定为后，曾改为"大中华四千六百零九年"，1912年孙中山宣布废除"宣统"年号，改以"中华民国"纪元，黄帝纪年亦不复使用。

孔子纪年、黄帝纪年试图把被帝王更迭打断的"中国"历史接续起来，这本质上也是受到西历公元纪年直线式时间的启发；同时又以文化或民族的名义，确立与西历不同的时间线，并以此特殊的、绵延数千载的"中国"时间凝聚和振鼓人心。另一方面，虽然晚清某些报刊早已引入西历，但无论在国家还是民众层面，西历都未被正式或普遍采用。

民国成立，孙中山在就职当日即宣布废帝王纪年为国家纪年，并于1912年1月2日，以临时大总统的名义下令：

中华民国改用阳历，以黄帝纪元四千六百九年十一月十三日，为中华民

① 1937年，钱玄同在刘师培《黄帝纪年论》一文后附议，首先批评了帝王纪年"全无表明时间距离之功用"，然后概括了当时的四种观点，即"孔子纪年"（康有为等）、"西周共和纪年"（章太炎）、"黄帝纪年"（刘师培等），以及耶稣纪年等。（详见刘师培：《刘师培史学论著选集》，邬国义、吴修艺编校，上海古籍出版社2006年版，第4页）著名历史学家陈旭麓也考证了清末革命党人曾提出的各种纪年，除了熟悉的"公元纪年""黄帝纪年"等，还有"天运纪年""周召共和纪年""以清朝入关明朝灭亡为起点的纪年"等各种纪年方案。（详见陈旭麓：《清末革命党人的纪年》，《近代史思辨录》，广东人民出版社1984年版，第109—115页）

国元年元旦。经由各省代表团议决，由本总统颁行。订定于阳历正月十五日，
补祝新年。请布告。①

孙中山强调辛亥革命的成功不同于过去的朝代之鼎革，辛亥革命终结了数千年专
制政体，新建的中华民国掀开了代表"世界潮流"的民主共和的序幕。对孙中山
的改历之举，有欣然响应的，有迟疑不决的，也有誓不相从的。②不过借助政治力
量，"民国某年"还是逐渐为众人接受了，即使某些晚清遗老，在日记里也开始使
用民国纪年了。③

《一九一六年》是陈独秀于 1916 年元旦写作并发表在《青年杂志》上的一篇
文章。虽然当时规定民国纪年与公元纪年可以并行，但在各种正式场合，一般多
用民国纪年。如果以民国纪年，此时本该是"民国五年"。但 1916 年非常特殊。
民国四年（1915 年）12 月 12 日，袁世凯称帝，改年号"洪宪"，取消了民国纪
年。虽然闹剧很快收场，民国五年（1916 年）3 月 22 日袁世凯宣布取消帝制，民
国纪年得以恢复。

1915 年 9 月，《青年杂志》创办于上海，前四期的封面上都有"中华民国"
的年号，但 1916 年 1 月刊发的第一期，封面上只标示了"第一卷第五册 正月
号"，既没有"中华民国"，也没有公元纪年，更不采纳洪宪年号。陈独秀此举标
新立异更用心良苦，在封面的设计上，陈氏就旗帜鲜明地表达了对袁世凯复辟帝
制的强烈抗议和坚定拒斥。④

在《一九一六年》中，陈独秀首先指出，无论是世界、还是中国，"一九一
六"都是一个特殊的标尺：

自开辟以迄一九一五年，皆以古代史目之，从前种种事，至一九一六年

---

① 孙中山：《临时大总统改元改历通电》，尚明轩主编：《孙中山全集》第三卷，人民出版
社 2015 年版，第 213 页。
② 1912 年民国与清室曾达成《清室优待条例》，其中指出：逊帝尊号仍存不废，民国法律
允许清室遗民继续使用宣统年号。如林纾《拜菊盦诗序》开篇云："宣统丙辰冬"，以此取代
1916 年。1917 年 5 月，张勋拥戴溥仪复辟，复用宣统年号，此即"宣统九年"。然而清帝很快
再次逊位，民国纪元延续。1934 年 3 月，溥仪于伪满洲国正式登基称帝，年号康德，又被称为
康德皇帝；直到 1945 年 8 月 17 日，溥仪退位，宣告伪满洲国正式解体。另一方面，在"五四"
新文化运动的群体看来，使用民国历法，也是表明革命立场、对抗"满清遗老"的方法之一。
③ 参看桑兵：《走进共和 日记所见政权更替时期亲历者的心路历程 1911—1912》第三章
"共和元年"，北京师范大学出版社 2016 年版。
④ 其他报刊如《新中华》《大中华》《小说新报》《小说时报》等报刊也公然不奉"洪宪"
正朔，但照旧采用了民国年号（参看程巍：《"洪宪元年"与陈独秀的一九一六年》，《中华读书
报》2012 年 6 月 6 日 13 版）。不过，1916 年 2 月发行的《青年杂志》第一卷第六号又再次使用
了民国年号。

死；以后种种事，自一九一六年生。①

这是陈氏基于对第一次世界大战和中国之实际的分析而得出的结论。他以进化论为基石，主张日日求新，年年进步；认为如果只是旧日旧年的因袭重复，这日子就等于白过了，没有任何意义。在他看来，已经过去的漫长岁月，都是已死的古代史；从 1916 年开始，世界、中国都将有一重启的新生，所以他呼吁众人从"一九一六年"开始，勇敢地担负起创造"新年""新世纪"的重责，锐意进取、除旧布新：

> 诸君所生之时代为何等时代乎？乃二十世纪之第十六年之初也。……生斯世者，必昂头自负为二十世纪之人，创造二十世纪之新文明，不可因袭十九世纪以上之文明为止境。……二十世纪之第十六年之人，又当万事一新，不可因袭二十世纪之第十五年以上之文明为满足。……假令二十世纪之文明，不加于十九世纪，则吾人二十世纪之生存为无价值，二十世纪之历史为空白；假令千九百十六年之文明，一仍千九百之十五年之旧，而无所更张，则吾人千九百十六年之生存为赘疣，千九百十六年之历史为重出。故于千九百十六年入岁之初，敢珍重为吾任重道远之青年诸君告也。②

另一方面，辛亥革命、民主共和的胜利果实如此轻易就被窃取，这自然也引起敏锐的思想者对中国道路更深沉的反思和另辟蹊径的探索欲望。他断言："政党政治，将随一九一五年为过去之长物，且不适用于今日之中国也。"③

中国将如何选择新的道路，将走向何方？此时的陈独秀并没有坚定的答案，但他在放眼全球、艰难求索。通过《一九一六年》，陈氏既宣布了自己的政治态度，也表明了自己对时局和世界、国家命运的思考，以及从"现在"开始、从"我"开始，创造历史和文明的决心和担当。《一九一六年》也以非常特殊的方式，揭示了表达时间的简单数字背后的各种复杂因素。在那个风云诡谲的特殊时代，人们对某种"时间"的领悟和采用，几乎成为区分各自政治见识或文化阵营的重要标志。不过，淡化了基督教色彩的公元纪年，也确实逐渐成为了跨越国度和文化的、具有普遍性的"世界时间"。

中国自古就有"改正朔"之说："帝王必改正朔，易服色，所以明受命于天

---

① 陈独秀：《一九一六年》，任建树主编：《陈独秀著作选编》第一卷，上海人民出版社 2009 年版，第 171 页。

② 同上书，第 170 页。

③ 同上书，第 173 页。

也。"(《汉书·律历志》)虽然自汉武帝以后,直至清末,历朝历代皆从夏制,不再"改正朔"了;但每一个风起云涌政权更迭的时代,通过修改"皇帝纪年"以确定政治权威都是当朝大事。晚清以来,各种纪年方式花样繁多、不一而足。"纪年"之所以备受关注,是因为这一表征时间的外在系统并不是没有任何内容的数字或符号,恰恰相反,其承载着一个复杂的,包括政治、民俗等复杂因素的文化体系。中断或选择某种"纪年",同时也意味着告别或开启某种文化。

正是在此意义上,在每一次历史的转折点上,或每一次辞旧迎新的特殊时刻,人们往往称之为"新纪元","元,始也","元年"为此纪年的开始,标志着新历史阶段的开端。陈独秀的"一九一六年"就是具有特殊"纪年"性质的时间,他否定了"旧",开始探索"新"。后来,他宣告的"自一九一六年生"的新时代逐渐明朗起来了,马克思主义、社会主义革命成为新时代的精神。李大钊著《新纪元》以欢呼一九一九年,而毛泽东在《矛盾论》中则主张:"十月社会主义革命不只是开创了俄国历史的新纪元,而且开创了世界历史的新纪元……"[1]

在大多数情况下,"新纪元"总是令人欢欣鼓舞的。[2]"纪元"之"新"表明旧时间延续的终止和新时间的开始,在革故鼎新的特殊境况中,象征着从此翻开了新的历史篇章。[3]我们常常在新旧交替之际,如岁末年初等,回顾过去,更展望未来。这些辞旧迎新的时刻,往往也成为某些具有特殊性的时间节点的象征,成为告别过去、开辟未来的"时机"(occasion)。"新纪元"反映了人们对"时间"之更迭及其秩序的敏感和自觉,以及对某个新开端新机遇的期待和努力。

但孙中山以国家之"令"的方式强行改元,引发了有关历法之辩的第二波高潮。如《新青年》群体中的钱玄同对历法之事一直颇为用心,他强调"纪年"应该"能永久继续""宜求世界一致",指出"基督纪年"已经成为与基督教不相干的"'约定俗成'的世界通用的纪年",所以可以将之改称为"世界公历",并声明:

---

① 毛泽东:《矛盾论》,《毛泽东选集》第一卷,人民出版社 1991 年版,第 303 页。

② 特殊情况也可以有贬义,如鲁迅在致宋崇义的信中曾云:"南方学校现象,较此间似尤奇诡,分教员为四等,可谓在教育史上开一新纪元。"(参见《鲁迅全集》第十一卷,第 382 页)但不管如何,"新纪元"总在标明某种开端。

③ 胡风的长诗《时间开始了》,被誉为"开国的绝唱"。长诗以"时间开始了"开篇,宣布了中华人民共和国新政权的诞生,"'时间'作为一个隐喻,……象征了一个旧时代的终结和一个新时代的开始"(参见王巨川:《1949〈时间开始了〉》,杨早、杨匡汉主编:《六十年与六十部:共和国文学档案(1949—2009)》,生活·读书·新知三联书店 2009 年版,第 2 页)。

　　中国若用基督纪年，就是用世界通用的公历纪年，于考古，于现代应用，都是极便利的……中国当用世界公历纪年。①

宣扬新文化的"新青年"要重估一切价值，他们并不在意接续传统或承接历史，不在意保存斯文或挽救国粹。他们不留念过去，也不关注时间的连续性。他们更关注的是中国当下的救亡图存，是中国如何融入世界、走向未来。在他们看来，世界终将趋于大同，因而至关重要的是建构国人的"世界观念"、主动参与世界的历史进程。在此，钱氏明确将西历视作"世界公历"，"公"意味着普遍性、公正性、统一性。

　　钱玄同还曾提出"国历"一词，比如在1920年致周作人的信末就有"国历九年八月八日"。所谓"国历"，即中华民国推行的"公历"，"国历"更凸显了"中华民国"的权威。他将"中华民国"之成立视作一个与国、与民、与世界都值得庆贺、欢喜的日子：

　　　　若从中华民国自身说，他是一九一一年十月十日产生的，那一日才是中华民国的真纪元。就中国而论，这日是国民做"人"的第一日。就世界而论，这日是人类全体中有四万万人脱离奴籍，独立做"人"的一个纪念日。②

在中国历史上，"中华民国"是一个崭新的国家，是漫长帝国的终结："从民国纪元前一年十月九日倒数上去，一直数到那荒诞不经的什么尧舜时代，都是帝国"③；"国民"从此不再为"奴"，而是成为独立的"人"，并且还是"民国的主体"；这不仅是一国国民之解放，亦改变了整个人类的主奴比例。"国历"之名既能显示来自"中华民国"的权威，也能体现采用者与前朝往事的决裂、对"中华民国"和"人"之独立、自由的热望。他还说：

　　　　我是主张用公历的，但有对抗遗老的意思的东西，我必写民国纪年。我贺新年的意思以前于第一种居多，故两年都用民国纪年。今年而且大书特书"国历"字样，这是我的《春秋》笔法！哈哈！④

　　① 钱玄同：《论中国当用世界公历纪年》，《钱玄同文集》第一卷，中国人民大学出版社1999年版，第313页。
　　② 钱玄同：《陈百年〈恭贺新禧〉的附志》，《钱玄同文集》第二卷，第28—29页。
　　③ 钱玄同：《赋得国庆》，《钱玄同文集》第二卷，第210—211页。
　　④ 钱玄同：《钱玄同日记》（整理本）（上），杨天石主编，北京大学出版社2014年版，第490页。

鲁迅说钱氏之文"颇汪洋而少含蓄",宜于"表白意见"。钱氏如此旗帜鲜明地高扬"国历",完全没有曲折的文字,而是直截了当地拒斥晚清遗老通过延续旧历来缅怀旧时光,明确无误地以改用新历来恭贺民国之新年、畅想民国之未来。在他看来,试图通过将"夏历壬子年——戊午年"或某些"大清国宣统三年"之前的东西当作某种国粹以保存大清国的命脉、挽回大清国的国运,这是根本行不通的。①

尽管钱玄同如此高举中华民国之大旗,强调以"国历"为武器对抗沉渣泛起的旧势力,但从留下来的文字来看,与包括陈独秀在内的大多数《新青年》同人不同,钱氏极少用"民国某年",大多数还是采用"公历"的方式。无论是站在世纪之交的梁启超,还是1916年的陈独秀,或对纪元方式始终敏感的钱玄同,他们都意识到,一方面,西方的"公元"纪年已经逐渐褪去了宗教的外衣,另一方面中国已经跳不出与世界的关系和交涉②,"中国时间"已经无法挣脱世界背景。同时,如许多学者强调的那样,基督教这种线性的时间观蕴含了从古代到现代的"进步"的观念,改用西元不仅标志着将中国纳入世界,也意味着要融进现代化进程。

从现代中国的实际情况来看,公元纪年大获全胜③,帝王纪年彻底废除了,但干支纪年、孔子纪年和黄帝纪年仍颇受关注,尤其是呼吁恢复后二者的声音在近三四十年来不绝于耳。虽然当下的中国国情与晚清、民国已不可同日而语,但他们讨论问题的思路总体并没有超越当年梁启超、钱玄同等人倡扬公元纪年时的辨析和阐释,来自各方的批驳之声亦远胜应者的回响。④

———————

① 详见钱玄同:《随感录》,《钱玄同文集》第二卷,第15—16页。

② 1901年,梁启超为李鸿章作传,题目为《中国四十年来大事记》,其中有云:"盖自李鸿章有生以来,实为中国与世界始有关系之时代。亦为中国与世界交涉最艰之时代。"(参见梁启超:《中国四十年来大事记》,《梁启超全集》第二集,第395页)这个时间性的标题,精准地阐释了李鸿章所谓"三千年未有之变局"的"变",也可见梁启超对"时间"感受的异常敏锐:其实不仅李鸿章,19世纪下半叶以后的中国,都应该被放置在"世界"的视野中予以考察。

③ 在中国大陆,"民国""公元"两种纪年合用的情况一直延续到中华人民共和国成立。1949年9月27日,中华人民共和国人民政治协商会议第一届全体会议通过了《关于中华人民共和国国都、纪年、国歌、国旗的决议》,其第二项即规定"中华人民共和国的纪年采用公元"。在中国大陆某些特殊地域或场合,同时并行的还有佛历、回历以及某些少数民族的历法等;在中国台湾地区,现今依旧继续同时使用"民国""公元"两种纪年。

④ 如2007年,清华大学许文胜等曾在网上倡议:中华纪年应恢复"黄帝纪年",期望以此"唤醒国人、恢复和保留自己的传统文化,但不抵制外来文化",并征集支持者的签名;倡议书中还提出了黄帝纪元的计算公式,称:"经过大量考证史实,参照夏、商、周的参考资料,再加上精密的推算过程,我们确认了黄帝纪元的起始问题,那就是以现在西元纪年体系表述的西元前2698年,这在《辞源》中也得到了验证。因此,我们得出了计算黄帝纪元的公 (转下页)

四、阳历、阴历

历法不仅"纪年",也"纪月""纪日"。中国的历法可以追溯到黄帝时代,从黄帝历法到清末启用西历,三千多年间,"中国历法数十改,制历逾百家,是世界上历法科学最发达的国家"①。古代把历法称作"天算",对天时充满了敬重,也以很谨慎的态度和感恩、愉悦之情将天时与人事合一。从"观象授时"到"推步制历",从远古的"黄帝历"到"参用西法"的"崇祯历书",中国古历在修订与改进中不断传承,并趋于精确化。

根据月球环绕地球运行所订的历法称为"阴历";根据太阳在不同季节的位置变化所订的历法称为"阳历",中国古代历法主要采用的是兼顾太阳、月亮与地球关系的阴阳合历(lunisolar calendar)的形式。②阴阳历并非中国古代独

(接上页)式,即:黄帝纪年=西元纪年+2698年。"但复旦大学于海否定此举,并且质疑:"把纪元改过来就能让我们更有民族自信心?就能让我们更好抵制西方文化侵略?就能让我们在全球化的时代发展得更好?"在2015年的全国两会上,政协委员张其成发表《设立轩辕纪年(XY)的理由与建议》的提案:"轩辕纪年是以轩辕黄帝即位后创制历法的年份甲子年为元年的纪年方式。是根据黄帝历、天干地支及《帝王世纪》《皇极经世》推算出来的。"根据推算,轩辕元年即公元前2697年,为干支纪年开始的甲子年。"轩辕纪元=公元纪元+2697年。如1912年民国元年就是轩辕4609年。公元2015年就是轩辕纪年4712年。"可见,许、张之间还有一年之差。对许、张二人的建议,上海交通大学科学史教授江晓原认为,"没有必要认真对待,这两个都是考虑欠周的轻率提案"。"黄帝的年代尚无确切实证,因此'黄帝纪年'在学理上尚难成立,怎么可能从一个没有定论的时间点往后推算呢?""中国古代历法的功用有三:其一是政治上王权的宣示,比如明清时代每年对朝鲜、琉球等属国的历书颁赐。其二是日常生活上的使用。其三是与周边民族国家的交流,需要一个共同的时间计量和指称系统。在全球化的今天,世界通行的公历就是一个这样的系统。如果某个国家自说自话改用别的系统,只会给自己和别的国家带来巨大麻烦,将是完全得不偿失的。事实上,世界上绝少有国家只使用自己的纪年而不用公历的。"(参看陈韶旭:《文汇学人访谈录:江晓原谈"黄帝纪年"在学理上尚难成立》,《文汇报》2015年3月20日)

①　参见张培瑜等著:《中国古代历法》,中国科学技术出版社2007年版,"前言"第Ⅴ页。

②　《尚书·尧典》中已有"中国古代应用阴阳历的初始历法的最早记载"(参见张培瑜等著:《中国古代历法》,第2页),之后阴阳历一直是中国古历的主流。但在太平天国时期,曾在其管辖的长江流域颁布纯阳历的"天历",其国灭后,清廷便恢复了阴阳合历。关于中国的传统历法,大家熟悉的还有"黄历""夏历""皇历""农历"等名称,"古六历"(黄帝、颛顼、夏、殷、周、鲁时的历法)对后世历法的沿革产生了重大影响。相传黄帝首创历法,故称黄帝时的历法为"黄历",这是中国最早的历法,故也作为中国历法的代称一直延续至今。"夏历"混合了太阳历、太阴历与干支纪日法,自汉代至清末,除了王莽和魏明帝曾改用殷历、唐武后和肃宗曾改用周历外,各朝代均使用夏历。历代皇帝都重视颁制历法,"皇历"即官方颁布的历书,或源于唐文宗,或出自宋太宗,但都笼罩着"皇帝"的权威与荣耀。据说宋太祖赠送群臣的皇历所记载的主要是当年的历法,所以次年便需更换新历,旧历则被称作"老皇历",至今人们还以"老皇历"指称某些不随时而变的守旧思想或行为。中国自古以农业立国,"授农时"、指导农事活动本是传统历法之基本功能,但"农历"似乎为一新词,其正式出现于何（转下页）

有①，但中国的阴阳历中包含"二十四节气"，同时配合干支纪时（年月日时），还常常对应着各种宜忌信息，因而也特色鲜明。

19世纪中叶以后，魏源、黄遵宪等都曾研究过西洋历法或太阳历并比较过中西历，对西历的方便、精确等优点都大为欣赏。②

梁启超是改历的倡导者之一，他认为中西历有别，对录不易；批评将历法与"爱国"联系的观点；以科学的名义提倡"西历"即"太阳历"之优势：使用广泛、学理细密；特别值得注意的是，他指出阳历以"年"为周期，其优越性在于"整齐划一"的"秩序"：

> 法治之所以可贵者，在举一国之心思耳目而整齐划一之，所谓秩序是也。而凡事业之性质，为年年循环相续者，则必年年若同出于一型，乃可以收秩序之效。③

梁氏在此强调了"历法"之为"法"的意义，即确立一种具有普遍性的、可反复操作、实有成效的时间秩序。中国古代有"天历""皇历"等说法，梁氏认为"历法"的秩序并非源于天命或皇权，而在于国家行政及人民生计的"事业"，有稳定

（接上页）时暂时还难以确定。有研究者以1918年吴崚发表《农家历》为此概念成型之标志，并指出1947年"出版的《农历通书》，明确使用'农历'作为书名，可见该词已经为社会所接受"；直到20世纪60年代以后，报刊上开始称中历为"农历"，其后"农历"一词日益普遍，甚至取代了"阴历"（详见黄景春、陈冠豪：《"农历"辨析》，《河南师范大学学报（哲学社会科学版）》2019年第5期）可见"黄历""夏历""皇历"与"农历"，各有所指，本不该混用，但共同特点是，这四个名称所指的都是中国自古相传的阴阳合历。然而当下媒体或民众使用时并不严谨，不仅常把"黄历"混同于"皇历"，甚至在正式场合如报首或新闻中也常常只将"农历"与干支纪年合写，而在干支年后接上阴历的月日，或者将"农历"仅视作"阴历"以别于"公历"即阳历——这不能不说是失误了。

① "许多历史上的历法最初是依据月亮……为调和月亮周期和太阳周期，需要引入一种复杂的置闰体系。这样一种历法被称为'阴阳合历'，其代表是犹太、传统中国和印度的历法。"（参见［英］利平科特等著：《时间的故事》，刘研、袁野译，中央编译出版社2010年版，第70页）可见西方也曾使用阴阳合历，如325年尼西亚会议规定复活节为"每年春分后第一个满月后的第一个星期天"，"春分"且"满月"就是兼顾日月的方式。"最早的纯太阳历出现于或许是早在第一王朝时的埃及（大约公元前3000年）。它是儒略历和后来格列高利历的基础。儒略历由尤利乌斯·凯撒于公元前45年引入，以便改革旧的罗马历法，该历法在凯撒时有大约90天的错位，给社会带来困扰。……改革后的儒略历被称为'格列高利历'，它的引入并非一帆风顺，进行了五个世纪。"（同上书，第70—71页）

② 参见魏源：《海国图志》卷一百，《西洋历法缘起》，《魏源全集》第七册，第2251页。黄遵宪：《日本国志》，李绍平校点，岳麓书社2016年版，第298页。另，有关黄遵宪在历法和改历问题上的基本观点及其变化，详见李玲：《黄遵宪改历的思想历程》，《学术月刊》2004年第12期。

③ 梁启超：《改用太阳历法议》，《梁启超全集》第七集，第113页。

统一的时间秩序，才能合理高效地处置各类事业。但是，"阴历缘有朔望以为之限"，不得不通过"置闰"的方式"以济其穷"，但"闰月"打破一年中的秩序，"闰年"破坏年年相续的秩序，因而置闰"非以理之而以淆之也"，"阴历不足以周今日之用"。以此为据，他明确以国家和公共事务层面鼓吹改历。日本明治维新中首改阴历为阳历，这是晚清学者思考中国改历问题的重要背景之一。梁启超也曾如黄遵宪一样"姗笑"过日本改历，但他很快意识到，论事议制，"惟求其是而已"。梁氏鼓吹改历，但并没有强化古今之别中西之异，他判定"是"的标准，主要是学理和效用。

晚清参与阴阳历的讨论者甚多，但主要是朝中之士及见多识广的知识分子，一般普通百姓对此并不十分关注。但民国孙中山的改历改元不仅敲响了帝制的丧钟，也触碰了中国数千年注重阴历的习惯，更重要的是，广大民众都被卷入改历之事，其影响之广之深，远胜太平天国的改历。①如梁启超所言，历法是"一国人数千年所安习者"，舍之不易。孙中山亦深知此举之艰难，但他的意图明确，态度坚定：

> 从前换朝代，必改正朔、易服色，现在推倒专制政体，改建共和，与从前换朝代不同，必须学习西洋，与世界文明各国从同，改用阳历一事，即为我们革命成功后第一件最重大的改革，必须办到。②

孙氏将"改用阳历"视作头等大事，视作推翻帝制、与世界文明同行的重要表征。改历之举在当时几乎曾遭到包括商会、农民等群起抗议。几经周折，虽然最终基本采用的还是阴阳合历的方式③，但"阳历"的地位却改变了，"阳历"不仅正式

---

①　太平天国时期，曾创制并在其管辖的长江流域颁布"天历"，天历以节气为制历的基本法则，是纯阳历，每年366日，分12个月，不置闰月，不计朔望。但只有在有限的领域中推行了十七八年。"天历颁行于太平天国壬子二年正月初一日，到戊辰十八年七月初一日才停止使用，计在长江南北以及在南征北伐的太平军中行使了十七年。"（罗尔纲：《天历考及天历与阴阳历日对照表》，生活·读书·知识三联书店1955年版，第35—36页）但他在《太平天国史》中将结束之日确定为"己巳十九年四月十一日（清同治八年四月十七日，公元一八六九年五月二十八日）"，"计在长江流域以及征伐所到全国各地行使了十八年"（罗尔纲：《太平天国史》卷三十二，中华书局1991年版，第1223页）。

②　王有兰：《迎孙中山先生选举总统、副总统亲历记》，参见《孙中山全集》第八卷，第155页。

③　左玉河曾深入研究过民国改历的具体过程，详参左玉河：《评民初历法上的二元社会》（《近代史研究》2002年第3期）、《从"改正朔"到"废旧历"——阳历及其节日在民国时期的演变》（《民间文化论坛》2005年第2期）、《拧在世界时钟的发条上？——论南京国民政府废除旧历运动》（刘东主编：《中国学术》第21辑，商务印书馆2006年版）等相关论文。湛晓白《时间的社会文化史：近代中国时间制度与观念变迁研究》"第二章　政治与时间：近代历法改革的历史考察"中也有非常系统和丰富的讨论。

成为官方历法，也成为公共时间体系中的主导历法，成为深刻影响从国家制度到个人活动的"时间秩序"。

如前已述，钱玄同曾于 1922 年就提出"国历"一词，指称"中华民国之历法"。1928 年，南京国民政府成立后开展"废除旧历，普用国历"运动，"国历"获得真正来自国家力量的推广，中国古历则被视作"旧历"欲予以废除。西洋的格里高利历就这样逐渐成为中国的"阳历""新历""公历"或"国历"①，并沿用至今。"公元纪年""阳历"等时间系统的确立，既是西方时间全球化的反映，更是国人向"西洋"学习、融入世界时间的努力。

第二节　从"时辰"到"分秒"

尽管古代中国很早就开始以日晷和漏刻等作为官方正式的计时工具②，但在日常生活中，普罗大众更多的还是通过看日头、听打更，或依据钟鼓楼、军队放炮等方式来把握具体时间的。如我们所知，明清以后，从西方传入的机械钟表已逐渐流行于宫廷内部和贵族之家③，但朝中固陋之人往往对此暧昧地半推半就，因为他们惴惴地视其为玩物丧志的奇技淫巧；更重要的是，至此钟表仍尚未过多影响普通百姓的日常生活，所以贾府的自鸣钟还会吓住来自乡野的刘姥姥，而贾府被抄后，宝玉可能是沦为打更人，继续古老的夜间报时工作。传统的计时方式不仅可能容易受到天气、人为等各种因素的干扰而不易确定，而且其对时间的测定或呈示总体上是比较粗疏或含糊的，只有在一些较为特殊的情况下才需要在十二时辰之下再细划为刻或分。所以，在古代中国，"时辰"是最普遍的计时方式，即使

---

① 朱哲文曾著文梳理了"西历"最终成为中国"国历""公历"的详细过程，详参朱哲文：《西历·国历·公历——近代中国的历法"正名"》，《史林》2019 年第 6 期。

② 传说"上古黄帝有熊氏，始置灵台，以为测候之所"。"有熊氏设灵台，浮箭为泉，孔壶为漏"。（参见《钦定古今图书集成·历象汇编·历法典》之测量部、漏刻部）

③ 明清两朝都有耶稣会传教士以钟表匠的身份进入宫廷，如康熙皇帝对钟相当着迷，葡萄牙耶稣会传教士安文思和徐日升就是直接为他效力的两位钟表匠。清人沈初《西清笔记》记载："交泰殿大钟，宫中咸以为准。"（参见［清］沈初撰，《西清笔记》卷第一纪典故［二十三则］）又《红楼梦》中多次言及钟表，且钟表的使用在贾府已经很普遍。更值得关注的是，北宋时期苏颂、韩公廉等人发明制造的"水运仪象台"，是"以漏刻水力驱动的，集天文观测、天文演示和报时系统为一体的大型自动化天文仪器"，也被称作"世界上的最早的天文钟"，英国著名科技史专家李约瑟认为，水运仪象台"可能是欧洲中世纪天文钟的直接祖先"（参见刘仙洲：《中国在计时器方面的发明》，《天文学报》1956 年第 4 期；李约瑟：《中国人是如何发明机械钟的》，王木南译，《中国历史文物》2000 年第 2 期）。

在现代中国，钟表的普及，也相当晚。①

传统的辰刻制与机械钟表的计时方式有着巨大差异，"时钟还是一种有能源驱动的机件，其'产品'是分和秒"②。无论如何，传统的计时工具或方法的稳定性和精确性都难以与以"分和秒"为基本单位的机械钟表相媲美的。虽然在普通百姓的日常生活中，不必精细到"秒"，但两个"时辰"之间所拉开的时间间隔与时—分结构还是非常不同，由此所带来的时间体验、时间意识也大相径庭。

钟表是现代工业社会的产物。在前工业社会，人们日出而作日落而息，月有令、岁有时、二十四节气调节着劳作、生活的内容和步调，月令、岁时、节气等虽然也是人为制作的公共时间，但源于自然，且与包括人在内的生命节奏是基本合拍的，甚至就是一个相融互摄的有机体，因而人们生活内容是与时俱化的。在时辰与日、月、年共同构成的体系中，人们通过日之升落、月之盈亏以及物候转换、四时更迭来理解世界、开展生活，感受光阴变化时间流逝的"单位尺度"是比较宽裕的。虽亦有白驹过隙万年旦暮之叹，但日常过日子的节奏总体是劳逸相宜、张弛有度的。钟表以科学和理性的方式远离了时间原始的自然性，电成为钟表时间的好伴侣，在现代，"夜"不仅有了特殊含义，而且也不再被荒废，成为都市人日常生活的重要部分。③昼夜无别、四季如一，钟表时间的特征之一就是同质、均匀，其所左右的生活也可以不再与自然共起卧同温凉。

---

① 比如，即使贾府内钟表已经较为普遍，但凤姐理家时依旧采用辰刻制，她说："不论大小事，我是皆有一定的时辰。横竖你们上房里也有时辰钟。卯正二刻我来点卯，巳正吃早饭，凡有领牌回事的，只在午初刻、戌初烧过黄昏纸，我亲到各处查一遍，回来上夜的交明钥匙。第二日仍是卯正二刻过来。"（参见《红楼梦》第十四回）贾府中还经常将"钟点"和"更""辰刻"同时使用表达具体的时间点，如众人在怡红院开业宴，直到薛姨妈打发人来接黛玉："众人因问几更了，人回：'二更以后了，钟打过十一下了。'宝玉犹不信，要过表来瞧了一瞧，已是子初初刻十分了。"（参见《红楼梦》第六十三回）另一方面，虽然民国时代，座钟、怀表或手表开始陆续进入经济状况稍好的百姓家庭中，但多数底层的普通工人还只能借助城市中工厂、码头等公共时钟的把握准确时间，平时也只能通过看星星、听鸡鸣估计时间。（详见湛晓白：《时间的社会文化史》，第196—198页）20世纪七八十年代，"上海牌手表"还一度是贵重的婚嫁礼物"三大件"之一。

② ［美］刘易斯·芒福德：《技术与文明》，第16页。

③ 顾彬说："在中国的传统文化中，黑夜仅作为一种自然现象出现，但在中国从封建社会到民主社会的关键转型期，黑夜有了新的含义"，"直到五四运动的爆发，黑夜的概念才开始在激进思想家的思想中占据重要的位置"（参见［德］沃尔夫冈·顾彬：《黑夜意识和女性的（自我）毁灭——评现代中国的黑暗理论》，《清华大学学报》2005年第4期）。但不仅如此，茅盾非常准确地展示了现代都市的夜："Light，Heat，Power。"（参见茅盾：《茅盾全集》第三卷，人民文学出版社1984年版，第3页）上海是不夜城，城市人的"夜"也非常忙碌，"夜"也成为很多文学作品的背景。如叶祝弟说："新感觉派作家并没有从存在论意义上赋予黑夜以哲学的意味，但是他们对都市黑夜的把握，更为日常化。"（参见叶祝弟博士论文《变态的"五副面孔"——以新感觉派为中心的考察》，第80页）

如前所言，"钟声"作为现代时间的象征之一，呈现了公共性、客观性、外在性、确定性等特征。诚然，这种统一的公共时间中国自古亦有，看日头、数更漏等等都是古人体察这种公共时间的方式。但在传统的农业社会中，家庭是劳作的基本单位，过于精确的、细密的时间意识并非最必要的，同时公共时间对个体生活的影响也相对有限。在以工业革命为标志的现代社会，公共时间的影响越来越广泛，乃至成为现代生活的基石。现代时间虽然以海关钟楼为象征，但除了海关、车站等交通枢纽，其他诸如学校、工厂、公司、银行、广场等具有"现代"特征的场所都非常注重公共时间，其入口处等醒目地方，通常也会悬挂大钟。进而，拥有家庭乃至个人的钟表逐渐成为现代生活的必需。

在现代社会，越来越多的个体被卷入普遍联系的，或统一管理的公共生活，钟表指示的公共时间的作用日益凸显。如芒福德所言："时钟不仅可以告诉人们时间，也可以协调人们的活动。"①人们试图"科学"地管理时间、"有效"地利用时间，以效率为核心的"时间经济学"倍受重视，各种细致到每分钟的"时间表"成为现代生活的一种标志：

> 时间表是最重要的现代组织手段之一，它要求并且刺激着以数量化的时间来调节社会生活……一个时间表就是一种时—空秩序配置，而时—空秩序配置则是现代组织的核心。②

如学校、工厂等社会化程度较高的地方往往会通过准时敲钟或打铃等方式，以宣布公共时间，借以统一和管束个体的行为。③时间制度或规则的制定者成为某种特权的拥

---

① ［美］刘易斯·芒福德：《技术与文明》，第 14 页。

② ［英］安东尼·吉登斯：《民族—国家与暴力》，胡宗泽等译，生活·读书·新知三联书店 1998 年版，第 215 页。

③ 传统的书院或义塾等的日常作息安排往往比较简单粗疏。比如湖南玉潭书院规定："每日清晨，执事人击梆为节，初击梆，诸生齐起，盥洗整衣冠，再击梆，读书。每晚读书时亦如之。"广东启蒙义塾规定："塾师每日辰至申归，各童亦辰集申散。"（参见璩鑫圭编：《中国近代教育史资料汇编·鸦片战争时期的教育》，上海教育出版社 1990 年版，第 278、353 页）晚清废科举兴学堂之后，钟点制逐渐普及。民国时期，教育备受关注，如何有效地分配和管理教育时间也成为教育学家的重要课题，现代的新式学校则强调从儿童的身心特征出发，不仅有更明晰的时段划分，甚至还确定必须设置"十五分钟"的课间休息（参见朱元善：《教育时间研究》，商务印书馆 1916 年版，第 16 页）。随着 19 世纪中叶以后中国逐渐进入工业近代化，城市中陆续开办各类工厂，其通过严格、确定的时间控制来建立工作纪律和管理制度，厂方会明确规定工人上下班的时间点和工作的时间长度，其惩戒制度同样也会精确到每一分钟。如上海德厚、厚生两大纱厂就规定迟到将克扣工分，"迟到五分钟三分，迟到十分钟五分，迟到十五分钟一角"（参见刘明逵编：《中国工人阶级历史状况》第 1 卷第 1 册，中共中央党校出版社 1985 年版，第 339 页）。有关近现代中国时间管理方式的变革，可参见湛晓白《时间的社会文化史》第五章"时间管理方式的近代变革"。

有者，"时间"与政治、资本等各种因素彼此缠绕，成为一种强大的"权力"：

> 时间就是权力，这对于一切文化形态的时间观而言都是正确的。谁控制
> 了时间体系、时间的象征和对时间的解释，谁就控制了社会生活。①

大多数情况下，现代人不得不以积极且理性的态度调整自己的个体时间或主观体验，以跟随冷静而匆促的"钟声"。在钟表时代，个体为了能够参与日益组织化、社会化的现代生活，必须努力与公共时间保持一致。当钟表以"分和秒"的方式提示时间时，人们也必须学着以"分和秒"的方式来处置人事往来；"看表""对时"成为现代生活的重要内容，"守时""准时"也成为现代人的基本素质。②同时，持续旋转的指针、滴滴答答的钟声，都在明白无误地提示着时间的流逝，人们已来不及通过"明日何其多"的训诫来提示珍惜光阴，而是得见缝插针地分秒必争，以公共时间表为基础来确定的个体"时间表"同样也会精确到每分钟。

另一方面，晚清时代，个体的"我"已在逐渐萌发，正如黄遵宪已经声明要"我手写我口"，之后再经过梁启超的破奴思想和"五四"新文化运动的洗礼，个体意识愈加觉醒，与此相应，个体对自由地支配时间、拥有独立的"私人时间"的渴求也更加强烈。由此，客观的、外在的、公共的钟表时间与主观的、内在的、个体的心灵时间的纠缠和冲突也日益强化，而被"时间"所宰制的人生又难免机械而焦虑。时间通过钟表非常有力地框限着人们的生活、改变着生活的节奏，人们越来越理性，也越来越忙碌。在对时钟所呈示的"时间"的自觉调适中，传统社会那种悠游自在气定神闲越来越少，"从前慢"逐渐沦为只能浅吟低唱的安慰剂。生活如钟表的盘面一样被切割为一个个"时段"。③人们也常常陷入时针一样重

---

① 吴国盛：《时间的观念》，第121页。

② 如1898年，熊希龄、谭嗣同等维新人士在湖南长沙《湘报》馆内倡导成立"延年会"，在谭氏看来，西洋之兴盛"非有他术，特能延年"；但所谓"延年"之要义在"明去其纷扰以耗吾年者，即以所腾出闲暇之年，为暗中增益之年"，即通过合理安排以节约时间，从而达到相对延长年寿。虽然谭氏并未用"效率"或"经济"等概念，但他将此升格为"地球公理"："地球公理，其文明愈进者，其所事必欲简捷。"无疑将此视作生命的普遍价值和目标。延年会制定了详细的会规，甚至规定：凡有要事商谈，先致函相约，过时或迟到不候不见。（参见谭嗣同：《延年会叙》，蔡尚思编《谭嗣同全集》，中华书局1981年版，第409—411页）这种时间观念无疑是西方化和现代化的。民国时期，"守时"已成为小学生的教科书中的基本内容之一，学校、工厂、机关都力主"守时"，1934年，国民政府开始倡导"新生活运动"，其中将"守时"视为"国民道德"和"国民知识"，为"复兴一个国家和民族"之必需。

③ 如普劳图斯在诗中所云："众神厌恶首先发明/怎样计算时刻的人！/也厌恶/那个在这里架起日晷的人/把我的时光无情得分割/成了时段。"（参见［美］丹尼尔·J.布尔斯廷：《发现者——人类探索世界和自我的历史（时间陆地与海洋篇）》，严撷芸译，上海译文出版社2006年版，第24页。）

复地、机械地团团旋转之中。①公共时间广泛地侵入个体的日常生活，将个体"嵌"在由统一的公共时间所主宰的秩序之中，成为某一过程中一个固定的环节。被钟表所安排的生活容易失去弹性，"短针一样的人"②恐怕是难觅意外的惊喜、或缺乏妙趣的闲暇的。

争分夺秒的日子无疑容易导致身心俱惫。近百年来，国人常常不得不与"时间"赛跑，走在"追赶"他人或世界步伐的路途中，这种紧迫、焦虑之感更甚。在强有力的时间之网中，个体难免常感逼仄、慌乱和无措，真正自由的"我的时间"一直是令人神往的稀缺品。那在心外敲击的钟声早已安置在心内，有时简直真有一种"丧钟"般的沉重和悲凉。③钟表指示的虽然只是"物的时间"，却往往深刻地左右着人们的"心的时间"，重构着人们的时间观念。

诚然，不断加速的交通工具和通讯方式已经把世界连成一体，现代社会需要协调一致、共同行动，因而必须依靠统一的公共时间的控制和调度。当下的网络时代，跨越空间的即时性、共时性将成为最显明的时间特征，公共时间与个体时间的日益交织甚至彼此重叠。如我们所知，公共时间往往与学习、工作、交往等公共事务联系密切，个体时间则更同时包含着休闲、发展个体的兴趣、私人情谊等。然而，能否划清或如何平衡公共时间和个体时间？何以拥有公共的"钟声"之外的另一种时间？④是

---

① 1935 年以都市中产者为主要读者群的《良友》杂志，在其第 101 期、102 期连续刊载了以都市年轻夫妻一天生活为拍摄对象的组照，从吃喝拉撒到读报工作，事无巨细，表现了一种精心规划的、合乎理性的二十四小时理想生活状态。特别有意思的是，第 101 期的组照，正中间最显眼处放置了一个闹钟，标明"如何分配每日之二十四小时——一张标准的生活时间表"的主题，其片子正好按照时间顺序围成一个长方形。虽然散步、静坐、插花、购物、看电影、听音乐等休闲活动也被安置其中，但"钟"已成为安排生活的重要参照系，而作为一种"标准"，当然，这种貌似丰富、时尚的日子对多数国人而言只是一种他处的生活，同时是否真的是一种理想的、能够安身立命的生活方式，还值得品味。

② 徐迟《都会的满月》诗中有"短针一样的人，长针一样的影子"一句。

③ 徐志摩曾在 1925 年 8 月 18 日写信给陆小曼，表达他等待不果时的焦灼与煎熬，非常直观形象地表达了在等待中的分分秒秒是如何的漫长（参见徐志摩著、韩石山编：《徐志摩全集》第五卷，天津人民出版社 2005 年版，第 311—314 页）。更著名的还有《我等候你》一诗，除了反复出现的"在每一秒钟"的希望之外，最后那句"每一次到点的打动我听来是/我自己的心的活埋的丧钟"（参见《徐志摩全集》第四卷，第 366 页），不解风情的钟声在此刻听来是如此的令人绝望。尽管徐氏的时间之感更多的还是多情诗人敏感且夸张的浪漫体验，但确实充分展示了外在的钟表时间与内在的心灵时间的差异。

④ 张爱玲小说《倾城之恋》有一个非常精彩的开篇："上海为了'节省天光'，将所有的时钟都拨快了一个小时，然而白公馆里说：'我们用的是老钟。'他们的十点钟是人家的十一点。他们唱歌唱走了板，跟不上生命的胡琴。"白公馆试图顽固地用他们独特的"老钟"抗拒现代的公共时间，然而，他们的时间、以及他们的生命，是落后的、迟到的，"跟不上"现代节奏的。（参见张爱玲：《倾城之恋》，《张爱玲典藏全集（5）》，台北：皇冠文化出版有限公司 2001 年版，第 55 页）

否可以在被时间表所决定的行程之外，也能有缓急随心去留自由的出发？古人常有"山中无日月，寒暑不知年"的期待，今人如何能另辟世外桃源或"无江海而闲"（《庄子·刻意》）？这本质上即是个体如何"在世"的问题。正是在此意义上，罗萨说：

> 关于"我们想如何生活"这个问题与"我们如何打发我们的时间"这一问题是同等重要的。①

《长安十二时辰》的导演曹盾在采访中曾陈述他拍此剧的一些花絮，其中有关于"时辰"与"分秒"的：

> 一开始在接这个戏的时候，就有人说我们怎么不拍成美剧《24小时》那样的。这是因为我们没法拍《24小时》，没办法用分秒的概念拍成十二时辰，也不可能一会儿蹦出一个字幕：5秒，这样大家就会觉得太奇怪了，唐朝戏怎么能出现秒表？而且也不能分格画面。我们有的是什么？时辰，农历节气，这是我们自己的计时方式，是我们这个民族独有的。所以我们拍的是十二时辰，拍我们自己的东西才能区别于美国的《24小时》。这是我们文化独有的东西，文化还是有差异的，所以我们只能拍我们的戏。②

如果说"时辰"是传统中国的时间"小段"，现代社会的时间"小段"则是精确到"分秒"的。③ "秒"本来是谷物种子壳上的芒，引申为细微，微小；它曾经主要是空间概念④，但越来越成为时间的重要单位。同时，"秒"已不仅仅是一个计

---

①　［德］哈尔特穆特·罗萨：《加速：现代社会中时间结构的改变》，序言第11页。

②　参见《新京报》记者刘玮对《长安十二时辰》导演曹盾的专访：《给〈长安〉剪个通俗的下集预告？拒绝》，《新京报》2019年7月10日第C02版。

③　在薛福成的日记中，我们看到他在出发之际和旅行的前半程，用的完全是大清的时间，如：光绪十六年庚寅正月十一日记："购定法公司'伊拉瓦第'船票，以是日戌刻登舟。"十六日记："参赞黄遵宪公度，携一子一仆由嘉应州来登舟。午正一刻，开行。未初二刻，出口。风顺船平，水见黑色。"（薛福成：《薛福成日记》（下），第517页）但他后来常对照中西时间，采用小时制，甚至准确到"分"和"秒"，如："余在法呈递国书后，……由法赴英。……易轮舟渡海峡，约一点钟零十分，行二十洋里至英国之多甫。……以经度推算，伦敦午正，应迟北京午正七点钟三刻五十六秒；北京午正，实伦敦丑正十四分四秒也。"（同上书，第536页）

④　如古代长度单位，一寸的万分之一；古代容量单位，十撮为一秒；后也指弧和角、或经纬度的计算单位，均指一分的六十分之一。

算中的抽象概念，甚至深深嵌入了我们的日常生活。①

如今，精确的 DDL（Deadline 的简称，一般理解为最晚期限）频繁地出现在我们的生活中，这或许是因为任务实在太多，我们太忙，或许只是因为我们自己该死的拖延症——总之，紧迫的、外在的"时间表"获得了某种左右和支配我们个体生活乃至社会运作的力量。旧时长安已不再，但"时辰"中的那些作为中国文化的"独有的东西"，是否可以平衡或拯救被时间的脚步追赶得气喘吁吁的现代人？

第三节　节日与节气

中国古代的"时"兼有时刻、时序、时间（jiàn）、时机等多重含义。②无论是年月日，还是时分秒，这些都是计量时间的各种单位。如果时间是一条绵延的长河，这些时间单位则将其划分为一段段或长或短又排列有序、彼此相连的"节"，某些"节点"还构成了特殊的"时机"。相对于个体而言，累计的世纪是漫漫长时，精确的分秒是短暂瞬间。无论恍惚迷失在长时中，或疲惫奔忙在瞬间里，都是无"节"之过。

一、"节"

"節，竹约也。"（《说文解字》）"节"，本义即竹子各段之间相连突出的部位，泛指物体的分段或两段之间连接的部分。"约"，缠束也，有约束、限制之义。竹子茎上有"节"，竹子的茎是中空的，但茎上有"节"的地方里面不是空的，因此，"节"不仅是竹子长叶、长芽的位置，还有助于增加竹茎的强

---

① "一秒钟到底能造成什么差别？在今日的世界里，差别可大了。……卫星导航系统就要仰赖原子钟的信号……在华盛顿的纬度，差一秒钟，定位就会差了约三百米。"这一秒钟和三百米就可能导致飞机失事，而 GPS 定位系统在普通人的日常生活中也使用频繁。（参见［加拿大］丹·福尔克：《探索时间之谜——时间的科学和历史》，严丽娟译，海南出版社 2016 年版，第 71 页）美国电影《蜂鸟计划》中揭示了"高频交易"（High Frequency Trading）追求从毫秒（即千分之一秒）级向微秒（即百万分之一秒）转化，甚至还在探索向纳秒级（10 亿分之一秒）的速度演进。电影是虚构的，但"高频交易"却是全球，包括中国正在发生的现实。

② 西方对"时间"含义的丰富性也非常关注。比如斯多亚学派的克吕西普（Chrysippus）主张时间是运动的"间隔（interval）"。洛克则主张时间并不必然是运动的量度，也是"任何恒常的周期性显现"，他说："日月底循环是计算时间的最好尺度……因为各种现象如果是恒常的、普遍为人所观察的，而且是隔着相等的周期的，则虽没有运动，它们亦一样可以给人们计算出时间来。"（［英］洛克：《人类理解论》，第 156 页）

度，使茎更加结实，不易倒伏。也就是说，"节"，是确保竹子长得又高又结实的地方。

　　"节"亦是《周易》的第六十卦，卦辞云："节。亨，苦节不可贞。"从卦象而言，泽上有水。泽的容量有限，水满则溢，自然能调节到一个最合适的状态。所以有"节"能"节"是好事，能致亨通。"节"须有度，"节贵适中，过则苦矣。节至于苦，岂能常也？不可固守以为常，不可贞也。"（〔宋〕程颐：《周易程氏传》）"节"卦初九、六四、九五三爻，强调了"节"的必要性和重要意义，因为有"节"，所以无咎、亨、吉；尤其是九五爻，既中且正，表明是适度的"节"，令人甘美可乐；与此相反，九二、上六，则说明了不节或节而不知止的凶险后果，其中特别是上六之"苦节"，意与九五之"甘节"正相反对，表明过分的节制，令人苦涩不堪。六三爻比较有意思，"不节若，则嗟若，无咎"，六三以阴爻居阳位，又为下卦之终，同时乘凌二阳，有"骄侈而不能节制之象"①，这本是很糟糕了，但爻辞话锋一转，如果能知此不当、嗟伤自悔，亦可化险为夷："处非其位，'失节'也；然能居不自安，则人将容之，故'无咎'。"（〔宋〕张载：《横渠易说》）自己感觉不安不适了，要及时刹车、调整，而不是硬杠死扛。节卦总体上是从正、反两面强调了"节"的作用和限度。孔子说"过犹不及"，无"节"则易滥，但"节"太过了，以至于"苦"，就过于苛难了。过"度"的"节"，以修己身固不爱己，施为政令恐致伤财害民。②因而，"节"的意义在于要把握"度"，既令人事有序，又能任物自在。

　　年月日、时分秒等就是时间之"节"——前者更多通过对天体运动周期的观测来确定，后者则在此基础上更多倚仗精细的计算和高科技的原子钟。现代的我们实际上是活在"原子时间"中的。③不同"节"的长度不同，但都呈现为极为确定的周期性循环，比如一年 12 个月，365 或 366 天等。阴阳历的复杂就在于在地球上观测的太阳和月亮的运行周期不一致，但如果把时间拉得足够长，我们也会发现一个新的周期，即"章"或"默冬周期"：19 个太阳年与 235 个朔望月的日数相等。④一

---

　　①　黄寿祺、张善文：《周易译注》，上海古籍出版社 2007 年版，第 348 页。

　　②　《庄子·天下》论墨家，即有"以此教人，恐不爱人；以此自行，固不爱己。……使人忧，使人悲，其行难为也"。

　　③　中国计量科学研究院李天初团队著文讨论了现代时间从"天文时"到"原子秒"的变革历程。（详见房芳、张爱敏、林弋戈、李天初：《时间：天文时—原子秒—基于常数重新定义秒》，《中国科学：物理学　力学　天文学》2021 年第 51 卷第 7 期）

　　④　《周髀算经》卷下："阴阳之数，日月之法，十九岁为一章。"《后汉书·律历志》："月分成闰，闰七而尽，其岁十九。名之曰章。""岁首至也，月首朔也。至朔同日谓之章。"从春秋晚期开始，中国历法已经采用十九年七闰法，直到北凉元始历创立"破章法"，即确立"六百年二百二十一闰"的周期。在西方，一般认为古希腊天文学家默冬发现了此天文学周期，故称"默冬周期"。

天可分割为十二时辰或二十四小时,以及时分秒之间的 60 为基数的关系——这些在人类漫长的生活实践中逐渐确定下来的周期关系,都是直接影响或决定我们存在的时间智慧。

老舍曾作《小病》一文,论及生活的"律动",他说:

> 生活是种律动,须有光有影,有左有右,有晴有雨,滋味就含在这变而不猛的曲折里。微微暗些,然后再明起来,则暗得有趣,而明乃更明;且至明过了度,忽然烧断,如百烛电灯泡然。①

老舍认为生活本身有其规律,血肉之躯、食五谷杂粮,难免有"病","病"就是生活之一"律"。当然"大病"伤生,需要调治,因为"过了度";而"小病"或者病体能自愈,或者病人能自行处置,故不必惊忧。

以"病"论生活的"律动",别具匠心。当然,此文之意不在"病",而在品"病"中之"趣味",他也称之为"小品病"。他甚至说:

> 这种小病,平均每个半月犯一次就挺合适。一年四季,平均犯八次小病,大概不会再患什么重病了。

有心求"病",虽有刻意之嫌,但小病的关键在于"变而不猛":"变",生活的节奏会调整;"不猛",身体可以自我修复乃至增加免疫力或抵抗力而更健康。老舍这里有他的乐观,更有其调皮。他所描绘病人的"自由与享受"、追求生活的艺术性和趣味性的"雅好"和"烂漫",确实为或忙碌或艰涩的日常增添了几抹暖色、喜悦。

老舍和那个时代很多知识分子一样感慨铁面无私的"时间最狠毒",鼓励大家"向时间争斗,教时间不偷偷的溜过去",他说浪费的时间不过是"空白":

> 假若我们有许多块这样的空白,我们便没有了历史。历史不只是时间表而也是生命活动的记录。②

---

① 老舍:《小病》,他心目中的"小病"是:"所谓小病,是在两种小药的能力圈内,阿司匹灵与清瘟解毒丸是也。……咱们现在讲的是自己能当大夫的'小'病。"(参见《老舍全集》第十五卷,人民文学出版社 2008 年版,第 232—234 页)他另有《病》一文,写"相当厉害的贫血病"带来的"肉体的病痛"和一些不自在的"精神上的苦痛",这"病"就很"苦"了。(参见《老舍全集》第十四卷,第 358—359 页)

② 老舍:《过年》,《老舍全集》第十四卷,第 353—354 页。

他们同样也意识到时间不只是滴滴答答的钟声和日复一日的斗转星移，外在的、形式的时间是"空白"的，是个体以自己的生命、生活在创造属于自己的真实的时间。所以，丧失了时间就如同丧失了生命，但人生不能总在"算账"①，所以他又说："健康是幸福，生活要趣味。""变而不猛"的小病，是平淡生活中的一个曲折，是个体时间脚步的舒缓，小病之"节"提醒着人主动从"猛"及其伤害中关注自己、解放自己，既有明暗变化的趣味，又有舒缓有度的平衡。

"时"本春秋冬夏之称，引申为"凡岁月日刻之用"。我们流逝的生命，就是这些大大小小计时单位或"节"的扩展或绵延。②"节"是时间循环性和延展性的统一，每个"节点"，都是辞旧迎新的标志，生活因此有了节奏、有了规律。因而，一方面，"节"能将长时分段，又能将段落连接。这样有助于我们从间断性和连续性、周期循环和直线累计的辩证视角理解长时中的事件及其延展。另一方面，"节内"的时间是相对自由和有弹性的、可以跳脱时间的机械性，在"节内"可以有忙有闲、有快有慢、有紧张有舒缓，当然，进退行止还须努力"不失其正"。"不失其正"就有合理、合乎规律之意。如同竹节之间长短有致、粗细不乱，其中有"数"、有"理"，万物之变化、人事之迁移，若与数、理相符，便是合乎"节度""节律"或"节奏"等。③时间若有"节"，就能有收有放、有行有止，除了年月日、时分秒等，"节日""节气"也是某些特殊的时间之"节"。

二、"节日"

孔子与学生子贡曾讨论腊祭时举国若狂的欢乐，孔子说：

> 百日之劳，一日之乐，一日之泽，非尔所知也。张而不弛，文武弗能；弛而不张，文武弗为。一张一弛，文武之道也！（《孔子家语·观乡射第二十八》，亦见于《礼记·杂记下》）

----

① "时间向我们算账，我们也须向自己算账！只有自己和自己算账，我们才算真会打算盘。我们没法向时间求情，它是铁面无私，对谁也不让一尺一寸的；我们须向时间争斗，教时间不偷偷的溜过去；我们无法教一分钟变成两分钟，但是我们的确能够把一分钟当作一分钟用；多作一分钟的事；我们便真的多活了一分钟；这是如意算盘！"（参见老舍：《过年》，《老舍全集》第十四卷，第353页）

② 当然这些表示时间周期的"节"还很多，如邵雍的元会运世，以及下文将述记的星期或气、候等。

③ 如《史记·天官书》云："斗为帝车，运于中央，临制四乡。分阴阳，建四时，均五行，移节度，定诸纪，皆系于斗。""节度"，即中国独有的"节气"，根据"气"推移之规则、分寸而立。又如〔汉〕王充曰："日月之行，有常节度，肯为徙市故，离毕之阴乎？"（《论衡·明雩》）这里的"节度"即日月之行的规律、常道。

百日辛劳，紧张勤苦，需要有机会休整、缓解。"节日"是忙碌生活的润滑剂和调节阀。古代中国很早就确定了一些以宗教、祭祀和民俗等为内容的"节日"，以及包括"节日"和"假日"在内的休假制度。一般而言，传统的"节日"，如元宵、端午、冬至、春节等也是"假日"，无论是朝廷官员，还是田间百姓，都会暂时放下公务或停止劳作。农民的生活节奏更多与"节气"有关，官员们还有法定的"假日"，如汉代即确立了"休沐"制度："吏五日得一休沐，言休息以洗沐也。"（《初学记》引汉律）也就是说，律令明确规定官员每五天可以有一天沐浴、休息。唐代的说法是"九日驰驱一日闲"，也就是采用旬休的方式。

除此之外，也还有一些特殊的"假日"如皇帝、老子的圣诞日等。甚至近亲的婚丧，乃至儿子行冠礼、守业老师过世等，官员都要"废务"，即不上班，休假。[1]宋代是中国历史上节假日最多的朝代，过于宽松的休假制度也导致吏政涣散，以至于元朝的假日大幅减少。

中国现在的节假日系统中，有一部分是对具有特殊意义的人与事的纪念，其中有些是传统的延续，如端午节、元宵节；也有百年来新设立的，其中部分是为了纪念或庆祝现代中国特有的重大历史事件，比如建军节、国庆日等，有些则是国际性的节日，比如劳动节、儿童节等。

与中西历之争相关，更与节日背后所凝聚的文化有关，对中国传统节日的废存和西方节日的取舍也一直持续。西方时间系统的传入，同时也带来了西式节日，如情人节、圣诞节等，国人曾以非常特别的方式理解西方节日。[2]民国之初，社会各界对冬至、春节等具有鲜明文化特征的传统节日的去留争辩曾十分激烈[3]，但几经波折还是保存下来了。近些年来，对传统节日的关注持续增加，清明、端午、中秋等最有特色的节日被列为法定假日，重阳、冬至等节日虽不放假，但也增加了宣传和庆贺活动。传统的节日和习俗慢慢又重新为众人熟悉，通过这些古老的节日，现代人不仅与逝去的历史对话，也将遥远的过去融入当下的浪漫与温柔。

在中国现代时间系统中，"星期"是一个比较特殊的周期。首先因为"一周似乎跟自然的关系没那么密切。现代的一周除了规定严格，也不像一个月或一年那

---

① 详见王宏超：《古人的生活世界》，中华书局 2020 年版，第 281—285 页。

② 比如 1873 年年末，《申报》在有关西人庆祝元旦的报道中说："今日系西人除夕，桃符万户，明日即元旦矣。筵开玳瑁，酒泛屠苏，将与初六日西国冬至同一兴高采烈。"这里把西方人的 12 月 31 日看成中国的"除夕"，又将圣诞节视作"西国冬至"。

③ 比如 1912 年 1 月 1 日，南京临时政府发布"改历改元通电"后，对如何处理即将到来的春节，政府内部就分别有以张静江、宋教仁为首的两派，各执一词，甚至相互厮打。广州、武汉、长沙等城市陆续发出明令：废除阴历和春节，不放假，不许举行各种春节庆贺活动。规定在社会引起轩然大波，以致百姓纷纷上街游行示威。

么容易预测"①。其次这也是一个西方概念，而且同样具有宗教色彩，尤其当我们说"礼拜日"的时候。②中国古代也有以七日为周期的，比如"反复其道，七日来复，天行也"（《周易·复》），但七日并不是一个直接影响生活的固定周期，在中国，"星期"是伴随着西历的推广和确立而进入现代生活的新周期。晚清西历引入后，国人很快注意到了"七天一星期"的设定。1872 年 6 月 13 日，《申报》即载有《论西国七日各人休息事》一文，而福州船政学堂最早规定了星期天放假的制度③。之后从学校推广到工厂、以及"分管经济和外交的商部和外务部，到后来，被视为最保守的礼部和吏部也过上了星期制。"④

民国时期，随着西历的推进，星期制也获得官方的支持⑤；中华人民共和国成

---

①　［加拿大］丹·福尔克：《探索时间之谜——时间的科学和历史》，第 35 页。

②　"一周 7 天或许源自巴比伦人，他们认为七天的每一天都和行星代表的神祇有关。一周的概念也和安息日密不可分：在希伯来圣经的第一本书《创世记》中，就很清楚地提到这个休息的特殊日子。……制定一周 7 天结构的因素不仅包含天体。7 天的间隔对做生意也很方便，农民和商人可以到市集买卖货物。"（参见［加拿大］丹·福尔克：《探索时间之谜——时间的科学和历史》，第 35—37 页）又：Week 最初被译作"礼拜"。礼拜，如 1815 年马礼逊《通用汉言之法和英国文语凡例传·通用汉言之法》："'Weekly' may be expressed by 每七天。It is sometimes expressed by 每礼拜。"1856 年理雅各译《智环启蒙塾课初步》："西国则无旬计，每七日为一节，俗名一个礼拜，一节之间各日有定名，以别之，俗所称礼拜日、礼拜一、礼拜二，云云，非西国别日之法也。""礼拜"不限于基督教文化，甚至更早的文献中，主要指伊斯兰教，如 1434 年巩珍《西洋番国志·诸番国名·古里国》："王以二头目掌国事。头目回回人，多奉其教。礼拜寺有二三十所，七日一礼拜。"另有"七日节"（1905 年颜惠庆等《重订商务书馆华英字典》："Week，一礼拜，七日节，一星期。"）、"七曜日"（如 1873 年张德彝《随使法国记》："日本呼西国礼拜七日为'七曜日'。"）、"来复"、"周"（如 1903 年方燕年《瀛洲观学记》："一来复，七日也。日本谓之一周。"）等（详见黄河清编著：《近现代汉语辞源》（下），第 1680—1681 页）。

③　1882 年，该学堂规定："一班照西例，礼拜日歇息，其从汉教习受教者，每月朔、望、初七、二十三歇息一日。"该学堂共四个班，"一班"是接受西式教育的，所以休星期天；而其余三个接受"汉教习"的班，在七天一休之外，又按照阴历规定每逢初一（朔日）、初七、十五（望日）、二十三各休一日。这是个"中西合璧"的规定。

④　母冰曾著文详细梳理了"星期制"的推广过程。（参见母冰：《休假制度从何来，古代就有"类周末"》，《解放日报》2013 年 7 月 5 日第 19 版）。更多研究包括李长莉：《星期日公休制度的推行》（刘志琴主编：《近代中国社会文化变迁录》第 2 卷，浙江人民出版社 1998 年版）、李长莉：《清末民初城市的"公共休闲"与"公共时间"》，《史学月刊》2007 年第 11 期等。另可参看湛晓白：《时间的社会文化史》第五章第三节。

⑤　有关七天一周的由来，《圣经·创世纪》"神在第七日休息"只是一种可能的起源。比如中国古代历法把"二十八宿"按照日、月、火、水、木、金、土等七个天体顺序排列，也是七日一周；古巴比伦则创立了以太阳、月亮、火星、水星、木星、金星、土星等七星轮流值日的制度，等等。但"神在第七日休息"为星期天作为"休息日"或"礼拜日"提供了依据。当然很多岗位或工作并不能按照星期的周期暂停，但可以根据工作时间轮转。

立后沿用数十年，并逐渐调整为现在的双休日。①

有意思的是，最初接触到星期制的国人都注意到这是一个与"劳逸"有关的制度，但价值评判却截然有别，比如维新派的薛福成云：

> 西士诵说耶稣者，以谓凡人苦心志劳筋骨，六日之后，不可无以休息之，稍休息之，则精神愈振矣。且人循嗜欲务事务，六日之后，无可无以收束之。能收束之，则身心有主矣。今以休息精神者，敛其身心，即以收束身心者，养其精神。②

有人却不以为然，晚清旅沪文人葛元煦还作诗以嘲讽：

> 不问公私礼拜虔，闲身齐趁冶游天。虽然用意均劳逸，此日还多浪费钱。③

薛福成认为星期制的制度"确有至理"，他讨论的重点并不在西方基督教本身，而是强调了"休息"的重要性：首先，六日的"苦心志劳筋骨"之后，需要通过休息缓解身体疲惫；他还特别强调休息对振奋精神的作用；其次，忙于事务往往是出于"嗜欲"，需要通过有关休息的规定"收束"，使人的生活不被欲望主宰。他肯定劳逸结合的重要性，而"收束"一词正体现了"节"的本源性：有主宰、不过而不及，且又有助于养护身心、滋润生命。葛元煦的诗一方面肯定星期制的原本用意为"均劳逸"，另一方面又对"礼拜"的宗教行为颇有微词，更为不满的是"冶游"之费时费钱，只字未提一周中这七分之一的"逸"的积极意义。

不管如何，星期制带来了一种新的"休息"的节奏，大多数人因而有了法定的不用学习或工作的时间。当然，大部分节日也放假。节假日和上下班（学）的时间表相配合，由此，个体的时间可以被区分为两个部分：工作（学习）时间与休息时间。前者更多从属于外在的、客观的社会时间，后者则是应该属于个体的

---

① 新中国成立后，法定的劳动者每天工作时间八小时，每个星期工作六天，休息一天。1994年3月1日其实行职工"每日工作八小时，平均每周工作44小时"的工时制度，即"1+2"休假制度。每逢大礼拜，休息两天，小礼拜就只休息星期日一天。之后国务院再次修改关于职工工作时间的规定，决定自1995年5月1日起实行双休日，即"国家机关、事业单位实行统一的工作时间，星期六和星期日为周休息日"。

② 薛福成.《西人七日礼拜制》，《庸庵全集》外编卷1，华文书局影印本1971年版，第206页。

③ 葛元煦：《沪游杂记》，上海书店2009年版，第227页。《沪游杂记》由晚清旅沪文人葛元煦撰著、于光绪十三年（1887）出版。该书较成系统地介绍了上海开埠初期的历史变迁，是后人研究近代上海的重要史料。

闲暇时间——1920 年 5 月 1 日，《新青年》推出"劳动节纪念号"，呼吁八小时工作制①，可视作个体"工作—休息时间"意识确立的标志。但是，个体在多大程度上可以自由支配理当休息的时间，"休息权"是否能真正得以实现，情况却十分复杂。比如现代社会的特征之一就是竞争，越来越激烈的竞争，事实上又不断模糊这两类时间的界限，进而剥夺个体时间。再如网络的发达和在线工作的推广，也几乎将工作和生活的时空完全重叠了。

金岳霖曾讨论过"节令底影响"，他说：

> 社会之有节令，可以说是给人民以解放底机会。各种各色的情感，得因节令而解放，所以人民对于节令本身也有情感。不但对于节令有情感，而且这情感也转移到表示节令的字上去。别的不说，"中秋"两字就给我们以一种美底感觉。中国留学生回到中国之后，……对"耶稣圣诞节"，和对 CHRISTMAS，这两名称底感觉就大不一样，对于前者没有情感，对于后者有情感，而这情感与相信耶稣教与否毫不相干。这情感仍是风俗习惯方面的情感。②

此"节令"首先是"节日"。金岳霖将"节日"视作"情感"的解放，并认为即使各种节日的名称也能给人以精神的慰藉，但与节日相关的"字"之美是因为节日蕴含着"风俗习惯方面的情感"。当然，如果能真正参与节日的风俗、沿袭节日的习惯，满满的仪式感自然会带来情感上更为丰富和深沉的满足。有些节日，如春节、国庆日等，寄托着全体国人共同的历史情感；有些节日，如儿童节、建军节，会唤起特殊群体独有的记忆或期待，通过节日仪式的方式，人们不仅感受节日的愉悦，更于现在彼此凝结、共享一种共同的存在方式。对于军人而言，建军节总能彰显军人特有的自豪感和保家卫国的责任心。对于华人而言，即使远在异国也记得在元宵节吃一碗汤圆。虽然说"小孩盼过年，老头怕花钱"，但节日总是能让生活有了期待添了色彩，哪怕是一根红头绳，也是最良好的祝愿和最诚心的关爱。法国哲学家、历史学家莫娜·奥祖夫的《革命节日》从文化史和人类学的角度研究法国大革命期间的节日，书中特别揭示了革命节日的"大征召"的功能即这些革命节日对于法国革命时期集体行动和集体心态的意义。其实很多节日都有类似的功能。

与理性相较，情感更具个体性，因而节日的意义不仅是群体的，也与个体的

---

① 详见李大钊：《"五一"May Day 运动史》，《李大钊全集》第三卷，第 183—197 页。
② 金岳霖：《知识论》，《金岳霖全集》第三卷（下），人民出版社 2013 年版，第 877—878 页。

经历也有关，特殊的"过去"赋予了"现在"对某些节日独有的思念；甚至，除了国家法定的节日之外，每个家庭乃至个人也可以有属于自己的特殊"节日"，比如结婚纪念日、生日等。无论是各种特色十足、含义丰富的节庆活动带来的"乐"，还是与家人围坐，包饺子闲聊，甚至可能只是一个人举杯邀明月……人们有"各种各色的情感"，在不同的"节日"，以不同的方式得以"解放"；"节日"，作为一个与众不同的日子，为日复一日的均质生活增色添彩，人们因而有了对过去的回忆，有了对未来的期盼，有了忙忙碌碌的日复一日中的某个缓冲或跳跃。"节日"是前一段时间的结束，后一段时间的开始。大多数节日的气氛是祥和快乐的，"祈福""祝福"常常是节日重要的活动，这既是面向"未来"的美好愿望，也是生命持续的重要动力。

因而"节日"或"假日"的本质，就是在匀质的、直线的物理时间线上人为地设置一些"节"，这些"节"以一种醒目的方式打破物理时间形式化的延续，将人类的历史、生命、情感赋予空白的时间，使时间变得有起伏、有人情味。节日既是文化的传承、精神的慰藉，也是刻板、忙碌生活中的变化和调节，是可以从外在的公共时间中暂时抽身而出，自主安排自由打发的个体时间的特殊"机缘"。

但是商家巴不得把所有的节日都变成买卖的时间，每个节日都被商机笼罩，甚至还不断"创造"购物节①；越来越"加速"且"标准化"的现代生活，使我们常常淡忘或疏离了个体的生命或情感。就此而言，无论是贪婪商家的节日狂欢，还是这些年宣扬的所谓的"996""白加黑"等生活态度，其所持的就是一种根本不知"节"的时间观念，就其源，还在当年薛福成所谓"循嗜欲务事务"，资本的原则操控着了欲望，欲望挤压了时间。在节假日逐渐增多的今天，除了通过纪念的仪式赓续文化，如何真正有"闲"、能"闲"，将"忙"的生活适当"收束"一下，或者让个体能拥有真正的"闲暇"，这才是"节日"之"节"的时间价值。"节"，使生命之张弛、松紧成为可能，使个体能抛弃各种外在"时间表"的宰制、实现自我发展的自由成为可能，金岳霖所谓的"节令的解放"，不仅仅只是个体之情感，更是生活世界的充分敞开和多彩生命的充分绽放。

三、"节气"

金岳霖的"节令"，同时也包含了"节气"。"中国气象先生"宋英杰曾说：

二十四节气，是中国古人通过观察太阳的周年运动，认知一年之中时节、

---

① 民国时，圣诞节的宗教性就被商家有意淡化，却染上了商业的气息，各家报纸广告铺天盖地，"圣诞老人"则变身为商品的代言人。现代社会，每个节日更是都被物化为购物节，甚至还创造出更为喧嚣的"520""618""双十一"等等。

气候、物候的规律及变化所形成的知识体系和应用模式。以时节为经，以农桑与风土为纬，建构了中国人的生活韵律之美。①

"二十四节气"始于先秦，到西汉基本定型。②其将一"岁"分为春夏秋冬"四时"，每"时"有"六节"，每"节"有"三候"，五日为一"候"，每候都有其相应的物候特征。如"立春"的二候为"蛰虫始振"，春分的二候为"雷乃发声"，可见唤醒"蛰虫"的并非轰轰惊雷，而是地下渐长之阳气，由此亦可知古人观察之细密。阴阳之气变，《周易》也以十二消息卦来表示。"节气"的另一个重要作用与《周易》类似，即"推天道以明人事"。"二十四节气"曾长期指导着中国传统的农业生产和日常生活，被誉为"中国的第五大发明"。正是在此意义上，黄遵宪曾认为无需改历，因为旧历"实便于农"，但确立"节气"的依据，是太阳在"黄道"上的位置，属于中国阴阳合历中的"阳历"系统。③二十四节气的英译是"The 24 solar terms"，solar 即"太阳的"。

　　事实上，北宋沈括曾创制"十二气历"④、太平天国时期曾颁行"天历"，都

---

① 宋英杰：《二十四节气志》序言，中信出版集团 2017 年版。

② 《尚书·尧典》已有"仲春""仲夏""仲秋""仲冬"之分，一般认为此分别对应于春分、夏至、秋分、冬至四气。《左传·昭公十七年》载："我高祖少皞挚之立也，凤鸟适至，故纪于鸟，为鸟师而鸟名。凤鸟氏，历正也。玄鸟氏，司分者也。伯赵氏，司至者也。青鸟氏，司启者也。丹鸟氏，司闭者也。"文中以鸟为"纪"，揭示了"鸟"作为物象与时令的对应关系，确立了二分（"玄鸟"即燕子，"春分"来而"秋分"去）、二至（"伯赵"，"夏至"鸣而"冬至"止）和四立（"启"即"立春"与"立夏"，以"青鸟"为标志；"闭"即"立秋"与"立冬"，以"丹鸟"为象征）即最基础的"八气"。目前能看到的完整记载二十四节气的文献是西汉《淮南子》，其中二十四节气的顺序与现代相同。也有学者认为《周髀算经》或《逸周书·时训解》等为早，但仍存诸多未解之疑点。

③ "黄道"即古人从地球上观测太阳运动的轨迹；实际是地球绕行太阳公转，古人由地球上观察太阳与地球相对位置移动所形成的轨道。西历中虽然没有中国的二十四节气之说，但古希腊已创造了"黄道十二宫"来记录太阳在一年中相对于星座的位置变化，并用十二个符号来记录十二个月，此即月历；后来西方还逐渐形成了以农业社会为主要内容的"月份劳动"（详见韩文文：《中世纪的时间——"月份劳动"和"黄道十二宫"》，《天津美术学院学报》2019 年第 11 期）。就此而言，西方的"黄道十二宫"有某些类似于二十四节气的功能。"黄道十二宫"从古希腊经波斯传至印度，又随着佛教东传，自三国至明代，已经在中国广泛传播并与中国传统的十二地支、二十八宿等彼此配属，甚至也影响到《回回历》等某些历法的制定（参见宋神秘：《中古时期黄道十二宫在中国的传播和汉化》，《中国科技史杂志》2021 年第 2 期）。我国的"二十四节气"自创立后也经历了不断改进和完善，特别是明末清初，汤若望和徐光启在《崇祯历书》中根据"黄道十二宫"的黄经度数，发明了"定气法"，从而使节气划分更加准确。从历史上看，部分亚洲国家，如朝鲜半岛、日本、东南亚等，对中国的"二十四节气"亦多有借鉴。

④ 准确而言，"节""气"有别。二十四节气分为"十二节"与"十二气"。"节"为月之始（"节令"），如立春、惊蛰等为"节"；"气"的最后一日为月之终（"中气"），雨水、春分等为"气"。十二个月的"节"如同竹之"节"，期间的时段如同竹节之间所充之"气"，中国传统的阴历将"有节无气"的月份，置为上个月的闰月。

是以"节气"制月，整齐易记，也有利于指导农事，当然"天历"中已经加入了很多西历的因素。20世纪中国现代气象学的奠基人、科学史家竺可桢曾高度评价沈括："十二气历"之"正确合理"以及沈括之"笃信真理之精神"①。但清人刘献廷已经提到，"今之中原已与七国时之中原不合"②，竺可桢亦揭示二十四节气之古法"弊病良多"③，同时也更因为现代社会中工业、商业等生产方式的凸显，"节气"之"用"更加退缩，"节气"也一度淡出国人的视野。

当然"节气"最独特的地方，在于将自然界和人类生活都理解为有确定的内在节奏的，认为包括人在内的天地万物具有某种统一性，自然与人的节奏是相通、合一的。人的饮食起居等日常生活应该候"时"而动，应"节"而起，"节气"是"令"，令人走进自然、融入自然，使生活有本、可依。在现代生活中，人越来越远离自然，人也曾经以为人定胜天，似乎可以无视、干涉或改变自然——然而，事实上，无所不能的失"节"之人不仅将自己弄得身心俱疲，也将自然搅得鸡犬不宁。作为"我们内心记录生活律动的方式""岁时生活的句读和标点"④，二十四节气不仅是一个古老的历法系统，其实也并不违拒现代科学，不仅"可信"⑤而且"可爱"。

在中国传统文化中，有些"节气"的第一天也是"节日"，如清明、冬至。但"节日"一般都只有一天，但一个"节气"将延续十五天。张祥龙在《节日的现象

---

① 详见竺可桢：《北宋沈括对于地学之贡献与纪述》，《竺可桢全集》，上海科技教育出版社2004年版，第一卷第531页。在《论新月令》的演讲中，竺氏赞中国"节气"之论："四季之安排，法莫善于此者，此所以宋儒沈括赞扬之于先，而今日气象学家泰斗英人肖纳伯（Napier Shaw）氏且提倡欧美之采用此法也。"（参见竺可桢：《论新月令》，《竺可桢全集》第二卷，第66页）

② "诸方之七十二候各各不同。如岭南之梅，十月已开。湖南桃李，十二月已烂漫。无论梅矣，若吴下梅则开于惊蛰，桃李放于清明，相去若此之殊也。今历本亦载七十二候，本之月令，乃七国时中原之气候也。今之中原，已与月令不合，则古今历差为之。今于南北诸方，细考其气候，取其确者一候中，不妨多存几句，传之后世，则天地相应之变迁，可以求其微矣。……然此非余一人所能成，余发其凡，观厥成，望之后起之英耳。"（[清]刘献廷撰：《广阳杂记》，汪北平、夏志和点校，中华书局1957年版，第151页）

③ 作为气象学家，竺可桢非常关注改历的问题，并以真正"现代科学"的态度和方法辨析各种历法之优弊；并指出："要而言之，则欲创造一新历，使毫无疵病，实为不可能之事。不得已而思其次，则惟有权衡利害，择其利多弊少者而从之。"（参见竺可桢：《改良阳历之商榷》，《竺可桢全集》第一卷，第395—396页）。

④ 宋英杰：《二十四节气志》，序言。

⑤ "节"在古汉语中本有"信"之义。《汉书·高后纪》："帝令谒者持节劳章。章欲夺节，谒者不肯，章乃从与载，因节信驰斩长乐卫尉吕更始。"颜师古注曰："因谒者所持之节，用为信也。""节"为信物，古代派遣使者或调兵时，用竹、木、玉、铜等制成，刻上文字，分成两半，一半存朝廷，一半给外任官员或出征将帅以为凭证。后以"符节"形容相符合、吻合，如《孟子·离娄下》："得志行乎中国，若合符节，先圣后圣，其揆一也。"而最美的莫过于"二十四番花信风"之说，古人以为二十四风，应花期而至，从不爽失，故为"信"。

学刍议》中论及：

> 为什么是"令节"和"佳节"呢？因为天地阴阳时气在此交和，形成了时令的节奏（注意"九九"这个数字的结构），所以"令节"即意味着"美好的节日"，又意味着"时机化了的、时令化了的日子"。这样看来，"节"对于中国古人不是外在、偶然的，而是天、地、人本身的存在方式与节奏，是万物与人生的和谐之处、该讲究之处。简言之，"节"与人的命运息息相关。这应该是节日的最原初的来源，即来自天地时气交和之节韵。①

此处之"节"，若仅指"节日"，就有点小觑"节奏""节韵"在中国文化中的重要意义了，毋宁说，"节气"，更好担负了此责。部分"节日"还是蕴含了很多人为的性质，但"二十四节气"所呈现的天人合一、与时偕行的生活方式，越来越展示出其古老而深沉的时间智慧。近些年来，中国古代历法中最富有特色的"二十四节气"也越来越被珍爱。不仅国人重新发现其价值，2016 年 11 月 30 日，联合国教科文组织正式通过决议，将中国申报的"二十四节气——中国祖先通过观察太阳周年运动而形成的时间知识体系及其实践"列入联合国教科文组织人类非物质文化遗产代表作名录。在过去的两千多年，"节气"是浸润于中国文化血脉的珍宝，重新唤醒、传承并将之拓展，亦正当其时。

四、"抽象时间"与"具体时间"

1900 年前后的几十年通常被视作"全球化的时期"。19 世纪下半叶，"时间"已经成为一个在全球范围引人注目的研究对象，在不同民族、国家或地区的交往中，各种差异被"时间化"，即以西方世界的发展过程和特征为标尺来思考"历史"等问题，把各种"差异"置于唯一的时间线上，以古代和现代，或落后和先进、野蛮和文明等予以定位或评判。对于非西方国家，采用西方时间系统就是追赶先进、文明的必要，是与"世界"同步，也是时间"现代化"的象征：

> 19 世纪对进步和现代化的关注，就是建立在相似的线性历史的、自然化的、进化的时间观念之上的。并且，与进步同步的要求迫切需要对时间进行现代管理与部署。特别是在非西方世界，机械时钟成为地位的象征，表明其

---

① 张祥龙：《节日的现象学刍议》，靳希平、王庆节等编著：《现象学在中国：胡塞尔〈逻辑研究〉发表一百周年国际会议特辑》，上海译文出版社 2003 年版，第 17—18 页。

所有者紧随现代时间的步伐。①

另一方面，时间全球化的过程，也是"抽象时间"取代"具体时间"的历史。无论是西方或是非西方，都在努力去除历法中蕴含的独特的历史、文化等因素，"时间"逐渐成为一种普遍的、共性的、抽象的数字符号。于西方，从"耶稣"纪年到"西元"再到"公元"，这是时间超越宗教文化和地域特征的抽象过程。于中国，其最重视的无疑是"公元"之"公"即其历法原理上的公正性和应用中的普遍性。另一方面，号召改历的中国思想家也抽掉了中国传统时间中的政治象征和风俗习惯等特质。"时间"以科学、公理的名义首先在"差异"的世界中取得了某种"统一"，进而以此统一的时间统一世界各地的活动。就此而言，"在这个世界上，是时间在衡量并且建立了差异性……时间令全球化的想象成为可能"②。

这种"现代时间"的本质就是抽象时间，而匀质的、形式性的"抽象时间"，通过一些清晰的数字把控着我们的生产生活，甚至施展时间的暴政。③数字提供了方便的交往和确定的计算。但无论对国家还是个人，这样没有内容的时间又过于空洞和冷漠。时间若不能承载历史或文化，是轻飘飘的；时间若不能寄托情感或希望，是冷冰冰的；时间若只是日影与时钟，是残酷的；生命若不能创造时间的价值，是苍白的。"抽象时间"系统虽然也是基于观测自然的人造物，却常常异化为一种非自然的、宰制人的力量。

无论中西，其古代时间都与具体的事物及其运动有着更紧密的联系，但相较而言，西方较早走上了时间抽象化的道路，较早以抽象的数字表达时间。在中国，抽象的时间形式也有，比如在《周易》的象数系统中，但具体时间的使用依旧很广泛，而且抽象时间和具体时间经常相互联系。比如《周易》通过卦的爻和位的变化来展示时空，时空具有形式性，但不离具体的卦，即卦所取之象的变化。再如节气系统，每候每节都与具体的动物之出没、植物之盛衰紧密相联。生命是具体的，生活世界也是具体的，只有在"具体时间"中，我们能实实在在地感受月之圆缺、品味人之悲欢。所以，我们又需要有传承的、由世代相习的故事和有特色的、由个体鲜活的生命所共同构建的"具体时间"——丰富多彩的节日、独具特色的节气，就是一些温暖可亲的，或真诚可信的"具体时间"。

---

① ［美］瓦妮莎·奥格尔：《时间的全球史》，第 10 页。

② 同上书，第 8 页。

③ "时间的暴政体现在，时间成了生活的指挥棒，时间成了最高的价值标准。"（吴国盛：《时间的观念》，第 100 页）

本章小结

所谓"年月日时"等并非纯粹的表达时间的形式。改变某种"时间"，也意味着颠覆其背后的权力体系，并调整与此相应的生活方式。实际上，黄遵宪生活的晚清，风雨飘摇，政治动荡，中西错综，新旧涌摇，"时间"的革命已必不可免。当然，当梁启超等以科学、公理等方式来论证采用西历的重要性的时候，他们并没有足够在意西历也并非如他们所愿的那样"整齐划一"：西历也是月有大小，年有闰平；他们更未能充分考察以西欧某个地点来确定全球的时间秩序——这本身也是历史性的、特殊性的。但可贵的正是他们思考问题时的科学态度和世界眼光，这是从"古代"走向"现代"非常重要的特征。时至今日，"世纪"与"分秒"等以西方文化为根基的时间系统逐渐取得了特殊地位，成为我们日常生活中的重要坐标。

但我们终究也不可能割断与传统时间文化的血脉。如今我们不仅是"阴阳合历，你过你的年，我过我的年"①，更是"你的年我过，我的年我也过"。事实上，中国现代生活中，中西两套计时方式、阴阳两套历法，以及与之相应的时间观念一直交织并存着，西历中的宗教文化因素在中国人的日常生活中逐渐淡去，平时我们按西历安排学习、工作，以及日常生活，一些重要的传统节日也正在回归，而安宅嫁娶时有人也依旧会翻"老黄历"来择日。大多数情况下，中西历各行其是相安无事，但在某些特殊的时间点上，中西历的冲突还会偶起波澜。②

总之，历法等时间系统的中西合璧，既方便了我们在"世界"中生活，也在一定程度上兼顾"中国"情结。"世纪"等长时段给了我们更久长的时间视角，"分秒"的倏然而逝也警醒我们更理解守时惜时的意义，"节日""节气"等提示我们过一种劳逸结合、忙闲有度，且与自然、生命合拍的"有节"生活，也让我们领悟个体时间的可贵。更重要的是，中国传统的节日与节气以"天道"为终极

---

① "民国肇始，伦纪荡然，先生耻之，尝为之联曰：'民有是也，国有是也；总而言之，统而言之'，额为'旁观者清'。又曰：'男女平权，公说公有理，婆说婆有理；阴阳合历，你过你的年，我过我的年。'可见其疾世之深也。"（参见王森然：《王闿运先生评传》，牛仰山编：《中国近代文学论文集·概论·诗文卷》，中国社会科学出版社1988年版，第353页）王闿运之语虽为疾世，但也反映了阴阳合历的事实以及当时部分国人的心态。

② 比如近年来有关于是否要将阳历一月一日的"元旦"改为阴历的正月初一、以孔子诞辰为教师节等的相关争论，以及关于黄帝纪年、孔子纪年的争论等。

根基而养成和转换生命节奏①，其对"时间"与"生命"关系的揭示，以"节"护持生命的观念，至今仍充满启发性。抽象时间以形式化的方式确立世界乃至个体的普遍秩序，又在特殊的人和事中逐渐具体化；对于 20 世纪的中国而言，具体时间即展开在现代化之事中。

---

① 详参贡华南：《汉语思想中的忙与闲》第八章"节"，生活·读书·新知三联书店 2015 年版。

第三章

进化论思潮与“进步”的时间

经过康有为“公羊三世说”和严复《天演论》的努力，从 19 世纪末 20 世纪初起，进化论思潮开始传入中国并一路高奏凯歌，如章太炎所言，“进化”一度成为一个神圣不可侵犯的概念。近现代中国人所理解的“进化”涵有明确的“进步”价值。受此影响，一种不同于传统的现代时间观也逐渐兴起并深入人心。基于进化论思潮和“进步”信念的“时间”，关注的既不是康德式的、静态认识结构中作为主体内在形式的时间，也并非科学或日常生活中作为事件变化标度的外在的客观时间。“进步”以“变”为“时间”的本质。重“变”，这点与中国传统的“时”有相通之处；但在“变”的方向、形状、主体、动力等方面，又与旧“时”相去甚远，有着确定的西方文化、现代文化的特征。尽管对进化论思潮之昂首阔步亦不乏质疑或批评的变调，唯物史观也最终取代了进化史观，但进化论思潮所确立的“进步”的信念，及其充盈着乐观精神的时间观，仍构成了时代的主旋律，并且延续至今，百余年来，依旧活跃于我们的社会、文化、生活等方方面面。

第一节　进化论思潮与“进步”的信念

自晚清以来，“古今”之辨急剧升温，如何观“史”成为国人在遭遇内忧外患、谋求救国保民之路时必须解决的重大问题，如冯契所言，“历史观的问题在中国近代就显得非常突出”①。最初，“时间”并没有成为自觉思考的主题词，而是主要通过对“历史”的探究呈现其内容和特征。但一切历史都开展于时间洪流之中，理解古今关系、寻求古今之变的规律亦即探索时间流逝的实质。经过康有为和严复等思想家的努力，进化论思潮风靡一时、“进化史观”成为一种思索古今问

---

① 冯契：《中国近代哲学的革命进程》，《冯契文集》第七卷，第 5 页。

题的普遍视角。进化论思潮确立了一种现代的信念——"进步",以"进步"为基,中国人的时间观念和体验也发生了巨大变化。

一、康有为之"进化派哲学"

虽然能否将康有为称作"进化论第一人"有待商榷①,但康氏的"公羊三世说"的确在近代中国具有里程碑的意义——他首先明确将"进化""进步"的概念引入对"史"之探讨,梁启超曾如此评价其师:

> 先生之哲学,进化派哲学也。中国数千年学术之大体,大抵皆取保守主义,以为文明世界,在于古时,日趋而日下,先生独发明《春秋》三世之义,以为文明世界,在于他日,日进而日盛。盖中国自创意言进化学者,以此为嚆矢焉。先生于中国史学,用力最深,心得最多,故常以史学言进化之理,以为中国始开于夏禹,其所传尧、舜文明事业,皆孔子所托以明义,悬一至善之鹄,以为太平世之倒影现象而已。又以为世界既进步之后,则断无复行退步之理。即有时为外界别种阻力之所遏,亦不过停顿不进耳,更无复返其

---

① 理论形态的进化论首先发源与展开于西方文化,19世纪80年代,赖尔的自然进化思想、拉马克和达尔文的生物进化论、斯宾塞的社会达尔文主义已经零星传入我国。房德邻认为:"从唐、宋辨伪起,自觉以进化论为指导的,康有为是第一人,以后则有胡适、顾颉刚等,后者更为成熟了。"(房德邻:《康有为的疑古思想及其影响》,《北京师范大学学报》(社会科学版),1994年第2期)综观康有为哲学,"进化"的概念出现的频次很高,但能否认为康氏真正迈入了现代进化论之门?这的确值得思量。古老的《周易》和春秋公羊学是康氏学问的基底。梁启超论"最近世"之学术:"夫三世之义,自何邵公以来,久暗曶焉,南海之倡此,在达尔文主义未输入中国以前,不可谓非一大发明也。"(参见梁启超:《论中国学术思想变迁之大势》,《梁启超全集》第三集,第100—101页)他明确指出康氏之"进化"观念是其在达尔文进化论未传入之前的"一大发明",是自己钻研史学的独特心得。梁氏介绍康氏之"进化派哲学"主要以儒家为渊源,"独发明《春秋》三世之义"。但康氏也有很深的佛教背景,常常会通儒佛,比如:"孔子有三统、三世,儒与佛同。"(康有为:《万木草堂讲义·七月初三夜讲源流》,《康有为全集》第二集,第288页)将佛之"三世"与儒之"三统"相比附,实际上也正是将儒家传统中循环的"三统"置于佛教直线式的"三世",如此也可以说,佛教的"三世"亦是其进化观念的重要助力。康氏还常援引佛教之"轮回"来论述变化,甚至断言"轮回之说,是孔子之至寻常理"(同上书,第293页)。高瑞泉还特别提出康氏进化观念与基督教在近代中国传播有关(参见高瑞泉:《中国现代精神传统》,第52页)。茅海建也认为"康有为的'大同三世说'并不是进化论所启迪、所催生的。"(参见茅海建:《康有为是"进化论"者吗?》,2018年9月14日《文汇报》)当然,康氏作为"光绪间"的"新学家",会大量阅读报章杂志上的译文;据说他也读过严复《天演论》的手稿。这些都构成了其思想的多重理论源头,作为一个转折时期的思想拓疆者,和在历史活动中遭受重创的实践者,也难以苛求其理论的彻底和完备。综上所述,康有为的"进化派哲学"与严复通过《天演论》的译介而呈现的理论化的进化论还是很不同的,但二者都确立了对古今之变的现代理解,共同引领了中国20世纪初的第一大时代思潮。

初。故孟子言天下之生久矣，一治一乱，其说主于循环；《春秋》言据乱、升平、太平，其说主于进化。二义正相反对。而先生则一主后说焉。又言中国数千年政治虽不进化，而社会甚进化。政治不进化者，专政政体为之梗也；社会进化者，政府之干涉少而人民自由发达也。先生于是推进化之运，以为必有极乐世界于他日，而思想所极，遂衍为大同学说。①

在这段话中，梁氏充满敬重和自豪地以"进化派哲学"概括其师在史学方面的独具慧眼，他频繁使用"进化"一词，甚至也明确以"进步"与"退步""停顿""循环"相对，意欲彰显康氏史观的重要理论突破："日进而日盛"。

以"三世"论古今，首先强调的就是古今之"变"。针对由来已久的"天不变道亦不变"之说，康有为将"变"视作自然界和人类社会的普遍原则，他汲取了大量西学知识，比如以西方近代的星云假说、日心说等自然科学知识为据论证"变者，天道也"。面对摇摇欲坠的清廷，康氏一再力主"变"已刻不容缓："能变则全，不变则亡；全变则强，小变仍亡。"②诚然，"三世"并非康有为的发明，如梁启超所言，康氏独到之处在于以"进化""进步"来理解"三世"之"变"，即主张自古及今，人类历史展现为自低级向高级的发展序列。康氏认为孔子深明"古今进化之故"：

> 孔子系《易》，以变易为义。③
>
> "三世"为孔子非常大义，托之《春秋》以明之。所传闻世为据乱，所闻世托升平，所见世托太平。乱世者，文教未明也。升平者，渐有文教，小康也。太平者，大同之世，远近大小如一，文教全备也。④

他将传统的公羊学与《礼记·礼运》中的大同思想联系起来，以文教的发展、提升为标志，将历史描述为从"据乱世"到"升平世"，再进至"太平世"的演进过程。他特别强调三世"道各不同"⑤，"世"在更迭，"道"也变易，更重要的是，他将作为理想图景的"大同之世"置于尚未来到的"他日"，这些为古老的公羊学注入了新元素。康氏之"三世"不仅要对抗"天不变道亦不变"的旧说，也

① 梁启超：《南海康先生传》，《梁启超全集》第二集，第371页。梁启超在《南海康先生传》中以"博爱派哲学""主乐派哲学""进化派哲学""社会主义哲学"四个方面来概括"先生之哲学"。

② 康有为：《上清帝第六书》，《康有为全集》第四集，第17页。

③ 康有为：《进呈〈俄罗斯彼得变政记〉序》，《康有为全集》第四集，第35页。

④ 康有为：《春秋董氏学》卷二，《康有为全集》第二集，第324页。

⑤ 康有为：《日本书目志》，《康有为全集》第三集，第263页。

颠覆了传统"三世说"所包含的循环论或倒退论的保守倾向，梁启超认为这是其师学问匠心独运的重要发明。

如我们所知，龚自珍、魏源作为中国近代哲学的先驱，也以改造过的"三世"论古今，力主以变法挽清廷于累卵之危。如龚自珍倡导"出乎史，入乎道，欲知大道，必先为史"①。他坚信"无八百年不夷之天下"，主张"通古今可以为三世"：

> 吾闻深于《春秋》者，其论史也，曰：书契以降，世有三等，治世为一等，乱世为一等，衰世为一等。②

龚氏不拘旧说，将"据乱世、升平世、太平世"的"旧三世说"改造为以"治世、衰世、乱世"为内容的"新三世说"。"三世"之更迭如一日"三时"之推移。③在他看来，清廷已处"衰世"，如"昏时"之暮气惨淡，"乱亦将不远矣！"龚氏对"衰世"的批判标志着近代"古今"之争的开始。但其"三世说"由治一变而衰、再变而乱，内在包含了一个倒退、下降、再回返的历史过程，如日月相推昼夜相随。面对弊端丛生的"衰世"，他又说：

> 万物之数括于三，初异中，中异终，终不异初……万物一而立，再而反，三而如初。④

这种初—中—终—初的世界观反映在古今问题上，就是一治一乱的循环论，所以他还是只能"贩古时丹"⑤，然而"古法"终究已难救"今日束缚之病"。

魏源虽然明言"善言古者，必有验于今"⑥，反对因循旧制恪守古法。但他以"太古、中古、末世"论世变，又以"气运"论"三世"，认为在"弊极"的"末

---

① 龚自珍：《尊史》，《龚自珍全集》，上海人民出版社1975年版，第81页。

② 龚自珍：《乙丙之际著议第九》，《龚自珍全集》，第6—7页。

③ "岁有三时：一曰发时，二曰怒时，三曰威时；日有三时，一曰早时，二曰午时，三曰昏时"，并悲叹清王朝已经到了"日之将夕"的"衰世"，即将溃如鼠壤。（参见龚自珍：《尊隐》，《龚自珍全集》，第87页）《尊隐》为龚氏年少之作，学术界一般认为该文写于23—25岁之间，即1815年前后；直到他去世前两年（1839年），他还在写诗赞许此文，"少年尊隐有高文"（龚自珍：《己亥杂诗》，《龚自珍全集》，第532页），但此时清王朝暮气更沉，很快即被船坚炮利轰开国门。后来虽有洋务运动的"自强""自救"，但终究时运不济、未能遏止帝国的倾颓之势。

④ 龚自珍：《王癸之际胎观第五》，《龚自珍全集》，第16页。

⑤ "何敢自矜医国手，药方只贩古时丹。"（龚自珍：《己亥杂诗》，《龚自珍全集》，第513页）

⑥ 魏源：《皇朝经世文编叙》，《魏源全集》第十三册，第1页。

世"之后，"气运再造"，于是又回归"淳朴"的"太古"，"气化递嬗，如寒暑然"。"时不同，'无为'亦不同，而太古心未尝一日废"①，他以"述而好古者"自喻，以老子之"无为"为"太古"理想，可见他的"三世说"也未能真正跳出倒退和循环的旧窠。

康有为虽然承继了"龚魏之遗风"②，但他把以往回返闭合的"古今"之环拽开，拉成了一条自古及今的直线。他把"三世"之交替置于此时间之线上，并赋予后世比前世更高的价值。他不再将黄金时代推至早已消逝的古代，而是把极乐的大同之世悬在遥遥未至的他日，认为自古及今的过程就是不断改善、逐渐奔向这个终极理想的历史。康氏这种古今之"变"中的进化、进步的意识，跳出了倒退或循环的历史观的藩篱，确实发前人之未发，令世人焕然振奋。康氏的"进化派哲学"虽然还借着孔子的权威，又套着古旧的传统语言，但的确具有"近代的新意义"，"很大的进步性"，他的《大同书》是"近代启蒙思想家渴望中国走向光明未来的欢乐颂"③。

二、严复论"天演之学"

甲午之后，严复奋笔疾书，痛著雄文。在《原强》中，他开篇即高扬达尔文之进化论。待《天演论》译成，"进化"迅速成为家喻户晓的热门词语，"进步"亦逐渐化作了人心所向的坚定信念。

与康有为相较，严复的"天演论"有着更博厚的西学背景。在他看来，诞生于西方的进化论以其"物竞天择"的原理引发了西方人的世界观的变革，进而推动了西方国家学术政教之大变，使西方走上了富强、自由之路。他也希望通过天演之学的译介来启迪国人精神的哥白尼式革命，唤醒国人自振以谋"自强保种之事"④。《天演论》本不是严格的译作，严复经常在"案语"中有选择性地比较和援引达尔文、斯宾塞和赫胥黎的理论。同时，他又频频将"天演"与中国传统思想相比较，力图将来自异域的文化与本土思想互相阐释发明。这一方面强调了进化论是跨越古今中外的普遍性法则，另一方面也彰显了这一原则的理性特征。作为"公理"，进化论不仅贯通天地人之道，也是超越时空之"道"。

---

① 魏源：《老子本义·论老子》，《魏源全集》第二册，第646—647页。

② "晚清思想之解放，自珍确与有功焉；光绪间所谓新学家者，大率人人皆经过崇拜龚氏之一时期。初读《定庵文集》，若受电然。……后之治今文学者，喜以经术作政论，则龚、魏之遗风也。"（参见梁启超：《清代学术概论》，《梁启超全集》第十集，第270—271页）

③ 李泽厚：《中国近代思想史论》，生活·读书·新知三联书店2008年版，第148页。李泽厚评价康有为："一方面，它是中国古典哲学的继承和终结，另一方面，它显示了中国近代哲学将要真正开始。"（同上书，第124页）

④ 详见严复：《原强》，《严复全集》第七卷，第23—24页。

　　鲁迅称严复为"19 世纪最敏感的人"，并认为严氏"究竟是做过赫胥黎《天演论》的"①。严复之"做"，意在为危难深重的国族探求出路。如胡适所言，正是严复的《天演论》，使得"中国学者方才渐渐知道西洋除了枪炮兵船之外，还有精到的哲学思想可以供我们的采用"②。李泽厚也指出，严复的译介"给予了当时中国人以一种新鲜的世界观""在中国近代思想史上开创了一个新纪元"③。就实际情况而言，《天演论》使"物竞天择"的道理"厘然当于人心"，有力地振动了民气。④进化论被确立为 19 世纪末中国的新世界观，并在风起云涌的各种新思潮中持久有力地左右着国人的思想。⑤

三、"进化"与"进步"

　　"进化"一词亦是日制汉语，而"进步"则通过日语的译介获得了具有方向性的 progress 新含义。⑥梁启超言康有为之进化论哲学是"言进化学者"之嚆矢，并赞扬康氏之论谈"进步"，"导人以向后之希望，现在之义务"⑦。梁氏本人更是力倡"进步"，《新民说》第十一节为"论进步"，他以"破坏"为"古今万国求进步者独一无二不可逃避之公例"，号召国人行动起来，破除保守之性，以救国难。

　　达尔文《物种起源》的重点是物竞天择、适者生存，他并不否认"退化"现象的普遍存在，但他强调"最适者"具有某种"进步性"⑧。19 世纪后期"evolu-

---

①　鲁迅：《热风·随感录二十五》，《鲁迅全集》第一卷，第 311 页。

②　胡适：《五十年来中国之文学》，《胡适全集》第 2 卷，第 274 页。

③　李泽厚：《中国近代思想史论》，第 262、264 页。

④　"自严氏书出，而物竞天择之理，厘然当于人心，而中国民气为之一变。"（汉民：《述侯官严氏最近政见》，《民报》第二号，科学出版社影印，1975 年）

⑤　如："我们放开眼光看一看，现在的进化论，已经有了左右思想的能力，无论什么哲学、伦理、教育，以及社会之组织、宗教之精神、政治之设施，没有一种不受它的影响。"（陈兼善：《进化论发达略史》，《民铎》3 卷 5 号，1922 年）

⑥　"'进化'是日本产生的新词，用来对译'evolution'。达尔文（Darwin，1809—1882）的进化论 19 世纪中叶开始流行，所以在此之前出版的马礼逊、麦都思的《英华字典》中都没有出现类似概念。罗存德的《英华字典》（1866—1869）上，'evolution'的译词是'展开者'。""'进步'作为晋隋以后的口语词，词义是'向前步行'。……现代汉语中'进步'与英语的'progress'具有对译关系，主要作形容词使用，同时也有动词和动名词的用法，意为事物、性质不断向好的方向进展。可以说'进步'的语义由人的移动，转变成社会的发展。这种意义用法的变化发生在十九世纪的日本，后扩展到汉语。"（详见沈国威：《近代关键词考源：保守、进步、进化、退步、退化》，《东亚观念史集刊》2014 年第 6 期，第 302—323 页）

⑦　梁启超：《论中国学术思想变迁之大势》，《梁启超全集》第三集，第 100 页。又：康有为于光绪二十二年（1896 年）撰《日本书目志》，列出其当时购置的大量介绍西方和有关明治维新的日文译著，其中就有《蚕桑进化论》等十多部"进化论"。

⑧　"虽然还缺乏有效的证据，以证明生物具有一种朝着进步发展的内在倾向，但如我在第 4 章中试图指出的，这是通过自然选择连续作用的必然结果。"（参见［英］达尔文：《物种起源》，舒德干等译，北京大学出版社 2005 年版，第 123 页）

tion"一词首先用于生物学领域，指种群里的遗传性状在世代之间的变化；后逐渐推广，以说明从天体到人类文化等一切事物的生长、变化或发展，并逐渐包含了具有"方向性"的"进步"之义①。

严复将"evolution"译作了"天演"，并明确指出：

> 天演之学，将为言治者不祧之宗。达尔文真伟人哉！然须知万化周流，有其隆升，则亦有其污降。宇宙一大年也，自京垓亿载以还，世运方趋，上行之轨，日中则昃，终当造其极而下迤。然则言化者，谓世运必日亨，人道必止至善，亦有不必尽然者矣。②

严复一方面强调这个词兼有"进化""退化"之意，他以"天演"为体，以"物竞""天择"为用，并强调"此万物莫不然，而于有生之类为尤著"，生物要在演化中自存自保，"天演"能成为"进化"，这是适应自然选择的结果；对于人类生活而言，还更有赖于"人择"，比如人能选择以"群"求进："天演之事，将使能群者存，不群者灭；善群者存，不善群者灭。"③如果国人能"合群"、加强民族凝聚力，才有保种图存之可能，否则就不仅仅是"退化"，而是直接灭种了。另一方面，他又主张"自吾党观之，物变所趋，皆由简入繁，由微生著"④；特别是强调区分"人治"与"天行"，以世运日亨、人道趋善等言"化"，"天演者，时进之义也"⑤。虽然严复在一定程度上赞同赫胥黎，但他并不同意"以天演言之，则善固演也，恶亦未尝非演"的观点，而是援引斯宾塞的社会进化来反驳之：

---

① 参见顾红雅：《有关 Evolution 的中文翻译》，《植物学报》2015 年第 2 期。
② 严复：《天演论》（商务本），《严复全集》第一册，第 333—334 页。又：商务印书馆曾编制《〈天演论〉中西译名对照表》，指出："evolution 一词，严氏译为天演，近人撰述多以进化二字当之。赫胥黎于本书导言二中，实尝有一节，立 evolution 之界说；谓为初指进化而言，继则兼包退化之义。严氏于此节略而未译，然其用天演两字，固守赫氏之说也。"（参见王栻主编：《严复集》，第 1398 页）《天演论》下卷论十七的标题为"进化"，并指出"人治、天行二者绝非同物"。沈国威注意到，"严复用'天演'译'evolution'，用'进化'译'ethics progress'。想把'天行'和'人治'区分开来，这种区分也体现在严复的其他译著中。但是随着 20 世纪初大量日本书籍的汉译，'evolution'的日本译词'进化'迅速普及，取代了'天演'。"（详见沈国威：《近代关键词考源：保守、进步、进化、退化》）另外，黑格尔在其《自然哲学》中介绍了关于生物发展的"进化与流射"，以辩证的视角，论证了在生命演化过程中"永恒的神圣的过程是一种向着两个相反方向的流动，两个方向完全相会为一，贯穿在一起……进化也是退化，因为物质将把自身包含到生命中去。"（参见［德］黑格尔：《自然哲学》，梁志学、薛华等译，商务印书馆 2009 年版，第 36—37 页）
③ 严复：《天演论〈案语〉》（商务本），《严复全集》第一卷，第 287 页。
④ 同上书，第 267 页。
⑤ 严复：《政治讲义》，《严复全集》第六卷，第 5 页。

斯宾塞所谓民群任天演之自然，则必日进善，不日趋恶，而郅治必有时而臻者，其竖义至坚，殆难破也。①

这里的关键在于人"能群"，在群体生活中，物竞、天择、体合，三者必然驱使"恶无从演，善自日臻"，"体合"即适应（adaptation）："体合者，进化之秘机也"②。"能群"才能适应进化的物竞天择，自存自强，演善抑恶。这种以"后胜于今"为特征的"有时而臻"，亦即是随着时间之流而有改善、提升的推陈出新，其本质就是"进步"。

与康有为不同的是，严复赋予进化论以科学和理性的品格，不仅适用于自然界，而且"至推之农商工兵语言文学之间，皆可以天演明其消息所以然之故"③。他把进化论作为贯通天地人的"一理"，将之上升为更完善的世界观形态，也为"进步"的信念奠定了更坚实的理论基础。经过严复，进化论几乎取得了所向披靡的胜利，成为近代思想之圭臬。"进步"也分化出来，成为阐释历史的独立概念：

> 一种依据普遍进化的世界图景支持的"进步"预期成为新的社会心理，才在语汇的使用上得以表现。……逐渐较多地在描述具体的变化过程、特别是自然过程时运用"进化"的概念，而把"进步"概念渐渐留给描述历史的过程和价值的贞定。④

"进步"的信念深刻地警醒国人奋起直追、勇立潮头，也乐观地鼓舞着世道人心，人们越来越确信古今有巨变，确信世界将日趋进步。

四、"变"与"进步"

古今相袭，天不变道亦不变。这种声音在中国传统文化中屡屡响起，义正辞严。传统中的另一种声音是承认古今变易，主张穷则思变，以变求通。但此"变"又常常陷入倒退或循环之论：持倒退之说者慨叹世风日下，去古愈久离道愈远。孔子欲从"郁郁乎文哉"之周，庄子怀念"同于禽兽居，族与万物并"的至德之世，都是对所处之世强烈不满而转身回望过去。即使在以"变"求通为特征的《周易》中，也不曾展示一条趋向光明未来的变化之路。

但进化论和"进步"观念却使一连串貌似偶然的、随"时"发生的"变"有了时间性的关联，呈现为自古及今、从过去到现在再至未来的、具有不断增进、

---

① 严复：《天演论〈案语〉》（商务本），《严复全集》第一卷，第 329 页。
② 同上书，第 290 页。
③ 同上书，第 270 页。
④ 高瑞泉：《中国现代精神传统》，第 52 页。

提升内容的必然过程。因而，"'进步'之在中国，完全是一个现代观念。"[1]这个"现代"不仅意味着进化论对于中国是一种在时间中的"新"思想，同时也意味着其是异域的。然而"进步"一旦进入中国的历史，也就打上了"中国"的特殊烙印。高瑞泉曾具体分析了中国进步论的四重含义，"社会向善论的预设""道德性的理念""相信人的理想、认识能力、知识和科学技术将不断地增长""对力量的追求"[2]，"进步"不仅是现代中国的关键词，也是现代人的精神特质之一。以"进步"为基础，人们对"时间"的本质及其特征也有了新的体验和理解。在历史领域，进化史观逐渐取代变易史观，人类、国家的"时间"概念得以凸显；于个人，立足"现在"，奔向"未来"的时间意识逐渐确立。

第二节　"进化史观"与时间

对于在世纪之交"过渡时代"的中国人而言，进化论首先提供了一套理解古今之道，探索中国救亡图存之路的历史观。敏锐的思想家必定要直面风起云涌的时局变幻，要在历史迷雾中觉察时代方向。康有为、严复等最关注的首先就是历史领域，进化史观很快取代传统的变易史观成为时代之潮。法国年鉴学派代表人物雅克·勒高夫曾提出一个意蕴颇富的命题："史学是时间的科学"，俞金尧欣赏此论并进而探究其内涵，他说："我们从历史研究对象的时间性、历史时间的意义、历史学家的时间观等方面入手，以时间作为历史研究中的尺度，把人类的历史理解为争取时间的历史，围绕诸问题来探究历史学与时间的关系。可以说，时间因素在历史学中几乎是弥漫性地存在着的，历史学本质上是一门关于时间的学问。"[3]时间不仅是一种历史研究的工具，历史的演变就是时间长河之无尽奔涌，就此而言，历史就是时间。

一、"时间"的本质与方向

持"不变"论者，本质上无需"时间"，因为永恒的"天""道"在表示变化、无常的"时间"之外。"变"往往被视作气之聚散、器之毁存、事之存废，等等。"时间"作为标志物事存在或变易的概念，仅在形下层面才有意义。

---

[1]　高瑞泉：《中国现代精神传统》，第47页。
[2]　同上书，第63—67页。
[3]　俞金尧：《历史学：时间的科学》，《江海学刊》2013年第1期。

倡导"变"者则将时间看作奔涌不止、滔滔不绝的洪流，强调"时间"之本质即万物之变易、迁化。《周易》就确立了随"时"变易的基本精神，其重"时"的观念成为中国人理解和接纳进化论的重要思想资源。但倒退论者以为时间的流逝带来的变化只有消失、偏离、堕落、退化，如庄子所谓"世与道交相丧"（《庄子·缮性》），或如鲁迅笔下时时感慨"一代不如一代"的"九斤老太"；而对于循环论者而言，时间周行不殆，如昼夜相推四时轮转，"大曰逝，逝曰远，远曰反"（《道德经》二十五章），终究将返本归根。如邵雍，就将《周易》六十四卦表示为圆形结构，用以说明节气变化、万物兴衰、世界终始和社会治乱。实际上，这两种时间在某种意义上会殊途同归——复古，回到过去，回到三代，甚至更早。总之，中国传统的时间观总体上是凝滞的、倒退或循环的。虽然偶有"法后王"之异音突起，却很快就被历史之风吹散。

冯契说：

> 进化论不同于形而上学，就在于指明"类"（如各类天体、生物物种、社会形态等）并非一成不变，"类"各有其本质和独特的规律性，但各类事物又不断演变，一类向另一类转化，构成由低级到高级的发展系列，这就是进化过程。①

与"发展"相应的"进化"就是"进步"，是表现为"类"在本质上的升拔。事实上，康有为、严复都把古今之变视作"类"的进步。康有为曾具体描述其"三世"：

> 大约据乱世尚君主，升平世尚君民共主，太平世尚民主矣。②

"三世"，作为历史进化的三个阶段，其差异即以"君主""君民共主"与"民主"这三个不同"类"的政治制度逐级提升为实质，"类"的变迁构成了社会由低级到高级的进化过程，"三世"将依序逐次出现在自古及今的时间长轴上。

严复比较中西之不同：

> 中之人以一治一乱、一盛一衰为天行人事之自然，西之人以日进无疆，既盛不可复衰，既治不可复乱，为学术政化之极则。③

---

① 冯契：《中国近代哲学的革命进程》，《冯契文集》第七卷，第102页。
② 康有为：《孟子微》卷三，《康有为全集》第五集，第464页。
③ 严复：《论世变之亟》，《严复全集》第七卷，第11页。

经过进化论洗礼的西方文化，认为由衰而盛、由乱而治的"日进无疆"才是思想和社会的基本原则。严氏以"束缚"和"自由"区别进化程度之高低：

> 斯宾塞伦理学，《说公》（Justice in Principle of Ethics）一篇，言人道所以必得自由者……禽兽下生，驱于形气，一切不由自主，则无自由，而皆束缚。独人道介于天物之间，有自由也有束缚。治化天演，程度愈高，其所得以自由自主之事愈众。①

"物"没有自由，"天"绝对自由，而"人"处于"天""物"之间，人道的进化就是不断摆脱束缚、力争自由的过程，进化的程度越高，所得自由越多；由"束缚"到"自由"是古今之变的必然趋势。所谓"断无复行退步之理""既盛不可复衰，既治不可复乱"的变化，就是"进步"。

章太炎曾上溯进化论的哲学源头，他说：

> 近世言进化论者，盖昉于海格尔氏。虽无进化之明文，而所谓世界之发展，即理性之发展者，进化之说，已萌芽其间矣。达尔文、斯宾塞尔辈应用其说，一举生物现象为证，一举社会现象为证。如彼所执，终局目的，必达于尽美醇善之区，而进化论始成。②

"海格尔氏"即黑格尔。康、严之论"自由"与"进步"，其实也都有黑格尔的影子。章太炎在此同时指出了几个与进化论紧密关联的概念：发展、理性、特别是有一个"尽美醇善"的"终局目的"。

黑格尔曾如此阐释过"时间"：

> 时间并不像一个容器，它犹如流逝的江河，一切东西都被置于其中，席卷而去。时间仅仅是这种毁灭活动的抽象。事物之所以存在于时间中，是因为它们是有限的；它们之所以消逝，并不是因为它们存在于时间中；反之，事物自身就是时间性的东西，这样的存在就是它们的客观规定性。所以，正是现实的事物本身的历程构成了时间。③

他既不赞同康德将时间视为感性直观的纯粹形式，也不认可牛顿均匀流淌的绝对

---

① 严复：《〈群己权界论〉译凡例》，《严复全集》第三卷，第254—255页。
② 章太炎：《俱分进化论》，《章太炎全集》第四集，上海人民出版社1985年版，第386页。
③ ［德］黑格尔：《自然哲学》，第51页。

时间观。中国亦有重"时"的传统，反复阐明要"与时偕行""随时变易"。"时"，强调的就是变化，就是孔子的川上之叹，亦即黑格尔所谓"流逝的江河"。以古今之"变"为本质的时间，与中国传统的"时"有相通之处；但以"进步"为基石的现代时间观不仅以"变"为时间的本质，更确定了时间的方向性：

首先，"进步"强调了时间的不可逆性，时间如矢，一往直前，永不复返，"前"代表着时间的方向。"古往今来"，我们置身于时间之流中，将过去抛在身后，向前迎着未来。"前景"可期，"前途"光明，"前程"远大。"前"即未来，"向前看"不是回望过去，而是朝向未来。[①]

其次，"进步"点明时间以"新"为内容。"进步"是不断地吐故纳新，"古"的某些根本性的特征在"今"必然会被抛弃，而"今"必定会发展出"古"所不具备，并且超越于"古"的新质。"今""古"不仅是时间之别，而且是不同"类"的。"新"与时间的方向一致，与"古""旧"相对，意味着先进、现代、文明等价值。谭嗣同特别强调"日新"的意义，他说：

> 然仅言新，则新与所新亦无辨。昨日之新，至今日而已旧；今日之新，至明日而又已旧，乌足以状其盛美而无憾也？……言新必极之于日新，始足以为盛美而无憾，执此以言治言学，固无往不贵日新矣。[②]

每日都有与过去不同的事物产生，时间的本质就是新新不已，但新的目标是"盛美"，这就有了进步性。笃信进步的思想家开始召唤各种"新"人"新"物，如"新民""新青年""新时代""新社会"，等等，这些都是与"古"具有本质不同的人或物。

第三，"进步"预设了一个完美的理想世界。彼得·狄肯斯指出，"进步、方向、目的论"是进化论思想中三个互相关联的主题。[③]"古"不及"今"，"新"必胜"旧"，以进化论为基，形成的"进步"的时间，其一路向前，不断弃旧逐新、奔向尽善尽美的乐土。

第四，"今"与"未来"。古今有变，今非昔比，进步的时间观首先使人们更关注"今"、关注自身所处之"现在"。

---

① 在汉语中，"前""后"可以用于表述时间关系和空间关系。"前""后"作为表述时间的概念，有两层含义，一是先后次序，二是方向性。"汉族人显然把时间设想为一种迎我们面而来的事物……我们身体的朝向决定了前后关系。"（参见刘泽明：《从汉语看汉民族的传统时间观》，《兰州大学学报（社会科学版）》1996 年第 1 期）

② 谭嗣同：《〈湘报〉后叙（上）》，《谭嗣同全集（增订本）》下册，第 417 页。

③ ［英］彼得·狄肯斯：《社会达尔文主义——将进化思想与社会理论联系起来》，涂骏译，吉林人民出版社 2005 年版，第 7 页。

"中之人好古而忽今，西之人力今以胜古。"①严复将中西世界观上的差异首先归纳为对时间的不同理解，并认为时间观决定着行动原则，中国传统以古为归，"委天数"，安命顺天；西方文化以进化论为基础，以今为重，主张"恃人力"以起衰治乱。这直接造成了中西之间的对立和落差，因而他认为："观今日之世变，盖自秦以来，未有若斯之亟也。"②当今之世，中国若要救亡图存，"变"已经迫在眉睫。

"进步"的时间直线式的形状和目的论的预设赋予人一种积极乐观的信念：今天胜过昨天，明天会更好。站在时间洪流中，天地悠悠，人们不仅往过去追溯古人，更向未来期待新人。在传统中，人们以"古—今"二分的模式描述时间流程。现在，在代表过去的"古"与现在的"今"这两端之外，人们开始构想各种各样的第三"维"——未来③，如康有为预期的"未来"是大同之世："其惟天予人权、平等独立哉！"④严复期待的"未来"是自由的增加："治化天演，程度愈高，其所得以自由自主之事愈众。"⑤这个远而未至的"他日"将是世界进化的美好理想、终极目标。

总之，"进步"的时间如一条浩浩荡荡奋勇向前的直线。当然，这中间会有波折，会有回环，但人们相信，时间终究会廓清阻碍、直奔未来。梁启超就曾说进化"非为一直线"，"或尺进而寸退，或大涨而小落，其象如一螺线"⑥。若受限于一小段或进或退或涨或落的历史状况，很可能将历史误解为不变或倒退或循环的。但若纵观整个人类历史发展的趋势，一定是今天胜过昨天，未来超过现在。在一个大的时间尺度里，这条带有螺旋的"线"趋势必定还是上升、前进的。在进步信念的鼓舞下，人们努力构想着无限光明的未来蓝图，并且坚信不可逆转的时间终将把世界带到未来。

二、"未来"与西方

中国近现代思想中始终贯穿着"古今中西"之争。虽然进化论者试图会通中西，但作为现代观念的"进步"，不仅与中国古代传统不合，同时也是一种外来的异质文化。

康有为的眼界不仅超出了一国之限，而且看到了当今世界"三法并存"，"三

---

①② 严复：《论世变之亟》，《严复全集》第一册，第 11 页。

③ 尽管佛教也以"过去—现在—未来"之三分的序列论三世之迁流，但以"业缘"为动力的三世之间并没有"进步"的特征。六道轮回中的众生，其未来可能因一念之恶而下堕至地狱，也可能以善因上升至善道。

④ 康有为：《大同书第六》，《康有为全集》第七集，第 164 页。

⑤ 严复：《〈群己权界论〉译凡例》，《严复全集》第三卷，第 255 页。

⑥ 梁启超：《新史学》，《梁启超全集》第二集，第 502 页。

法"虽可以具有同时性，但作为"三世"的主要性质，"三法"实质代表的是人类历史进化的不同阶段，在进化的时间轴上是有古今之分的，他说：

> 如土耳其、波斯、印度，则日教以西欧之法度，渐支其生民之压力，而升之于平。而美国之文明已至升平者，亦当日求进化，乃能至太平也。①

这里，我们可以看到，康氏认为土耳其等国向西欧学习，正在由据乱走向升平，而西欧、美国则在由升平至太平的进化中。至于晚清，还在据乱之世。可见在他的思想中，"西"代表着进化的方向，代表着"中"的前途。这样作为空间概念的"中西"被置换为时间意义上的"古今"：以"中"为"古"，以"西"为"今"。尽管康氏心目中最终的大同之世未必是纯粹西方式的，但"中西"之别已经有了"古今"之异。这点当时的叶德辉看得很明白，他不仅批评康有为将《春秋》与《礼运》相杂，又指责康氏将三世与"夷夏"比附：

> 《礼运》一篇，言世运之转环大同之世，盗贼不作，是以外户不闭，无一语及《春秋》，更无一语及夷夏，圣人望治之意，六经皆可会通，断不能武断小康为升平、大同为太平。②

叶氏认为《礼运》并无《春秋》三世之论，如转环般的世运亦无进化、进步之义，更不言夷夏或中西之别。

尽管张之洞曾以"旧""新"论中、西之学③，但其以中学为体，西学为用，希望以"西用"补充和捍卫"中体"，"旧"在此显然比"新"具有更高的价值。但严复严厉批驳"中体西用"之说：

> 体用者，即一物而言之也。……故中学有中学之体用，西学有西学之体用，分之则并立，合之则两亡。④

他主张要从"命脉"处向西方学习：

---

① 康有为：《春秋笔削大义微言考》卷1，《康有为全集》第六集，第17页。
② 叶德辉：《叶吏部与段伯猷茂才书》，《翼教丛编》卷六，［清］苏舆汇编，上海书店出版社2002年版，第181页。
③ "新旧兼学，四书五经、中国史事、政书、地图为旧学；西政、西艺、西史为新学，旧学为体，新学为用，不使偏废。"（张之洞：《劝学篇外篇》，苑书义等主编：《张之洞全集》第12册，河北人民出版社1998年版，第9740页）
④ 严复：《与外交报主人书》，《严复全集》第八卷，第201页。

　　　　其命脉云何？苟挠要而谈，不外于学术则黜伪而崇真，于刑政则屈私以为公而已。斯二者，与中国理道初无异也。顾彼行之而常通，吾行之而常病者，则自由不自由异耳。①

　　如前已述，他认为中西之间最大的分歧在时间观念上，即对"古今"的不同态度。中学以古为尊，西学以今为重，基于进化之理，"今"必胜"古"，"旧"不如"新"，中国必须从根本上向西方学习，以西学为体，以自由为体。这样，表示空间差异的中西之争就被置换为时间上的古今之争，"旧""新"也有了高低之殊。虽然严氏亦主张不能"尽去吾国之旧，以谋西人之新"，希望能"择其所善者而存之"②，能选取中西之学的"善者"以克除中学之"旧染"，但西学毕竟从"命脉"处取得了高于中学的地位。在严氏看来，西学之长不在"用"而在"体"，不在"技"而在"道"，"今""新"意味着西学的进步性。从"夷"到"洋""西"③的转换，标志着西方文化在中国人心目中的步步升格，兴起于西方的进化论与以"平等自由"为核心的西方文化相互结合，形成了除旧谋新的世界潮流，来自西方的洋货成为时尚的标志、"进步"的象征，"西""洋"等都具有了"时间"的含义，中国欲成功"世变"，必须以"西""洋"为前景或目标。

　　由此，基于"进步"的现代时间，亦即以西方为旨归、向西方学习的时间。这不仅表现在中国很快就采用了西方的纪年方式和时间制度，一系列表示时间的西方概念，如"公元""世纪""星期"等，迅速涌进中国并渗入国人的生活。这只是外在的各种计量时间的方法。更重要的是，在大多数人的心目中，西学在时间之轴上遥遥领先、代表着进步，而中学却在后面逡巡徘徊、代表着落后。以推陈出新为任的时间之流必将淘汰一切"旧"的事物——包括代表旧文化的中学，而被赋予"新"之价值的西方文化因而具有了某种进乎普世的价值、成为了国人的必修课。康有为等构筑的理想中国虽然在中国古代不曾出现过，但在西方早已现身。就此而言，经过康有为、严复所确立的进化、进步观念，一场在时间上斩断中国文化的古今延续、让在空间上万里之遥的西方文化越洋跨海，引领中国文化之现在和将来的"新文化运动"已经箭在弦上了。

―――――――――――

　　①　严复：《论世变之亟》，《严复全集》第七卷，第12页。
　　②　严复：《与外交报主人书》，《严复全集》第八卷，第202页。
　　③　陈旭麓在《辨"夷""洋"》一文中，详细分析了"夷""洋"两个概念的内涵和使用的转换过程，并由此透视当时人们心态由"自大"转而"自卑"、对西方由鄙夷到崇拜的变化。（参见陈旭麓：《辨"夷""洋"》，《近代史思辨录》，广东人民出版社1984年版，第22—30页）邹振环曾著文讨论过"西学"概念的生成、运用和变化。（参见邹振环：《晚明汉文西学经典：编译、诠释、流传与影响》，复旦大学出版社2011年版，第3—10页）另可参看方维规：《"夷"、"洋"、"西"、"外"及其相关概念——论19世纪汉语涉外词汇和概念的演变》，《北京师范大学学报》（社会科学版）2013年第4期。

事实上，这种以进化论的名义，视“西方”为全世界时间之所向的观点，也一度流行于西方，比如黑格尔的《历史哲学》就是代表。对西方而言，这其中充斥着强烈的欧洲中心论的傲慢，和觊觎世界的殖民野心。①然而对中国而言，这种以古今论中西的观点又无疑是一种有伤自尊，甚至是备受屈辱的时间观。

三、“时间”的主体

如我们所知，黑格尔以“自由”为尺度阐释世界历史：

> 例如东方各国只知道一个人是自由的，希腊和罗马世界只知道一部分人是自由的，至于我们知道一切人们（人类之为人类）绝对是自由的——这种说法给予我们以世界历史之自然的划分，并且暗示了它的探讨的方式。②

历史即人与自然打交道、与人及人创造的文化打交道的过程。“人”并非一个抽象的概念，而是面目清晰、有血肉之躯，有喜怒哀乐的存在。对于“进步”的时间而言，“自由”的“民”③将代替帝王将相和少数英雄，作为进步的内在动力，成为时间的主体。

康有为说：

> 或民主，或君主，皆因民情所推戴，而为天命所归依，不能强也。乱世、升平世、太平世，皆有时命运遇，不能强致，大义则专为国民。④
>
> 然圣人不能为时。⑤

天命有归依，圣人不再万能，“国民”才是“时”的体现，是三世之进化真正的主体。康氏认为，升平取代乱世，就是以“君民共治”的“群治”取代“君主自裁”的“独治”，“人君与千百万之国民合成一体”。其所设想的大同理想是一个人人平等、个个独立的社会，在这样的社会中，九界尽除，众生如一，已不再有所

---

① “黑格尔的《历史哲学》发表于1822—1825年之间，其哲学体系显然适用于觊觎世界的殖民霸权，有关此点，也许并非鲜为人知。至少在鸦片战争前15年，黑格尔就曾提到英国征服中国既是不可避免的，也是必要的。”（参见［美］杜赞奇：《从民族国家拯救历史——民族主义话语与中国现代史研究》，王宪明译，社会科学文献出版社2003年版，第5页）

② ［德］黑格尔：《历史哲学》，王造时译，第17页。

③ “民”的具体内涵在中国近现代有一个逐渐丰富、演进的过程，一些现代性的政治概念陆续产生，如：国民、公民、市民、人民，等等。相应的，还有民族、民主、民生等一系列相关名词。但有一点，都是对传统中建立在专制制度的等级关系中的“臣民”的颠覆。

④ 康有为：《孟子微》卷三，《康有为全集》第五集，第464页。

⑤ 康有为：《礼运注》，《康有为全集》第五集，第556页。

谓君民等级之别。可见三世的更迭即是"民"从"君"之专制的奴役下步步解放、日趋自由的过程。

严复特别强调在进化过程中，人的能动性的重要性，这也是他选择以赫胥黎之书"以救斯宾塞任天为治之末流"的主要原因。他欣赏"西人隆民"的政治制度，有见于"民"才是"天下之真主"①，是自强保种真正能倚仗的力量，他以"鼓民力""开民智""新民德"为"今日要政"，认为"民"之整体素质的提升才能合群救国、走向富强。

史华慈曾如此评论严复：

> 以斯宾塞—达尔文主义的语言塞进那些含有"适者生存"意思的领域，即把自由作为提高社会功效的工具，并因此获得富强的最终手段。②

"自由"无疑是一个含义丰富异见歧出的概念，但真正的"自由"一定是大多数的民众能从少数人"专制"的奴役下获得解放，"自由"的进步也体现在越来越多的民众能享有更广泛的自由。有鉴于此，康、严一方面激烈抨击专制，另一方面积极倡导"民"的启蒙、解放。康、严之反对"躐等""超跃"，也缘于其对"民"的理解，如严复说："民之可化，至于无穷，唯不可期之以骤。"③"进步"意味着人的知识、能力、德性等都是可以通过教育而不断提高的，但他以"渐"为万化之普遍规律，认为"民"走上历史舞台，也需要过程，但"民"终将拥有他们"自由"的时间。

梁启超则认为西方的历史就是一部"自由发达史"④。过去的"正史"是少数"帝王将相"的"家谱"⑤，大多数的"民"常常被掩埋在历史的尘沙深处。在中国，进化论思潮为近代自由主义奠定了理论基石，不仅确立了以自由为目的的历史方向，也倡扬自由的"民"在历史中的主体地位。尽管在康、严等早期思想家这里，"圣人"或个别的、先觉的"启蒙者"还常常凌驾于普通民众之上，但"进步"的一个标志即"民"的崛起，"民"正在逐渐登上历史舞台。

1902 年，梁启超发表《新史学》，明确以进化论为"新史学"之旨，以"叙

---

① "斯民也，固斯天下之真主也。"（严复：《辟韩》，《严复全集》第七卷，第 39 页）

② ［美］史华慈：《寻求富强：严复与西方》，叶凤美译，江苏人民出版社 1996 年版，第 126 页。

③ 严复：《原强》，《严复全集》第七卷，第 31 页。

④ 梁启超：《新民说》，《梁启超全集》第二集，第 564 页。

⑤ 鲁迅：《中国人失掉了自信力吗》："我国从古以来，就有埋头苦干的人，有拼命硬干的人，有为民请命的人，有舍身求法的人……虽是等于为帝王将相作家谱的所谓'正史'，也往往掩不住他们的光耀。"（鲁迅：《且介亭杂文》，《鲁迅全集》第六卷，第 122 页）

述人群进化之现象"为历史之任。他批判"家谱"式的旧史学有"四蔽"，其二即
"知有个人而不知有群体"，而他则明确主张：

> 欲求进化之迹，必于人群。……人类进化云者，一群之进也，非一人之
> 进也。①

一方面，他承认数千年的中外历史就是部分英雄的传记。他把英雄分为两类，尤
其推崇"先时之人物"，能够预测"时"的进化方向，能启发和引导民众破旧趋
新，他们是可以"造时势"的英雄。另一方面，他又说："二十世纪以后将无英
雄。何以故？人人皆英雄也。"②在他看来，古代民众尚未开化，容易产生对英雄的
膜拜和依赖。随着教育的普及、分工的精繁，人人都可能成为术业有专攻的"英
雄"，"故'历史即英雄传'之观念，愈古代则愈适用，愈近代则愈不适用也"③。
"新史学"不仅要推翻王朝历史，也将挑战传统的英雄史观，普罗大众将成为推动
和创造历史的真正英雄。

　　"民"可以"群"。但近代自由的"民"又是独立、平等的个体，"群"与
"个体"之间的冲突和张力，也表现为群体（社会）时间与个体时间的对峙和紧
张。如严复以进化论"合群进化"为依据，特别强调"能群"的意义，"故所急
者，乃国群自繇，非小己自繇也"④。作为"小己"的"民"与社会、国家共命
运，也共同遵循、构建着彼此统一的时间。

　　基于"进步"的时间以不断趋向理想世界的"变"为本质。"民"作为历史
活动的主体，是如何影响或推动时间的步伐的？

　　中国近代哲学先驱龚自珍呼唤天公"不拘一格降人才"。他明确将"众人"与
"圣人""我"与"道""极"对立起来：

> 天地，人所造，众人自造，非圣人所造。圣人也者，与众人对立，与众人
> 为无尽。众人之宰，非道非极，自名曰我。我光造日月，我力造山川，我变造
> 毛羽肖翘，我理造文字言语，我气造天地，我天地又造人，我分别造伦纪。⑤

天地是"众人"自己创造的，圣人被拉下神坛；"我"要自作主宰，"道""极"
与我无涉。"我"有光和力，有理和气，自然、人类、文化都是"我"的创造。这

① 梁启超：《新史学》，《梁启超全集》第二集，第503页。
② 梁启超：《自由书文明与英雄之比例》，《梁启超全集》第二集，第141页。
③ 梁启超：《中国历史研究法》，《梁启超全集》第十一集，第348页。
④ 严复：《〈法意〉案语》，《严复全集》第四卷，第291页。
⑤ 龚自珍：《壬癸之际胎观第一》，《龚自珍全集》，第12—13页。

段气势磅礴的宣言把"众人""我"作为世界的创造者，历史的谱写者。

龚氏倡导造就有强大"心力"的"豪杰之士"，渴望以"心力"移易风气，改天换地，力挽狂澜，此论开近代风气之先，强有力地影响解放了晚清思想。

康有为也从"心"出发讨论历史的动力。他认为人人生而有之的避苦求乐之本能推动着三世之进化：

> 尽诸圣之千方万术，皆以为人谋免苦求乐之具而已矣，无他道矣。能令生人乐益加乐，苦益少苦者，是进化者也，其道善。其于生人乐无所加而苦尤甚者，是退化者也，其道不善。[1]

在他看来，人心以避苦求乐为具体内容，这是人性的本能，人道之根据，立法设教，应以令人乐多苦少为原则，三世之转移可以归结为"免苦求乐之具"的进化。

另一方面，人虽是以个体存世，但必须过"交相亲爱"的群体生活，因为"喜群而恶独，相扶而相植者，人情之所乐也"[2]。康氏将"群"当作"乐"的具体要素之一，所以人人皆有"不忍人之欲"，有"爱同类"之性，三世之变更，也是不断扩充爱心的过程。梁启超除了以康氏之学为"进化派哲学"之外，又以"博爱派哲学""主乐派哲学"论之，求乐、推爱，这是进化之动力，时间之"变"即表现为乐的增加、爱的扩充。也正有此，他反对暴力，反对革命。与他同阵营的谭嗣同就更激进，他主张君末民本，要以"心力"冲决君主之网罗，他说："人所以灵者，以心也。……心之力量虽天地不能比拟，虽天地之大可以由心成之、毁之、改造之。[3]"谭氏欲以心力挽劫运，甚至期待能以自己一意孤行之流血唤醒民众、创造历史。

与康有为等更多以道德论心，又"心力"为进化动力不同，严复不仅强调"民智"即理性、知识的重要性，更注重以"民力"即身强体壮为本，强调"以其民之手足体力"为一国富强之基，倡导"以康强之体，贮精湛之心"，唯有如此才能"强忍魁桀，矫捷巧慧"，从而能够适应天时地利人事，在进化中得以保存、繁衍。如同龚自珍曾哀悯病梅之祸、期待尽其光阴以疗梅，严复主张通过"鼓民力"以救"病夫"。严氏将"民力"视作进化的重要动力之一，并由此引发了"尚力""贵武"的社会风习。[4]之后，随着以柏格森为代表的生命哲学之影响渐盛，"生

---

① 康有为：《大同书》，《康有为全集》第七集，第 184 页。
② 同上书，第 7 页。
③ 谭嗣同：《书简》，《谭嗣同全集（增订本）》下册，第 460 页。
④ 如梁启超宣扬"尚武者国民之元气，国家所恃以成立，而文明所赖以维持者也"（梁启超：《新民说》，《梁启超全集》第二集，第 624 页）。毛泽东则于 1917 年的《体育之研究》中提出："欲文明其精神，先自野蛮其体魄；苟野蛮其体魄矣，则文明之精神随之。"

命"成为理解"时间"的重要视角，而对"生命"本身的思考当然直接构成了"时间"观念的基本内涵。

总之，在康有为、严复的进化、进步观念的引领之下，"民"在社会的进化中逐渐出场，并成为历史活动的重要参与者，"民"以其身、心之"力"参与竞争，力求成为进化中的优胜者。"民"因而成为时间的主体、成为影响时间进程的内在动力。当然，真正能把握历史大潮、能顺应时间之流的"民"，也与传统的"旧民"有着完全不同的特征，即将开展的，是"新民""新青年"的时间。

四、"时间"的速度

"进步的"时间一往直前地奔向未来，时间之流是匀速向前的吗？同样的时间，可能抵达不同的距离吗？特别是——远远落后于西方世界的中国，可能在较短的时间里追上或赶超西方吗？20 世纪之初，康有为带领维新派与以孙中山为首的革命派曾有过一场持续近两年的激烈论战，就与此有关。

近代以来，众多思想家们都尝试着由进化论出发而构想各种逐级提升的历史阶段和具体过程。康有为和严复虽然都强调"变"之刻不容缓，主张守旧与开新势不两立，但总体上都主张进化有序，反对急于求成。康有为强调"义取渐进，更无冲突"①。严复倡导"其演进也，有迟速之异，而无超跃之时。故公例曰：万化有渐而无顿"②。基于此，他们反对急剧地跳跃或激烈地革命，而是倾向于拾级而上、点滴改进。康有为将"三世"视作历史演进中三个由低至高、直线上升的阶段，他也注意到历史的复杂性，如梁启超所述：

> 且将由何道以达之乎？先生以为万物并育而不相害，道并行而不相悖。《春秋》三世，可以同时并行，或此地据乱而彼地升平，或此事升平而彼事太平。③

事物的具体进化状态并不能一概而论，其过程有快有慢，"三世"还可能具有共时性、异地而共存；每一世也可以再划分"三世"乃至"推至无量数不可思议之世"④。但在康氏看来，"三世"界限分明，必须依次嬗递，不可逾越：

> 以古今之世言之，有据乱、升平、太平之殊，不可少易。而以大地之世

① 梁启超：《南海康先生传》，《梁启超全集》第二集，第 380 页。梁启超评价康氏云："盖先生之学，以历史为根柢，其外貌似急进派，其精神实渐进派也。"（同上书，第 383 页）
② 严复：《政治讲义》，《严复全集》第六卷，第 28 页。
③ 梁启超：《南海康先生传》，《梁启超全集》第二集，第 380 页。
④ 参见康有为：《春秋笔削大义微言考》卷 1，《康有为全集》第六集，第 17 页）

言之，则亦有拨乱、升平、太平之殊，而不可去一也。①

无论是漫长的古今之变，还是被分割的较短的阶段，都严格遵守循序渐进的原则。时间就是无数个三世的向前向上的涌动，但后世中的据乱世依旧胜过前世中的太平世。康氏的得意门生梁启超将历史阶段划分得更细，并指出不同阶段之间有个"过渡时代"，其"螺线"之喻也将进化过程描述得更为细致丰富。

中国传统文化主张应时而变，"时"有时机、时宜之义，即包括时间、空间、人、事等多方面共同构成的合适的条件。"机不可失，时不再来"，此"机""时"就是不可错失的有利条件。"万事俱备只欠东风"，此"东风"就是该活动尚缺的重要条件。总体而言，康、梁等认为"变"之时机不可贻误，但否认一蹴而就、反对冒险跳跃。康有为说：

> 然圣人不能为时，虽蒿目忧其患，而生当乱世，不能骤踰级超，进而至太平。若未至其时，强行大同，强行公产，则道路未通，风俗未善，人种未良，且贻大害。②

即便是"圣人"也不能人为地跨越进化的某个阶梯，"强行"不仅无功，还可能欲速不达而致"贻大害"。

但在内忧外患的逼迫之下，深受进化论鼓舞的思想家也在探讨其他可能。如孙中山同样极力赞赏进化论：

> 自达文之书出后，则进化之学，一旦豁然开朗，大放光明，而世界思想为之一变，从此各种学术皆依归于进化矣。
> 夫进化者，时间之作用也，故自达尔文氏发明物种进化之理，而学者多称为时间之大发明，与牛顿氏之摄力，为空间之大发明相媲美。而作者则以为进化之时期有三：其一为物质进化之时期，其二为物种进化之时期，其三则为人类进化之时期。③

在此，孙中山明确地将"时间"与"进化"联系起来，认为人类的进化是逐渐摆脱"兽性"而形成"人性"的过程，但物种以"竞争"为原则，人类以"互助"为原则，"社会国家者，互助之体也；道德仁义者，互助之用也。人类顺此原则则

---

① 康有为：《中庸注》，《康有为全集》第五集，第389页。
② 康有为：《礼运注》，《康有为全集》第五集，第556页。
③ 孙中山：《建国方略》，《孙中山全集》第一卷，第46页。

昌，不顺此原则则亡。"①

在讨论人类进化的具体步骤时，他指出：

> 世界潮流的趋势，好比长江、黄河流水一样，水流的方向或者有许多曲折，向北流或向南流的，但是流到最后一定是向东的，无论是怎么样都阻止不住的。所以世界的潮流，由神权流到君权，由君权流到民权；现在流到了民权，便没有方法可以反抗。②

但他坚定地否认康、梁等维新派"三世不能飞跃""断难躐等"的观点，并主动与之展开了激烈的论战。在他看来，所谓"进化"，就是不断地革故鼎新的过程，最晚出的、最新的东西才是最好的；与更先进的民主制度相较，君主立宪制已经不能代表世界潮流而"过时"了，"所以吾侪不可谓中国不能共和，如谓不能，是反夫进化之公理也，是不知文明之真价也。"③一个落后的民族和国家，不必再依序经过"野蛮—专制—君主立宪—共和"这样步步为营的过程，而应当直接实行最新的民主制度。孙氏号召国人顺应时代潮流，进行民权革命，争取民权政治，并明确主张急起直追，后来居上，乐观地倡扬"突驾说"。

早在1894年，孙中山就在《上李鸿章书》中提出："人能尽其才，地能尽其利，物能尽其用，货能畅其流"是"富强之大经，治国之大本"，依此"国家奋筹富强之术"，中国不仅可与欧洲相匹，而且有望"驾欧洲而上之"。1905年8月，在东京中国留学生欢迎大会的演讲中，他再次宣称若能取法乎上，锐意改革，"绝不要随天演的变更，定要为人事的变更，其进步方速"④，这样就可以在短时间内迎头赶上甚至胜过日本或欧美，"凌驾全球"。

孙中山笃信"突驾说"，源于他对"人"在进化中的重要作用的高度张扬。任何变化都需要动力，孙氏特别强调"进化力"是由"天然力和人为力凑合"而成的，认为有"天然之进化，势所必至，理有固然"，历史潮流不可抵抗，逆之者亡；但在他看来，中国近代的落后，不是因为"天然力"不足，而是"缺少人为的工夫"。他说：

> 人为的力量，可以巧夺天工，所谓人事胜天。这种人为的力，最大的有两种：一种是政治力，一种是经济力，这两种力关系于民族兴亡，比较天然

① 孙中山：《建国方略》，《孙中山全集》第一卷，第47页。
② 孙中山：《民权主义》，《孙中山全集》第一卷，第399页。
③ 孙中山：《在东京中国留学生欢迎大会的演说》，《孙中山全集》第七卷，第11页。
④ 同上书，第9页。

　　力还要大。①
　　　　以人事速其进行，是谓之革命。②

　　人在历史活动中不是消极的等待者或被动的适应者，而是积极的创造者、主动的开拓者，人为的努力、革命的方式，可以加速、促进历史进程。

　　孙中山的"突驾说"凸显了一个与"时间"紧密相关的概念：速度（或速率）。在物理学上，我们以速度来表示运动之快慢，速度越快，效率越高，在同样的时间能达至的距离越远，实现的目标越多。当然，物理学的"时间"只是物体运动的外在标志，在爱因斯坦的相对论之前，其经常被视作普遍匀速的。爱因斯坦的相对论从自然科学的角度，揭示了时间并非与物质运动无关，"钟慢效应"说明在不同坐标系上的观测者所测量的时间速度具有相对性。但我们在此讨论的是人类社会的"时间"问题。孙氏并非近代国人中唯一极力倡导"革命"的思想家，但他突出了"革命"与"速"的关系，强调"革命"是一种加速的进化，可以战胜或超越外在的物理时间。他反复申明"异常之速度""非常之速率""速进之良机"，坚信以"彼进一步，我进十步"，定能有"突飞之进步"，能以赶超的方式使中国并驾欧美而"列于世界文明国之林"。

　　达尔文的进化论以地球物种的演变为宽宏的时间尺度，"渐变"与"突变"两种方式共同构成了漫长的进化之旅。两种"变"其实已经意味着对具体物种而言，时间之流的价值并非如钟表之嘀嗒那么平均的。转至人类历史的某个时刻，康、梁等之谨守阶梯，与孙氏之突飞猛进，亦是各执一端。就人类历史活动而言，这场论战提出了"时间"之变中一个问题：由于人的活动参与了社会时间的构建，所以对不同的活动主体，"时间"的流逝，或"进步"，是等速或均质的吗？孙中山重视社会生活中的突变、飞跃，强调人要发愤图强，通过主观努力加快进步的速度，追上世界潮流。

　　康有为的"时间"还在从据乱世到升平世，从君主专制到君民共主的路上，太平世、民主还在远远的将来；孙中山的"时间"是要从专制直接争取共和，同时还希望以几十年的突飞猛进赶超欧美用三百多年走过的流程。对于他们而言，外在的客观时间点及时间长度并无大别，但他们在相同的计量时间中，预期社会能达到的目标、取得的进步却相去甚远，他们的"社会时间"，或快或慢，如同旧语"山中一日，地上一年"，并不等同于外在时间的绝对值和平均值。

　　近代中国始于积弱积贫的落后状态，"追赶"一度成为国人最真实最急迫的愿望，这也必然使得珍惜时间、加快步伐、提高效率成为时间意识中的重要内容。

---

　　①　孙中山：《三民主义·民族主义》，《孙中山全集》第一卷，第342页。
　　②　孙中山：《钱币革命》，《孙中山全集》第二卷，第90页。

孙中山的"突驾"说确实表达了一种急迫而乐观的良好愿望,强调了意志的能动性,但终因内外各种复杂情况的纠结而难有所为。康、梁与孙氏论战硝烟早已散尽,但其中涉及的"速度"问题,以及与之相关的救亡复兴之路的选择,并未真正解决。①

但"追赶"最大的问题是把一切变化都视作只存在于同一个时间尺度内的、单线性的过程;将异质的,或暂处劣势的一方视为落后、野蛮、不奋起直追只能被时代所抛弃或淘汰。然而这种简单化的思维很容易被所谓先进、发达、优势的"他者""带节奏",从而容易慌乱了自己的手脚,疏离了自己的"时间",比如从康有为开始,中国人的"时间"就是以西方为标尺的,西方的历史面貌和进程成为衡定先进落后的主要轨范,追求与西方的"共时性"成为唯一的目标。

与孙中山"突驾"理论对速度的执迷相比较,抗日战争时期毛泽东《论持久战》则充分展示了另一种时间意识,即区分和辨析不同主体在时间中变化的具体状态、能知己知彼,同时更能以"我"为主,耐心发展自我,准确把握时机。他既批评亡国的悲观主义,也反对速胜的盲目乐观,认为二者都没有具体分析矛盾的复杂性及其转换的可能性。文中特别指出:

> 我们也不是不喜欢速胜,谁也赞成明天一个早上就把"鬼子"赶出去。但是我们指出,没有一定的条件,速胜只存在于头脑之中,客观上是不存在的,只是幻想和假道理。因此,我们客观地并全面地估计到一切敌我情况,指出只有战略的持久战才是争取最后胜利的唯一途径,而排斥毫无根据的速胜论。我们主张为着争取最后胜利所必要的一切条件而努力,条件多具备一分,早具备一日,胜利的把握就多一分,胜利的时间就早一日。我们认为只有这样才能缩短战争的过程,而排斥贪便宜尚空谈的速胜论。②

毛泽东在此采用了矛盾分析的方法,他强调要客观分析敌我情况,预估在一定的时间内,双方力量会呈现此消彼长的复杂态势,指出了中国人民通过持久战最终取得抗日战争胜利的必由之路。换而言之,时间真正的意义不在于外在的匀速流

① 很多思想家乐观地坚信中国必能赶超欧美,能参与世界文化的进程。如蔡元培1923年10月发表了《中国的文艺中兴》的演说:"照我个人推想,再加四十年的功夫,则欧洲自16世纪至17世纪所得的进步当可实现于中国。那时候中国文化,必可以与欧洲文化齐等,同样的有贡献于世界。"(参见蔡元培:《中国的文艺中兴》,《蔡元培全集》第五卷,浙江教育出版社1997年版,第88页)"改良"与"革命"之争也以各种形式延续于整个20世纪,直到李泽厚还在主张"要改良不要革命"。

② 毛泽东:《论持久战》,《毛泽东选集》第二卷,人民出版社1991年版,第459页。

逝的形式性，"人"才是时间的主体、是时间的价值之源。此文将中国的抗日战争比作"三幕戏"，一方面辨析了共时性的外在"时间"之流逝对中日两国的不同影响，凸显了时间的复杂性，"客观现实的行程将是异常丰富和曲折变化的"，主张中国在辨析中日双方力量在时间中变化特征的同时，抓住时机发展自我；另一方面，着重强调了人的作用：人是战争的决定因素，但最终取胜的中国人必须要有"持久"的时间意识，既要尊重现实，又要有耐心、坚持、信念、努力等等，不能"贪便宜、想少费气力多得收成"。一旦准备充分、条件具足，最后一举取胜的"时机"就成熟了。换而言之。时间不是单一线性的，而是多重交错的。该文强调了快慢结合，随时应变的灵活策略，强调不同的主体时间的异质性和共时性等，显示了以中国传统与辩证唯物主义相结合而形成的一种更为深沉的时间智慧。

第三节   "竞争""创造"的时间体验

与"进步"直接相联的观念是"竞争"和"创造"。"进步观念是现代性的前提和核心，它根本改变了中国人的世界图景和价值取向。……'竞争'和'创造'则是进步的两大动力来源，具体展开了进步理想所包含的追求进取、求索、扩张和冒险的精神。"[1]中国传统思想以"不争"为道，以"谦"为美；以"复"为本，以"常"为守。但现代的国家和个人却不得不"竞争"与"创造"，二者的不断强化，直接影响了现代人的时间经验。

一、"竞争"与时间的紧迫感

"进步"是有力的，改变万物、更新一切，国与国、人与人之间弥漫着优胜劣汰的竞争意识。浸淫于进化论的思想家把"竞争"视作生存之必须，以及保种强国的唯一选择。

严复不仅接受赫胥黎以"生存斗争"为"自然选择的动力"的观点[2]，其《天演论》也把"物竞天择"作为贯穿天地人进化过程中的统一法则，"物竞者，

---

① 高瑞泉：《中国现代精神传统》，第13页。有关"竞争""创造"观念在中国现代哲学中逐步确立和演进的详细过程，请参看高瑞泉：《中国现代精神传统》，第三章、第四章。

② "没有……生存斗争，自然状态中选择过程的动力就会消失。"（［英］赫胥黎：《进化论与伦理学》，《进化论与伦理学》翻译组译，科学出版社1971年版，第5页）

物争自存也……天择者，存其最宜者也"①。物物相竞，以求其存；"竞争"才能凸显"最宜者"，并进而获得生存和延续的可能。在一个原本鼓励谦让以不争为美德的国度，严复极力凸显了"竞争"观念的重要性。"竞争"导致优胜劣汰，从而推动自然界和人类社会的变异呈现为进步的特征。他将竞争视作"确定无疑的活力"②，主张人必须主动地与各种阻碍自身或种群生存的力量对抗：

> 人欲图存，必用其才力心思，以与是妨生者为斗。负者日退，而胜者日昌。胜者非他，智德力三者皆大是耳。③

对个体而言，只有能在"智德力"三方面不断提升、发展的人才能以胜者的身份在进化之途中一往直前，而失败者将被时间之流淘汰。对国家、民族而言，"民"之力、智、德是决定其强弱存亡的基本条件。前文曾论及严复重民力，在他看来，若以中国"病夫"之身参与世界竞争，只能"速其死而已"④。因此，严复力倡以"鼓民力""开民智""新民德"为主要内容的教育来提升民众的整体素养、振奋国威。

"竞争"逐渐成为进化论者的共识。梁启超主张"非竞争则不能进步"，不仅把优胜劣汰的"竞争"视作"不易之公例"⑤，甚至明确宣扬"竞争者，进化之母也"⑥。章太炎的名言是"竞争生智慧，革命开民智"⑦。孙中山的"突驾说"亦是竞争思维的结果。竞争不仅是自我求生存谋发展的手段，也越来越获得了正面

---

① 严复：《天演论》（商务本），《严复全集》第一卷，第 266 页。

② "很明显，严复强调的是竞争（一种确定无疑的活力）的价值，强调的是在竞争形势下，潜在能力的充分发挥。"（［美］本杰明·史华慈：《寻求富强：严复与西方》，第 30 页）

③ 严复：《〈天演论〉按语》（商务本），《严复全集》第一卷，第 291 页。

④ "今夫人之身，惰则窳，劳则强，固常理也。而使病夫焉日从事于超距赢越之间，则有速其死而已。中国者，固病夫也。""盖一国之事，同于人身……今之中国，非犹是病夫也耶？"（严复《原强》，《严复全集》第七卷，第 21、31 页）据考查，严复是近代中国第一个称"中国"为"病夫"的人，即 1895 年，严复在天津《直报》发表《原强》，文中称："今之中国非犹是病夫也，中国者，固病夫也。"（详见韩晗：《民族主义、文化现代化与现代科学的传播——以"东亚病夫"一词的流变为中心》，《关东学刊》2018 年第 4 期）。又：郭国灿认为："'病夫'意识最初恰恰反映了 19 世纪后期一代觉醒了的知识精英的忧患意识……'病夫'意识作为一种强刺激，导致了中国有史以来第一次'力'的发现。"（参见郭国灿：《力的发现》，《体育与科学》1990 年第 2 期）

⑤ 梁启超：《进化论革命者颉德之学说》，《梁启超全集》第四集，第 2 页。

⑥ 梁启超：《论近世国民竞争之大势及中国前途》，《梁启超全集》第二集，第 206 页。

⑦ 章太炎的原话是："人心之智慧，自竞争而后发生，今日之民智，……但恃革命以开之。"（参见章太炎：《驳康有为论革命书》，《章太炎全集》第四卷，第 180 页）冯契将章氏之语浓缩为"竞争生智慧，革命开民智"（参见冯契：《中国近代哲学的革命进程》第二章第五节，《冯契文集》第七卷，第 201 页）。

价值，成为现代人的基本意识和生活之日常。

在激烈的"竞争"模式中，由严复等开其绪，与"古"相对的"今"、与"过去"相对的"现在"，其价值在中国人的时间观念中日渐彰显。如其后李大钊不仅直接讨论"时间"概念，并高扬"世间最可宝贵的就是'今'"，"由今年今春之今日今刹那为时中之起点"，呼吁以"今"之努力创造新生活。①陈独秀截断众流地立于"1916 年"之现在，以此为"除旧布新之际"。②时光匆匆，来不及徘徊、叹息，谁都不愿"白白走这一遭"，进步意识培养了近代国人更懂得时间之价值、以"今"为重的意识。③

"紧迫感和乐观主义精神是革命变动的先行者。"④纵观中国百余年，"赶超"、高速度、快节奏与乐观主义并行，成为时代之主旋律、正价值，正是这种以"省时间"为特征的效率原则，以及"只争朝夕""分秒必争"的时间意识，促进了中国社会各个层面天翻地覆的巨变。"竞争"的时间经验中无疑跳跃着理性、乐观的一面，参与"竞争"的国家、团体与个人也充满了生命的活力。"竞争"带来的时间经验首先是紧迫感，认为只有在时间之线上居前抢先，才可以获得生存与发展的优势。

时间的非匀质性在个体的时间经验中表现得更为充分，在中国文化传统中，虽有"人生苦短"之感慨和"我生待明日，万事成蹉跎"的警示，但进化论强化了这种"时不我待"的紧迫感。如何有效地合理支配时间、如何最大限度地利用时间，成为人们的基本功课。人们制定计划以理性地安排时间，华罗庚的统筹方法广受欢迎，甚至被收入初中教材。20 世纪初的国人喜谈富兰克林的"时间就是生命"，感慨国人不知珍惜光阴、浪费生命。70 年代末开始的改革开放无疑是一种

---

① 李大钊：《青春》，《李大钊全集》第一卷，第 188 页。

② 陈独秀：《一九一六年》，《陈独秀著作选编》第一卷，第 171 页。

③ 比如 1922 年，蔡元培为萧子昇《时间经济法》一书作序："'时哉勿可失''时乎时乎不再来'，吾国爱时之格言如此类者，不胜偻举矣；而吾国人乃特以不爱时著名于世界，应酬也、消遣也，耗时间于无用之地者，不知几何人，其或朝夕力行，每日在八时以上，且无所谓休息日者，宜若可以纠浪费时间者之失；而核其效率，乃远不及他国人八时以下之工作。何也？不知利用时间之方法故也。萧君子昇著时间经济法一书，于积极消极两方面，均有适当之理论与实例；吾国人读之，当无有不发深省者。余谨守书中'不当讲的话不讲'之条件，而为此'简单'之介绍。"（参见萧子昇：《时间经济法》序言，商务印书馆 1923 年版）又如老舍在新年之际忍不住的沉思："我须把今天看作今天，而不是昨日的附属品……只有今天的努力，才足以增加光荣，假若昨天的成绩已经不坏；只有今天的努力，才足以雪刷昨天的耻辱，假若昨日的成绩欠佳。让我们都把自己钉在时间的十字架上吧！我们都必须死，但愿我们的死是未曾放弃了一分钟的牺牲，而不是任着时间由一个空白中把我们推送到另一个空白中去！"（老舍：《新年》，《老舍全集》第十四卷，第 354 页）

④ ［美］杰罗姆 B. 格里德尔：《知识分子与现代中国》，单正平译，南开大学出版社 2002 年版，第 21 页。

根本性的全面解放，但市场经济的浪潮更加彰显了"竞争"的意识，"时间就是金钱，效率就是生命"被评为深圳十大观念之一，并比 20 世纪初时更迅速更有力地振奋着国人。

"竞争"的问题在于进化论以及"进步"的时间观将一切存在都放置在一条时间线上，因而每一个体或群体都不得不通过与"他者"的在相同的标准下比较和抗争获得自身存在及发展的空间。显然，这忽视了多重的时间主体以及主体的多重时间——一方面，每个个体或群体都是特殊的时间主体；林毓生多次提倡"比慢精神"，并解释道："比慢不是比懒，是在心情不受外界干扰的情况下，用适合自己的速度，走自己所要走的路。"①不同的主体有自己独特的时间。另一方面，同一主体真实的存在状态是多元的，比如对学生而言，学习是他的时间、打羽毛球、弹钢琴、吃饭睡觉都是他的时间，若以学习成绩为唯一的标尺，其他时间的价值就会被漠视。

在现代社会，"竞争"的意义一再提升，进而转换为更为激烈和对抗的方式，即"斗争""革命"等等。虽然持论者亦常常主张人类社会与自然界有别，"互助""同情"等应该成为人的重要品格和人类社会的重要动力，但几乎整个 20 世纪，中国社会都未能真正摆脱竞争意识、斗争哲学，考场是硝烟密布，商场是暗潮汹涌、职场也如宫斗惊心……竞争荡涤了人际之间温情脉脉的可亲，也让孤独的个体疲惫而茫然。更糟糕的是，竞争本来是与效率为侣的，但"内卷"却造成了集体无用功甚至更低效——是时候停下来，缓一缓了。

二、"创造"与传统

"进步"还鼓励先前看，相信未来。鲁迅曾说："他们应该有新的生活，为我们所未经生活过的。"尽管此时的鲁迅并不确定希望之有无、是什么，但他在"荷戟独彷徨"之中依旧发出了"希望是本无所谓有，无所谓无的。这正如地上的路；其实地上本没有路，走的人多了，也便成了路"②的心声，相信"前面还有道路在"③，直到他在"新兴的无产者"那里看到中国的将来。

这种"未经生活过的"未来并非自然而然水到渠成的，"日新、日日新"需要打破陈窠击碎旧俗。"窃以为今之为治，当以开创之势治天下，不当以守成之势治天下；……盖开创则更新百度，守成则率由旧章。"④在康有为看来，"开创"与

① 林毓生：《中国传统的创造性转化》，第 6 页。
② 鲁迅：《故乡》，《鲁迅全集》第一卷，第 510 页。
③ 鲁迅：《坟·灯下漫笔》，《鲁迅全集》第一卷，第 225 页。
④ 康有为：《上清帝第二书》，《康有为全集》第二集，第 37 页。康氏常言"创""创新"，甚至在偶然中，已经言及"创造"一词，如"创造新器"（参见康有为：《请厉工艺奖创新折》，《康有为全集》第四集，第 302 页）。

"守成"是古今之别，今当以"开创"为治。李大钊则将"定命主义"与"创化主义"视作东西之异①，高扬"创造新生命而演进于无疆"。胡适弘扬"创造的智慧"（Creative Intelligence）②、主张"创造新文学"乃至"创造中国的现代文化"。陈独秀则明确宣称：

> 新文化运动要注重创造的精神。创造就是进化，世界上不断的进化只是不断的创造，离开创造便没有进化了。……我们尽可前无古人，却不可后无来者。我们固然希望我们胜过我们的父亲，我们更希望我们不如我们的儿子。③

"五四"新文化运动终于将"创造"观念上升为普遍价值。在他们看来，创造、进化是"不断的"、永无止境的，一代胜过一代。即使是被称作"保守主义"的梁漱溟、熊十力等，也从不否认"创造"在现代文化、生活中的重大意义，尤其是熊十力，不仅声明"主创"的学问④，更弘扬以"创"成性的人生，强调"有生之日皆创新之日，不容一息休歇而无创、守故而无新"⑤。

20世纪以来，作为进步动力的"创造"，逐渐成为中国人的共同追求，无论在革命和建设的社会实践中，还是在文化、精神生活中，创造（创新）都已是生存和发展的基本原则，也是现代人的重要素养。有一百多所高校将创造（创新）列入校训，如今，"创新"更被视作"引领发展的第一动力"，我们正在加快建设"创新型国家"⑥。

"创造"的实质是创"新"。能够推陈出新，不仅能在竞争中占据优势，更能推动发展促进进步。"创造"意味着事物连续性的中断，在此，时间的实质即产生"新"并淘汰"旧"。梁启超曾主张"破坏主义"，主张"步新"必须"除旧"。⑦然而，"新"是否与"旧"绝缘？梁启超曾说：

---

① "东人既以个性之生存为不甚重要，则事事一听之天命，是谓定命主义（Fatalism）。西人既信人道能有进步，则可事一本自力以为创造，是为创化主义（Creative Progressionism）。"（参见李大钊：《东西文明根本之异点》，《李大钊全集》第二卷，第212页）

② 胡适：《实验主义》，《胡适全集》第1卷，第306页。

③ 陈独秀：《新文化运动是什么?》，《陈独秀文章选编》上册，生活·读书·新知三联书店1984年版，第516页。

④ "吾之为学，主创而已。"（参见熊十力：《十力语要》卷四，《熊十力全集》第四卷，第494页）

⑤ 熊十力：《新唯识论》（文言文本），《熊十力全集》第二卷，第87页。

⑥ 2017年10月18日，习近平在中国共产党第十九次全国代表大会上报告中指出："加快建设创新型国家。创新是引领发展的第一动力，是建设现代化经济体系的战略支撑。"

⑦ 梁启超：《十种德性相反相成意》，《梁启超全集》第二集，第290页。

> 新民云者，非欲吾民尽弃其旧以从人也。新之义有二：一曰，淬厉其所本有而新之；二曰，采补其所本无而新之。二者缺一，时乃无功。[①]

对于"中"而言，"西"确实是"新"，但一方面，"西"也在创造、进化，另一方面，如果只是照单全收，仍是守旧。喜"新"并非弃"旧"，无论是中国固有之"旧"的继承，还是向外学习、引入"旧"所缺乏的异质文化，二者均需"新之"，既不囿于古旧，亦不心醉西风，而是能有取有舍、加以改造，成为一种融汇中西的"新"。

但"新"毕竟是尚未出现的事物，创造者似乎一直处于"两头不到岸"的"过渡时代"。面对充满了不确定性的"未来"，悲观者难免茫然无措，乐观者却充满了进取和冒险精神——后者则首先生于"希望"：

> 希望之于人如此其伟大而有力也。凡人生莫不有两世界：其在空间者，曰实迹界，曰理想界；其在时间者，曰现在界，曰未来界。实迹与现在，属于行为；理想与未来，属于希望。而现在所行之实迹，即为前此所怀理想之发表；而现在所怀之理想，又为将来所行实迹之券符。然则实迹者，理想之子孙；未来者，现在之父母也。故人类所以胜于禽兽，文明人所以胜于野蛮，惟其有希望故，有理想故，有未来故。希望愈大，则其进取冒险之心愈雄。……人之所以为人，文明之所以为文明，亦曰知明日而已。惟明日能系我于无极，而三日焉，而五日焉，而七日焉，而一旬焉，而一月焉，而一年焉，而十年焉，而百年焉，而千万年焉，而亿兆京垓无量数不可思议年焉，皆明日之积也。保守今日，故进取之念消；偷安今日，故冒险之气亡。[②]

梁启超认为人是生活于时间中的，"现在"的"现实"是过去之理想的实现，同时又以开放的姿态催生着面向未来的希望。以是否有时间意识判定人兽之别，也是近现代以来的基于进化论新思想。[③]人兽揖别，就在于人"懂得为未来奋斗"；大丈夫存世，正由于愿意百折不挠地与未来"做交易"而成事；国家亦因有希望才能

---

① 梁启超：《新民说》，《梁启超全集》第二集，第 533 页。
② 同上书，第 551 页。
③ "人类所以异于鸟兽者，正以其有过去、未来之念耳""人类所以殊于鸟兽者，惟其能识往事，有过去之念耳"（参看章太炎：《驳中国用万国新语说》《印度人之论国粹》等文）。这个观点兴起于西方，并逐渐传递到中国的某些学者。彭春凌梳理了从美国社会学家沃德的《动态社会学》，到岸本能武太受沃德影响、创作《社会学》，再到章太炎译介岸本的《社会学》的过程，以及观念的递演、增殖的轨迹。文章说章太炎最早的有关论述见于 1902 年对岸本《社会学》的译介。（详见彭春凌：《人兽之辨的越洋递演：从沃德、岸本能武太到章太炎》，《清华大学学报》（哲学社会科学版）2021 年第 2 期）梁启超自戊戌事败流亡日本十三年，《新民说》陆续写作于 1902—1906 年，也是其羁留岛国之时，应该也受到了日本学界的巨大影响。

重整旗鼓、傲立于世。梁启超以进取和冒险为"新民"必备之特质之一，认为只有心怀希望者才敢于进取冒险，也才可能以未来引导现在、以理想改变实迹，从而打开新局面、创造崭新世界。未来有无限可能，如果不是有"进步"的信念支撑，很难能不畏失败、长保希望。但"创造"能成为进步的动力，就在于其总是面向未来的。

梁启超所言"新"并非"尽弃其旧"，这其实强调了"创造"时间性的另一面，即与过去、传统的关系，亦即时间之连续性。诚然，如陈独秀所言"尽可前无古人"等，以及五四时期一些激烈的反传统、重估一切价值的口号，确实有割裂文化传承之过，并且在很长时期深刻影响过中国社会，对此需要更详细更具体的辨析。但问题和争论的出现，尤其是 20 世纪 90 年代以后文化保守主义的转向，都再一次引发关于"创造"中新与旧、现代与传统①，以及时间连续性和间断性的辩证统一等系列问题的思考。

真正有生命力的"创造"，一定是有本之木有源之水；除了生活世界和社会实践，这个"本""源"即过去、传统。任继愈将熊十力哲学的核心问题归结为"文化问题，传统文化的前途、出路问题"②。主"创"的熊十力更高扬"返本开新"，并强调："有本才得创新，创新亦是返本""知本而创新，创新而返本"③，也就是说，返本与创新并非二截，不是手段与目的的关系。"寻晚周之遗轨，辟当代之弘基，定将来之趋向"④，他以六经为中国文化与学术思想之根源，主张以中、西、印文化的会通方式为中国传统精神的继承和现代化创新奠基，并以融入世界文化的中国文化为中国乃至世界的将来指明方向。换而言之，是创造使传统重燃生机，是现在乃至未来再次唤醒过去。亚里士多德或孔子是古代的，但更是与我们同时代⑤，甚至可

---

① 此问题一度成为文化界的热点，部分成果具体可参看许纪霖、罗岗等著：《启蒙的自我瓦解：1990 年代以来中国思想文化界重大论争研究》，吉林出版集团有限责任公司 2007 年版。

② 任继愈：《熊十力先生的为人与治学》，收入《熊十力全集》附卷（下），湖北教育出版社 2001 年版，第 1465 页。

③ 熊十力：《复吕澂》（一九四三年四月十八日），《熊十力全集》第八卷，第 442、443 页。

④ 熊十力：《读经示要》自序，《熊十力全集》第三卷，第 556 页。

⑤ 伽达默尔曾说海德格尔能"让整个亚里士多德活现在你面前，当我第一次在弗莱堡接受他的指导时真使我眼界大开"（［德］伽达默尔：《哲学生涯——我的回顾》，陈春文译，商务印书馆 2003 年版，第 201 页）。张汝伦说："伽达默尔晚年在回忆海德格尔对他的影响时说，海德格尔之所以让他心悦诚服，是因为他使得古代哲学家成了他们师生的同时代人。这说明哲学是可以超越产生它的时代，而成为其他时代的同时代者。但在当今中国，极少人会认为孔孟老庄是我们的同时代人。中国古代哲学的意义就在于它是'古代的'哲学，与现代世界最多只有外在的关系，即它是现代学者学术工业活动的对象。在思考现代世界的种种问题，甚至人类的一般问题时，人们援引的哲学资源几乎都是西方的，从未觉得柏拉图或亚里士多德也是古人，古希腊哲学也是古代哲学。为什么我们对中国古代哲学和西方古代哲学会有如此不同的态度？"他认为"这种对待中西古代哲学的不同态度，其实是现代性思维所致"（详见张汝伦：《中国哲学与当代世界》，《哲学研究》2017 年第 1 期）。

以引领我们走向未来的。梁漱溟、熊十力等之所以成为现代新儒学的重要奠基者，使传统儒学在现代焕发新的生机和活力，很重要的一点，就是他们让孔子又活生生地站在我们面前了。

我们常赞叹西方文艺复兴的绚烂成就，但雅斯贝尔斯也说回归轴心时代。[①]实际上，梁启超在《清代学术概论》中即将清代二百余年的学术视作"中国之'文艺复兴时代'"，并提出了"以复古为解放"的说法：

> 综观二百余年之学史，其影响及于全思想界者，一言蔽之，曰"以复古为解放"。第一步，复宋之古，对于王学而得解放。第二步，复汉、唐之古，对于程、朱而得解放。第三步，复西汉之古，对于许、郑而得解放。第四步，复先秦之古，对于一切传注而得解放。夫既已复先秦之古，则非至对于孔、孟而得解放焉不止矣。然其所以能著著奏解放之效者，则科学的研究精神实启之。[②]

这与他早年《中国学术思想变迁之大势》中"倒卷而缫演之"的说法一脉相续：

> 有清二百余年之学术，实取前此二千余年之学术，倒卷而缫演之。……此现象谁造之？曰：社会周遭种种因缘造之。[③]

对于西学东渐后的现代学人，他们寻求"解放"有着更为丰富的思想资源，但以古今辨中西的一个恶果就是中国古代与现代的断裂。当然包括提倡西学的梁启超，乃至"西化派"的胡适等，也都并非要将中国古代哲学彻底打入冷宫，而是努力探究传统复兴的契机或土壤。[④]但对于有清一代，他们反抗现实可以援引的仓库似乎只能是往回看，就是梁启超所谓的"复古"和"倒卷"。但梁氏认

①　"人类靠当时所产生、所创造、所思考的一切生活到了今天。在人类每一新的飞跃之中，他们都会回忆起轴心时代，并在那里重燃火焰。自此之后，情况一直如此：对轴心时代可能性的回忆和重新复苏——复兴——引发了精神的飞跃。回归到这一开端，是在中国和印度乃至西方不断发生的事件。"（［德］雅斯贝尔斯：《历史的起源与目标》，李雪涛译，华东师范大学出版社2016年版，第14页）

②　梁启超：《清代学术概论》，《梁启超全集》第十集，第220页。

③　梁启超：《中国学术思想变迁之大势》，《梁启超全集》第三集，第103页。

④　"我确信中国哲学的将来，有赖于从儒学的道德伦理和理性的枷锁中得到解放。这种解放，不能只用大批西方哲学的输入来实现，而只能让儒学回到它本来的地位：也就是恢复它在其历史背景的地位。……中国哲学的未来，似乎大有赖于那些伟大的哲学学派的恢复，这些学派在中国古代一度与儒家学派同时盛行……就我自己来说，我认为非儒学派的恢复是绝对需要的，因为在这些学派中可望找到移植西方哲学和科学最佳成果的合适土壤。"（胡适：《先秦名学史》，《胡适全集》第五卷，第11—12页）

为，清代学术的价值是"解放"和"缠演"，而且他特别指出此现象是缘于现实的"社会周遭"、与"科学的研究精神"紧密相关。这显然都是带着"现实之眼"或现代方法重新审视和理解过去。梁启超再三赞誉清代学术"以实事求是为学鸽，饶有科学的精神"，与其希望借此引入"外学"以打通中西之壁垒的心思相合：

> 近顷悲观者流见新学小生之吐弃国学，惧国学之从此而消灭，吾不此之惧也。但使外学之输入者果昌，则其间接之影响，必使吾国学别添活气，吾敢断言也。但今日欲使外学之真精神普及于祖国，则当转输之任者，必遽于国学，然后能收其效。……此吾所以汲汲欲以国学为我青年劝也。①

梁启超也批评宋明理学"遏抑创造"，对清代学术本身的创造性也极为欣赏，他自己则创造了"时代思潮""反动""以复古为解放"等新观念，虽流质易变但善于自我批评②，这使得他在很长一段时间能成为时代思潮的重要引领者。

另一方面，如埃里克·霍布斯鲍姆所言：

> 那些表面看来或者声称是古老的"传统"，其起源的时间往往是相当晚近的，而且有时是被发明出来的。③

"被发明的传统"含义非常宽泛，但"传统"是"被发明"的，恰恰显示了是"现在"的特殊情境重新建构了某些"过去"，从而使"现在"的某些仪式或象征能够与"某一适当的具有重大历史意义的过去建立连续性"，霍布斯鲍姆强调"被发明的"传统之独特性"在于它们与过去的这种连续性大多是人为的（factitious）"。就中国现代哲学而言，熊十力直追六经、冯友兰重"理学"、贺麟主"心学"、牟宗三又以伊川、朱子为歧出……实际上，选中某些"过去"成为"传统"并能回应新形势，正是"现在"创造的结果。

20 世纪 80 年代以后，一些海内外学者开始批评或重新思考"五四"新文化运动的"激烈地反传统"而造成中国传统的断裂，"重估五四"、重新思考传统与创造的关系成为文化热点。如林毓生提出"中国传统的创造性转化"，主张"自由、

---

① 梁启超：《论中国学术思想变迁之大势》，《梁启超全集》第三集，第 105 页。

② 如其自言"本篇纯以超然客观之精神论列之，即以现在执笔之另一梁启超，批判三十年来史料上之梁启超也"（梁启超：《清代学术概论》自序，《梁启超全集》第十集，第 213 页）。

③ ［英］霍布斯鲍姆（Hobsbawm E.）、［英］兰格（Ranger T.）编：《传统的发明》，顾杭、庞冠群译，译林出版社 2004 年版，第 1 页。

理性、法治与民主不能经由打倒传统而获得，只能在传统经由创造的转化而逐渐建立起一个新的，有生机的传统的时候才能逐渐获得"[1]。创造当然产生"新东西"，但新东西不是与传统隔绝的，是创造者"在严肃地找寻自己的根的过程中与传统产生了创造的衔接"[2]。林氏还论及创造者的"支援意识"（subsidiary awareness）和"集中意识"（focal awareness），前者是"与亲切、具体、有生命力的'实践'相接触"，这是创造的源泉和动力；相反，若以教条式的态度将传统中的死东西在"集中意识"中硬要保存，终将劳而无功。虽然他对这两个很有创意的概念并没有作出足够清晰的阐发，但他强调应该以"开放的心灵"与我们的文化传统以及西方文化相接触，在这过程中对传统或西方文化中的某些东西产生真实、具体的亲切感，从而丰富和活泼我们的"支援意识"、充沛我们文化的创造力——换而言之，实现"创造性的转换"的重要条件，首先是"开放的心灵"，不故步自封也非随波逐流；其次是建立在实际的学思基础上产生的发自肺腑的与传统或西方文化的相亲相契。他从创造主体的角度讨论了在具体时空中的现代人如何扩充自己精神的时间和空间。

三、时间的碎片化

竞争和创造成为现代人的基本生活情态，现代人因而更加珍视时间的价值、敢于面向未来。但过度强调二者，无疑也可能引发一些特殊的时间经验，碎片化就是其中之一。

"竞争"确实是建构着中国人现代时间经验的重要力量，但个体也直接承受着"竞争"的残酷。如果将"竞争"视为最重要甚至唯一的原则和价值，则会直接造成个体从空间与时间上与他人或他物的对立、隔绝，国与国争、人与人争、人与自然争，现在与未来争……这种争以自存的结果是残酷的优胜劣汰弱肉强食法则的确立，如严复之"民民物物，各争有以自存，其始也种与种争，群与群争，弱者常为强肉，愚者常为智役"[3]。梁启超则将竞争视为"进化之母"，将"人"与"境"视作日夜相与为斗而未尚有息，甚至是你死我活的关系："战境遇而胜之者则立，不战而为境遇所压者则亡。若是者，亦名曰天行之奴隶。"[4]

然而，当人与他人、他物都处于尖锐敌对或殊死抗争的关系中，个体就被压缩在一个非常有限的空间与时间中，其与世界的"通"被闭塞了，其生命的连续性、无限性就被斩断了。中国古代恰恰是通过与天地万物的一体，来扩充个体生

---

① 林毓生：《中国传统的创造性转化》自序，第6页。
② 林毓生：《超越那没有生机的两极》，《中国传统的创造性转化》，第283页。
③ 严复：《原强》，《严复全集》第七卷，第15页。
④ 梁启超：《新民说》，《梁启超全集》第二集，第570页。

命的有限性，如庄子说："天地与我并生，而万物与我为一"；或如程颢云："仁者浑然与物同体"等，"我"虽然渺若微尘，不过百年，但能与万物为友，与天地同流。深陷"竞争"者，其时间意识充满了孤独。

一味的"竞争"使得我们将时间理解为被割截成一段一段的"当下"，每个"当下"如空格一样被某事填塞，连学龄前儿童都未能免除精确到分的"学习计划"。另一方面，人们期待能尽快地看到结果。"短视""走捷径"的心态日行，追求速效以至于巴不得"现时现报"①。激烈的"竞争"又使我们总是出离"现在"，总是记挂着"未来"，被或远或近的目标拽着奔忙不止。有人把人生视作马拉松，更多的人却将其理解为一长串不停歇的短跑，更有甚者，怕输在人生起跑线上。"不进则退"的古训在现代更被普遍认同，而真正的人生本来是可以走走停停，跑跑歇歇的。时间因此不再是生命的绵延，而是被各种"竞争"目标左右和截断的碎片。

两百年前，"八小时工作制"就被提出来了，后来又提出了"八小时工作，八小时自己支配，八小时休息"的口号，创作了"干八小时、歇八小时、自由过八小时"的歌曲。②歌者期望有思考、闻闻花香、晒晒太阳的时间，马克思通过对"时间"的分析发现了剩余价值的秘密。但现代社会激烈的"竞争"使得大家不敢慢，不敢停下来，于是每个人都显得压力重重，整个世界都变得忙碌异常。由于人们都被他人甚至自己置于同一条时间线，被同一个尺度评价，某一方面的时间不断扩张，有时几乎成为生活和生命的全部。

尽管 20 世纪 80 年代以后，我们一直都被海德格尔的"向死而生"所震惊，但很少有人真正由此而领悟"时间"的真义，依旧烦着、畏着，难以自拔。现代人是如此之"忙"：

忙已经成为我们的命运……现代生活立足于"忙"，现代生活中的"心

---

① 2018 年前后，"量子波动速读"走红网络。培训机构宣称，该方法"直接以心灵感应的方式高速获取信息"，掌握此法，能在 10 分钟内阅读一本 10 万字左右的读物，并准确复述 80% 以上内容。《北京青年报》记者调查发现，杭州、驻马店、深圳等地均有类似机构开展相关培训，收费在 6 000 元半年到 26 万元"终身制"不等。一个打着"高科技"的极为拙劣的骗局，却备受推崇。"智商税"背后，就是这种"走捷径"以提高效率，以便在竞争中取胜的时间意识。此时间意识被广泛"利用"，比如网络平台的标题党，等等。

② 1817 年，英国空想社会主义者罗伯特·欧文提出了"八小时工作制"的设想。1866 年，在日内瓦召开的第一国际工人代表大会上，根据马克思的倡议，提出了"八小时工作，八小时自己支配，八小时休息"的口号，经过长期斗争，1919 年 10 月"八小时工作制"被国际劳工会议所承认，以后资本主义各国陆续确认了八小时工作制。1917 年 11 月苏维埃政权颁布了《关于八小时工作制》的法令。新中国成立后，我国也实行这一制度。一百多年前，两个美国人在八小时工作制运动中，创作了《八小时之歌》，其中唱道："Eight hours for work，Eight hours for rest，Eight hours for what we will。"

性"亦莫基于"忙"。……"忙"是我们时代的精神征象。

人忙万物忙。①

"忙"本来就有"急遽、匆促"之意，现代人似乎总觉得时间不够用，总想快点再快点，或多干一会再多干一会。我们以为自己在支配和管理时间，其实被外在的时间左右地团团转，甚至身心俱疲。在某种意义上，最近的三四十年，个体所感受的"竞争"甚至更加广泛和沉重。从尚未出生的胎儿，到疾病缠身的老者，似乎都无法不忙着在有限的时间中去"争"某些东西。"996""白加黑""内卷"……这些新名词，无一不在揭示这种内外都无所不在的时间现象，以及由此带来的忙乱、焦虑、疲累乃至厌倦的时间体验，"佛系""丧""躺平"等网络名词则以某种特殊的方式表达了对充满竞争的时间和生活的厌倦或反抗。

为了在竞争中胜出，人们往往只能依仗出新招。"创造"的特点就是求"新"、连续性的中断，但截断众流、另起炉灶往往陷入简单的重复，一味的标新立异、缺少一而贯之之"道"的支撑和引领，生活只有偶然的"当下"与"瞬间"。波德莱尔曾将现代性概括为"短暂、偶然、过渡"②，昙花一现、过眼云烟的"新"只能提供一些没有生命力的碎片。

1947年，张爱玲在《中国的日夜》中写了一个来到上海的化缘道士的"惘然"和"茫茫"："这道士现在带着他们一钱不值的过剩的时间，来到这高速度的大城市里。"③张氏生动而形象地表达了传统与现代两种时间之尖锐对立，"高速度"就是现代时间的特质。"进步"的信念通过未来召唤着现在，但过度的"竞争"使"速度""效率"异化为本质、目的，"加速"的时间弥漫于现代社会，也直接统治着每个人的日常生活。时至今日，越来越激烈的竞争、越来越强的外力、越来越快的节奏，将人们抛进越来越加速的时间漩涡。虽然道士的时间并不可取，但人们还是很怀念"从前慢"，期盼旧日时光中的那份闲暇舒缓，对"时间"之本质和价值也有了更深的思考。

---

① 贡华南：《汉语思想中的忙与闲》，第10、28页。

② 参看［法］波德莱尔：《波德莱尔美学论文选》，郭宏安译，人民文学出版社1987年版，第485页。

③ "他斜斜握着一个竹筒，'托——托——'敲着，也是一种钟摆，可是计算的是另一种时间，仿佛荒山古庙里的一寸寸斜阳。时间与空间一样，也有它的值钱地段，也有大片的荒芜。……这道士现在带着他们一钱不值的过剩的时间，来到这高速度的大城市里。周围许多缤纷的广告牌，店铺，汽车喇叭嘟嘟响；他是古时候传奇故事里那个做黄粱梦的人，不过他单只睡了一觉起来了，并没有做那么个梦——更有一种惘然。"（张爱玲：《中国的日夜》，《张爱玲典藏全集（8）》，第36页）

第四节　变调与余音

时间真实吗？未来可靠吗？进化论者似乎来不及细究慢品。但是立足现今，奔向未来，已然成为时代之音。

> 一人说，将来胜过现在。一人说，现在远不及从前。一人说，什么？时道，你们都侮辱我的现在。从前好的，自己回去。将来好的，跟我前去。这说什么的，我不和你说什么。①

这是鲁迅发表于1918年7月《新青年》上的短诗，其中描述了由过去（从前）、现在、将来组成的时间之轴，并以"时"之语表明了以现在为重、面向将来的人生态度。现在不可辱，未来必可期，他说：

> 至于将来，自有后起的人们，决不是现在人即将来所谓古人的世界，如果还是现在的世界，中国就会完。②
> "将来"这回事，虽然不能知道情形怎样，但有是一定会有的，就是一定会到来的，所虑者到了那时，就成了那时的"现在"。③

"五四"时期的鲁迅还是乐观的，即使无法描摹一个具体的图景，但深心坚固，相信历史的车轮不可阻挡，只管跟上时间的步伐，前途无量，"将来"必不爽约。

一、严复的犹豫和王国维的悲观

进化论首先是"西学"，进化论、进步的信念④也曾一度是西方世界的主流，但亦不乏对此的质疑之声，比如当乐观的黑格尔倡扬进化的历史观时，就遭遇了悲观的叔本华的诘难。尤其是"一战"的爆发，更动摇了西方世界对"进步"的

---

① 鲁迅：《集外集·人与时》，《鲁迅全集》第七卷，第35页。
② 鲁迅：《华盖集续编·有趣的消息》，《鲁迅全集》第三卷，第214—215页。
③ 鲁迅：《两地书》，《鲁迅全集》第十一卷，第21页。
④ 在西方文化中，"进步"的信念有着更深刻的宗教基础。"进步最初是一个宗教观念，在犹太—基督教的传统中间，这个指向乌托邦终点的直线前进的观点占据着统治地位。"（高瑞泉：《中国现代精神传统》，第52页）

确信，悲观主义也开始蔓延。

严复在译《天演论》时，就已经意识到"进步"恐怕是"不可思议"的，他说：

> 曰然则郅治极休，如斯宾塞所云云者，固无有乎？曰：难言也。大抵宇宙究竟，与其元始，同于不可思议。不可思议云者，谓不可以名理论证也。吾党生于今日，所可知者，世道必进，后胜于今而已。至极盛之秋，当见何象？千世之后，有能言者，犹旦暮遇之也。①

"极盛之秋"非现在所能想象，"世道必进，后胜于今"的进步本只能诉诸信念，无法获得逻辑的确证。尽管有犹豫，他还是确信世界必定是趋善的：

> 斯宾塞所谓民群任天演之自然，则日必进善，不日趋恶，而郅治必有时而臻者，其竖义至坚，殆难破也。②

在他看来，"人治"与"天行"不同，以民之"能群"为基础的社会，其日臻于善的进步是坚不可摧的。

果真如此吗？对叔本华一见倾心的王国维就曾很悲观地说：

> 呜呼！善恶之相对立，吾人经验上之事实也。自生民以来，至于今，世界之事变，孰非此善恶二性之角斗乎？政治与道德，宗教与哲学，孰非由此而起乎？……历史之所纪述、诗人之所悲歌，又孰非此善恶二性之争斗乎？③

世界上有善有恶，善恶互相对立、斗争，这是我们不可回避的事实，是世界上的所发生的种种事情、人类所创造的各色文化之源。善恶二性的矛盾，贯穿了自古及今的人类的历史，未来又如何能跳脱？

二、章太炎论"俱分进化"

同样心仪叔本华的章太炎则剖析得更为深刻。在《俱分进化论》中，他指出，无论是黑格尔、达尔文、斯宾塞……种种进化论的共同特点是：

---

① 严复：《〈天演论〉案语》（商务本），《严复全集》第一卷，第298页。
② 同上书，第329页。
③ 王国维：《论性》，《王国维全集》第一卷，第15—16页。

　　　　如彼所执，终局目的，必达于尽善醇美之区，而进化论始成。①

进化论总是要乐观地允诺一个"尽善醇美"的未来作为时间奔涌不已之方向。另一方面，这个预设恰恰未能领悟"进化"的实质：

　　　　彼不悟进化之所以为进化者，非由一方直进，而必由双方并进，专举一方，惟言智识进化可尔。若以道德言，则善亦进化，恶亦进化；若以生计言，则乐亦进化，苦亦进化。双方并进，如影之随形，如罔两之逐影，非有他也。智识愈高，虽欲举一废一而不可得。曩时之善恶为小，而今之善恶为大；曩时之苦乐为小，而今之苦乐为大。然则以求善、求乐为目的者，果以进化为最幸耶？其抑以进化为最不幸耶？进化之实不可非，而进化之用无所取，自标吾论曰《俱分进化论》。②

在他看来，最大的问题恰恰在于，进化是善恶"双方并进"，互相对立的两极都在随着时间同步变化，人类的知识再多，也无法做到存善除恶，只留一线前行，事实上，人类的残暴远胜一切其他生物。所以"进化"是不可否认的事实，但未必是宇宙或人类的幸事。我们已见现代之恶，其害远胜过去。

　　章太炎还指出，有"进化"，亦有与之相对的"退化"：

　　　　中国自宋以后，有退化而无进化，善亦愈退，恶亦愈退，此亦可为反比例也。③

可见时间之流是复杂的，有进亦有退，"退化"同样也是"双方并退"，无力为善者亦无力作恶。龚自珍哀叹衰世之人"缚草为形，实为腐肉"，既没有将帅出世，甚至"抑巷无才偷""薮泽无才盗"，连有本事的小偷大盗都没有。

　　中国自古曾有"道高一尺，魔高一丈"之说，谁会是最后的胜者？谁能笑到最后？如果说章氏《俱分进化论》只是强调了变化的复杂性和多向性，并没有根本放弃进化论思想，其1908年所作《四惑论》，则从佛教缘起性空之理出发，将"进化"视作"由根识迷妄所成"的"幻象"并彻底否定了。

　　《四惑论》开篇就提及：

---

① 章太炎：《俱分进化论》，《章太炎全集》第四集，第386页。
② 同上书，第386—387页。
③ 同上书，第391页。

> 今人以为神圣不可干者，一曰公理，二曰进化，三曰惟物，四曰自然。①

此文即意在逐一驳斥这四个在新时代被视若神明的观念。章氏联系"时间"来剖析"进化"之妄：

> 伊黎耶派哲学之言曰："空间者，自极小之尘点成；时间者，自极小之刹那成。"所谓动者，日于极小之时间，通过极小之空间耳。然当其通过空间也，不得不停顿于空间。第一刹那，停顿于空间也；第二刹那，亦停顿于空间也；第三刹那，犹之停顿于空间也。始终停顿，斯不得谓之为动。飞箭虽行，其实不行也。②

这里以古希腊爱利亚学派及芝诺悖论中的"飞矢不动"，来否认"动"终究不存在，更遑论如"进化"这种特殊的"动"。所谓"极小之刹那"其实是用来标志运动轨迹的测度时间，即柏格森所谓空间化的物理时间。他又说：

> 若严密言之，明日有无，必非今日所能逆计。所以者何？未至明日，而言明日之有，即无证验。虽昨日之视今亦为明日，所更明日已多，而今日非昨日，则无比例。故明日尚不能知其必有，离于明日，何进化之可言？此则徒为戏论而已！③

这里他从经验主义出发，"明日"未至，无法确知，从"昨日"和"今日"的关系不仅无法推断"明日"之有无，亦无法预测"明日"是否会更好。在他看来，进化观念不过是无稽之戏言。

那些确信进化、进步的人，他们有一个日趋增益的明天，有一个无限光明的未来，他们的时间之流洋溢着乐观和向往。在王国维、章太炎看来，与其说未来是充满了不确定性的，毋宁说，时间所向，更是悲观、无望。终究，王氏沉溺于"可爱"与"可信"之痛无力自拔，章氏也仅能以"灭绝意志"求一丝清凉。

三、二梁的变调

但进化论在中国依旧一往直前，各种以此为基础的观点层出不穷，王国维、

---

① 章太炎：《四惑论》，《章太炎全集》第四集，第 443 页。
② 同上书，第 449 页。
③ 同上书，第 452 页。

章太炎的观点应者稀少，但章氏"苦乐骈进"之思却引起了青年梁漱溟的共鸣。①他提出东西方文化发展的三个路向，并集中批评了当时盛行的各种"独系演进论"。在他看来，以西方文化为文化演进的标尺而消弭空间差异的观念，与进化论思潮密切相关：

> 这样的社会演进观念，实由十九世纪人类文明之突飞猛进，及达尔文进化论之影响，使得一些学者兴奋忘其所以，急于要寻出普遍规律，以解释人类是怎样由低级粗陋的原始生活，进步到灿烂的十九世纪文明顶点。一半猜谜，一半穿凿武断，急就成章；其方法实在是演绎的主观的，而非归纳的客观的，于科学不合。②

实际上，梁漱溟不否认进化论，他也笃信人心的进化，以及"世界是一天一天往好里去的"。但他不认可全世界文化遵循相同演变路径的一元进化论，反对以时间之"古今"论空间之"中西"。一方面，他强调东西文化的差异性，主张不同空间的文化具有共时性；另一方面，他在从"人心"即"意欲"之进化出发谈人生、文化之进化，他所构建的"世界文化三期重现"本质上并没有跳出一元进化论；与较早的康有为、严复等，以及同时期的大多数进化论者向西崇洋不同，他以中国、印度为世界文化的方向。梁氏开启了另一种理解时间，特别是理解中国文化命运的路径。

另一个代表性的反思者是梁启超。梁氏一生"流质易变"，其在日本接受了进化论的洗礼，曾鼓吹"破坏主义"和各种革命；但 1903 年赴美考察后立场巨变，其中亦有见识美国政治界太注重短期效应带来的种种诟病。他曾指责无视国情、不计牺牲的激进革命，认为此种"进步主义"将"毁掉中国"。③1919 年，梁氏游历欧洲回来，主张中国应走"自己的现代化道路"。梁氏之由追求快速的激进论折向相对稳妥的渐进论，由迷恋西风转而回归中国传统，原因复杂，但其对进化论和进步主义的审视和反思，应是重要缘起。

晚清以来的中国社会，"进步"和乐观主义是主旋律，众多更迭的思潮以不同的方式阐释古今之变，并描摹各种令人憧憬的未来图景。"进步"的时间坚定自

---

① 梁漱溟说："余杭有《俱分进化论》，其言苦乐骈进，略相吻合。"（梁漱溟：《究元决疑论》，《梁漱溟全集》第一卷，第 16 页）《究元决疑论》是梁漱溟作于民国五年的一篇文章，其时年二十四岁。

② 梁漱溟：《中国文化要义》，《梁漱溟全集》第三卷，第 315 页。

③ 又：梁氏曾通过中西革命史的比较，归纳出中国革命的七个"恶特色"，指出当今革命若不能免之，恐"革命而反陷中国于不救"（详参梁启超：《中国历史上革命之研究》，《梁启超全集》第四集，第 273—281 页）。

信，不断尝试创新、无惧挫折，奋勇向前，相信人的德性与各种能力可以逐日增进，相信国家或世界可以日趋盛美。"进步"的时间以西方为榜样，追求平等、自由、民主、独立等现代价值。但亦有某些"不合时宜"的变调，尽管有时只是偶尔插入的一两个很短暂的音节，然而揭示着"时间"之流的他种可能性，足以引发后来者更真实、更丰富地思考"时间"。梁启超曾慨叹"先时之人物"之重要和无奈，梁漱溟曾感怀东方文化之"早熟"，单纯以在时间轴上的先后位置判定人事、思想或文化的价值，本来就是一种极其简约化的处理方式。

正如梁启超所言：

> 凡大思想家所留下的话，虽或在当时不发生效力，然而那话灌输到国民的"下意识"里头，碰着机缘，便会复活。①

所谓逆流而行的未必都是保守泥古，而可能正是目光如炬的"先时之人物"，即使不是真正造时势的英雄，至少也揭示了某些时人暂未体察的庐山真面。

本章小结

"用进化论代替传统的变易思想，是哲学领域一次具有革命性的变革。"②作为中国知识分子乃至民众最早普遍接受的西方思潮，"进化论"给国人提供了一种观照古今、探求历史规律和国家民族出路的新视角，也改变和重建了国人的世界观和价值体系。

伴随着进化论的深入人心，"进步"的信念逐渐确立。"进步"指明了时间的方向，如何实现"进步"，"进步"的动力等则塑造着时间的形状、速度等各方面，以及建构着具有现代特征的新的时间经验。其中最显著的特征，在于"以'世界时间'作为当下时间的标的"，从"以过去为导向的时间观念"转向"以'未来'和'世界'时间作为取向"。③进化论思潮使国人抛弃了以"周行"或返古为特征的传统时间观，选择了直线形的、向前看的时间观。这种时间观赋予国人以乐观和希望，但也形成了以时间线上的位置而确立的新与旧，现代与传统、西方与中

---

① 梁启超：《近三百年学术史》，《梁启超全集》第十二集，第337页。
② 龚书铎：《社会变革与文化趋向——中国近代文化研究》，北京师范大学出版社2005年版，第42页。
③ 黄金麟：《历史、身体、国家》，新星出版社2006年版，第149页。

国等方面的对抗，对于国家、历史、文化而言，"世界史所有的纵时性发展（dia-chronic development）"，都被压缩成为同一条直线上的"一个同时性的他者（syn-chronic other）"①。时间线也成为批判个体的重要标尺，"竞争""创造"因而成为实现进步的重要动力，但不加节制地将竞争泛化，或一味逐新，也成为现代生活的一个噩梦。

孙周兴曾分析 20 世纪哲学词语的特征：

> 20 世纪哲学基本词语主要有两个特性，第一个特性是动词性（非概念化），……第二个特性是离心性（非向心词语）。②

"进化"或"进步"无疑也可被纳入此类。但世界同样也需要秩序，人心也需要安定，动静相宜，张弛有道。一味的动荡无节，"进化"或"进步"也将失去持久的内在动力。《周易》主张至动而不可乱，至赜而不可恶。万物皆有时，世界上并非只有一种"时间"，"时间"并非只有一个方向，进化论思潮和进步的时间观鼓舞了很多人，但世界的丰富性、生命的多元性、历史的复杂性，必然使得时间之流转呈现出歧路纷纷、跌宕起伏的丰饶和殊异。古与今的疏离与回返，中与西的对立与交融，个体时间与社会时间的冲突与协调，以及关于时间的各种的科学发现和个体独有的主观感受……这些都在不断影响着 20 世纪国人对"时间"的体验和思考。

正如李欧梵所言：

> 西方启蒙思想对中国最大的冲击是对时间观念的改变，从古代的循环变成近代西方式的时间直接前进——从过去经由现在而走向未来——的观念，所以着眼点不在过去而在未来，从而对未来产生乌托邦式的憧憬。这一种时间观念很快导致一种新的历史观：历史不再是往事之鉴，而是前进的历程，具有极度的发展（development）和进步（progress）的意义；换言之，变成了一种新的意识形态。③

对于现代中国来说，进化论思潮只是开了一个头，这种进步的信念、基于进步的时间观念和体验，在此后一直延续着。

另一方面，在康有为、严复等先行者这里，进化论的时间含义更多的表现为

---

① 黄金麟：《历史、身体、国家》，新星出版社 2006 年版，第 151 页。
② 孙周兴：《当代哲学的处境与任务》，《探索与争鸣》2020 年第 6 期。
③ 李欧梵：《中国现代文学与现代性十讲》，第 53 页。

一种历史观，他们试图以"进化"来原则来探寻历史的规律、方向、特点、主体等。但在之后的论述中，我们会发现进化论与青年的、个体自由的时间意识有着更为密切的联系，进化论同时还是李大钊、陈独秀等转向马克思主义的先导。进化论也引发了柏格森哲学及其时间观在中国的风靡一时……可见，进化论作为19世纪20世纪之交在中国影响最广泛的新思潮，直接左右或深刻影响了国人对后续其他思想的理解和接受。①

在古今交接新旧替代的时间里，有人留恋过去，固守古法；有人期待未来，追新逐异。然而"进步"的时间揭示了时间之流的必然趋势，顺流者昌，逆流者亡。对于每一个体来说，认清时势、辨明方向就至关重要，否则难免生不逢时。当然，对进化论以及"进步"的时间的反思，也揭示了"时间"的复杂性、多重性。随着思考的深入，"时间"很快就直接成为诸多哲人的关键词了。

---

① 陈卫平在《中国近代社会思潮》的第三章"世纪末的新世界观——进化论思潮"详细梳理了进化论思潮的形成、发展及落退的全过程，并从"吹响中国近代民族主义的号角""奠定中国近代自由主义的基石""榫接中国近代社会主义的先导"等三个方面阐述了进化论的巨大影响。（详见高瑞泉主编：《中国近代社会思潮》，第60—109页）

第四章

"青年"的时间

"进步"的观念开启了一个新的时代:"青年时代"。鲁迅曾对年轻人充满了殷殷之情:"我一向是相信进化论的,总以为将来必胜于过去,青年必胜于老人。"[①]

20世纪之初,越来越多的目光,开始聚焦于一个特殊的群体——青少年——他们是易于启蒙、敏于革新的主体,更是身心俱灵、有着无限可能的新生力量。在中国这样一个以尊老敬老为传统的国度中,"青年时代"的出现与开展,确实是进化论思潮影响、进步信念支持的产物:青年代表着将来,老年意味着过去,将来必胜,青年必胜。

从晚清到民国,时人对"少年"或"青年"这两个概念的使用并不明确或严谨,但二者共同作为日薄西山的"老年"之对立面,意味着朝气蓬勃的"现在"和无限光明的"未来"。诚然,"青年"不纯粹是一个与"年龄"有关的概念,但与"年龄"有关的身心特质,以及"年龄"带来的一种"时间足够了"[②]的笃定,这无疑也是"青年"特有的时间优势。另一方面,与这一特殊年龄段相关的身心状态,不仅是"青年"在与"老年"抗衡中的重要法宝,同时也比身量未足、不谙世事的"幼童"更能承受和担当。以《新青年》等进步期刊为中心的一批启蒙思想家成功地唤起并引领着一批"新青年"勇敢地挺立在历史的聚光灯下,并最终开启了中国的"青年时代"。

在"青年时代","青年"个体日益自觉、"青年"群体逐渐凝聚,"青年"开始恣意书写个体的青春人生,或积极投身于建立青春中国。与"老年"不同,"青年"有其独特的时间意识和感受,"青春中国"也有其独特的历史担当和命运。值得注意的是,新文化运动时期,中国思想界已逐渐明确"时间"概念的重要性,一些学者开始自觉将"时间"作为思考的关键词,并积极参与设计了"新青年"的时间观。

---

① 鲁迅:《三闲集·序言》,《鲁迅全集》第四卷,第5页。
② 梁启超:《新民说》(原文为Time enough for that, boys),参见《梁启超全集》第二集,第554—555页。

"青年时代"是20世纪中国非常重要且复杂的现象，各种线索盘根错节互相交织。《新青年》首先唤醒的是作为个体的"青年"，他们中的一部分后来接受了唯物史观，从而将"个体"与"国家"的命运更加紧密地维系在一起。然而，当下中国社会正在急速迈向老龄化，此时青年何为？

第一节　"青年"与"青年时代"

朱自清1944年作《论青年》一文，开篇即言：

> 冯友兰先生在《新事论·赞中华》篇里第一次指出现在一般人对于青年的估价超过老年之上。这扼要的说明了我们的时代。这是青年时代，而这时代该从五四运动开始。从那时起，青年人才抬起了头，发现了自己，不再仅仅的做祖父母的孙子，父母的儿子，社会的小孩子。他们发现了自己，发现了自己的群，发现了自己和自己的群的力量。他们跟传统斗争，跟社会斗争，不断的在争取自己领导权甚至社会领导权，要名副其实的做新中国的主人。①

"五四"运动以后，中国进入了一个特殊的时代："青年时代"。一方面，"青年"开始自觉"我"作为自由、独立的个体，以及由"青年"们一起构成的特殊群体的存在及其力量，他们要实现自我、要主宰时代、要开辟中国的新局面。另一方面，社会上也开始承认"青年"的独特性，"青年"的价值得到普遍的肯定。这在中国，是一大变化。

一、"年龄"的哲学与青年

"青年"是一个有着丰富时间意蕴的概念。毋庸置疑，"青年"首先与一定的"年龄"有关，比如在生物学、社会学等视野中，我们似乎可以简单而明晰地将个体生命中某一确切的年龄段视作"青年"，比如我国规定"青年节放假适用人群为14至28周岁的青年"②。然而一方面，反映个体生命累积自然过程的"年龄"并

---

① 朱自清：《论青年》，《朱自清全集》第三卷，第1165页。
② 事实上，"少年""青年"的年龄区间，从一开始就游移不定。钱穆谈论"青年"时说："在民国二十年左右，又有《中学生》杂志问世，可证中学时期尚不获称青年。直至对日抗战，蒋公号召青年从军，大抵其年龄尚限在大学时期，与前无变。逮及最近，而青年一名词可以下达中学时期，又可以上达至大学毕业为人父母以后。如每年社会选拔十大杰出青（转下页）

不能必然保证个体成为名副其实的"青年"。另一方面，从哲学的角度，"年龄"的确有其自然性的一面，然而"年龄"并非只是一个可以简单量化的客观数字，对个体"年龄"复杂性的哲学思考，为我们提供了理解时间、思考生命的一个特殊视角。

人之一生，修短随化。就个体之成长历程而言，可以依据年龄分为不同的阶段。作为测量个体生命展开过程的术语，"年龄"无疑是值得关注的时间观念。对于个体而言，"年龄"首先是一个客观外在的"自然时间"概念——日月相推、四季轮转，从个体的生命起点开始，"年龄"就在稳定、匀质地增加，反映着个体生命之存续过程，直至生命终结，个体的"年龄"亦戛然而止，这个"享年"的数字表征了他的寿命，他生命的"长度"。

"年龄"增加的过程，表现为个体生命的一个不可逆的动态序列，如古代之从"幼""弱"至"耄""期"①、现代之"少年"或"青年"到"老年"等。一岁年纪一岁人，"少壮不努力，老大徒伤悲""花有重开日，人无再少年"，时光不居，年华易逝，最怕是马齿徒增，一事无成。寿夭不定，但从人类历史过程来看，"年龄"作为表达个体自然生命长度的数字，除去天灾人祸等特殊时期，其平均值总体上是稳步提升的。也正因为生命"长度"的普遍增加，使得我们可以不那么迫促地忧惧死亡的来临，可以在生与死之间更细致地领会岁月的情状与意义，能在婴儿到老年之间更详尽地体悟生命阶段性的开展及其特征。如此，在生命之河中，划出某一段特殊的"年龄"，命之为"青年"才成为可能。

"年龄"以"年"为恒定的测量单位，数字的增长对个体的整个生命历程、以及所有的个体，都是平等、公正且无情的，只要我们还活着，"年龄"就会稳定地累积。"年龄"的这个特征使得人们确认"时间"之特征即是无情而公正，无论贫富贵贱、男女老幼，都逃不过光阴飞逝、岁月匆促。

当然，对于个体而言，每一个单位即每一"年"的生命状态并非完全匀质的。随着"年龄"的增长，个体生命力总体上呈现为一种自弱而强又由盛而衰的周期性变化。但身心的不同状态或各种能力，比如身高、体重，或认知、记忆、理解等诸状态，其新陈代谢并非完全同步，而是会呈现出急缓有异，或彼消此长等诸

（接上页）年，多有年近四十者。"（参见钱穆：《中国文学论丛》，《钱宾四先生全集》第 45 卷，联经出版事业股份有限公司 1998 年版，第 29 页）直到现在，人们对这个"年龄段"仍是莫衷一是。尽管我们可以以量化的方式测度生命，但因社会文化、制度、经济和政治因素各不相同，不同国家对"青年"的实际定义和对该术语的理解存在着若干差别，这些有关"年龄"与"青年"对应关系的争议，也说明不能将"年龄"仅仅理解为一个纯粹的自然现象。

① "人生十年曰幼，学。二十曰弱，冠。三十曰壮，有室。四十曰强，而仕。五十曰艾，服官政。六十曰耆，指使。七十曰老，而传。八十、九十曰耄，七年曰悼，悼与耄虽有罪，不加刑焉。百年曰期，颐。"（《礼记·曲礼上》）

种复杂之变,个体的身体器官及其功能等经常呈现出"异龄共存"的特征。不同的"年龄",往往呈现出某些独有的存在形态。十六岁是花季、六十岁为花甲,花季的生机盎然和青春肆意,花甲的步履蹒跚和老成持重,"年年岁岁人不同"。

不同"年龄"对"时间"的体悟亦大相径庭。童年时会觉得日子过得太慢、期待自己能快快长大,如歌中所唱:

多少的日子里/总是一个人面对着天空发呆
一天又一天一年又一年/迷迷糊糊的童年
一天又一天一年又一年/盼望长大的童年①

童年时无需懂得珍惜时间,"未来"对于童年而言遥远且模糊。但老年时身疲意倦,常常会感慨时日无多,也很容易沉湎于远逝之过去的回忆中:

当你老了/头发白了/睡意昏沉/
当你老了/走不动了/炉火旁打盹/回忆青春②

老年人似乎不得不放弃"未来",甚至连带将当下视作日复一日、毫无希望的混日子。过去,中国人甚至常常感慨"人到中年万事休",在这种时间意识之下,即使生命有足够的"长度",其"质量""强度""意义"等维度在一定年龄之后都难免付之阙如了。

这个以自然时间为基础的"年龄",我们通常称之为"生物年龄"(或"生理年龄")。科学家们会根据测试结果,从智力、体力等各方面算出某些数值作为"生物年龄"的平均标准,但是个体生命实际的自然状态却未必都与此"年龄"相匹配,比如有人会"未老先衰",也有人可能"老当益壮"。每个人都可能有比"平均人"③更真实的"年龄"。换而言之,具体个体的"岁数"与其生命状态并不能简单地相提并论,生命的长度也不能等同于生命的价值。

哈里森认为:

---

① 《童年》,罗大佑词曲。
② 《当你老了》,原为爱尔兰诗人威廉·巴特勒·叶芝(William Butler Yeats)于1893年创作的同名诗(《When you are old》),冰心等都曾将其译作中文。2012年赵照改编、谱曲并首次演唱,之后被诸多歌手反复演绎,感人至深,传唱至今。叶芝以此诗怀念青春和爱情,赵照以此诗献给渐老的母亲。
③ 社会研究以"平均人"为主要对象,类似于海德格尔的"常人",但"加入了概率的视角和平均状态的视角,因此平均人可以被理解为概率式的整体人,在某种意义上讲也是社会人常人状态和标准人"(参见刘德寰:《年龄论——社会空间中的社会时间》,中华工商联合出版社2007年版,第31页)。

人类除有着一个生物学年纪、一个演化学年纪和一个地质学年纪，还有着一个文化年纪（culture age）。①

"演化学年纪"和"地质学年纪"，打开的是一个类似"长时段""大历史"或"深时"的世界。②人类作为宇宙漫长的演化过程中一个特殊的结果，与这类"长时"相较，实在是"年轻"极了。但是，人类生命自身的确又携带着多重"长时"的大量信息，不管我们是否意识到，宇宙、地球及其他生命、人类过去的诸多"年纪"都真实地潜存于每个个体的生命中、有些甚至还是影响或支配着个体存在的特殊因素。③不过，对于相近时代的人而言，这两个年纪可能导致的生命差异又相当有限，然而，"文化年纪"却是非常有助于区分不同文化群体，或个人之生活样态的概念了。在某种意义上，"文化"确实是能让人洗心革面脱胎换骨的力量。

回到民国以来的"青年时代"。对于"青（少）年"而言，"生物学年纪"即个体的"年龄"无疑是重要的，特殊的"年龄"是有助于接受启蒙并造就新人的前提。但从梁启超的"少年""新民"到陈独秀的《新青年》，重点都无意于此，他们心目中的"青（少）年"本质上正是由某种文化所构建的生命状态，是与"文化年纪"相匹配的人生阶段，而他们正是此文化的先觉者、倡导者，他们要以新文化警醒和启蒙中国的"青年"。与"生物学年纪"的自然性相较，"文化年纪"更多体现了"时间""生命"的社会性。但正是这个"文化年纪"，使得"年龄"不再是一个冰冷的、空洞的数字，使得被不同文化所滋养、培育的同龄人可能开启完全不同的人生。

在古代汉语中，"青年"一词偶尔也会出现在古典诗词中，但的确没有成为表达某一特殊生命阶段或状态的独立概念。具有现代意义的"青年"（Young Men）一词的出现与传播始于晚清，中国"青年"概念之自觉和彰显、"青年时代"之启动和确立有其独特的历史背景。其中，新式学校的设立、基督教青年会的拓展、

---

① ［美］罗伯特·波格·哈里森：《我们为何膜拜青春——年龄的文化史》，梁永安译，生活·读书·新知三联书店2018年版，"前言"第1页。

② 如布罗代尔在《菲利普二世时代的地中海和地中海世界》一书中，将历史时间分为：地理时间、社会时间和个人时间，并把这三种时间称为"长时段""中时段""短时段"，分别表示三种不同层次的历史运动。布罗代尔在时间概念中原创性地提出了"长久持续的时间单位"。另可参看［美］大卫·克里斯蒂安等著：《大历史》（刘耀辉译，北京联合出版公司后浪出版公司2016年版）、［英］罗伯特·麦克法伦：《深时之旅》（王如菲译，文汇出版社2021年版）等著作。

③ 如赫拉利解释现代人为什么无法抗拒甜食的诱惑，是因为三万年前采集者祖先的饮食习惯"现在还牢牢记在我们的潜意识里"，"我们的DNA还记得那些在草原上的日子"。（参见［以色列］尤瓦尔·赫拉利：《人类简史》，林俊宏译，中信出版社2014年版，第42页）

梁启超《少年中国说》与《新民说》之风行，特别是以《新青年》等进步刊物为中心的启蒙思想家的警醒和高呼，是开辟此新时代的几股重要力量。

二、"青年时代"的开启

"青年时代"的出现首先与列强入侵、西学东渐以来，朝野对人才之培养目标和制度的反思和改革，即废除科举取士、设立新式学校的进程密切相关。

晚清以来，科举制已经饱受诟病，改革甚至废除八股取士之制，开办新式学堂、设立西学科目，一时成为朝野的重要议题。1905年8月，光绪皇帝正式发布上谕，宣布停科举、兴学堂。新式学堂的设立，一批同龄人，包括部分女性，有了共同学习、彼此交往的机会和空间；教学宗旨、模式和内容的巨大变化，为培养不同于传统八股取士制度下的"新人"创造了条件。"青（少）年"作为接受新式教育的主体，他们的知识结构、思维模式、胸襟眼界等都将与过去数代的同龄人有着根本的差异。"废科举，兴学堂"的一部分受惠者，十多年后，就是《新青年》的群体——包括作者和读者。

在中西新旧文化交锋之际，有一个特殊社团非常关注这些接受新式教育的年轻人，这就是中国基督教青年会。1885年，中国第一个学校青年会在福州英华书院中成立，1895年12月中国第一个城市青年会在天津成立，"青年"（Young Men）开始进入国人的视野。"青年会"以"发扬基督精神，团结青年同志，养成完美人格，建设完美社会"为宗旨，以知识青年、城市青年为主要工作对象，明确地将"青年"这一生命的特殊阶段单独拈出，结合青年的身心特点和成长需要，以开办各类教育、举行多种活动、组织演讲、出版刊物等极为丰富灵活的方式来吸引年轻人。

值得注意的是，"青年会"明确把"进步"作为"青年"的标志和目标。如"青年会"创办的《青年进步》曾是广受年轻学生欢迎的刊物之一，该刊以"使青年人进步"为主旨，以培养青年人"品德、知识、身体和协作精神"四种美德全面发展的人格进步为己任，注重启迪"青年"自我认知和谋划，以及培植"青年"对家庭、社会、国家的责任感①，甚至可以说，《青年进步》一度是形塑现代"标

---

① "《青年进步》当然就是要使青年人进步。那么青年人如何才能取得进步呢？这就必须通过四种美德的培养，只有在品德、知识、身体和协作精神四个方面都取得进步，青年人才能对家庭、社会和国家有所作为。我们的目标是从基督教的立场出发，在青年人追求进步的过程中为他们提供鼓励和指导。……尽管我们始终如一的关心宗教问题，但不准备将这份刊物办成一份宗教性的刊物。……我们希望培养在四个美德方面全面发展的青年。"（参见范子美：《青年进步发刊词》，载于《青年进步》第1册，1917年，第1页）青年会在1917年将创刊于1909年的期刊《青年》，与1911年创办的期刊《进步》合并，更名为《青年进步》（Association Progress）。《青年进步》1917年开始发行，每月一期，持续发刊十五年，现存一百五十余期。

准青年”的重要理论指南。①

"青年会"将"协作精神"作为"青年"的重要美德加以宣扬和培育,强调"青年"的责任感和团结协同的精神和能力,这些内容在本质上与梁启超、李大钊等对"少年中国"的想象、《新青年》等进步刊物对"青春中国"的召唤声气相和。摒除"青年会"实际上并不显明的基督教背景,其在 19 世纪末至 20 世纪二三十年代中,的确凝聚和培养了一大部分年轻的学子,为当时一部分青年人提供了自我觉醒、自我发展、"创造了一个以青年为主体和主题的运动"②,也为中国现代"青年"的自觉和崛起,"青年时代"的开启创造了非常重要的机缘。③

三、梁启超:从"少年"到"青年"④

1900 年,伴随着新世纪的曙光,梁启超发表了一篇大气磅礴的宏文:《少年中国说》。梁氏以气吞山河的豪情讴歌生机勃勃的"少年"、憧憬自由、独立、富强、雄健的"少年中国":

---

① 参见李宜涯:《给"标准青年"看的小说——〈青年进步〉初期小说之分析》,《现代中国文化与文学》2011 年第 2 期。

② 赵晓阳:《基督教青年会在中国:本土和现代的探索》,社会科学文献出版社 2008 年版,第 3 页。

③ 19、20 世纪之交,"青年会"在中国发展迅速,到 1922 年,中国已有学校青年会 200 处,会员 24 100 多人;城市青年会 40 处,会员 53 800 多人。(参见《基督教青年会纪略》,《中华基督教会年鉴》)1922 年是中国基督教青年会的"黄金时期",之后受民族主义浪潮等因素的影响,中国爆发了声势浩大的非基督教运动,青年会逐渐衰落,1929 年以后稍有复兴,但已无法延续旧日辉煌了。总体而言,青年会的社会工作和活动相当丰富。比如除了正规的学校教育,他们还开设补习学校、半日学校、教授语言及职业技术的夜校。特别是首创平民教育,由晏阳初兴起、开设平民千字课等,这些的确构成了中国近代教育史上非常重要的环节。青年会也组织年轻人喜闻乐见的各种活动,其中也包括引入和推广篮球等体育项目、组织体育比赛等,"青年会是中国新体育的向导……最初是各学校的体育班,后来是校际的比赛会,接下来是各省和全国党员大会,最后是国际的运动会,都由青年会首先倡导"(参见鲍乃德:《中国青年会之史的演进》,《中华基督教青年会五十周年纪念册》,中华基督教青年会全国协会编,1935 年,第 78 页)。通过"体育"改善年轻人的身体素质、进而提升精神面貌、促进人的全面发展,这是近代以来培育理想"青年"的重要内容。

④ 梁启超说:"玛志尼者,意大利三杰之魁也。以国事被罪,逃窜异邦。乃创立一会,名曰'少年意大利'。"(参见梁启超:《少年中国说》,《梁启超全集》第二集,第 223 页)梁氏在此提及的"少年意大利",英语为 Young Italy,亦常被译作"青年意大利"。当然,梁启超等之"少年"、陈独秀等之"青年",本质上都不是以年龄为主要标尺的概念。梅家玲认为,清末知识分子对于"少年"的命名与阐释,或与日本思想界之少年论述的影响有关,梁启超撰写《少年中国说》很有可能与其在流亡日本期间之所见所闻,尤其是志贺重昂《日本少年歌》有一定渊源。(参见梅家玲:《发现少年,想象中国——梁启超〈少年中国说〉的现代性、启蒙论述与国族想象》,《汉学研究》第 19 卷第 1 期)

今日中国之责任，不在他人，而全在少年。少年智则国智，少年富则国富，少年强则国强，少年独立则国独立；少年自由则国自由，少年进步则国进步，少年胜于欧洲，则国胜于欧洲，少年雄于地球，则国雄于地球。①

梁氏上追中国古代之岳飞、龚自珍、旁征"少年意大利"等，在贯通古今横跨中西的文化想象中，极大地丰富和提升了中国古典诗词中的"少年"形象②，表达了他对"少年"的热切期许。更重要的是，梁启超成功地将"少年"转换为一个承载着民族复兴、国家富强之希望和重责的特殊符号，成为一个振奋人心、鼓动斗志、团结合力、共敌外侮的时代号角。在这里，"少年"的个体形象与国家形象是完全重叠的，梁氏亦在文末表明心迹："自今以往，弃'哀时客'之名，更自名曰'少年中国之少年'。"

这篇脍炙人口的文章风驰电掣般四处传播，一时间许多莘莘学子热衷以"少年"自许，一批热血勇士选择为国慷慨赴死以不负"少年"之名③，各种冠以"少年"的组织也相继成立、与"少年"有关的歌曲、刊物等日益增多④，"少年"

① 梁启超：《少年中国说》，《梁启超全集》第二集，第224—225页。

② 与"青年"概念不同，中国古典文学中有比较丰富的"少年"题材，如仅《乐府诗集》卷六十六就收录了六十余首《少年行》，李白、王维、杜甫等都有此题材的诗作。"《少年行》主题在唐代演变为享乐、游侠、边塞三大主题交错实际也反映了当时的时代精神。……《少年行》中的少年是青春洋溢的，浪漫豪勇的，其主题无论是享乐、游侠还是边塞都贯穿着对青春的赞美，对生命的赞美。"（参见沈笑颖：《乐府诗〈少年行〉主题演变研究》，《山花》2014年第24期）梁启超《少年中国说》延续了《少年行》中英武潇洒、激情刚健的少年形象。但最直接影响梁氏的中国少年形象，出自岳飞的《满江红》和龚自珍的《能令公少年行》。同时他也受到"少年意大利"，或者还有日本少年的触动，《少年中国说》一文中"少年"最重要的特征就是以人论国，个体形象与国家形象完全重叠。之后陈独秀、李大钊的"青年"（青春）亦是个体与国家合而为一。

③ 清末以来，革命家们，包括一些官宦或富家子弟，以及受教育程度比较高的热血青年，都常常选择各种个人风险极大的暗杀、行刺等方式。吴樾甚至宣称当时为"暗杀时代"。这些义无反顾慷慨赴死的革命者身上，既有中国传统的侠士古风，也带有欧洲革命或俄罗斯党人的影响，但他们亦常常自视为"少年"壮志。最具代表性的，就是汪兆铭之"引刀成一快，不负少年头"。

④ 最著名的是1919年7月在北京成立的"少年中国学会"。"本会同人因欲集合全国青年，为中国创造新生命，为东亚辟一新纪元。故少年中国学会者，中华民国青年活动之团体也。"他们希望创造"非十九世纪十八世纪之少年中国，亦非二十一世纪二十二世纪之少年中国，实为适合于二十世纪思潮之少年中国""要之吾人所欲建造之'少年中国'，为进步的，非保守的；为创造的，非因袭的；在并世国家中为少年的，而非老大的也。"（参见张允侯等编：《五四时期的社团》（一），生活·读书·新知三联书店1979年版，第220页）就在这段陈述"少年中国学会"建立缘起和目标的引文中，我们亦可发现，时人并没有严格区分"少年"和"青年"。李大钊是这个团体的发起人之一，毛泽东、恽代英、蔡和森等当年很多进步的学生都加入了该组织。"少年中国学会"还出版《少年中国》《少年世界》等刊物。另外，"少（转下页）

迅速成为新世纪魅力无限的时尚名词。

戊戌变法失败，康有为、梁启超等维新派流亡日本，这段不幸的经历也给梁氏提供了一个自省、学习、更新和重构思想的独特机缘。他从血的教训中意识到腐败的朝廷已不足恃，必须唤醒千千万万的国民，使之有忧国之心、有变法之愿、有进步的意识和思想，整个国家才可能走向进步，故他以"新民"为"今日中国第一急务"，以"新民"为救国之本。

如果说《少年中国说》更多的是激情呐喊，《新民说》则试图从理论上探讨能够担负救亡图存的"民"之品格和力量，其从公德、国家、权利、尚武等各方面树立了一个丰满的现代国民（公民）形象。《新民说》广泛而强劲的社会影响，引导和激励着有识之士由此开启人的全面革新，争做自由、强健之"新民"。①

梁启超在《少年中国说》中曾引西谚"有三岁之翁，有百岁之童"，说明"少年"并不是一个单纯的年龄概念，老少之别"实随国民之心力以为消长者"。他著《新民说》，特别辟出"进取冒险""毅力""尚武"等章，这些精神在中国传统的人格理想中都不是重要的特质，甚至是违逆传统的，这些素养本质上都是以进化论为基础、植根于西方文化的，但确实造就了不同的人生态度与国家精神。梁启超热切地想以此"新"中国之民，比如他非常痛心地说：

> 吾中国人无进取冒险之性质，自昔已然，而今且每况愈下……一国之大，有女德而无男德，有病者而无健者，有暮气而无朝气，甚者乃至有鬼道而无人道，恫哉恫哉！吾不知国之何以立也！②

（接上页）年"也成为时人著文时常用的笔名、或者文章的主角。特别值得一提的是晚清小说家吴趼人，1905 年他著了一部"兼理想、科学、社会、政治而有之者"的《新石头记》，其中塑造一个独特的"老少年"形象。后人评价说："'老少年'作为话语和文化重构的产物，是一个突出的象喻，他反映出晚清传统与现代难以轻易协调的文化症候。"（参见宋明炜：《少年中国：国族青春与成长小说，1900—1959》之"序幕：旅途的开始"，樊佳琪译，《书城》2018 年 4 月号）这些都反映了"少年"概念和形象曾相当深刻地影响了中国社会。

① 《新民说》在 1902—1904 年陆续连载于《新民丛报》。黄遵宪曾如此陈述《新民说》对自己及当时社会的影响和启示："而何意公之《新民说》，遂陈于吾前也，罄吾心之所欲言，吾口之所不能言，公尽取而发挥之。公试代仆设身处地，其惊喜为何如矣！已布之说，若公德，若自由，若自尊，若自治，若进步，若权利，若合群，既有以入吾民之脑，作吾民之气矣；未布之说，吾尚未知鼓舞奋发之何如也。此半年中，中国四五十家之报，无一非助公之舌战，拾公之牙慧者，乃至新译之名词，杜撰之语言，大吏之奏折，试官之题目，亦剿袭而用之。精神吾不知，形式既大变矣；实事吾不知，议论既大变矣。……一言兴邦，一言丧邦。芒芒禹域，惟公是赖，求公加之意而已。"（黄遵宪：《致梁启超书》（光绪二十八年十一月），《黄遵宪全集》下卷，第 449 页）

② 梁启超：《新民说》，《梁启超全集》第二集，第 553—554 页。

"进取冒险"所鼓舞的是一种敢于面向未来不确定性的时间意识，同时也是一种敢于出众，敢于坚持自我的个体时间观。拥有此精神的个体需要以满腔的热忱、坚定的信念、无畏的胆力、拼搏的意志、自主的智慧，以及平等自由的精神，才可能战胜现在的一切困难险境，超越当下的各种闲适诱惑。道家传统注重知足、知止；儒家虽有乾坤并健之说，但在礼法制度下，在上者的话语权自然是片面张扬"狷""勿""命""顺"等，而轻忽"狂""为""力""强"等另一面。在此章末尾，梁启超摘录了一首英文的《少年进步之歌》：

> Never look behind, boys,
> When you're on the way;
> Time enough for that, boys,
> On Some future day.①

莫回头啊，向前行，时间足够了，未来在等你。梁氏希望以此鼓舞少年勇敢前行，寄语中国人奋进、崛起。相信时间、相信未来，这是"新民"之"新"时间观。

　　"新民"自个体之"民"开始，宣扬"其民强者谓之强国，其民弱者谓之弱国"，与《少年中国说》以"少年"论国之旨一脉相承，"新民"之归宗仍是建设"新国"，但其根基在破除了奴性、拥有独立精神的个体之"民"。

　　1916年末，梁启超受上海青年会之邀作演说，他赞赏"青年会于改良社会最为尽力"，指出"青年"在改良社会中的重要作用：

> 现在社会风气日坏，非人人心目中有高尚理想，则社会无由改良，而青年为尤要。②

上海青年会亦将梁氏视作"一真正青年""新吾国之青年精神者"。梁氏同时期还在各学校作系列演讲，他将"未来之学生"视作"吾国将来唯一之希望"，鼓励青年立志、通过人格之自觉而实现国家之富强。

　　虽然梁启超易变，但新世纪之初，其在《少年中国说》《新民说》等一系列文章中，一直在探讨什么样的国民才能真正弃旧自新、奋进前行，并能力挽狂澜、开辟一个有如青少年般生机蓬勃、前途敞亮的新国家，其满腔热忱的期望和激情澎湃的呼唤，至今读来仍感人肺腑、催人奋进；梁氏主编的《新民丛报》《新小

---

① 梁启超：《新民说》，《梁启超全集》第二集，第554页。
② 梁启超：《在上海青年会之演词》，《梁启超全集》第十五集，第118页。

说》等，对追求进步的国人，尤其是年轻一代充满了魔力，很多知识青年都把他奉为精神导师。后来，梁氏淡出政坛，但从学术文化等角度依旧在启蒙国人，其倡导"趣味人生"、思考"全人格的觉悟"、提携年轻学子……这一切都对塑造新的国民，从而为中国文化和国家建设注入了新鲜的生命和活力意义重大。他自诩为"新思想界之陈涉"，是新思想的"急先锋"。尽管后来的梁启超似乎有点"跟不上时代步伐"了，但正是他，开始了近代中国从"老年时代"到"青（少）年时代"、从"老大帝国"到"少年中国""青春中国"的思想过渡。①他的"少年""新民"也哺育和创造了他的思想接班人——《新青年》群体正在成长。事实上，胡适等新文化运动的领袖几乎都曾于其人其文受益匪浅。

四、陈独秀：《新青年》与"新"青年

1915 年 9 月，《青年杂志》在上海创刊，波澜壮阔的新文化运动由此拉开序幕。在创刊者陈独秀看来，国家振兴的确有赖于政治变革，但政治变革能否奏效的"唯一根本之条件"是："纯然以多数国民能否对于政治，自觉其居于主人的主动地位。"②如果民众大梦不醒、人心蒙昧，抱残守缺、苟且偷生的结果只能是国将不国。他认为办杂志是改变人的思想，唤起国人"最后觉悟之最后觉悟"的重要方法，有见于此，《青年杂志》之初衷即在转变"青年"的道德信念、确立"青年"新的人生观，以此促进思想或文化的变革，此即《社告》所谓：

> 一、国势陵夷，道衰学弊，后来责任，端在青年。本志之作，盖欲与青年诸君商榷将来所以修身治国之道。二、今后时会，一举一措，皆有世界关系。我国青年虽处蛰伏研求之时，然不可不放眼以观世界。本志于各国事情、学术、思潮，尽心灌输，可备攻错。三、本志以平易之文，说高尚之理，凡学术事情足以发扬青年志趣者，竭力阐述，冀青年诸君于演习科学之余得精

---

① 胡适曾将梁启超作为"跟不上时代步伐"的典型。1934 年 2 月 4—6 日，《申报·自由谈》载《梁任公在湖南》（署名为"时夏"，即陈子展）说："说起来真可笑。'戊戌'前后，梁任公大新；'辛亥'前后，梁任公又旧了；'五四'前后，梁任公'跟著后生跑'，还赶不上；这一个伟大的时代真有点捉弄人。虽然，时代是一直向前的，人不站在时代之前，就落在时代之后，这又有什么稀奇呢！"这样的文字非常生动形象地呈现了梁启超在中国近代思想界影响力的变化。梁启超曾提出一个非常重要的概念："过渡时代"。其实自国门被打开后，中国就逐渐进入了在"两头不到岸"的茫茫大海上追寻"中国向何处去"的过渡时代，众多艰辛求索的思想家都是这一过渡时代的过渡人物。胡适在评论当时学界人物时，也曾明确地把自己划入与梁先生同属过渡性人物。当然，我们也可以将这段历史再划分为更细致的"过渡时代"，如张灏著《梁启超与中国思想的过渡：1890—1907》。

② 陈独秀：《吾人最后之觉悟》，《陈独秀著作选编》第一卷，第 178 页。

神上之援助。①

但陈独秀目睹当时年轻人的情状，亦心急如焚：

> 吾见夫青年其年龄，而老年其身体者十之五焉；青年其年龄或身体，而老年其脑神经者十之九焉。②

正值芳华，本当是青春洋溢，身心俱健，却近半有未老先衰之貌，更甚者是"青年其身、老年其脑"，所以实在不配冠之"青年"。陈独秀列出了他心目中的理想青年："自主的而非奴隶的""进步的而非保守的""进取的而非退隐的""世界的而非锁国的""实利的而非虚文的""科学的而非想象的"。值得注意的是，陈氏特别强调："国人欲脱蒙昧时代，羞为浅化之民，则急起直追，当以科学与人权并重。"③

所谓"人权"，更多关注的是个人的解放，即个人是否能成为真正独立自主的个体。在他看来，改造社会、推陈出新，是"新青年"应尽之责。"新青年"的首要之义就是"自主的而非奴隶的"，其"以自身为本位"，追求独立、平等，与各种"奴隶"的思想抗争：

> 破坏君权，求政治之解放也；否认教权，求宗教之解放也；均产说兴，求经济之解放也；女子参政运动，求男权之解放也。④

陈氏将近世的欧洲历史视作一部"解放历史"，也热切期盼中国青年能创造一部全

---

① 《青年》创刊号刊有以杂志编辑部之名发表的《社告》。该号还载有王庸工与陈独秀的通信。当时王庸工自日本来信，希望《青年杂志》能"著论警告国人，勿为宵（屑）小所误"。陈独秀在回信明确说道："……盖改造青年之思想，辅导青年之修养，为本志之天职。批评时政，非其旨也。"这也是我们理解陈独秀创办《新青年》宗旨的重要文本。（参见《青年杂志》，1915 年第 1 卷第 1 号）1914 年章士钊创办《甲寅》，其在《本志宣告》中声称："政治的觉悟"是今后"惟一的觉悟"，因而此刊之旨即在揭露时弊、批评时政。陈独秀不赞同此论，他说："自西洋文明输入吾国，最初促吾人之觉悟者为学术……其次为政治……继今以往，国人所怀疑莫决者，当为伦理问题。此而不能觉悟，则前之所谓觉悟者，非彻底之觉悟，盖犹在惝恍迷离之境。我敢断言曰：伦理的觉悟，为吾人最后觉悟之最后觉悟。"（陈独秀：《吾人最后之觉悟》，《陈独秀著作选编》第一卷，第 179 页）可见《青年》创刊之际的定位并非政治，而是发起思想、道德革命，以期培育我国青年。因与基督教青年会的刊物有重名之嫌，《青年杂志》自第二卷起改名为《新青年》。
② 陈独秀：《敬告青年》，《陈独秀著作选编》第一卷，第 129 页。
③ 同上书，第 135 页。
④ 同上书，第 130 页。

面解放自我的历史。

　　1916 年 9 月 1 日，改版后的《新青年》正式面世。不可否认，基督教青年会在宗教的背景之下，对"青年"之健全人格的塑造和生活态度的培植确实用心甚多。陈独秀办刊同样聚焦于"青年"，志在唤醒和培育"新鲜活泼之青年，有以自觉而奋斗"。他强调青年之"新"有其独特含义，他说：

　　　　青年何为而云新青年乎？以别夫旧青年也。同一青年也，而新旧之别安在？自年龄言之，新旧青年固无以异，然生理上心理上，新青年与旧青年固有绝对之鸿沟。是不可不指陈其大别，以促吾青年之警觉。慎勿以年龄在青年时代，遂妄自以为取得青年之资格。①

所谓"新青年""真青年"，不仅有着与"青年"之年龄相匹配的健康强壮的好身体，更有着"新鲜真实之信仰"。究其根本，《新青年》之责，就是塑造名副其实的"青年"：引进西方文化，启迪精神世界的除旧布新，培育独立自主的个体，争取个体的全面解放。以新文化、新思想塑造"新"的青年，这是陈独秀办刊之定位，也是李大钊、胡适、鲁迅等一大批思想家走近此刊、为之著文的缘由，同时也体现了《新青年》与基督教青年会对"青年"内涵的不同理解："青年"的归宿不是宗教，而是独立自主的精神、自由解放的个体。"德先生""赛先生"和"费小姐"（自由，freedom），共同塑造了一代"新青年"。

　　"青年"无疑是个体一生中最值得珍惜和有所作为的"年龄"阶段。陈独秀在《青年杂志》的发刊词中就大声高歌：

　　　　青年如初春，如朝日，如百卉之萌动，如利刃之新发于硎，人生最可宝贵之时期也。青年至于社会，犹新鲜活泼细胞之在人身。②

"新鲜活泼"的细胞确保"青年"个体拥有身体的健康，以及来日方长的未来，同时也意味着在以推陈出新的进化为本质的时间洪流中，年轻气盛的"青年"必将淘汰老朽，在社会上赢得更广阔的空间和更丰盈的时间。1916 年，李大钊从日本寄给《新青年》的第一篇稿件即《青春》，如同"一年之计在于春，一日之计在于晨"，"青年"便是人生之"春"与"晨"。从梁启超的"少年"，到陈、李等的"新青年"，所高扬的，就是如清晨一样朝气蓬勃、如春天一样生机盎然的年轻生命。

　　因而，对于个体而言，"青年"并非一个可以简单数字化的生命阶段，尤其是

---

① 陈独秀：《新青年》，《陈独秀著作选编》第一卷，第 184 页。
② 陈独秀：《敬告青年》，《陈独秀著作选编》第一卷，第 129 页。

在"五四"新文化运动中，"青年"实际是一个由文化所建构的概念。《新青年》正是要大量输入以西方文化为主体的新文化，启发、号召和引领年轻人在精神世界自我革命、自我更新，从而成为由新文化所培育的一代新青年。

人生从来就不是孤旅。一方面，个体与同时在世的人与物打交道，这些经历和感受构成了其"年龄"数字背后的实际的生命内容。同样的"年龄"，可以有全然迥异的生命。孔子自十有五志学，至七十乃能从心所欲不逾矩；而其故人原壤却被讥为"老而不死"。所以"年龄"与个体生命的状态、价值并不能直接对应。即使同一个体，其生命的强度、密度在一生中也有云泥之别。另一方面，个体生死于历史长河，都正背负着他的过去，也将走向他的未来。

哈里森说：

> 今日一个在圣地亚哥打网球的三十岁女人更像巴尔扎克笔下三十岁女人的女儿而非妹妹。①

每代人都会度过其"三十岁"那年，但两代人在同样的"年龄"时，身心特征、生活态度却可能大相径庭，尤其是当社会、时代在发生剧烈变革时。这个生命个体的差别更多就是由新旧交锋的文化造就的。正因为不同的岁数对于个体存在的重要意义，哈里森主张"把时间视为年纪的函数"，他说："只有'年纪'可以给予'时间'一定程度的实质。"②这个见解确实非常独到。如我们所知，西方的柏格森、海德格尔等曾在时间问题上有过重大突破，但他们都未曾联系"年纪"以论"时间"。当然，哈里森更关注的，是人的"文化年纪"。

《新青年》正身处古今中西不同文化的抗争和更迭之际，其旨在以"新文化"启迪和培育民众和"新青年"，给予新青年以崭新的时间体验和生命意义，"文化年纪"是确定"新青年"身份最基本的标尺。陈独秀强调以"生理心理"而非"年龄"的标准来区分新旧青年，此"生理心理"正是由"文化"造就的。特别值得一提的是，《新青年》将"体育"作为新文化之一部分予以宣扬，体育逐渐被国人关注，成为年轻人积极参与的重要活动，其不仅有助于培养青年健康向上积极乐进的身心状态，也为青年创造了活动和交游的机缘，而且体育也是与"青年"这独特的生命阶段，以及保持"青年"状态最相契合的消磨时间的方式之一。③

---

① ［美］罗伯特·波格·哈里森：《我们为何膜拜青春——年龄的文化史》，"前言"第2页。

② 同上书，第1页。

③ 梁启超就非常关注健康的体魄对于"少年"或"新民"的重要性。"体育"在基督教青年会以及《新青年》都极为关注，毛泽东以"二十八画生"署名发表于《新青年》的文章即是《体育之研究》。在2021年热播的电视剧《觉醒年代》中，北京大学学生打篮球、胡适、蔡元培等教师晨跑，都真实地再现了这股时代潮流。

蔡元培执掌北京大学后，陈独秀受聘，《新青年》编辑部移师北上。1919 年 5 月 4 日，因巴黎和会上中国外交的失败，国内爆发了以爱国学生为主体的抗议运动。五四运动自北京至全国、由学生至工人，甚至全民参与，是中国近代史上具有标志性的事件。这些被《新青年》点亮智慧、燃起激情的"青年"，作为一个特殊群体，以满腔的义愤和坚定的果敢担当起了救亡图存、反帝反封建的时代重责，并逐渐成为一种引领时代步伐、建设青春中国的新兴力量，成为历史舞台上极其亮丽的风景，"青年时代"来临了。①

"五四"以后，《新青年》的主要内容由高弘个性解放的伦理觉悟，转向重在宣传马克思主义、社会主义，并成为中国共产党的正式机关刊物。②《新青年》这一重大变化，显示并最终加剧了《新青年》同人以及"新青年"群体的分化，但也深刻地影响了一批热血爱国青年的人生新选择，一部分"新青年"由此开始接受和确立了马克思主义的信仰，逐渐以唯物史观代替进化史观来寻找救国之路。

钱穆说"青年"是"民国以来一新名词"：

> 古人只称童年、少年、成年、中年、晚年。男二十而冠，女十八而笄，始为成年。亦即称成人。男亦称丁。至是始授田而耕，又当充义务兵役。男女成年始得婚嫁，结为夫妇。至中年，则已为人父母。乃独无青年之称。或称青春，则当在成婚前后数年间。及其为人父母，则不再言青春矣。民初以来，乃有《新青年》杂志问世。其时方求扫荡旧传统，改务西化。中年以后兴趣勇气皆嫌不足，乃期之于青年。而犹必为新青年，乃指在大学时期身受新教育具新知识者言。故青年二字乃民国以来之新名词，而尊重青年亦成为

① 从 1915 年 9 月至 1926 年 7 月，《新青年》出版累计 63 期，警醒、鼓舞了无数知识青年，革新、武装了他们的精神世界，引领着中国思想界之风向。如胡适所言，《新青年》创造了一个新时代。据统计，从 1915 年创刊号上的陈独秀的《敬告青年》，到 1922 年九卷 9 号上汪静之的《悲哀的青年》，《新青年》先后刊登了 37 篇与"青年"有关的文章。（参见邓金明：《从〈新青年〉到"新青年"——五四青年对〈新青年〉杂志的阅读研究》，首都师范大学博士学位论文，2005 年）同时期的其他进步刊物如《晨钟》《少年中国》等，都有大量以"青（少）年"为主要的文章，无论是激情澎湃的宣言，还是丰富多元的讨论，无疑对当时年轻的读者群体的有关"青年"的自我觉醒和培育起到了非常重要的鼓动、指引和规范作用。

② 自 1919 年的第六卷起，《新青年》宣传马克思主义、社会主义的文章开始增多，其中，第六卷第 5 号是马克思主义研究专号，有 8 篇文章介绍马克思及其学说。1920 年 9 月《新青年》迁至上海，成为中国共产党上海发起小组宣传马克思主义的思想阵地。之后曾几经停刊、复刊，至 1923 年出版的《新青年》季刊，已是中国共产党的正式机关刊物，直至 1926 年 7 月停刊。胡适后来把《新青年》同仁从"不谈政治"到"政治兴趣的爆发"的转折定在 1918 年"欧战终了"之时。当然，此处所谓"政治"，特指是偏向于注重集体、重视"群"之力量的社会主义。

民国以来之新风气。

> 提倡新青年，乃又提倡新文学。一时群认白话始为新文学，前所旧传，则名之曰官僚文学、贵族文学、封建文学，皆在排斥之列。①

虽然钱穆并不赞同这种与传统断裂的文化能真正塑造"新青年"，他反对今人自以为是的傲慢，也为古人鸣不平。这一方面是出于"历史之温情与敬意"②，另一方面也预见了《新青年》以西破中、以今去古对中国传统文化，乃至对中国人的精神世界可能造成的隐忧。不过，他点明"青年"一词，以及"尊重青年"之风与民国，尤其是《新青年》的联系，这是很敏锐且确当的。

第二节　李大钊："青春"与"今"

"青年时代"开启，新时代的青年也有着特别的时间意识与经验。其中，李大钊有关"时间"的思想不仅曾令无数青年激情澎湃，还构建了生机勃勃的青春中国的形象。

李大钊（1889—1927），字守常，河北省乐亭县人，1916 年留日回国后曾先后担任《晨钟报》《新青年》等报刊的编辑，"五四"新文化运动主将之一，同时也是中国最早的马克思主义者，中国共产党早期的主要创始人和领导者之一。

李大钊与陈独秀志同道合、意气相投。在"时间"问题上，他比时人更敏锐也更自觉。他直接把"时间"视为关键词，从时间的主体、方向、动力等多方面对时间展开了具体且丰富的讨论。他在极短的时间中很密集地撰写了大量以"时间"及其特征为题目或内容的文章，不仅广泛引领了青年学生的新时间观，还积极走近并启蒙、号召工人群体，同时也极大推进和充实了思想界对时间问题的思考。

1916 年 9 月，李大钊在《新青年》发表的第一篇文章就是《青春》③，洋洋洒洒、文采斐然，大有梁启超《少年中国说》之风；但同时又有理有据、充满哲思，

---

① 钱穆又说："但此等皆近人所立之新名词，倘起古人于地下而告之，如屈原，如陶潜，斥之为贵族，为官僚，为封建，闻及此等名词岂不惊诧，更复何辞以答。"（参见钱穆：《中国文学论丛》，《钱宾四先生全集》第 45 卷，第 29 页）

② 钱穆：《国史大纲》，《钱宾四先生全集》第 27 集，第 19 页。

③ 《青春》写于 1916 年 4、5 月间，其时李大钊尚在日本留学；该文发表于 1916 年 9 月 1 日出版的《新青年》第二卷第 1 号。

与陈独秀及《新青年》对"新青年"的期许遥相呼应。"青春"和"今"是李大钊时间观最显明的标志，包括学生和工人在内的"青年"是时间的主体。1919年以后，李大钊转向马克思主义，比较系统地从唯物史观的视角讨论了"时间"，并将中国的"未来"从欧美等资本主义国家转向苏俄社会主义国家。

一、"青春"

李大钊也是受过进化论洗礼、深信宇宙社会的不断进步的，他说：

> 吾人以为宇宙乃无始无终自然的存在。由宇宙自然之真实本体所生之一切现象，乃循此自然法而自然的、因果的、机械的以渐次发生渐次进化。道德者，宇宙现象之一也。故其发生进化亦必应其自然进化之社会。而自然变迁，断非神秘主宰之惠与物，亦非古昔圣哲之遗留品也。①

这里，他将自然、社会、道德等都视作"宇宙自然之真实本体所生"，并遵循着"渐次进化"的自然法则的"现象"。在《青春》中，他进而阐发此宇宙本体之绝对性：

> 宇宙果有初乎？曰：初乎无也。果有终乎？曰：终乎无也。初乎无者，等于无初，终乎无者，等于无终。无初无终，是于空间为无限，于时间为无极。质言之，无而已矣，此绝对之说也。②

作为本体的宇宙是绝对的，"无"并非不存在，或佛家所谓性空，而是指宇宙本体于时间空间的无限性。现象是"相对"的，所谓"相对"，即就现象之差别万殊而言，任何现象都处在"进化"之中，呈现为各种状态的变化与对立。这一方面表现为个体的"有"："个体之积，如何其广大，而终于有限。一生之命，如何其悠久，而终于有涯。"③任何个体都是作为现象而存在的，因而在广大悠久的"无"之宇宙中，个体如沧海一粟，无论时间还是空间，总是极为有限的，他称之为"有"。另一方面，绝对的本体是"一"，相对的现象则有各种"二"，在他列举的诸种"相对"之中，生死、盛衰等都是旧说，但"青春"与"白首"、"健壮"与"颓老"却是新语，这也正是"青年"与"老年"之对立。

相对的现象、个体总是存在、活动于有限的时间与空间。有限如何至于无限？相对何以转为绝对？李大钊以《周易》之"易"与"常"等论"变"与"不变"

---

① 李大钊：《自然的伦理观与孔子》，《李大钊全集》第一卷，第246页。
②③ 李大钊：《青春》，《李大钊全集》第一卷，第183页。

之理，并直接以"青春"阐释"变"：

> 其变者青春之进程，其不变者无尽之青春也。其异者青春之进程，其同者无尽之青春也。其易者青春之进程，其周者无尽之青春也。其有者青春之进程，其无者无尽之青春也。其相对者青春之进程，其绝对者无尽之青春也。其色者差别者青春之进程，其空者平等者无尽之青春也。①

通常总是以生死、盛衰等相异性为"变"的实质，但李大钊以"青春"统摄"变"与"不变"，他直接将宇宙本体视作"无尽之青春"，将现象、个体之生死、盛衰等视作宇宙本体的"青春之进程"，生死、盛衰等"变"的进程"轮回反复，连续流转"，终至无穷。

作为生命个体的"吾人"，亦是宇宙中一有限的相对现象。但人在天地间，自有其特别之处，这也是李大钊于《青春》中极力赞颂的：

> 青年锐进之子，尘尘刹刹，立于旋转簸扬循环无端之大洪流中，宜有江流不转之精神，屹然独立之气魄，冲荡其潮流，抵拒其势力，以其不变应其变，以其同操其异，以其周执其易，以其无持其有，以其绝对统其相对，以其空驭其色，以其平等律其差别，故能以宇宙之生涯为自我之生涯，以宇宙之青春为自我之青春。宇宙无尽，即青春无尽，即自我无尽。此之精神，即生死肉骨、回天再造之精神也。此之气魄，即慷慨悲壮、拔山盖世之气魄也。惟真知爱青春者，乃能识宇宙有无尽之青春。惟真能识宇宙有无尽之青春者，乃能具此种精神与气魄。惟真有此种精神与气魄者，乃能永享宇宙无尽之青春。②

诚然，个体之人有青春有白首，且青春易逝，白首难拒。但如果个体能契会本体、能自觉选择与本体同流，即"以其绝对统其相对""以宇宙之生涯为自我之生涯，以宇宙之青春为自我之青春"，则自有一种"精神与气魄"，故"吾人"并非只能在进化洪流中随波而逝消散于无，而是可以驾驭变易、主宰流行，乃至"永享宇宙无尽之青春"的。李大钊呼吁"青年锐进之子"，要真知自我青春之可爱，要能识无尽青春之宇宙本体，从而在现象万殊之流转中，能应变、操异、执易、持有……总之，不仅能以"青春之我……相邂逅于无尽青春中之一部分空间与时间"，而且能"依人为之工夫"，主动担负在宇宙间"柔化地球之白首"、警觉并挽救"日向灭种之途"的人类重返无尽青春之域，共奏"起死回生之功"，即以"人

---

① ② 李大钊：《青春》，《李大钊全集》第一卷，第184页。

为"而使进化"背逆自然",冲决白首之网罗,而建设青春之新生。

忧国忧民之李大钊亦有"神州悲板荡,丧乱安所及"(《太平洋舟中咏感》)的悲愤,但他并没有绝望到以为"中华之国家,待亡之国家也;中华之民族,衰老之民族也"。他号召年轻人能如"宗教信士之信仰上帝"那样坚信"人类有无尽之青春",更能勇当其责,以青春之心力使已趋衰亡的国家与民族度过危机、焕发新生。他认为,民族、国家如生命一样,也有青春勃发渐强渐盛,也有白首颓靡递衰递亡。他将"新"必推"陈"、"朝气横溢"必克"死灰沉滞"、"青春"必胜"白首"视作"天演公例"。在他看来,宇宙就是一个"由无始的实在"向"无终的实在"永恒奔流、生生不已的过程,其中:

> 顾吾以为宇宙大化之流行,盛衰起伏,循环无已,生者不能无死,毁者必有所成,健壮之前有衰颓,老大之后有青春,新生命之诞生,固常在累累坟墓之中也。[1]

在李大钊看来,宇宙本体正因为现象之新老更替、死生相续而永葆青春、绵延不绝,他以"死与再生之连续"为生命的本质,并在此强调"衰颓"与"健壮"、"老大"与"青春"的相继相承,就是鼓舞国人不可以以当前之"衰颓"和"老大"而失去对未来之再生和回春的信心和努力。但国家民族之由死转生、由毁至成、由废落至开敷,需要以自觉、主动的人为进化之力。所以,他反复呼吁中国之青年树"信力"、增"愿力",以救国运、兴民族,认为唯有灌注了青春活力之人,以其坚定之信念、强力之意愿、畅盛之生命、特殊之天才,才能战胜苟延残喘之"白首中国",才能在近死之际孕育"青春中国",使之复活更生、回春再造。只有青春中国才能立足于世界,而唯有青春之人才有此心此力。"青春"是生命的价值,"无尽的青春"是时间的本质。

二、"今"

在国族存亡绝续之际,有识之士心忧如焚,惜时胜金,时不我待之急迫、机不再来之顾虑,使得他们在告别过去、构建未来的同时,将"今"视作时间最重要之维。在《青春》中,李大钊创造性地阐发了"中华"之义涵,并将时间之"中"义与"今"相联系,他说:

> 中者,宅中位正之谓也。吾辈青年之大任,不仅以于空间能致中华为天下之中而遂足,并当于时间而谛时中之旨也。……吾人当于今岁之青春,画

---

① 李大钊:《〈晨钟〉之使命——青春中华之创造》,《李大钊全集》第一卷,第166页。

为中点，……中以前之历史，白首之历史，陈死人之历史也。中以后之历史，青春之历史，活青年之历史也。青年乎！其以中立不倚之精神，肩兹砥柱中流之责任，即由今年今春之今日今刹那为时中之起点，取世界一切白首之历史，一火而摧焚之，而专以发挥青春中华之中，缀其一生之美于中以后历史之首页，为其职志，而勿逡巡不前。①

李大钊以"今"为"中"，划分了不同的历史阶段，以"今年今春之今日今刹那为时中之起点"，为青年努力的开端。他不空叹已逝之过去，不虚慕未至之未来，而只强调从"今"开始，以"今日主义"为青年的安心立命之所：

　　以吾人之生……特为时间所执之无限而已。无限现而为我，乃为现在，非为过去与将来也。苟了现在，即了无限矣。②

"今"之重要，首先在于此是唯一"确有把握"的时间，已逝之过去和未至之未来都只能停留在记忆或浮现于期待之中，只有以"今"之行动而突破有限时空的拘限，才能改造已成之现在，趋近理想之未来。

其次，重"今"必勇于弃"古"。李大钊强调古今之异，宣称"古"必将为进化的潮流所淘汰。但他鼓励青年自觉认清古今之别，辅之以人为之力，加速古今之蜕演，培育、珍爱青春中华之花。

再者，日日自觉而更新的"今"，构成了永存生机常葆青春的人生：

　　青年之自觉，一在冲决过去历史之网罗，破坏陈腐学说之图圄，勿令僵尸枯骨，束缚现在活泼泼地之我，进而纵现在青春之我，扑杀过去青春之我，促今日青春之我，禅让明日青春之我。一在脱绝浮世虚伪之机械生活，以特立独行之我，立于行健不息之大机轴。……不仅以今日青春之我，追杀今日白首之我，并宜以今日青春之我，豫杀来日白首之我，此固人生唯一之蕲向，青年唯一之责任也矣。……吾愿吾亲爱之青年，生于青春死于青春，生于少年死于少年也。③

我们每天都处于"今"，无量的"今"依序而至；但李大钊的"今"不是重复的累积，而是日新日日新的努力，是不断地自我克服、改进，甚至是洗心革面、脱

---

① 李大钊：《青春》，《李大钊全集》第一卷，第 188 页。
② 同上书，第 190 页。
③ 同上书，第 191—192 页。

胎换骨。"扑杀""追杀""豫杀",虽然显得过于严苛冷酷,但李大钊意图借以传达的心迹是:"新"或"创造"才是"今"的本质、"青春"的内涵。

李大钊先后作过两篇《今与古》的文章,从进化论角度论证了"今"必胜"古",分析了怀古思想的起因,揭示了崇古派的错误,鼓励大家"崇今",担当起"利用现在的生活,而加创造,使后世子孙得有黄金时代"的责任,确立乐天努力的历史观人生观。他认为古人创造古时,今人创造今世,由古而今,是一线串联的一个渐渐升高、螺旋状进步的大生命。他将进化的一个周期分为三个阶段,其中,"第三"能摒弃前二之不足,又汲取前二之优长,故为"理想之境,复活之境,日新之境,向上之境,中庸之境,独立之境也",是"宇宙生生之数,人间进步之级"。他将"今"视作"第三"之日,将过去与未来的价值都汇集于现在,即不断以蕴积了"古"之成就的"今"为奔向未来的新起点。古今之间有延续性,但更有新陈代谢、有革故鼎新,这样宇宙、文化、社会、个体才能永远灌注着新鲜血液,灌注着青春活力,才能长久绵续。

《时》是李大钊于1923年为《晨报》五周年纪念日所作之文。他不仅直接以"时"为题,也集中阐述了其对"时"之观念的种种理解,这是中国20世纪较早明确以"时"为主题的哲学论文之一。在他看来,"时"具"伟大的创造者"与"伟大的破坏者"于一体,是"无始无终的大自然""无疆无垠的大实在"。尽管各个研究领域都在讨论"时是什么东西",但他认为大多数的研究或者只是有关时的"计算",而未能涉及时的"根本问题";或者以空间比拟时,但终究"不能得其象迹";或是归诸主观,或是论之相对……他认为此种种都未能及"时"之真义,其中,他重点剖析了"时如一线"的观点:

> 谓时如一线,引而弥长,既被引者,平列诸点,有去来今。但以此喻说明时的递嬗,亦不合理。因此一线,既已引者,悉属过去,未曾引者,当在未来,现今之点,列于何所?[1]

"时如一线"不仅将时间空间化,而且将流动的时间切割为一些匀质延展的点,并对应于静止的空间,李大钊说"时如一线"的比喻无法说明"时的递嬗",流逝绵延的时间无法找到不变的"所"。他进而凸显"今"或"现在"在时间之流中的独特性:

> 三世代迁,惟今为重。……此线之行,实由过去,趋向未来,必有力焉,引之始现。此力之动,即为引的行为,引的行为,即为今点所在。过去未来,

---

① 李大钊:《时》,《李大钊全集》第四卷,第350页。

皆赖乎今，以为延引。今是生活，今是动力，今是行为，今是创作。苟一刹那，不有行为，不为动作，此一刹那的今，即归于乌有，此一刹那的生，即等于丧失。本乎此理，以观历史，以观人生，有二要义，务须记取：时的引线，与空间异。引线于空间，可以直往，亦可以逆返……至于时间，则今日之日，不可延留，昨日之日，不可呼返。我们能从昨日来到今日，不能再由今日返于昨日。我们在此，只能前进……只有行动，只有作为，只有迈往，只有努进，没有一瞬徘徊的工夫，没有半点踌躇的余地。你不能旁观，你不可回顾，因为你便是引线前进的主动。……另有一义，随之而起。凡历史的事件，历史的人物，都是一趟过的。①

这段长文中，李大钊阐述了时间性的"今"的主体、内容、特点：

首先，流逝的时间确如一线延展，但此"线"需要有"力"相引，才能从过去流向未来，于"今"活动的人们就是时间引力的主体，人们于"现在"的行动才能连缀已逝的过去，并朝向将至的未来。因而，人不是置身于时间洪流之外的旁观者，也并非无奈地被逝水裹挟着带着跑的存在者，行动着的今之人是牵引、创造时间之线的主体。

其次，"今"不是一个空洞的形式，也不是简单重复，而是由人的生活、行为所充实的，并且通过创造性的活动开辟着新的未来。

再次，"今"是不可逆的。时间与空间不同，人们可以在不同空间多次往返，可以在某地逗留；但光阴似箭，时间只能是一去不返的，人们既不可能回到过去或也无法止步于某时。他再三强调时间洪流中的人与事都是刹那生灭、"一趟过的"，因此行动者不仅要迅速地行动，同时也应小心谨慎，注意行动方向的方式、方向等，否则因果相续，不恰当的选择不仅可能徒费时间、错失良机，而且于事无补甚至酿成后患。

李大钊进而通过"前后"来说明空间与时间之别：

在空间论前后，前在我们的面前，后在我们的背后。在时间论前后，却恰与此相反。一说前日，便是指那过去的一日；一说后日，便是指那未来的一日。这样说来，后日却在我们的面前，前日反在我们的背后。②

在日常经验，我们常以"前后"通论空间与时间，但若细究，前后在时空中的含义却正相违反，只是人们日用而不察。李大钊认为这种不加反省的混用正反映了

---

① 李大钊：《时》，《李大钊全集》第四卷，第350—351页。
② 同上书，第351页。

我们对于"时"的一种错误理解：

> 这等言语，很可以表示我们时的观念的错误，历史观的错误，人生观的错误。……这种时的观念所产生的历史观、人生观，是逆退的，是静止的，是背乎大自然大实在进展的方面的，是回顾过去的，是丧失未来的。……我们要改变这误谬的时的观念，改变这随着他产生的误谬的历史观、人生观，要回过头来顺着向未来发展的大自然大实在的方面昂头迈进，变逆退的为顺进的，变静止的为行动的。这样子，我们才能得到一个奋兴鼓舞的历史观，乐天努力的人生观。①

通常情况下，人们以为"时"的目标、价值等都在遥远的过去，人立于时间之外，被动地被外在的时间列车带着前行，人于"现在"之时，却总是要转过身来回望起点，以归根复初为宗，这样过去就成了人的身之"前"，未来则置于人的背之"后"了。李大钊提醒人们要破除这错误的时间观，以现在为"时"的本质和意义所在，以未来为"时"的方向，人不仅要自处于时间之内，而且要自觉积极地充当时间列车的主动力，是要努力清除障壁、开辟道路的。循环、倒退都不是时间的本相，"螺旋的进步"才是时间的实质。他进而指出，两种时间观所引发的人生观、历史观正好相反，而他则呼吁年轻人以乐观互助的精神让每一个"今"都能在"欢天喜地的"行动和创造中度过。只有我们能"随着这有进无退的时的流转，郑重的过这一趟，演这一回"，才能以"今"胜"古"，也才能与时间合辙、与无尽的宇宙同流，有限的个体也才能由此获得不朽和无限的价值。

在此，一方面，李大钊通过对"时是什么东西"的追问，剖析了通常人们在"时如一线"的观念中的错误，强调"时"之"前"是面向未来的、人的行动和创造是时间的动力；另一方面，"今"仍是其时间观的核心，他在此文中也再次确认自己为"崇今论者"，号召人们抓紧每一个"现在"，用心于每一个行动。

三、青年与老年

《青春》是属于"青年锐进之子"的；《晨钟》是"青年之友"，《新的！旧的！》呼吁新青年起来"打破此矛盾生活的阶级，另外创造一种新生活"，《现代青年活动的方向》还是为现代青年掌舵定航……总之，李大钊将"青年"视作时间的主体、将青年的行动视作时间的动力。

---

① 李大钊：《时》，《李大钊全集》第四卷，第351—352页。

"青年",李大钊不吝各种溢美之词,如"亲爱的""前途辽远""菁菁茁茁"等等;如"青年"相对的是"老年"或"老辈",修饰词则往往是"白首""沉滞颓废""衰朽枯窘""怀古"之类,并且还认为老辈人会以"老"之特权而"轻蔑""嘲骂""诽谤""凌辱"青年。将"青年"与"老年""青春中国""白首中国"对立而言,这也与梁启超《少年中国说》一脉相承。他认为,一方面随着进化之流,老年终将退出历史舞台;面向未来的"今"一定属于青年;"青年"比"老年"有着自然的时间优势。另一方面,只要年轻人能自觉、行动,也必将成果丰硕、超越前人。更多的时候,他总是警醒年轻人自强自新,鼓励"现代青年"于寂寞、痛苦、黑暗处行动①,而并不强烈号召青年奋起而与老年抗争。

不过,李大钊的"青年"与"老年"之别,依旧不限于自然年龄:

> 人类之寿,虽在耄耋之年,而吾人苟奋自我之欲能,又何不可返于无尽青春之域,而奏起死回生之功也。②
>
> 同一年龄者,其精神状态不必相同,年少者未必果新,年老者未必果旧也。……年龄……举不足为区别新旧之准也。③

虽然著《青春》一文的李大钊已趋而立之年,虽然他在此文中殷切呼唤的是"青年",但他同时指出,只要"吾人"能"奋自我之欲能"、与宇宙本体"无尽之青春"为一,则无时非青春;即使身为耄耋,亦可逢春再生。就个人而言,保守陈腐,即是"白首之我",活泼健行,是为"青年之我"。在稍后写作的《〈晨钟〉之使命——青春中华之创造》一文的篇尾,他特地附言以说明:

> 篇中所称老辈云者,非由年龄而言,乃由精神而言;非由个人而言,乃由社会而言。有老人而青年者,有青年而老人者。老当益壮者,固在吾人敬服之列,少年颓丧者,乃在吾人诟病之伦矣。④

"青春"之美好可贵,不仅在年华易逝,而在高昂的斗志、担责的热忱、丰沛的生命力等诸种精神特质,以及由此所造就的日新、创造之自我与世界。《青春》,以及发表此文的《新青年》,乃至整个新文化运动,就是要以这种"青春"的文

---

① 参看李大钊:《现代青年活动的方向》,《李大钊全集》第二卷,第317—321页。
② 李大钊:《青春》,《李大钊全集》第一卷,第186页。
③ 李大钊:《调和之法则》,《李大钊全集》第二卷,第28页。
④ 李大钊:《〈晨钟〉之使命——青春中华之创造》,《李大钊全集》第一卷,第170—171页。

化去造就一个朝气蓬勃的青年时代，重建一个生机无限的新国家新民族。李大钊说：

> 以青春之我，创建青春之家庭，青春之国家，青春之民族，青春之人类，青春之地球，青春之宇宙，资以乐其无涯之生。①

这样的"我"，已不再只是一个时间有限的生命个体，而是与宇宙本体合一、融入无限宇宙之流的无尽之青春了。

尽管在李大钊笔下，有很多矛盾的对立，如生与死、毁与成，乃至白首与青春、老年与青年等等，但他还以"调和"为美②，所以在老年与青年之间，他也希望双方能兼具调和之德。李大钊将"调和"视作现代社会，以及现代人的重要标志：

> 现代之文明，协力之文明也。……老人与青年亦不可不协力。现代之社会，调和之社会也。……老人与青年亦不可不调和。惟其协力与调和，而后文明之进步，社会之幸福，乃有可图。
> 青年贵能自立，尤贵能与老人协力；老人贵能自强，尤贵能与青年调和。③

如果青年与老年不是互相贬损互相设障，而是"竭尽其所长，相为助援"，比较有助于双方之生活，乃至社会之进化。这确实是很美好的理想之境。不过他回看中国之现实，却发现当时的老人在其年轻时缺乏"真正"青年之自觉与行动，以至于年老体弱智力固陋，现在的青年很难以与之调和；所以他只能期待和鼓励现在的青年：

> 吾惟盼吾新中国之新青年速起而耸起双肩，负此再造国家民族之责任，即由青年以迄耄老，一息尚存，勿怠其努力，勿荒其修养，期于青年时代为一好青年，即老人时代为一好老人，勿令后之青年怜惜今之青年，亦如今之

① 李大钊：《青春》，《李大钊全集》第一卷，第192页。
② 李大钊先后著有《调和之美》（1917年1月）、《调和之法则》（1917年春）、《青年与老人》（1917年4月）等文讨论调和问题。不过他强调："盖调和之目的，在存我而不在媚人，亦在容人而不在毁我。自他两存之事，非牺牲自我之事。……余爱两存之调和，余故排斥自毁之调和。余爱竞立之调和，余否认牺牲之调和。"（参看李大钊：《调和之法则》，《李大钊全集》第二卷，第27—28页）
③ 李大钊：《青年与老人》，《李大钊全集》第二卷，第32页。

青年怜惜今之老人也。①

"新文化"不仅要唤醒现在的新"青年",还将目光投向未来,希望成就未来"勿怠其努力,勿荒其修养",永葆青春之活力与生机的好"老人"。青年为因,老年为果。人是可以在"夏天学滑冰冬天学游泳"的动物,未雨绸缪。青年不努力,老大徒伤悲。若要老年幸福,必自青年珍重。对于"青年"而言,如何学着从年轻时为老年自己的身心健康而负责,对于"老年"而言,如何保持对生活的敏感与热情,学着"优雅地老去",这都是实在且必要的"修行"。不管如何,青年与老年相亲互持、彼此增益、和睦同乐,确实是至今都令人神往的生存状态和社会关系。就此而言,李大钊的时间意识足够深沉悠远。

四、唯物史观与"时间"

1917 年十月革命的胜利极大地震动了中国思想界,部分学者开始研究俄国革命、布尔什维克、马克思主义,希望为解决中国问题寻找新出路,李大钊就是其中之一,他逐渐确立了马克思主义的新信仰,并开始撰写介绍马克思主义的论文②,从唯物史观的角度理解时间开始进入中国人的视野。

李大钊一直非常注重历史观的研究,转向唯物史观后,其对"时间"的阐发有了新的角度:

首先,"历史观"本身也具有时间性。

李大钊比较分析了先后出现的各种历史观,发现其更迭有某种内在规律,即由"神权的、精神的、个人的、退落的或循环的"旧史观向"人生的、物质的、社会的、进步的"新史观的变革。③换而言之,他认为唯物史观取代唯心史观,是"历史观"的历史演进特点之一,但这一过程并非直线式的,包蕴着无数曲折,所

---

① 李大钊:《青年与老人》,《李大钊全集》第二卷,第 34 页。

② 从 1918 年起,李大钊陆续发表了《法俄革命之比较观》《庶民的胜利》《Bolshevism 的胜利》《新纪元》等一系列文章;1919 年 9 月和 11 月,李大钊先后在《新青年》杂志第 6 卷第 5 号和第 6 号上发表《我的马克思主义观》。此文不仅是李大钊转变为马克思主义者的重要标志,而且这篇长达 26 000 多字的文章也是第一篇中国人撰写的、系统介绍马克思主义的文章,对马克思主义在中国的传播举足轻重。后来他还发表了《由经济上解释中国近代思想变动的原因》《唯物史观在现代史学上的价值》《马克思的历史哲学与理恺尔的历史哲学》《史学要论》等多篇论文或著作。1920 年 10 月起,他在北京大学开设了"唯物史观研究"等课程。1924 年 5 月,《史学要论》一书在商务印书馆出版,该书讨论了"什么是历史""什么是历史学""历史学的系统""史学在科学中的地位""史学与其相关学问间的关系""现代史学的研究及于人生态度的影响"等六个专题,集中地反映了李大钊唯物史观的基本观点,这也是中国第一部马克思主义史学理论专著,对在中国的引进和发展唯物史观意义重大。

③ 参见李大钊:《史观》,《李大钊全集》第四卷,第 254 页。

以树立和坚守新史观，责任重大。

其次，在"历史观"的变革中，时间的方向由"退落的或循环的"转向"进步的"、时间的主体由"神"转向"人"、由"精神的、个人的"转向"物质的、社会的"，从"心的势力"转向"物的势力"①。李大钊明确指出，"生产力"是历史发展即时间的"最高动因"，而苏俄代替日本、欧美，成为中国学习的榜样和"未来"所向。

第三，"历史"的范围与时间维度。"历史是'社会的变革'。不但过去的历史是社会的变革，即是现在、将来，社会无一不在变革中。……历史的范围不但包括过去，并且包有现在和将来。"②他认为"历史的真实"不仅要求正确地记录曾经遭遇过的事，而且应对历史事件作出正确的"解喻"："解喻是活的，是含有进步性的；所以历史的事实，亦是活的，含有进步性的。"③也就是说，"历史"应该要正确地记录并解释社会的革故鼎新，但无论是过去、现在和将来，社会都在迁移变化，这些都是历史的研究领域。所以历史不仅研究"过去"，也要了解现在、把握历史的发展趋势，既要"整理事实"，也要"理解事实"，以确定且变化的事实为证据、寻出历史"进步的真理"，这样才能为苦难中国寻找到切实可行的革命、解放之路。

第四，李大钊的唯物史观研究将国家，乃至世界的命运与个体的存在紧密联系起来。他认为，历史观的演进会直接影响人生观的蜕变，唯物史观将"历史学提到科学的位置"，揭示了现实与理想、个人与社会等多重的辩证关系。唯物史观的科学态度，一方面提醒个体关注现实，"造成我们脚踏实地的人生观"；另一方面指明了未来的方向，鼓励个体"乐天努进的人生观"，他说：

> 我们在此进步的世界中、历史中，即不应该悲观，不应该拜古，只应该欢天喜地的在这只容一趟过的大路上向前行走，前途有我们的光明，将来有我们的黄金世界。这是现代史学给我们的乐天努进的人生观。④

李大钊还认为知识分子是历史的先驱，在社会中共同劳作、追求进步的"人民群众"是历史的真正主体，所以李大钊呼吁青年"到农村去"、号召知识阶级"与劳工阶级打成一片"。同时，他还强调历史主体的世界性，认为"现在"是"世界的平民的时代"，大家要联合起来，"创造一种世界的平民是新历史"。这

---

① 李大钊说："不求其原因于心的势力，而求之于物的势力。"（参见李大钊：《唯物史观在现代史学上的价值》，《李大钊全集》第三卷，第218—219页）

② 李大钊：《史学概论——在上海大学的演讲》，《李大钊全集》第四卷，第358页。

③ 李大钊：《史学要论》，《李大钊全集》第四卷，第403页。

④ 同上书，第445页。

样，李大钊以唯物史观为基础，引导青年自觉积极地将个体的时间融入历史的进程之中。

第五，"五一""五四"纪念日与"八小时"。

李大钊是最早向国人介绍"五一国际劳动节"和欧美工人争取八小时工作制的思想家，并号召工人觉醒、组织工人行动。如我们所知，马克思主义时间观的一个重要内容就是发现了时间与剩余价值的关联，同时在《资本论》等著作中阐述了"自由时间"的理论，论证了"自由时间"对个体存在与发展、对批判资本主义、建设未来社会的重要作用。虽然李大钊此时并未来得及认真研究这些问题，但他已经敏锐地注意到了国际工人运动中的"时间"问题及其与工人之自觉和解放的关系。

"五四"运动两周年时，李大钊又著文倡议纪念"五四"、高扬"五四"精神。他指出"五四"运动不仅仅是发生于中国一个国家的一次学生运动，其实质是"人类自由的精神"通过直接行动以反抗"强权世界"，也是"青年时代"登上中国历史舞台的宣言。

总之，李大钊的时间观歌颂"青春"，以"今"为重，他鼓励青年自强，号召青年以国家为重，以创造青春中华乃至青春宇宙为使命。可以说，他言传身教的是一种"英雄的现时"①，是很多徘徊在过去与未来之间的青年可敬可亲的引路人。六十多年之后，冯契还屡屡言及李大钊哲学中"今"的重要价值。

虽然早期李大钊未能建立起系统缜密的理论体系，其文章总体是激情澎湃、壮志满怀，带有进化史观和唯意志论的色彩，对具体观点的论证和阐释都不够充分，但情能感人、志能动人，他的时间观唤醒、振奋和培植了一代年轻人，共同开辟了一个创造历史的青年时代。转向马克思主义之后，他的理论素养更加坚定、扎实，观点明确、论证翔实，以唯物史观为基础的时间观不仅以"可爱"而激发

---

① 如第一章已述及，伊夫·瓦岱强调"现代性是一种'时间职能'"，是与时间意识对应的。他把不同的时间形态称作"时间类型"，"这些时间模型反映了历史时间的种种表现形式，它们受到某个特定时代所特有的事件、集体经验、习俗变化以及言论（文学、意识形态、科学等方面）的支配"。"空洞的现时"和"英雄的现时"是他关于现代人的时间类型的一种区分。所谓"空洞的现时"是一种典型的浪漫主义的时间观，即"一方面，他们很难脱离传统的生活方式，而另一方面，他们却又难以接受当代的社会价值，在他们看来，这个社会无论是与过去的精神财富相比还是与我们对未来的可能抱有的期望相比，都表现出很低的层次"（参看［法］伊夫·瓦岱：《文学与现代性》，第51页）。"空洞的现时"展现了现代人在过渡时代中的困惑、彷徨和迷茫。"英雄的现时"与此不同："没有人去倾听明天将刮起的风；然而，现代生活的英雄主义围绕着我们，让我们感觉到它的分量。""它视现时为一个常常处于危机状的时代，这个时代要求人们进行斗争，这种斗争那么享有盛名，但它并不比后者缺乏英雄气概。"（同上书，第57—58页）"英雄的现时"就是一种即使是面对不满、失落和茫然，也能勇敢承担、探求、抗争。

众人，更以"可信"而更有凝聚人心的力量。在李大钊、陈独秀等部分《新青年》同志的宣传和感召下，一批年轻人逐渐坚定了马克思主义信仰，积极投身中国的革命进程之中。如今，我国立法保障公民节假日和"八小时工时制度"，这些时间制度的确立，与李大钊等思想先驱的宣传、抗争亦密不可分。

与青年学生相比，从年龄上看，李大钊稍长、接近中年；从文化、精神上看，李大钊自己不仅是坚忍不拔、益自奋勉的，同时也理解、珍爱、鼓舞和引导青年，他是学生、工人等青年的良师诤友，他的生命定格于三十八岁，但其青春洋溢的生命光芒至今不堕。

第三节　胡适：个体时间意识的觉醒

被《新青年》等时代之风唤醒的"新青年"是个体觉醒的一代。《新青年》号召个体的独立与解放，青年对个体的存在有着敏锐的领悟，"我的生命""我的时间"的意识也开始萌芽、生长。本节以胡适为例，讨论他对个体时间的思考。

胡适（1891—1962），常说"我是安徽徽州人"，李泽厚称其是"提倡白话文与新范式"的"开风气者"。[1]1917年1月，尚在美留学的胡适就在《新青年》发表了《文学改良刍议》，并以此声名鹊起，成为《新青年》的核心人物，很快超越梁启超而成为当时青年的精神领袖之一。

1918年1月，胡适在《归国杂感》中，劈头便说，虽时隔七年，中国依旧是未变的"旧相识"。"我回中国所见的怪现状，最普通的是'时间不值钱'。"[2]他认为"不值钱"的时间意识导致的不仅是个体生命的尊严和价值的被践踏，也使国人陷溺于不思进取、虚掷光阴的生活状态，这样的时间意识会将把风雨飘摇中的国家带入了更危险的境地。个体卑微和国家衰敝的现状和期待"再生"的热望引起了他对"时间"的多重思考。胡适以"进化的观念"为基础，以"进化""不朽""经济""闲暇"等为关键词，强调时间就是生命，个体生命在社会和历史进程中有着"不朽"的价值。

---

① 李泽厚：《中国现代思想史》，生活·读书·新知三联书店2008年版，第90页。
② 胡适：《归国杂感》，《胡适全集》第1卷，第595页。1926年，胡适以《时间不值钱》为题，再次发表短文，可见再过八年，情况也未必真有大改观，还亲历了很多被无事可议的来客浪费光阴的事件。（详见胡适：《时间不值钱》，《胡适全集》第21卷，第351—352页）

一、"进化的观念"

"何敢自矜医国手，药方只贩古时丹。"（龚自珍《己亥杂诗》之四四）但在胡适看来，中国传统的"古时丹"已根本无法应对"今"之病，他说：

> 今日吾国之急需，……以吾所见言之，有三术焉，皆起死之神丹也：一曰归纳的理论，二曰历史的眼光，三曰进化的观念。①

胡适是进化论思潮的虔诚拥趸，他断言：

> 进化观念在哲学上应用的结果，便发生了一种"历史的态度"。……研究事务如何发生，怎样来的，怎样变到现在的样子：这就是"历史的态度"（The Genetic Method）。②

人事有代谢，往来成古今，过去、现在、未来构成了时间的三维、历史之进程。但胡适以"进化"为原则来理解和评判过去、思考现在、探寻未来，"进化的观念"不仅是其时间观的基础，同时也是其"历史的眼光"的核心。他以"进化的观念"为救亡图存最重要的药方。

胡适首先强调文化的"时代性"，主张一切都因时而变，古今异质。他早年以"文学进化之理"为据高扬"文学改良"："文学者，随时代而变迁者也。一时代有一时代之文学。"③他倡导的"八事"如"不摹仿古人""不用典"等，都重在点醒古今之别，提倡今人应该直面生活的"现在"之维，以创新的形式、现代的语言，书写这个时代真实的见闻思为，即"现在的中国人"应该创造"现在的有生命有价值的文学"。他更坚信中国社会和文化一直在"进步"，比如他说"仔细研究整个的中国文化史，我们便容易相信七世纪的唐代文明绝不是一个顶点，而是好几个世纪的不断进步的开始。"④只有主动适应时代的更迭、积极书写时代的精神，这

---

① 胡适：《留学日记》卷三，季羡林主编，《胡适全集》第27卷，第261页。
② 胡适：《实验主义》，《胡适全集》第1卷，第282页。
③ 胡适：《文学改良刍议》，《胡适全集》第1卷，第6页。
④ 胡适：《中国近一千年是停滞不进步吗?》，《胡适全集》第13卷，第69—70页。此篇是胡适1926年11月11日在英国康桥大学的演讲词，原系英文稿，载《康桥月报》第四十八卷第1176期。《胡适全集》的中文稿译者为徐高阮。韦尔士在《世界史纲》中提出："中国文明在公元七世纪已经到了顶点了，唐朝就是中国文明成就最高的时代"，从此就乏善可陈了。如胡适所言，这篇讲演是要尝试解答韦尔士提出的这个"最难解的中国之谜，就是中国停滞不进步这个谜"。

样的文学才能走出乃至超越"古"的陈窠，获得"今"的新生。

文学改良只是当时风起云涌的"新思潮"运动的一个窗口。作为"今"之代表，"新思潮"被众人赋予了复杂的内容和重要的时代意义。胡适指出，对于中国旧有的学术思想，"积极的只有一个主张——就是'整理国故'"①，并明确地将"评判的态度"视作"新思潮"的根本意义和共同精神。

> 评判的态度含有几种特别的要求：（1）对于习俗相传下来的制度风俗，要问"这种制度现在还有存在的价值吗？"（2）对于古代遗传下来的圣贤教训，要问"这句话在今天还是不错的吗？"（3）对于社会上糊涂公认的行为与信仰，都要问"大家公认的，就不会错了吗？人家这样做，我也应该这样做吗？……"②

整理国故，虽然首先是"还"，即回返到产生、盛行那个思想的具体时代。胡适以"时代性"为基础，肯定思想在其相应时代的价值，及其在"历史的方法"中作为联结"祖孙"之"中段"的重要性。然而更重要的还是要评判是非，重估价值。显而易见，"评判的态度"的前两个要求都要求人们站在"今"的立场，重新估定"古"的价值，以"现在""今天"为标尺来审视历史、文化的合理性并判定其命运。"时代性"意味着古代文化只在已逝的某个特殊时期有过价值，但其价值不会伴随着历史的洪流进入现在；"进步性"则阐明不管古代文化过去如何辉煌，终究落后或低于现在及未来的文化。

由于进化的观念所强调的时代性和进步性，"国故"终究只是过去式，无法真正从"古"来到"今"。胡适说文言文是"死文字"，决不能做出有生命有价值的现代文学；他主张"历史的真理论"，认为真理的价值只是"摆过渡，做过媒"，可以随时换掉、赶走。这样的"国故"即使被"整理"出了来龙去脉，其价值最终也极易被"评判"为陈设在博物馆中的、没有生命的展品。时间之流终究被"评判"之利刀斩断为古今的坚硬对峙，已"死"的过去走不进现在和将来的生命。所以"评判的态度"不仅要求人们认清古今变易的大势所趋，更要做"反对调和"的"革新家"，将目光聚焦于现在与未来。生乎今之世而返古之道，在胡适看来，是有违进化之迹的背时逆流。

整个20世纪，古今之辩与中西之争相互交织。胡适把中国古代的学术思想名为"国故"，以"新思想，新学术，新文学，新信仰"来称呼西洋近世学说，西方文化成为"今"之时代精神，是先进的代表、大势之所趋。由此，鼎"新"的实

---

① 胡适：《新思潮的意义》，《胡适全集》第1卷，第698页。
② 同上书，第692页。

质也就是毫不调和地向西方学习、追赶西方。这种以时间的古今之异对应空间的中西之别的观点一度成为时代主流，并引起了梁漱溟等的反思与对抗。但在胡适看来，向西方学习正是"进化的观念"所昭示的时代命运。

"评判的态度"第三条把"社会"和"我"对立起来，"社会公认"不仅指人数多，也指通过权力、习俗等被固化的"过去"。"五四"新文化运动唤醒了"我"，胡适坚信："唯有个人可以改良社会，社会的进化全靠个人。"[1]他期待的"我"是"先知先觉"的少数人，有独立精神，敢于质疑、敏于思考。"我"是坚持走出过去的枷锁，探寻和创造未来的人。

进化论者一般都认为，青少年是未来和希望的代表。梁启超歌颂"少年中国"，李大钊呼唤"青春"，陈独秀情系"新青年"等等，都是这一时代精神的体现。胡适对年轻人也充满了热情与期盼，他同情学生，自称是"爱护青年的人"，他呼吁"中国的少年"起来建造"少年的中国"[2]，满心欢喜地表彰"后生可畏"[3]。

在中国现代文学作品中，青少年和老年往往构成了不同时间维度的代表。但在胡适看来，"年龄"并不是判定是否"老"的唯一尺度。暮气沉沉的少年无法肩负将来，而年岁渐增也可以老当益壮。他对年轻人的"暮气"非常忧心：

> 今之少年往往作悲观，其取别号则曰"寒灰""无生""死灰"；其作为诗文，则对落日而思暮年，对秋风而思零落，春来则惟恐其速去，花发又惟惧其早谢；此亡国之哀音也。老年人为之犹不可，况少年乎？其流弊所至，遂养成一种暮气，不思奋发有为，服劳报国，但知发牢骚之音，感喟之文；作者将以促其寿年，读者将亦短其志气：此吾所谓无病之呻吟也。[4]

胡适鼓励年轻人要保有朝气，勇立潮头。在一次演讲中，他送给毕业生的临别赠

---

① 胡适：《学生与社会》，《胡适全集》第 20 卷，第 81 页。

② 胡适：《"少年中国"的精神》，《胡适全集》第 21 卷，第 165—169 页。此篇作于 1919 年 3 月 22 日，是胡适在"少年中国学会"筹备会上的讲演。开篇提及章太炎对青年学生的四个"消极的忠告"，胡适则试图提出几个"积极的观念"，也可视作他心目中的现代青年应有的素养，包括逻辑、人生观、精神。他以"如今我们回来了，你们看便不同了！"（译自"You shall see the difference now that we are back again！"）为"少年中国"和"中国少年"的精神，对青年改造社会、创造国家未来充满期待。

③ "后生可畏"是胡适对《大公报》的寄语。他把不满二十八年的《大公报》称作"小孩子"，把快六十年的《申报》和快五十岁的《新闻报》称作"老朽前辈"，赞赏《大公报》为"后生可畏"。这也是胡适对年轻人的憧憬。（参见胡适：《后生可畏》，《胡适全集》第 21 卷，第 451—452 页）

④ 胡适：《文学改良刍议》，《胡适全集》第 1 卷，第 8 页。

言是"不要抛弃学问",并且建议他们:"趁现在年富力强的时候,努力去做一种专门学问。"①基于进化论以及"进步"的观念,他相信一代总能胜过一代,现在的年轻人若没有足够的危机意识,必将被后进的少年无情地淘汰。想要在社会挣得一席之地,防止在不如意的现实中堕落,个体必须保持求知的兴趣和生活的理想主义。

同时,胡适也为不可阻挡的岁月中人开出了一剂"精神不老丹":

> 这个"精神不老丹"是什么呢?我说是永远可求得新知识新思想的门径。这种门径不外两条,(一)养成一种欢迎新思想的习惯,使新知识新思潮可以源源地来;(二)极力提倡思想自由和言论自由,养成一种自由的空气,布下新思潮的种子,预备我们到了七八十岁时,也还有许多簇新的知识思想可以收获来做我们的精神培养品。②

能够不为"旧"所锢,坚持求"新",不拒新知的滋养,不失创造的精神,即使"白头",也是时代的"新人物",不会在进化大潮中找不到安身立命之所。可见,一个人"年轻"的时间长度,并不等同于外在的物理时间。容颜易老,而精神可以长青。

本着坚定的进化观念,胡适对"先知先觉"的少数人,特别是年轻人,以及中国社会未来一直充满信心。在古今中西的冲刷激荡中,他反对过于迷恋过去,反对沉浸在中国古代那些所谓"祖宗的光荣"中。但他终其一生都在期待和致力于"中国再生"。

"再生"是对时间和生命的一种特殊理解。少壮、衰老、死亡是生命规律,但是:

> 人类集团的生活和国家民族的文化之演进,虽也是由少壮而衰老而死亡;但是在衰老时期如果注射了"返老还童"针,使获得了新的血脉,那么一朝焕发新的精神,从老态龙钟转变而振作有为,于是,国族的各方面都表现了新的活动,这个时期,历史家称为"再生时期"。③

在他看来,中国文化已经充满"老性",暮气攻心。虽然疲敝不堪奄奄一息,但终究还有一条生路,就是尽快输入新鲜的"少年血性"。中国"再生"必须从"现

---

① 胡适:《中国公学十八年级毕业赠言》,《胡适全集》第3卷,第825页。
② 胡适:《不老》,《胡适全集》第1卷,第673页。
③ 胡适:《中国再生时期》,《胡适全集》第13卷,第148—149页。

在"开始，而现在的"少年"是睁眼看世界的一代，他们向西方学习新思想，为中国创造新文化，是中国"再生"的新血脉。

另一方面，基于进化的时间观强调古今异质，一切皆变无物常住。在进化洪流中，任何存在及其价值都是有限的，象征终结的"死"必将随"时"而至。"死"也意味着随着时间不息地奔涌向前，历史中的人或事必定滞留于既往，而被进化之流无情抛弃。所以胡适主张"死了的文言"当"废"，作为工具的真理用过可"换"。所谓"过去"不仅是时间的流逝，也意味着与那"时"有关的生命的消失。因时而变、与时俱进似乎标志着一切过去都将被斩断、被忘却。往日不可追，故人旧事随之沉寂。那么，还有什么可以传承？还有什么值得留恋？

二、"不朽"

胡适也论"不死"。"不死"即"不朽"，指某些不随时间的流逝而消失、磨灭的持久因素或永恒存在。"进化"强调因时而变，而"不朽"则揭示了古今更迭中的相对稳定性、连续性。

胡适将"不朽"奉为"我的宗教""我的信仰"，并指出他所谓"不朽"首先并非"灵魂不灭"，其次也有别于以立德、立言、立功三事为"虽久不废"的传统不朽论。①他要阐释的，是一种新的不朽论——"社会的不朽论"：

> 这种不朽论，总而言之，只是说个人的一切功德罪恶，一切言语行事，无论大小好坏，一一都留下一些影响在那个"大我"之中，一一都与这永远不朽的"大我"一同永远不朽。②

"社会的不朽论"最鲜明的特点是：强调"所有人"的"一切言行"都是"不朽"的，在历史长河中，每一个作为个体存在的"小我"都有其"时"。他认为这种观点正能对治传统"三不朽"的三大缺点：

第一，"不朽"的内容涵括了所有人的一切言行，这大大明确和推广了过去含糊有限的仅以"功、德、言"为范围的观点。他认为"功、德、言"只是人类活动中非常有限的内容，而基于进化论，"功、德、言"的具体内涵在不同的国家或历史时期也不尽相同。

第二，胡适认为传统"三不朽"中，真能立功立德立言终究只是少数人，所

---

① 汉语"不朽"一词出自《左传·襄公二十四年》："太上有立德，其次有立功，其次有立言，虽久不废，此之谓不朽。"胡适认为可以把以往的"不朽"概括为两种：第一种是宗教家的"神不灭论"，第二种是《左传》以"德、功、言"为内容的"三不朽说"。他要提出第三种不朽论，即"社会的不朽论"。（参见胡适：《不朽》，《胡适全集》第1卷，第659—663页）

② 同上书，第666页。

以只是"寡头之不朽";而他主张"所有人",包括"无量平常人"都能不朽。胡适提出"社会的不朽论"的直接契机是母亲的离世。他的母亲是一个极普通的女人,也是对其影响至深的人。平常人,尤其是女人,在过去的历史观中是被忽略或遗忘的。但现代是呼唤平等、呼唤"无量平常人"走上历史舞台的时代。每一个作为个体存在的"小我"在其一生有限的时间中,都会留下自己独特的历史印记。胡适的"不朽"摒弃了贵贱有别的生命价值和帝王将相的英雄史观,而把普通人纳入了历史主体的范畴,这无疑展现了平等的时代精神。

第三,胡适认为传统"三不朽"仅就功、德、言而立论,"没有消极的裁制"。他强调一切言行,无论大小、成败、善恶,都将在历史中产生影响,留下印痕,虽然可能程度不同,性质有别。无数"小我"相互联结彼此承继,构成了历史的"大我",但这个为"小我"之"纪功碑"或"恶谥法"的"大我"很像唯识学中具有"藏"功能的阿赖耶识。[1]与"点滴改良"的观点相应,胡适强调每个"小我"的一切言行都将不朽,"善"将积极地推进历史前行,是不朽的善因,将造福于后世的"小我";而"恶"也同样有力量消极地阻碍历史脚步,结下不朽的恶果。名垂千古或遗臭万年都是"不朽"。

因为"这一个现在里面便有无穷时间空间的影子"[2],胡适由此强调了每一个个体的历史责任感:

> 我这个现在的"小我",对于那永远不朽的"大我"的无穷过去,须负重大的责任;对于那永远不朽的"大我"的无穷未来,也须负重大的责任。我须要时时想着,我应该如何努力利用现在的"小我",方才可以不辜负了那"大我"的无穷过去,方才可以不遗害那"大我"的无穷未来?[3]

胡适把身处"现在"、作为独立个体存在的"我"视作"小我",但这个"小我"不是一个孤立的存在者:在空间上,其与社会或世界的全体是互为影响的,在时间上,其和社会世界的过去和未来都有因果关系。现在的"小我"是过去无数"小我"的各种"前因"而共同产生的"后果",其间保留了过去"小我"的种种

---

① "初阿赖耶识……是无覆无记……恒转如瀑流……"([印]世亲菩萨造,《唯识三十颂》,唐代玄奘译)。作为轮回主体的"阿赖耶识"连接了"我"一期一期的生命,"无覆无记"即阿赖耶识作为种子将不辨善恶地记取"我"造作的所有业,"恒转"即这些种子作为"因"将永恒存在,并在来世产生"等流"即同等性质的"果"。因果相牵,自作自受,世世流转。当然,胡适不论轮回转世的问题,其"大我"也并非作为某一个具体生命个体即"小我"的延续。

② 胡适:《不朽》,《胡适全集》第1卷,第664页。这是胡适经常引用的来勃尼慈(Leibnitz,现在多译作莱布尼兹)的话。

③ 同上书,第667—668页。

印记；现在的"小我"又是造就将来"小我"的"前因"，也会把现在"小我"的种种印记传递到将来。无数的"小我"构成了一脉相承永远接续的"大我"。作为个体的"小我"生命有限，必死无疑，但由无穷过去、现在和将来的"小我"代代相传世世累积所形成的"大我"却是连绵不绝，永远不死的。

所谓"大我"之不朽即通过因果关系的普遍性、必然性，以及前因后果的时间上的延续性，揭示"小我"在时间流逝中对个体和他人的种种广泛持久的影响、作用。"进化"强调古今异质，侧重推陈出新、替代更迭；"不朽"却凸显了那些逐渐沉淀、且能于过去、现在、未来持久留存的因子。任何的"小我"的现在都只能在时间洪流的某一个特殊而有限的阶段活着，但这个"小我"裹挟着某些不随时间的前移而消逝的因素或力量，与已逝的过去、将至的未来因果相连。这些留存在历史进程中的"纪念品"或"遗形物"，既是"小我"的"不朽"，同时又通过因果相续把无数已"死"或将"死"的"小我"串联为"不朽"的"大我"。

为什么胡适要特别强调"恶"也会不朽？这首先还是缘于直面和反省落后挨打的苦难现实。在他看来，一方面，"我"现在遭受的一切苦难，正是过去懒惰不负责的"我"造成的，因而是现在之"我"无法逃避的"消极的裁制"，每一个现实中具体的个体都只能背负着历史前行。另一方面，现在的"我"必须很努力很谨慎，不能荒废过去累积的善果，更不要种下未来必报的恶因。

更重要的是，在进化论者看来，一切价值也因时而变，过去曾经的"善"——比如传统"三不朽"论所言之"功、德、言"——沉淀下来，在新的时代往往成为"无用的纪念品"，甚至成为阻碍时代递嬗的"恶"的力量。现在之"我"如果不能从因循守旧的惰性中挣脱出来，努力创造新的"善"，未来之"我"将更积重难返、寸步难行。可见胡适所谓"消极的裁制"，既指历史进程中，现在之"我"无法推卸的、过去所遗留和累积的"恶果"，也指由现在之"我"的不思取或为非作歹所引导的、必将成为未来之"我"不能逃脱的厄运或宿命。如其所言："我们对于社会的罪恶都脱不了干系。"①这话颇有点鲁迅"我未必无意之中，不吃了我妹子的几片肉"②的味道。胡适强调"恶"亦不朽，其意在唤醒每一个现在之"我"的历史主体性和责任感。

诚然，胡适"社会的不朽论"笼统而粗疏，甚至还带有浓厚的佛教因果观的色彩。但他纳一切有限之"小我"于无穷之"大我"，由"大我"的"长生不死"，一方面将"所有人"及其行为都平等地纳入了历史进程；另一方面，其对"消极的裁制"的凸显，则旨在呼唤当下每一个个体即"小我"的历史责任感，主动承担过去的背负，也于现在积极努力地造善因集善缘，以避免未来更严酷的消

① 胡适：《易卜生主义》，《胡适全集》第1卷，第601页。
② 鲁迅：《狂人日记》，《鲁迅全集》第一卷，第454页。

极裁制。我们可以认为"功德盖世"与"吐一口痰"都是"不朽"只是虚说，但重要的是，每个个体都应该从"我"开始，从现在的点滴开始，勇于担责，善于创造——纳须臾于永恒，这样的个体才是真正推动历史、积极对历史负责的"小我"，由这样的"小我"所构建的历史才是有希望有前途的"大我"。

值得注意的是，标志时间和生命永恒的"不朽"，其背后挺立的仍是坚定的"进化"意识，被强化的仍是"现在"之维：不仅要勇于承受由无量"过去"之"因"积累而成的"现在"之"果"，更要努力从"现在"开始，改造旧社会，创造新气象，能否推陈出新、推动社会进步仍是判断"现在"之"小我"一切言行善与恶的唯一标志。"不朽"之"消极的裁制"强化了进化过程中历史主体的参与意识。

胡适在晚年的一篇演讲中说：

> 我今天提议，不要把中国传统当作一个一成不变的东西看，要把这个传统当成一长串重大的历史变动进化的最高结果看。①

"传统"是"变"中之"常"，黑格尔称其为"把前代的创获给我们保存下来，并传给我们"的东西。"传统"凝结了历史演进中那些相对稳定、世代传承的文化或精神，亦即那些"不朽"的因素。如同强调"不朽"有"消极的裁制"，"传统"在他看来也未必都是"神圣"，中国传统也有"种种长处和短处"。与"进化"结盟的"传统"，不仅要指出某一具体传统是如何在特定的历史条件下逐渐形成的，也要关注历史的进化是如何造成传统的进化。文化史就是从旧传统中引出新传统，新传统又取代旧传统的过程。

所以胡适之"不朽"并不意味着单纯的纪念或守旧，更意味着以"进化"为原则，主动地打破、革除旧文化的枷锁，自觉地推进、创造新文化的进程。"传统"之"常"并非凝固不变的，坚守传统也并非固执旧制，所谓进化的"传统"，是在积累和淘汰、吐故与纳新、复兴和创造中不断生成的。

在胡适看来，当下的中国文化新传统正在形成。但此传统不可能拒绝西方文化的深刻影响，他特别指出：

> 这个再生的结晶品看起来似乎使人觉得是带着西方的色彩。但是试把表面剥掉，你就可以看出做成这个结晶品的材料在本质上正是那个饱经风雨侵蚀而更可以看得明白透彻的中国根底，——正是那个因为接触新世界的科学

---

① 胡适：《中国传统与将来》（中文译者为徐高阮），《胡适文集》第 12 册，欧阳哲生编，北京大学出版社 2013 年版，第 171 页。英文稿收入《胡适全集》第 39 卷，第 644—666 页，此文为 1960 年 7 月 10 日在华盛顿大学举办的中美学术合作会议开幕式英文演讲。

民主文明而复活起来的人本主义与理智主义的中国。……我深信那个"人本主义与理智主义的中国"的传统没有毁灭，而且无论如何没有人能毁灭。①

在胡适心中，"人本主义与理智主义的中国"是中国文化之根，是中国文化真正的"不朽"，是延续千载、虽隐不绝的真"传统"，是中国文化的过去、现在和未来。只有坚守自由、勇于质疑的"中国人"，才是这个"不朽"或"传统"的缔造者和传承者。

三、"经济"

动荡的时局、救亡的迫切，容易使时人产生岁不我与的焦虑，基于"进化"的时间观更加强了时不我待的紧张。归国的胡适对"七年没见面的中国还是七年前的老相识"无奈而痛心。与现代西方大机器生产的高效率形成强烈反差的，是他目睹中国工人依旧非常落后低效的生产方式和工作状态：

> 上海那些拣茶叶的女工，一天拣到黑，至多不过得二百个钱，少的不过得五六十钱。茶叶店的伙计，一天做十六七点钟的工，一个月平均只拿得两三块钱！还有那些工厂的工人，更不用说了。还有那些更下等，更苦痛的工作，更不用说了。②

工作时间长、强度大，付出的时间成本很高，结果不仅劳动者个人的收入极为卑微，所创造的社会价值也非常有限。这样的生产，又如何能使民众走出贫困，使国家走向富强？胡适指出，低报酬的时间意识背后是对生命本身的漠视：

> 美国有一位大贤名弗兰克令（Benjamin Franklin）的，曾说道："时间乃是造成生命的东西。"时间不值钱，生命自然也不值钱了。③

---

① 胡适：《中国传统与将来》，《胡适文集》第 12 册，第 181—183 页。

② 胡适：《归国杂感》，《胡适全集》第 1 卷，第 596 页。

③ 同上。美国总统本杰明·富兰克林的相关名言 19 世纪末即已传入，逐渐流行。曾陆续译作"时刻比黄金之贵"（如 1884 年花之安《自西徂东》卷二）"时者金也"（如 1904 年萧瑞麟《日本留学参观记》卷下）等。此语在 20 世纪初的中国已经风靡一时，成为新的道德准则（如"确守时间，尤为秩序中之最要者，西谚云'时者，金也。'"（参见陆费逵：《修身讲义》，商务印书馆 1910 年版，第 15—16 页）甚至纳入民国年间小学生的"修身课"（参见沈颐：《新制中华修身教科书》第 1 册，上海中华书局 1913 年版）。其实中国亦有类似古谚，如"一寸光阴一寸金，寸金难买寸光阴"等。但时人更常称引"西谚"。与此相关的还有"惜时"。富兰克林的"时间"训诫被翻译成不同版本，胡适、鲁迅、李大钊、冯友兰……都曾引用、发挥，并赋予之以理论形态，"守时""惜时"则逐渐成为现代人的基本素养。

生命的"不值钱"不仅仅指付出与收入的巨大差距，更指维持和护养生命之存在，以及尊重生命价值之观念的严重缺失。大多数人没有花时间保健康的意识，甚至连死亡也无关轻重。本来，不能知晓死，也难以看透生：

> 通过时间之流经验，有死的人类实现了对自身有终性的自觉。对死的自觉，同时就是对生的自觉。弗雷泽说：人……是有死亡意识从而有时间意识的生物。①

两汉之际，佛教初入东土，最惊惧人心的，莫过于"死生报应"；20世纪80年代以来，海德格尔思想在中国影响最广泛的，也莫过于"向死而生"。没有对死亡的自觉和敏感，人对时间，尤其是个体时间的感受容易陷入空洞淡漠或无所敬畏，不惧死，亦不知生。

胡适不仅感慨普通工人的时间价值过于低廉，还目睹那些不明白时间应该"值钱"的人们随意地虚掷自己的光阴，无端地空耗别人的时间，却从未意识到在无所事事的呆坐、漫无边际的闲聊中，不仅自己的生命正在变得空虚荒芜，同时也无异于在剥夺他人生命的存在和价值。鲁迅的"谋财害命"之论，胡适亦深有所契。

基于进化论的时间观强调"变"，时光如箭，倏尔不再，由此事件的更迭、生活的节奏都不免会追求高速高效。胡适慨叹国人依旧沉浸于这种迟缓凝固的生活状态，有感于此，他从文学入手求变，力图倡导一种"经济"的时间意识。他认为短诗、独幕戏和短篇小说是"世界文学的趋势"，首要原因就是力求"文学的经济"：

> 世界的生活竞争一天忙似一天，时间越宝贵了，文学也不能不讲究"经济"；若不经济，只配给那些吃了饭没事做的老爷太太们看，不配给那些在社会上做事的人看了。②

随着"无量平常人"登上历史舞台，文学亦已不再是有闲阶层的专利。走向忙碌的普通大众的文学必须在"最简短的时间"之内，讲述或演出完整的故事，给观众带来疾风暴雨似的心灵震撼。此之谓"时间的经济"。

力求"经济"的时间意识是进化思想的必然要求。"过去慢"，相对稳定的时代容易产生近乎停滞的，甚至循环的时间体验，但进化揭示的是古今嬗变新旧更迭，个体已被绑在急速变化不断前行的历史大轮上的，只有紧跟时代的步伐才能

---

① 吴国盛：《时间的观念》，第24页。
② 胡适：《论短篇小说》，《胡适全集》第2卷，第136页。

应付。胡适区分了历史进化的两种状态:"一种是完全自然的演化;一种是顺着自然的趋势,加上人力的督促。前者可叫做演进,后者可叫做革命。"①虽然进化是大势所趋,但若一味听其自然无疑只能"缓步徐行",而"革命"是以"人力的促进"撤除进化的障碍,加速进化的过程,所以是很"经济"的手段,"时间可以缩短十年百年,成效可应增加十倍百倍"。"经济"的时间观意味着时间并非外在于人而均质流动的,在某些特殊的历史时期,"人力"可能极大地影响时间的方向和效用:既可能人为地使自己的时间减缓停滞甚至从现在拉回过去,也可能奋起直追,奔向未来,在较短的时间赶上甚至超越经过较长时间发展的他者。

可见所谓"时间差"并不具有绝对的意义。欲实现时间的"经济","人力"的自由选择和主动参与非常重要。胡适一直有一种不怕"晚"的信心和乐观,他呼吁"先知先觉"的少数人行动起来,引领大众学会甄别和顺应进化的方向,学会以"经济"的方式加快前行的步伐,坚信只要持之以恒,中国将面目一新:"我们在十年二十年里,也可以迎头赶上世界各先进国家。"②

当然,片面强调效率、以"经济"作为时间的唯一价值,必将导致人心的躁动虚浮和功利主义的倾向。单纯强调文学是"经济的",也会疏忽心灵同样也需要浅吟低唱的舒缓与润物无声的滋养,需要沉潜涵泳和反复回味。显然,再优秀的"经济"的作品,也不可能替代《红楼梦》或《约翰·克利斯朵夫》这样的鸿篇巨制对世道人心的特殊价值。"文学革命"有其独特的历史意义,但以之为文学发展的唯一方向难免不足。如今日益蔓延的各种"快餐文化",不仅未能充分利用碎片时间以丰富人心,反而将完整的时间碎片化了,人心如猿,轻浮难安。究其源,即在于出于功利等目的而致的一味求"快"。值得注意的是,尽管胡适强调"革命"及"经济"的时间在进化中功不可没,但他同时也痛感人心急不可耐之危险,多次提到"勤谨和缓"四字秘诀。"勤"和"懒"是两种不同的处理时间的方式,"勤"在一定意义上是指充分、合理地利用时间,一点一滴,坚持不辍。他强调要坚持利用和积累零碎时间,鼓励年轻人要确立自己的生活目标,努力化零为整,积少成多,终至不断丰富和提升自我。胡适曾在一篇演讲中引用两首诗,并将之与他尊称为"科学圣人"的爱迪生的时间观作比:

> 中国的懒人,有两首打油诗,一首是懒人恭维自己的:无事只静坐,一日当两日。人活六十年,我活百二十。还有一首是嘲笑懒人的:无事昏昏睡,睡起日过午。人活七十年,我活三十五。

---

① 胡适:《白话文学史》,《胡适全集》第11卷,第218页。

② 胡适:《迎头赶上世界先进国家》,《胡适文集》第12册,第598页。(这是胡适在抗战胜利后"中央研究院"第一次集会上的演讲)

　　睡四点钟觉，做二十点钟科学实验，活了八十四岁，抵的别人一百七十岁。①

　　显然，个体生命的价值并非等同于生命的客观长度，通过"勤"，有效时间增加了，生命的价值也提升了。

　　"缓"并非松散、懈怠，而是能不为外在的时间所逼迫，确保自己内心沉稳的节奏。不忙不乱，不急功近利，不心浮气躁，放慢速度，耐住寂寞，平心静气、从容处事。他特别指出："缓，这个字很重要，缓的意思不要忙，不轻易下一个结论。如果没有缓的习惯，前面三个字都不容易做到。"②"忙"者易"盲"，"缓"才能无征不信，杜绝武断，慢工出细活。在胡适看来，"勤谨和缓"不仅是治学之方，也是为人行事之道。

　　可见，"经济"的时间观所指向的并非绝对客观时间的长短，更多的是强调个体能合理而有效地支配自己的时间以期获得最大的收益。"经济"的时间观给予他迎头赶上的信心和乐观，"勤""缓"的处事态度又使其避免盲动及失败带来的徘徊和绝望。他曾多次著文讨论信心与乐观的问题，并揭示悲观者的病根在于"缺乏历史的眼光"：

　　　　因为缺乏历史的眼光，所以第一不明白我们的问题是多么艰难，第二不了解我们应付艰难的凭借是多么薄弱，第三不懂得我们开始工作的时间是多么迟晚，第四不想想二十三年是多么短的一个时期，第五不认得我们在这样短的时期里居然也做到了一点很可观的成绩。如果大家能有一点历史的眼光，大家就可以明白这二十多年来，"奇迹"虽然没有光临，至少也有了一点很可以引起我们的自信心的进步。③

胡适再三强调"历史的眼光"的重要性，主张既要通过客观的比较，评判国家和个人在有限的时间中所取得的进步；也要了解事之艰辛路之坎坷，破除"奇迹"降临的妄想。

　　胡适也常言"革命"，以此强调进化中新旧之异。比如他提出韵文有"六大革命"④，其"革命"二字即重在凸显不同时代文学形式的差异性：

---

① 胡适：《终生做科学实验的爱迪生》，《胡适全集》第 19 卷，第 801 页。
② 胡适：《中学生的修养与择业》，《胡适全集》第 20 卷，第 287 页。
③ 胡适：《悲观声浪里的乐观》，《胡适全集》第 4 卷，第 522 页。
④ "文学革命，在吾国史上非创见也。即以韵文而论：《三百篇》变而为《骚》，一大革命也。又变为五言，七言，古诗，二大革命也。赋之变为无韵之骈文，三大革命也。古诗之变为律诗，四大革命也。诗之变为词，五大革命也。词之变为曲，为剧本，六大革命也。"（参见胡适：《尝试集》自序，《胡适全集》第 1 卷，第 184—185 页）

> 革命潮流即天演进化之迹。自其异者言之，谓之"革命"。自其循序渐进
> 之迹言之，即谓之"进化"可也。①

但与陈独秀等更为激进的思想家而言，他更心仪"循序渐进"、信奉"点滴改良"，反对暴力对抗、主张容忍、推崇和平主义。相较而言，胡适更愿意用"改良"替代"革命"，重视"建设"胜过"破坏"，他相信进化是一个"很缓慢的过程"，主张"一点一滴的改造"、坚持"七年之病当求三年之艾"，以"勤""缓"为美德。他一直比较警惕"革命"的破坏功能，反对走捷径，反对"早熟之革命"；更多的时候，他主张"以学术救国"，认为"要科学帮助革命，革命才能成功"②。这当然与其成长和教育背景直接相关，更与他以科学理性为基来理解时间、生命的密切相关。如果说时间如流水，激进主义者更追求惊涛拍岸、汹涌澎湃，而胡适则倾心涓涓细流水滴石穿。但在一个群情激昂的革命时代，胡适的声音显然又不合时宜。

四、"闲暇"

如前所述，"我"的觉醒也包括"我的时间"的觉醒，即"我"应该有自由支配"我的时间"的权利和能力。时间造就生命，而"我的时间"造就了与众不同的"我"。

胡适重视每一个作为个体存在的"小我"，反对在历史进程或社会活动中无视"小我"的作用，或以任何名义淡漠甚至牺牲"小我"的论点。在他看来，每一个"小我"时间都是无穷时间中"大我"必不可缺的一环，前有古人，后有来者；每一个"小我"的生命历程在进化之流中都会留下各种"不朽"，都参与了影响或构建创造历史的活动。"小我"的一生并非只是来世间空耗了一段与己无关的"时间"。

因为确信现在之"小我"与无穷时间之"大我"的紧密联系，胡适反对各种将"小我"游离于他人或现实之外的观点。他认为个人主义有三种：一种是"假的个人主义"："自私自利，只顾自己利益，不顾群众利益的为我主义（Egoism）"。一种是"独善的个人主义"，其性质是"不满于现社会，却无可奈何，只想跳出这个社会寻一种超出现社会的理想生活"。第三种即"健全的个人主义"，以易卜生主义为代表。胡适认为这才是"真的个人主义"，他指出，作为现代社会中的个体应该具备某些基本条件，如"须要充分发达自己的天才性；须要充分发

---

① 胡适：《尝试集》自序，《胡适全集》第 1 卷，第 185 页。
② 胡适：《学术救国》，《胡适全集》第 20 卷，第 140 页。

展自己的个性。"①换而言之，每一个"我"都应该是因材造就且特立独行的，他甚至以此为基本人权之一。

另一方面，胡适反复强调"小我"若要真正有益于"大我"，必须先塑造自己。他经常教导年轻人："你想有益于社会，最好的法子莫如把你自己这块材料铸造成器。"②个体若不能坚定而充分地发展自我，就不可能积聚足够的力量与社会或其他阻碍自我发展的势力抗争，既无法"救出自己"，也不能"霸占住这个社会来改造这个社会的新生活"，甚至会如《雁》中的少年，不仅无力走向将来，反而被归化驯服，回到了过去的温柔乡。

显而易见，一个为生计所困，每天必须长时间艰辛劳作的个体，几乎不可能有自由支配的时间，更遑论发展有个性的自我。所以时间的"经济"是非常必要的。胡适重视科学的力量，赞叹机器生产解放人力，期待通过改善生产方式提高效率，以便个体能在谋生的"工作时间"之外，腾出"闲暇"来发展"职业以外的正当兴趣与活动"。

胡适把"非职业的顽艺儿"称为"业余活动"，把应付职业之外的时间称为"闲暇"。"我"必须以"职业"谋生，但他劝诫年轻人不要以"吃饭"为唯一目标，特别强调毕业后要"依自己的心愿去自由研究"，即以自己的才性和兴趣为研究学问的尺度，利用"闲暇"来发展"非职业的兴趣"。他甚至认为一个人的"业余活动"比他的"职业"还更重要：

> 古来成大学问的人，几乎没有一个不善用他的闲暇时间的。特别在这个组织不健全的中国社会，职业不容易适合我们的性情，我们要想生活不苦痛不堕落，只有多方发展。③

在有限的社会条件下，个体所从事的工作或环境很可能与个体的性情相违，因而工作时间的感受可能是不适的、厌倦的。但由"非职业的兴趣"所充盈的"闲暇"却是身处烦劳工作的个体特别的精神慰藉和生命期待。在"闲暇"中，个体从谋生的困苦中解放出来，充满趣味和热情地从事自己向往的活动，从中感受个性舒张的愉悦，享受称心如意的快乐。在一种无压迫无功利的自由状态中，成功也常常不期而至。

当然，一个认为时间"不值钱"的个体也不会有珍惜时间的意识，不懂得如何创造和利用闲暇时间从事"正当"的活动。

---

① 胡适：《易卜生主义》，《胡适全集》第1卷，第612页。
② 同上书，第613页。
③ 胡适：《赠与今年的大学毕业生》，《胡适全集》第4卷，第549页。

　　　　因为一个人成就怎样，往往靠他怎样利用他的闲暇时间。他用他的闲暇来打麻将，他就成了个赌徒；你用你的闲暇来做社会服务，你也许成个社会改革者；或者你用你的闲暇去研究历史，你也许成个史学家。你的闲暇往往定你的终身。①

事实上，中国人从来不缺"闲"，但关键在于如何"消闲"。可能是王国维笔端的各种医治"空虚之消极的苦痛"之方，可能是鲁迅所谓的"谈闲天"，也可能是胡适耿耿于怀的打麻将。②面对"闲暇"，个体的自我选择和坚持非常重要。打麻将也是一种"消闲"方式，但沉湎于此，荒时废业，甚或误国。而若能潜心学问，或致力革新，假以时日，与己总有长进，与国亦有推动。

　　诚然，"职业"与"业余"、"经济"与"闲暇"未必总是如胡适所言，非此即彼地对立着。但"闲暇"之所以特别重要，是因为"闲暇"与个体的自由相关。胡适强调个体的时间和生命不应为职业所限，个体应该争取和创造更多可以自由支配的"闲暇"，充分利用闲暇以丰富自己的生活、发展自己的个性、提升自己的能力，"闲暇"中正当的"业余"活动无疑是实现"健全的个人主义"的重要时间保证，他甚至视其为个体"保持求知的兴趣和生活的理想主义"，防止在不如意的现实中堕落的"最好的救济方法"。他特别喜欢"功不唐捐"一词，在闲暇时间的付出终将在未来得以回报；种豆得豆，因果等流，个体如何支配闲暇，往往成就了个体独特的生命内涵。无数"小我"汇合成"大我"，如何面对"闲暇"因而也成为国家文明的标志之一。③

　　胡适认为生命本无意义，生命的意义就在于"自己怎样生活"，若能坚定地"用此生作点有意义的事"，就能为生命创造无穷的价值，如其所言：

　　　　活一日便有一日的意义，作一事便添一事的意义，生命无穷，生命的意义也无穷了。④

---

　　①　胡适：《赠与今年的大学毕业生》，《胡适全集》第4卷，第549页。
　　②　胡适曾经很悲愤地给打麻将算时间账："麻将平均每四圈费时间约两点钟。少说一点，全国每日只有一百万桌麻将，每桌只打八圈，就得费四百万点钟，就是损失十六万七千日的光阴，金钱的输赢，精力的消磨，都还在外。……只有咱们这种不长进的民族以'闲'为幸福，以'消闲'为急务，男人以打麻将为消闲，女人以打麻将为家常，老太婆以打麻将为下半生的大事业。……麻将，还是日兴月盛，没有一点衰歇的样子，没有人说它是可以亡国的大害。"（胡适：《漫游的感想》，《胡适全集》第3卷，第47—48页）
　　③　"我的一个朋友对我说过一句很深刻的话：'你要看一个国家的文明，只消考察三件事：第一，看他们怎样待小孩子；第二，看他们怎样待女人；第三，看他们怎样利用闲暇的时间。'"（参见胡适：《慈幼的问题》，《胡适全集》第3卷，第838页）
　　④　胡适：《人生有何意义》，《胡适全集》第3卷，第818页。

时间造就生命，他呼吁"无量平常人"要积极参与历史进程，更倡导"健全的个人主义"，即作为生命个体存在的"我"不仅要做"进化"洪流中图存的"适者"，更要负责任地创造无穷时空中的"不朽"；不仅要有时间急迫感，追求"经济"的时间，也要自主地驾驭"闲暇"时间，充分发展自我，实现个性。胡适对"个人"的大力弘扬，同时也标志着个体时间意识的觉醒。

第四节　鲁迅："反抗绝望"的过客

鲁迅（1881—1936），也曾感慨"时间就是性命。无端的空耗别人的时间，其实是无异于谋财害命的"①；他也曾是进化论的拥趸，主张"后起的生命，总比以前的更有意义，更近完全，因此也更有价值，更可宝贵。前者的生命，应该牺牲于他。"②鲁迅的时间观深邃而丰满③，就"青年"主题而言，"反抗绝望"的个体时间是其最重要的特征。与同样经历进化论洗礼、曾经同在《新青年》阵营中并肩作战的胡适相比，鲁迅对"青年"及其时间意识的思考显得更加孤勇、坚忍，甚至于绝望、荒诞，但悲剧无疑是真实而深刻的。

鲁迅曾说，《野草》中包括了他的哲学④，其中《过客》⑤ 一篇，非常集中地展示了他心目中"青年"的生存状态，及其对过去—现在—未来的思考。本节即以《过客》为中心，探究鲁迅有关"青年"之时间的沉思。

一、"我就只一个人"

十岁—三四十岁—七十岁，粗线条地接缀起生命的不同阶段，他们可以是《过客》中共时性存在的三个人：女孩、过客和老翁，但也可以以历时性的方式分

---

① 鲁迅：《且介亭杂文·门外文谈》，《鲁迅全集》第六卷，人民出版社 2005 年版，第99 页。

② 鲁迅：《坟·我们现在怎样做父亲》，《鲁迅全集》第一卷，第 137 页。

③ 有关鲁迅及其作品的时间意识的研究成果非常丰硕，比较集中、全面的如吴翔宇：《鲁迅时间意识的文学建构与嬗变》（中国社会科学出版社 2010 年版）、胡志明：《身体与时间的对话——论鲁迅小说的时间意识》[《延安大学学报》（社会科学版）2015 年第 4 期] 等等。

④ "鲁迅先生自己却明白的告诉过我，他的哲学都包括在他的《野草》里面。"（参见章衣萍：《古庙杂谈（五）》，《章衣萍集》随笔卷上，书同、胡竹峰整理，安徽大学出版社 2015 年版，第 17 页）《野草》收入了鲁迅 1924 年 12 月至 1926 年 1 月发表在《语丝》周刊上的二十三篇散文诗，以及 1927 年 7 月发表于《语丝》第 138 期上的《题辞》共同组成的散文诗集，本文将提到的《过客》《死火》《墓碣文》等多篇均收入在《野草》中。

⑤ 参见鲁迅：《野草·过客》，《鲁迅全集》第二卷，第 193—199 页。

别象征了"过客"的童年、青年和老年,以及过去、现在和未来。

鲁迅所关注的是作为个体存在的"过客",他说:"我就只一个人",他不记得自己的"称呼";他不知道自己从哪里来向哪里去,他被抛入此世,又无处可归;他只是一个一直行走、从不驻足的生命"过客"。他也有过十岁,如果不中途而夭,也会有七十岁。"十岁"是他的"过去""童年",十岁的天真是美好的,女孩的"前面""有许多许多野百合,野蔷薇",这些也是"过客""也常常去玩过、看过的",尽管是熟悉的来路、尽管有鲜花相伴,过客却"憎恶他们",坚决"不回转去"。在已经久经风霜的"过客"看来,"过去"的美好只是因为不谙世事的幼稚,并不值得留恋,生命只能向"前"开展。①七十岁,是他可能的"未来",但老翁的"前面"只有"坟",是人人都逃不过的死亡。老翁不仅自"东"而来,也曾走"南"闯"北",但过客不愿走别人走过的路,不愿偏离自己的方向。"过客"即"现在",他选择的生命轨迹是自"东"向"西",如玄奘一样,有着"宁可就西而死,岂归东而生"(《大唐大慈恩寺三藏法师传》卷一)的坚毅和执著,只是《过客》中"西"之所指,是"坟"、是"死",甚至也许他还永远走不完,但他现在还是要一意孤行只身西去。

郁达夫说:"五四运动的最大的成功,第一要算'个人'的发现。"②但鲁迅对"个体"的发现和弘扬无疑更早。鲁迅曾就学于彰显"依自不依他"的章太炎,也曾尊崇尼采、拜伦等思想家,在作于1907年的《文化偏至论》中,他提出"个人一语,入中国未三四年",但是中国若欲求存于世、角逐列国,"其首在立人,人立而后凡事举;若其道术,乃必尊个性而张精神"③。他高唱"掊物质而张灵明,任个人而排众数"④,认为首先必须挺立有"绝大意力"和"勇猛奋斗"的个体,立"人"才能立"国"⑤。但"众数"势重、"庸众"声恶,"个体"之自处必定是孤独而艰难,"个体"精神之开展必定阻力重重。故觉醒的个体必须敢于与"众"相抗,才能维护"我"之尊严、争取"我"之权利、实现"我"之价值,

---

① 如鲁迅所言:"我在年青时候也曾经做过许多梦,后来大半忘却了,但自己也并不以为可惜。所谓回忆者,虽说可以使人欢欣,有时也不免使人寂寞,使精神的丝缕还牵着已逝的寂寞的时光,又有什么意味呢……"(参见鲁迅:《呐喊·自序》,《鲁迅全集》第一卷,第437页)

② 郁达夫:《中国新文学大系散文二集》导言,赵家璧主编,《中国新文学大系》第七集,上海良友图书印刷公司1935年版,导言第5页。

③ 鲁迅:《坟·文化偏至论》,《鲁迅全集》第一卷,第51、58页。

④ 同上书,第47页。

⑤ 1908年,鲁迅作《破恶声论》,倡导"人各有己,而群之大觉近矣""人各有己,不随风波,中国亦以立"(鲁迅:《集外集拾遗补编·破恶声论》,《鲁迅全集》第八卷,第26、27页)。

也才能唤起更多民众的觉醒、"国人之自觉至,个性张,沙聚之邦,由是转为人国"①。这种卓尔不群刚毅不挠的"个体"在《野草》中依旧随处可见,《秋夜》中直刺天空的"枣树"、《影的告别》中一再宣告"不愿意"的"影"、《复仇》手执利刃,"永远沉浸于生命的飞扬的极致的大欢喜中"的一男一女,以及这个义无反顾的"过客",都是这类"个体"的象征。

先觉的"个体"无疑是"人才",写《野草》时的鲁迅虽然已经意识到"民众"作为土壤对于"天才"之产生、成长的重要性②,但"个体"的觉醒和抗争依旧是中国走向现代不可或缺的精神准备。哪怕子君涓生的爱情终成了一场伤逝,但子君曾以"分明地,坚决地,沉静地"的果敢说出来的那句话——"我是我自己的,他们谁也没有干涉我的权利!"③——这句振聋发聩的个体宣言,至今仍在激荡人心。

二、现在:"反抗绝望"

"过客"觉得前面有一种"声音"一直在呼唤着自己,那是和"绝望"一样"虚妄的""希望"④。这"声音"也曾呼唤过老翁,但老翁拒绝了;而过客为了这点"希望",他要反抗"绝望"。他不拒绝不逃避死亡,但如《死火》中所言,要么在冰谷中,"冻死";要么走出冰谷,"烧完"。虽然都是"死",但后者不是坐以待毙,而是自我选择的用力"跃起","我说过了:我要出这冰谷……""那我就不如烧完!"⑤生命的价值,就在"现在"这决绝和勇敢的一跃之间,在于"我"只听命于生命的意志,自由地选择并努力地践行了如何由生而死,以及"死在哪里"。

虽然鲁迅从不许诺所谓的西天净土,拒绝将未来付托于任何"黄金世界"⑥,但他一直在努力寻找从此到那的"好"路。⑦在稍后写就的《野草》题辞中,

---

① 鲁迅:《坟·文化偏至论》,《鲁迅全集》第一卷,第 57 页。

② 详参鲁迅:《坟·未有天才之前》,《鲁迅全集》第一卷,第 174—175 页。该文原为1924 年 1 月 17 日在北京师范大学附属中学校友会演讲,稍早于《野草》的写作。

③ 鲁迅:《彷徨·伤逝》,《鲁迅全集》第二卷,第 115 页。

④ 在《希望》一文中,鲁迅引用裴多菲的话,"绝望之为虚妄,正与希望相同"(参见鲁迅:《野草·希望》,《鲁迅全集》第二卷,第 182 页)。

⑤ 参见鲁迅:《野草·死火》,《鲁迅全集》第二卷,第 200—202 页。

⑥ 参见鲁迅:《坟·娜拉走后怎样》,《鲁迅全集》第一卷,第 167 页。鲁迅还说:"我疑心将来的黄金世界里,也会有将叛徒处死刑。"(参见鲁迅、许广平:《两地书第一集(四)》,《鲁迅全集》第十一卷,第 20 页)

⑦ "我只很确切地知道一个终点,就是:坟。然而这是大家都知道的,无须谁指引。问题是在从此到那的道路。那当然不只一条,我可正不知那一条好,虽然至今有时也还在寻求。"(鲁迅:《写在〈坟〉后面》,《鲁迅全集》第一卷,第 300 页)

他说：

> 过去的生命已经死亡，我对于这死亡有大欢喜，因为我借此知道曾经存活。死亡的生命已经朽腐，我对一过朽腐有大欢喜，因为我借此知道它还非空虚。①

"死"是终结一切生命之时，"坟"是埋葬一切希望（也包括绝望）之处。这是生命之大限，是生命的黑暗与虚无。但正是"现在"的选择和一直走下去的行动，使得"我"在死亡之前，真正"曾经存活"，充实和成就了"我"非"空虚"的一生。鲁迅曾说：

> 我看一切理想家，不是怀念"过去"，就是希望"将来"，而对于"现在"这一个题目，却缴了白卷，因为谁也开不出药方。②

但唯一不可"侮辱"的是"我的现在"，他还强调："将来是现在的将来，于现在有意义，才于将来会有意义。"③"过客"不留恋过去，也不惧怕未来。他已经走出了一条"似路非路"的痕迹，也将坚持走出一条通向"希望"和"未来"的路。所谓"路"，都是步步艰辛地走出来的。鲁迅通过"过客"回答了"现在"的题目：听从意志的声音，坚定前行。

有人说鲁迅是中国最早的存在主义者，但他不仅比海德格尔更早揭示了"向死而生"的秘密，他甚至比海德格尔走得更远。无人能知，"坟"之后或"死"之后；而鲁迅更在乎的似乎正是这"坟"与"死"的"后"。"过客"追问老翁："走完了那坟地之后呢？"《死后》中，他竟然说："万不料人的思想，是死掉之后也还会变化的。"《墓碣文》中死尸还说："待我成尘时，你将见我的微笑。"④

学医出身的鲁迅当然不相信死后轮回或灵魂永生。他在写给许广平的信中说：

> 我的作品，太黑暗了，因为我常觉得惟"黑暗与虚无"乃是"实有"，却偏要向这些作绝望的抗战，所以很多偏激的声音。其实这或者是年龄和经历的关系，也许未必一定的确的，因为我终于不能证实：惟黑暗与虚无乃是实

---

① 参见鲁迅：《野草·题辞》，《鲁迅全集》第二卷，第163页。
② 鲁迅、许广平：《两地书第一集（四）》，《鲁迅全集》第十一卷，第20页。
③ 鲁迅：《南腔北调集·论"第三种人"》，《鲁迅全集》第四卷，第453页。
④ 《死后》《墓碣文》均收入《野草》。通过"梦"的方式，想象和思考"死后"的情形。这里的死亡是"运动神经的废灭，而知觉还在"；所以"我"还可以感受"我"死后周遭的人和事（详见《鲁迅全集》第二卷，第214—218页、第207—208页）。

有。所以我想，在青年，须是有不平而不悲观，常抗战而亦自卫。①

如其所言，如果无法证实"惟黑暗与虚无乃是实有"，那还是依旧可能保有了一丝光明和确定的希望。"坟"或"死"可能也并非"实有"，而只是在绝望之际人为设定的一个休止符，一旦咬牙坚持下去，我们将有可能超越"坟"和"死"的大限，浴火重生，再燃希望，续写生命的新乐章。在鲁迅看来，必须要有这种决绝和突破，才有可能开辟崭新的、"不曾有过"的未来。所以他期待青年能直面"不平"但"不悲观"，能勇敢向外抵抗黑暗，向内护卫自己的希望。

> 《过客》的意思……即是虽然明知前路是坟而偏要走，就是反抗绝望，因为我以为绝望而反抗者难，比因希望而战斗者更勇猛，更悲壮。但这种反抗，每容易蹉跌在爱、感激也在里，所以那过客得了小女孩的一片破布的布施也几乎不能前进了。②

先有所望也易有待于此希望、受制于此希望；只有一无所有才更能心无挂碍、勇往直前。如同佛教中要破除一切所执，才能断绝各种烦恼。"坟"与"死"的"后"意味着什么？就是"绝望"之后的反抗，和因反抗而创造的新希望。鲁迅说绝望与希望都是"虚无"，换而言之，本无定相名"希望"或"绝望"，意志稍弱的人或者屈身于前面的"坟"而不再抗争，或者把一点点布施视作求生的"希望"，却恰恰因此陷入不能前进的"绝望"。《过客》要高扬的，就是坚定地反抗绝望、反抗死亡，为此，不仅要能经得住风霜和磨砺；也要放得下温柔和舒适。

三、"现在的青年的使命"

鲁迅当然更期待青年能不断开辟新路，或创造新希望：

> 无须反顾，因为前面还有道路在。而创造这中国历史上未曾有过的第三样时代，则是现在的青年的使命。③

《庄子》云："道行之而成"（《庄子·齐物论》），鲁迅说："地上本没有路，走的

---

① 鲁迅、许广平：《两地书第一集（四）》，《鲁迅全集》第十一卷，第 21 页。
② 鲁迅：《书信集·致赵其文》，《鲁迅全集》第十一卷，第 477—478 页。很多学者注意到鲁迅擅长写"死"，汪晖说："在《野草》中死亡主题不仅占有中心地位，而且对死亡的阐释和态度构成了《野草》哲学的重要内容和基本逻辑。"（参见汪晖：《反抗绝望——鲁迅及其文学世界》，河北教育出版社 2000 年版，第 241 页）
③ 鲁迅：《坟·灯下漫笔》，《鲁迅全集》第一卷，第 225 页。

人多了，也便成了路。"①对"现在的青年"而言，他的生命试卷并不是一张有着各种现成答案的选择题，毋宁说，这是一张只有"生死"二字的几乎空白的试卷，在生死之间的"过客"既是出题者，也是答题者。他所走的路，就是他生命的意义。

"过客"三四十岁了，还是"青年"吗?②一方面，如前所述，"青年"并不以年龄为唯一标尺;另一方面，鲁迅自己的"青年"时期与《新青年》并不同步，他本是在自己年轻梦碎的绝望中被"拖进"《新青年》群体的。③《过客》写于1925年3月，《新青年》的编辑群体已经分化，《新青年》的读者已经成长并走出校园，而时局亦更加惨烈、严峻和复杂。④曾经觉醒的激情青年，在经历失败、无望、镇压、诱惑……之后，该怎么自处? 十岁女孩的世界中没有死亡，即使是二十多岁的年轻人，也难得能真正体验到死亡的残酷，但三四十岁，且一路风尘、衣碎脚破、困顿倔强的"过客"是可以轻易想象"坟"和"死"的。但他既不怕"死"，也不像老翁一样平静地等待死亡来临。鲁迅眼见了在《新青年》的激情鼓动和启蒙中成长起来的青年们的不同选择，但"过客"显然是他目中的勇士，是继续保留了青年必有的抗争和进取精神的个体。

即使是《新青年》时期，鲁迅也是严峻坚忍的:

> 愿中国青年都摆脱冷气，只是向上走，不必听自暴自弃者流的话。能做事的做事，能发声的发声。有一分热，发一分光。就令萤火一般，也可以在黑暗里发一点光，不必等候炬火。此后如竟没有炬火:我便是唯一的光。⑤

受进化论影响，鲁迅对青年曾充满热忱、期许和宽容，尽管后来知道青年也会转变、青年群体也会分化，他还是愿意怀着希望"多做些事情"，相信"只要我努

---

① 鲁迅:《呐喊·故乡》，《鲁迅全集》第一卷，第510页。

② 已有不少讨论涉及鲁迅笔下"青年"的年龄，如陈挚:《铁屋哀音犹鼓钟——简析鲁迅小说中二十多岁青年形象系列的内蕴》（《高等函授学报（哲学社会科学版）》1997年第2期）中的"二十多岁"，朱崇科:《鲁迅小说中的青年话语》（《名作欣赏》2011年第19期）中所谓"鲁迅小说中的青年年龄区间当在16—25岁上下"等。

③ 详见鲁迅:《呐喊·自序》。另可参见李怡:《鲁迅的"五四"与新青年的"五四"》（《社会科学辑刊》，2007年第一期），文中指出:"他实际上是提前十年地演绎着未来'五四'的新文化主题，换句话说，1908年的前后就是鲁迅心目中的'五四'，而《新生》就是鲁迅所要创办的《新青年》。"

④ "我的那本《野草》……但心情太颓唐了，因为那是我碰了许多钉子之后写出来的。"（参见鲁迅:《野草·题辞》注［1］，《鲁迅全集》第二卷，第164页）

⑤ 鲁迅:《热风·随感录四十一》，《鲁迅全集》第一卷，第341页。

力，他们变猴子和虫豸的机会总可以少一些，而且是应该少一些"①。他相信青年是时代的产物，不同时代的青年有着不同的样态。②可是，《野草》时期的鲁迅显然是更绝望了，"然而现在何以如此寂寞？难道连身外的青春也都逝去，世上的青年也多衰老了么？"③但他依旧要反抗这绝望，他虽然不想劝青年和他走同样的路，但也期待通过他的努力，能鼓励青年坚定自己的选择、保持自己的青春。要走出牢狱、走向求生之路，就必须要敢于面对无从逃避的危险，要有"反抗"的精神：

> 生命是我自己的东西，所以我不妨大步走去，向着我自以为可以走去的路；即使前面是深渊，荆棘，峡谷，火坑，都由我自己负责。……所以，我终于还不想劝青年一同走我所走的路；我们的年龄，境遇，都不相同，思想的归宿大概总不能一致的罢。但倘若一定要问我青年应当向怎样的目标，那么，我只可以说出我为别人设计的话，就是：一要生存，二要温饱，三要发展。有敢来阻碍这三事者，无论是谁，我们都反抗他，扑灭他！④

这样看来，女孩、过客和老翁不仅可视作人生的三个阶段，更可视作"青年"的三个不同面向。"女孩"是退缩或沉溺在单纯的温柔乡中的"青年"，她浪漫、幻想；"老翁"是因绝望而丧失抗争勇气和行动的"青年"，他颓唐、冷寂；而只有"过客"，不仅拒绝了女孩的馈赠，也抵御了老翁的劝阻，他不苟活、不逃离，隐忍坚决，百折不回。过客的反抗，如生命的萤光，即使微弱，但也是黑暗中唯一的光；也如大海，能涤荡浊流。江南的雪"滋润美艳"，"隐约着青春的消息"，但鲁迅更欣赏"孤独的""绝不粘连""蓬勃地纷飞"的"朔方的雪花"⑤。

基于对人性之复杂而丰富的体认，鲁迅不仅区分了不同处境者在时代洪流中的不同选择，如"曾经阔气的要复古，正在阔气的要保持现状，未曾阔气的要革新"⑥，也展现了在革命浪潮中"青年"的各种变化和分裂，"青年"在他文

---

① 参见如唐弢《琐忆》。

② 鲁迅说自己"并不愿将自以为苦的寂寞，再来传染给也如我那年青时候似的正做着好梦的青年"（参见鲁迅：《呐喊·自序》，《鲁迅全集》第一卷，第441—442页）。其后在《南腔北调集》中，鲁迅抽掉了某些有"重压之感"的作品："然而这又不似做那《呐喊》时候的故意的隐瞒，因为现在我相信，现在和将来的青年是不会有这样的心境的了。"（参见鲁迅：《南腔北调集〈自选集〉自序》，《鲁迅全集》第四卷，第470页）

③ 鲁迅：《野草·希望》，《鲁迅全集》第二卷，第181页。

④ 鲁迅：《华盖集·北京通信》，《鲁迅全集》第三卷，第54页。

⑤ 鲁迅：《野草·雪》，《鲁迅全集》第二卷，第185—186页。

⑥ 鲁迅：《而已集·小杂感》，《鲁迅全集》第三卷，第555页。

字中有着更复杂更丰富的形象。①但他一直是关爱青年的，李欧梵说："他唯一喜欢的是天真有理想的青年……说他是'青年导师'这句话太简单了……他完全是以一种父亲似的态度去帮助那些年轻人。"②鲁迅早就无意于"青年导师"之事，但他要为"如我年轻时候似的正做着好梦的青年"写作，"过客"于他，不仅是"我的哲学"，也是他要鼓励和慰藉的"奔驰的猛士"，更是他心目中的理想青年。

鲁迅后来提出"中国现在是进向大时代的时代"③，那些能代表"中国的最近的将来"者，一定只能产生在敢于反抗、能朝着自己选定的方向、不惧"坟"和"死"的"过客"中。

正如许广平回信所言：

> 虽则先生自己所感觉的是黑暗居多，而对于青年，却处处给与一种不退走、不悲观，不绝望的诱导，自己也仍以悲观作不悲观，以无可为作可为，向前的走去。④

少年可能暮气，但青春亦可不老。"以改革而胎，反抗为本"⑤，"现在"必须反抗绝望才可能走向崭新的"未来"。鲁迅、过客，还有真正的"青年"，都是"以悲观作不悲观，以无可为作可为，向前的走去"的斗士。鲁迅"俯首甘为孺子牛"的古道热肠，是当时很多青年的精神支柱，而他洞若观火的文字更是永远照亮青年的思想明灯。

---

① 如在《这样的战士》一文中，举起投枪的战士，却看到"那些头上有各种旗帜，绣出各样好名称：慈善家，学者，文士，长者，青年，雅人，君子……"（参见鲁迅：《野草·这样的战士》，《鲁迅全集》第二卷，第 219 页）这个被绣在旗子上的"青年"，虽然是个"好名称"，更可能是被虚名包裹的伪士；更有甚者，"其实现在秉政的，就都是昔日所谓革命的青年也"（参见鲁迅：《书信·致曹靖华》，《鲁迅全集》第十三卷，第 458 页）。

② 李欧梵：《中西文学的徊想》，三联书店香港分店，1986 年，第 175—176 页。

③ "在我自己，觉得中国现在是一个进向大时代的时代。但这所谓大，并不一定指可以由此得生，而也可以由此得死。许多为爱的献身者，已经由此得死。在其先，玩着意中而且意外的血的游戏，以愉快和满意，以及单是好看和热闹，赠给身在局内而旁观的人们，但同时也给若干人以重压。这重压除去的时候，不是死，就是生。这才是大时代。……因为我觉得中国现在是进向大时代的时代。"（参见鲁迅：《而已集》之《〈尘影〉题辞》，《鲁迅全集》第三卷，第 571 页）"现在则已是大时代，动摇的时代，转换的时代，中国以外，阶级的对立大抵已经十分锐利化，农工大众日日显得着重，倘要将自己从没落救出，当然应该向他们去了。……虽然也可以向资产阶级去，但也能够向无产阶级去的呢。"（参见鲁迅：《三闲集》之《"醉眼"中的朦胧》，《鲁迅全集》第四卷，第 65、66 页）

④ 鲁迅、许广平：《两地书第一集（四）》，《鲁迅全集》第十一卷，第 24 页。

⑤ 鲁迅：《坟·文化偏至论》，《鲁迅全集》第一卷，第 56 页。

第五节　"青年"与"后喻时代"

　　从新文化运动开启"青年时代"至今已近百年，当年意气风发的"青年"已经陆续谢世、飘零殆尽。但新文化运动唤醒了"青年"的自觉，一代又一代的"青年"如潮起潮落般不断涌现、又渐渐退去。在不同的历史阶段，无论是艰苦卓绝、命若悬丝的战争年代，或是新中国成立后的建设、改革进程中，"青年"不仅被社会各界和长辈们寄予厚望，更重要的是，他们也以自己的热情、奋斗，为自己书写不负青春的人生乐章，为建设充满活力和希望的青春中国献策出力。

　　朱自清曾说，五四之前的青年是"沉静"的，现在的青年"爱捣蛋"。他虽然承认青年有独特的天性与优势，但也需要引导和训练；学校不仅要教授知识，更应该育人，他说：

　　　　在青年时代，学校的使命更重大了，中年教师的责任也更重大了，他们得任劳任怨的领导一群群青年人走上那成德达材的大路。①

朱自清这篇写于 1944 年的《论青年》，正反映了梁启超、李大钊、陈独秀、胡适、鲁迅等启蒙者有关"青春""青年"等观点对社会风气的深刻影响。如果说"五四"时期的"青年"首先是良师益友以"文化"启蒙、培育而成的，到 40 年代，"青年"对自我的身份认同更加自觉、对中老年所确立的秩序也更逆反、对抗……，以至于"中年教师"们有的难以招架或收拾不住了。

　　1957 年的"夏可为事件"②、1980 年的"潘晓事件"③等再次显示了"青年"

---

　　①　朱自清：《论青年》，《朱自清全集》，第三卷，第 1168 页。
　　②　1957 年第 5 期《文艺学习》上刊登了一封题为《给作家茅盾、赵树理的信》的读者来信，署名"夏可为"。信中谈及自己喜欢文学、酷爱创作，但面临着时间紧张、经济拮据以及缺乏写作方法等实际困难，希望得到茅盾和赵树理的帮助。同期也发表赵树理的回复文章《不要这样多的幻想吧？——答长沙地质学校夏可为同学的信》。"夏可为来信"以及赵树理的回复，引发了关于青年有关兴趣与选择、名利观、个人主义等话题的广泛讨论。与此相关的还有"黄玉麟来信""杨一明来信"等。
　　③　1980 年 5 月，《中国青年》杂志刊登了一封署名"潘晓"的年轻人的来信，信中将自己 23 岁的人生视作"一段由希望到失望、绝望的历程；一段思想长河起于无私的源头而终以自我为归宿的历程"，并抛出了一个深深的困惑："人生的路呵，怎么越走越窄……"这封信引起了一场持续半年多的"潘晓讨论——人为什么要活着"，共有 6 万多人来信参与讨论。这个事件后来被称之为"整整一代中国青年的精神初恋"。

的敏锐，以及新的历史背景下成长起来的青年特有的痛苦和不甘。事实上，"五四"至今的一个世纪中，"青年"们一茬一茬，而他们的成长环境不仅发生了更加飞速的转化，而且展开为更为开阔的世界，他们对"青年"的本质、对"青年"个体与家庭、社会、国家之关系的理解也都发生了明显的变化，因而，他们的时间意识也有了新特征。文学家们依旧很热忱地观察、书写着变化中的"青年"①，但是，当下主流的哲学家确实不再像"五四"时期那样把"青年"当作特殊的群体和哲学问题予以思考。

然而，"青年"毕竟已被唤醒，而且已经学会了自己发声。本节尝试着通过几首流行歌曲，简单勾勒一下改革开放以来近四十年"青年时代"的变化轨迹，以及在此背景中"青年"的某些时间经验。与此相关，另一个不能疏漏的问题是，"老龄"社会正悄然而至，当下青年何为？

一、歌声中的"青年"

（一）《年轻的朋友来相会》

李泽厚认为，1976 年"文化大革命"结束后，中国逐步进入了"苏醒的 80 年代"。1980 年，由张枚同作词、谷建芬谱曲的《年轻的朋友来相会》甫一发行就广为传唱。歌曲反映了"八十年代新一辈"投身祖国四化建设、创造城乡美好生活的热情与抱负，他们正在将个体一生中最美好的青春时光融入祖国历史的书写之中，许诺继续以无愧的青春为祖国谱写更光辉的乐章，并满怀希望和充满自豪地相约"再过二十年"，携着各自的成就、在更加繁荣的祖国重聚首。

20 世纪 70 年代末开始的改革开放让中国人再次痛彻心扉地感受到了与世界的巨大"时差"②，国家高层直面现实、冷静思考、寻找出路，并最终作出了全面开

---

① 如王蒙的《组织部新来的青年人》、铁凝的《没有纽扣的红衬衫》、路遥的《人生》、王朔的《动物凶猛》、刘震云的《一地鸡毛》等等大量小说，都曾在青年中引起极大反响；有些小说被改编成电影或电视剧，更是十分轰动。

② 如被称作改革开放"侦察兵"的副总理谷牧于 1978 年 5—6 月率团访问西欧五国，这是新中国成立以后，中国政府第一次出访发达资本主义国家。后人回忆说，谷牧当时曾感叹，几十年过去了，中国还在通过苏联的政治教科书想象资本主义国家和整个世界（参见曹普：《谷牧与 1978—1988 年的中国对外开放》，载《百年潮》2001 年第 11 期）；而其他同行也深有同感，他们说："那一个多月的考察，让我们大开眼界，思想豁然开朗，所见所闻震撼着每一个人的心，可以说我们很受刺激！闭关自守，总以为自己是世界强国，动不动就支援第三世界，总认为资本主义没落腐朽，可走出国门一看，完全不是那么回事，中国属于世界落后的那三分之二！"（参见崔荣慧：《改革开放，先行一步——访原广东省省委书记王全国》，载宋晓明、刘蔚主编：《追寻 1978——中国改革开放纪元访谈录》，福建教育出版社 1998 年，第 558 页）更频繁的出访考察之后，政府高层清醒而痛苦地认识到："事物的本来面目用语言是改变不（转下页）

展改革开放的重大决策。1978年12月的中共十一届三中全会是改革的起点，而1979年的特区建设则代表中国向世界开放。

深圳被称作"中国最年轻的一线城市"①。2010年，深圳经济特区建立30周年，在"深圳十大观念"的评选活动中，市民通过海选的方式参评，其中排名第一的"时间就是金钱，效率就是生命"。这个口号是被誉为"中国改革之星""中国改革开放实际运作第一人"的袁庚于1984年提出的。这个以"时间"为关键词的口号不仅激动和影响了深圳特区，也迅速渗入内地，成为改革开放过程中激励个人和管理组织的一条普遍原则。

前已述及，"五四"新文化运动时期的中国学者曾多次赞扬、引用富兰克林的"时间就是生命"，并反复宣扬惜时守时、倡导合理利用时间的观念。从20世纪60年代开始，华罗庚还致力于把数学方法应用于实际，确立了以提高工作效率为目标的优选法和统筹法，取得了显著经济效益，其方法多年来也一直被选入中学生教材。如华罗庚所言，统筹法涉及的主要是"时间方面的事"，通过合理安排、节省时间。这些努力不仅提高了时间效率，而且也培养了大家以科学有效的态度和方法来理解"时间"、有条不紊地处理"时间"问题的习惯。

"时间就是金钱，效率就是生命"，这个与近七十年前类似的时间口号再次被高度宣传并获得了广泛认可，它不仅是"冲破思想禁锢的第一声春雷"，而且正是在此时间意识的激励和刺激下，这三四十年中国的经济高速发展、整个社会面貌一新。比如深圳人至今仍会津津乐道于"三天一层楼"的"深圳速度"。

如我们所知，当时，"八十年代新一辈"和他们的祖国刚刚走出十年浩劫的苦难，正通过全面的改革开放，重新开启强国富民之路。与同时期的"伤痕文学"重在回顾、反省和批判"过去"不同，此歌中的"年轻的朋友"领受着明媚的春光，踌躇满志、积极奋进。20年后，跨世纪的他们再次用歌声展示了他们当年的心境："来不及等待来不及沉醉""来不及感慨来不及回味"②，他们迅速担负起了建设国家的时代重责，并信心十足地憧憬着未来、想象着在未来回望青春的现在时的无愧与自豪。

《年轻的朋友来相会》在20世纪80年代曾风靡一时，歌中"八十年代新一辈"的主体应该是五六十年代出生的，此时他们急切地想弥补或充实被荒废的十

（接上页）了的。比如，我们的发展停滞了十一二年，这个事实否认不了，落后的面貌也否认不了。""最近我们的同志出去看了一下，越看越感到我们落后。什么叫现代化？五十年代一个样，六十年代不一样了，七十年代就更不一样了。"［《邓小平年谱（1975—1997）》（上），中央文献出版社2004年版，第329、372—373页］

　　① 1980年8月26日，深圳特区正式成立，这一天被称为"深圳生日"。

　　② 2000年，在《年轻的朋友来相会》发表20周年之际，张枚同（甲丁也参与了作词）、谷建芬再次合作创作了另一首歌《二十年后再相会》。

年,这首歌是这一代"青年"的青春烙痕。总体上,他们对个体和祖国重归正途的新时代充满了感激和喜悦,对个体和祖国的未来也充满信心和想象。无论是个体还是国家,都洋溢着一种欣欣向荣朝气蓬勃的气氛。但他们毕竟被那场浩劫错置了十年光阴,祖国此时也是百废待兴,那种时不我待的追赶、奋斗的紧迫感和面向未来、敢于冒险的精神也再次成为了大家普遍的时间体验。这首歌也一直传唱至今,是这一代青年的共同记忆和精神净土,如张枚同自己所言:"可能说明,这首歌,确实是那个时代的不能忘记的声音。"

总之,"八十年代新一辈"迅速走出了过去、努力以当下的付出创造未来的希望;他们将个体的存在意义和人生价值与祖国的繁荣富强紧密联系,积极乐观、热忱豪迈。在一定意义上,这正是新文化运动以来,"新青年"时间意识的延续。

(二)《忙与盲》

"金钱""效率"首先是功利原则,效率优先也意味着"加速"时代的来临。1985 年,台湾的袁琼琼、李宗盛共同创作了歌曲《忙与盲》,歌词以非常具有画面感的方式,淋漓尽致地呈现了现代都市的年轻人的真实样态:忙碌、慌乱、迷茫、无主又无助。忙得走失了心,忙得来不及品味心情,也盲得看不见方向,盲得找不到任何意义。台湾等地比大陆较早进入经济大发展,也比大陆较早体验到《忙与盲》。《忙与盲》2005 年后传入大陆①,因歌曲准确地切中了新世纪之交内地年轻人的生存情态而广受欢迎,至今传唱不衰。

之前,我们将"忙"视作正价值或至少是现代生活之常态。因为我们要奋斗、要追赶、要实现自我或为社会发展、祖国繁荣而努力……忙碌之中,我们总是觉得要不断提高时间效率,以便快速完成各种工作;我们又总是觉得有干不完的任务,感到时间总是不够用;我们被各种外在的时间期限追着赶着,没有了自己的节奏……"忙"的确实已经成为我们这个时代的"病",而"青年"群体无疑是最忙,且感受最敏锐的。

如前已述,民国时代胡适曾号召"青年"关注自己的"闲暇"。20 世纪 30 年代,林语堂创办《人间世》《宇宙风》等刊物,提倡"以自我为中心,以闲适为格调"的小品文。这些论点,在战乱频仍的动荡时代或经济腾飞的改革浪潮中,很容易被束之高阁,甚至被嘲弄或批判。新的世纪之交,当人们总是在忙忙碌碌中迷失自我、身心俱惫的时候,这些闪耀着人性的光辉和对未来美好预设的文字往往成为温润平和的港湾。对于匆促的青年而言,如何不让自己被"忙"和"盲"淹没,这些文字无疑是重要而有效的清凉剂和静心丸。比如林语堂畅谈"悠闲的

---

① 除了《忙与盲》,《凡人歌》《最近有点烦》《反方向的钟》等很多歌,都敏锐而真实地展现了最近二三十年的"青年"某些特有或真实的时间体验,非常值得关注。

重要",感慨"闲暇时的中国人,是最可爱的"①。这些隽永轻盈的文字重新回到年轻人的案前,他们逐渐明白:战斗、工作、赚钱、成功……这些终究不是生活的本质或自由的生命。另一个逐渐为众人青睐的民国文人是梁实秋,他也特别主张"闲暇"应该是人们的一种自我选择和日常生活的一部分,甚至强调"闲暇"才是生活的本质、人生的价值,所有人都应该学会闲暇、有权闲暇,希望人人都能属于"有闲阶级"。②近二三十年来,民国小品文再次被关注、林语堂等思想被重新研究和评价,正反映了"闲"作为生命之价值和文明之标志的不可替代性。

尽管一个多世纪前黄遵宪已经把捉到了诗人对"加速""快"的直接体验,但进入21世纪,这种感受是越来越强烈和普遍了。时间经验的改变重塑着我们的生命,以及与世界勾连的状态。③罗萨认为现代性或者现代生活的核心就是周遭的事物乃至"时间"的"加速",他并且指出:"时间"的"加速"是"加速"的核心和本质,"加速"导致了现代社会中时间结构的改变,而"忙碌"成为"新的异化形式"。罗萨理论同样也使用于当下中国的现状。但罗萨重在批判,暂未能提供解药。

《汉语思想中的忙与闲》的作者也深切地感受到了这种时代病,并试图以哲学的方式治病。"闲"是对治"忙"的药方,书中提出了超越"休闲"的观点,而主张"修闲""能闲"④。"闲"展开了一种与"忙"(和盲)不同的时间体验,即被领会为按照"日"(与"夜"交替)的节奏而展开自身,闲人与闲物同乘着日月的节拍展开自身的节奏,一张一弛完成其所有的生命环节。以"闲"治"忙",使盲目冲撞的无序生命重归舒缓有致的有序化。

(三)《颓废的九零后》

80年代中后期以后,中国社会逐渐进入从"我们"向"我"的过渡、"国家"

---

① 详见林语堂:《生活的艺术》,第七章"悠闲的重要"。该著以英文写作,于1937年在美国出版,文中林氏指出:"美国人是闻名的伟大的劳碌者,中国人是闻名的伟大的悠闲者。"他分析了中国人崇尚悠闲的原因:酷爱人生、浪漫文学的陶养和道家哲学,并认为中国人的悠闲是平民化的。在他看来,"讲求效率,讲求准时,及希望事业成功,似乎是美国的三大恶习",并幻想千年之后,"美国的'进取者'(Go-getter)都成了东方式的悠闲人"。

② 梁实秋也写了很多有关时间的小品文,如《闲暇》《旧》《谈时间》《利用零碎时间》《守时》等等。有关"闲暇",他说:"劳动是必需的,但劳动不应该是终极的目标。而且劳动亦不应该由一部分负担而令另一部分坐享其成。人类最高理想应该是人人能有闲暇,于必须的工作之余还能有闲暇去做人,有闲暇去做人的工作,去享受人的生活。我们应该希望人人都能属于'有闲阶级'。有闲阶级如能普及于全人类,那便不复是罪恶。人在有闲的时候才最像是一个人。"(参见梁实秋:《闲暇》,《闲暇处才是生活》,北京时代华文书局2014年版,代序第3页)

③ 比如忙碌的碎片化的互联网阅读与人类注意力分散的关联,等等(详见罗伯特·哈桑:《注意力分散时代:高速网络经济中的阅读、书写与政治》,张宁译,复旦大学出版社2020年版)。

④ 详见贡华南:《汉语思想中的忙与闲》,第九章"闲"。

也不再笼罩个体生活的全部内容,"青年",或"我"作为"个体"之存在,及其时间意识逐渐凸显、强化。同时,改革开放不断深入,变革与震荡同在、贫与富等巨大的差距重新引发了社会与人心的各种撕裂。与新文化运动时期一样,80年代以后的中国再次西潮涌动,尤其是现象学、存在主义等思想的译介和研究蔚然成风,海德格尔、萨特、胡塞尔等他们漂洋过海、各领风骚,异域的这些有关"时间"的讨论逐渐再次成为中国学人的重要思想资源。

比较明显的一个变化是,"小时代""微时代"①等概念的出现。不可否认的是,这方面的音乐、影视作品很丰富、文学作品和相关理论研究也较多,在哲学上还暂未得到充分的关注。"小时代""微时代"的主角依旧是"青年",就"时间"问题而言,这是个体时间意识强烈凸显的时代。他们决定要过自己最真实的生活,更在意个体的日常生活。但他们对时间的感受是"无聊、空洞、没意义"②,在师长一代眼中他们不过是在"消极萎靡""虚度光阴"——但不管他人如何横加指责或谆谆教诲,在这个时代的"青年"看来,那是他们自己的选择,是他们自己的时间。

《颓废的九零后》是维吾尔族摇滚音乐人 ZulpiQar·Turdi 的创作。歌中反复唱道:

> 奔跑吧/奋斗的年轻人/
> 拉倒吧/颓废的九零后/

九零后,现在最多三十三岁,也是正"青年"。也曾爱笑、也曾有理想,但现在却没了热情少了信任。"拉倒""颓废"是要让长辈们担忧的、指责的,"代沟"在现代社会既宽且深,即使一家人生活在一起,共同度过的公共时间却越来越有限。以前一家人一起看电视、下棋的客厅早已失去往日的热闹,个人的房间和电脑、手机将家人彼此隔绝。

---

① 郭敬明于2008年发表了长篇小说《小时代》,后于2013年改编成电影。但"小时代"的概念出现得更早。张奎志指出:中国当代文学中一般将"1987年到2010年左右的这一文学时段"称作"小时代",其特征是文学表现从"大写的人"转向"小写的人",从"集体性"写作转向"个人化"甚至"私人化"写作。大概从2010年开始,进入了由微博、微信、微小说等构成的"微时代","微化""微小化"、日常化、个性化成为一种新的文化诉求。(参看张奎志:《大时代·小时代·微时代:中国当代文学政治诉求的变迁》,《黑龙江社会科学》2015年第6期)

② "我就把这个写出来就可以啦,我的生活才是我的根基,是我写作的原点,对我来说这么写就是表示我与伪生活的决裂,与那种按某种道理做人的生活的告别。""这个"即生活的"无聊、空洞、没意义",这个生活是"我的","无聊、空洞、没意义"是我最真实的时间体验。(参见王朔、老霞:《美人赠我蒙汗药》,长江文艺出版社2000年版,第9页)

当然，"拉倒""颓废"本来也不代表九零后的普遍情况或常态。有人还在"奔跑""奋斗"，或者歌者也只是暂时"拉倒""颓废"一下，缓口气、睡一觉，再继续"奔跑""奋斗"……事实上，九零后"青年"已经开始怀疑"忙"的价值。一方面，如果是由"忙"而"盲"，这无疑是吊诡的；另一方面，如果一天忙到晚或一年忙到头，却看不到希望、赢不得未来——人们难免会迟疑，甚至放弃。这正是当下某些"青年"最真实的生活状态。"佛系""躺平""低欲望"……这些新名词真实地诉说了这一代"青年"的状态："青年"不想再这么"忙"了，他们选择了另一种方式：不愿拿现在与未来做交易，也无心回到过去①，甚至他们也不活在真正的当下。在某种意义上，他们活在逃避和超脱中，活在无时的他处。但这也揭示这一代"青年"，有着更自觉的自我，也有着更自觉的个体时间意识。虽然，应该有另一种更本真更实在的"时间"，能抵挡这"拉倒"、抗拒这"颓废"，在某些特殊情境中，他们也是坚毅而有担当的②，但是真正让他们心悦诚服的答案似乎还不够明朗。所以他们有时也只能跟着张国荣哼唱"我就是我，不一样的烟火"，或者跟着老崔健大吼一声"老子根本没变"，可是张、崔与九零后之间毕竟有着难以填平的沟壑。

（四）《内卷》

2020年被称为"内卷元年"，此时零零后也开始陆续加入"青年"大军了。2021年底，荆棘鸟创作并演唱了《内卷》，歌中重复着"一起内卷"的邀请：

> 来吧　来吧　一起内卷/每日清晨　忙到夜晚
> 虽然内心　苦不堪言/还是要堆出　一副笑脸
> 来吧　来吧　一起内卷/反正无法寻他个　清闲
> 驰骋江湖　你追我赶/生于这浮世　瞬息万变

"内卷"无疑是近几年来年轻人最鲜明最真实的存在状态。"千军万马过独木桥"的状态从高中延展到大学，本该最青春肆意的年龄，小心翼翼地算计和坚守着每一个绩点；本该最单纯最熟悉的同学，因为无处不在的"卷"而彼此疏离；本该最丰富最从容的校园生活，也因为单一化的目标变得单调且紧张。日复一日，沉浸在学习和应试的状态中；每时每刻，在焦虑中估量回报、揣度未来。

"内卷"当然不限于大学生，资本裹挟着其创造的焦虑将"起跑线"不断低幼

---

① 虽然《反方向的钟》（方文山作词、周杰伦作曲并演唱）中反复吟唱："穿梭时间的画面的钟/从反方向开始移动/回到当初爱你的时空/停格内容不忠。"但这还是对"过去"有所留恋，对"未来"有所期待，所以在"现在"会痛会哭。

② 比如2020年春天，在疫情"风暴眼"的武汉，九零后是最美逆行者的绝对主体，如武昌医院ICU里90后医护人员占到75%以上。

化，而走出校园进入职场后的内卷更加残酷和难以抵抗，以至于"刚毕业的年轻人反而成为年龄焦虑的重大重灾区，明明我们的人生才开始"①。戴锦华回应时指出"中国人的年龄焦虑"并非古已有之，而是"在现代主义文化、大都市生存当中才被形构或者被显影出来的。"她对年轻人的焦虑和忧郁既痛心又无力，同时也深深地感受着他们"对于未来人生的某一种消极状态和某一种消极感"，究其根源，她指出：

> 我想这样的一种心理情态的形成，并不和年龄观和年龄结构有关。我们进入到现代文明前所未有的高度发达的时段，但是今天的世界文化并没有给人们提供任何意义上的未来希冀和未来愿景。我们不再能够分享一个关于明天的动力，我想这才是最大的问题。

"内卷"将这些最青春洋溢的生命拥挤在一个有限的时空中，他们难免互相踩踏彼此排挤。只有一个标准、只有一条出路，时间的颜色因而变得晦暗，青春的感受由此变得沉重。如戴锦华所言，"今天的世界文化"未能提供有关未来的蓝图和动力，这无疑是遗憾的；但我们能怎么办？她说："我们不能期待着疗愈方案的提供，我们在相互地看见，相互地携手之间，自我疗愈并且相互治愈。"——这又让我想起了鲁迅：这从未有过的路，终究是"现在的青年的使命"，前路和希望都要靠现在的青年自己去创造。首先青年自己必须从"卷"中挣脱出来，向外拓展、向上提升，才能看到更辽远的风景、享受更多元的生活，也才能更充分地绽放生命、开辟未来。

二、《一晃就老了》与"后喻文化"中的"青年"

所有的老人都曾年轻过，所有的年轻人也都将老去。只是来不及意识到时间的步伐如此匆匆无情，来不及学会应对一晃就老了的现实。莫文蔚一首《当你老了》令很多年轻人也心生感慨，秋裤大叔那沧桑的歌声亦曾唱哭过很多人：

> 忽然怀念从前那些逞强/和懵懂无知的年少轻狂
> 一瞬间发现人生太短/一瞬间发现路不再漫长
> ……时光竟已走得这么匆忙……
> 怎么刚刚懂得时间不经用/怎么转眼之间就老了

---

① 2022年7月，由活字文化出品的《戴锦华大师电影课：中国电影50部》在B站上线。在课程之外的交流中，有同学提问："戴老师，请问我们中国人的年龄焦虑从何而来？是古已有之，是近代形成的？为什么它对我们的影响如此的深远？如今刚毕业的年轻人反而成为年龄焦虑的最大重灾区，明明我们的人生才开始。"这是一个具有强烈当下性的现实问题。

百年前的新文化运动，通过批判和抵抗一个以老年、以经验为重的文化传统的，而逐渐确立了"青年时代"，同时又以进化论思潮为基础，宣告了推陈出新、今必胜古的原则和青年对老年的绝对优势。在唤醒"青年"的过程中，"青年"与"老年"之间经常处于对抗和反叛的代际关系中。

对于个体而言，"一晃就老了"是一种逃不过的宿命。但更值得关注的问题是，"老龄化社会"已经悄然而至。人们越来越长寿，老龄化成为我们时代必须面对的普遍问题，以至于有时候我们必须模糊"年龄"的数字意义。①中国也已经步入老龄化社会，连年轻的深圳也在未雨绸缪地思考必将到来的养老问题。因为历史原因以及青年生育意愿的持续下降，老龄化程度急剧加深，从而带来了很多新问题。②这不仅是"老年"的问题，更给这一代"青年"提出了新的挑战。

在这个飞速变化、高科技高效率的时代，老年人的世界并不美好。他们跟不上加速的生活节奏，也难以适应层出不穷的新事物。虽然社会已经老龄化，但世界的主角却是年轻人——他们按照自己的理解和习惯规划着时空秩序。

玛格丽特·米德认为，现代社会已经进入"后喻文化"的时代：

> 我们今天则进入了历史上的一个全新时代，年轻一代在对神奇的未来的后喻型理解中获得了新的权威。
>
> 后喻文化的发展将依赖两代人之间的持续不断的对话，通过这种对话，已经能够积极主动地自由行动的年轻一代，一定能够引导自己的长辈走向未来。这样，年长的一代就能够获得新的知识。我确信，除此之外别无选择，只有通过年轻一代的直接参与，利用他们广博而新颖的知识，我们才能够建立一个富于生命力的未来。③

所谓"后喻文化"，即"青年文化"，这是一种由年轻一代将知识文化传递给他们

---

① 如联合国世卫组织就主张"不要用年龄来定义老年人"，2016 年 10 月 1 日国际老人节的主题就是"反对年龄歧视"。

② 周大新所著的《天黑得很慢》（人民文学出版社 2020 年版），是中国首部关注老龄化社会的长篇小说。书中描写了老年生活的各个方面，以及他们逐渐衰老、接近死亡的过程，这个慢慢天黑的过程，如果没有子女的照顾和抚慰，会非常孤寂而艰难。

③ ［美］玛格丽特·米德：《文化与承诺——一项有关代沟问题的研究》，周晓虹、周怡译，河北人民出版社 1987 年版，第 65、245 页。美国社会学家玛格丽特·米德在《文化与承诺——一项有关代沟问题的研究》一书中，从"文化传递差异"的角度理解当今世界的代际矛盾与冲突，并以此为标志，将人类文化划分为"前喻文化""并喻文化"和"后喻文化"三种基本类型和基本阶段，她指出："前喻文化"即"老年文化"，其特征主要是晚辈向长辈学习；"并喻文化"本质上是一种"过渡性质"的文化，其中晚辈和长辈的学习都发生在同辈人之间，代际冲突凸显；有关"后喻文化"，则是长辈反过来向晚辈学习，"在这一文化中，代表着未来的是晚辈，而不再是他们的父辈和祖辈"。

生活在世的前辈的过程，换而言之，这是一个需要老年人反过来向年轻人求教向学的时代，这样老年人才有能力主动地适应社会的巨大变化。在此，"青年"再次成为"未来"代名词。步入老龄化社会的中国，也是一个"后喻文化"特征逐渐凸显的时代。这不仅要求老年人转换身态，也需要"青年"调整观念：一个世纪之前，时代鼓励"青年"冲决旧窠，勇猛前行；一个世纪以后，时代提醒"青年"停下过快的脚步，等一等跟不上时代洪流的老年人。对"青年"来说，愿意在自己有限的时间中留下一部分，帮助长辈接受新事物、培养新技能——这本身需要重新理解"时间"的价值。时间是生命，但生命是彼此关联长幼相续的，而且时间一定有效率和金钱之外的意义。

李大钊曾想象青年与老年的"调和"，梁漱溟曾从"家"的扩充和绵延理解中国人时间的无限性，汪曾祺向往"家人闲坐，灯火可亲"——也许在"后喻时代"，正合时宜？

本章小结

"青年"作为个体生命中十分特殊的阶段、"青年"群体作为社会存在中极为重要的力量，在这百年中的确受到了来自各方面各层次的关注，"青年学"也逐渐成为独立的学科。20世纪之初的思想家们发现并唤醒了"青年"，引领"青年"确立了以自新、进步为本质、面向世界面向未来的时间意识，鼓舞他们思考个人的命运与国族的命运。后来冯友兰在其"新理学"体系中论及，"乐于冒险是所谓近代精神""所谓争斗的精神，中国以前是不讲底"[1]，而这些崭新的精神，正是集中体现在"青年"身上。

有学者指出，"不夸张地说，现代中国文化就是青年文化：'无视这一点将无法理解这一世纪的中国青年问题，甚至对他们产生误解'"[2]。冯友兰也曾从"现代化"的角度、从农业社会向工业社会转变的角度谈论尊重"青年"的必然性：

> 所以在工业社会里，高年不是一个傲人底性质，而青年反是一个傲人底性质了。青年所以成为一个傲人底性质者，因青年对于种类上的新底事物，

---

[1]　冯友兰：《新原人》《新事论》，《冯友兰全集》第四卷，第517、320页。
[2]　转引自［德］史通文：《在娱乐与革命之间——留声机、唱片和上海音乐工业的初期（1878—1937）》，王维江、吕澍译，上海辞书出版社2015年版，第11页。

可以学习，而高年则不能学习也。在农业社会里，人所以尊高年，一半是由于道德底理由，一半是由于实用底理由。在工业社会里，如果人亦尊高年，其所以尊高年完全是由于道德底理由。①

如其所言，"现代化"是我们这一个多世纪以来的"新命"，善于求新、创造的"青年"无疑是此"新命"的现实承担力量。回顾20世纪，我们确实发现一代一代"青年"接续传递，总是不辱使命。

当然，"青年"群体也有分化，如鲁迅后来也不无悲凉地说："后来便时常用了怀疑的眼光去看青年，不再无条件地敬重了。"②

所以冯友兰又说，"青年"之自然是纯洁的，但此境界不可恃，需要学养以坚固之、提升之。③

但这一百年，"青年"毕竟已经被唤醒了，他们已经学会自我思考、自我抉择，他们的特质和优势总能为他们打开属于"青年"的世界，展开他们自己的"时间"。

任何时代，"青年"都是"现在"最重要的群体，也都是"未来"的象征。这不仅是因其"自然年龄"的先天优势所致，更是以其特殊的"文化年龄"而彰显。"五四"新文化运动唤醒了"青年"的自觉，唤醒了他们对自己、对国家的责任，更通过"小我"与"大我"之辩证关系破解叔本华悲观的"个体性原理"。④

何兆武回忆他们那代"青年"在西南联大的生活时说："幸福最重要的就在于对未来的美好的希望，一是你觉得整个社会、整个世界会越来越美好，一是你觉得自己的未来会越来越美好。"远离故土、衣食不足、轰炸频繁……这些在那个时代的"青年"看来，都不足道也。他们"乐观的、天真的认为战争一定会胜利，而且胜利以后会是一个美好的世界"。因为确信有一个美好的未来，他们有"那个时代的青年"的幸福，这种"乐观"和"天真"是他们的青年时代最珍贵也最有力的护身符。

当下的"后喻时代"更凸显了"青年"与"未来"的关联，赋予了他们更严峻的时代任务与历史考验。但前提，确实是必须让"青年"真实地心存对未来的美好的希望。何兆武也称自己，甚至他们那一代，乃至更年轻的一代，是

---

① 冯友兰：《新事论》，《冯友兰全集》第四卷，第322页。
② 鲁迅：《三闲集》序言，《鲁迅全集》第四卷，第5页。
③ 冯友兰：《新原人》，《冯友兰全集》第四卷，第524页。
④ "我将借用古经院哲学的一个术语，把时间和空间叫做个体化原理。"（参见［德］叔本华：《作为意志和表象的世界》，石冲白译，商务印书馆1991年版，第168页）

"报废了的"①,但这毫不妨害他们的成果斐然。所以任何时候都不必苛求"青年",如果长辈真的爱他们,就为他们小心护持地那点希望之火,不要让残酷的内卷、不可企及的高房价等现实过早地吞噬了他们的理想。但更重要的,是"青年"的不放弃和自救。

1947年,朱自清曾说:

> 在"大时代"的文学中,"我们"替代了"我","我们"的语言也替代了"我"的语言。②

虽然朱自清和鲁迅对"大时代"的理解并不完全一致,但在国危民难之际,在残酷颠沛的战争年代,个人与国家的命运联系更加紧密,个体化的时间也更多与社会、国家的时间融为一体,个体的"闲暇"等往往被视作特权人物或阶级的腐朽之物,或普通民众多余的奢侈品等等而备受质疑。但"我"无疑是"五四"新文化运动最丰厚的成果,拥有和享受"闲暇"是"我"生命自由的重要体现——对于"青年"而言,如何真正拥有和创造"我"的时间,依然是他们的重要课题。

> 青春是感觉敏锐和欲望活跃的年纪;体验不会因为重复和幻灭而变质……时光因其自身而珍贵。……人生的悲剧在于,它只会在偷走我们的青春之际才赐予我们智慧。③

哲学所关注的人不是均质的抽象人,如哈里森所言,应该联系"年纪"以论"时间"——一生如四季,季季花不同。既然是青春,就应该享受——享受刺激、冒险、享受活力充沛、热血沸腾,也享受思想、哲学和逻辑的爆发,享受爱。④

---

① 2002年1月11日,何兆武在接受邓京力等人的采访时曾说:"我没有道路,我们是报废的一代。"(参见何兆武:《没有哲学深度,就不能真正理解历史》,本文收录于何兆武先生文集《可能与现实:对历史学的若干反思》,北京出版社2017年版)

② 朱自清:《今天的诗》,《朱自清全集》第四卷,第1651页。

③ 〔美〕威尔·杜兰特:《落叶》,刘勇军译,重庆出版社2020年版,第30页。

④ 这些都是威尔·杜兰特有关"青春"的沉思。详见《落叶》,第32—35页。

第五章

"生命"与有"情"有"意"的"时间"

　　亚里士多德是古希腊第一个比较全面深入讨论时间、空间和运动的基本属性的人，其"时间"及"空间"概念深刻地影响了西方的时间观，甚至"基本上规定了后世所有世人对时间的看法——包括柏格森的看法"①。近代以来，以理性主导的时间传统始终占据着西方主流，其表现就是以理性理解、规定时间：如经典力学将时间规定为客观的、匀速的直线运动，或如康德将时间规定为纯粹的感性形式。但柏格森是此时间传统的叛逆者，他批判西方的近代科学和形而上学，建立了直觉主义的生命哲学，以"绵延"为基础重新阐释了"时间"概念，他区分了空间与时间并确立了时间的独立地位。从 1913 年起，柏格森的生命哲学陆续传入中国，连续十多年炙手可热，影响空前。不少早些受过进化论思潮洗礼的中国学者亦曾折服于柏格森的生命哲学，也格外欣赏其具有转向性的时间观念。

　　19 世纪后半叶以来，中国思想界对西方由倾慕到师事，再到新文化运动时期以古今论中西，中国文化饱受冲击。在此危难之际，一批更审慎更冷静的思想家沉潜积健，自觉回归并以中国传统的核心观念来融贯中西之学，以期能致中国思想一阳来复。

　　与前述"新青年"群体更多地向西方探求不同，这些学者更倾心于回溯与重释中国传统哲学，致力于通过会通中西来实现中国文化的复兴与创造。在他们看来，中国传统哲学既有别于西方近代哲学的理性主义传统，又不同于叔本华、柏格森等现代哲学中显著的非理性主义色彩、或者较为浓烈的悲观主义气息，因而有着独特的历史意义和现实价值。《周易》作为中国文化的重要源头，其对"时"的阐释也直接建构了中国人的"时间"观；同时佛教，尤其是唯识学的复兴，也为他们思考时间问题提供了重要资源。他们既用心为古老的中国文化灌注新的持

---

　　① ［德］海德格尔：《存在与时间》（中文修订第二版），陈嘉映、王庆节合译，商务印书馆 2018 年版，第 34 页。

久生命力，又力图为"一战"以来已经陷入重重危机的西方文化寻找出路。在他们看来，中国传统文化及其时间观首先是中国人的生命之根，是中国人过去、现在和未来的安心立命之所，同时也有能力并且应该积极参与世界文化的建构，为世界的"未来"提供重要资源并指明方向。

本章将以朱谦之、梁漱溟和方东美为代表，他们不仅敏锐地意识到"时间"在哲学中的重要性，将"时间"作为重要的哲学概念加以思考，也开始尝试建构哲学体系。他们以"生命"为宇宙本体，视历史与文化为生命之绵延；与理性相比，他们更关注生命之"情""意"的价值，并努力建构了有"情"有"意"的"时间"观念。

第一节　朱谦之：唯情哲学视野中的"时间"

朱谦之（1899—1972），字情牵，福建福州人。他被誉为"百科全书式的学者"，视野开阔，著作等身，学术研究广涉哲学、历史、宗教等多个领域。在20世纪20年代，他以《周易》为源，建立了独具一格的"唯情主义"哲学，以"情"为宇宙之本体，提倡与"情"合一的直觉方法，推崇"真情的生活"，呼唤"情人"的理想人格。其所撰《周易哲学》，以古老的《周易》为本，与柏格森等现代西方哲学相互印证，以"情"解《易》，继而以"情"释"时"，指出《周易》在本质上即"假'时'以论'情'"，所谓"时"即"情"之"感"，即"变化流动永不间断的绵延"，并强调"时间的意义就是现在"；以此视野理解"历史"，历史是生命的进化史，贯穿着人类"生机力"的不断扩张永恒进化，是"现代"的历史。唯情哲学不仅带我们领略了以《周易》为基础的中国传统时间观的独特魅力，也使古老的《周易》焕发出现代的光彩，并启发我们立基于中国传统以思考时间的本质和意义。

一、"真情之流"

朱谦之认为古老的《周易》是一部讲形而上学的书，开启了中国哲学研究宇宙本体问题的源头，此本体就是"情"字。《周易》的要义，即是发明天地万物之"情"，讲清本体之"情"的流行变化。"情"即"自然"，是宇宙和"我"的真实存在，"情"最重要的特征就是"生"：

　　原来所谓宇宙，只是生这一动。①

　　因为天地万物的本体——情——是永远在那里变化，没有间断的，好象滔滔不绝的流水一般；所以我特别立一个表记，叫做"真情之流"。②

"生"的意义，就是连续不已的变化，活泼流转，健行不息，此即"生生之为易"，故而真情迁流不住，宇宙生命浩浩荡荡，天地万物生机盎然。

　　为什么"真情之流"恒久不已？为什么生命健行不息？朱谦之认为这是因为生命遵循着一感一应的"调和"之理。一方面，"情"能"感"，"观其所感，而天地万物之情可见矣"（《周易·咸·象传》）。"感"即"情"自觉走出自我的拘囿，主动与他人、他物沟通、协和。另一方面，有感必有应，当我们以有"情"之眼观照世界，万物也以"美的相续"回应于我。"感"为动，"应"为静，在一感一应之间，生命相互感通、融合，于活泼流转中又显现为稳静平衡，这就是所谓的"调和""中"，是护持生命的自然法则。可见，朱谦之的"情"在反抗"理知"的同时，也力图避免陷入盲目的冲动和一己之孤立。

　　总之，朱谦之以"情"解《易》，以活泼至动的情感为人之本性，亦以此为万物的根本，生命的真实。以此真情之眼去感通世间万象，宇宙的一切不仅被生命化、精神化，而且被情感化，即"把宇宙万物都归于浑一的'真情之流'"。"真情之流"周行天地之间，贯注宇宙万象；每一个生命，都是"情"体之大用，皆含"情"而在，亦因"情"而聚，都与"真情之流"融汇为一。因为体用一源，所以见得"天地万物之情"，就是直接证会了宇宙本体；对人而言，一任真情，扩而充之，跳出理知的窠臼，即能看到"自家人性"，默识本体。

　　朱谦之将进化学说分两派：一是科学派，"以生物进化的观念，来说明变易道理"，如达尔文派；一是哲学派，"把心理的自然进化，来说明变易的道理"，如黑格尔派、柏格森派。科学派的进化论机械、呆板，只能说明外界生物的进化，无法解释心的绵延；而柏格森的进化论"最圆满"，主张宇宙生命在"真的时间"里绵延创化，永不间断、没有重复，只有这种思想才能看到"永远不断的生命"。然而，尽管深受柏格森生命哲学的启发，他并不认同柏格森哲学中盲目的"生命冲动"或"意志自由"，而以中国传统的"情"代之。在他看来，"时间"即遍及宇宙生命的真情之流。

二、时间即"情"之"感"

　　《周易》，"变"阴阳不测、深妙难知，但又"至赜而不可恶""至动而不可

① 朱谦之：《周易哲学》，《朱谦之文集》第三卷，福州教育出版社 2002 年版，第 114 页。
② 同上书，第 102 页。

乱",虽繁杂至极变动至极却可以道会通。换而言之,"变"亦有其依据、法则,此即"变通者,趣时者也"(《周易·系辞传》),"变"以"时"为根基、章法或趋向。故程颐曾一言以蔽之:"易,变易也,随时变易以从道也。"(《周易程氏传·易传序》)

尽管《周易》的古经罕见"时"字①,但一卦一爻亦无不与"时"相联。"夫卦者,时也;爻者,适时之变者也。"(王弼:《周易略例·明卦适变通爻》)逮至大传,则屡屡彰明"时"之显要,如"与时偕行""以时发也""与时行也""欲及时也"等等,而十二"叹卦"又极力赞叹《易》之"时""时义"与"时用"②,更加凸显了"时"的哲学意蕴。

《周易》如此重"时",以至于玩《易》者甚而以此为"易"之精义,如朱熹曰:"易也,时也,道也。"(《晦庵先生朱文公文集》卷三十九《答范伯崇》)明代蔡清更言:"易道只是时。"(《易经蒙引》)"知时""识时"也成为学《易》者的不二法门。③

朱谦之重新发掘并自觉承续了《周易》重"时"的传统。《周易》虽然反复言"时",但究竟何者为"时"?经传却几乎都没有任何的解释,历代解《易》者也甚少述及。某些现代学者虽试图以现代话语揭示《周易》"时"的具体内涵与意义,如以"时"为"特定背景""时代""当时之具体形势、环境与条件"等等。但朱氏认为,这些通俗化的说法实质是将"时"客观化、物理化、实体化。这些都未能击中《易》之"时"的真义。他则以"情"解释、规定"时",逐渐敞开了《易》之"时"的独特魅力。

首先,"真情之流"不是"空间的方式"。空间是可区分可量计有同质性的东西,真情之流灌注天地之间,无处不在,亦无时不易,它没有稳定的状态,因而不能以某种质料的实体来定义;它也没有固定的方位,所以不可以东西南北来范围。由此可见真情的流行与科学上物质基于空间变迁、可以量化的机械运动全然不同。

其次,"真情之流"是"时间的绵延"。"情"之"变"的真义是"随时变易",其包含有两方面的内容:一方面是流行不已,一线相续,永无间断,随时而显示出变化、更新。另一方面是刻刻增大,时时创新,无限扩张。"易以道阴阳"(《庄子·天下》)朱谦之指出:

---

① 《周易》古经中"时"仅一见,即《归妹》九四爻辞:"归妹愆期,迟归有时。"

② 《周易·象传》以"大矣哉"赞《解》《革》《颐》《大过》四卦之"时",赞《随》《豫》《旅》《遯》《姤》五卦之"时义",赞《睽》《蹇》《坎》三卦之"时用"。孔颖达《周易正义》中以此十二卦为"叹卦"。

③ 如程颐说:"看《易》,且要知时。""人能识时知变,则可以言《易》矣。"(程颢、程颐:《二程集》,第249、1019页)

　　所谓一阴一阳，都正是以时间为基础，含于时间之内，而以绵延的，相续的，和性质的为其特征，没有时间便没有变化，这一阴一阳永远的流行，和时间只是一物，不可分开的。①

时间之本质即"情"绵绵不绝的变化，时间不再是均质的，也不是与运动无关的形式。同时，活泼浩然的本体之"情"是能动的，充满了创造力，朱氏强调"情"之变的特征是"向无限的方面生化，不是向圆的方面循环"，"是时间的绵延，而不是空间的方式，是进化而不是轮回。"②他更以"流行的进化"来形容：

　　自过去而现在，过去即现在当中，过去的保存无已，所以未来的扩张增大无已……本体一方面仰倚着"故"，一方面俯恃着"新"，一个是未来的前进，不可预测，一个是过去的累积，永无穷期。③

柏格森或朱谦之所论之"时间"与亚里士多德所言的消蚀着事物的"毁灭性原因"有别④，时间的流逝并不只是带走一切，更会挟带着过去而迎来更新的万象。《周易》以"未济"为终，又再三阐明"日新"之德，他认为，这些都证实了"情"之变的实质是创新、进化，宇宙生命是创造不已无限拓展的。

　　第三，感应与时空。天地之间的千变万化，其实就是一阴一阳的自然感应。感应互为其根，感不已，应无穷，生命由此而相续不绝：

　　才感便是动，才应便是静，感的时候就是永不间断的绵延，就是周易所谓"时"（时间）了。当其静的时候，就向空间顿时发散，而成其为分段的生命，就是周易所谓"位"（空间）了。但无论时位而情无所在，固然情不可以时间空间言，然舍时间空间，便没有情，时间譬则一本流行，空间譬则万物散殊，时间空间循环无端，妙不可言。⑤

在朱谦之看来，所谓时空就是"情"的一感一应，感而动，这就是时间的绵延；

　　①　朱谦之：《周易哲学》，《朱谦之文集》第三卷，第124页。
　　②　同上书，第123页。
　　③　同上书，第115页。
　　④　"事物也要承受时间的某种作用，就像我们惯常所说的时间消蚀着事物，一切都因为时间的流逝而衰老，都由于时间的变迁而被淡忘那样，但是，我们却不说随着时间的过去而学会了什么，或变得年轻了和漂亮了；因为就其本性而言，时间更是一种毁灭性原因；既然它是运动的数目，而运动就是要脱离现状。"（［古希腊］亚里士多德：《物理学》，《亚里士多德全集》第二卷，第123页）
　　⑤　朱谦之：《周易哲学》，《朱谦之文集》第三卷，第128页。

有感必有应，此时"情"向空间发散，成为生命的某个相对稳定的"位"，即空间。可见，时间空间本不可分割，"时间"为"情"之"感"，"空间"即"情"之"应"。但在时间与空间之中，时间是更为根本的因素，因为相对而言，宇宙之生即起于真情之流最初之一"感"，"应"是此"感"的相应、回应：

> 所谓应是随感所产出，他是不住的感，而时时流出对他的应的，这应是生命的假象，——分段的生命，而仍旧汇合于真情之流。①

《周易》以一卦为一"时"，六爻为六"位"，"六位时成"，但《系辞》对作为一卦之终始的初、上都不以得失加以评定，王弼释之以"无阴阳定位"，朱谦之阐发此意云：

> 空间定非实有，假令有一空间，亦必汇合于变迁历程的"真的时间"中……平常人所见为可计算的，有变碍的定位，——物质的空间，实是真情流行间断时所产出的，其实也是永远流行，不可间断，和时间只是一个东西。②

他认为，"空间是从时间流下来的"，空间是附于时间之上的，并非实有，只是随着时间的变迁呈现的一种"假象"，其本质仍是"时间"。以"情"之感应而论时间和空间，时空既相互关联密不可分，同时又相反相成动静合一，不过：

> 空间是应之所以承感而有功者，他自身仍寄在感的当中，所以不可分，所以言感可以兼应，言时间可兼空间。③
>
> 这流行的内容，唯时间一句话足以当之。④

朱谦之反对将时间空间化，而以时间为根本；他将物质性的、静止的空间情感化、运动化，并终究将之时间化了。柏格森强调只有直觉才能把握"真的时间"，朱谦之说"感应"即"真情的默识方法"，这是一种"神秘的直觉"（Mystic Intuition），即：

> 以神的智慧作自己的智慧，大开真情之眼，以与绝对不可言状的"神"

---

① 朱谦之：《周易哲学》，《朱谦之文集》第三卷，第128页。
②③④ 同上书，第129页。

　　融合为一，这就是孔门所谓"默识"了！①

就其强调时间的独立特征及其比空间更本原的意义，以及主张以直觉默契时间这些观点而言，都深深地打上了柏格森的烙印。不同的是，他更强调"时间"所示，是"我们意识中的现象世界"，其中任何"物"都是与"真情之流"浑融为一，"'真情之流'之缘感觉而现者"即一个个绝对的"意象"②。"意象"依"情"而有，即以"我"的"真情"与"神"的"真情"相感互通，这一连串相续变化的"美的意象"，最终引领生命达至一种"法悦"的美的境界："只要我们自家心美，便一切都美化。"③朱氏以"真情的默识"为证会时间的不二法门，实质上是以爱美之心创造了一个美化的世界。

　　如我们所知，《周易》主张"立象以尽意"，通过"象"对天下之赜的模拟而阐明圣人之"意"。这个"象"不同于通过"抽象化"而获得的共相，而"意"也不是一些简单的概念可以概括的"理"。这里我们似乎可以惊诧地发现朱谦之的"情"或"意象"与胡塞尔的"现象"或"意向性"有着某些微妙的遥遥相应。尽管朱氏并不曾自觉地以意识的基本结构或意象活动等的分析为己任；其以"有"说"情"，明确地肯定而不是"悬隔""世界"的存在；他亦更无心通过"还原"而"回到事物本身"的方式去为科学寻找和奠定基础。但二者都认为离开意识的"显现"，这个世界的一切都将无法言说。只是对于胡塞尔而言，这个"显现"是对先验自我（意识）的，他的先验哲学本质上还是在理性主义传统中；对于朱谦之来说，"显现"的意向性完全是对"情"的，他所关注的不是科学世界，而是丰富真实的、纯粹的有情世界，这倒稍近于胡塞尔晚年所特别留心的生活世界。

　　第四，时间的意义就是"现在""当下"。时间的本质是"情"之变，因而不同于出于生活的实际需要而将时间加以时刻上的区分而形成的"分位时间"，朱谦之指出：

　　　　这分位的时间，又实成立于一个永久流行没有间断的"真的时间"之上。所谓宇宙，就是从"真的时间"，时时流出分位，复趁这分位而扩充发达，把分位的静止相，都给打碎了；那当下就发见"真的时间"了！可见真的时间和分位非二；断不能强为斩截……过去……现在……未来……，其实只就当下！早已通摄过去了！未来了！早已现成完备而无欠无余了！所以时间本身，

----

① 朱谦之：《周易哲学》，《朱谦之文集》第三卷，第107页。
② 同上书，第142页。
③ 同上书，第144页。

只有现在，时间的意义就是现在。①

《尔雅·释诂》释"时"云："时，是也"，《广雅·释言》又以"此"训"是"："是，此也。"朱氏以训诂为证，认为时、是、此，声义相近，而都有"当下"的意思，由此论证时间的意义即在现在，过去是现在之积，将来是现在之续，因而他确信：

> 只要我们守着这当下，便是真的时间了！便是无穷的、完全的、不间断的流行进化了！②

如我们所知，"情感"本是生命中最活跃最能动的因素，唯情哲学视野中的"时间"不是年、月、日等测量和计算时间的"时间单位"，也并非与"空间"概念相对的，永不改变的"绝对时间"。以"情"论"时"，凸显了时间的绵延性，这样的时间充满了创造的力量。

"时"之创造性不仅意味着时间的绵延是扩张、累积，更深层的含义是："时"是"我"的"情"创造出来的。一方面，"有了在我的'情'，才为宇宙的森罗万象而现"③。唯情哲学是高扬"我"的哲学：只有"我"真情洋溢，才能反观和映射鸢飞鱼跃、鸟啼花落的盎然生机；只有"我"自强不息刚健有为，才能契会和提升宇宙生命的价值，所以时间就在"我"的"情"中。另一方面，"我"既不是无奈地被抛入某种时间洪流之中，也不是不期地遭遇某种或有利或不利的境况，更不只是暂缓脚步，静候某种时机的到来。如果积极主动，"我"不仅可以抓住时机，与时俱进；也可以创造机缘，化险为夷、转危为安。所以没有什么"时"一定是有利或不利的，"未来"充满了无限的可能，其性质决定于"情"之"感"即生命在此时不绝而自由的创造。他说：

> 自由没有别的，只是不绝的生命，无间的动作，不尽的绵延，换句话说，就是造化流行……他当下这一动是未定的，因其不可预测所以自由，故自由非他，即是生命之本体，所以天赋自由是也。④

"时间"的创造性，同时也意味着时间并非外在的、没有实质内容的框架或形式，生命的流转、情感的拓展，都在不断造就、丰富时间的本质。"情"不仅是时间的

---

① ② 朱谦之：《周易哲学》，《朱谦之文集》第三卷，第131页。
③ 同上书，第101页。
④ 同上书，第119页。

质料和形式，也是时间的动力和目的。

三、"恋爱"的时间性

朱谦之声明："易的本义，唯在于有。"①他认为，佛老是以本体为"无"，但"孔家没有以'无'言道的"，正统儒家都是以"情"为"有"。"孝悌也者，其为仁之本与?"（《论语·学而》）儒家普遍承认"孝悌"是人之为人的两种最基本的情感形式，并强调以此为端而推至"泛爱众"乃至"民胞物与"或"与天地万物一体"的境界。朱谦之虽然亦以爱亲敬兄是"不虑而知，不学而能，浑然亲长一体的，就是浑然天地万物一体的'真情之流'"。但他更是第一个把"恋爱"当作重要哲学问题研究的中国学者。

人间的生活本躲不开男女爱慕、成立家室的绵绵情意；可长期以来，男女之情在"正统"思想中更多是被当作"欲"而成为严加防范的对象，朱谦之谈"情"说"爱"，却毫不隐讳地直面了这个问题。他极力主张"恋爱是人生第一大事"，并大胆声称"恋爱"是"孔家的中心思想"②。他以《周易》的"家人"卦和"乾道成男，坤道成女"（《周易·系辞传》）、"有男女然后有夫妇，有夫妇然后有父子"（《周易·序卦传》）等观点为据，指出《周易》强调的是一阴一阳，乾坤象天地，咸恒明男女，所以讲生命，就必然重视男女，将恋爱视作生命的最高价值：

> 男女是爱的起源，也是爱的焦点，如果没有这个发端地方，而空谈爱人，都是要不得的……真情实在企望一男一女的爱。③

他以"情"本体及其大用流行为前提，论证了自由恋爱是男女真情的自然流行，"情不容已"，此情不仅是不能断然否定和强硬压制，而且是极善极美的；同时他还特别通过体用关系强调了男女、夫妻间的和谐与平等："爱情的中心意义，就在时时是两性的关系，时时是一个调和。"④在现代中国，恋爱的重要性不仅在于其是对个体生命的肯定，更在于恋爱的自由将彻底地推翻传统的等级观念。

朱谦之认为，人与动物的不同就在于人有"爱"，即使是男女本能，也因有"情"而成为"人"的活动。所以他打出了"Free love"的旗帜，主张两性、家庭

---

① 朱谦之：《周易哲学》，《朱谦之文集》第三卷，第121页。不过，高举"唯情论"旗帜的青年朱谦之，在对"情"的界定上，存在一个"世界观的转变"，即从以"无"论"情"到认"情"为"有"。由"无"至"有"，标志着他的世界观离佛老而归宗儒家。

② 朱谦之：《一个唯情论者的宇宙观及人生观》，《朱谦之文集》第一卷，第493页。

③ 同上书，第495页。

④ 同上书，第497—498页。

都应完全以自由、平等的"爱"为结合的原动力。男女恋爱不仅是圣洁的，更是人间真情的发端。男女之情比"孝悌"之情更为本源，因为有"男女"而后有"父子"。朱氏指出，在儒家之源头，不仅重视父子关系，更提倡"妻子好合，如鼓瑟琴"的小家庭，他们对于"自由恋爱"和"夫妻平等"是极尽赞赏和尊重的。《周易》讲阴阳、论男女，其涉及的家庭关系首先是横向的，与以血缘为基础的纵向关系确实有所不同。更重要的是，恋人之间的关系本质上是"情浓于血"——这样，朱谦之正本清源，并以一种特殊的方式，使"恋爱"之情进入了形而上的视野，为"实现真情在人间"的理想人生确立了更现实和丰富的根基，也为"情"敞开了一个更广泛更动人的天地。

　　基于血缘之亲的"孝悌的时间"是被抛的共在的时间，且侧重以纵向的"生""有后"来扩充个体生命。"恋爱的时间"则不同，这是两个原本可能是彼此陌生的青年，因情投意合而选择共在，并在相亲相爱中共同生成共同享受的时间，"调和"避免"爱"走向非理性的情欲之冲动，以横向情人之间忘我的情感融合来破除一体之限。恋爱中的情人不仅一起感受和开展现在，也共同托付和创造未来。更重要的是，"恋爱"只是朱氏平等、自由之爱的起点，他的"情人"的理想人格是要由此端出发，扩而充之，以致无穷。他的"情人"并非只是沉溺于个人私情小爱的温柔之乡，在他看来，"情人""真我"是以天下为己任的，当国危民难之际，一本真情而忧国忧民乃至杀身成仁，也是祛除隔碍、荡涤邪秽以"复我自然之和畅，求我本心的快活罢了"。他一再强调"情人"的责任意识，"情"于"事"上见，"时"为"事"之本，认为"我"对于每一个体都应该设身处地予以同情的了解并勇于担当，若麻痹不知痛痒，"便不是人的生活"，"如有一物不活，便是我的仁有未尽处"。与传统的家国同构、由孝至忠的"爱国主义"不同，"情人"的家国意识中有着更自觉更真挚的"爱"。

　　朱谦之并非唯一从哲学上讨论恋爱者。比如唐君毅也曾思考"爱情之意义"，他说：

> 因为我之需要爱情，是为的补偿我在人群中所感之孤独。我要在陌生的人群中，与我隔绝的心中，找一个与我可以打破彼此之隔绝者。[1]

唐氏认为，之所以以其他家庭中的异性为爱情对象，正是因为血缘愈疏的异性与自己的心灵似乎隔得最远，但爱情又能将两个生命拉近甚至合为一体。在他的人生体验中，爱情这种破除隔绝补偿孤独的意义是在"时间"中实现的。一方面，"她是我前途的光明之所在，她是我将来生命意义之所托。她就是我生命之前途，

---

① 唐君毅：《人生之体验》，《唐君毅全集》第三卷，九州出版社 2016 年版，第 125 页。

就是将来的我。"①恋爱中人的将来不再只有自己，为了能与对方共有美好的将来，彼此之间必须互相交流、理解、尊重乃至奉献，因而"将来之我"不仅是"现在之我"的延续，也是对方之我的实现。每一个生命中同时融摄了另一个生命，所以曾经对于个体而言是"最大的空虚"的"死"也不足惧了，爱情使"最大的空虚变成最大的充实"。另一方面，爱情将使我"获得两重生命。其中一重，在我自己之儿子身上，具体表现出"②。孩子将是男女爱情的结晶，既是父亲生命的延续，是父亲的将来和永生；也是父亲复归于婴儿、借以领悟世代之"孝"的契机。不过此时，"我与她之爱情，成更高的友情。我的爱情，移到我的婴儿"③。如果说朱谦之强调"情"创造了"时间"，唐君毅则辨析了"情"在"时间"中的种种流变——爱情、亲情；夫妻之情、父（母）子之情；等等。

在中国现代的文学作品中，有大量关于"恋爱"之时间体验的描述，但朱谦之从形上学的高度确保了这一维度的重要价值，唐君毅则具体阐发了恋爱的时间性特征。④"恋爱"成为哲学的主题，这不仅是中国传统"情"的拓展，也是"青年时代"的特殊产物。

四、生命与历史

时间是历史的命脉，历史是时间的学问。对"时间"的不同体悟，也引领了不同的历史观。朱谦之以唯情哲学为视角，强调时间的本质是绵延、进化、创造，由此也赋予了历史新的内容、方法和意义。

朱谦之认为：

> 历史是叙述一种生机活泼的动物——人类——在知识线上的进化现象——使我们明白自己同人类的现在及将来。⑤

在他看来，历史学家的任务并不是记载在某时某地曾发生的某些事件，因为这不

---

①②　唐君毅：《人生之体验》，《唐君毅全集》第三卷，第126页。

③　同上书，第127页。

④　唐君毅另有《爱情之福音》一书，1945、1947年出版时原署名为"克尔罗斯基（Killosky）著，唐君毅译"，全书共五章，以寓言形式阐释了对爱情的理解。唐君毅曾在"译序"中说："原书分八章……第七章论人类之有两性归于时间空间，空间的灵魂化身为女子，时间的灵魂化身为男子……"他认为前五章相对完整且重要，后三章抽象玄妙且对中国一般读者反无用处。再加上时局动荡，他只取了原书的前五章。但据说此书实为唐君毅于1940年自著，1949年台湾正中书局重印时抽出此"译序"（详见唐君毅：《爱情之福音》，《唐君毅全集》第六卷，"译序"作为附录收于该卷第69—71页）。如果此书确为唐氏之作，未竟的后三章可能就是"爱情"的哲学化，而以时间和空间之灵魂论男女之情爱，确实很值得期待；遗憾终究不曾面世。

⑤　朱谦之：《历史哲学》，《朱谦之文集》第五卷，第12页。

过是将过往静态的史料堆积在一起，没有任何历史意义。历史是有生命的，它要展示生命全体，尤其是人类的进化历程，因而史学家必得有"史心"，其责任就是要在历史事实里面寻出一种"根本发展和进化的原理。"所以他将历史视作一门有"个性"的"科学"："历史现象是具有动的法则的……动的法则是时间的法则。"①历史以时间为标准，历史科学以时间的进化法则为研究对象。但是他强调：

> 历史所谓时，应当比如一根很长的铁链，每一环虽有每一环的独立存在，但是前一环和后一环，却有互相衔接的关系，我们既然得着过去若干提携的力量，我们便该当相信自家的创造能力，来光大过去，诱启未来。②

在历史中，过去、现在、未来，是一个前后贯通且不断进化的整体。

历史以"动的时间"为基础而不断发展，"现在是永远'向着光明里跳'"，朱谦之以此为历史的"目的论的法则"。他又指出，历史还有"心理的法则"，因为历史有一个"遗传的内在的生机力——本能"，历史的发展，即是以此"不满意于现在的境界，而别求创造其他的新生活形式"的本能，或"生机力"为动力的。本能是历史的内在动力，但本能不是一成不变的，其本身就是绵延、扩张、进化；不断发展的本能必定要与环境相冲突并终究冲破、战胜一切物质的阻力，从而推动着历史的进程。人类能成为宇宙间最生机活泼的动物，即在于其本能的进化，他进而声明：

> 全部的人类史，就是要求人的本能的扩大，本能愈自扩张，愈自深入，便愈和生命的原动力何为一体……人类究竟是否进化，也只决于本能之是否扩大罢了。③

他指出，人类有三种本能，即宗教的、自我的、社会的或科学的，三者渐次发生且不断扩大，逐级呈现为一种"活泼泼地发生式的法则"，在现代则显示出"以全体为依据"的"综合的表演"。这就是人类本能，或"生机力"的绵延、进化的过程。所以历史是一元的，因为一切变化均以本能为动力。本能发生变化了，而后经济以及其他制度，才跟着变化；复杂的知识系统也是本能的产物。他把这种以本能为本位的历史观叫作"生机主义的历史观"，历史就是人的本能向前活动的生机主义史。

---

① 朱谦之：《历史哲学》，《朱谦之文集》第五卷，第 135 页。
② 同上书，第 12 页。
③ 同上书，第 35—36 页。

朱谦之认为，历史学上有一个"最主要最根本的问题"，即是：

> 在求知识线中进化的全景，研究各种文化因子之中，有否一个"综合"
> 的因子，可以为各种现象的重心的？①

他的答案是：哲学，"因为哲学能够根本回答何谓生命这个问题"，"哲学是生命的学问"②。所以真正的哲学家毕生用心的，就是"普遍的生机力"，哲学史就是生命的发展史。无论是西洋、印度，还是中国，其哲学都以"发生式的历史进化法则"为线索，即先后经历"宇宙哲学时期""自我哲学时期""社会的科学的时期"，并最终走向"现代的生命哲学时期"。这是人的三种本能的进化史，这个过程同时也意味着唯情哲学本身就是时代的产物、进化的产物。

朱谦之与梁漱溟保持着小孩子般天真的情谊，都有志于中国文化的复兴，但他反对梁氏"三种路向"的说法，尤其是否认后者以"无生"的印度文化为最后之归宗的观点。他认为要分别东西方文化的根本不同是很难的：

> 因为生命只有一个。真理只有一个。所以凡走上生命的路的学说，通是
> 对的，那不走上生命的坦坦大道的，至少都有些偏见。③

他强调真理是以"客观性"为标志的，有着"人类全体普泛的标准"，所以真理是"宇宙间公共的，是至公无私的"，否则就只能是"个人的意见"而已。正因如此，人们不应该私立门户，更不可以妄加分割。哲学者的职务，就是要发现这"唯一的真理"。人同此心，心同此"情"，他认为若真正以生命为本，东方与西方就只有唯一的路，即以"走上生命之本来调和的第二路子"，而儒家的特殊价值，就在于它是"生命派的普遍真理"。他主张不能简单地以"感情"和"理智"为特征来区分中西文化，试图建立一种以生命、真情之流为归宗的统一文化。他后来在《回忆》中说道：

> 我数年的积极运动，本是要提倡一种"唯情哲学"，就是我的《周易哲学》之作，要开天辟地为世界的中华民族建立一新的宇宙观……使他们出离虚无，而回转到这世界。④

---

①② 朱谦之：《历史哲学》，《朱谦之文集》第五卷，第70页。
③ 朱谦之：《一个唯情论者的宇宙观及人生观》，《朱谦之文集》第二卷，第466页。
④ 朱谦之：《回忆》，《朱谦之文集》第一卷，第62页。

在他看来，唯情哲学不仅是中华民族的，也是世界的；真正重视生命的文化，必定不能不顾及"情"，疏于照看现世此生。

"本能"之说在中国近现代颇为盛行，各家的解说亦风格迥异。朱谦之并没有以某种特殊而固定的内容如"求生"等来规范本能，相反，他的"本能"最重要的一个特点恰恰在于"本能"本身也是不断进化的，生命的进程就是"生机力"不断扩大不断创新的过程。另一方面，朱氏所谓"本能"的本质还是"情"："我"对宇宙、自我、他人的歌颂与认同的情感，以及"我"与同类相爱、调和的情感。正如其所言："差不多没有一种本能，不带着情感的激动的。"①情感作为本能的主要内容或特征，以本能为动力的历史事实上即是人类情感的进化史。

与其以"现在"为时间的意义相应，朱谦之在历史学中创造了一个新概念——"考今"，并以此为现代史学的"第一职务"和"目的"，他说：

> 现代史学不应只是考古，更应该注重考今，不然读破二十四史，尚不知何谓现代，亦有何价值？有何益处？②
>
> 一切历史原来就是现代的历史。一切代表时代的历史哲学家，也几乎同声一致地对现在取决定的态度。③

他反对历史研究只把眼光局限于"过去的圈套里面"而无视眼前社会的巨变。正如其指出，历史必须要能"使我们明白自己同人类的现在及将来"，历史的价值、益处必须与"今""现代"相互贯通才能彰显，这种以"现在"为基础的"历史"有着强烈的责任感和行动意识，必定能直面实际、与当下的新问题直接关联，并期待着根据历史的进化法则指明未来的方向。朱氏的史学视野纵横古今往返中西，尤其关注西方现代史学的新趋势，比如其"考今"之论显然与克罗齐强调"历史"与"编年史"之别、将"真历史"视作"当代史"之说彼此呼应。④

朱谦之将历史哲学视作一进化的过程，基于对时间的特殊领悟，他提出了"生机主义的历史观"，主张以"发生的""心理的""社会的"方法给人类历史以一个确实的科学的基础。他发起了"现代史学运动"，成为"史观派"的重要代表之一。诚然，以"本能"为历史发展唯一动力的"一元主义"并不能真正揭示历

---

① 朱谦之：《历史哲学》，《朱谦之文集》第五卷，第 53 页。

② 朱谦之：《考今》，《朱谦之文集》第二卷，第 157 页。

③ 朱谦之：《谈现代史学》，《朱谦之文集》第二卷，第 189 页。

④ 参见［意］克罗齐：《历史学的理论和实际》，傅任敢译，商务印书馆 2017 年版，第 7—9 页。

史的奥秘。但他主张从繁杂的历史碎片背后探寻历史发展的内在动力和整体线索，注重历史的心理法则、强调历史是本能的进化、是人创造的、是生命的进化史，历史的意义在于现代，这些观点不仅引领着时代的风潮，也对现代历史的建构有着重要的贡献。①

五、有"情"的时间与有"情"的人生

元人吴澄曾说："时之为时，莫备于《易》。"②朱谦之以《周易》为本，不仅挖掘了《易》之"时"的丰富意蕴，向我们展示了"时间"的中国传统；也开启了《易》的现代历程，使《易》之"时"融入了现代中国哲学的视域。他著《周易哲学》一书，立意是追根溯源并进而重建儒家的形而上学。在他看来，"情"是《周易》的根本，也是"孔学的大头脑处"；"情"即"时"，所以"全部《周易》，即是一个时字"，儒家的形而上学最重视的也是"时"，"孔家得力全在于此。"③以《周易》为源，以"情"或"时"作为儒家形而上学的根柢，从而阐明了儒家崇尚生命、注重生命的具体存在的精神特质。

以"情"论"时"，时间因而是内在的，与"我"紧密相连；但又并非纯粹主观的、个人的，因为"情"是本体，是"最普遍、公共"的。变动流转的"情"，赋予时间以进化、创造、自由的意味。朱谦之不仅信奉《天演论》中的进化思想、心仪柏格森的创造进化论，但他标榜自己的主张是"流行的进化"，认为只有以真情为起点，才能触及进化的实质。进化源于生命内心的"绵延创化"，源于真情的自然流行，进化是生命必然展开的真实，是宇宙"自己如此"的运动。虽然进化是必不可免的"自然"，但"我"应顺着"自然"的潮流因势利导，"自然+因而为之=进化"。

在朱谦之那里，时间的流逝并非令人惊恐或哀叹，时间的绵延带来的是理想和希望，是无限的可能，是"美的秩序"。"情"之"有"肯定了"现在"的含义，时间因而走出了倒退、循环和虚无。是"我"的"情"在创造时间，"情"之一感一应成就了时间以及时间化的空间，有动有静、一阖一辟，活泼流转又稳进平衡，故而时间并非一种异己的、压迫的力量。

如我们所知，"情"在中国文化传统中本有"情实"与"情感"二义。牟宗

---

① 朱谦之曾自诩他的《历史哲学》一书是"中国人第一次对于'历史哲学'的贡献……因为国内学者还没有一部更好更能解决历史进化的著作。"（参见朱谦之：《历史哲学》，《朱谦之文集》第五卷，第3页）事实上，其在现代历史方面的贡献亦为人关注，如许冠三论述20世纪90年间的六个流派、17位史家，朱谦之作为"史观学派"代表之一即占有一席（参见许冠三：《新史学九十年》第10章"朱谦之：心智因素重于物质因素"，岳麓书社2003年版）。

② ［清］李光地纂：《周易折中》（纲领二），刘大钧整理，巴蜀书社2008年版，第10页。

③ 朱谦之：《周易哲学》，《朱谦之文集》第三卷，第129页。

三曾明确指出《周易》中的"情"属于前者:

> "情"者,实也。real case,实情。不是情感的情。每一卦都可以把天地间变化的真实的情景表现出来……"以尽情伪"就是以尽吉凶。"情"也就是real case。①

的确,从本意上说,《周易》中屡屡提到的"情"大都首先倾向于客观的"情实",如"天地万物之情"。问题在于在《周易》的体系中,"情"的这两种含义并非彼此无涉、完全隔绝。②《周易》以天地人为三才,事实上不仅认为天地与人共此一"情",天地之"情"中贯穿、渗透着人之"情",而且更强调人之"情"在构建、彰显天地之"情"中的作用。朱谦之无疑接续并强化了此传统,并以"情"之一感一应超越了时空之有限性:

> 真正的人生,是大而化之……就是时时刻刻的抛弃我们的小自我,由这无限的抛弃,才能发见"真我",而这种抛弃,却不是厌弃,是完全发于爱的,完全出于至诚的一点"情"。③

康德曾将时间视作主观的、纯粹感性形式,而抽象掉了时间的实质内容。朱谦之以情感理解、规定时间,反对理性化时间,拒绝将时间客观化、理性化、外在化,他凸显了时间的实质内容,他对情感与时间关系的考察无疑对将时间理性化、形式化具有纠偏作用,其对时间与生命内在关联的讨论,不仅将时间生命化,也启发着我们更加具体、真实地理解时间。他将作为中国文化传统之源的《周易》带入了 20 世纪,也将其带入了现代时间观乃至世界哲学的建构中。他试图以"情"架起一座联结抽象高妙之形而上学与具体现实之生活世界的桥梁,基于"情"的时间生机活泼又流畅至美,源自一己之自然又与天地万物同流。近半个世纪之后,当李泽厚重提"情本体",标举着貌似更为卑下的"吃饭哲学"的时候,所要声明的仍是:回到根本、回到"每个活生生的人(个体)的

---

① 牟宗三:《周易哲学演讲录》,《牟宗三全集》第 31 卷,台北:联经出版事业公司 2003 年版,第 152 页。

② 欧阳祯人曾对《易传》中的"情"字做过准确统计和认真甄别,指出其中用到"情"字的地方,凡 14 见;凡用作"情实"的地方有 8 见,另外 6 例均为情感的情。(详见欧阳祯人:《〈易传〉性、情二字人学解读》,陈建明主编:《湖南省博物馆馆刊》第二期,岳麓书社 2005 年版,第 44 页)

③ 朱谦之:《一个唯情论者的宇宙观及人生观》,《朱谦之文集》第一卷,第 484 页。

日常生活本身"①。

第二节　梁漱溟："意欲持中"与"重当下"的时间之思

　　梁漱溟（1893—1988），原名焕鼎，字寿铭，以漱溟行世。他一边自觉理解和吸纳西方的时间理论，同时一边更发掘了东方的时间智慧，融会贯通，展开了富有创见和启发的"时间"之思。从佛学立场出发，梁氏将"时间"限定于世间之现象，并强调世间以出世间为归宗，人类终将超越时间。就"随顺世间"而言，生活是以"意欲"为基而展开的"事的相续"，此亦即"时间"之本质。意欲活动的不同方向，造就了生活的多种可能和时间经验的丰富性。结合唯识学，他剖析了个体生命的时间性以及建构时间现象的过程和方法。在世间，梁氏推崇"意欲持中"的中国文化，主张在"当下"实现个体与民族生命的恢弘与绵延。他以"时宜"估定文化价值，并宣称中国文化之"时"已到来，努力为其复兴开辟未来。梁漱溟之"重当下"实即倡导一种以家庭亲情为重、以日常生活为要的时间观，对现代人安顿身心有重要意义，至今仍有强劲的生命力。"有家"的时间不仅能使个体超越生命的有限性，也为中国社会走出困境、实现民族文化的未来复兴开辟道路。

一、"时间"与"世间"

　　中国古有"上下四方曰宇，往古来今曰宙"之说，近人以"宇""宙"二字分别对应由西方传入的"空间"（space）与"时间"（time）。梁漱溟将此种把时间、空间分判为二的观念斥为"世俗之见"，主张宇宙"只是时间上的流转……并无空间的开拓……空间上的移动无其事，时间上的流转有其事，或说空间上的移动只是那流转中的事"②。"事实上时、空合一不分，离迁流不驻之事实，更无虚空如人们之所设想者。"③在他看来，"宇宙"即万物之聚散成毁、大化流行，时、空不能脱离宇宙之变化而独立存在；时间是宇宙之实，也是空间得以存在和变化的根据。他赞赏爱因斯坦的宇宙观，认为其从科学上宣告了空间时间一体，因而比牛顿的绝对时空观更深刻。

---

　　① 李泽厚：《历史本体论·己卯五说》，生活·读书·新知三联书店 2008 年版，第 20 页。
　　② 梁漱溟：《唯识述义》，《梁漱溟全集》第一卷，山东人民出版社 1989 年版，第 313 页。
　　③ 梁漱溟：《思索领悟辑录》，《梁漱溟全集》第八卷，山东人民出版社 1993 年版，第 3 页。

梁漱溟熟习佛法，佛教之"世界"无疑对其理解时、空大有裨益。《楞严经》以"世"为"时"、"界"为"空"，主张故"世""界"相涉，"时""空"不离。他重视区别"世间"与"出世间"：

> 所谓世间即万相纷然生灭变化者，宇宙人生举在包括。所谓出世间即本体绝对不生不灭者，宇宙人生举不相涉。①

然现象托于本体，生灭归于恒常，二者又非对立隔绝。"时间"作为表征生灭变化的世间法，只对"现象"有效，而不及"本体"；可以依此讨论宇宙人生，但不能据之言说真如涅槃。佛教主张"众因缘生法"，"时间"现象亦依缘生灭，其性为空；"时间"概念是人为施设的、表明一切有为法生灭变化的"假名"。梁漱溟坚持佛教是"唯一圆满之出世间法"，"出世间"不可思议，但从"随顺世间"的立场出发，不妨以"时间"为方便，以示世间诸行之变易无常、刹那相续，并据此安顿世间之生活。然究其根本，"世间"为幻，"时间"为妄。

将"时间"限定在"世间法"的层面上，是梁漱溟时间之思的一个重要特点。梁氏于柏格森受益匪浅，但批评其只是"善说世间者"，认为"柏格森即生命流行以为宇宙本体，此无常有漏生灭法，不是佛家所说的无为法"②。在他看来，柏氏以绵延的生命之流为真为本体，破除了把时间空间化并加以割裂的"断见"，但又落于以生灭无常为执的"常见"。他说："世间法皆有其时间空间，只真如法性不落时空"③。"时间"所表示的生命之转变迁流只是现象，真正的本体是出世间的真如，不生不灭，超越时空。他以"时间"论世间之生灭相，其归宗却要跳出时间，自证出世间无生灭之恒常。正是在此意义上，梁氏强调儒家所论亦只在"世间"，并坚称自己一直持有佛家的思想。也正由此，以体用不二立论，以时间之绵延为真实之大用流行的熊十力与梁氏分道扬镳了。

总而言之，梁漱溟精神的最终归宿，仍在出世间。但他出佛入儒，照看人生，以期为生命之着落、中国文化之翻身打开活路。这在佛家，是菩萨慈悲入世、因应时变的方便法门，在儒家，注重人间、与时偕行的现实智慧。

二、"意欲"与"时间"

梁漱溟声明，生灭不已的宇宙并非由无生命的物质堆砌而成的，宇宙是一

---

① 梁漱溟：《印度哲学概论》，《梁漱溟全集》第一卷，第71页。
② 梁漱溟：《人心与人生》，《梁漱溟全集》第三卷，第642页，注［1］。
③ 梁漱溟：《晦翁学案摘抄》，《梁漱溟全集》第七卷，山东人民出版社1993年版，第849页。

个大生命，其新新不已的奥秘就在"人心"，"人心正是宇宙生命本原的最大透露"①。早年他得益于叔本华，以"意欲"为关键词理解人心：

> 生活就是没尽的意欲（will）……和那不断的满足与不满足罢了。②

他认为，生命是"活"的，"意欲"即生活的本质、根源和内在动力。

梁漱溟认为唯识学比较全面地剖析了世间诸法并长于说明人生，他亦据此诠释意欲，分析时间现象：

> 现在所谓小范围的生活——表层生活——就是这"大意欲"对于这"殆成定局之宇宙"的努力，用这六样工具居间活动所连续而发一问一答的"事"是也。所以我们把生活叫作"事的相续"。③

他将生活视作"我"以眼耳鼻舌身意等六识与世界打交道的过程，但隐于六识工具背后，支配其活动的是"没尽的意欲"。在唯识学中，六识都以第八识即阿赖耶识为共同的内在依托才可能生起现行活动，梁氏实际是以"意欲"为阿赖耶识在新时代之异名。"时间"即本于意欲的"事的相续"，生活"就是'现在的我'对于'前此的我'之一种奋斗努力"④。

"现在的我"心中一直涌动着一种看不见、听不到、摸不着的非物质的东西，此即"意欲"现在的活动，也即阿赖耶识之"见分"或"现行"。其活动对象是与"现在的我"打照面的"物质世界"，此"物质"即唯识学中的"色法"，是"识"所变现的"相分"。除此之外，宇宙还包括"他心"和"因果法则"，亦不离识。换而言之，意欲创造宇宙，现在所处之宇宙是过去的"我"之意欲的外化或物质化。"前此的我"构成了"现在的我"向前活动的各种障碍，"现在的我"总要奋力去改变、突破，并在此奋斗中去除障碍以奔向未来。梁氏强调：

> 生活就是"相续"……只有生活没有生活者——生物。⑤

此言与海德格尔辨析"存在"与"存在者"⑥实在是心有灵犀！"我"即流变不居

---

① 梁漱溟：《人心与人生》，《梁漱溟全集》第三卷，第 634 页。
② 梁漱溟：《东西文化及其哲学》，《梁漱溟全集》第一卷，第 352 页。
③④ 同上书，第 377 页。
⑤ 同上书，第 376 页。
⑥ "'存在'不是某种类似于存在者的东西。"（［德］海德格尔：《存在与时间》，第 5 页）

的"生活",而非静止不变的"生活者"。意欲不止,奋进不息,"我"也时时推陈,刻刻出新。佛教以无常为"我"在世之苦因,故主张去我执以断烦恼障。但梁氏受柏格森生命哲学启发,同时又浸润于儒佛传统,在世间层面,他强调人生以创造为本质。

梁漱溟还从唯识学六道轮回和两种生死观来理解"我"之流转。"现在的我"是"真异熟果",即前世的阿赖耶识在异世得报的果体。生死本变化中事,个体有"死"正意味着人生有限,但这只是"分段生死",生命仍在流转;直到第八识伏断,出离世间,这才是超越时间的"变易生死"。以此为据,梁氏也驳斥了 20 世纪初一度流行的以"自杀"求解脱的现象,强调以"现在的我"为本、"随顺世间促进进化"。

梁漱溟继而从方法论的角度分析了时间现象之建构。他认为,俗常或科学之法是"比量",他以白瓶和眼识为例,详细地说明了第六意识通过"分离"和"构成"之功,将"时间"空间化的过程。唯识学以"现量"为方法之要,"这初步现量便是开不认移动认流转的门"①。他将"移动"视作空间之拓展,以"流转"为时间之绵续。"现量"指眼等五识在尚未加入意识的任何概念、思维等作用的情况下,仅以感官去量知色等外境的活动,实即泯除主客之别、当下涌现的各种直觉,梁氏称为"浑然的"或"极醇的感觉"。"比量"是有分别的论证,"现量"为无分别的亲证。在他看来,两种时间都不离"识"、都以"识"为缘,因而都是主观性的。但"真的时间"并非一个个静止、断裂的"刹那"或时段,而是以阿赖耶识为依托,在五识现量中的念念相续。诚然,这里仍有明显的柏格森印迹,但梁氏强调,无论"比量"还是"现量"所得都是"非量",两种时间都是现象,"真的时间"依旧是方便之"假名",这就与柏氏拉开了距离。

梁漱溟独创地提出,作为时间本质的"意欲",其活动的方向并非单一的,可以分为"奋力向前""转身向后"和"调和持中"三种。如我们所知,人类思维或语言普遍会使用空间概念和词汇来喻指时间,况且梁氏强调时空统一性并以时间涵盖空间,故意欲活动的"前""后""中"不仅指空间之不同,更是时间之异。为什么"意欲"能开出不同方向的生活样态?②唯识学强调,当"心"即八识

① 梁漱溟:《唯识述义》,《梁漱溟全集》第一卷,第 313 页。
② 梁漱溟在《东西文化及其哲学》中,曾以非常拗口的方式说:"西洋生活是直觉运用理智,中国生活是理智运用直觉的,印度人的生活是理智运用现量的。"(参见《梁漱溟全集》第一卷,第 485 页)梁漱溟毕竟不是一个概念严谨的哲学家,他后来也不满于此缠绕之说。但就将人心视为有情有理、情理相涉的整体这一点而言,其前后并无二致。同时,在梁氏这里,"比量"除了唯识学中第六意识的方法,亦指科学所用的理智方法;"直觉"有两种,在唯识学中,指"现量"即五识在当下之纯粹感觉;通常则指中国哲学、尤其是儒家的方法,其内容即孔子的仁、孟子的良知良能等。从方法而言,知识重理智,情意重现量、直觉。知情意彼此关联,理智与现量或直觉也常常结盟。

活动的同时，往往同时伴随着多种"心所"的共同参与。所谓"心所"指包括多种情感、意志、潜意识等因素在内的复杂的精神活动，这是印度佛教从有部到有宗都非常重视的五"位"之一。尽管康德知情意三分人心的观点已广受中国近代学界认可，但梁氏依唯识而体认人心，坚持人心是知情意合一的整体。因而"意欲"是生命之本源，但并非人心唯一或孤立的活动因素。心和心所互相影响，知情意同时起用，由此产生了意欲活动在方向、强度等方面的差异，造就了丰富多样的时间体验。

总之，在梁漱溟这里，时间之本质即生活，亦即由意欲推动的事事相续。时间总体以过—现—未的方式流逝，但此线性的时间可以指向不同的方向，或呈现不同的流转状态。叔本华、柏格森等论生命只有一种时间模式，而梁氏以唯识学为资源，指出意欲活动有多种的可能。阿赖耶识有"藏"的功能，收集、保留了生命所有的"种子"，又是众生生死流转的轮回主体。他以阿赖耶识诠释意欲，确保了"我"的内在连续性。极短的"刹那"与漫长的"劫"共同构成了"我"生灭无常又绵延不绝的生生世世，此亦时间之有限与无限的辩证法。

梁漱溟以"意欲"为宇宙生命的枢纽，结合"识之变现"论"时间"，此"时间"首先是主观的，并非标志物质运动的客观时间；其次蕴涵着生命个体丰富而具体的生活内容，有着与众不同的时间经验，所以不仅与牛顿、爱因斯坦等基于自然科学的时间观念相去甚远，与康德将时间视作纯一的先天形式亦大相径庭。近年来，胡塞尔的时间意识理论在国内广受关注，唯识学与现象学的互相阐释也颇为风行；但梁氏在20世纪20年代就已结合唯识学，尝试剖析时间意识的生成、流变，以及建构和把握两种时间的不同方法等，其论虽不够明晰缜密，但依旧不乏理论的敏锐性与先见之明。借助唯识学的资源，梁氏"意欲"的内涵及其活动已远远超出叔本华的意志，或柏格森的生命冲动。他以"意欲"的三种方向为基础，开出了三种人生路向或态度，阐释了西中印三种文化的基本精神，这些思考使得生命状态更加开放、也使个体或民族文化的时间经验更为丰富。

三、"意欲持中"与"当下"

就时间维度而言，意欲"向前"或"向后"在本质上相同：都是否定现在，希慕未来——无论是只记挂此生之未来，或是期待出世的涅槃。二者均是疏离"现在"，不能活在"当下"，梁漱溟称作"出位之思"。与此不同，意欲"持中"则自觉地尽力于现在的生活，既肯定正在涌起的新欲望，又通过回省反观，调和欲望，努力使生命在前—后、内—外、情—理等相互对待中保持一种动态平衡。所持之"中"不是客观的、可以量化的标准，而是一种流动的、活的趋势或意味，只能用当下随感而应的直觉去体认与实践。意欲持中、一任直觉，此即梁氏心中以"郑重"为态度的儒家生活。

"当下"即现在、此时此刻。一方面，重"当下"，相信当下即是，首先是对世间、对人生的肯定，这是儒佛之异。梁漱溟以直觉为把握时间的唯一方法，"意欲持中"即"无私的感情"或"理性"，"重当下"即是以此为特征的直觉活动。唯识学的"现量"虽然可以亲证当下，但其以当下之无常为惑为苦。儒家赞美生活，以"生"为要，与旨在"无生"、以时间为妄的佛家有别。另一方面：

> 当我们作生活的中间，常常分一个目的手段。……这是我们生活中的工具——理智——为其分配、打量之便利，而假为分别的……若处处持这样态度，那么就把时时的生活都化作手段……而全一人生生活都倾欹在外了。……其实生活是无所为的，不但全整人生无所为，就是那一时一时的生活亦非为别一时生活而生活的。①

他认为意欲向前的西方文化以理智作为算账的工具，始终把"现在"当作为了达成未来某个目的之手段，总是将生命的意义悬置在别处、在未来。李泽厚曾如是评论：

> 生活就是此时此刻的自意识的当下存在，它本身即是目的，即是意味，即是人生，而并不在于别处。……梁漱溟并未能预见现代存在主义哲学的出现，但他从中、西、印文化的比较角度，却相当敏锐同时又相当肤浅地提出了与"此在"有关的问题。②

梁氏之论虽有浅尝辄止之憾，但对于身处"前现代"的他而言，亦可见其目力之远，以及对西方式现代化的警惕。③

梁漱溟进而指出，与西方或以"个人"为本位，或以"社会"为本位不同，中国社会是"伦理本位"或"关系本位"的，中国人的当下之"事"就是以"意欲持中"的方式，以家庭伦常为中心，协调和改善个体与社会各种关系。就个体而言，其源自家庭，一生中大量的时间与亲人在家中共同生活，儒家以此"在家"

---

① 梁漱溟：《东西文化及其哲学》，《梁漱溟全集》第一卷，第 460—461 页。

② 李泽厚：《中国现代思想史论》，生活·读书·新知三联书店 2008 年版，第 299—300 页。

③ "梁毕竟处在中国前现代化的阶段，尽管他提出的问题似乎涉及后现代化。"（李泽厚：《中国现代思想史论》，第 307 页）艾恺论及梁漱溟时也说："儒家是一种后现代化的文化，却不可解地在古代出现，其结果使得中国文化——它只适合于后现代化的社会——从未能完成它自己。"（［美］艾恺：《持续焦虑——世界范围内的反现代化思潮》，生活·读书·新知三联书店 2022 年版，第 239 页）

状态为人生最寻常也最真实的"当下"。所以伦理本位首重亲情,"当下"的生活也始于父慈子孝兄友悌爱。但伦理不是宗法,并不止于家庭,随着人与人交往沟通的开展,一切相与之人皆有情分,因情而有义,各种社会关系都能家庭化,视作亲情的扩展。"家国"传统以"家"为"国"之基;"天下"观视宇宙一家,乾父坤母,民胞物与。人生开展于与天地物人的各种相互关系中,人生的乐趣与价值亦在此天地之间。故儒家将个人置于家庭之网中,以家庭为生活之本,然后扩而充之,以家庭化的情谊与世界往来。

重"当下"者必"为己":

> 西洋人是要用理智的,中国人是要用直觉的——情感的;西洋人是有我的,中国人是不要我的。①

梁氏严于"己""我"之辨。他认为,"我"是理智以主客二分的静观方式,以形躯自限而从宇宙大生命中分别计度,结果是将人与世界疏离并碎片化、机械化,这是以"最小之空间,最短之时间"为"我"。但在当下的直觉中:

> 往往只见对方而忘了自己。……凡痛痒亲切处,就是自己,何必区区数尺之躯。普泛地关情,即不啻普泛地负担了任务在身上,如同母亲要为他儿子服务一样。所以昔人说"宇宙内事,即己分内事"。……人类理性,原如是也。②

直觉能冲破一体之限、物我之隔,如同将生命的窗户打开,从而使"我们内里的生命"能与外面通气。"为己"即是以情谊流动的感应、以相与的方式融入与他人共在的生活世界,乃至宇宙大生命。他认为中国人是"处处尚情而无我"的,中国人的理想生活是"家庭里,社会上处处都能得到一种情趣,不是冷漠、敌对、算账的样子"。

"为己"与"当下"一是对于空间的态度,一是对于时间的态度;空间上注意"此处",时间上集中于"现在"。梁漱溟认为,儒家由强调"当下"而致一种非功利的态度,"现在"既是手段又是目的,本身即是价值所向,生活之意味即生活,所以当下的直觉"随感而应则无所不可",当下即得其正、享其乐。另一方面,他认为所有美、妙、好吃等等意味,都是人的直觉所添加的。客观的物质上并无所谓的价值,是人做"事"时,将情意附加在"物"上,从而使"物"有了

---

① 梁漱溟:《东西方文化及其哲学》,《梁漱溟全集》第一卷,第 479 页。
② 梁漱溟:《中国文化要义》,《梁漱溟全集》第三卷,第 136 页。

各种趣味与生意。直觉这种善化、美化的向上之力，即生命的本性，生命以其创造性，赋予"现在"的生活以无穷的意味。

梁漱溟宣称：

> 儒家盖认为人生的意义价值，在不断自觉地向上实践他所看到的理。①

此"理"即伦理之理，是有"情"之"理"。以"当下"为重，就是首先以此生现时的家庭伦常为重，善于在日常生活中发现和创造生活之乐，于此乐中安身立命。再由此扩而充之，担负天下之事，融入宇宙洪流，从而使生命在时间上更加绵长，在空间上更加广阔，个体亦由有限趋于无限。所以"当下"或"现在"并非一个个偶然的、孤立的瞬间，或随机的、断裂的时间点，是发源于一念向上之生命本性而开展的因果相续。当然，真正实现"意欲持中""当下即是"，更须礼乐涵泳，以及知行合一、践形尽性的工夫。"当下"的直觉不仅是把握时间绵延的"知"，更是一种以持中的意欲为内在动力、能负责、敢担当的创造时间的"行"，是"自觉的尽力量去生活"。梁漱溟的一生，都在践履这种以行动、创造为重的时间观，这也是艾恺尊其为"最后的儒家"之由。②

四、"时宜"与中国文化的复兴

中国文化在近代遭遇了"古今中西之争"。本来"古今"辨析时间之异、"中西"关涉空间之别。但是晚清以来，随着在军事上屡屡受挫、在文化上亦节节败退，"中西"逐渐被置换为"古今"，在进化论思潮的冲击下，又附加了"旧"与"新"、"未进"与"既进"等价值。如瞿秋白明确说道：

> 东西文化的差异，其实不过是时间上的。……是时间上的迟速，而非性质上的差别。③

在时人心目中，中西之间存在巨大的文化时差。急于追求赶超、急于探寻富强救国之途，以"古"为特征的中国文化或被视作已无生命力的"国故"，或是欲打倒

---

① 梁漱溟：《中国文化要义》，《梁漱溟全集》第三卷，第 134 页。

② "我愿借作序的机会解释一下——为什么称梁漱溟为'最后的儒家'。在近代中国，只有他一个人保持了儒者的传统和骨气。他一生的为人处事，大有孔孟之风；他四处寻求理解和支持，以实现他心目中的为人之道和改进社会之道。"（参见［美］艾恺：《最后的儒家：梁漱溟与中国现代化的两难》中文版序，王宗昱、冀建中译，江苏人民出版社 1996 年版，第 4 页）

③ 瞿秋白：《东方文化与世界革命》，《瞿秋白选集》，人民出版社 1985 年版，第 9 页。该文写于 1923 年 3 月，原载于《新青年》季刊第一期，署名屈维它。

而后快的腐朽思想。

但梁漱溟逆流而起。他反对各种认为不同国家或民族的文化演进都必须遵循同一路线的"独系演化论"，反对以古今论中西。"文化路向"概念的首要任务就是将东西文化还原为空间性的，即在不同地域独立产生和演进的。因为文化之别基于意欲活动方向的不同，故不能置换为单一时间线上的先后快慢并据此评定价值上的优劣，也无法以某一种文化为追赶的目标：

> 若是同一路线而少走些路，那么，慢慢的走终究有一天赶的上；若是各自走到别的路线上去，别一方向上去，那么，无论走好久，也不会走到那西方人所达到的地点上去的！①

梁漱溟认为不同路向的文化具有共时性，初不相涉，彼此隔绝，长期并存。他坚信若欧亚交通不打开，中、印文化依旧会沿着既有路向发展，东方人的精神世界也不会如此失序无据。

梁漱溟宣称，无论是作为个体的生命，还是世代传承的文化，都必不可免会遭遇性质不同且由浅至深的三大问题：人对物、人对人、人对自身生命。在拒绝以时间化的方式理解东西文化的同时，他又指出，基于意欲不同的三种人生都各有深浅之别，三种文化亦各有成毁，但无论哪种人生、文化，本身并无优劣高低。就三类问题而言，不同性质的"问"呼唤着与之相应的"答"。生活之"问"有其"时"，如果"答"得切中肯綮，正合时宜，就是当下有效的；如果"答"非所"问"，这样的人生、文化就是"不合时宜"的，但"不合时宜"并不意味着低级、落后、无价值。"生命是活的，时势不同，随时宜为新适应。"②一方面，要随"时"而变，努力适应时势；这是生命、文化的创造性决定的；另一方面，当与某种人生、文化相应的"时"到来，其独特魅力必大放异彩。在他看来，"时"是人生和文化的价值之本，"时宜"才能实现人生意义、发挥文化优势。

"时"因生活而变。就生活而言，三种态度分别对应不同的问题，丰富的人生本不拘于一格。但以人心之向上、自觉，个体对生命之体悟总会由浅入深，会依次倚重不同问题，并不断调整人生态度，使之问答相应，渐趋合理。与生活的步骤相应，梁漱溟提出了"文化路向"三期重现的观点，即认为文化演变的时间逻辑应该展现为由"意欲向前"的西方文化依次转向"意欲持中"的中国文化和"意欲向后"的印度文化。

---

① 梁漱溟：《东西文化及其哲学》，《梁漱溟全集》第一卷，第 392 页。
② 梁漱溟：《中国文化要义》，《梁漱溟全集》第三卷，第 314 页。

梁漱溟认为东方文化的症结是"步骤凌乱，成熟太早"，没有解决第一类生活问题就"不合时宜"地直接用心于第二、第三类的生活之问了。东方文化既受益于此，也因之而误，但这并不意味着其一无所长。就中国文化而言，其最盛且微妙的，就是在解决第二类问题时自有其"积极的面目"。中国文化不"向前"逐物，也不"向后"避世，不把自然、他人当作"我"之"外"要征服或舍弃的对象，而是将之家庭化、亲情化：

> 中国人的那般人与自然浑融的样子，和那从容享乐的物质生活态度，的确是对的，是可贵的，比较西洋人要算一个真胜利。①

一方面，就中国文化复兴而言，首先必须将西方文化"全盘承受，而根本改过"，但同时要"批评的把中国原来态度重新拿出来"，也就是要培育和高扬儒家"为己""当下"之精神，以对抗西方文化向外逐物的倾向。另一方面，梁氏特别关注第一次世界大战后时局的变化，以及中、西各方对此的反思，他断定"为现在全世界向导的西方文化已经有表著的变迁"②。具体而言，他认为西方世界已经从物质不满足的时代转入精神不安宁的时代，其所关心的问题不再是人对物的关系，而是人与人的关系。对此事实的变迁，以第一路向为精神的西方文化已山穷水尽，即将转入第二路向的中国文化，西方文化"转向"的机缘成熟了。

"文化路向"的三期重现试图以意欲的活动为基础，揭示文化变迁的内在规律，并以西—中—印为先后依次展开在时间轴上。在他看来，意欲向后的印度文化旨在解决第三类问题，以出世间为宗，其"时"仍在遥远之未来，所以是当下应主动排斥的文化。就 20 世纪初的"时"而言，世界文化进入了过渡时期，随着生活问题的改变，曾经"不合时宜"的中国文化即将迎来"翻身"之"时"，参与世界文化建设之中，以"当下"为重也即将成为世界的时间意识。

如胡适所言，梁漱溟的文化比较充斥着"笼统的毛病"；但其对西、中、印各家基本精神，包括西方文化在 20 世纪初之困顿与没落的把握还是基本准确的。毋庸置疑，梁漱溟依旧未逃出构建某种"独系演化论"的窠臼，但他实现了一个非常有趣的置换——在当时通行的观念中，东方文化本来是"未进""落后"的代名词，在梁氏这里却代表了人性的进步和文化变迁之未来。在西潮澎湃的近代中国，这些努力不仅成为通过东西文化比较探寻中国文化内在生命力的重要典范，也有益于鼓振国人信心、重新审视传统，通过取长补短积极建构新文化、实现民族复兴。

---

① 梁漱溟：《东西文化及其哲学》，《梁漱溟全集》第一卷，第 480 页。
② 同上书，第 488 页。

五、有"家"的时间

梁漱溟将"时间"限制在"世间",把时间的本质归结为"意欲"的活动,特别是以唯识学为据分析时间现象,这个思路既是对近代西方科学理性的反动,也拓展了唯识研究的领域,更阐明了时间、生命的丰富性。他从"随顺世间""时宜"的视角为人生意义的"当下"实现,以及中国文化之复兴开辟了道路。他以佛学为归,主张时间是终将被超越的"现象",亦预示了印度文化终将得其"时"。梁氏曾自言其终生之思为"人生"与"中国"两大问题。寄托人生、复兴中国,这也是其思考时间问题之所归。尽管梁氏并未自觉地把"时间"当作独立的哲学术语加以讨论,其时间观也还夹杂着思辨色彩或浅近、含混之处,但他融合中西会通儒佛的时间之思仍充满了真实的创见和深远的启发。

梁漱溟特别阐发了儒家基于"意欲持中"的人生态度和"重当下"的时间意识。"意欲持中"强调了情理的调节和平衡在时间之绵延中的持久动力和创造性,这是对各种将时间和生命片面理性化或非理性化观点的努力纠偏,如方东美从"情理集团"出发思考时间动力学、李泽厚基于"情理结构"论主体性时间等等,都与此思路彼此呼应。

"重当下"即关注现在、此时此刻。对"现在"之维的推重,是近代中国主流的时间观。如李大钊的《今》、陈独秀的《1916 年》等,均是号召国人抓住现在,立刻行动。但李、陈等论"现在"是要打断中国之古今延续,是以欧美或俄国为学习榜样的自我批判和革命;梁漱溟则是要回到、重振和发展中国传统,并以之疗治世界之病。李、陈等的"现在"是要为"未来"牺牲的,梁氏则反对将目的悬在"未来",反对将"现在"视作"未来"的手段。

从内容而言,梁漱溟之"重当下"即是将"时间"及其意义实现于家庭化的日常生活中。"五四"以来,"家"已日渐被视作"古老"的象征、抨击的对象,甚至沦为"万恶之源"①。年轻人以背叛家、离开家为觉醒,长辈以自觉隔断与下一代的恩情示开明。汹涌的西潮带来了民主、自由的精神,追求个体的独立和解放蔚然成风。随着政治上"国家""党国"等概念的兴起,传统的"家国"结构已近溃决。一百多年来,"家"被国人以各种名义搁置、淡忘,或者冲击乃至一度曾成为造反的对象。

然而梁漱溟始终不随波逐流,在其长达一个甲子的学思中,他坚持高扬儒家以家庭为重的生活,强调以伦理化的方式调节、平衡人与世界的关系,活在"当

---

①   如马克思主义者李大钊、自由主义者傅斯年和新儒学宗师熊十力等都提出了"家是万恶之源"的观点。(参见余英时:《现代儒学论》,上海人民出版社 1998 年版,第 147—148 页)事实上,晚清洪秀全欲建立以上帝为"天父"的太平天国、康有为提倡由无家而至"大同之世"、谭嗣同疾呼"冲决网罗"等等,传统的"家"就已摇摇欲坠。

下"、乐在"当下"。这不仅是以世间的日常生活为重,更是一种有"家"、以"家"为安的时间观。

他判断中国社会是伦理本位的。确实,在中国古代,家庭成员可能几世同堂,相对稳定的生产、生活方式构建和维系了家庭内部的代际情义,也为世代之间感受和分享对方的生命历程和时间体验提供了可能。家人和睦,往来交厚,这是家庭成员对对方的尽责尽职,更是个人的自我完成。古人重视"孝"意识的启蒙与培育,而"孝"内含了"有后",这使得为人子者在对长辈尽孝的过程中,深刻地意识到自己生命的延续对父辈乃至整个家族命运的重大义务,"家"的维持与承继彰显的正是中国文化生生不息的精神。这样,"过去",通过慎终追远的丧礼或祭祀活动,以及世代相传的"故事"来到"现在";"将来",通过寄远景于生养后代而来到"现在";而"现在",就是家人协力合作,回应共同的生活之"问"的具体"当下"。对于每一"当下"的个体,横向言之,四周笼络着整个家族远远近近的种种关系;纵向言之,向上承继着"家"的"过去",往下接续着"家"的"未来"。梁漱溟以生活为"事的相续",而在伦理本位中的个体,其生活首先就是"家"之"事"的绵延更迭;他的时间,首先就是"在家"的时间①,不仅是与家人共时性的,也是"世代生成"的。②在悠悠天地间,个体绝非茕然独立的孤魂,其前可见古人,后可望来者,中有兄弟同胞,"家"的温情勾连且延展着时间,连绵而充实。更重要的是,以此"家庭化"的方式组织社会、与天下万物打交道,个体的生命,不仅不以形躯为围,也可由一己之家而参赞天地之化育。梁氏指出,正是这种由近及远的超旷,又引远及近的相与,才使"中国民族在空间上恢拓这样大,在时间上绵延这样久"③。换而言之,在伦理关系中的"时间"不仅关涉一家一姓之历史,更有民族大义、故园情怀,以及民胞物与、天下一家的担当。他认为,宗教是中西文化的分水岭,伦理在中国社会是宗教的替代品,"中国人似从

---

① 张祥龙认为,虽然海德格尔和儒家都很重视"家",但"儒家认为家必须有它自身的血脉或具身化的生命。……有父亲、母亲、儿子、女儿、兄弟、姐妹等等,特别是要有'亲亲'的亲人关系在其间,使他们能够'在存在论的意义上'围聚在炉灶旁,形成一个实际的和活生生的家庭。……只有活生生的家庭才能使真态的家和诗意的历史栖居可能。"(参见张祥龙:《家与孝——从中西间视野看》,第49—50页)

② 1994年,克劳斯·黑尔德(Klaus Held)曾在一次现象学研讨会上分析了两种时间经验:"度日"与"世代性"。前者就是个体对日复一日的生活之体验,后者是"使个体生命为整体的,以及从多个人生命代代相继构成人类整体的那种时间。"黑尔德认为,西方文化基于人权的信仰,个体很难在姻亲生活共同体中超越日常度日的时间经验,他最后把目光转向东方:"也许亚洲人在他们的家庭关系中有可能维持世代生成性的时间经验。"(参见[德]克劳斯·黑尔德:《世代生成时间经验》,《中国现象学与哲学评论》第一辑,上海译文出版社1995年版,第459、470页)

③ 梁漱溟:《中国文化要义》,《梁漱溟全集》第三卷,第82页。

伦理生活中，深深尝得人生趣味"①。"家"，才是生命之所托、时间的归处。

然而正如梁漱溟已经意识到的，"为己""伦理"都是不要"我"的，"伦理本位"的社会建基于对"我"之独立性的否弃，同时还有性善论的保护。但"伦理"在漫长的历史中亦可能演变成禁锢个体的网罗，或滋生虚情假意的温床。在经历新文化的洗礼、个人意识觉醒之后，如何在自由平等的个体之间重构基于真情实意的家庭及社会关系，重燃"世代生成性的时间经验"或"孝的时间意识"，值得细细思量。

最关键的问题在于，中国社会的"伦理本位"特征、以"家庭"为中心的社会组织方式还能继续维系吗？这是梁漱溟与冯友兰的根本分歧。冯氏主张农业社会与工业社会是两种不同的生产方式，其中个体与"家"的关系亦不同：

> 在生产家庭化底社会里，人若无家，则即不能生存。但在生产社会化底社会里，人虽无家，亦可生存。他可以长期住在旅馆或公寓里，有病则住在医院，死了则住公墓。"六亲不认，四海为家。"他亦可很快乐地过了他的一生。人固然都是不能离开社会，但在生产社会化底社会里，尤不能离开社会。②

产业革命首先就是冲破了以家庭为基础的生产方式，进而颠覆了其他社会组织方式和制度、文化等。在生产社会化的社会中，"家"不再是个体生产、生活的基本空间，相反，个体的生存和发展对社会具有极强的依赖性，个体的一切需求都可以在社会中得到满足。冯氏主张社会类型的改变、生产方法的更替，这是中西文化发展的"共相"，"共相"是中西各国都必须遵循的"理"，强调殊相以求存并于事无补："在这种情形下，如专提倡所谓'东方底精神文明'，以抵制西方势力的侵入，那是绝对不能成功底。"③

梁漱溟不同意冯友兰的社会类型发展理论，他说：

> 经济为人生基本之事，谁亦莫能外，则在全部文化中其影响势之大，自不难想见。随着社会经济的变迁，而家庭制度不得不变。固亦人所共见之事实。但仍不能说它在文化中片面具有决定力。

---

① 梁漱溟：《中国文化要义》，《梁漱溟全集》第三卷，第86页。又：梁漱溟曾引亡友之语："鸟兽但知有现在，人类乃更有过去未来观念，故人生不能以现在为止。宗教即为解决此三世问题者，是以有天堂净土，地狱轮回一类说法。中国人则以一家之三世——祖先、本身、儿孙——为三世。过去信仰，寄于祖先父母，现在安慰寄于家室和合，将来希望寄于儿孙后代。"（梁漱溟：《中国文化要义》，《梁漱溟全集》第三卷，第88页，注［1］）

② 冯友兰：《新事论》，《三松堂全集》第四卷，第235页。

③ 同上书，第224页。

> 经济不止无片面决定力，而且其势力将随着历史发展而渐减。①

在他看来，经济对文化影响巨大，社会经济的变迁也会波及家庭制度，然而他反对将经济视作"在文化中片面具有决定力"的因素。相反，梁氏认为，以"家"或"集团"为生产、生活的中心是中西之别，而不是农业与工业之别，就世界范围而言，"西方人在中古农业生活里，实是集团的"，而"像中国一家人一家人各自过活，恰是中古世界所稀有"。因而，他认为冯氏不仅错别了共殊，也没有足够认识到中国人"家"的重要性：

> 中国人的家是极其特殊的……冯先生把它看成平常事，看成是产业革命前各处的通例，那一面是昧于本国文化，一面并且弄错了外国历史。②

梁漱溟始终坚持"中国问题的内涵虽包括有政治问题、经济问题，而实则是一个文化问题"③。基于对中国社会"伦理本位"特质的阐发，他强调以"举整个社会各种关系而一概家庭化之"为特色的职业分途，否定工业革命和阶级对立，并声明中国唯一的出路只能"从'民族自觉'出发"，通过乡村建设以恢复"法制礼俗"，维持"社会秩序"，他称之为"中国民族自救运动之最后觉悟"。他不仅提出了一整套的乡村建设理论，并全心致力于实践之。虽然理论并不完备，实验也未如愿，但他的努力至今仍是我们探索中国问题，尤其是农村问题的重要思想资源。

不可否认的是，近百年来中国的"家"，无论是内部结构还是家国关系，都发生了很大的变化，个体与家庭、家庭与社会经常处于某种紧张之中。就家而言，无论是"接力模式"还是"反馈模式"都有很多现实的困境。④人们纷纷走出家，"家"外活动的内容精彩、占用时间也大大增加，并且在"家"之外通过契约等方式，建构了各种或实际或虚拟的非伦理关系。更重要的是，传统家庭中那种长久的稳定状态已经分崩离析，在以加速为特征的现代社会中，即使是夫妻之间也充满了各种不确定性，而世代之间生活内容、方式的鸿沟更是逐渐加剧，家人"共处"变得越来越困难；而在时间中积累的经验在处理不断涌现的新问题时，有效性也大打折扣。面对已经改天换地的现代社会，如何将"家"建成外出者真正的可归之所，并发挥其持久传递之功，以及使重"家"重"当下"的中国文化成为

---

① 梁漱溟：《中国文化要义》，《梁漱溟全集》第三卷，第38、39页。
② 同上书，第43页。
③ 梁漱溟：《乡村建设理论》，《梁漱溟全集》第二卷，第234页。
④ 费孝通曾把中西家庭模式总结为西方的"接力模式"和中国的"反馈模式"。（详见费孝通：《家庭结构变动中的老年赡养问题——再论中国家庭结构的变动》，《北京大学学报》（哲学社会科学版）1983年第3期）

国人温暖的精神家园，甚至使"人家"成为西方人走出"神家"之后的新归宿①……诸多困难依旧层出不穷。

另一方面，冯友兰所设想的能包揽个体一切问题的"社会"至今仍未出现，"无家可归"仍是现代人深重的悲痛。杜兰特曾详细分析西方从农业社会转向工业社会对家庭关系和道德准则的巨大影响。他讨论了夫妻关系的松弛、子女独立意识的彰显，并颇为悲观地把工业社会的"家"视作一座"四面冷冰冰的墙壁围困着即将消亡的爱"的房子。②当然，在西方视野中，他几乎没有关注"孝"及其价值。何以拯救这个毫无生气的、变成"房子"的"家"？

梁漱溟对在家之当下生活的肯定和重视，的确阐明了在血脉相连共同生活的"家"中安顿和延续生命的重要意义。李泽厚是较早注意到梁氏这些观点的思想家之一，他进而主张探索"转化性地创造新一轮的'儒法互用'"的可能性，即在重归"以亲恩为重、交谊为怀、恋情人际乡土，以此岸为彼岸"儒家传统的同时，创造性地将人间情义"注入、渗透在以个人权利、利益基础上的社会生活、秩序、规范中"③。相较之下，梁漱溟比较关注"善"的时间，而李泽厚更倾心"美"的时间。在美中，更易以自由平等为基础建立起人与人、人与世界的一种无功利却有深情的关系。李泽厚不仅接续了梁氏"有'家'的时间"，更尝试将之扩大、深化、推进，并以此回应有关"家"与"时间"的诸多现实或理论困境。

实际上，现代中国不仅有视父亲为魔鬼、大闹"家庭革命"者（吴虞），也有我们熟知的"母亲的爱光"之永恒（冰心）、凝固在背影中的"父爱"之瞬间（朱自清）、"小燕子似的一群儿女"给予父亲的无数活泼与温馨之时刻（丰子恺）等。近年来已经有不少中外学者关注"家"，并努力从多方面拓展对有"家"的时间之理论研究④，而

① 笑思区分了"神家"与"人家"。前者指教会及天国乐园，后者指俗世的人间之家。他指出，"西方文明自始至终存在关于家庭的盲点和弱点"。（参见笑思：《家哲学——西方人的盲点》，商务印书馆 2010 年版，第 1 页）

② 详见［美］威尔·杜兰特：《哲学课》第 13—15 章，姜贵梅、赵晓燕译，中信出版社 2021 年版。

③ 参见李泽厚：《说儒法互用》，《回应桑德尔及其他》，生活·读书·新知三联书店 2014 年版，第 174—176 页。另外特别值得关注的还有谢遐龄的著作《中国社会是伦理社会》（上海三联书店 2017 年版）等。

④ 近十年来，一些学者注意到，海德格尔、列维纳斯等从现代西方视角对"家"与时间都有深入的讨论，如张祥龙的《家与孝——从中西间视野看》、孙向晨的《论家——个体与亲亲》等专著对此颇为关注，并努力打通中西以建构现代之"家"。但海德格尔基于个体、列维纳斯基于爱欲和"他者"，他们的"家"中时间与中国传统仍相距甚远。又，笑思的《家哲学——西方人的盲点》把"家"哲学化，不仅讨论了家庭的同时性、历时性等具体特征、更区别了表征人与自然、人与人活泼共在的"时机"和"僵死的、属人的'时间概念'"，并以此为基比较中西传统文化中的"人家"和"神家"，阐述回到儒家有着父母切实恩情的"人家"的现代意义。

且在意识形态层面开始倡导民众注重家庭建设、弘扬优良家风等，而在普通民众心中，回家、与家人一起也逐渐成为生活之重。这些都说明，梁漱溟对时间问题的思考，尤其是其"有'家'的时间"确实具有强大的生命力，他的确是"经得住时间的考验，而为历史所记住"的 20 世纪中国的思想家。①

第三节　方东美："情的蕴发"与"时间动力学"

方东美（1899—1977），名珣，字德怀，后改字东美，安徽桐城人。他曾如此评价自我："在家庭传统上我是儒家的，在性情契合上我是道家，在宗教启发上我是佛教徒，但就后天训练而言，我是一个西方人。"②他早年留学美国，兴趣和用心主要在西方哲学，后逐渐转向东方，广泛涉猎儒释道各家，并以弘扬和复兴中国文化为归宗。求学海外的经历，使其拥有了更开阔的学术视野和哲学训练。他以典雅的英语著文参与国际会议，致力于沟通中西且将中国哲学直接推上世界学术舞台。

朱谦之曾说，他要给"盲目的热情""一个眼睛"——他的"情"之"眼"，显然亦不离"理"，但立"情"为本，难免总有所偏；梁漱溟高扬"有情有理"的"理性"③；而方东美则主张衡"情"度"理"，以建构"情理集团"。有"情"有"理"，这样的世界和人生才既"可爱"又"可信"。方东美力图克服西方近现代哲学仅以认知理性规定、理解时间，以及将时间视作往而不返之单向流动的观点，发掘并诠释了"情的蕴发"在构成时间之内容、实质中的特殊作用，并通过"易有三义"阐发了时间的"回旋性"结构，由此开启了一套富有现代意蕴的"时间动力学"，构成了中国现代哲学时间观念史的重要环节。

---

① 艾恺说："梁漱溟是一个文化守成主义者，他的思想在当下不易为人们所接受。不过，一百年后回顾 20 世纪中国的思想家，或许只有他和少数几个人才经得住时间的考验，而为历史所记住。"（参见艾恺：《最后的儒家：梁漱溟与中国现代化的两难》，中文版序，第 4 页）

② 方东美：《中国哲学之通性与特点》，《方东美先生演讲集》，《方东美全集》，黎明文化 2005 年版，第 99—100 页。（本文所引方东美之著作，除《中国哲学之精神及其发展》之外，版本均为《方东美全集》，黎明文化 2005 年版）

③ "理智、理性各有其所认识之理。理智静以观物，其所得者可云'物理'，是夹杂一毫感情（主观好恶）不得的。理性反之，要以无私的感情为中心，即从不自欺其好恶而为判断焉；其所得者可云'情理'。"（梁漱溟：《人心与人生》，《梁漱溟全集》第三卷，第 603 页）"理性为体，理智为用，体者本也，用者末也；固示若以理性为人类特征之得当。"（梁漱溟：《意识与生命》，《梁漱溟全集》第七卷，第 1036 页）"中国人精神之所在，即是'人类的理性'。"（梁漱溟：《精神陶炼要旨》，《梁漱溟全集》第五卷，第 503 页）

一、时间——智慧宫门之管钥

罗素曾说：

> 时间之真实或无疑义，若有人焉，衡之以情、度之以理，恍然证知其不重要者，当可直入智慧之门。①

方东美曾屡次引用此言并予以评说，因为他认为罗素的论断不仅与西方哲学的进展不符，更是不通有着"重时"传统的中国哲学。他认为，宇宙观即是各种文化、精神的基本符号；宇宙，即空时，通过不同的时空观念可以透视不同的智慧类型和生命情调。在他看来，宇宙本质上就是"普遍生命之变化流行"，其中物质条件与精神现象融会贯通、浩然同流，而人类"含情而得生、契理而得存"：

> 我们生在世界上，不难以精神寄色相，以色相染精神，物质表现精神的意义，精神贯注物质的核心，精神与物质合在一起，如水乳交融，共同维持宇宙和人类的生命。②

就"普遍生命"而言，因其含"情"而不是纯粹客观的、机械的物质现象，宇宙万物因此而充满了盎然生机；因其蕴"理"而能契会宇宙法像之奥妙，所以也不是强天以从人的纯粹主观的精神现象。他进而主张人要参赞化育，亦即：

> 摄取宇宙生命来充实自我生命，推广自我的生命活力去增进宇宙的生命。③

方东美认为，作为宇宙万物的本源、一切生命存在的原动力，"普遍生命"融会了宇宙与人生，打通了主体与客体，以"普遍生命"为体，"情"与"理"获得了统一。然而西方以往的哲学并未能以"情理集团"为据来理解宇宙或生命，也不

---

① 方东美：《生命情调与美感》，《生生之德》，第168页。方东美所引出自Betrand Russell, Our Knowledge of the External World，该书的中译本《我们关于外间世界的知识——哲学上科学方法应用的一个领域》（陈启伟译，上海译文出版社2006年版，第125页），与方东美的译文稍有差异。但罗素所谓"时间……与我们的欲望有关"的说法与方东美强调的"情的蕴发"颇有相通：方东美认为"广义的情除却冷酷的理智活动以外都是情""生命以情胜……生命是有情之天下，其实质为不断的、创进的欲望与冲动"。（参见方东美：《科学哲学与人生》，第53、64—65页）关键在于我们如何在价值上评价、点化此欲望。
② 方东美：《中国人生哲学概要》，《中国人生哲学》，第56页。
③ 同上书，第82页。

曾真正把握时间的真谛。他擅长以比较的方法来揭示各民族或各派哲学的精神和特点，评判各自的长短和价值。

方东美以"物格化的宇宙"为古希腊文化的典型，认为古希腊人形成的是一种"有限的宇宙观"。在此文化中，时空是一"有限的体质"——空间范围具体而局促有限，"仅乃显示感觉经验之境相而已"；缺乏时间意识，"对于其本身生命活动所经历之时序淡漠无深切了解"，时间之内涵非常薄弱，历史途程仅为当前之时间。在此有限且有序的宇宙中，古希腊人过着静止无欲的生活，展现出一种"恒久自足的姿态"。古希腊文化是"契理文化"，古希腊人上演的是一场所居而安、所乐而玩的"从心所欲"的悲剧。

与古希腊"有限的时空观"相较，科学的勃兴使得近代欧洲文化开展出"一无穷之体统"的宇宙。在此无穷的宇宙观中，时间被视为测度物质运动的量，其本质上已经被空间化了。其重视空间内力的运行，以知识为力量，主张征服自然改造环境。近代欧洲文化是"尚能文化"，呈现的是一场"不能从心所欲"的悲剧。所以尽管在近代欧洲文化中常常论及"时间"，但此空间化的时间未能揭示时间的本质。

中国人的宇宙观与此大相径庭，方东美称之为"有限之体质而兼无穷之'势用'"，即视宇宙之形质有限而功能无穷。中国古哲并不执迷于宇宙之实体，而是以神思妙悟的方式去迹象，舍其形体而穷其妙用，将宇宙生命化、价值化。所以在其视野中，"空间"是诗意的，是一无穷的萦情寄意之所，而"时间"的本质就是创进不已的生命。与西方哲学只从物质运动而论时间不同，中国哲学的宇宙观以生命和价值为中心，主张人生与生生不已的宇宙造化力量交融互摄，而不断指向至善尽美的价值之境，强调由生命的创化而彰显时间的真义。因"知化"而"重时"，这是中国文化的重要特点。

对于宏大丰富的中国哲学，方东美后来在关注其有别于西方思想的"通性""共同精神"的同时，也力图以形上学的途径加以分殊，揭示不同思想传统之相异精神。他以原始儒家、原始道家、佛家和以宋明理学家为代表的新儒家为中国哲学的"四大主潮"，并分析了各自的"特别精神"。他认为：原始儒家的精神就是"把握时间的秘密，把一切世间的真相、人生的真相在时间的历程中展现开来，使它成为一个创造过程"，故以"时际人"（Time-man）相称；原始道家主张超脱，以高妙的艺术才情将精神提升到"寥天一"之境，再由高旷玄远的太空观照人间，所以是"太空人"（Space-man）；佛教的小乘只晓得生命在时间之流中轮回，而看不到生命的永恒，所以是"忘掉永恒"；大乘却超越了时间的生灭变化，即由追求永恒而"遣时"即"忘掉变化"，所以是"交替忘怀的时空人"（Space-time-man with an alternative sense of forgetting），当然，真正能代表中国佛家的还是大乘思潮；较为晚出的新儒学则继承了以上三种传统，所以"主张生命与宇宙配合，产生与天地合而为一、因为一体的境界"，可以称之为"兼综的时空人"（Concurrent space-time-man）①。

据此而言，方东美认为罗素关于"时间之不重要"的论断对于古希腊和近代欧洲文化来说是有道理的，但20世纪以来，西方已由柏格森揭起了时间观念的转向。同时他认为罗素未能洞察"时间"在中国哲学中的特殊意义。②综合中西哲学，他说：

> 西洋这一方面，从希腊末年起一直到近代的欧洲，一谈到历史进程、时间观念，往往不就时间本身来看，却把它化成空间的影像来看，于是"过去""现在""未来"三世变成刹那，刹那把时间的段落化成时间单位，时间单位再化成空间的单位，空间的单位再被化成点与点、线与线的结构。若从欧几里德的几何上看，这些是根本不能够连续的。由此而看历史，则西方的历史也就变成断断续续的历史时间，根本上产生一个"历史非持续性"，在时间上不连贯，这一个时代同上一个时代不连贯。因之，西方没有一贯的历史。……但是在中国，从唐虞三代……一直到今天，中国整部的朝代史、远古史、通史、断代史，却是一贯地绵延下来，这文化的历史线索始终没有断过，就是因为中国的历史观念，不是断灭性的，而是持续性的。③

可见，"时间"在方东美的比较哲学中意义非同寻常。在他看来，古今中西的哲人对"时间"的阐释各有千秋，"时间"几可成为区分各类哲学特质的标识。中国哲学非常关注"时间"的秘密，因为有此精神，中国一直注重历史，强调时间的流转与连贯。

二、"情理集团"与时间意识

问题是，为什么人们会在时间意识上有着天壤之别？从方东美对哲学起源、对象及意义的解释中，我们可以渐渐触及他的答案。

"情理集团"是方东美哲学的核心概念。他以"情理集团"为宇宙人生的实在和哲学的研究对象，将"生命"确立为哲学形上学的本体。

---

① 方东美：《原始儒家道家哲学》，第78—81页。

② 平心而论，罗素也并非完全不解中国文化，只是他心仪的恰是追求永恒、被方东美称为"太空人"的道家思想。罗素说："我对老子的哲学远比对孔子的学说更感兴趣。……我认为，老子幻想死亡是对'道'的背离造成的。假如我们所有的人能严格按照自然的要求生活，我们的生命就能像宇宙万物那样的永恒。"（［英］伯特兰·罗素：《罗素文集》，王正平等译，改革出版社1996年版，第31页）

③ 方东美：《儒家哲学：孔子哲学》，《方东美先生演讲集》，第217—218页。

"情"指理智活动之外之人生的欲望、冲动或要求。他认为活泼丰富的人性不仅有"事理"的要求，还有"情理"的期待；仅以实证的眼光看，这些"情理"也许是无据的、主观的，但以"生命"为视角，"情理"是人类生命中"最珍贵的宝物"，因为"情"不仅是生命必不可少的因素，而且只有"情"才是生命的内在动力，也只有"情"才能确立一个可以寄托生命精神的、充满美与善的价值世界。他说：

> 哲学思想，自理论看，起于境的认识；自实践看，起于情的蕴发。我们如把境的认识与情的蕴发点化了，成为一种高洁的意境，自能产生一种珍贵的哲学。①

所谓"境的认识"即在时空上冷静、系统地了解种种事理。就此而言，哲学与科学在起点上是相通的。但是哲学进而从价值上对事理予以估定，由此蕲向一个美且善的价值世界，这种美化、善化及其他价值化的态度与活动，就是方氏所谓"情的蕴发"。科学旨在认识宇宙的秩序，而哲学从人性出发，力求在此基础上构筑一个可以安身立命的价值世界，因而哲学的功能是"衡情度理"。高明的哲学应该是既契理又合情的，如其所言：

> 哲学意境内有胜情，无情者止于哲学法门之外；哲学意境中含至理，违情者逗于哲学法门之前，两俱不入。②

然而各民族理趣有别，各哲人也才情各异，所以难免隔离情理，执重一端，或贵理而贱情，或重情而疏理，由此造成各具得失或特色相异的哲学思想。可见，方东美虽然再三强调情理互生，但"情"作为生命的内在动力，以及确立生命价值与意义的唯一因素，在此集团中仍是位居首功。"理"能够提供我们实现"情"的方法、工具和能力，但"理"本身无法拂照"情"，生命的意义在于通过生生不已的创造、真善美的点化而不断地拓展和提升生命的高度或境界，这种意义的实现更多还得依仗"情的蕴发"。

哲学上对"时间"的理解，亦有"境的认识"与"情的蕴发"二途，前者侧重于认识运动之理，后者偏向于对运动予以价值评定。

如前已述，方东美认为古希腊和近代欧洲有一个一脉相承的传统，就是从科学观点看宇宙，据科学之理趣以思量时空，其揭示的只是"科学的时间"。

① 方东美：《科学哲学与人生》，第50页。
② 方东美：《哲学三慧》，《生生之德》，第185页。

　　重视"境的认识"、缺乏"情的蕴发",正是这个特点导致了时间观念在西方长期未被重视,而以空间的方式来度量时间,时间成为"空间一条线",即"一个直线进程的系列",从而淹没了时间的重要性,直到柏格森的生命哲学才开始质疑和批评这种时间概念,并从生命本身、从生命的异质性将时间理解为"绵延",至此,"真正的时间"才开始在西方登场。

　　不过,方东美并不反对"境的认识"、否定客观时间。他说:

　　　　哲学思想,自理论看,起于境的认识;自实践看,起于情的蕴发。我们如把境的认识与情的蕴发点化了,成为一种高洁的意境,自能产生一种珍贵的哲学。①

科学的目的即在寻求"事理",哲学思想也起于"境的认识",需要察觉事象的伦脊与线索,以明其理。所以科学是哲学的起点和基础,并且只有从此入手,哲学才能避免空疏肤浅的危险。但是哲学并不限于此,人类生命离不开"情",所以在满足了"事理"的要求之后,人性自然而然地提出了"情理"的要求,因此哲学就不能停留在"境的认识"这一层,需要进而追寻"情的蕴发"。

　　方东美再三标举的"情的蕴发"即对"事理"作出价值上的估定,即从人性出发,提揭生命活动中所蕴藏的爱、善、美这些价值,并使这些价值能在具体的生命活动中得以抒发、实现。他认为科学是"价值中立"的,只有当哲学在科学之上确立了生命的价值之后,生命精神才能有所寄托和安顿。他进而将目光聚焦于中国文化,他认为儒家格外注重"时间","把时间作为入智慧之门的唯一条件,……把一切宇宙秘密展开在时间的里面"②,儒家对宇宙人生的了解,对生命境界的提升,不仅与仅以"方生方死,方死方生"来理解时间的道家不同,更有别于西方以数学的方式或将时间空间化的传统:

　　　　中国人之时间观念,莫或违乎《易》。③
　　　　儒家最重要的哲学宝典是《周易》,而这部书把世界的一切秘密展开在时间的变化历程中,看出它的创造过程,由此看来,儒家若不能把握时间的秘密,把一切世间的真相、人生的真相在时间历程中展现开来,使它成为一个创造过程,则儒家的精神就没有了。④

---

①　方东美:《科学哲学与人生》,《科学哲学与人生》,第50页。
②　方东美:《中国哲学之通性与特点》,《方东美先生演讲集》,第143页。
③　方东美:《生命情调与美感》,《生生之德》,第177页。
④　方东美:《原始儒家道家哲学》,第79页。

以《周易》为源的中国哲学不仅是以生命为中心的，同时也是以价值为中心的。他以《周易》为源，分析了中国时间观念的具体特征：

> 趣时以言易，易之妙可极于"穷则变，变则通，通则久"之一义。时间之真性寓诸变，时间之条理会于通，时间之效能存乎久。①

《周易》存时以示变、趣时而应变，所展示的正是生生不已的天地之大德。方东美揭示了这个以《易》为本的"时间"有三个特点：变、通、久："变"即生化无已、行健不息，这是时间的真性；"通"即转运无穷、往来相接，其中体现着时间的条理；"久"即绵延赓续、变更反复，此为时间的效能。这个寓诸创进不已的生命之中的时间本质上是绵延，是普遍生命的盎然生机和永恒生成。

正如他所指出的那样：

> 如果要真正了解《周易》中的时间观念，在《周易》本身找不到适当的说明，反而在《管子》当中可以发觉一个描写时间的重要原则："轮转而无穷。"这代表春秋时代对于时间的观念，这个观念在《周易》中虽然没有明说，却已实际运用。②

《易》重时，但对什么是"时"，却没有说明，这似乎有些吊诡。不过在他看来，《管子》中的"轮转而无穷"却揭示了时间的重要原则。"变易"是时间的实质；但时间还有"通""久"之特性，"通""久"意味着"变易"的时间有其"不易"的一面。作为时间之章法的"通"，意味着健行不已的时间并非茫然冲撞不知所之，其总是由过去通向现在、奔往未来；而且今昔相续往来相接，没有间隔。换而言之，时间是连续的，不可以割截成一段一段的。"久"，意味着时间之流也在不断沉淀、积聚，从而如"滚雪球"般，呈现为不断增益、持久不殆的过程。总之，方东美主张："时间之为物，语其本质，则在于变易；语其法式，则后先递承，窦续不绝；语其效能，能绵绵不尽，垂诸久远而蕲向无穷。"③

方东美进而联系易之"三义"来阐释时间：

> 易有三义，一是"变易"，这是时间的实质；二为"简易"，这是社会的组织；三为"不易"，真正贯注了一种形上学的原理，在一切社会变迁发展的

---

① 方东美：《生命情调与美感》，《生生之德》，第178页。
② 方东美：《原始儒家道家哲学》，第211—212页。
③ 方东美：《中国形上学中之宇宙与个人》，《生生之德》，第355—356页。

当中，不论如何变化，总是表现一种时间上的持续性，历史上的持续性，……易当中，千变万化之中有其不易之处，才讲成这种持续性，而这种持续性是创造性的，不是重复性的……历史也是从演变中表现扩充发展，这个扩大不只是容量上的扩大，也是性质的提炼，价值的增进。①

方氏强调，讲时间问题，首先要自"变易"而言，他彰显了时间的异质性，所以时间绝不可视为均匀流逝的"空间一条线"，他视此为中西时间观上最大的不同。时间也不是毫无内容的空架子，其本身就是生化、行健，是革故鼎新。

诚然，他将宇宙视为生命，并从生命来理解时间、强调生命进化以及时间的持续性、异质性，这些似乎都与柏格森合辙。但中国人的时间观首先是中国人通过"情的蕴发"来欣赏、创造"天地之美"而领悟的。就科学之理而言，中国哲学的确失于"乖方敷理"；但就生命而言，中国哲学却有情有理，尤其是重视"情"作为生命创造力量的作用。有爱之情，才有生命的绵绵不绝、勃勃生机。

三、时间的"回旋"结构与"动力学"

方东美进而强调，"时间"是有"结构"的：

只有所谓"变易"的方式才是一个创造的过程，它的立足点是现在，但要把过去的缺点淘汰，使得过去的优点集中在现在，然后以这个现在为一个跳板，再依据一种持续的创造性过程，把现在转变为未来，如此就保持一种时间的持续性，一种历史的持续性，然后才可以讲创造。而这种进程所说明的时间是一个回旋的结构，而不是一个直线的结构。②

他明确指出：时间是一个"回旋的结构"，这不仅强调了由生命的创造所呈示的时

---

①　方东美：《原始儒家道家哲学》，第 202 页。"易"一字而含"三义"之说最初见于《易纬·乾凿度》，但其后各家之称引、解释常有出入，而其中流传最广的还是郑玄和孔颖达的阐发，即解之以"易简""变易""不易"。方东美对"易之三义"的理解正是延续了郑、孔之义，并以此为框架来讨论中国人的时间观念。郑玄以"易简"为三义之首，方东美言"简易"，但其本人对"简易"的问题所言不多。其弟子程石泉认为，郑玄将《易纬·乾凿度》所言"易有三义"的第一义"易"，解释为"简易（简单容易）"，并引《系辞传》"夫乾确然示人易矣，夫坤隤然示人简矣"为证，实未解乾之"确然"是言时间之功效，坤之"隤然"，即"块然"之意，言空间之功效也。程氏进而指出此误源于汉代道家思想的影响，并不符合《易》之为儒家经典的基本立场；而《易·系辞传》与之有关的章句，俱举"易简"，从不曾举"简易"；从"易"为变化之意，"易简"应为"时间"和"空间"之意。（详见程石泉：《易学新探》，上海古籍出版社 2003 年版，第 56—57 页）

②　方东美：《原始儒家道家哲学》，第 216 页。

间之异质性，更表明在时间的持续性还有赖于千变万化之中的"不易之处"——时间之流中有一些东西是前后相通的、不易的，因而才呈现出"轮转""回旋"的特征。正是这些"不易"的"优点"衔接、贯通了古今，并使得"变易"不至于走向山穷水尽的绝境，而总能指向柳暗花明的未来：

> 时之化行于渐而消于顷，其成也，毁也，故穷。穷而能革，则屈往以信来，刚健而不陷，其义不困穷，盖言天地之化不已也。①

"回旋"的时间不同于循环、轮回，"不易"在"变易"中日积月累随时增益，是"变易"的根基和内在动力。所以方氏强调时间的持续性是创造性的。

方东美认为，古代希腊和印度秉持的是"循环的时间观"，而犹太—基督教则开启了"线性时间观"。从时间的结构而言，中国"轮转而无穷"的时间观念既有线性的一面，又有循环的一面，时间之"回旋"正好同时涵盖了这两方面。"变"是起主导作用的，但其中又有"不变"，且有"道"可循。在周期性的更迭中，中国历史不断前进的，既有沉淀、累积，又有进步发展，能面向未来。他说：

> 关于时间，儒家因为他要把握现实，他要透过时间的肯定去安排生命的意义与价值、安排生命的活动，才对于时间采取创造的观念。所以他一直说，现在已经是够好了，因为现在是有创造性。等到未来，未来的时候经过更长的时间创造，发泄这个精神，表露得更多。所以，儒家一直对于时间的展望是乐观的。②

所以，方东美认为以"回旋的结构"为特征的儒家的时间，能集循环论与线性时间观的优点于一体，他亦称之为"弱的循环观"。对于个体而言，在任何时间的段落中，人都能含摄"过去"的诸多要素，并以此为跳板，挟持着"现在"的创造力量，投射向"未来"。对于文化而言，亦是在此时间的回旋中，淘汰"过去"和"现在"的缺陷，保留和贯注所有优点。这样，人是充实的，文化是能发扬光大的。

与朱谦之等不同，方东美主张，《周易》重视"变易"，但《周易》继承了《尚书》，二者共同构成了中国文化的源头。首先，《尚书》以"皇建有其极"为主旨，"皇极"即帝王统治天下的准则，以大中至正之道为"极"。方氏将"大中"视作"一切的来源和一切的归宿"，是所有人应当尊奉的"现实和价值的最高

---

① 方东美：《生命情调与美感》，《生生之德》，第 133 页。
② 方东美：《中国哲学之通性与特点》，《方东美先生演讲集》，第 137 页。

标准"，亦即现代宗教之"天上原型"。他承认"皇极"有着神秘的色彩，但其是古代帝王统治天下的基础，同时它更在中国古人的观念系统中形成了一个共识，即承继先王，"回返"到"本初"，这就是时间中的"回旋"，或者是在变易、向前中的"弱"的循环。其次，时间之所"积"，即这些存留下来的"过去的优点"是什么呢？在方东美看来，就是价值——生命的价值、文化的价值。中国人由"原天地之大美"而将宇宙领悟为"普遍生命"流行的境界。生命的创造活动不仅是让人或天地万物活着，而且有活的意义、尊严。天地之美、人性之善、宇宙的神圣性，这一切崇高的价值都必借生命创造的奇迹才能宣泄发挥出来。

"回旋的结构"的好处是人在任何时候都能融摄过去、现在与未来。正因为时间是"回旋"的，所以才使得生命的价值能在个体的生命和文化的演进中积蓄、延续、充实。由此，一方面，这种以价值的实现和提升为指引的"生命"，绝不会沉溺于盲目的本能冲动。另一方面，人们也不会因为悲观失望而陷入委顿、虚无，因为人活着是为了实现最高的价值，哪怕是痛苦也要以"情的蕴发""创造情感"将其美化、善化，点明前行的动力和活下去的意义，也只有如此，生命才能真正走向永恒。

方东美认为，领悟、把握生命必借"直透之道"。"直透之道"不仅是以天人一体的生命力相感互通，更要"直透"宇宙人生的伟大价值。能够洞察并坚守生命的价值并不容易，需要"神思勃发，才情丰富"，他借用佛教中的概念——"回向"——来说明这一过程，并创造性地将其理解为上、下的"双回向"。他曾别具心裁地设计过一张"人与世界在理想文化中的蓝图"[1]。

事实上，方东美以"回向"的两种路径来说明生命精神和人格的提升和回返，其内涵已经远远超出佛教，而是强调要展开一种以物质世界为根基，超越而不脱离现实的人生。这种人生有高度、有层次，因其合"理"而易于落实，因其含"情"而充满价值，"情"与"理"在普遍生命的大化流行中同缘互生、相摄共进。方氏将中国哲学视作一套"时间动力学"：

> 时间之变易乃是趋于永恒之一步骤耳。永恒者，绵绵悠久、亘古长存，逝者未去而继者已至，为永恒故。性体实有，连绵无已；发用显体，达乎永恒。职是之故，在时间动力学之规范关系中，《易经》哲学赋予宇宙天地以准衡，使吾人得以据之而领悟弥贯天地之道及其秩序。[2]

---

① 方东美：《从宗教、哲学与哲学人性论看"人的疏离"》，傅佩荣译，《生生之德》，第413页，亦可参见方东美：《中国哲学对未来世界的影响》，《方东美先生演讲集》，第49页。据记载，方东美此篇演讲作于1973年11月，其时已过古稀。

② 方东美：《中国形上学中之宇宙与个人》，《生生之德》，第356页。

以"情理集团"的视角来思考"时间"问题，即我们应该将宇宙人生的迁流变化视为"普遍生命"的流行之境，并予以价值上的估量和提升。"苟有浓情，顿成深解。"方东美认为，"情"是中国人深解宇宙、领悟时间之奥秘的关键。通过生命的"双回向"，宇宙不再是被科学逻辑地展布在平面上，而成为一个"立体"的、由"情的蕴发"所创造的不同价值建立起来的"层叠"的结构。"上回向"追求时间的永恒，"下回向"则直面时间的流逝。"情"在双回向中穿梭灌注，使时间在流逝中积淀、提升生命的价值，并由此走向永恒。"双回向"是实现"回旋"的时间观的必由之路，"情的蕴发"是时间在"变易"中保持"不易"，由流逝走向永恒的内在动力。

四、"机体主义"的时间观与中西哲学的"自救"与"他助"

晚年的方东美心心念念的是复兴的中国文化，并参与世界文化。他认为当前整个世界文化价值低落、哲学智慧衰退，学人必须要重振精神，负起为将来的中国、将来的世界创建一种新哲学的重责，"使哲学在我们的时代，尤其是在中国能够复兴，然后拿中国复兴的哲学思想去面对西方，也促使西方衰退的哲学精神能够复兴。"①

方东美指出，每个民族的文化各有所长、亦有所弊，所以可以通过"自救"与"他助"的方法克服各自的缺陷。他认为中国哲学的特色、主流与核心是"机体主义"：

> 中国哲学上一切思想观念，无不以此类通贯的整体为其基本核心，故可藉机体主义之观点而阐释之。机体主义……旨在：统摄万有，包举万象，而一以贯之。②

所谓"机体主义"，即是将宇宙万物看成不可分割、交融互摄的有机整体，如同生命领域的各个系统，互相扶持彼此维护，他称此为"超越形上学"（transcendental metaphysics），以别于西方将人与宇宙、天堂与地狱乃至人的灵与肉都"剖成两橛"的"超自然形上学"（preternatural metaphysics）。他认为当下只有中国哲学这种"机体主义"的精神可以医治或消除西方文化危机，但事实上只有某些西方哲学中的"例外"才能跳出传统，放眼东方且有可能与中国的机体主义哲学相契合，并"证明了东方哲学时常应用的法则是对的"③。他明确提到的"例外"的西方哲学家

① 方东美：《中国哲学对未来世界的影响》，《方东美先生演讲集》，第48页。
② 方东美：《中国形上学中之宇宙与个人》，《生生之德》，第349页。
③ 方东美：《从宗教、哲学与哲学人性论看"人的疏离"》，《生生之德》，第414页。

即：柏格森、胡塞尔、海德格尔（方氏译作"海德格"）与怀特海（方氏译作"怀德海"），这四人的哲学是其晚年比较哲学的研究重点。

比如方东美发现海德格尔特别注意"时间"问题，他认为方东美指出海德格尔的"时间"是一个包括过去、现在和未来的重重叠叠无穷无尽的立体结构，时间之洪流如同天罗地网宰制着一切生命。他进而给海德格尔贴上了"双重苦闷"的哲学家的标签：

> 我们终其一生都是时时刻刻的期待死亡。故海德格在这一方面看起来具有一种极大的苦闷。假使这个大的苦闷，没有其他的偏见，那么他会很容易以随和的自我来加以处理。但是他偏偏是一位西方的哲学家。就以西方哲学的行动领域上、思想方法上都是深具维护他们的个人主义，而产生一个大的我执，始终取除不掉。对于这个大而除不掉的我执，投到天罗地网、投到决定命运的时间体系里面去或空间体系中去。处处都要感受到这种苦恼。……海德格终究还仅止于哲学家，他从头想到尾，从未想到头，他觉得如果离开这个世界就不能生活。可是如果要投到这个世界，又是处处受到束缚。这样子一来，就形成了他的双重苦闷的主要原因，即人所存在的世间，却又百般渴望要逃离世间。倘若他要与众人共同生活，却又心怀罪咎地要避开他们。他宣称要为他纯真自我的独特存在而活着，却又因处于一个他自己所选择的尘俗世界而退据自我疏离的困境，这正是海德格的双重苦闷。①

在他看来，海德格尔一方面揭示出，人之"在世界中存在"总是不得不"向死而生"，这是一重"苦闷"。这不是因为贪生怕死，对于海德格尔而言，"死"的意义在于其不是一个对象性的事件，而是唯一真正属于我的，死亡总是"我的死亡"，是"此在最本己的可能性"；死亡之实质即是"把此在作为个别的东西来要求此在"，此在只能"只身""独自"去死，本真的向死存在只能是"由它自己出发，主动把它最本己的存在承担起来"②。另一方面，如海德格尔所言，"世界向来已经总是我和他人共同分有的世界。此在的世界是共同世界。'在之中'就是与他人共同存在"③。方东美指出，在海德格尔那里，哲学的生命是被"投到"时间和历史中的，"被抛"的此在首先生活于这个尘俗之世界，要与他人共在；但"在之中"又处处受到"常人"的束缚，因而难以在现实的日常生活中确保此在之本真。这是另一重"苦闷"："在世间"难免丧失于常人之中，而良知的呼声则要求此在中

---

① 方东美：《中国大乘佛学（下）》，第279—280页。
② ［德］海德格尔：《存在与时间》，第327—328页。
③ 同上书，第153页。

断去听常人而领会自身。

如何疗愈海德格尔的"双重苦闷"？方东美认为海德格尔的"苦闷"源于其深陷西方个人主义传统，因而只有从东方哲学中寻找出路。他说：

> 假使海德格问到我的话，我一定会站在佛学的观点给他开出两个药方：第一个药方是法无我；另一个就是人无我。

佛教将"法执"与"我执"视作"二重障"，众生因此而烦恼受苦，只有以般若空观照见二空，才可能度一切苦厄。方东美称大乘佛教是"交替忘怀的时空人"，将生命投入时间洪流，但又不执着，从而超越种种时空之限制。他更指明，"唯识思想"最有利于破除各种偏执，消解诸多烦恼，转识成智才能发展出一种"更纯净、更高尚的精神领域"①。

诚然，与西方强大的理性主义和线性的时间传统相较，海德格尔确实是非常"例外"的异数。但其思想终究是生长于西方文化的土壤中，虽然其后来对中国道家思想情有独钟，试图以此作为追问"无"的一个特殊门径。方东美对海德格尔"时间"困境的关注和回返大乘佛教来觅良方，也为海德格尔在道家之外探寻了另一种可能性。如方东美所言，就其异者而言，中国传统哲学的各家各有倚重，但大乘佛教，以中道观有无、世间与涅槃，菩萨精神注重"下回向"的入世等等，无疑与儒家接近，对现实的日常生活相当关切。②他特别提及的唯识学，其通过对第七识执藏于第八识、"依彼转缘彼"的分析，阐发的作为烦恼之本的"内自我"之形成和活动，并主张通过转识成智，将有染污的、以"我"为中心的末那识转成"无我"的平等性智，以化解对"我"之执著而生成的诸多烦恼之系缚。如果说海德格尔期冀以道家的"无"来超脱来在世，方东美更注重海德格尔对此在之非本真的"在世"之揭示，并有心以佛教之"无我"来化解"此在"与他事他人的各种"烦忙"和"烦神"。海德格尔的"向死而生"从将来的未至之死来筹划现在，而佛教强调累世经劫的修行，但方东美的"下回向"更着力现在、当下，这确实可以极大地启发关注我们的世俗生活。

在方东美列出的四个西方现代时间观念史非常"异类"又成就杰出的哲学家中，最早影响他的是柏格森，但与他更为相契的是怀特海。就怀特海而言，他强调"过程""创造"，以"事件"（event）而非"实体"作为世界的基本元素，这

---

① 详见方东美：《中国大乘佛学（下）》，第296—304页。不过他更侧重于弥勒—无著—安慧一系，以此为"唯智论"，认为玄奘所承继的世亲—护法一系重"唯识"。

② 儒佛之近，以至于冯友兰曾说，只需一"转语"即可由佛入儒："但如果担水砍柴就是妙道，何以修道的人仍须出家。何以'事父事君'不是妙道？这又须下一转语。宋明道学的使命，就是下这一转语。"（参见冯友兰：《中国哲学新编》，《三松堂全集》第九卷，第567页）

显然与主张"变易"的《周易》曲径相通；方东美也常常借用怀特海的术语"创造之创造"来表达《周易》中所谓"生生"之意，强调生命的创造不是一次性的或普通的静态模式，而是"持续的反复动态过程"，产生又产生，创造又创造。①

最重要的桥梁是"机体主义"。方东美一方面以"机体主义"阐明"以重重统贯之整体为中心"的中国哲学精神，另一方面也以"机体主义"概括怀特海哲学的基本特征②，并创造性地提出："怀德海与华严宗思想最相似。"③他认为华严宗的"事法界"即怀特海的"事素世界"（the world of events）。在他看来，华严宗早于怀特海一千多年，就已经充分发挥万物之中的"一与一切"为交互含摄（by symmetrical implication）的道理。"一与一切"就"时间"而言，即主张时间本身就是"一体自相连续，一时之间，圆满具足，彼此又能互相照应"，就缘起诸法而言，"对于一切诸法，都能于同一时、同一处、为一大缘起而存在"。换而言之，万有之事物，在横的关系彼此能相即相入、相由相成，"同时相应"；在纵的关系上，三世诸法虽有不同，却又能相互依存，而能融三世诸法而归于一法，因而三世就在于一时，"同时具足"。由此，无穷的差别世界，终究是一个"事事无碍"乃至"理事无碍"的完整和谐的系统。④就怀特海而言，他反对 simple location⑤，强调"共在"（together），即"现实世界是一个过程，这个过程就是各种实际存在物的生成"，也声明"永恒客体只能根据它'进入'实际存在物的生成之中的潜在性才能描述"⑥。方东美认为怀特海基于相对论而主张的 synchronic time（方东美译作"同时的时间"，杨富斌译作"综合的"或"合成的"时间），主张过去、现在、未来的 contemporaneity（同时性），不仅化解了过去与现在的区隔，更使未来

---

① 参见方东美：《中国哲学之精神及其发展》，孙智燊译，中华书局 2018 年版，第 84—85 页。

② 方东美认为怀特海"建立了一套 organicistic metaphysics in the form of cosmology and the form of ontology（机体主义的形上学以其宇宙论与本体论）"（详参方东美：《华严宗哲学》（下），第 45—46 页）。

③ 方东美：《华严宗哲学》（上），第 410 页。

④ 详参方东美：《华严宗哲学》（下），第 537 页。

⑤ 贺麟译作"单纯地位"，并说："……'单纯地位'（simple location）的概念，就是一件事物在时间中占据一确定的刹那、在空间中占据一确定的地方这种概念。这概念以为我们讲到一件事物时，只要说明它确定在何时何地，就算对它已经说明了。怀特海以为自牛顿物理学出发的宇宙观和休谟的经验主义都建基在这个概念之上，而这个概念却是绝对空疏、绝对错误的。他说：'依照这个思想，我们只说明了一件事物在此一时间此一空间中的关系而没有指出它在其他时间空间中的关系。'这就是说此一物体在时空里面占据一个孤立的地位，而不需要其他的时空系统来解释它。'因此，这种事物和整个的宇宙依然是孤立绝缘，仍陷入了怀特海所坚决反对的支离孤立的蔽障之中。"（贺麟：《怀特海》，《现代西方哲学讲演集》，第 120 页）杨富斌译作"简单位置"（参见［英］怀特海：《过程与实在——宇宙论研究》，杨富斌译，中国城市出版社 2013 年版，第 250 页）。

⑥ ［英］怀特海：《过程与实在——宇宙论研究》，第 38—39 页。

的 final destiny（最终的命运）作为理想、蓝图来到或进入现在（come in ingress, into the presence），这也就是方东美再三高弘的"旁通统贯之整体"和"超越形上学"。

柏格森的创造进化论虽然以创造为生命冲动的本质，但他不够重视个体性。而怀特海哲学则将个体视作参与宇宙创造的主体，受其启发，方东美不仅以普遍生命为本体，亦关注"个体"及其时间，"虽然宇宙是生命弥漫全局的'一'，但各个个体的生命意义与独特价值也不容抹杀，也要从各种立场来设身处地了，然后就会发现每一个体也自成世界"①，个体在方东美"情理集团"中占据着极其重要的地位，这特别有助于弥补疏于关照个体生命的中国文化传统。

综观方东美的哲学思想，他早期强调"情""理"相摄，主张"情""理"互生，这比"情"与"理"的敌对与相峙无疑更加能够揭示完整的生命；他后来主张中西哲学通过"自救"与"互补"来重建统一的新文化，这也比片面高扬中国文化或主张全盘西化的观点更为合理。但正如前已述及，他终究还是重"情"胜过重"理"、重哲学胜过科学、重中国文化胜过西方文化。正如贺麟曾评说的那样：

> 接近唯心论，但不着重理性或心灵诸概念，而特别注重生命的情调，当推方东美先生。②

虽然方东美有心克服古今中西思想中情理二分、独表一枝的迷误，意图使"情"与"理"互相结盟，但其最为侧重的仍在发挥"情"在理解生命、建构哲学中的独特意义。

借助中国哲学资源，方东美发掘并诠释了"情"在构成时间之内容、实质中的特殊作用：中国哲学重视"情的蕴发"，将时间的实质领悟为生命的绵延，在生命创造不息的价值活动中，不断充实、丰富时间的内涵、展现时间的意义。他以情理集团来理解、规定时间的观点，既是对近现代哲学以理性理解、规定时间，仅将时间理解为理性之品格的纠偏，同时也试图超越以个体为中心的生命之"烦""畏"。在西方哲学中持久占主流的时间观是将时间理解为往而不返之射线式单向流动，方东美以《易》为本，阐发了时间的"回旋性"结构及其意义，并通过以"情的蕴发"为动力的生命的"双回向"实现了时间在流逝中走向永恒，这些独到的创见必将启发后人更全面、深刻地领悟时间问题。通过生命之"向上"与"向下"的自觉以撑开时空的不同面向，以创造和开拓不同的生命境界，此思路与牟

---

① 方东美：《中国人的人生观》，冯沪祥译，《中国人生哲学》，第 191—192 页。
② 贺麟：《五十年来的中国哲学》，商务印书馆 2012 年版，第 59 页。

宗三的"坎陷"或唐君毅的"心通九境"相一致。

尽管方东美强调"情的蕴发",但其明确以"情理集团"立论,从而区别于朱谦之高举唯情主义、将时间理解为纯粹情感之流。从"情"出发理解时间构成了20世纪中国时间观念史的重要特色,无论在文学、艺术和哲学中都时有回响与应和。的确,我们的时间经验并非无关乎"情",它本身就是"情"的一种展开形态。如我们所知,情感主要与生命之质料、特殊性相关,以"情"理解与规定时间,注重的是时间之"实质"。不过,与唯情独尊的朱谦之相比,主张"情理集团"的方东美注意到了理性在西方传统时间观中的作用,其对时间的条理、结构的揭示也触及了时间的理性特征。理性更多与形式性、普遍性相关,以"理"理解与规定时间,注重的是时间之"形式"。方氏以"情理集团"来理解与规定时间从而使时间兼具形式与质料,特殊性与普遍性,他强调融通情理来理解时间,试图以此避免时间之无序化,克服时间之物质化、实体化,这些思考皆有其重要的理论意义。

但方东美以"情理集团"对抗理性主义,"情"与"理"在其学说中仍是不平衡的,也难以真正相融互化。他对西方"理"所建立的"空间化的时间"是持批评态度的,重点阐发了"情"在形成中国人时间观中的作用,但同时,其对"理"与时间的关系并未充分展开。毕竟,以情感理解、规定时间,其所注目的是有情世界,对于无情世界(物理世界)和客观时间之领会如何展开、对于理性所揭示之时间的形式性与客观性,他都未能作深入之解析。尽管如此,其以"情理集团"来挺立中国精神,以"时间"来透视民族文化,以"情的蕴发"来考量时间,对时间"回旋性"结构的揭示,这些思考不仅促进了"时间"观念之自觉,使之成为20世纪中国哲学的关键词之一,而且构成了中国现代哲学思考时间问题的内在环节。

方东美也是非常自觉地主张儒佛贯通中西互补,且以"近代人的眼光"来看《周易》等中国经典的哲学家。[1]不论他为化解海德格尔的"苦闷"开出的药方是否奏效,其以华严宗与怀特海的比较是否能接近怀氏的"抽象时间"[2],但他毕竟努力使中国古老的经典一直与"二十世纪西洋哲学的命脉"[3]对话、挖掘中国传统

----

① 方东美:《原始儒家道家哲学》,第161页。

② 怀特海认为:"时空是抽象的东西,我们可以了解的只有事变的过渡和事变互涵的扩张两个事实,时空这两个抽象概念就由此而来,事变的过渡构成时间的概念,事变互涵的扩张构成空间的概念。"(贺麟:《怀特海》,《现代西方哲学讲演集》,第117页)

③ 方东美弟子吴森曾说:"严格来说,在三位哲学大师中,从西洋哲学的观点来看,只有方氏一人赶上二十世纪。牟氏(即牟宗三——引者)停留在康德时代……唐氏(即唐君毅——引者)……的思维方式仍受着黑格尔的精神支配着,只有方氏能从二十世纪西洋哲学的命脉找出路。"(吴森:《比较哲学与文化》(一),东大图书有限公司1978年版,第191—192页)

的"现代"品格、确立中国传统的"现代"使命,使得《尚书》《周易》等最原始的典籍焕发了新的生机,并登上了国际学术交流的舞台。

本章小结

1919 年杜威来华,其演讲中将詹姆士、柏格森、罗素称作"现代的三个哲学家",其曾如此介绍柏格森:"柏格森是 1859 年生的,……这一年正值达尔文的《物种由来》出版的一年。他一生的哲学,就是发挥进化论哲学的一部分意义。"[①]从 1913 年到 1922 年,十年间柏格森哲学被中国学人系统地引进、宣传、研究,并最终取代了作为世界观的进化论思潮,吸引了大批知识分子,甚至成为部分中国思想家构建哲学体系的基础,在时间观念上更是启迪深远。[②]

在本章所论的三位思想家中,朱谦之曾以其"唯情论"哲学在 20 年代名噪一时,但自 30 年代起开始学路转向,研究重心渐渐调整至文化、历史、宗教等领域。梁漱溟哲思绵延近六十载,虽然也广涉中西,但总体而言还是较多集中于儒家思想的复兴,而其思想的基底还是佛学,尤其是唯识宗。方东美有过留美经历,有着较好的学术训练和更开放的哲思视野,无论是对中国儒释道各家,还是对西方各派,其胸襟更加广博。尤其是他晚年一直活跃在世界哲学舞台,也比国内学者有机缘更早更直接地掌握和思考胡塞尔、海德格尔、怀特海等的哲学,其时间观一定程度也受后者启发,或与后者有着对话。

总体而言,这些沉思者对时间的理解虽然得益于柏格森等西方思想的启发,但都更多地回归了中国的时间传统。他们追溯中国文化之源,以崭新的视域重新理解《周易》《尚书》等经典,发掘和阐释儒释道的时间观念。他们将《周易》

---

① [美]杜威:《现代的三个哲学家》,袁刚等编:《民治主义与现代社会——杜威在华讲演集》,北京大学出版社 2004 年版,第 247 页。又,杜威来华演讲,胡适担任现场口译。文中还夹有胡适一语:"杜威先生也是这一年生的,他的哲学,也是发挥进化论的意义。"亦可参见《胡适全集》第 42 卷,第 268 页。

② 除了本章论及的三位思想家以外,李大钊、张君劢、李石岑、林宰平、张东荪、冯友兰、熊十力等等都曾深慕其风。事实上,在 20 世纪 20 年代以前,德国的很多哲学家,如倭铿(Rudorf Eucken,1846—1926,现在一般译作奥伊肯)的"精神生活哲学"、狄尔泰(Wilhelm Dilthey,1833—1911)的"生命哲学"、杜里舒(Hans Driesch,1867—1941)的生机主义等等都曾经辗转传至中国思想界,并产生了一定的影响。到三四十年代,胡塞尔、海德格尔、怀特海等也有传译与介绍,但 80 年代之前,总体都未能产生如世纪初柏格森那种风行一时的广泛影响。有学者如俞懿娴教授指出,中国学界最早把怀特海思想引进中国的是方东美。(参见王立志:《方兴未艾的过程哲学研究——第六届国际怀特海大会综述》,《世界哲学》2007 年第 3 期)

"穷则变、变则通、通则久"传统与柏格森的"创造进化论"等互相阐发，特别强调时间的持久性、创造性和生生不息的意义，其对时间之流逝也抱持着乐观的态度。随着世界的风云变幻，西方文化的内在矛盾也逐渐彰显，中国学人也开始更冷静地思考中西文化的未来命运。一个共同的特征是，中国学人，即使是革命派，其主流都更心仪一种更持久、稳健、调和的时间，更期待在时间流逝中感受与家人乃至宇宙的绵绵情意与和美安乐，更追求在与天地万物的呼应相感中实现时间的无限性……所以他们总试图自觉以中国情理交融、天人相和的传统去回应西方时间观中的非理性因素或悲观色调。他们的努力不仅使中国传统的时间智慧穿越历史的重重迷雾，来到现代；也为构建中国的现代时间观提供了更厚实的理论基础。

　　另一方面，柏格森、怀特海等虽然批评科学的时间观，但他们首先是有着坚实科学基础的哲学家，尤其是怀特海，他不仅是当时世界上能理解爱因斯坦"相对论"的十二人之一，他论时空就是以相对论为出发点的。但中国的情况不同，正如张灏所言，"五四"时期同时也是一个充满了浪漫主义的情绪激越的时代。[①]"情"的彰显、以"情"对抗科学理性是"五四"文化的重要面相之一。尽管朱、梁、方等都意识到科学的重要性，但对科学的时间观，或对时间在科学认知中的作用都不甚关心。这不能不说，他们的时间都很"可爱"，但"可信"度终究有些差强人意。如何构建既可爱又可信的时间，长路依旧漫漫。

---

　　① "'五四'是受了西方近代启蒙运动极大的影响。因此，它的思想中一个很重要成份就是以启蒙运动为源头的理性主义。但不可忽略的是：'五四'思想也含有很强烈的浪漫主义。理性主义是强调理性的重要，浪漫主义却是讴歌情感的激越。五四思想的一大特征就在于这两种趋向相反的思想，同时并存而互相纠缠、互相激荡，造成当时思想风云中最诡谲歧异的一面。"（张灏：《重访五四：论五四思想的两歧性》，《开放时代》1999 年第 2 期）

第六章

"道""理"与"时间"

20世纪三四十年代，是中国现代哲学发展中的一个"黄金时期"，一批融汇中西、贯通古今、体大思精的哲学著作陆续出炉：熊十力的《新唯识论》横空出世、冯友兰陆续完成了《贞元六书》、金岳霖则推出了《论道》。[①]张岱年曾将三者并称为"当代中国哲学界最有名望的思想"，并认为三家学说虽然中西格局不同，但"都表现了中西哲学的融合"。其实这期间，张岱年不仅写就了《中国哲学大纲》，也完成了由《天人五论》建构的"天人之学"，其中也对"时间"概念多有阐发。张东荪建立起了"循着康德"又"修正康德"的"多元认识论"，并阐明了自己的时空观；后来又在知识社会学的视域中考察了中国古代的时空观。贺麟建构了"新心学"的哲学体系，还撰写了《时空与超时空》的长文。……"时间"概念在这些哲学家那里被自觉主题化，并取得了丰硕的成果。

本章将以金岳霖、冯友兰和张东荪为主要研究对象，同时也兼及同时代的张岱年，考察他们的"时间"之思。

第一节　金岳霖："道"与"时间"

金岳霖（1895—1984），字龙荪。金氏以充满"中国味"的"道"为最高范畴，建立起了独具特色的形而上学体系，贺麟称其《论道》为"一本最有独创性的玄学著作"[②]，冯契则强调《论道》之作"要为知识论提供一个元学的根据"[③]。

[①] 冯友兰晚年著《中国哲学史新编》，将金岳霖、冯友兰的哲学体系名为"中国哲学现代化时代中的理学"，以"中国哲学现代化时代中的心学"称呼熊十力的哲学体系，分别列为《新编》的第七十八、七十九和八十章。

[②] 贺麟：《五十年来的中国哲学》，第42页。

[③] 冯契：《金岳霖〈论道〉讲演录》，《冯契文集》第十卷，第115页。

在《论道》中，金岳霖将"道"视作"时间"之根基与归宿，视"时间"为道演过程中出现的一种特定现象。他注重"时间"之"秩序"义，以个体的变动作为时间之实质，并以"运"与"命"作为个体"时间"之具体表现形态。因为有《论道》奠基，他《知识论》中的"时间"与同样注重知识论的张东荪之时间论颇有不同，比如他还考察了"时间"与"意味"之间的关系等。金岳霖从"道"出发理解与规定"时间"，逻辑严密，其时间之思既有广阔的现代视野，又兼具深沉的中国情怀，极大地丰富与深化了 20 世纪中国哲学对"时间"问题的研究。

一、道：时间的根基

《论道》开篇直陈：

> 道是式一能。（《论道》一·一）①

将"道"视作整个体系的逻辑起点，这出于金岳霖的精心设计。他认为"道"是中国文化的中坚和最崇高之概念，比起西方的"逻各斯"更能"动我底心，怡我底情，养我底性"。冯契说金岳霖作《论道》的另一重要目的是要"会通中西，实现中国传统哲学的现代转换，以回应中国近代哲学的历史主题"②。作为元学的对象，"居式由能莫不为道"（《论道》一·二六），"道"是分析之道、逻辑之道，"无极而太极是为道"（《论道》八·二二），"道"即现实的历程。金氏试图以"道"这个最富有中国传统的概念作为联结古今中西的桥梁，这同时也使得其以"道"为根基的"时间"既能延续中国传统的意味，又能回应西方和现代的挑战。

金岳霖首先指出，"道有'有'，曰式曰能"（《论道》一·二）、"道无'无'"（《论道》一·六）。他进而解释"有""无"之意："前面那个'无'字是普通有无的无，后面那个'无'字是不可能的无。……前面那个有就是普通有无的有，后面那个'有'是可能的有，最泛的有，最普遍的有。"（《论道》一·七）所谓最广泛最普遍的"有"或"无"即逻辑上的"可能"或"不可能"，道是"有"（being），是逻辑上的"可能"，所以"道无生灭，无新旧，无加减，无终始，无所谓存在"（《论道》一·二一）。

"式"与"能"在金岳霖哲学中有着独特的含义。所谓"式"是"析取地无所不包的可能"（《论道》一·五）。"可能"是"可以有而不必有'能'的'架

---

① 本文所引用的《论道》相关引文，出自金岳霖：《金岳霖全集》第二卷，人民出版社 2013 年版。以下均只标明《论道》相关章节。

② 冯契：《金岳霖〈论道〉讲演录》，《冯契文集》第十卷，第 115 页。

子'或'样式'。"（《论道》一·四）所以，"式"就是包举无遗的所有的"可能"。"能"是象"气""质"一样的纯粹质料，其最大的特征是"活""动"。金氏以"能有出入"（《论道》一·一六）命题来表达"能"之活、动的含义，而将不断"出入"视为"能"的基本特性，并由此展开而有了"现实"（reality）。由"能"之出入，世界动起来，其动力当然就是"能"本身。因此，"能有出入"是世界川流不息的根据，也是川流不息的世界的基本原则。"能"本身不能生灭，它一直在"式"中。与"道"一样，"能"与"式"都是"无生灭、无新旧、无加减、无终始"的，即无所谓"存在"（existence），因而都没有时间问题。

由此，金岳霖重新定义了"存在"概念，他说：

> "存在"两字限于具体的个体的东西底存在。（《论道》一·一〇）

就此而言，"存在"只是一"可能"，它包含在"式"中；可以有"能"，而"能"不等于"可能"。个体的东西"存在"，存在的标准之一就是占"时间"，它有终始，有时间，进而言之，"存在"的世界也有终始。"存在"即通常说的"物"，也就是"东西"或"事体"。"物"占时间，有生死。但"物"不是"式""能"或"道"。"道"是时间的本原，反过来则不成立。如冯契所言，《论道》的逻辑顺序是"有→现实→存在"①，"有"不一定"现实"，但"现实"一定"有"；"现实"不一定是"个体""存在"，但"个体""存在"一定是"现实"。

以"道"为根基的"时间"有本有源，按照金岳霖的说法，"时间"乃道演过程中所产生的现象。时间有形式，有内容。从根本上说，时间的形式与内容亦可归结为"式"与"能"，二者最终则可归之为"道"。

"存在"的都是"现实的"。所谓"现实"是"可能之现实"，即"可能"之有"能"。因此，"现实"之"现"不是现在的"现"，而是出现的"现"。"能"出现于一可能，则一可能的可能不仅是可能，而且是"共相"。进一步说：

> 可能成了共相，就表示以那一可能为类，那一类有具体的东西以为表现。（《论道》二·一）

具体的东西表现"共相"，"共相"即为"实"。在金岳霖看来，"可能"为"有"，"共相"为"实"，特殊个体为"存"。可以看出，他对"有""实""存"的界定谨慎而又严格，这与冯友兰有别。"时间"既然为"可能"，为"共相"，则"时间"不仅为"有"，而且为"实"。"实"即"不虚""不空"。由此，金岳霖以逻

---

① 冯契：《金岳霖〈论道〉讲演录》，《冯契文集》第十卷，第127页。

辑的方式肯定了时间之"不空""不虚"。尽管他说的并非思想史问题，但还是以逻辑的方式回应了中国思想史的重要主题——"虚实之辨"。按照这里对"存"的规定，"时间"虽"不空""不虚"，但却不能说时间"存"或"不存"。

"能"是活的、动的，它一直在出入于"可能"，一直在"现实"一些"可能"。"能"老有出入，"时间"作为一"可能"，其在"老有出入"过程中随时"现实"。在此意义上，金岳霖称时间为"老是现实的可能"（《论道》一·一一）。此即是说，"时间"无时不现实。"时间"无时不现实，"终""始"也都是现实的可能，具体地说，"'能'入于一可能是那一可能底现实底始，'能'出于一可能是那一可能底现实底终"（《论道》二·一九）。显而易见，金岳霖一直通过"能有出入""可能""现实"等来界定"始"与"终"等时间的具体形态。对于"先"与"后"，他也从时间上作了类似的规定："现实的可能底现实先于未现实的可能底现实，而未现实的可能底现实后于现实的可能底现实。"（《论道》二·一五）他还主张"式与能无所谓孰先孰后"（《论道》一·一二），并以此回应朱熹以来的有关理事先后问题的争论，即不能从时间上区分式与能、或理与事。将"先"与"后"等日常用语精确化，视为"可能"，其内涵由"可能"之"现实"顺序规定，此说貌似抽象、繁琐，却甚是严密精准，这是金岳霖哲学的特点，也是中国哲学现代化的要求。

二、时间是秩序

按照通常的说法，时间是事物展开的过程。"展开过程"带有空间意味，它可能会表现为向四方延展，甚至可能来回不定地回旋。因此，严格说来"展开过程"并无方向，甚至可以说无条理。金岳霖则从"先""后"视角切入时间问题，"可能底现实底终始有先后"（《论道》二·二〇），"可能的现实底终始底先后有秩序"（《论道》二·二一）。由此他将"时间"与"秩序"问题建立关联，或者说，"时间"由此成为"秩序"的一种表述。

在金岳霖看来，诸多可能的现实都存在先后关系，诸多先后关系由此组成一个连级关系。就其中某一可能的现实说，它在此连级中有一个至当不移的位置，此至当不移的位置就是"秩序"。当然，存在以下状况：两可能开始现实时处于同一位置，但打住现实时不占同一位置；或者在开始现实时不占同一位置，而打住现实时占有同一位置。不管哪种情况，两可能的现实之秩序都是不同的。从可能的现实之历程看，也会存在位置差异，其先后秩序也是不同的。谈秩序才有先后，有秩序之先后，才有根本不根本问题。

与"我们现在这样世界底时间"不同，从"可能"与"现实"讨论的时间属于"本然世界底时间"，金岳霖说：

从经验方面着想，是具体物事底变迁历程中的那有先后关系，所以也有
不回头的方向的秩序。我们要客观地经验它，离不了具体的物事；我们要客
观地而又精微地经验它，离不了度量。（《论道》二·二二）

"我们现在这样世界底时间"是指具体事物的时间，人们可以经验它，也可以测量
它，它也表达"不回头的方向"。金岳霖提出"任何方面底秩序是直线式的秩序"
（《论道》四·一五），他将时间视作"不回头的直线秩序"①，这当然是强调时间
的不可逆性。"本然世界底时间"是"先验的时间"，它不涉及具体事物，不可以
测量，可以说是"理论上的时间"。本然世界有"变"、有"时间"、有"前后"、
有"大小"，其他都难说。它可以而不必是"我们现在这样世界"。"本然世界"
的时间不会不现实，不能不现实。不过，它有个前提，即要有经验。换而言之，
只要有可以经验的世界，将来那些现实的世界哪怕不是现在这样的世界，时间都
不会不现实，不能不现实。

"本然世界"与"道的世界"也不同。"道的世界"是必然现实的世界，"必
然"是逻辑的品格，无论有没有对应于它的经验，它都为真。以往、现在、将来
等时间形态不会改变道必然现实的品格。"本然世界"是说，只要有可以经验的世
界，就得承认有此世界。"承认"与"必然"是两回事，但无论如何，"本然世
界"都是现实了的现实。

整个现实的根本问题，也就是现实的原则即"现实并行不悖"（《论道》三·
一）与"现实并行不费"（《论道》三·二）。前一原则是说，在任何时期，同时
期的现实彼此不悖，后此时期的现实要不悖于此时期及前此时期的现实。由此说，
本然世界有其秩序，能以"理"通，也能以"理"去了解的世界。根据后一原则，
现实不会不具体化，而现实之个体化是具体化之分解化、多数化。

所谓"个体"，一方面它有"体"，此"体"是"具体"之"体"：既有谓词
所能形容或摹状的情形，也有谓词所不能尽或不能达的情形。所谓"个"是指这
个、那个之"个"，即可以与他者区分开来之"殊相"。个体有性质，也有关系。
所谓"性质"即"分别地表现于个体的共相"（《论道》三·一〇），所谓"关系"

① 严格地说，金岳霖所谓"任何方面"，既包括时间的秩序，也包括几何学的秩序，以及
逻辑上的秩序。但他又说："也许有好些秩序，除时间的位置外，是回头的秩序，各方面底关联
也许有回头的秩序"。冯契认为，形式逻辑的秩序可以用"直线式"这一形象化的手段来表示，
罗素、怀特海的数理逻辑系统也是直线式的秩序。但金岳霖还谈到了皮尔斯（Peirce）"沙的秩
序"，所以承认也有"回头的秩序"。冯契进而指出，辩证法也是一种逻辑秩序，这种逻辑秩序
是"螺旋式"的，"螺旋式的秩序既是前进的，同时也是回头的秩序"。"从辩证法的观点、发
展的观点来讲现实的秩序，来讲发展的逻辑，那就是一种用比喻来说的螺旋式前进的无限上升
运动。"所以他不赞同金岳霖四·一五的命题（详见冯契：《金岳霖〈论道〉讲演录》，《冯契文
集》第十卷，第 175—177 页）。

即"联合地表现于一个以上的个体的共相"(《论道》三·一一),"关系"是对于两个或多数个体才能实现的可能。对每个个体来说,不同可能在该个体上轮转现实与继续现实即是其"历史"。不管是轮转现实,还是继续现实,对于个体来说都是"变"。在任何时间,一个体会"变",其他个体也会"变"。个体虽变,其变有常。因为个体虽变,但"可能"不变、"式"不变、"道"也不变。人们据"可能""式""道"就可以对个体的变有经验,有知识。

可以看出,金岳霖以"秩序"规定"时间",由此使"时间"变得容易理解、可以把握,人类的知识因此得以可能。我们不仅有"先后",可以区分"过去的有""现在的有"和未来即"可能的有";而且还可以通过度量的方式知其"大小"。值得注意的是,金氏在此所言现实之"秩序"是"并行不悖"的,这个"秩序"只是本然的、必然的逻辑秩序,即我们通常所说的物理世界的时间秩序,是一种"自然均衡"的秩序。此秩序并无涉于社会秩序与精神秩序,但忽略了这一点,人世间的时间问题也就无法得到正视。另一方面,"对于实在之流、现实洪流的基本原则的完整表述,应该是'现实并行不悖而矛盾发展'"①。"并行不悖"是对运动变化的现实之流的揭示和描绘,但只有从内在矛盾才能揭示运动变化的根源;"并行不悖"是归纳演绎的"秩序",但不能真正把握"个体""具体"之"体"。

三、时间之实质:个体的变动

"秩序"涉及一个以上的个体之间的关系。然而,对于一个体来说,亦有秩序问题。不仅如此,在金岳霖看来,时间之实质就在个体的变动中,"现实的时空就是个体化的时—空"(《论道》五·一)。对于"能"来说,时间无空隙,总是连续的秩序;但是对于个体来说,时间有空隙,时间之流就是"能"之出入于一个个的"可能"。他承认,存在着无个体而仅有"能"的时间或空间。但是个体所能经验的时间—空间是个体化的时间—空间,现实的时间是个体化的时间。时空不离,时间之个体化即空间之个体化。个体化的时空秩序以个体为关系者,因此,此时空秩序不是连续的秩序。

在个体化的时空中,任何时间可以渐次缩小,这缩小之极限,金岳霖称为"时面"(《论道》五·三)。一地方的时间横切所有的地方,任何地方之任何时间就是那时候的整个的空间。在个体化的时空中,任何空间可以渐次缩小,这缩小之极限,他称为"空线"(《论道》五·五)。"时面"是无时间积累的整个的空间,"空线"是无空间积量的整个的时间。在常识中,个体事物有成有坏,个体事物的形式会毁灭。他则指出,个体之形式都是"可能",而"可能"只是静态的空

---

① 冯契:《金岳霖〈论道〉讲演录》,《冯契文集》第十卷,第157页。

架子，它们可以在时间的延续中持存。此说法的确迥异于常识。

在金岳霖看来，"时面"有空而无时，"空线"有时而无空。它们之交叉点为"时点—空点"，既无时间积量，也无空间积量。在有量时间之内，时点—空点是无量的。任何"时面"据而不居，往而不返，任何"空线"居而不据，不往不来，任何"时点—空点"既往而不返又居而不据。故任何"时点—空点"在时空秩序中都有"至当不移的位置"，此即"绝对时—空秩序"。个体化的时空秩序以"绝对时—空秩序"为根据，而"绝对时—空秩序"以"时点—空点"为根据。

显然，以"时点—空点"为根据所推出的"绝对时—空秩序"对于个体具有重要意义：可以精确定位个体，获得其至当不移的位置。但是，时空与某一个体在此视域中似乎是分离的：前者独立存在，并可以安排、确定后者。对此个体是这样，对所有的个体也如此。个体被完全确定，其余的可能也就不复存在。金岳霖似乎也意识到了这个问题，其接下来对"特殊"的讨论在一定程度上即针对于此。

以"绝对时—空秩序"为根基，金岳霖开始讨论"特殊"问题。首先，"特殊"是一现实了的"可能"，即"现实之往则不返或居则不兼的可能"（《论道》五·一四）。此意义上的"特殊"不是指这一那一特殊的东西，后者不过是现实了"特殊"这一可能的个体之物。不管是前者还是后者，"特殊"之为"特殊"就在于在任何一时间内，所有的个体都占据唯一无二的空间，也即"居则不兼"。同时，在任何空间，所有的个体都在时间川流中分别地往而不返。或者说，一时间不能有同地点的两个体，在同一地点，任何一个体不能与其它个体同往返。

以时空位置之特殊来讨论个体之特殊，对于个体来说，这似乎有些外在。金岳霖也试图从"殊相"来理解特殊的个体。他说：

> 个体之所以为个体，不仅因为它是具体的，不仅因为它大都有一套特别的性质与关系，也因为它有它底殊相。而它底殊相不是任何其他个体所有的。殊相底殊就是特殊底殊，它是一个体之所独有，它底现实总是某时某地的事体。（《论道》五·二四）

性质、关系乃个体特殊之内在要素，每一个体都有其独有的性质、关系，这是特殊的重要内涵。不过，他仍然强调，殊相之殊与时空位置之殊不可分。

特殊个体的变动是变更其空间上的位置，其动有过去，有现在。"过去"曾经现实，其绝对时间的位置不会改变，已往是怎样，它就是那样。"现在"亦然：

> 现在或现代是已来而未往的现实。……现在不是空空洞洞的，它不仅是已来而未往，它也是已来而未往的现实。（《论道》五·二六）

就时间说，"已来而未往"是指个体在时间上的位置是固定的，其所经过的历程不能重复地再现。一旦现实，它就不会变更其绝对时间之位置。世界之"实在"，时间之"不虚"，皆可由此说。就个体说，它是具体的，因此是现实的。所以，个体都有其"现在"，都相对于一"现在"，止于一"现在"。"将来的个体"仅仅是可能，它可能现实而不必现实。

个体的变动有共相之关联，有因果，也有殊相之生灭。所谓"因果是个体变动中的共相底关联；生灭是个体变动中殊相底来往"（《论道》六·二一）。就共相之关联说，个体的变动可以为人所理解。就殊相之生灭说，生为殊，灭为殊。没有无殊相的时间，任何时间内总有殊相之生灭。无生灭的既不是个体，也不是特殊，也就无所谓过去、现在、将来等时间形态。所以"道"没有现实与否问题，也没有现在、未来问题。金岳霖说：

> 个体即时间底实质。（《论道》六·二六）

以绝对时间来看待个体，个体被精确定位，由此理解个体成为可能。当他强调个体之"殊"的时候，个体、时间的丰富性被凸显出来，这又超越了理解的范围。在这看似矛盾的表述中，他已然碰触到了理性理解的限度。

金岳霖认为时间与空间均各有其"秩序"，时间上有先后、空间上有左右、前后、上下。这观点与张岱年有相通之处，但张岱年曾引张载之语以区别"秩"与"序"：

> 事物莫不有其位置，众位置共成为秩序。合而言之，谓之秩序；分而言之，秩与序不同。宋张子云："生有先后，所以为天序；小大高下，相并而相形焉，是谓天秩。天之生物也有序，物之既形也有秩"（《正蒙》）。事物之位置，有先有后，有小有大，有高有下。自其先后言之，谓之天序；自其大小高下言之，谓之天秩。①

他又以"天秩"和"天序"论空间与时间：

---

① 张岱年：《事理论》，《张岱年全集》第三卷，河北人民出版社 1996 年版，第 134 页。"秩，积也"（《说文》），"秩"即聚积，包含时间之积，如"已开第七秩，饱食仍安眠"（白居易《思旧》），这里即以十年为一秩。"序，东西墙也"（《说文》），"序"与房屋有关，偏空间性，但也可表达时间之先后，如"与四时合其序"（《易·文言》）。"秩""序"可以互释，如"秩，序也"（《释言》）；也可连用，但并不特指时空，如"贱士行藏拙，参军秩序卑"（杨时：《送虔守楚大夫》）。

指众事物之众位置之相互关系而言，谓之秩序。如舍事物不论，而仅思议其位置，则天秩所有之一切位置之总和，谓之空间。天序所有一切位置之总和，谓之时间。①

"秩""序"言之以"天"，说明是事物自然本有的位置关系，若加以区分，有时间上的先后久暂关系即"天序"、有空间上的大小高下即"天秩"。金岳霖与张岱年都主张时空的客观性，张氏进而强调空时一体，但二者次第不同，空间在先，但也不可以空间代替时间：

空间即是有时间之空间，时间即是有空间之时间，空与时实惟一间，可称为空时统间。

就实际言之，一切位置之总和，乃一整个空时统间。而位置有四次第：一长的次第，二宽的次第，三高的次第，四久的次第。前三次第合为空间，后一次第为时间。故空间时间共为四度。……谓时间为空时统间之第四度则可，如谓空间之第四度则未可。②

相较而言，金氏更注重时间秩序的重要性，关注物有生死，以及道演的历程；同时还以很抽象的方式讨论有空而无时的"时面"和有时而无空的"空线"。所以金岳霖常说"时空"，而张岱年则言"空时"。

四、个体之时间：运与命

将来的个体仅仅是可能，"能"不断出入于此可能，一些可能不断现实。金岳霖将未入而即将入、未出而即将出的阶段称为"几"。"几"有不同情况：从"能"之即出即入于"可能"言为"理几"，从"能"之即出入于个体的殊相而言为"势几"。二者都表达未来而即将要来、未去而即将要去之态。由"几"看，个体的变动没有"决定"的意义，将来不是已经决定的将来。整个现实历程就是"能"之即出即入的历程，必然、固然、当然的理由都不足以解释"为什么会这样"。

"能"之出入历程中，在某个时间，"能"不仅可以出入，而且"会出会入"。金岳霖将"能之会出会入"称为"数"。"会"含有"一定"之意，但不是"必定""必然"。

---

① 张岱年：《事理论》，《张岱年全集》第三卷，第134—135页。
② 同上书，第136页。

> 会入就是未入而不会不入，会出就是未出而不会不出。……这"会"虽不是必然的"必"，而仍有不能或免底意思。（《论道》七·七）

"不能或免"是说时间上的限制，有决定的意思，其根据是"理"。某个体的变动有其"数"是说，某个体的变动无所逃于"数"。但是，其变动究竟在哪个确定的时间发生则不能确定。

金岳霖还用"运""命"二概念表达"几"和"数"。

> 相干于一个体底几对于该个体为运。（《论道》七·六）
> 相干于一个体底数对于该个体为命。（《论道》七·一一）

所有个体的"运"都是"几"，所有个体的"命"都是"数"。个体的变动莫不出于"运"、入于"运"，最终又无所逃于"命"。"命"无可挽回，无所逃，有决定的意味。

一方面个体的变动不为"几"先不为"几"后，莫不出于"运"、入于"运"；另一方面，又无所逃于"数""命"。二者合起来就是现实之如此如彼，也就是金岳霖所说的时间之"时"：

> 几与数谓之时。……它既是时空的时，也是普通所谓时势的时，也是以后所要谈到得于时或失于时的时。最根本的仍是时间的时。（《论道》七·一五）

相较于对静态理解时间的看法——将时间视为空架子以安排事物，金岳霖在此更多强调的是时间的内容，即动态的时间。

> 一时间之所以为该时间就是那些个体底变动，而那些个体底变动之所以为那些个体底变动也就是该时间。每一特殊的时候总有与它相当的，或相应的个体底变动，而一堆个体底变动也总有与它相当的或相应的时间。（《论道》七·一五）

时间之动就是一时间之内个体的动，时间的实质、内容就是此个体的动，也就是该个体之"几"与"数"。时间是"几"与"数"，而"几"与"数"也总是时间、时势。"运"即"几"，"命"即"数"，因此，也可以说，一个体的"运"与"命"即是该个体的时间。

人是万物之一，个人也是个体之一种。对个体及个体变动的论述也适合于作为个体的人。此即是说，时间是衡量、安排个人活动的架构，由此可以看人的秩序。同时，个人的变动构成了人的时间之实质。简而言之，个人的"运"与"命"构成了他的时间。然而，金岳霖对人深深失望，也无兴趣对人的命、运多置一词。

以一贯的严密精确来规定"几""数""运""命"等概念，其价值不仅在"澄清"它们的语义，更在于在现代语境下为这些概念重新赋义。以此为基础，金岳霖从"命""运"来理解与规定个体的"时间"，强调的不再限于时间中"质"的成分——"绵延"（近于"几""运"），而更多的是时间中的"量"，如"趋向"与"界限"（"数""命"）等要素。就对时间的理解说，这个观念无疑与现代科学更具有亲缘性。

五、现实的方向：无极而太极

《论道》始于"道"而归于"道"。"道"是一切的开端与根据，也是一切的终极归宿。它展开为式—能，可能有能而现实。由现实而个体化，由个体的变动而有时空。由时空而规定特殊个体，个体变动有几有数，最终方向是情尽性，用归体。变动之极，势归于理，尽顺绝逆。金岳霖又称这个历程为"无极而太极"。

"无极"是依照既定时间向上推演，推到极限即"无极"。从时间角度看，无极是既往，是在任何时间之前。作为极限之极，无极为未开的混沌，为"无"。此"无"不是绝对的"无"，不是"毫无"的"无"，也不是"空无所有"的"无"，更非逻辑上不可能之"无"，而是能生"有"的"无"。在无极中，老是现实的可能还没有现实，但无极是现实，是不能没有的现实，是未开的现实。无极中有共相的关联即理，但此理未显；无极中有势而势未发。

"无极而太极"的历程中，"能"出出入入于"可能"，个体变动而"理"显发出来。在金岳霖看来，"理"没有例外。但"理"为多，在某一时间究竟哪一个"理"现实，这是无法确定的。由此可说，"理有固然，势无必至"（《论道》八·七）。也就是说，特殊的事体如何发展是一个不定的历程。

就个体说，金岳霖区分了"性"与"情"、"体"与"用"。他说：

> 个体底共相存于一个体者为性，相对于其他个体者为体，个体底殊相存于一个体者为情，相对于其他个体者为用。（《论道》八·八）

个体的变动，总是"情求尽性，用求得体"（《论道》八·九）。这可以看作是个体变动的方向，也可以看作是"势"求归于"理"。在"求"的过程中，有顺有逆，但一个体在任何时间都不会尽其所有的"性"，也不会得其"体"。但此趋势不会打住，变动不会打住，也就是说，时间没有最后，世界没有末日。变动的极限是各性皆尽，各体皆得，势归于理。此无终的极限金岳霖称为"太极"。"太极"

是现实历程的目的、宗旨与归宿，它秩序井然且对人有价值，即"至真、至善、至美、至如"（《论道》八·一六）。"太极"是所有可能都现实，因此是无所不包的现实。其中的将来也都现实，因此，它无变动、无时间。

"无极"现实，"太极"现实，"无极而太极"的历程也现实。在金岳霖看来，"无极而太极"之"而"表达现实之历程，它包括曾经现实、老是现实、正在现实，以及将来现实，这个历程比现实大，比天演大，他称之为"道演"。"无极而太极"就是"道"。由此，作为世界开端与根据的"道"经历种种现实历程，达到价值目标，最终又复归到道一之"道"——合起来说的"道"。作为开端与根据的"道"无终始，无时间，作为无极而太极的"道"也无终始，无时间。时间只是道演过程中暂时出现的现象，或者说，只是在"道"的根基上涌现出来的特定现象，随着道演过程的展开，时间亦会最终消失。尽管金岳霖没有用人格神字眼，但这与某些宗教所说的神创造时间等说法一样神秘而玄虚。当他最后把真善美如等价值加入"太极"（先撇开此价值从何而来问题），又悲观地宣布人类因为"太不纯净"而无法逃脱"被淘汰"的结局——这实际上已经再次把时间与价值剥离，道演过程遂成为冰冷的、无生机的无人之境。这样的体系究竟能给予自己，及读者多少安身立命的养分？这个"冷性的道"又如何能够"动心""养性""怡情"呢？[1]

六、《知识论》中的"时间"

金岳霖的另一本洋洋巨著《知识论》也被喻为中国哲学史上的"一个崭新的里程碑"，[2]建立了第一个系统的知识论体系。冯友兰曾以"道超青牛，论高白马"来评价其《论道》和《知识论》二书。

在《知识论》中，金岳霖先生不再思考时间的根基、形式、内容等形而上的问题，而更注重作为人们理解架构的时间。他首先区分了"本然的时间"与"自然的时间"：

> 本然有洪流，《论道》书中所谓无极而太极，个体底变动，现实底历程，都是表示这本然的洪流的。道无始，道无终，就表示这洪流是没有终始的。我们从本然的洪流说起，因为这洪流一下子就可以表示本然界是有时间的。

---

① 金岳霖一方面说道是"元学底题材"，研究"道"不仅可求理智的了解，亦苟求情感的满足。"道"可以"动我底心，怡我底情，养我底性"，另一方面又说，道和 Logos 一样，有尊严，所以"这篇文章中的道也许是多少带一点冷性的道"（参见金岳霖《论道》，《金岳霖全集》第二卷，第 21、23 页）。

② 参见王中江、安继民：《金岳霖学术思想评传》，北京图书馆出版社 1998 年版，第286 页。

并且不但本然界有时间，而且这洪流本身就是时间。

自然的时空当然是呈现或所与中呈现出来的时空。呈现或所与既是相对于官觉类的特别世界，自然界当然也是相对于官觉类的世界。①

"本然的时间"即《论道》中所言的"时间"，道演历程可谓"本然的洪流"，有洪流就有时间，或者说，洪流本身就是时间。"自然的时间"是在"所与"中呈现出来的时间。二者的差异就在于后者是相对于"官觉类"（如人、猫等）的。"自然的时间"即呈现，以及所与中个体变更的先后与快慢秩序就是时间。

其次，他又区分了"个体的时间"与"非个体的时间"。"本然的时间"有具有相对性的"个体的时间"，也有具有绝对性的"非个体的时间"②。"自然的时间"也可以分为主观感觉中的"个体的时间"与共同的、客观的"非个体的时间"，前者比如"度日如年"之时间，后者即可以用个体即地点或特殊事物去表示的时间；前者是直接呈现出来的，后者是间接显示出来的。单纯的个体的时间不能满足我们理论上的要求，因为"没有共同的时间，许多的话也就跟着没有意义了"，客观的非个体的时间是知识成立的重要条件。

金岳霖更以长江为喻，区分了"川流的时间"和"架子的时间"。"川流的时间"是动态的，时间"川流不停"，不重复，并且"永不回头"，如同长江之水自西向东永不停留，这里他强调了"时间有方向，并且这方向是由已往到将来"，亦即《论道》所谓"不回头的直线秩序"。"川流"之喻还特别声明"时间是有内容的时间，并且是与内容分不开的时间"，时间的内容就是《论道》中的"几与数"。"川流的时间"稍纵即逝，给人一种不可把握的意味。因而我们需要一个"可以应付川流的时间底工具"，这就是"架子的时间"。我们可以利用这个静的架子，比如年日月等时间单位把动的川流隔成静的阶段，并引用数目以显现出时间的秩序性，从而能够理解难以捉摸和左右的"川流的时间"。个体的时间就是川流的时间，非个体的时间就是架子的时间。

当然，时空一体，所以个体有"川流的时间"，也有"居据的空间"。时间架子的内容是"川流"，空间架子的内容是"居据"。时间架子是一维无方向的直线，空间架子是三维立体坐标系。金岳霖说：

川流在架子中是那样，就只能是那样，居据在架子中可以改变。居据在

① 金岳霖：《知识论》，《金岳霖全集》第三卷（上），第575—573、583页。
② "我们以下所说的也许不足以建立非个体的时空，即令如此，非个体的时空底建立有待于高明之士而已，它底实在似乎仍不成问题。"（金岳霖：《知识论》，《金岳霖全集》第三卷（上），第574页）

架子中的改变就是动。①

川流的时间按照先后关系被置于"架子的时间"中,"居据的空间"就是它在空间坐标系中的具体位置。但事体或所与的时间是不能更改的,而东西或所与的居据在坐标系中可以改变。川流是稍纵即逝的,居据是可以变动的,但时空架子总是静止的。川流无始无终,"两头无量",即使人类被川流淘汰了,川流仍自若;《论道》中曾论及"时面",川流无时面,无论如何分割仍是有量的;时间架子则不同,无量地日取其半的结果即时面,时间架子是有极限的、静的连续。

　　康德的时空观是牛顿时代的产物,但金岳霖自觉理解了爱因斯坦的时空观,并试图解决牛顿与爱因斯坦的矛盾。②康德将时空作为知识可能性的首要条件,金岳霖将时空视作"接受方式",他在"时空、关系、性质、东西、事体等""接受大纲"中首先分析了时空。康德把时空作为先天感性形式,并利用时空来整理感性材料,以供给知性范畴,二者结合,形成知识。金岳霖讨论"时间意念",但他强调"时间意念"不是先天的,它们是"积极接受所与"的模型。时间意念包含时间单位、时间度量和时间秩序等一系列意念。具体而言,时间意念抽象地摹状时间,就是在时间川流中找到时间架子。比如,以日、月等时间单位作为时间的架子,形成时间意念,并用这样的架子来呈现时间。有了时间架子,也就有了先后秩序。由此,人们可以以时间架子还治时间,以及所有的变动。时间、变动经过时间架子的收容、整理,有了秩序,就可以被理解。"时间意念"是主观的,但其内容和形式都有"根据",具有普遍的客观性。可以看出,尽管角度与《论道》有差异,但注重时间之秩序义,《知识论》与《论道》乃是一贯的。

　　"自然的时间"在所与中呈现出来,它是"川流",有内容(即"几"与"数"),同时又是"架子"。前者动,似乎不可捉摸;后者静,可以用来捉摸川流的时间。更重要的是,《论道》中未曾出场的官觉类已经在"自然"中现身。但有

①　金岳霖:《知识论》,《金岳霖全集》第三卷(上),第594页。

②　如《论道》中金岳霖曾用过所谓"相对的时空"与"绝对的时空",《知识论》中认为"这名词也许发生误会",故改为"个体的时间"和"非个体的时间",这是受爱因斯坦时空观影响,强调时空与"个体"的关系,从而与牛顿的绝对时空观划清界限。其实在《论道》中,金氏曾说:"在任何时间,本然世界底容量即那时间的空间"(《论道》(三·一七))。他自己解释道,"本条所以要说'任何时间'者,就是表示本然世界也变"。本然世界若变,其容量自然也变,那么空间也会随之变大或变小。"任何时间"的另一意义是"间接地表示空间就是现实历程底容量",即将时间与空间连接起来,共同构成现实的时—空。这些都可视作爱因斯坦相对论的哲学注脚。他反对流行的把个体主观时间感受的差异等同于时间相对性的论调,"中国人从前有这样的话'山中方七日,世上几千年。'……这里所谈的七日和几千年都不是主观感觉中的时间,而是表示时间底相对。"他也借用爱因斯坦的钟慢原理来声明这里存在着两套"没有共同的绵延"的不相等的时间(金岳霖:《知识论》,《金岳霖全集》第三卷(上),第582页)。

了官觉类,也就在"客观的时间"之外增添了"主观的时间"。也因为有了官觉类,"时间意念"对于不同官觉者可以呈现不同的"意味",也就是说,不能不考虑时间对人的"意味",比如"愁人知夜长"。注入了"意味","时间"也逐渐有了一丝暖意与人情味。当然,无论有无官觉类,本然界之"无极而太极"的道演历程不变,"本然的时间"是"自然的时间"的根据。虽然金岳霖试图区分"元学的态度"和"知识论的态度",但他认为玄学是"统摄全部哲学的",我们在《知识论》中还是可以看出其时间之思中"道"的本源性意义。

第二节 冯友兰:"理"与"时间"

"共相"与"殊相"的关系被冯友兰(1895—1990)视作哲学的重要问题,亦是其思考"时间"的特殊视角。"新理学"以"理"为"共相",主张"共相"是超时间的,只有"殊相"在时间中;以此为基,他辨析了"逻辑在先"和"时间在先",并据此考察了宋儒"理先气后""理在事先"等命题。进而,他强调不能离"事"论"时间",指出时间之"共相"即事与事之间"在先""在后""同时"等类关系之"共类"。就时间之流逝而言,他以"鬼""神"论过去与将来,认为历史是"无极而太极"、渐趋合"理"的发展过程。冯友兰关注"共相"与"殊相"的关系问题并非只是理论兴趣,其时间之思不仅重"理"重中西文化之"共相",更关注中国之"事"、中国之"殊相"。他努力理解中国之"时间"、以"贞下起元"纪时,思考中国的"鬼神之际"即"现在",探索中国的现代化之路,回答东西古今之争的时代问题。冯友兰试图在"别共殊"的视角中探讨"中国时间",既有哲学的思辨性、超越性,又兼具强烈的现实性、时代感。

一、"共相"与"殊相"

冯友兰晚年以"三史释今古,六书纪贞元"概括其毕生学问。"今古""贞元"均是与"时间"观念密切相关的名词。无论是重释哲学史、还是建构哲学体系,冯氏始终将"共相"(universal)与"殊相"(particular)的关系视作哲学的重要问题。以"别共殊"为基本视角,探讨中国时间,是其时间之思的重要内容和特征。

"共相"与"殊相"是贯穿西方哲学史的重要问题,其源头可以上溯至柏拉图的理念论。罗素曾指出柏拉图理念学说"标志着哲学上一个非常重要的进步,因为它是强调共相这一问题的最早的理论,从此之后共相问题便以各种不同的形式一直流传到今天。"①冯友兰留学美国时，接触了在继承中世纪实在论的基础上发展起来的"柏拉图式的新实在论"，颇为服膺当时新实在论的代表蒙塔古（W. P. Montague，冯氏译作孟特叩）的思想。②后来他也以此为哲学的重要问题和基本视角反观中国传统哲学。他认为，程朱理学"近于现代之新实在论"，其中"所以然""形而上"的"理"，就是西方哲学中的"共相"；程朱虽然没有用"共相""殊相"这一类的名词，但他们有关"理气""理事"关系的讨论，要解决的"问题是一个真正的哲学问题。那就是'共相'和'殊相'，一般和特殊的关系的问题。"③20世纪三四十年代，标志其"新理学"体系的"贞元六书"陆续完成④，他说：

> "新理学"的自然观的主要内容，是共相和殊相的关系的问题。共相就是一般，殊相就是特殊或个别。这二者之间，是怎样区别，又怎样联系呢？……这个问题的讨论，是程、朱理学的主要内容。"新理学"所要"接着讲"的，也就是关于这个问题的讨论。⑤

"新理学"就是要以"讲理"即更逻辑的方式阐释作为"共相"的"理"，及其与"殊相"即"事"的关系，他还指出：

> 在30、40年代，关于共相的讨论是中国哲学界都感到有兴趣的问题，特别是共相存在的问题。⑥

---

① ［英］罗素：《西方哲学史》（上卷），第181页。

② 冯友兰说，20世纪三四十年代，"实用主义和新实在论是当时中国比较流行的西方哲学思想。我在哥伦比亚大学研究院的时候，在这个大学中恰好也有这个学派。杜威在那里讲实用主义，还有两位助教讲新实在论。因此这两派我比较熟悉。在我的哲学思想中，先是实用主义占优势，后来新实在论占优势。……柏拉图式的新实在论"（参见冯友兰：《三松堂自序》，《三松堂全集》第一卷，第179页）。冯友兰曾于1927年将论文《孟特叩论共相》翻译为中文引进国内，发表于《哲学评论》第一卷第五期。这也是冯氏为数不多的译作之一。

③ 冯友兰：《三松堂自序》，《三松堂全集》第一卷，第213页。冯氏在第一部哲学史即两卷本《中国哲学史》中就开始以"共相"与"殊相"概念分析公孙龙、程朱哲学，此后一直延续着此观点。

④ "新理学"作为冯友兰独创的哲学体系，主要指他在抗日战争期间，陆续写成的六本小书，即：《新理学》《新事论》《新世训》《新原人》《新原道》和《新知言》，他将此六书合为一体，名曰"《贞元六书》"，其中最先完成的《新理学》一书主要讨论自然观，亦是"新理学"哲学体系的总纲。冯友兰将宋明新儒学称为"道学"，他以程颢、程颐兄弟为"道学"的创始人，同时也分别是宋明道学中以陆、王为代表的"心学"和以（小）程、朱为代表的"理学"和两大派的先驱。所以冯氏所说的宋明理学主要指程颐、朱熹的哲学。

⑤ 冯友兰：《三松堂自序》，《三松堂全集》第一卷，第211页。

⑥ 冯友兰：《中国哲学史新编》（第七册），《三松堂全集》第十卷，第609页。

冯氏在 30 年代初曾著《新对话》四篇，反映了时人在共相、理之存在等问题论争。值得注意的是，哲学家们对此问题情有独钟，并非只是单纯的理论兴趣。就"时间"而言，他们的思考更是为了在古今中西之争中为中国定"时"、探索中国之"现在"和"将来"；换而言之，即以某种哲学的方式理解中国的现代性。

二、"共相"之"永恒"与"道中庸"

冯友兰认为，以孟特叩为代表的美国新实在论是从本体论的地位来讨论"共相"，其有四条重要结论：

> （一）每一特殊的物或事，皆有共相以为其性质；此共相先于特殊的物或事而独立暗存（subsist）。（二）共相虽独立暗存但并不于时空中与殊相并肩存在。（三）这也并不是说共相只是人心中之思想。（四）共相复合之自身，不足以构成存在的物。①

在此，"时间"和"空间"被引入了有关共相与殊相关系的讨论，冯氏基本承续了这些观点，他将其"新理学"体系概括为四个"空底""形式底"观念，并分析了这些观念与"时间"的关系：

第一，"理"是"超时间"的。他指出，朱子说"道之常存"是"亘古亘今"是不合适的：

> 古今是关于时间之观念，而理是超时间底。在时间者，可有时存，有时不存，或无时不存。但理既非有时存，有时不存，亦非无时不存。它之有是不能用关于时间之观念说底。②

"理"即"某种事物之所以为某种事物者"。共相不在时间中，"理"是永"存"、永"有"。

第二，"气"亦不在时间中。"有理必有气"，"气"即存在实现其理的料，"所谓气，有相对底意义，有绝对底意义。就其相对底意义说，气亦可是一种事物"③。他区分了两种"料"，"绝对底料"即"真元之气"，亦即朱子所谓"理无气则无挂

---

① ［美］孟特叩（W. P. Montague）:《孟特叩论共相》，冯友兰译，《三松堂全集》第十四卷，第 914 页。不过，冯友兰在"新理学"体系中几乎未用"本体"一词，只在引用和讨论阳明时出现过"本体"，如阳明以良知为"明德之本体"，但此意与近现代哲学中的"本体"相去甚远。

② 冯友兰:《新理学》，《三松堂全集》第四卷，第 52 页。

③ 同上书，第 50 页。

搭处"之"气";"相对底料"是"普通的气"。他认为旧理学论气常落入后者,但在"时间"中的只是作为"殊相"存在的"普通的气","真元之气"不在时间中。

第三,"道体"是"无始无终的"。"实际底世界"是依照理、依据气而展开的"无极而太极"的过程,"道体"之流行,是"未济"、是无限。不过他特别指出,"始终"亦是关于时间之观念,用于"道体"并不严谨。

第四,"大全"是"永有者"。"新理学"辨别"真际"与"实际":"实际"之存在是殊相,皆有成盛衰毁的变化,因而在时间中,皆非"永有";但一切存在都是"真际"之流行,"真际"是对"实际"、对时间的超越,"大全"是将"真际"作一整个而思之,是"永有"的。

总之,这四个"空底""形式底"观念,都不是在时空中的"物",因而都是超越时间的"永在"①。

不在时间中的"共相",亦即"真际"或"理"的世界是"一片空灵"的,但这并不意味着"真际"和"实际"、"共相"和"殊相"是互不相干的。与金岳霖一样,冯友兰也将将时空与"个体"联系起来,他说,"物就是在时空中占地位底个体"②。"个体"的确立,"人"之为"个体"的自觉,这是20世纪中国哲学之要事。但个体总是有限的,"人"这种特殊的"个体"是否可能以及如何超越生命的有限性?他说:

> 对于真际之理智底了解,可以作为讲"人道"之根据。对于真际之同情底了解,可以作为入"圣域"之门路。③

冯友兰指出,中国哲学的思想主流和传统是"极高明而道中庸",即求一种最高的,但又不离乎人伦日用底境界,换而言之,就是"即世间而出世间"。他将"新理学"视作自觉承续此传统的"新道统",不仅要"道中庸"还力图更加"极高明"。在《新原人》中,他以"觉解"论人与人生,指出个体若能通过哲学的反思觉解"大全"并自托于"大全",然后"以诚敬存之",就能进入乃至常住"天

---

① 冯友兰在《新理学》中只提到一次"永恒",即论及坐禅入定之人,"若能完全无感觉或思虑,大概可得一英文所谓'一特尼特'之感觉。'一特尼特'即是无时间,普通译此为永恒"(参见冯友兰:《新理学》,《三松堂全集》第四卷,第53页)。有关"理"的永恒性,冯友兰在《新原人》中论述得更为明确。他说:"人对于宇宙人生有进一步底觉解时,他可知宇宙间底事物,虽都是个体底,暂时底,但都多少依照永恒底理。""理是永恒底,在天地境界中底人觉解一切事物,都不只是事物,而是永恒底理的例证。这些例证,是有生灭的,是无常底。但其所为例证底理,则是永恒底,是超时间底。对于理无所谓过去,亦无所谓现在。"(参见冯友兰:《新原人》,《三松堂全集》第四卷,第561、623页)
② 冯友兰:《新原道》,《三松堂全集》第五卷,第42页。
③ 冯友兰:《新理学》,《三松堂全集》第四卷,第13页。

地境界",成为充分发展"真我"的"圣人",实现对于经验,以及对于时空中有限之"我"的超越:"于其能觉时,亦自觉其是永有",即实现个体生命之永恒。

因而,在"新理学"体系中,首先,"永恒"并非死后或来生之不朽,而就在个体有限的人生中,因其有"觉解"而能在精神上超越身体的制约,超越生死的限度;其次,"永恒"亦并非在隔绝现实的宗教生活中,而只是在此世间、在日常生活中,但因有"觉解"而能在精神上不受才与命等实际限度的束缚;第三,"宇宙是静底道;道是动底宇宙","永恒"并非空寂,而是"流行""日新"。在西方,"共相"的基本取向是静止不变的;而冯友兰承续了《周易》"穷则变,变则通,通则久"的思想,指出"共相"之永恒是在"变通"中实现的,宇宙是生生不息的"动",个体之"觉解"即穷神知化,进至"天地境界"之圣人,能与天地参,赞天地之化育,事天乐天,与天地同流。因此,"新理学"所论之"永恒",不仅有别于佛老之耽空溺寂,也与西方传统不同。"极高明"的共相是"永恒"的,但又不离"殊相"即个体有觉解的庸言庸行之中,超时间实现于不离日常生活的时间之中。这样,个体存在于时间之中,亦可超越时间,其关键即在人是有"觉解"的存在。"觉解"程度决定了个体的"境界","境界"不同,时间经验亦有别。尽管冯友兰、贺麟、唐君毅等的境界论各具风采,但就"境界"而论时间经验、在个体"境界"的提升中实现"永恒"的观点却殊途同归。

三、"共相"之"在先"与"极高明"

按照新实在论,"共相"不仅"不于时空中与殊相并肩存在",而且"先于特殊的物或事而独立暗存"。如何理解此"先于"?冯友兰区分了"逻辑在先"和"时间在先",并以此为据,尝试厘清旧理学在"理—气"或"理—事"关系中的矛盾。

朱熹既讲理气不可分,也论理先气后。[①]对此,冯友兰说:

---

① 《朱子语类》中多处记载朱熹讨论"理"之"先"。冯友兰认为,一方面,朱熹从逻辑上以形式化的方式讲理气的内涵、将理气视作"共相","理"是一类事物之"所以然";另一方面,有时又将"理"视作伦理的"所当然",甚至将"所以然"与"所当然"合而为一,并将"所以然"归结为后者,"盖朱子之兴趣,为伦理的,而非逻辑的"(冯友兰:《中国哲学史》(下),《三松堂全集》第三卷,第347页)。"气"的概念更是含糊不清,"程朱所谓气,亦不似一完全逻辑底观念。如程朱常说及清气、浊气等。照我们的看法,气之有清浊可说者,即不是气,而是气之依照清之理或浊之理者"(冯友兰:《新理学》,《三松堂全集》第四卷,第45页)。归根结底,还是因为"没有直接受过名家的洗礼",缺乏逻辑的兴趣和方法。这正是冯友兰"新理学"要极力克服的。陈来认为,朱熹对理气先后问题的看法经历了多次变化。朱熹早年不讲理气先后,后来主张理在气先,但又逐渐意识到理在气先的观点与二程的"动静无端、阴阳无始"的观点相冲突,晚年则主张理虽然不是在时间上先于气,但仍然"在某种意义上"先于气(参见陈来:《朱子哲学研究》,华东师范大学出版社2000年版,第97页)。

就朱子之系统言，一理必在其个体事例之先，盖若无此理，即不必有此个体事例也。至于理与普通的气为有之先后，则须自两方面言之：盖依事实言，则有理即有气，所谓"动静无端，阴阳无始"；若就逻辑言，则"须说先有是理"。盖理为超时空而不变者，气则为在时空而变化者。就此点言，必"须说先有是理"。①

但就"新理学"而言，"理""气"都不在时间中，因而无所谓时间上的先后关系。所以"依事实言"，任何实际存在即"殊相"都必须依照"理"且依据"气"，因而理气不可分，无所谓时间先后之别；而"就逻辑言"，又必须确认"共相"即"超时空"的"理"先于"殊相"即"在时空而变化"的"气"，新实在论所谓共相之"先于"即"就逻辑言"。

晚年，冯友兰明确提出了"逻辑的在先"的概念：

逻辑的在先，它不是时间的在先，它与时间的先后毫无关系。……用这种哲学方法讲宇宙，那叫本体论，用时间先后的讲法讲宇宙，那就叫宇宙发生论或宇宙形成论。它不是科学，但类似科学，因为它所用的方法也就是科学所用的方法。②

冯友兰认为，朱子未区分两种气，也未辨析本体论和宇宙形成论。宇宙形成论欲讨论天地之起源，回答一切具体的事物是怎样生出来的，这里就有了时间上的先后问题，但"种子"及其所生之物之间是"殊相"关系就本体论而言，"共相"是殊相的根本、"共相"比"殊相"更重要，此为"逻辑的在先"，"理先气后"，即以理为本为重、以气为末轻。从时间上说，"理先气后"实为"一不通底问题"。

朱子又说："是有天下公共之理，未有一物所具之理。"（《朱子语类》卷九十四）他认为前者"在先"于后者。冯友兰通过分析名词内涵的方法，指出这两者是高低类的蕴含关系，换而言之，"天下公共之理"是在逻辑上比"一物所具之理""在先"，"理"无时间性。

"理事之辨"是旧理学的重要主题，也是 20 世纪三四十年代哲学争论焦点。冯友兰坚持"理在事先"。比如对于经常要躲避敌机轰炸的师生来说，"飞机之理"和具体的飞机之先后问题成为一个现实中的哲学问题。他主张"飞机之理"在先，即是强调"飞机之理"作为"共相"，在逻辑上先于作为"殊相"而实际存在的飞机，任何一架飞机，都必须依照飞机之理才可能成为实际存在的飞机。"某种事

---

① 冯友兰：《中国哲学史》（下），《三松堂全集》第三卷，第330页。
② 冯友兰：《三松堂自序》，《三松堂全集》第一卷，第245页。

物之所以为某种事物者，在逻辑上先某种事物而有"或"理世界在逻辑上先于实际底世界。"①可见，他反复申明，必须在逻辑上确认"共相""理"对"殊相"即具体事物的"在先"，"理在事先"强调的仍是以"理"为本、为重。②

在《新对话》（三）中，冯友兰通过公孙龙、朱熹和戴震的灵魂在无何有之乡的一场对话，讨论了理与时空、个体的问题。在朱熹和戴震的一番短兵相接的交锋之后，公孙龙出场了：

> 现在我先问元晦先生：你说理超时空，离个体而有。它的超时空，是超一切时空呢，是超任何时空呢？它的离个体是离一切个体呢？是离任何个体？我再问东原先生：你也承认有理，不过你说理在时空，不离个体。它的在时空，是在任何时空呢？是在一切时空？它的不离个体，是不离任何个体呢？是不离一切个体？③

这里，公孙龙主张要先区分"一切"与"任何"，才能使辩论不至于"游骑无归"，他最后总结道：

> 元晦先生说理之有是超时空，离个体，是不错的。不过应该说明理之有是超任何时空，离任何个体，而不是超一切时空，离一切个体。东原先生说理之有是在时空，不离个体，也是不错的。不过应该说，理之有是在一切时空，不离一切个体，而不是在任何时空，不离任何个体。④

这里对话的三个故人分别代表了金岳霖、冯友兰和张荫麟。金岳霖假托公孙龙之口，评价了朱熹（即冯友兰）把"理"视作超时空、离个体而有的观点、以及戴震（即张荫麟）理在时空、不离个体的立场，并指出了自己的主张：即"理"之有是"超任何时空，离任何个体"；同时又"在一切时空，不离一切个体"，换而言之，共相超越于（transcendent）个体，又内在（immanent）于个体。

晚年冯友兰在《中国哲学史新编》中评说金岳霖：

---

① 冯友兰：《新原道》，《三松堂全集》第五卷，第128、129页。

② "程朱理学和'新理学'，都是主张'理在事先'和'理在事上'。这就是说，在时间上说，理先于具体事物而有；就重要性说，理比具体事物更根本。"（冯友兰：《三松堂自序》，《三松堂全集》第一卷，第213页）从逻辑和时间的双重在先论'理在事先'的说法颇为令人迷惑。综观其著作，无论是对朱子哲学的讨论、还是"新理学"体系自身，对理先于事的时间意义均未言及。

③ 冯友兰：《新对话》（三），《三松堂全集》第五卷，第260页。此组《新对话》共四篇，写于1932—1935年，收在《南渡集》中。

④ 冯友兰：《新对话》（三），《三松堂全集》第五卷，第263页。

> 金岳霖……指出：共相是现实的，现实必然个体化，而共相又不是一个一个的个体。一个一个的个体是殊相，殊相必然在时间空间中占有一定的位置。共相不是殊相，不在时间空间中占有一定的位置，它超越殊相和时空。就这一方面说，它是 Transcendent。但共相又不能完全脱离殊相，如果完全脱离，那就是一个可能，而不是现实了。就这方面说，共相又是 Immanent，这种情况就是所谓"一般寓于特殊之中"。经过这样的分析，不但当时争论的问题得到了解决，理学中关于"理在事上""理在事中"的争论也成为多余的了。①

冯氏最终承认：唯一正确的观点是"理在事中"，共相寓于殊相之中，早年金岳霖"理""超任何时空"又"在一切时空"的观点是准确的。

当时还有一个更自觉地主张"理在事中"的哲学家，即张岱年。他吸纳了怀特海、罗素的"事"论，并在唯物论的基础上讨论"共相"。他认为对实有进行解析，至于无可再析，便见一切皆"事"；事事相续而有一性通贯于其中而无间断，则成为"物"；"理"为事事相续中之恒常，亦为多事同有之共通，亦称"常相"或"共相"。张岱年立足于对这些概念的辨析来批评冯友兰的"新理学"，他指出，理在事先、以理为本必然导致世界的二分：

> 实有之一切皆是事，而事中有理。
> 在事实上，吾人仅可云理超越某一特殊的空时位置，而不可言理超越这个空间时间。整个空间时间之域，即这个实有之域，是不可超越的。
> 如以理为发端，则终于理而已矣，而无从达事。……是故崇理之论必不免于二本。②

张岱年的批评切中肯綮。新实在论认为共相是"独立暗存"的，冯友兰认为有"真而无实"的"纯真际"，共相或理的数目可以大于实际的事物，这样就必不可免地陷入了共相与殊相、真际与实际、理与事的不对称，并由此把"理"视作在"事"之上、之先的存在。

冯友兰晚年评定"新理学"，他说：

---

① 冯友兰：《中国哲学史新编》（第七册），《三松堂全集》第十卷，第 609 页。
② 张岱年：《事理论》，《张岱年全集》第三卷，第 128、197、199—200 页。其实，张岱年于 20 世纪三四十年代，写成五十万字的《中国哲学大纲》，以及《哲学思维论》《知实论》《事理论》《品德论》和《天人简论》等书稿（即《天人五论》）。张岱年以哲学为"天人之学"，《天人五论》之旨即在建构"天人之学"的哲学体系，他晚年说"我一生信持辩证唯物主义"，这也是其哲学的基本特征。

> "新理学"作为一个哲学体系，其根本失误，在于没有分别清楚"有"与"存在"的区别。……冯友兰赞成"不存在而有"的提法，另一方面也用所谓"潜存"的说法，这就是认为共相是"不存在而有"，同时又承认"有"也是一种存在。这是新理学的一个大矛盾。①

只有"殊相"才"存在"，"共相"只是逻辑的"有"，"共相"之"有"毕竟不能与"殊相"即现实的实际事物之存在相提并论，"共相"之"有"也不在时空中。在理事关系问题上，冯友兰一方面强调要从实际的事物而知实际，由实际而知真际，这个思路与亚里士多德更相应；但另一方面，他又主张从抽象的、超验的理世界出发来解释具体的、实际的世界，这又更近于柏拉图的理念论。

罗素认为亚里士多德的共相论虽然是柏拉图理念论上的"一个进步"，但其本身又是"不清楚"的，其困难即在"柏拉图和常识感是很不容易掺合在一起的"②。冯友兰对亚里士多德和朱子有把两橛世界合为一体的倾向也颇为赞赏。③朱子"月印万川"之喻确实有"理在事中"之意，但他又强调形上与形下、道与器、理与气、物、事等"分际甚明，不可乱也"，此时"理"又被高高挂起且与具体事物相分离了。同样，冯友兰特别凸显"共相"的重要性，宣称"理世界""真际"是经虚涉旷、一片空灵的，所以虽然他以"极高明而道中庸"自望，但超越于"实际"的"理""共相"是"高明"的，却很难"中庸"了，难免落入"二本"。

事实上，两种"在先"之论在西方哲学中由来已久，冯友兰的援引和阐释在中国也引起了较多的关注和争议，尽管学界的回应褒贬不一、含义有别，但就否定以"时间在先"论理气、理事关系而言，却同出一辙，而学术争论无疑是有利于将问题引向更深入更严谨的重要方式。④就冯氏而言，强调"理"就是"事物存

---

① 冯友兰：《中国哲学史新编》（第七册），《三松堂全集》第十卷，第 632 页。

② 罗素：《西方哲学史》（上卷），第 228—231 页。

③ 冯友兰说亚里士多德和柏拉图不同，后者那里理念的世界与具体的世界是"真本"与"复制品"的关系，是"两橛"；而前者"把这两橛合为一体"，并认为朱熹与亚氏"暗合"。（冯友兰：《中国哲学史新编》（第五册），《三松堂全集》第十卷，第 157—158 页）

④ 比如张岱年、陈荣捷在一定程度上赞同冯友兰的观点，但又有推进；张东荪、熊十力、牟宗三等则持反对意见。唐君毅曾分析了所谓"先后"的五种含义：一为客观存在之时间上之先后，二为主观心理去认识客观所对之自然次序之先后，三为真正之知识论上之先后，四为逻辑上之先后之义，五为形上学之先后，他还指出"不能以时间上之先后、心理认上之先后、知识论之先后、逻辑上之先后释朱子所谓理先气后，则唯有就朱子本人之言与意所谓形上之先以释理之先所谓形上之先者，以今语释之，在宇宙根本真实之意义上，理为超乎形以上之最根本之真实，而则根据理之真实性而有其形以内之真实性者……形上之先后义不仅与逻辑上之先后义迥别，而由逻辑先后之分析亦决不足以成就此形上学中之后义。"他以"形上之先"解说"理之先"，并且强调形上之先后与逻辑上之先后含义迥别。（详见唐君毅：《中国哲学原论·原道篇》，《唐君毅全集》第二十一卷，九州出版社 2016 年版，第 372 页）

在可能性之条件"，是一个先在的逻辑概念。他区分了"逻辑的在先"和"时间的在先"，主张从"逻辑的在先"理解共相与殊相之关系、理解理先气后、理在事先；他将时空限定于殊相即实际的事物，主张只有在讨论殊相之间的关系时，才可以用表示时间的观念加以描述，才会涉及"时间的在先"。他还区分了哲学和科学的方法、本体论和宇宙形成论。这些辨析确实为澄清旧理学某些含糊的说法做出了有益的努力。但"'新理学'显然是把认识的论述变成了存在的论述，这就容易把逻辑上的语法上在先的当做存在上在先的、独立的。"①由于把认识问题混同于存在问题，冯友兰的努力并不彻底。

四、"时间"之"共相"与"殊相"

冯友兰敏锐地发现旧理学在"时间"问题上的缺位：

> 旧理学之讲理，对于理与时空有无关系之问题未有讨论。盖旧日中国哲学，未尝离事物而分别看时空，因亦未将时空单独作讨论之对象。旧理学未看出理系超时空者，所以他们说理常用关于时间之观念。②

他认为旧理学未能真正意识到把"时空"作为独立观念而思之的重要性，并因此在理—气、理—事关系上陷入了时间性的困顿。"新理学"则自觉反思各种西方时空观念，并结合中国传统尤其是《周易》，讨论了时空之"共相"与"殊相"。

按照"新理学"体系"有物必有则"的命题，有时空则必有时空之"理"、时空之"共相"。在《新理学》中，冯友兰首先总结并评析了两种对时空性质的不同理解。第一种观点是"有人以为若将时间空间中所有之事物抽去，仍有空底时间，空底空间"。这种将时空视作"空无所有底空场"的观点又包括"客观"和"主观"两类，前者认为时空是"外界所实有"的，后者则主张时空是人心中必有的"知识之一种形式"；前者的典型代表是牛顿，后者为康德。冯氏认为，牛顿、康德的时空观虽有内外主客之别，但都以为有"空无所有"之空间或时间，这个"空的空间"或"空的时间"只是某种具体的空间或时间，因而都是时空之"殊相"。第二种观点是"有人以为有所谓真时间。此真时间不是钟表所计之时间，而是我们所能感觉之绵延"。显然，这是影响甚远的柏格森的时间观。但冯氏指出，"绵延"即我们心中各种感觉或思虑之联续，是一种依赖于心的"事"之联续，依旧未能超越实际，因而还是时间之"殊相"。因而以上两种观点的共同特征是将时

① 陈来：《现代中国哲学的追寻——新理学与新心学》，生活·读书·新知三联书店2010年版，第271—272页。
② 冯友兰：《新理学》，《三松堂全集》第四卷，第51—52页。

空视作"两个实际底物",但这并非时空之"理"或"共相"。

何为时空之"共相"或时空之"理"？冯友兰也作出了明确的回答：

> 时间空间是两种关系之类，……物与物之间，可有在上、在下、并排等类关系。此等类关系之共类，即是空间。事与事之间，可有在先、在后、同时等类关系。此等类关系之共类，即是时间。……在上、在下、并排等类关系俱有空间性，所以俱属于空间关系之共类。在先、在后、同时等类关系俱有时间性，所以俱属于时间关系之共类。①

首先，"关系"往往呈现于两者或以上的"事"或"物"之间，冯友兰以"关系"论时空，从而有别于各种将时空视作某种"实际底物"的观点。

其次，"关系"说侧重于运动中"事"之次序或"物"之位置的变化，但时间并非运动本身，而是确立不同"事"或"物"在变化中的关系。亚里士多德曾把时间看成是"可以计数的运动"，冯友兰则指出道体即大化流行的"日新"，并分别从"类""理""宇宙""个体"四种观点，区分了"循环底""进退底""损益底""变通底"等四种"道体之日新"②，时间的流逝不仅体现为"量"的变化（"损益底"），还有"永远相续"或"不死"的"仿本"（"循环底"）、趋向或有违"理"（"进退底"）以及是否有根本性质的变化（"变通底"）等各种情况。可见他注意到"时间"的复杂性，突破了仅以量化或线性等方式处理时间的成见。

再次，具体的事与事之间有着先后、同时等实际关系，这是"时间"之"殊相"；但"在先"有"在先之理"，在后、同时等其他关系亦有相应的关系之理；这些"在先""在后""同时"等"关系之理"，就是新理学所谓的"时间性"，亦即"时间"之所以然、"共相"。"空间"亦然。具体的"事"或"物"之间的关系是殊相，一切殊相之间都可表述为某种时空关系，但即使没有任何实际的"事"与"物"之关系的存在，这种时间性或空间性的"关系之理"也是"逻辑在先"地独立暗存的，而实际事物的时空的实现必依照此"关系之理"。"在先之理"在时间上并不在先，"在上之理"在空间上并不在上，因为时空之"理"作为共相，亦不在时空中，而是永恒和逻辑在先的。

---

① 冯友兰：《新理学》，《三松堂全集》第四卷，第52页。虽然当冯友兰具体论时空时以"物"言空间，以"事"论时间，但就整个新理学体系而言，他并没有自觉地区分"事""物"和"事物"，这与怀特海和罗素分别"事"（event）与"物"（thing）的观念不同，与自觉吸纳怀特海、罗素思想的张岱年亦有别。

② 详见冯友兰：《新理学》，《三松堂全集》第四卷，第70—78页。

诚然，以"关系"论时空并非冯友兰的独创。在西方，亚里士多德早有此意。①康德亦问：

> 空间与时间果为何物？此二者是否真实存在？或仅事物之规定或关系，且即不为吾人所直观，但仍属于事物者欤？抑或空间与时间仅属直观之方式，因而属于心之主观性质，离此主观性质则将无所归宿者欤？②

康德在此首先提到他那时代的两种观点：将时空视作"真实存在"是牛顿的看法，将时空理解为"事物之规定或关系"是莱布尼茨的观点。作为牛顿的同时代人，莱布尼茨提出了与牛顿客观时空相左的主张，认为时间和空间并非一种绝对的、实在的存在，而是关于事物的相对秩序：

> 我把空间看作某种纯粹相对的东西，就像时间一样；看作一种并存的秩序，正如时间是一种持续的秩序一样。③
>
> 我们想到广延是想到并存的事物的一种秩序；但我们对于广延以及对于空间，都不应该以一种实体那样的方式来设想。这和时间一样，那无非是为心灵表示一种变化中的秩序。④

莱布尼茨将时空视作事物之间的相对关系或秩序，并进一步将之归结为主观的、"理想性的东西"⑤。康德不赞同牛顿与物质相联系的绝对时空观，也反对莱布尼茨将时空理解为相对的主观逻辑关系，在批判与调和以上观点的基础上，他提出了

---

①　亚里士多德说："在先和在后意指，在有的情况下，如在每一个种里都有某一最初的本原，在先即事物距离某一或单纯地、或自然地、或在地点上、或为某些人规定了的本原较近，例如，就地点来说，在先就是距离自然地规定了的某一地点较近，例如中点、或终点、或者距任意规定之点较近；距离较远的就是在后。就时间来说，距离现在较远的在先，例如发生过的事件，特洛伊战争先于波斯战争，因为它更远于现在；然而，对未来的事件来说，较近于现在的在先，例如奈麦亚运动会先于庇提亚运动会，由于它更近于现在。现在被当作最初的本原或始点。"（参见［古希腊］亚里士多德：《形而上学》，苗力田译，苗力田主编：《亚里士多德全集》第七卷，中国人民大学出版社 1993 年版，第 125—126 页）

②　［德］康德：《纯粹理性批判》，蓝公武译，商务印书馆 2017 年版，第 55—56 页。

③　［德］莱布尼茨：《莱布尼茨与克拉克论战书信集》，陈修斋译，商务印书馆 1996 年版，第 18 页。

④　［德］莱布尼茨：《新系统及其说明》，陈修斋译，商务印书馆 1999 年版，第 67 页。

⑤　"时间从来只是作为一些顷刻存在，而顷刻本身甚至并不是时间的一部分。谁要是考虑一下这些观察到的情况，就很可以懂得时间只不过是一种理想性的东西。而时间和空间的类比将使人很可以判断，这一个也和另一个一样是理想性的东西。"（［德］莱布尼茨：《莱布尼茨与克拉克论战书信集》，第 71 页）

自己的第三种观点，即时空是认识主体先验的"直观之方式"，并提出了"时间图型"的概念，将现象的继起、共存以及相互关系或交互作用等视作"时间之先天的规定"，指出"关系之图型，乃知觉依据时间规定之规律，在一切时间之相互联结"①。时间虽是内感官的形式，但时间图型作为"直观的第三者"②，亦是纯粹先验的，因而具有绝对性、具有客观普遍性。

中国传统哲学亦有以关系论时间者。如《周易·系辞传》曰："变通配四时""变通莫大乎四时"等，即将变易万端的事物与具有稳定、明确、有序的春夏秋冬之递嬗相匹配，以便于在"在先""在后"或"同时"等关系中确定事物之存在及其变化的"道"。冯友兰深谙《周易》时间观，他将"新理学"体系称为"贞元六书"即与此有关。③他从纯粹的"逻辑底观念"即共相的意义上重"阴阳""四象"等概念，指出自然时序的变化、冬尽春来的关系本身是具体的、实际的，是时间之"殊相"；但作为"共相"的时间并非四季交替的变化过程，而是变化中的"关系之理"。阴极必有一阳来复，这就是春在冬"之后"的"所以然"，有此"理"，即可预知冬尽必然春来，贞下定能起元：

> 贞元者，纪时也。当我国家复兴之际，所谓贞下起元之时也。④
> 所谓"贞元之际"，就是说，抗战时期是中华民族复兴的时期。⑤

"春"是又一年的开始，"元"是新变化、新希望的起端。以"贞元"配"四时"，从"实际"而言是季节的更迭，从"真际"起论则是揭示季节变化中"在先""在后"的关系之理；同时季节轮转连绵相续，时间在循环的周期中"恒久不已"。以"贞元"纪时，以"贞下起元"论抗战与中华民族复兴这一殊相之"事"，表现了冯氏对中国抗战之阴阳关系的分析，以及由此而确立的中国必胜、民族复兴的坚定信念。"贞下起元"是当时中国的时间"殊相"，这一时间定位，号召国人顺应时势、积极处事，非常振奋斗志鼓舞人心。但他又认为，作为"纯真际底"形式性的观念，这时间之"理"或"共相"本是"我们所不能答，或不

---

① ［德］康德:《纯粹理性批判》，第 161 页。
② "此必有第三者，一方与范畴同质，一方又与现象无殊，使前者能应用于后者明矣。此中间媒介之表象，必须为纯粹的，即无一切经验的内容，同时又必须在一方为智性的，在他方为感性的。此一种表象即先验的图型。"（参见［德］康德:《纯粹理性批判》，第 157 页）
③ 《周易·乾》云:乾，元亨利贞。朱熹曰:"以天道言之为元亨利贞，以四时言之为春夏秋冬。……以方言之为东西南北。"（朱熹:《朱子语类》（卷六十八），《朱子全书》第 16 卷，第 2264 页）朱子以元亨利贞为乾之四德，其展现于天时则为春夏秋冬之转化，其对应于四方则为东南西北之定位。
④ 冯友兰:《新世训》，《三松堂全集》第四卷，第 337 页。
⑤ 冯友兰:《三松堂自序》，《三松堂全集》第一卷，第 235 页。

必答"的。①这种超越时间的"时间",难免沦为抽象的哲学思辨,远不如毛泽东《论持久战》的具体分析有实际的理论力量。②

与莱布尼茨将时间关系视作主观相对的、或康德作为"想象力之先验的综合"的时间图型等观点不同,冯氏明确主张"纯客观论"。冯氏认为"客观论"是中国精神的特色,只是他不仅延续了朱子之理的客观性,也承接了美国新实在论的基本立场。孟特叩主张"共相并不只是人心中之思想",新实在论力图通过"超越意识的立场"而"把哲学从认识论解放出来",其旨在强调"实在"或"共相"的客观性。③在他看来,包括时间之理在内的各种"理"即"共相"都是客观的④,是与实际事物之存在与变化密切相关的,并非心灵的主观逻辑或作用。

但冯友兰认为,这种与"事"相联系的客观性时间,不只是匀质的、量化的、可以钟表显示的物理时间。世界各国可以用同样数字纪年,但这并不意味着中西处于相同的"时间",比如早期他在讨论历史分期时曾说:

> 直至最近,中国无论在何方面,皆尚在中古时代。中国在许多方面,不如西洋,盖中国历史缺一近古时代。哲学方面,特其一端而已。⑤

---

① 冯友兰:《新理学》,《三松堂全集》第四卷,第52—53页。

② 比如冯契曾论及他在山西前线读到毛泽东《论持久战》时的激动:"这本书当时给前线战士带来的兴奋和所起的思想解放作用,没有亲身经历、体验过的人是难以想象出来的。""以其理论力量一下子征服了我们","特别使我感到理论的感染力"(参见冯契:《认识世界和认识自己》,《冯契文集》,第1卷,第14页)。

③ 吾妻重二曾指出新实在论的基本立场大概可以作如此说明:"新实在论的最大的特点在于,承认不依赖于认知者的客观实在,而坚决反对被认知的对象在某种意义上依赖于我们的意识而存在的看法,如唯心主义(巴克莱、康德)或二元论式思想(笛卡尔、洛克)。因此他们的主张很接近我们的常识,好像也与朴素实在论没有多大分歧,但新实在论的特点却是要'超越意识的立场'来克服朴素实在论的困境。如果借用高坂正显的说明,是:旧的实在论尽管以实在的客观性为前提,而且由此出发是像英国经验论的那样,它认为此种'实在'是以观念来代表才能为我们所把握,……所以却反而成为感觉主义的唯心主义。新实在论警戒这个问题,坚持主张'实在'本身直接地出现在眼前,所以在这一点上它不是旧的实在论而是新实在论。"(参见吾妻重二:《新理学的形成——冯友兰和新实在论》,《冯友兰先生纪念文集》,北京大学出版社1993年版,第233—257页)

④ 冯友兰还反对常识中认为"言语中之普通名词如人,马等,形容词,如红底,方底等,所代表的,均不是客观底,或不能离开一件一件底实际底事物亦是主观底,或可归于主观底"的观点,认为这种说法在逻辑上说不通。(参见冯友兰:《新理学》,《三松堂全集》第四卷,第31页)但是张东荪不仅反对冯氏以"共相"来解释朱子的"理",也批评将共相视作"纯客观":"以西洋哲学上新实在论派的所谓的'共相'(universal)来解释理,这是冯友兰先生于其近著《新理学》上所尝试的企图。我则认为和宋儒原理相差太远。……我不但以为宋儒的思想是与西洋近代哲学的新实在论不相伴,并且以为新实在论者主张共相是纯客观的,亦复不合于真理"(参见张东荪:《思想与社会》,岳麓书社2010年版,第170—171页)。

⑤ 冯友兰:《中国哲学史》(下),《三松堂全集》第三卷,第9页。

西方与中国都进入了 20 世纪，都处于相同的钟表时间，但从每个历史时期哲学、政治、经济、社会等各方面的"共相"来看，中国实际都还处于西方中古时期的状态，所以中国的时间殊相是"不如西洋"的，是落后的。"贞下起元"之时的中国，该如何才能进入"近古"，实现民族的复兴？

五、"鬼""神"与时间之流逝

冯友兰以关系定义时间无疑更注重事物变化的秩序与时间之流逝。他进而以"鬼""神"论"过去""将来"，主张从过去到将来是一个"无极而太极"、渐趋合理化的过程，强调时间的本质是进化的、发展的日新。

《周易》的十二消息卦通过阴阳之气的"消"与"息"来讲天地万物的变化，"天地盈虚，与时消息"。宋儒张载、朱熹都以"伸"和"神"论"息"，以"屈"和"鬼"言"消"。冯友兰继承并改造了他们的鬼神论：

> 我们可以说：凡事物之过去者是鬼，事物之将来者是神。此所谓鬼神亦即是屈伸之义。事物之过去者为屈，为鬼；事物之将来者为伸，为神。①

一方面，他以"鬼"言"过去"，以"神"论"将来"，"鬼神之际"即"现在"，这样就将"鬼""神"与时间之流逝及其向度联系起来了；另一方面，宋儒之"鬼""神"所论是某一具体事物变化的两个阶段，比如就某人而言，活着为"神"、死去为"鬼"，他的"神"与"鬼"构成了此人有生有死的生命历程，且"神"在时间上先于"鬼"。冯友兰说：

> 过去底事物是鬼，将来底事物是神，现在底事物是事物。……所谓现在、过去、将来，都是相对于一事物说者。现在之为现在，是相对于一事物说，而不是一事物之为事物，是相对于现在说。过去、将来，又是相对于现在说。所以过去、将来、现在，均是相对底。②

他以实际事物之存在为"现在"，在"现在"之先曾有某些存在的事物，但这些事物现在已经"死"了，不存在了，这些事物便已化作"鬼"、成为这个"现在"之"过去"；在"现在"之后将可能出现某些尚未存在的事物，此将至的事物便为"神"、为这个"现在"之"将来"。就此而言，过去的"鬼"、现在的"事物"、将来的"神"就是道体之"大化流行"中有着先后时间秩序的不同事物，或者说，

---

① 冯友兰：《新理学》，《三松堂全集》第四卷，第 168 页。
② 同上书，第 171 页。

三类事物的"理"即"所以然"、事物的主要性质已经发生了变化了。这是冯氏赋予"鬼""神"的新义。

冯友兰又以"尝然"与"或然"来辨析"鬼"与"神"之特征。"鬼"、过去是"尝然",其已成既往,是"一定而不可变"的;"鬼"能不朽:

> 不朽即表示尝然不可无之义,既不表示生,亦不表示死,既不表示永生,亦不表示永死。①

"不朽"意味"鬼"或"过去"是客观的、确定不移的,虽然这些事物"现在"都已经不存在了,但我们无法否定这段时间以及在此时间中曾经存在过的一切事物,这些事物的具体情状也无法被改变了。

"神"、将来是"或然","变化不测谓之神"(《周易·系辞传》),将来有各种可能且不能预知或预定,某一事物在将来出现,有偶然之成分。

另一方面,"现在"即"鬼神之际"。"现在"一端连着过去,一端通向将来,但既不是"鬼",亦非"神"。对于"鬼""过去"而言,"现在"是其"神""将来";"现在"对于"神""将来"而言,是其"鬼""过去"。在大化流行中,所有"现在"都会不断成为"鬼"或"过去",一切"神"或"将来"都会来到"现在"。所以鬼神之论,过去现在将来之别,是相对的、流动的,有实际内容、与具体事物相关的,而非纯形式的、绝对的。

过去的事,就是历史。冯友兰强调时间是与"事"相联系的各种关系,他反对"空底时间"的观点,主张历史是有关过去事物的时间。

> 事物之过去者,皆成为历史中之事物,……整个底历史即是一整个底鬼窟,整个底写底历史即是整本底点鬼簿。②

对于历史,冯友兰秉持"将史料融会贯通"的"释古"主张。就时间问题而言,他首先强调了历史的客观性。他区分了"本来的历史"与"写的历史",并说明:

> 写的历史与本来历史并不是一回事。其间的关系是原本和摹本的关系,是原形和影子的关系。本来历史是客观存在,写的历史是主观的认识。一切的学问都是人类主观对于客观的认识。主观的认识总不能和其所认识的客观

---

① 冯友兰:《新理学》,《三松堂全集》第四卷,第169页。
② 同上书,第168页。

对象完全符合。所以认识，一般地说，充其量也只是相对真理。写的历史同
本来的历史也不能完全符合。①

如我们所知，胡适与冯友兰在中国哲学史上有一个重要分歧，就是老子和孔子谁
"在先"？在"本来的历史"中有一"原形"的时间关系，这是客观的，一事件与
另一事件的先后关系是确定的；孔子与老子之间有一个明确的、不可改易不容争
辩的先后关系。但当人们去认识、去书写这种关系时，却需要运用想象力将片段
的史料连接起来，这样在"写的历史"中，作为"影子"的时间关系就难免带有
主观性，所以会在孔子与老子之先后的问题上锋芒相对。但冯友兰反对将历史理
解为纯主观的：

> 纯主观论以为即一件一件底实际底事物亦是主观底，或可归于主观底。
> 但这种说法是说不通底。因为照它的逻辑推下去，一个人只能知道他自己于
> 一时间所有之感觉，一切言语，历史均不可能。②

历史事件本身是客观存在过的实际，而人对历史事件及其关系的把握、言语的书
写都必须跳出个体有限的主观感受。事实上，如果世界上事物的存在及其关系是
纯主观的，世界将成为一堆不可理喻的碎片。"本来的历史"即"具体底，个体
底，事实之尝然"，这些事实已经"死"了，不存在了，但也"不朽"了；"写的
历史"是"对于尝然之记述"，作为"实际底特殊命题"，可能与事实相合，亦可
能有悖于事实。"写的历史"虽然难以摆脱主观性，但可以通过"永远重写"，力
求写出与客观历史相合的"信史"，冯氏认为这是"写的历史"的目的和价值。他
强调历史事实的客观性，主张写"信史""释古"，坚持与各种历史观上的主观主
义划清界限。③

---

① 冯友兰：《中国哲学史新编》，《三松堂全集》第八卷，第 8 页。冯友兰在 30 年代的
《中国哲学史》就已经提出"本来的历史"与"写的历史"的区别："历史有二义：一是指事物
之自身；……历史之又有一义，乃是指事情之记述；……若欲以二名表此二义，则事情之自身
可名为历史，或客观的历史；事情之记述可名为'写的历史'，或主观的历史。""'历史'与
'写的历史'，乃系截然两事。"（冯友兰：《中国哲学史（上）》，《三松堂全集》第二卷，第
254 页）
② 冯友兰：《新理学》，《三松堂全集》第四卷，第 31 页。
③ 反对主观历史观、反对任意书写历史，这是冯友兰始终坚持的观点，"历史研究中的主
观唯心主义，表现在不承认有本来历史的客观存在，认为历史好像一个百依百顺的女孩子，可
以任人随意打扮。这是完全错误的。……为了纠正历史研究中的主观唯心主义，必须强调指出
本来历史的客观存在。"（冯友兰：《中国哲学史新编》（第一册），《冯友兰全集》第八卷，第
8 页）

其次，冯氏讨论了历史之"理"与"势"。历史并非过去事件的杂乱堆积，纷繁复杂的历史事件中贯穿着历史之"理"；"历史中之事皆一往不再现，但虽不再现而却并不是无有。不但并不是无有，且不可改易，并且亦非无力。"①"鬼"能"作祟"，"过去"会影响现在事物的存在和变化。历史的这种"力"，冯氏称作"势"。虽然过去与现在是先后相继各有其理的两"事"，但二者并非截然隔绝，"势"形成于过去、又影响甚至造就现在。"历史之力，在人事方面，尤为重大"。在人类活动、社会发展中，"势"的作用尤为显著。

"理"与"势"是中国传统哲学中重要概念，朱子已在历史观中将理势对举、王夫之则以"理"与"势"分别表示历史发展的客观法则和基本趋向，并提出了"理势相成"的观点。冯友兰提倡历史有其"理"，"理有固然"；但"势所必至""随势而变"，某类事物之实际存在和变化还需要"势"之力：

> 凡存在者都是合理底，而且又都是合势底。若只合理而不合势者，亦不能存在。②

"理"是永恒的，"势"则随时来去的。只有理势合一，才有过去之灭，现在之生。理势合一的历史观既强调历史的连续性和规律性，又反对将历史视作机械更迭，承认历史进程中充满了偶然性。

"鬼"不可变，"神"即将来。但冯友兰还论及"过去"对"现在"和"将来"的影响的另一种情况——以鬼为神：

> 一般人总希望完全合乎其理之事物，是事实上有底而且是已有底。一般人虽已将理作实际底个体而想像之，但若不以之为已有，则仍觉它是空底。必需在实际中已有完全合乎其理之事物，一般人方觉有所抓着而不至于落空。于是有以鬼为神之事。世俗所谓神，即以鬼为神之神。③

日常生活并不满足或拘限于实际的"现在"，人会追求一个"完全合乎其理"的将来；但将来并不存在，对其"想象"往往落入过去之事，有了这样一个实实在在的"神"，生活才有寄托，精神才有安慰，但这本质上是"以鬼为神"，是过去对现在或将来的某种之"力"。

第三，历史是进步的。冯友兰揭示了"神"的三重含义："将来"，"不可

---

① 冯友兰：《新理学》，《三松堂全集》第四卷，第168页。
② 同上书，第123—124页。
③ 同上书，第175页。

测"，以及"一类事物之完全底典型"即一类事物之理。"神"不仅指时间关系上在"现在"之后，同时也表示一类事物在无限的将来中、在其程序上呈现为一个越来越合理化的过程，此之谓"无极而太极"，"无极而太极即如此一直'而'下去。此'而'是无终底，亦总是不完全底"①。此即《周易》"未济"之意。他指出中国传统哲学，包括《周易》，往往将一切宇宙人事之变视作"循环"的日新。他则将黑格尔"圆圈"之喻、否定之否定规律与《周易》互相阐发，以十二辟卦圆图表示周期，阐明道体流行之"无极而太极"的程序本质上是"变通的日新"：

> 此程序是变通底。《易·系辞》说："穷则变，变则通"。穷，就一个体原来之周期说；变，就此个体之有新性入新类说；通，就此个体于有新性入新类后，新入之周期说。②

"变通的日新"强调循环是表面的，任何事物每经一次否定，就有所提高，此即"发展"，"发展这个观念是《周易》所没有的"，与此相关的是"进步"：

> 近来哲学家所以有进步的观念，……自哲学方面说，近来底哲学家，既以为在事物之转变中，一否定之后，其否定此否定者，与原来之肯定，虽有相似而可非一类。所谓否极泰来，其新来之泰，与原来之泰，虽有关联而可异其性。一事物于其否极泰来之后，此事物即可入于一新类，得一新性，此新性虽为旧性之继续，而实比其较高。依此则宇宙间事物之变化，虽若为循环底，而实为进步底。③

冯友兰虽然区分了"日新"的不同形态，但以"发展"和"进步"即"变通的日新"为历史的本质，反对历史循环论或退步论。

冯友兰以鬼神论时间之流逝，不仅改造了传统的鬼神观念，也阐明了过去、现在和将来之间既彼此区别又相互关联的复杂状况，辩证地理解了时间的间断性与持续性，历史的偶然性与必然性。"鬼"之作祟与"以鬼为神"，显示了过去对现在和将来的巨大影响。虽然他以"无极而太极"为实现"理"的过程，但他似乎不太关注现在，以及将来之于过去，或"神"之于"鬼"的特殊意义。如我们所知，这正是西方存在主义在时间问题上的重要贡献之一，比如萨

---

① 冯友兰：《新理学》，《三松堂全集》第四卷，第79页。
② 同上书，第76页。
③ 同上书，第77—78页。

特曾言，"过去的意义紧密地依赖我现在的谋划"。"正是将来决定过去是活着还是死去。"①以现在为根据，或基于对未来的谋划，过去常被再次唤醒、重新阐发、赋予新义。换而言之，不仅有"以鬼为神"，亦可"以神释鬼"。②

六、"鬼神之际"与"旧邦新命"

冯友兰反对"空的时间"，强调时间与"事"不可分。"鬼"与"神"在"现在"这一时间都是"不存在"的。"现在"有多长？

> 现在底事物，可以说是正在鬼神之际。
> 有人以为所谓现在者，不过当前之一刹那，此乃相对于我们的意识，以说现在。③

"现在"就是与"鬼神之际"这类事物相关的时间。从本质上说，是以正在存在的事物之"理"为根据确立了"现在"，然后才有了与之性质不同的、已经不存在的事物有关的"过去"，以及与尚未存在的事物有关的"将来"。过去无始，将来无终，"现在"始于过去之终，终于将来之始。

汉语中的"现在""刹那"均源自佛教。④佛教把万法归诸心、识活动，心念恒转无常，故时间之性为空，"无住"的现在如电光石火，万法生灭无间，可量化的"刹那"不过是释迦牟尼的"方便说"，刹那之现在本无量。

在西方，奥古斯丁也以"现在"不可度量。他一方面将时间的本质归诸心灵："我的心灵啊，我是在你里面度量时间"，另一方面指出：

---

① ［法］萨特：《存在与虚无》，陈宣良等译，生活·读书·新知三联书店 2007 年版，第 604、606 页。

② 有学者提出了"基于谋划将来的释古"的观点，详见王佩琼：《"过去"的性质与"信古""疑古"两种史学态度的扬弃》（上、下），《山西大学学报》（哲学社会科学版）2008 年第 1、3 期。

③ 冯友兰：《新理学》，《三松堂全集》第四卷，第 171、172 页。

④ 佛教主张诸行无常，以过去、现在和未来论三世迁流，如《宝积经》卷九十四云："三世，所谓过去未来现在。……云何现在世？若法生已未灭，是名现在世。""法"生灭之间即为"现在世"，"时极短者，谓刹那也"（玄奘：《大唐西域记·印度总述》）。佛经有时也以某种量化的方式来说明此稍纵即逝的"一刹那"，如《仁王护国经》卷上："九十刹那为一念，一念中一刹那，经九百生更多。""刹那"即一个心念起动之间的九十分之一。首先，与我们熟悉的时、分、秒一样，"刹那"不是时间，而是一种时间单位。其次，佛家言"刹那"就是为了破除世人之"常见"，"刹那无常"，无常故"刹那"不可执。"刹那"所及为心念起动，故《金刚经》又曰："过去心不可得，现在心不可得，未来心不可得。""不可得"，即心念刹那生灭，三世本空。再次，佛教主张心为法本，万法不离心，心不可得，故法亦无住，"过去生过去生已灭，若未来生未来生未至，若现在生现在生无住"（《维摩诘经·弟子品》）。

设想一个小得不能再分割的时间，仅仅这一点能称为现在，但也迅速地从将来飞向过去，没有瞬息伸展。一有伸展，便分出了过去和将来；现在是没有丝毫长度的。①

虽然佛教和奥古斯丁的时间观的旨趣相距甚远，但就以"心"论时间，并认为"现在"实不可度量，二者又颇为相合。当然冯友兰主要的对话者还是柏格森，柏格森比奥古斯丁走得更远，他不再需要上帝，而是强调每个生命个体的"真的时间"就是不可分割的意识之流。20 世纪前半叶的中国哲学界常常将佛教与柏格森的时间观相互沟通。冯友兰以客观之事的关系论时间之"理"，强调必须将"现在"与具体事物本身相联系。虽然事物时时变化，但"整个事物"的"所以然"未变，事物仍依照此类事物之"理"存在，则该事物未完未毁，尚不成鬼，不为过去；该事物已发已有，故不及神，不为将来。因此，该事物就是"鬼神之际"，其存在的时间就是"现在"，"现在"囊括该事物成住坏灭的一生。

"现在"可以分为不同的"段落"，相对于其中的某个"段落"，可以再划定其过去、现在与将来，但这个序列是"就此诸段落说，而不是就此事物之整个说"的。"相对于一事以说过去、现在、将来，其事愈大，则其现在愈长"②。宇宙间最大的"事"是"无极而太极"，其余之事，均是此事中之事。所以"无极而太极"之事永远是"鬼神之际"，只有现在，并无过去，亦无将来。

当然，冯友兰最为关心的是中国的"现在"。如果我们把整个中国社会与文化的历程视作一个大生命，这个"现在"就很长，至今已四千余年③，只要不亡国灭种，这个"现在"还将继续延展。如果从这个大生命的不同"段落"来看，我们该如何确立"现在"这个段落呢？中国的过去、"鬼"会如何有力地作用于"现在"这个段落？中国的将来、"神"又将如何引导中国走上自由之路？④ "鬼神之际"的中国的"现在"，以何为"事"？

冯友兰指出，从"古代"发展到"近代"或"现代"是东西方文化的"共相"；"古代"的共相是"以家为本位底生产方法"，"近代"或"现代"的共相是"以社会为本位底生产方法"。不问东西，都必须依照此理，这个"共相"也是当

---

① 奥古斯丁：《忏悔录》，第 244 页。

② 冯友兰：《新理学》，《三松堂全集》第四卷，第 172 页。

③ "历史有二义：一是指事物之自身；如说：中国有四千年之历史，……不过谓中国在过去时代，已积有四千年之事情而已。"（冯友兰：《中国哲学史》（上），《三松堂全集》第二卷，第 254 页）

④ 构成"新理学"体系之一的《新事论》，副标题即"《中国到自由之路》"。

时中国能够自救自存、从古代过渡到近代或现代的必经之路：

> 中国现在所经之时代，是生产家庭化底文化，转入生产社会化底文化之
> 时代，是一个转变时代，是一个过渡时代。①

现代化是"共相"，也是中国的旧邦革命。就"殊相"而言，中国的现代化起步比西方世界迟了许多，"但是迟化总比不化好"，"要生存在现代世界中，中国就必须现代化"。在他看来，对当时的中国而言，学习西方的实质是告别古代，走向近代或现代，具体途径即产业革命。

在冯友兰有关近代文化的具体分析中，"城市"是一个他用力甚多的近代"共相"。产业革命是生产方法的根本变革，带来了社会结构的巨大变化，一个突出表现就是城市的出现，以及城乡的对立；随着欧风美雨席卷世界，这种城乡关系也以殖民与被殖民的方式表现在国与国之间。他认为马克思有一句"最精警底话"，即"工业革命的结果使乡下靠城里，使东方靠西方"②。高扬工业化、重视城市，冯友兰与倡导"恢复古风""乡村建设"的梁漱溟几乎背道而驰，他同时颇有洞见地指出，产业革命是生产方式而非生产对象的变革，工业化并非放弃农业，而是农业也要现代化，乡下也有生产方式的革命。

就"时间"而言，工厂、城里更依赖统一的、外在的、精确的钟表时间；中国过去那种贴近自然、看日头、闲散的农业、乡下时间也将成为渐行渐远的"鬼"，以生产社会化为特征的西方时间也将成为支配中国人生活世界的普遍力量。

冯友兰"旧邦新命"之思肇端于抗日战争，更是他终生矢志不渝的信念和自我期许。③他认定通过领受和实现现代化的"新命"，"旧邦"将浴火重生。故他自觉以探寻中国的现代化之路为己任，并为"开来"即面向更进步、更合理的自由中国之将来、建设中国之"神"而一生勤勉：

> 若专就时间方面说，所有历史上底事情，都是在一方面继往，在一方面
> 开来。历史上底一件事情，其前必有事，其后必有事。专就时间方面说，对
> 于其前底事，它都是"继"，对于其后底事，它都是"开"。此即是说，历史
> 上底一件事情，对于其前其后底事，都有时间上底连续。④

---

① 冯友兰：《新事论》，《三松堂全集》第四卷，第 239 页。
② 同上书，第 222—223 页。
③ "阐旧邦以辅新命，极高明而道中庸"是冯友兰于 1989 年 12 月为 94 岁自己撰写的寿联，"上联勉行，下联言志"。
④ 冯友兰：《新事论》，《三松堂全集》第四卷，第 300 页。

"新命"虽然是对"旧命"的否定和变革，但"继往"与"开来"则强调了时间是间断性与连续性的统一，旧命的"同一性和个性"作为殊相得以延展。"旧邦"的"新命"，既非中国古代"以家为本位"的延续，也非全盘西洋或欧化，因为西方的"殊相"是无需学的。

冯友兰以"生产方式"作为文化之"共相"，以"生产家庭化底文化"和"生产社会化底文化"区分古代与近代，并以产业革命为实现近代化或现代化的主要动力，这些都超越了黑格尔历史哲学绝对精神的运动，而带有马克思主义历史唯物论的成分。事实上，30 年代的冯友兰确实吸纳了马克思主义，并由此认识到"所谓古今之分，其实就是社会各种类型的不同"①。在《新事论》中，他指出：

> 生产社会化底社会亦有两类：一是生产社会化而支配家庭化者，一是生产社会化支配亦社会化者。前者是普通所谓资本主义底社会，后者是普通所谓社会主义底社会。②

在当时，他并未能真正理解这两者的不同，在新中国成立后则意识到"社会主义工业化"，是真正的"以社会为本位"的制度。如其所言，"现在"并非无法把握的一瞬，这个"鬼神之际"的"现在"依旧在持续。"旧邦新命"并没有随着抗战结束而历史的陈迹，而且还是一个"新时代"的开端：

> 对日抗战的胜利仅只是奠定了"旧邦新命"的基础。在这个基础之上，还有空前伟大的建筑物建立起来。……中国人既有辉煌的过去，又有伟大的将来。我们现在的工作，有"承先启后，继往开来"的意义。所谓"旧邦"，就是祖国，就是中华民族。所谓"新命"，就是建设社会主义。现在我们常说的社会主义祖国，就是"旧邦新命"的意义。③

社会主义新中国成立之后，"旧邦"还是"旧邦"，"新命"有了更具体的时代内涵，即新中国的现代化是为了建设和发展社会主义国家，不仅是生产方式的社会化，而且在分配方式等方面与西方资本主义国家有别。

作为一个哲学家，冯友兰亦关注着中国哲学的现代化之路。"三史"与"六书"即是通过学习"近代"哲学之"共相"的努力。耄耋之年再作《中国哲学史

---

① 冯友兰：《三松堂自序》，《三松堂全集》第一卷，第 219 页。
② 冯友兰：《新事论》，《三松堂全集》第四卷，第 239 页。
③ 冯友兰：《三松堂自序》，《三松堂全集》第一卷，第 305 页。

新编》，他说：

> 我的中国哲学史新编有一项新的任务。他应当不仅是过去的历史的叙述。而且是未来的哲学的营养。①

"中国之事"乃一大事，他将目光投向遥远的未来，在此时间之洪流中，他之所信、所愿、所做，就是尽己之能，为中国和中国哲学的现代化寻找方向、开辟道路。

冯友兰说，作为鬼神之际的"现在"是一过渡时期。中国的现代化运动从19世纪60年代开始起步，何为"现代"之理、"现代性"？如何真正抵达现代？虽仍不免有迷雾蒙蒙歧路重重，但与20世纪之初的梁启超相比，冯氏眼中的"过渡时代"，更是可爱的、是"希望之涌泉"，那曾经"不到岸"的两头，也已经越来越确定和明朗。

第三节　张东荪："条理"与"时间"

张东荪（1886—1973），原名万田，字圣心，浙江钱塘人。早年曾留学日本，入东京帝国大学研究哲学，接触了西方近代科学和哲学。"五四"新文化运动时期，他是介绍西方各种新思潮的风云人物：如他最早译出柏格森《创化论》和《物质与记忆》，是柏格森哲学在中国蔚然成风的首要功臣，且他的学术视野之广之深，不仅是他那个时代的翘楚，至今也难有人能与之比肩。②更重要的是，他还致力于中国现代哲学体系的建构，其《多元的认识论》一书，被贺麟誉为"中国治西方哲学者企图建立体系的最初尝试"③。他还挑起或参与了20世纪中国几场影响深远的学术论战，如"社会主义论战""科学与人生观论战""唯物

---

① 冯友兰：《三松堂自序》，《三松堂全集》第一卷，第311页。

② 如张汝伦曾说："张东荪是不拘一格，从柏拉图到新实在论，从休谟到罗素，从柏格森到实用主义，从康德到刘易士，他涉猎的西方哲学的面之广，当世罕见其匹。不仅如此，他的介绍也不像当时许多介绍西方哲学的文字那么肤浅，而是有理解，有批评与融会，称得上是真正的学术论文。……说张东荪是他那个时代对西方哲学了解最多最深的人之一，决非溢美之词。最近十五年，中国对于西方哲学的了解与认识有了长足的进步，但像张东荪这样深且广地了解西方哲学的人，似乎仍不多见。"（张东荪：《理性与良知一张东荪文选》，张汝伦选编，上海远东出版社1995年版，编选者序，第9—10页）

③ 贺麟：《五十年来的中国哲学》，第41页。

辩证法论战"等。概括来看，其学术可以分为两个阶段，前期的研究重点是认识论，主要著作有《科学与哲学》（1924 年）《新哲学论丛》（1929 年）《认识论》（1934 年）等；后期转向知识社会学，主要著作有 1946 年陆续出版的《知识与社会》《思想与社会》和《理性与民主》等。这同时也是一个由侧重西方思想逐渐转向中国传统和中国问题、由侧重理论思辨到创造新文化以谋求人类福祉的过程。

总之，张东荪是 20 世纪 20—40 年代中国学术舞台的活跃人物，但之后近半个世纪也一度是被历史掩盖和遗忘的人。[①]但好在，从 20 世纪 90 年代起，张东荪的思想又重新回到了学术界。张东荪自诩是修正的康德主义者，就"时间"问题而言，他在主观的内在"格式"之外，特别强调客观的外在"条理"；后期更从人类学文化学的视角探讨"时间"的基础，他将中国传统的"理"确定为"条理"而非"物理"，并由此揭示中国传统时空观的特点、以及担负融汇中西以创造新文化之责。因是之故，将其与金、冯合为一章。

一、"多元知识论"

1936 年，牟宗三曾著文论当时之哲学界：

> 在此所欲提出的是三位：一是熊十力先生，二是张东荪先生，三是金岳霖先生。这三位大体上说来是代表了三种学问：熊先生代表了元学，张先生代表了知识论，金先生代表了逻辑。……总之，熊十力先生、张东荪先生、金岳霖先生，是现代中国哲学界的三枝栋梁。若没有这三个人，也只好把人羞死而已。有了这三个人，则中国哲学界不只可观，而且还可以与西洋人抗衡，还可以独立发展，自造文化。[②]

这里不仅将张东荪与熊十力、金岳霖齐观并誉为"现代中国哲学界的三枝栋梁"，也指出张氏的学问特点是"知识论"。与金岳霖一样，张东荪也明确地意识到知识论在中国的缺乏并有意扭转之。他曾说：

> 我在五年以前，作了一篇文章，题目是《条理范畴与设准》。在这篇文章

---

① 如王桧林说："史学界有不少人力求用更广阔眼光公允的观察过去的历史，于是人们发现了许多被掩盖着的被歪曲了的人和事，在这样的人和事中就有张东荪。"（左玉河：《张东荪文化思想研究》，中国社会科学出版社 1997 年版，王桧林序，第 1 页）又如张耀南说："历史记住了很多不该记住的名字，也遗忘了很多不该遗忘的人"（张耀南：《张东荪知识论研究》，台北：洪业文化事业有限公司 1995 年版，第 2 页）。

② 牟宗三：《一年来之哲学界并论本刊》，《牟宗三全集》第 25 卷，第 536—546 页。

中，我提出一个认识论上的主张。我自信这个主张是前人所未言。因为中国哲学向来不注重知识问题。在中国，以前自是没有像我这样的主张本不待言。然即在外国，以我所知，亦没有和我一样的议论。我虽不敢说是创见，然至少我可以自白确有些是我自己想出来的。不过我所创造的地方不在于其中哪一点是由我作古，而在于把那些相关的各点综合在一起便成了一个从前未有过的整个儿东西。换言之，即我此说之所以为新不在其中的任何一部分而只在于各部分间的配置综合。因为综合是新的，所以其所得的结果亦可说是新的。①

张东荪自信自己的知识论是完整且有新见的，不仅在中国是突破，在世界上也有独创。与金氏不同，张氏直接将认识作为哲学的起点，并力图使知识论成为一种"独立的学问"。他有关"时间"的思考，首先也是在知识论视域中展开的。

张东荪主张"认识的多元论"（epistemological pluralism），他认为知识乃是由多种要素"混合而成"，故为"多元"：

　　我的认识论多元论大体上可说仍是循康德的这条轨道。但重要之点却有不同。就是我把方式不纯归于主观的立法作用。我不像康德那样以为外界是无条理的。我不像康德那样把"感觉所与"为知识的质料。我主张感觉不能给我们以条理的知识，这虽和康德相同，但条理却不能完全是心的综合能力所产，这又和康德不同了。因此我承认外界有其条理；内界（即心）亦有其立法；内界的立法又分两种，一为直观上的先验方式，一为思维上的先验方式（这一点与康德相似）；至于感觉则不是真正的"存在者"。所以我此说有几个方面，因名之曰多元论。②

张氏以"修正的康德主义"（revised Kantianism）自命。外界有"条理"，内界能"立法"；前者与康德相左，后者与康德同行。内外有别，彼此独立，故各成一元；"感觉"是主客相涉、内外兼备的另一元，是认识过程的起点，但不能给出"条理的知识"。他又说：

　　我们对于认知加以分析，乃知其为一种合成的产物（Joint product）：其

---

① 张东荪：《多元认识论重述》，《认识论》，商务印书馆 2011 年版，第 91—92 页。该书包括《认识论》与《多元认识论重述》两篇文章，分别初版于 1934 年、1936 年。

② 张东荪：《认识论》，第 33—34 页。

中有由外界映来的条理；有由内界自具的格式；又有中立性质而本不存在的感相。①

胡塞尔曾将认识作用分为三部分：能认识的主观、所认识的客观和在认识中的"内蕴"（essence）②，张东荪赞同此说。综观其论，他的各种"多元"之说其实也还是可以概括为"三元"：客观的"条理"（order）、主观的"格式"（form）以及主客之间的"交互作用"（interaction）。他认为胡塞尔所谓"在认识中的'内蕴'""颇为费解"，研究者有以"共相"言之，有以"方式"言之，他则有意逃离此"迷阵"，提出了"主客交互"之说。"认识的多元论"的重要特点之一即是强调认识是"主客交互"的过程：

> 所以我的意思以为我对于知识应采取一种见地。我名此见地曰生物中心说（biocentric view）。就是我们的知识不是神的知识，更不是超人的知识，亦不似照相机那样的物与物的关系。我们因为我们是生物，所以我们对于认知外物，先有若干根本的格式。这些格式的性质是根据于生物的性质的。但我们却不专靠这些原始的格式，必须拿这些格式来加以混合与锻炼，这便是主观的方式与客观的交互作用……因此我主张我们对于外界的认识不是写照，乃是先以自己的格式吸取外界的材料，然后再变化自己的格式以应付客观的实际，于是格式愈变化而愈复杂，其与客观相交织乃亦愈密切。③

就主观而言，有先天的"格式"；就客观而言，有"外界的材料"即"经验"。认识一方面是"以先天的格式左右后天的经验"，另一方面是"以后天的经验改良先天的格式"，因而是一个主观与客观、"格式"与"经验"交互作用的过

---

① 张东荪：《认识论》，第81页。
② 张东荪谈到胡塞尔"现象学"时说："在认识中发见认识的所对是有独立的理法。于是便分为三：曰能认识的主观；曰所认识的客观；曰认识中的'内蕴'……我个人的意思以为三分法是对的。我们主观对于外界客观虽有所知，但千万不可即把外界客观等于认知内容。因为外界客观是一种存在，而认知内容又是一种存在，两者的全体是不相等的。"（张东荪：《一个雏形的哲学》，张汝伦编选：《理性与良知——张东荪文选》，第22页）有关知识之"元"，张东荪前后说法不一，有"三元"[如《条理范畴与设准》中的"条理"（order）"范畴"（category）"设准"（postulate）]、"五元"[《认识论》中有"当前"（the given）"条理""范畴""设准"及"概念"]乃至"七元"（《多元认识论重述》中将"五元"之"范畴"拆为"主客""空时"与"逻辑之基本律"）等，后来还有"四元"之说，即"外在者""感觉""知觉"和"概念"，"四个东西各有各的独立性质；却又四者混合在一起，不可分开；同时又是互相作用，是互相影响的。"（张东荪：《知识与文化》，岳麓书社2011年版，第45—46页）
③ 张东荪：《一个雏形的哲学》，张汝伦选编：《理性与良知——张东荪文选》，第23页。

程。如其所言，每一个认识就是一个"含有两极的整体"（bipolar whole），在其中，"'主''客''关系'三者凝成一体，不可分开"①。在此过程和作用中，认识的主观格式与客观的外界素材"相待相成，且互相循环辅助"，不仅提升了所得知识，也改良了主观格式，从而能使知识不断"进化"。所以，知识的确具有"内的"性质，但其所得、结果却能揭示外界的"条理"，他也喻之为"闭门造车"而能"出门合辙"，或如"庖丁解牛"，"刀刀都中其关节"。

无疑，"主客交互"是多元认识论最显明的特征。张东荪试图超越当时各种唯心或唯物的一元论、或心物二元的观点，尝试综合现代自然科学和西方哲学的各种新成果，并将认识视作一个主观与客观、"格式"与"条理"通过反复多次"交互作用"而辩证发展的过程。他指出，认识如同"戴了眼镜看东西"，我们无法去除眼镜的作用，但应该设法分析这副"眼镜"，区别"虽经过眼镜而现于眼镜中，然依然不失为仍属于所对的外物"和"属于眼镜的自身的……格式"的不同性质，前者即外界客观的"条理"（order），后者即内在主观的"格式"（form）。

二、"条理"与作为"格式"的"空间""时间"

张东荪提到了很多"理"，如"物理""生理""伦理""心理""名理"等等，但是他最重视最常用的是"条理"（order）。他要面对的首先是来自现代自然科学的各种挑战，比如：所谓的"实体""物"或"共同的客体""共相"等真实存在吗？张氏否认"外物"是独立于人的意识之外的物质（matter），强调"外物"是一个"构造方式"。作为构造方式，"外物"的大部分是属于认识作用本身的；但他坚持其中仍有若干方式"不纯粹属于主观""不由于我们认识的立法所造"，这些方式不仅独立于主观，而且还是能引起知觉上产生变化的因子，是认识过程中不能不承认的"外界的背景"。他很谨慎地提出了三条"最基本"的积极"条理"，即"原子性"（atomicity）"连续性"（continuity）和"创变性"（creativity），以及作为"消极方面"的条理的"可塑性"（plasticity）。

所谓"原子性"是主张外界在构造上是"可分"的，具有"个体性"，"凡是我们的对象，不拘是物质，是生命，是心理，总是都具有这种原子性的条理"。他主张必须抛弃"实质"的观念；但他认为，有物理、生理和心理，这些"理"都具有"原子性"的条理，他称之为"架构"。所谓"连续性"是相对于原子性而言的："外界的条理固然有分断可能的原子性，然同时必亦有不断可能的连续性。前者是说一个东西可分为若干小块；后者是说虽分为若干小块而依然只是整个的东西。凡一个东西能够成为整个儿的，必是具有连续性。"②他借用罗素、柏格森论

---

① 张东荪：《多元认识论重述》，《认识论》，第 107 页。
② 张东荪：《认识论》，第 41 页。

"数"的观点,指出"一"(Unity)由原子性而成,但"一"总可分为"多"(Multiplicity);"一"有"个体性","多"即蕴含"连续性""无限性",因为个体不是独立的,而是处于关系中的,原子性与连续性实为一体之两面。所谓"创变性"即指外界是可变的,"有新奇(Novelty)发生",创变性即外物之构造有变化、有创新,"每一个组织在本身必定就是一个新东西",这些新出来的东西,并非纯粹出于我们主观的构造。消极的"可塑性",揭示的则是外界条理作为认识对象,是可以被"假设"为具有"对象性"且可被认识的,亦即"一切自然条理只能潜伏于凝构(即可塑者)之中"。

总体而言,张东荪更重视的是三个积极的"外界条理",从其阐释可以看出,这些"条理"正是以当时科学所达的三种"物理性质"为据的。他以此批评唯物论和新实在论,也否认康德的"物自体"①。他也把"原子性""连续性""创变性"比作认识的重重帷幕上"所透入的一些微光",并强调这是认识活动的必要条件之一。

不过值得注意的是,尽管张东荪反复强调这些外界的"条理"不是内在的认识造出来的,但另一方面,却也是与主观的"格式"紧密相关的。他坦承其"多元认识论"是"循康德之路"而走的,这首先就是他引进了康德的"先验格式"。

在较早的论文《一个雏形的哲学》中,张东荪曾如此评说康德哲学:

> 在他的《纯粹理性批判》上第一句即说认识虽是与经验俱始但又不是经验所产生的;我以为这句话是通贯康德学说全体。照上面的叙述便证明专拿经验是不能说明真伪的判分与条理的公同。康德所谓"又不是经验所产生的"这句话确有道理。他于是乃发见纯粹理性;所谓纯粹理性就是知识的先验方式。康德的学说遂为方式主义(formalism)而以为物的本体是不可知的。但我以为若把这些先验的纯粹方式列为固定的若干种,是必归于失败。②

张氏赞同康德的"先验格式",并将"先验格式"区分为"认知上的先验格式"

---

① 张东荪说:"我们所知的只是物理(physical law 即物的法则)而不是物的本身(things-in-themselves)"。(张东荪:《一个雏形的哲学》,张汝伦选编:《理性与良知——张东荪文选》,第 20 页)就康德的"物的本身",他后来进而说道:"这便是我与康德不相同处。他所谓物自身决不是我所说的自然条理。因为物其自身乃是物之本来面目。在康德以为凡被认识即变为现象。……这是康德的苦衷,所以他必须假定物其自身之存在。康德虽是现象论却仍留有素朴实在论的根底。我则以为可以不要这个物其自身。……我所主张的自然条理依然在认识以内,不是超越在背后的。只是透露于感觉中,夹杂在感相内,而并不是藏在其背后独自存在,不为人知。既不是事物,当然不能说到其自身了。"(张东荪:《多元认识论重述》,《认识论》,第 117 页)

② 张东荪:《一个雏形的哲学》,张汝伦选编:《理性与良知——张东荪文选》,第 12 页。

（the cognitive a priori）和"名理上的先验格式"（the logical a priori）两个部分。其中，"认知上的先验格式"即：

> 我可以列举出来的只有三个。第一是空间，第二是时间，第三是能所的关系（subject object relation 或称主客关系）。①

这里有两点值得注意：首先，与康德相比，张东荪特别增加了第三种格式即主客关系；其次，从其排序来看，他始终很严谨地将空间置于在时间之前，简称也是"空时"，他反对"把时间归并于空间"或"把空间亦归并于时间"，主张空间和时间是两种不同的格式。他如此界定"空时"：

> 我……愿意把空时限于知觉上的，经验上的。至于这种连续体我亦承认确是有的，但其详我们却不甚知道。上文所说，原子性连续性与创变性亦正是关于这个连续体的。就连续性而言，似可说与空间相类似。就创变性而言，可以说与时间相类似。但在我的意思则以为空间与时间虽只是主观格式，然其背后却又必与外界所有的有些相应。在认识上的空间是与在外界的连续性相应。在认识上的时间是与在外界的创变性相应。②

他明确指出，"空时"只限于主观的"知觉"和"经验"，作为主观的"格式"，有其先验性。这与康德无异。但他声张，空时这种内在的、主观的格式背后，"又必与外界所有的有些相应"。这是张氏与康德分歧之所在。他赞成康德将"内界的规矩或格式"视作"第二种条理"③，但他不同意康德认为"第一种条理"即"外界的秩序或共相"是内在格式所生。他曾提出四类"秩序"，其中第二类即是"属于认识上的预立方式"，所指即包括空时；张氏几乎与康德唱了反调，因为他主张作为主观格式的空间和时间，是与外界的那三个条理相应的。

张东荪引用了怀特海有关两个事件（Event，张氏译作"事点"）之关系的讨论来阐发空时与外界"条理"的关系。"他说譬如有 A 与 B 两个事点（Event），其间的关系可有四种：（1）A 可以扩及 B；（2）B 可以扩及 A；（3）A 与 B 可以扩及另外一个 C 而不及其他；（4）A 与 B 可以完全分开。"怀特海将前三种名为 Junction 或 Conjunction，第四种名为 Disjunction，并据此而提出"推扩的抽绎法"（Method of extensive abstraction），如空间可分为"点"，时间可分为"瞬"；张氏

---

① 张东荪：《认识论》，第 50 页。
② 同上书，第 53 页。
③ 张东荪：《新哲学论丛》，张汝伦选编：《理性与良知——张东荪文选》，第 85—86 页。

则将第四条（即 Disjunction）译作"可断性"，并说：

> 这足见空间确有可分性（即可断性），时间亦是如此。总之，我们于一方面千万不可即认空间是集点而成，时间是联瞬而成；然在他方面却又不可不承认空间与时间确有可以分割的可能性。这便是所谓空间与时间上之原子性（Atomic nature of space and time）。不仅空时为然，物质亦然。①

这里他的说法很审慎，一方面承认空时有分割的"可能性"，一方面又主张不可说"空间是集点而成，时间是联瞬而成"。换而言之，不能说空时就是"点"或"瞬"，而是空时与外界的"原子性"相应。他进而讨论空时之"连续性"和"创变性"：

> 在认识上的空间是与在外界的连续性相应。在认识上的时间是与在外界的创变性相应。但不可有所误会：以为时间就是创变性，空间就是连续性。须知二者绝不相同。在知觉上的空间无论如何只有三量向，且是无边的。而在外界的连续性则不限于三量向，亦不限于是无边的。在知觉上的时间是只有一直线的；而在外界的创变性则必不限于一直线。因此我们决不可把这四个混为一谈。并且时间亦是与连续性相应。……外界只有连续，而却无时间。总之，空间与时间只是认识上属于主观的。换言之，即只是能知者于施行认识时所必须的条件。而于外界仅有相关而决非一致。②

空间、时间都可与外界的"连续性"相应，张氏认为怀特海所言之前三条（即 Junction 或 Conjunction）即是对于"连续性"的解释。空间、时间有性质相同的一面，二者互相依靠（Interdependent）。但时间另有一面，即"时间只是先后次序"。怀特海改造柏格森的"绵延"，提出"自然之流"（Passage of nature），并认为"感觉知识所能知的只是对于其变化之'间'（Its only chance）"；于此，张东荪说：

> 在他的意思固明明以为自然之流不可量，而时间是一个系列，可以量的。在此所谓自然之流正与我上文所谓创变性完全无二。③

---

① 张东荪：《认识论》，第 38 页。
② 同上书，第 53—54 页。
③ 同上书，第 54—55 页。

时间与外界的"创变性"相应，因为外界总是有"新奇"发生，当时间格式与外界作用时，便呈现为一个可以度量的、有先后次序的系列。但外界只有连续和创变，没有空间和时间。张东荪严格地将"空间"和"时间"限制在"能知者"一方，强调在主观的知觉中才有空间和时间。在这点上，他坚守了康德的立场。"柏格森的大误在把绵延即认为是时间。其实绵延只是绵延而不是时间。"①柏格森将"绵延"视作"真的时间"，但张氏认为，绵延只是外界的创变性；怀特海的"自然之流"亦同。同样，我们以"三量向"（Three dimensions）言空间，以直线论时间，所言所论都是主观的认识，而非外界本身；与外界"相关"但"绝非一致"。必须承认主观的空时"至少有些根据在于外界"，这是张东荪与康德的重要分歧。康德常以"经验的实在性"与"先验的观念性"来论说时空②，并以此强调时空作为先天的直观形式具有普遍必然性。"经验实在性"只是强调时空作为先验的直观形式必将客观地作用于经验对象，但并不意味着时空与任何外在的东西"相应"，否则就有违"先验的观念性"了。但是张氏明确主张"空时"作为格式，其形态是主观的，而其作用必须有"外界的根据"。

就空时与"直观"的关系，张东荪亦有独见：

> 空时不是有直观得来的，不过直观却必具有空时二格式罢了。因此我修正康德，以为空时是与直观有关的格式，而不是由直观得来的格式。③

与康德一样，张氏也认为空时作为主观格式，与"直观"有关，但他坚持"直观"并非"空时"的来源。前文已述及张东荪的"生物中心说"，他承认生物都有根据于生物性质的"若干根本的格式"，此说与金岳霖"官觉类"的讨论相仿。他进而强调"我们却不专靠这些原始的格式"，这些格式在与外界的交互作用中可以得到锻炼且改变，从而能更加"密切"地作用于客观的外界的实际。在此我们亦可见"主客关系"在张东荪知识论中的特殊意义，以至于他要在空时之外又加入了"主客关系"或"能所关系"作为直观格式。也就是说，他认为主客关系不仅与内外

① 张东荪：《认识论》，第54页。
② "经验的实在性是说，凡是在经验中被给予的对象（即现象），时空都对之有实实在在的（客观）的作用和效力；先验的观念性是说，时空既不是客观存在的事物或其属性，也不是经验事物'本身'的属性的抽象，而纯粹是主体的认识能力本身具有的先天直观形式，这就是说，如果抽调感性直观的各种条件，时空就什么都不是了，就是无了。换言之，时空是实在的，但只是对经验现象而言，因此又不是绝对实在的（不是对物自体而言）；时空是主观的，但并不是像来自后天的感觉质料（色、声、香、味等）那样纯属主观的、偶然的、因人而异的，而是来自先天的直观形式，是对经验对象具有普遍必然的效力（因而具有'客观性'）的。"（杨祖陶、邓晓芒：《康德〈纯粹理性批判〉指要》，人民出版社2001年版，第86—87页）
③ 张东荪：《认识论》，第49页。

相涉，同时也是一种更为根本的内在关系。就知识本身而言，张东荪毕生坚持"主客交互"说。①

张东荪与康德之疏离还表现在两类"先验格式"及其关系上，他说：

> 直观上的格式亦可勉强说是"生物的"。至于设准则不能不说是"文化的"或"社会的"。因为他和直观上的格式（即空时主客）所以不同，即在于空时主客是任何知者所不可缺的；而设准则视各种民族的文化而有增加或变化。所以设准是文化的，不能归之于生物的。②

无论是将"空时"等直观格式归于"生物的"，还是视"设准"（即范畴）为"文化的""社会的"，都有别于康德；他还认为"名理"即逻辑律是可变的③——这些都使得他的"先验格式"带上了经验的烙印。他认为康德因为重视"综合"，所以把"直观"（即空间与时间之格式）"概念"（即范畴）和"理念"（Idea）视作三个层次，"就是由一个综合作用由直观起一直统一起来而至最高的想像为止。可见他是在杂多的材料以外。主张有一个层次推进的综合能力。而所谓'统觉'的根据就是在此。"④他从多元论出发，否认这种"层次"，而强调所谓多元是"平列的"，是通过分析"认识"的事实而发现的彼此独立各不相同的成分。因为不是层次级升的，所以他也否认"统觉"。

张东荪认为将时间与空间视作"直观上的先验者"（The a priori in intuition）

---

①　比如"我相信没有一个认识而不是把能知与所知含括成为一个存在。所以凡是一个认识就自然而然具有主客在其中。""我们或许可以说一个弓与一个箭的关系是在外的。但我们决不可以说我知道这个东西是一种在外的关系。所以我暂时不欲主张完全没有在外的关系，而只以为唯有认知不是在外关系。""我们不自觉有我，而依然有我。所以我之自觉为一事，主观之存在又为一事。千万不可因为我们有时不自觉自我而遂谓没有主观。可见只有客观而未生主观的时代在经验上可以说是没有的。"（张东荪：《认识论》，第55—57页）认识主体与对象的"内在关系"或"外在关系"是知识论中的重要问题之一，如西方的罗素、布拉德雷等、中国的金岳霖等都有各抒己见的探究。张东荪敏锐地抓住了问题并提供了自己有理有据的答案。在后期著作中，张氏强调的"交互"不再是主客间，而是知识与社会影响间，但就知识本身来说，此种"主客交互"是他所毕生坚持的。只是他没有进一步探讨"主客交互"的根源与动力，其主客内外之别仍是在知识论视域中的。另一方面，对"主客关系"是否可作为与"空时"并列的直观格式，学术界仍有争议。
②　张东荪：《认识论》，第86页。
③　张氏将逻辑分为四种：传统逻辑、数理逻辑、形而上学的逻辑和辩证法的逻辑，他说："总之，逻辑是依所对付的对象而变……逻辑是因其背后的原理而变……严格来说，我们没有所谓逻辑之先在性（priority）与逻辑之普遍性（universality）。因为不是逻辑对于思想从外面加以规范，乃只是逻辑就混在思想，同时受其影响而与之共同变化。"（张东荪：《知识与文化》，第73—74页）
④　张东荪：《多元认识论重述》，《认识论》，第96页。

的思想是"康德的真贡献"①，他则在延续此说的基础上作出了若干修正。他还说若以近代物理学上的相对论来证明空时为格式的观点，"亦未尝有何不调和处"②。大多数的意见都是以康德时空观为牛顿时代的表述，而爱因斯坦的相对论则动摇乃至推翻了牛顿和康德的时空观。但张氏引用斯墨资（J.C.Smuts）的观点，认为爱因斯坦（他译作哀斯坦）最大功绩即在"把属于内界的与属于外界的设法分开……既认空时是相对的便是承认空时是属于个人经验上的"③。在他看来，康德的主张就是确定时空是"主观的"，是属于"知者"（Knower）而不属于"所知"（Known），即使所有知者所见皆同，而仍不失为属于知者。他认为，认识以经验为起点，"则我们只能有相对的，私的空时"。他的结论是："所以空时既是相对的便可以说必是主观的。"④

与张东荪坚持爱因斯坦相对论证实了"空时"的主观性形成一特殊对照的是徐志摩。尽管爱因斯坦的中国行一波三折，但中国知识界对其相对论并不陌生。1920年罗素访华演讲更激起了我国的爱因斯坦热⑤，当然很多理解并非真正"科学"的进路，而是以此与佛教或时空心理体验的相对性相比附。颇为意外和有趣的是，中国最早翻译并系统介绍爱因斯坦相对论的科普文章是徐志摩写的，徐氏1921年4月发表长文《安斯坦相对主义——物理界大革命》，在文末强调相对论的哲学意义时，他说：

> 有人反对"相对说"，说他无非是一种玄思，并没有科学的真义……"相对说"决计不是无聊的玄思，有两种理由。第一因为"相对说"是科学试验的结果，并不是空口说白话，而且随时可用科学方法来复验的。第二"相对说"根本没有玄思的意味，因为他完全脱离人生的感情意气经验种种，是纯粹唯物的性质。寻常哲学多少总脱不了以人心解释自然。相对说是彻底彻面抛开人间世的理念。我们人类一部知识史是发源于以个人为宇宙中心一直到放弃个人观念，这"相对说"可算最后的一期。此是"自然法"的最后胜利，其范围之广为从前所未曾梦见。这是一个佛家所谓"大澈悟"，从此吾们勘破宇宙原来是一个盲目的机械，他那结构完全不是人的官觉所能推测。……我

---

① 张东荪：《多元认识论重述》，《认识论》，第104页。
② 张东荪：《认识论》，第51页。
③ 同上书，第51—52页。
④ 同上书，第52页。
⑤ 零星的介绍更早一些，如1917年9月许崇清《再批判蔡子民先生在信教自由会演说之订正文并质问蔡先生》的文中引用了爱因斯坦的时空理论；1917年11月3日，李芳柏在国立武昌高等师范学校的演讲《奈端力学与非奈端力学》中介绍了爱因斯坦相对论最基本的概念和原理。1920年2月《东方杂志》开始连续刊文介绍爱因斯坦，并于1922年12月的第19卷第24号设"爱因斯坦号"。"科玄论战"中相对论也是热门话语。

们只要跟着科学走，总错不到那里去。①

徐志摩曾自言他 24 岁以前最热衷和喜欢的学问是"相对论或民约论"②，他对科学尤其是天文学兴趣浓厚，在德国留学期间也认真研究过相对论，所以其介绍基本准确；加上极好的文字功底和精妙的比喻，其文风行一时。在最后的总结中，他强调了科学方法的价值，同时认为相对论令人产生"纯粹唯物"的彻悟，即科学所揭示的宇宙是一个与人的官觉无关的"盲目的机械"，人应该摆脱个人乃至人类中心主义的立场。

爱因斯坦则不仅发现了科学理论，也同样留心哲学尤其是认识论，他将认识论视作"踏上哲学的薄冰"，在他看来，离开科学的认识论只是"空架子"，缺乏认识论的科学只有原始、混乱的材料。爱因斯坦在一次与法国科学家和哲学家的讨论中曾说：

> 康德哲学把作为容器的空间和时间，同作为内容的物质和力分隔开来，结果引起了二律背反；而爱因斯坦的概念则以容器同内容的不可分割性作为特征，这就使我们摆脱了二律背反。③

爱因斯坦指出，康德哲学中最重要的东西，即是构成科学的先验概念。他认为人们确实需要这些概念，然而他却无法确定这些概念究竟是如康德所言是"先验地给定"的，还是如后来彭加勒指出的"任意的约定"。另一方面，他区分了作为"容器"和与"内容"有关的时空。就此而言，张东荪关注的是时空作为"容器"的相对性及其与个体主观经验的关系，他几乎完全否认"内容"即物质的实在性；徐志摩在意的是时空性质与物质运动的不可分，他彻底摆脱时空的主观性。或许可以说，张氏重视认识论，更接近康德；但徐氏强调科学理论和方法及其价值，其实更贴合爱因斯坦的理论本身。

张东荪指出，认识如同"戴了眼镜看东西"，我们无法去除眼镜的作用，但应该设法分析这副"眼镜"，区别"虽经过眼镜而现于眼镜中，然依然不失为仍属于

---

① 徐志摩：《安斯坦相对主义——物理界大革命》，《徐志摩全集》第一卷，天津人民出版社 2005 年版，第 57—58 页。

② 徐志摩：《猛虎集》序，《徐志摩全集》第三卷，第 392 页。又，刘为民指出："徐志摩短暂一生的创作里，有一项独特'贡献'与时俱进，就是应用爱因斯坦'相对论'的时空观念与科学的思维方式，更新了中国乃至不同时代关于'飞'的诗歌意象。"（详见刘为民：《徐志摩诗歌意象折射出的相对论》，《科普时报》2021 年 4 月 16 日第 3 版）

③ ［美］爱因斯坦：《对康德哲学和马赫哲学的看法（报道）》，《爱因斯坦文集》第一卷，第 253 页。

所对的外物"和"属于眼镜的自身的……格式"的不同性质；前者即外界的条理，一切知识都是构筑在"经验"的地基之上的"亭台楼阁"，"认识的成立即是条理的发现。离了认识固无条理，离了条理便不成认识"①。他认为认识不是"照像"而是"打洞"：照像一次成型，且照像机无知，而人有知；但"打洞"有"能打"与"所打"之别，而"打"即是二者相互作用且逐渐创造出"洞"之形态的过程。换而言之，并非有现成的条理、而认识也不是静观，"条理可说是由内外交互而成"②，知识是内在的主观格式和外在的客观条理共同作用的结果。就"条理"作为"秩序"而言，还包括了"经验上总括的结果"③。"条理"必须在主客交互中才能被揭示，而且知识不能只靠感觉，条理（order）必须与理智（reason）合一，理智是"辨别或揭出这种自然条理的能力"。"知识不是临摹或拓写，乃是'造作'（construction），亦可以说是'再组织'（reorganization）。"④张氏亦称其说为"温和的实在论"，因为一方面，他支持新实在论的外界有"条理"之说，但另一方面，他也赞同康德的"先验的格式"，并试图将二者合而用之，同时坚定地批驳经验论的"反映论"。

三、作为"宇宙架构"的"空间""时间"

张东荪认为，哲学家往往从不同方面研究空间时间，比如康德把空间时间当作"格式"（forms），就是从认识论上而言。从其他视角，空时可以被当作"关系"（relations）"属性"（properties）"凭藉"（mediums）"范畴"或"概念"（categories or concepts）"架构"（structures）等等。以空时为架构，便是从宇宙论的立场来说的："把空间时间当作格式并不含有不许空间时间亦同时是架构之意在内。……不过在宇宙架构上的空间时间却决不能和在认识上主观格式的空间时间即为同一物。"⑤他明确主张有一与"主观格式的空时"有别的"宇宙架构的空时"存在，两种空时对于知识而言都是不可或缺的。

在张东荪的多元认识论中，外界有"条理"，内界有空时"格式"，前者是后者的部分"根据"，二者通过"交互关系"发生联结。他认为康德的认识论为新的形而上学预留了地盘，其认识论是替哲学开先路的；而他的认识论不仅是居先的

---

① 张东荪：《一个雏形的哲学》，张汝伦选编：《理性与良知——张东荪文选》，第 10 页。
② 张东荪：《新哲学论丛》，张汝伦选编：《理性与良知——张东荪文选》，第 107 页。"打洞"之喻源自柏格森。
③ "认识的多元论以为所有秩序可大别为四类：一是真属于外界的条理；二是属于认识上的预立方式；三是属于名理上的预立规律；四是经验上总括的结果。"（张东荪：《认识论》，第 37 页）其中第二、三两类实为"内在的格式"。
④ 张东荪：《思想与社会》，第 66 页。
⑤ 张东荪：《多元认识论重述》，《认识论》，第 105 页。

而且是自足的，并且其中已经隐含着宇宙观：

> 我把形而上学中的本体论根本上取消，而仅留有宇宙论。不过这个宇宙论却就隐隐约约宿于认识论中。这就是说，我们研究人类的知识即大致上可以窥探宇宙的结构，所以我们即根据在知识中所呈现的宇宙结构可加以推论而扩大之，便成为一个宇宙论。因此我的认识论同时乃就是一部分的宇宙论。[①]

具体而言，张氏将包罗万象的宇宙万物归并为五项：物质、心灵、生命、时间和空间。由知识的推扩而形成的宇宙并无本质，只是由种种关系组成的"空架的结构"：

> 总之，我们这个宇宙并无本质，只是一套架构。这个架构的构成不是完全自然的，而必须有我们的认识作用参加其中。因为我们不能拨开认识以窥这个架构的本来面目。但这个架构在认识中虽非本相，然而亦决不十分大亏其本性。所以仍可以说宇宙是个架构。[②]

他强调，作为架构的空时与作为格式的空时是不同的：

> 当作架构的空间可不限于"三量向"（Three dimensions）。而在认识上的空间却不能有第四量向。架构的时间亦可不限于过去现在未来一条线。而主观的时间却不能有另外的时间方向。[③]

架构的空时之"量向"和"方向"有着多种可能性，而"三量向"的空间和"一条线"的时间只是主观的认识。张东荪后来进而从三个方面来分析"空时"：

> 康特把空时认为主观的格式，而所谓"主观的"即指其属于知者一方面而言。这显然是说不属于外界。换言之，即外界并无空时了。其实我们亦必须承认至少有些根据在于外界。我名此为"在外界的根据"。但须知这止仅仅是根据而已。并不是说外界有空间时间那样的东西。于是我对于空间时间分三方面来讲，第一是就"其根据"（their ground）而言，以为其根据是在外在者本身上。第二是就"其形态"（their form）而言，以为只是知觉上所现呈

---

① 张东荪：《多元认识论重述》，《认识论》，第93—94页。
② 张东荪：《认识论》，第89—90页。
③ 张东荪：《多元认识论重述》，《认识论》，第105页。

的。第三是就"其性质"（their nature）而言，以为只是由概念所下的解释。①

他通过"三重叠合"来阐释空时，即"空时……同时是根据于外在者，同时出现于知觉上，又同时为造成概念"，也就是说，"外在者"是形成"空时"的根据；但"空时"之为知觉上所现呈的"形态"，同时必须有心理上的依凭，"先就感觉言，每一个感觉必本具有若干'伸张性'（extensity），同时亦必有若干的'住留性'（duration）。由感觉的伸张性而拼合起来就成为空间。至少是两度的空间。如果是视觉动觉触觉连合起来，三度的空间便可造成。至于时间，由感觉的住留性而再加以记忆与想像就可造成一个'顺列'。"②"根据"与"形态"都是本来具有的，但"形态"或"格式"的空时不同于"条理"或"架构"之处是何以形成的？张氏会说空时形态是"生物的"，只有这一种空时能透过重重帷幕。

张东荪进而指出，作为"架构"的宇宙并非静态的，架构总是不断"进化"的：

> 我们的这个宇宙乃是无数架构互相套合互相交织而成的一个总架构；其中无数的架构间又时常由缔结的样式不同而突然创生出新种类来；这个新种类架构的创出，我们名之进化……我们主张这个世界虽是自性本空的一簇架构，但这个架构却自身在那里进化，常有新种类突创出来，这种进化的发现在思想上可谓是启了一个新纪元。③

"自性本空"本是佛教话语，张东荪认为这个只是由各种关系所组成的"空架的结构"的宇宙与佛教有些类似，但二者最大的区别即在他的宇宙观有"进化"的观念。他认为"进化"包括两个方面，一是"变化"（becoming），即一个架构复杂至某种程度会突然增添一些新的成分，使原有的架构突然变成一个新的架构；二是这些先后创生出来的新种类必须表现为一个从低级到高级的演化过程。具体而言，宇宙架构的"进化"如同一座层层向上的"极高大的塔"：

> 宇宙的最根本的结构（即架格）止是空间时间；由这个最元始最素朴的再添创出来一些，便成了物质；由物质再创进一层便有所谓生命，由生命而心灵，这样便是宇宙的塔形全图。④

---

① 张东荪：《知识与文化》，第 32 页。

② 同上书，第 33 页。

③ 张东荪：《一个雏形的哲学》，张汝伦选编：《理性与良知——张东荪文选》，第 34—35 页。

④ 张东荪：《人生观 ABC》，世界书局 1929 年版，第 36—37 页。

物质、生命和心灵，是宇宙的由低到高突创的三个层次，这个世界就是由"物的结构"进化到"生的机构"，再进化到"新的结构"的过程。无疑，张氏的"架构"和"层创进化"的宇宙观，是建立在近代自然科学的基础上的，揭示了宇宙的发展过程以及具体的类似量变引起质变的创化方式等。但他将空间时间视作"最根本"的架构，是早于物质、生命和心灵的"最元始最素朴"的架构，这个似乎有些难以自圆其说了①。

张东荪还指出：

　　由物到生，由生到心，这显然的三级，其所以为增进的缘故即在通体合作的性质增加一级，其综合统御的范围增大一层，其活络自主的程度增进一步。②

　　关于宇宙的构造我们以为既不是呆板的机械论，亦不是先定的目的论，乃是于呆板中逐渐创出来活动，就是于不自由中逐渐创增自由。③

张东荪反对各种唯心主义的神秘的目的论，也批评将宇宙仅视作无生命的机械运动。他的"宇宙"是有人的认识活动参与并创造出来的，从物质到生命到心灵的塔型进化的过程，也是宇宙越来越自由的过程。

四、理性与超越"今此"的生活

越来越自由的宇宙实乃出现了越来越自由的心灵。张东荪认为，宇宙观是人生观的基础，人生观是从宇宙观中导引出来的：

　　因为人是宇宙中的一部分，生活（换言之即生命现象）亦是宇宙中的一部分。若不知宇宙全体的性质，很难决定人生的性质。所以讲到人生观就非讲宇宙观不可。

　　人生是随着宇宙的创造进化的大潮流而行，其前进并无预定目标，好像放花炮一样，一放以后，便散发开来。④

---

① "因为著者总觉得空时只是一种'架构'（frame work）对于知觉固然有排配的作用，而对于事实却没有解释的作用。"（张东荪：《知识与文化》附录三，第228页）虽然张氏之目的在于说明为何不如怀特海那样将"空时"理解为"概念格局"（即范畴），但他始终也没有说明"空时"架构如何"添创"能成为"物质"。
② 张东荪：《哲学ABC》，世界书局1931年版，第108页。
③ 张东荪：《人生观ABC》，第33—34页。
④ 同上书，第4、38页。

以"层创进化"的宇宙观为基础的人生，当然也是以"创造"为基本特征的。张东荪认为"人生就是好像放花炮"，这明显是柏格森"意志自由"和"生命冲动"的翻本。这样的人生一方面是"无目的的"，没有确定的目标；另一方面，人们却可以决定并实现此"这个花炮样子的人生"的具体模样："你虽不能要他不放，而你却可以要他放得径直些，或放得倾斜些"。所以，人生虽"无目的"，但人可以努力"加上去一个目的"：

> 所以就目的而论，可以说人生的目的由无而到有，由微而到著，由隐而到显。就自由论，亦是由无自由而渐自由，由小自由而甚自由，自然的机械性与人文的自由性完全是一个互相消长的东西。但两者始终分不开。自由即在机械中，不在机械外。目的即在自然中，不在自然外。①

与柏格森的生命冲动背道而驰的是，张东荪认为，这种能"窥透机械，阐解自然"的能力是人的理智，人的理智不仅能动摇"固定的呆板的没有丝毫破绽的宇宙"，同时也通过奋发向上的创造过程提升自我："由素朴人而自己改造以成文化人，而对于文化义不断地在那里改造，去其渣滓……其人是智明更切一层，主宰更强一层，圆活更大一层，自由更甚一层，所以这种人生观又是创造的人生观。"②张氏认为"人格"是"最进化的"，是宇宙进化中"最高的突创品"，与下一级相较，人格中新增的要素即是"周详的思辨力与亲切的责任感"，因而人格的特质即是"自觉"："自觉就是自己晓得自己处于宇宙中的真正地位。详言之，即对于自己的存在以及自己以外的存在都有充分的认识。"③

　　"创造的人生观"意味着"时间"的异质性，且人生的价值不仅是变化、更是理智"一天一天广大起来，一天一天扩张出来"的进化。张东荪说，生活本来只是"人人当下所经历之事实"，"吾人之一见一闻一喜一悲一言一动即为生活"；生活的性质是"新鲜活泼"，即此时此地（here and now），他也称之曰"今此"，"亲历验此'今此'者则谓之曰生活"④。若以横线直线分别代表空间和时间，则时间与空间之交点、或横直二线之切点即"今此"。生活始终不离"今此"但也不限于"今此"，因为"现在"的"今此"中有对于过去之"今此"的回忆、或对未来"今此"的希望，所以"生活决不限于今此，而于此时空之切点以外必有放

① 张东荪：《人生观 ABC》，第 82 页。
② 张东荪：《一个雏形的哲学》，张汝伦选编：《理性与良知——张东荪文选》，第 56 页。
③ 同上书，第 41—42 页。
④ 张东荪：《道德哲学》，张汝伦选编：《理性与良知——张东荪文选》，第 220 页。

大之范围，特此范围各人不同各生活不同耳"①。"今此"是生活之本身（the living in itself）或生命之自身（life in itself），并无意义；理智如同置于"今此"的灯之光，光之所耀处，赋予生活以价值（life value）。理智之光逐层地增强、放大，就可以不断超越"今此"，"以时空交切点之今此言之，乱中求定，浑中求分，所以超越空间上此地之限制也；流中求住，杂中求纯，所以超越时间上此时之限制也"②。超越"今此"，在张氏看来即是以理智之"觉"（consciousness）"知"（to know）化除情欲从而在空间上超越"此"、时间上超越"今"。所以他也将创造的人生称作"化欲主义"的人生，主张以理智利导情感，"把下等本能移到高尚方面去"，提高文化修养。他强调"化欲主义"与纵欲、绝欲、乃至节欲都不同，但在理欲之辨上，张氏主智的人生观与冯友兰之觉解相去不远。

超越"今此"，也意味着突破生活的"有朽"，进而追求"不朽"。他说：

> 所谓朽与不朽只是指其人对于宇宙人生的进化上所贡献的影响大小广狭而言：其影响小而狭的即是朽；大而广的便名曰不朽。而实则无论如何大而广，而终不能波及宇宙进化的全程，所以不朽亦终必变为朽。可见这原是程度上的等差而已。不过人生于世总希望自己能内而把自己的人格愈提愈高，外而把所处的环境愈改愈善，则其所为之影响可谓于可能限度内已届极远极广极大的程度了；如此当然可以尊称之曰不朽。③

张东荪以是否有利于宇宙进化为"朽与不朽"的评判标准，特别强调真正的不朽并非指"曾在宇宙间的地位"或"在时间上存续较长"，而是以是否"依着进化"而言。"进化"与"时间"不同，他认为"立德立功立言"之所以可以称作"不朽"，并非就"时间"而论，而是因其能"顺着宇宙进化的本性，依了人生向上的天职"，从而对推动文化并有助于宇宙之进化。他也认为"留芳"或"遗臭"可能都会为后人所知，但"其性质不同：一个是真致有确实的影响于后世人生；一个只是人人口上的一句空话罢了。其分别即在一实一虚。遗臭是虚的，因其人的姓名虽在人人嘴里，但其人于文化的增进没有关系，他遂不能有真正的影响及于后世人生。我们可以说遗臭不是不朽，而乃是朽"④。张氏以"进化"为"不朽"的实质，就此而言，他的"不朽论"与冯友兰、胡适都有不同。

40 年代前后，张东荪学术研究的领域和方法有所调整，其转变的重要表现即

① 张东荪：《道德哲学》，张汝伦选编：《理性与良知——张东荪文选》，第 220 页。
② 同上书，第 221 页。
③ 张东荪：《一个雏形的哲学》，张汝伦选编：《理性与良知——张东荪文选》，第 55 页。
④ 同上书，第 53—55 页。

在此时他跳出"知识论"的视域，试图从"社会学""文化"出发以解释知识、思想。比如其在《理性与民主》中，张东荪把人类文明进程分为三期，并分别以"死之威胁"和"生之威胁"来区分前两期文明，并认为第二期文明虽是充满生计威胁的"病社会""丑文明"，但其冲破了第一期文明（史前文明）中的"宗教与迷信性"，出现了"机器之发明"和"理性之抬头"，由此孕育了近一二百年以来的第三期文明的种子：前者满足了人类"节省人力而大量生产的需要"，是文化进步的征候，只是这种"需要"被资本制度"利用而演成罪恶"。但机器之发明靠的就是人类的智力与理智，机器的出现即标志着人类"理性的抬头"，而此理性之光可以使人类文明由第二期进至第三期。他认为理性的功用在于能戳穿、揭破社会的病态与人性的缺点，从而建设一个合理的社会与合理的人生，因而"人类只要有理性便自会有其乐观的前途"。"死之威胁"和"生之威胁"都缘于生命之有朽，唯有"理性"才能推动宇宙的进化，实现人生之"不朽"。这与其早期主张人格之特征即在"自觉"、或以理智之"觉""知"超越"今此"一样，都是相信唯有理性之光才能照亮历史、并创造有前途的未来。但其后期跳出单纯的知识论，试图从社会学的乃至人类学的视野审视进化的根本和历程时，进一步探究了文化增进的内在动力和具体规律，使其"进化论"有了更坚固的基础和更现实的价值。

五、"条理"与中国文化中的"空间""时间"

张东荪学术路向的改变是多方面的。比如他开始更多地关注中西思想之异、探究不同思想的根源。①就空时而言，在早期的知识论体系中，他将空间时间理解为"格式"，并认为此主观的"格式"与外界的"条理"相应；但后来他逐渐意识到这只是西方人、甚至只是康德时代的空时观，于是他开始讨论中国人的空时观及其产生的原因。

张东荪指出，中西哲学都讲"理"，但是西方的理是"理性"（reason），中国的理是"条理"（order），这个"条理"与之前知识论中的"原子性"等三条"外界条理"不同：

> 中国人所谓理与"礼"字相通。礼字表示社会秩序，即所谓伦常。人事上的秩序是谓人伦，将此种秩序性使之普遍化，遂成所谓条理。故理学始终

---

① "最初使我得着一些暗示乃是由于我发见西洋哲学上的问题大半不是中国人脑中所有的问题。我因此乃觉得西方与东方在心理上，换言之，即在思想的路子上，确有不同。根据这一点，又使我不得不承认西方人所有的知识论不能不加以修正。因为西方人的知识论是把西方人的知识即视为人类普遍的知识，而加以论究。然殊不知西方人的知识仅是人类知识中之一种而已，在此以外，确尚有其他。……从社会学的观点以研究知识，这是由马克斯派所启发。不过马克斯派对于'社会'的解释和我们却有不同。"（张东荪，《知识与文化》附录三，第199页）

是指纹理分界条辩而言。所以便是秩序之意。不过中国人始终不分外界的秩序与内界的秩序之不同，更不分道德界上的秩序与自然界上的秩序之不同。换言之，即没有人事秩序与天然秩序之分别。①

可见中国人的"理"始终是伦理，即伦常之理。而与西方所谓"物理"（physical law）完全不同。西方人所谓物理是在于"物性"（the property of matter）。②

张东荪认为中国文化与西方不同，中国文化大部分属于历史，但中国历史的要义并非记载往事，而是意图"以往事而视为垂训于将来"，因而特重道德。中国思想的主题是"天人关系"，注重整体，以"礼"为源头和实质的"理"所揭示的条理（order）实为伦理秩序，其宗旨是实现天人通、或部分对整体的适应。中国文化的这些特点影响甚至决定着中国人的时空观：

我以为拿"空间"与"时间"二概念为例，便可显见有些相关联的地方。先言空间，中国思想上始终没有"匀同普遍的空间"（homogeneous space），而只有方向不同的处所，如东西南北中央等。我们遂可说中国人不注重空间之有数量性（quantitative character of space），而只注重空间有"性质"（qualitative nature）。于时间亦然，只承认有春秋冬夏等季节，而未发现有永流无间的时间。可以说中国人只见到"期间"（periodicity），而不见到"时流"。这亦是只承认时间之有性质上不同，而不注重于时间之有数量上差别。③

他曾指出，"有些民族抽象能力未十分发达，便只有'地位''地点'等观念而无空间；有'先''后''古''今'而无统贯一切的时间"④。中国文化中没有形式化的、抽象的空间或时间，也不注重空时的量的区别，中国文化中的空间只是"相对的位置"（relative positions），时间只是"周期性的变化"。进而，他认为"这些都与社会政治有直接关系"：

空间成为"中外等级的秩序"（heirarchical order），时间成为周期轮转的秩序（pereodical order）……前者足以助社会之有阶级与身分，后者足以解释政权之有代替（即革命）。故严格讲来，中国思想上只有"转换"（alternation）而

---

① 张东荪：《理性与民主》，岳麓书社 2010 年版，第 120 页。张东荪亦以此"条理"批评冯友兰"新理学"以"共相"解"理"。

② 张东荪：《理性与民主》，第 130 页。

③ 同上书，第 84 页。

④ 张东荪：《知识与文化》，第 35 页。

没有"变化"（change）。因此中国思想不注重于"进展"（progress）。其故由于中国人不视时间为直流下去的，乃只是分期轮替出现的。同时空间亦不是均同普遍的，故不能把空间从时间上抽除出来。因此进展颇有困难，致不可能了。①

西方文化重科学，科学以"物"为研究对象，"必须把物从无限的空间与长流的时间上抽出来"，因而空间时间是独立于"物"的"空的格子"。中国文化重历史，历史是关于"事"的，"事"是一次性的，总是发生在具体的位置或时刻。但是中国古代注重于"事"而甚于"物"，其对事（尤其是人事）、历史的关注，"乃是想以历史为镜鉴，把往事来作教训。不过这却暗中含有事之重复性。于是，进步的观念就被循环的观念来代替了"②。中国历史哲学中的"历史公式"诸如"五德""三统""三世"等主张，都是将革故鼎新视作某种循环，所以时间往往呈现出周期性的特征。他指出"进步"是西方16世纪后独有的概念，而"西方人所以能有进步观念，实由于他们独对于时间观念特别注重"③。所以现代中国若要发展科学、建立民主，就必须"调和"与"沟通"中西文化，包括汲取西方空时观的理论成果。

张东荪在一次演讲中曾如是解释自己的转变："我自己仍然一直在怀疑哲学家的贡献。……我觉得，我们所学的学问如果与人类幸福无关，则其价值都是可疑的。我这样说，并不是浅薄得不讲理论的价值，我是研究知识论的，读康德（Kant）最多，后来改从社会学去研究知识论，兴趣渐渐转到社会研究上去，而不再专讲形而上的奥妙的那一套，于是就变为社会学与知识论的合并，把文化发达与社会学配合起来看。"④在此转变中，他不仅扩展了知识论的研究，更通过中西文化的比较，试图更多发现和解释中国的传统、探究中国的未来。他认为创造、革新是哲学家之责，所以他认为：哲学家应该做的是——文化到了不能不变时，就要出来做思想领导。张氏有得于马克思主义的启发，但又与之保持距离，然而仅将各种空时之异说归结为基于不同文化的解释之别，甚至以政治作为中国的空时观的直接原因，其实并未达究竟。就此而言，他并没有真正走出"知识论"的格局。

---

① 张东荪：《知识与文化》，第119页。
② 张东荪：《理性与民主》，第13页。
③ 张东荪：《理性与民主》，第13页。这是张氏对斯宾格勒观点的转述，他引用的斯宾格勒（张氏的译名为"许滂格拉"）的英语原文是：Without exact time, measurement, …Western man is unthinkable。这句话非常准确地揭示了时间于西方文化的意义。
④ 张东荪：《哲学是什么，哲学家应该做什么》，《时与文》第1卷第5期，1947年4月。

本章小结

哲学体系的构建，是中国哲学现代化过程中的重要成果，从各自哲学体系的视域出发，"时间"获得了更坚实的形上学基础和更丰富更清晰的内涵。

金岳霖将"道"视作"时间"之根基与归宿，视"时间"为道演过程中特定过程中出现的一种特定现象，注重"时间"之"秩序"义，以个体的变动作为"时间"的实质，并以"运"与"命"作为个体"时间"之具体表现形态，都表现出《论道》对"时间"问题思考的丰富面相。《知识论》中由承认"官觉类""自然"而思考"时间"与"意味"关系，则推进了对"时间"问题的探讨。与胡适等以个人主义、自由主义为基础唤醒人的个体时间意识不同，尽管金岳霖以个体的变动为时间之实质，但奠基于"道"的时间呈现出明显的客观性特征。较之朱谦之从"情感"出发领会"时间"、梁漱溟将"意欲"视为"时间"的根基等观点，金岳霖的时间观念具有鲜明的理性主义特征。显而易见，金岳霖对时间的理解与规定既充满逻辑精密辨析，又兼具中国情怀，这大大丰富与深化了20世纪对"时间"问题的研究。

冯友兰从"共相"与"殊相"的关系出发理解时间，认为时间是在先、在后、同时等类关系之共类，只与"殊相""实际"有关。他把"时间"与"事"联系起来，致力于认识中国的"时间"，思考中国之"过去""现在""未来"的连续性和创造性，阐旧邦以辅新命，从哲学上探寻和开辟中国和中国哲学的现代化之路。与金岳霖从"道"的视角理解时间相比，冯友兰的"时间"具有更强烈更直接的现实关怀。从新中国建立后的现代化实践来看，冯氏在20世纪三四十年代对中国"现在"之"新事"的领悟也基本合宜。另一方面，胡适倡导个性觉醒、重视个体时间意识；梁漱溟强调中国文化的特殊性和重要性，注重以家庭为本、有家的"当下"；冯友兰则关注依照世界时间之共相而确立的以"生产社会化"为特征的"中国"时间，他们共同构建了中国现代化进程中有关"个体""家""国""世界"等不同层次主体的"中国时间"。

"冯友兰先生的《新理学》与金岳霖先生的《论道》，在基本概念上是相同的。"[1]冯友兰也将金、冯合称为"中国哲学现代化时代中的理学"。实际上，金、冯，还有张岱年，他们相契之处甚多，比如他们都将时间理解为与个体有关的秩

---

① 贺麟：《五十年来的中国哲学》，第44页。

序或关系，都强调时间的客观性特征等。这与朱谦之、梁漱溟和方东美等以"情""意"为时间奠基，从而更注重时间的动力不同，金岳霖、冯友兰、张东荪和张岱年等都更注重以秩序为时间的本质。金岳霖曾说："中国哲学的特点之一，是那种可以称为逻辑和认识论的意识不发达。"①但这情况在现代中国发生了变化，知识论逐渐被关注，以知识论为背景讨论时空问题，是中国现代时空观的重要内容和理论突破。就知识论中的时间而言，张东荪与金岳霖也各有特色。早期他主张"多元认识论"，认为空时是直观必须的主观"格式"，但他强调空时必于外界的"条理"相应，主客观之间有着复杂的"交互作用"。学术转向之后张氏尝试将社会学与知识论结合起来，并更关注阐明中西时空观的不同特征并力图探究其原因。但张氏强调"时空格式"的经验性和可变性，与金氏主张"所与"的呈现和时空架子的"根据"等也有相通之处。②这与下章熊十力一脉、以及贺麟等侧重从"心"出发理解时间的路数颇不相同。

---

① 金岳霖：《中国哲学》，《金岳霖全集》第六卷，第 377 页。

② 比如金氏特别强调我们是"利用架子"，"因为我们并不以为架子是我们创造的。……架子的时间也是有根据的。单位可以不同，而根据一样。"〔金岳霖：《知识论》，《金岳霖全集》第三卷（上），第 591 页〕

第七章

"心"与"时间"

1932 年，标志熊十力哲学体系成形的《新唯识论》已经付梓，就出版时间而言，早于冯友兰之《贞元六书》与金岳霖之《论道》。冯友兰以"中国哲学现代化时代中的心学"称呼熊十力的哲学体系。同年，牟宗三的第一本学术著作《周易的自然哲学与道德函义》发表。由于熊十力和牟宗三之间的师承关系，以及他们与前章金岳霖、冯友兰学路上的明显差异，故将熊、牟合为一章。他们哲学的共同特征是以"心"为体，其对时间的探究，也离不开对"心"之作用、特点等的阐发，主张"心"是时间之源，时间源于心之"执"。另外，以"新心学"显明的贺麟，对冯友兰的"新理学"颇有微词，但对熊十力一脉，包括其学生牟宗三、唐君毅等却赞誉有加。①他曾著长文《时空与超时空》，明确提出"时空是心中之理"的命题，反对将时空视作离心而有的客观事物，故也置于此章一并讨论。

第一节　熊十力："体用不二"视域中的"时间"

熊十力（1885—1968），是 20 世纪中国哲学中最具有原创力和影响力的哲学家之一。1932 年，他积十载精思而成的《新唯识论》横空出世，并由此奠定了现代新儒学的形上学基础。其哲学以"体用不二"立论，"主于显体"。在此视域中，他区分哲学与科学、性智与量智，既探讨了"科学知识如何可能"的问题，也思考了本体何以刹那生灭又创生不已。他以"翕辟成变"讲心物关系，主张时间和空间为翕化之物的存在形式，起于本心之执，"非实有"。他将时间（和空间）"范畴"之首予以讨论，但量论未竟，其"时间"之思仍有遗憾。另一方面，他以"刹那生灭"言本体之用，并以《周易》为基，以创生不已为生命之实质，倡导精

---

① 　详见贺麟：《五十年来的中国哲学》，第 25—28、34—35、57—59 页。

进向上的人生观。

一、"体用不二"

熊十力以"立体"为其哲学首要目标，他认为，本体论或形而上学，是哲学乃至一切学问的根本，而这正是当前西方哲学之困境，但又是东方学术之所长："东方学术，无论此土儒道，及印度释宗，要归见体。"①

《新唯识论》开宗明义：

> 今造此论，为欲悟诸究玄学者，令知实体非是离自心外在境界，及非知识所行境界，唯是反求实证相应故。②

熊十力明确指出，所谓"本体"即吾人之本心，本心以"明觉"为根本特征。"本心"并非一己之心，而是"吾与万物浑然同体"的"宇宙的心"。"本心"是物与心、宇宙与人生所共有，是一切学问的源头。在他看来，只有哲学之"本体"能为科学的"知识"奠基、寻源，为科学保驾护航。

不过，熊十力主张哲学要建本立极，但他更以"体用不二"为本旨，一方面批驳佛家析体用为二，耽空溺寂；另一方面也反对用科学以"量智"将"本体"视作心外之物。所谓"体用"，即本体与现象：

> 哲学上的根本问题就是本体与现象。此在《新论》即名之为体用。体者具云本体，用者作用或功用之省称。不曰现象而曰用者，现象界即是万有之总名，而所谓万有，实即依本体现起之作用而假立种种名，故非离作用别用（注：似应作"有"）实物可名现象界，是以不言现象界而言用也。本体现起作用，……不可妄计体用为二。哲学家往往误计本体是超脱于现象界之上、或隐于现象界之背后、而为现象作根原，此乃根本迷谬。《新论》谈体用，正救此失。③

在他看来，即体而言用在体，即用而言体在用，一切"现象"都是本体之大用流

---

① 事实上，熊十力的著作大都紧紧围绕着"立体"的主题展开。他还进一步认为，"立体"乃是一切"学"的根本："学不究体，知宇宙论言之，万化无源，万物无本。……学不究体，自人生论言之，无有归宿。……学不究体，道德无内在根源，将祗在己与人，或与物的关系上，去讲道德规律，是由立法也，是外烁也。……学不究体，治化无基，功利杀夺，何有止期？……学不究体，知识论上，无有知源。本体在人，亦云性智，纯净圆明，而备万理，是为一切知识之源。"（熊十力：《与友论新唯识论》，《熊十力全集》第八卷，第333—334页）

② 熊十力：《新唯识论》（文言文本），《熊十力全集》第二卷，第10页。

③ 熊十力：《十力语要》，《熊十力全集》第四卷，第76页。

行，都是本体显现。他常以众沤和大海水为喻，强调体用，或现象与本体相即不二的关系。与主张一切皆空的佛家不同，熊十力特别强调现象界之不可无：

> 必须施设现象界，否则吾人所日常生活的宇宙，即经验界不得成立，因之，吾人知识无安足处，即科学为不可能。佛家说五蕴皆空（五蕴，谓现象界），似偏于扫相一方面。新论说本体之流行，即依翕辟与生灭故，现象界得成立。①

现象界即本体之显现，同时也是众生托寄之处。如果一切如梦幻泡影，我们的日常生活将无处安立，人生将浮游无寄，佛老正由此而逃离世间，其本即在析体用为二，不承认"用"之价值。当然，若如此，科学活动也无法开展：

> 科学无论如何进步，然总须承认有外在世界，须用客观的方法，须注重实测。此为科学成立之根本条件。②

熊十力不仅以"体用不二"为科学所行之现象界寻源，进而又以佛家之二谛说，从"谛"即真理的角度为科学谋求根基：

> 我们讲道理，应该分别俗谛和真谛。随顺世间，设定境是有的，并且把它当作是外在的，这样，就使知识有立足处，是为俗谛。泯除一切对待的相，唯约真理而谈，便不承认境是离心外在的，驯至达到心境两忘、能所不分的境地，是为真谛。③

佛家非常看中二谛说，以此为佛说之要。④熊十力认为，就"真谛"而言，心外无物，应该摄物归心，将现象归于本体，将科学返于哲学；但就"俗谛"而言，应该随顺世间，假立心外之现象为有，这样才能使科学对象和科学活动得以成立，所以他又说：

---

① 熊十力：《熊十力论文书札·科学真理与玄学真理》，《熊十力全集》第八卷，第133—134页。

② 熊十力：《读经示要》，《熊十力全集》第三卷，第730页。熊十力还曾阐释科学真理的六层意义，其中第一条即是："必设定有客观的存在之事物，即所谓日常实际生活的宇宙或经验界，此理（科学上的真理）方有安足处所。"参见熊十力：《十力语要》，《熊十力全集》第四卷，第191页。

③ 熊十力：《新唯识论》（语体文本），《熊十力全集》第三卷，第50页。

④ "诸佛依二谛，为众生说法。一以世俗谛，二第一义谛。若人不能知，分别于二谛。则于深佛法，不知真实义。"（龙树：《中论·观四谛品》）

> 我们虽不承认有客观独存的宇宙，但在逻辑上，不妨把自我所赅备的一
> 切行或万有，推出去假说为宇宙。①

换而言之，科学对象不过是一"逻辑"之假说而已。

可见，熊十力一方面强调科学与哲学之分途，主张哲学以本体为归宗，以
"真的自己底觉悟"的性智为方法；科学以现象为领域，以因习成染的"量智"为
方法。另一方面，他认为，"科学知识如何可能，毕竟是一大问题"②。他通过本体
之大用、俗谛之施设而成立现象界，从而确定了科学对象之"有"，并就现象界，
以及科学知识之可能，展开了对"时间"探讨。

二、"翕辟成变"与"时间"

熊十力将时间与空间统一思考。在《新唯识论》中，他首先就强调，作为本
体之本心，是超越时空的：

> 动静一如，泯时空之分段。
> 心体无有古今分段。……无有方所间隔。……此心……不限时空。③

一方面，本体之心流行不息，故为"动"，又湛寂不乱，故为"静"，流行而无
"流转相"，故无"时间"，湛寂而无固定方所，故无"空间"。换而言之，在本体
界，不得安立时间与空间。另一方面，心体又有明觉，能体物而不遗，能"主乎
耳目等物而运乎声色等物"，心体能自作主宰，不被时空拘限。

熊十力曾列举了"本体"六义，其中有：

> 三、本体是幽隐的、无形相的，即是没有空间性的。
> 四、本体是恒久的、无始无终的，即是没有时间性的。④

所谓"没有时间性"，即本体是永恒的，没有开端，永无终结，本体也不受时空所
限，总之，"体"是超越时空的，但可就"用"论时空。熊十力主"体用不二"，
他说"用"之义有两层：

---

① 熊十力：《新唯识论》（语体文本），《熊十力全集》第三卷，第86页。
② 同上书，第310页。
③ 熊十力：《新唯识论》（文言文本），《熊十力全集》第二卷，第11、81页。
④ 熊十力，《新唯识论》（语体文本），《熊十力全集》第三卷，第94页。此外，他在
《体用论》（明变章）又论说"本体"四义，强调"本体是无始无终"的。（参见熊十力：《体
用论》，《熊十力全集》，第七卷，第14页）

一者，克就一翕一辟的动势名之为用。翕辟只是一个动势的两方面，并不是实在的物事，故名为用。二者，此一翕一辟的动势是才起即灭的，是无物暂住的，是新新而起的，是流行不息的，故名为用。①

"用"，即"作用、功用、势用、变动、功能"。本体的势用有"翕""辟"两个方面，熊十力改造了《周易》中的"翕辟"之意，将"翕"视作本体之积极的收凝，是恒转中固有的一种"物化"的动势。物质的宇宙，由此建立，他说：

实则所谓物者，并非实在的东西，只是依着大用流行中之一种收凝的势用所诈现之迹象，而假说名物。②

但在"翕"之势用起现时，另有一种"刚健而不物化的势用"同时也依恒转而起，此即"辟"。本体之"用"显现为一翕一辟之动变，此即"翕辟成变"。他以"翕辟成变"说物心关系：若能以辟运翕，则物随心转；反之，则心为物化。科学和日常生活所依据的便是此翕化之物，将此物执为实有。心有"本"有"习"，前者为"体"，但若以"习"为心，就会妄计起执，将外境视作实有，并以量智强作分析：

空间时间的相，是由人心执定有外在的境才有的。因为执定有外境，就于一一的境觉得有分布相，如东西等方、远近等距离。这种分布相，就叫做空间相。同时，于一一境也觉得有延续相，如过去、现在、未来。这种延续相，就叫做时间相。所以空相和时相，都缘在日常经验里，执有外境而始现的，并非不待经验的。③

空间和时间，就是物质宇宙存在的形式。……所以，有了物质的观念，即有空时的观念与之俱起。④

空间即事物之方位和距离，时间即事物之延续，时空是物质的存在形式。当然熊十力此论并非坚持唯物主义，因为在他那里，所谓"物质"，即是习心之执而视物质为实有的结果，而时空即以日常经验中对外境之妄执而起。这样一方面"物"本身是本体恒转中的翕化而成，物之"有"缘于习心之执；另一方面，时空只是量智执定的"物"的存在形式。有"执"之人以物为真实存在，而言其"扩展

① 熊十力：《新唯识论》（语体文本），《熊十力全集》第三卷，第237页。
② 同上书，第111页。
③ 同上书，第48页。
④ 同上书，第117页。

相"和"延续相"，此二"相"即是空间和时间，时空即此翕化之物的存在形式。就具体事物而言，量智会确定其有具体方位，此为空间；区划其持续或顺序，此为时间。就宇宙整体而言，量智"横"向分析，即在空间上排列万物；"纵"向分析，即于时间中区别先后。在他看来，所谓时空不过都是因妄执而生之"相"，其性不真。物"非实有"，时空亦非"非实有"，时空之源头即习心之执。佛家以因缘生法，而判定时空之性空①，熊十力则沿"心—物—时空"的路线，以时空为幻：

> 执之相貌，略分总、别。别执有一一实物。方分空相，由斯而起。（如依瓶而计执有东西等分位，此即空间相也。）总执有实外界（所谓日用宇宙。）混同空相，由斯而起，空相起故，实相即俱。横竖异故，假析时空。（于横的方面计有空间相，于竖的方面计有时间相。）理实时相即是空相，形式不异。过、现、未三世相，历然沟分，犹复纪之以符号，（如为干支以纪时数。）表之以器具，（如钟表上之分秒等。）故分段时相，实空相之变形也。起外境执时，空时相定俱起。……空时相起故，外境执乃益坚，（由有空时相故，更增外境以实在性。）辗转增迷，人情所以无悟期也。②

这里，熊十力一方面揭示量智以干支等各种方式计数，或以钟表等器具表示时间，其本质是将时间空间化；另一方面，时空是与对外境之执著同时而起的"相"，而时空之"相"，又成为人认识或确定事物之存在和变化的要素，这样又加强了对对象之实在性的执著。总之，对外境之执著与对时空之分析互相熏习，彼此增益，结果使人愈陷愈深，迷不知返。

从熊氏的阐发中，我们既能看到柏格森时间观的影子，如对时间之作空间化的批评；但以习心之执言时空之相，更是唯识学时空观的现代修订版。一方面，"由假说我法。有种种相转。彼依识所变。此能变唯三"（世亲：《唯识三十颂》）。世间诸法，不过是八识转变而假立我法诸相，所以境空识有。但世人不解唯识之理，常以外境为实有，进而分析诸法之种种相状。佛家只以世俗谛论时空，第一义谛的涅槃世界是常乐我净的，不生不灭，不来不出，故也无所谓时空问题。熊氏以"翕"之势用假说有"物"，以习心之执和量智分析时空的起源和相状，并将时空之义限于科学和日常生活的领域。另一方面，唯识将诸法分为五位，时空属于第四位即"不相应行法"，《成唯识论》曰："非如色心及诸心所体相可得，非异

---

① 如"因物故有时，离物何有时？物尚无所有，何况当有时？"（龙树《中论·观时品》）
② 熊十力：《新唯识论》（文言文本），《熊十力全集》第二卷，第26页。

色心及诸心所作用可得，由此故知其定非实有，但依色、心及诸心所分位假立。"（《成唯识论》卷一）心、心所、色诸法实有体相，"不相应行法"是依此三法分位假立之法，时间（空间）与色法之功能变化有关，但终究不离心与心所。

在旧唯识学中，时空之空性也常被质疑。如在唯识九难中就有所谓"世事乖宗难"："若唯内识似外境起，宁见世间情、非情物，处、时、身、用，定、不定转？"（《成唯识论》卷七）也就是说，如果万法唯识，为什么在看世间的众生与无生命的物体时，会产生地点确定、时间确定、随身体状况的不同而所见不确定、作用不确定等状况？"处、时"之"定"即是说时空与心法等"不相应"。对此，唯识家只一言以蔽之："如梦境等，应释此疑。"但在《唯识二十颂》等经文中，还是有更详细的论证。

熊十力并不简单以"梦"论之，那么，为什么时空是"不相应行法"或"处、时"有"定"？他的答案是：空时是"范畴"，是科学知识得以可能的条件之一。

三、作为"范畴"的"空时"

在熊十力看来，空时"非实有"，但并非没有意义。"体用不二"保证了现象界之"有"，也保证了科学对象之"有"。熊十力虽然给哲学和科学划界，但他赞同朱子"明体不能不有事于格物"的主张，不仅提倡"哲学不应取反知主张"①，而且强调应该给科学留地盘。从哲学上，就"体"而言，"物"为心体之发用，故没有离心独存之"物"；但从科学上，就"用"而言，则应该依据世间之经验，"不妨承认物是离心独存的，同时不妨承认物自有理"②。熊氏认为应该假定对象为实有、应该相信万物自有法则，反对以先天的理性为知识的来源，甚至强调"经验是知识底唯一来源"。

熊十力认为，尽管知识以"物"及其"理"为对象，以经验为来源，但如果没有知识主体之"内在的主动力"即"量智"的参与，亦无法形成知识。量智之所得即是发现和阐述物之"理"，即"定律法则"；"理"中有部分是科学知识的基础，此即"范畴"。熊氏将"范畴"视作"物上具有种种规范和形式或法则"，并强调范畴兼具主观客观两方面，因而可以作为联结主客双方的认知形式，并使科学知识成为可能。如其所言，"范畴"之说受益于康德，具体名目亦有别于康德，他尤其反对康德将范畴视作主观。具体而言，熊氏列出了"时空""有无""数量""同异""因果"等五对范畴，并指出此五对有其先后顺序："时空"是物的存在形式，"有无"肯定了具体事物之存在，"数量""同异"分别讨论了事物之量与质的规定性，而"因果"解释了事物之间的内在关系。作为事物的"基

① 熊十力：《十力语要》，《熊十力全集》第四卷，第484页。
② 同上书，第489页。

则"，"范畴"使科学对"万变之迹"的"观测"便成为可能。

首要的范畴就是"空时"。康德将"时空"视作先天的"直观形式"，但如前已述，熊十力认为，时间和空间是"量智"基于经验所起现的，并非"实有"，是"自心所构之概念"，因而确实具有主观性。但"空时"作为物之"存在的形式"，又不纯粹是主观的，物的"扩展相"与"延续相"是其客观的依据。同时，空时"并非不待经验的"，这是熊氏与康德时空观的重要分歧。但熊氏空时之客观性又基于本心之执，这与张东荪之论又相去甚远。

熊十力强调空时是"不可分离"的：

> 整个的空间，与不断之流的绝对时间，只是主观方面因历物之久，乃依各别的空时相，而构成一抽象的概念而已。又因空时只是物的存在的形式故，故知空时是不可分离的。又……各事象相互间，复别形成各个空时系列。……可知空时系列之不一。……复有同一件事，自甲乙二处各相观待，而不同其空时系列。……绝对的空时只是抽象的概念，事实上殊不如此。①

这里他讨论了空时的绝对性和相对性的问题，认为绝对的空时只是主观构想的抽象概念，是意识习惯性将本于具体事物之"空时"不自觉推扩的结果。事实上事物之"空时"具有相对性，事物之间、以及观察角度，都会构成不同的空时系列。

熊十力指出，在意识中，空时之相尤为显著。时空范畴一旦形成，便会成为一种可以应用于经验材料的普遍观念：

> 能利用空时，以规定一切物。……即置一切物于空时两大格式中，于是明理辨物之功能以彰。……故空时，本缘物上具有此形式。意识作用依之，得有空时相起。然意识因有空时相故，乃反以规定感识中未经分别之各物，而条析之，综理之，使证会中之物，成为客观的。空时这种范畴，所以最要而居其首列。
>
> 意识继感识而起，忆持前物，加以诀别，遂于识上现似物相及空时相。②

熊氏认为"实测"为科学成立之根本条件，实测首先是以"感识"即眼等五识"物"打交道，在此过程中，意识主动地以空时范畴去处理感识提供的经验材料，所以空时一方面是物之形式，另一方面也是意识分析、抽象等"建构"而成的。

---

① 熊十力：《新唯识论》（语体文本），《熊十力全集》第三卷，第312页。
② 同上书，第313页。

空时范畴一旦形成，便会成为一种应用于感性材料的普遍观念，因而具有独立性——用旧唯识学的话来说，就是时空的"不相应"或"定"。

熊十力认为五对范畴中，空时最为重要，因为这是知识之始，是科学实测之据。但空时只对"物"有效，本体不在空时中，所以熊十力也强调，空时之作用只在认识事物的意识中，"感识冥证境物，无分别故"，感识的方式是直观，不分能所，也不与物上分别。

通常有"前因后果"之说，将时间之前后与因果相联系。但熊十力反对此论，他说：

> 一切事物，皆相依故有。以此待彼故，说彼为此因；彼亦待此或余法故，亦应说此或余法与彼作因。准此而谈，因果只就事物之互相关系而假立。每一事物在其极复杂的或无穷的关系之中，必有其相依最切近者。以故，吾人欲甄明某一事物之因，唯取其所依最切近的事物，假说为因。
>
> 吾言因果，只从关系上说。设如一旦事物的关系有变更，即不能说有某因决定造生某果，将无往而不然。这种主张，是吾之因果说所不容允许的。然吾并非不许有因果，只是不许有固定的因果而已。①

熊十力认为所谓"因果"即事物之间一种"切近"的依存关系。但此"切近"首先是"不一而相近"义：所谓"不一"，即是主张原因与结果是不同的；"因果"范畴承"同异"而来，因与果为"异"；所谓"相近"，指二者"涵有变化之可能"，事物处于无量关系之中，因果所言，即是从中发现其最切近的关联，确立相互间之规律。"因之成果……是事物之内在的变化"，他特别强调此"切近"并非指时间上的关联，而是指事物之转变和事物之间的最重要联系。尽管时间之先后并不必然决定因果关系，但因果之间总是有时间性的，如其所说，即使是"击桌"与"声生"之间似乎是同时同处的，但中间依旧有"最小的时分"，所以说因果完全无涉时间，似乎也不妥。不过佛教、熊十力在此都主要是从因果关系的"相待假"而立论的。

熊十力虽言翕以成物，但更强调辟以运翕，以心转物。所以若不以习为"心"，即可不为物役，超越空时之对待，所以"反求实证"的本心之知，或性智，也是无"空时相"的。熊氏认为本体只能"证会"，而不落"言诠"，即无范畴可言。但"数量""同异"和"有无"这三对范畴可依"假设"来"言诠"本体：

> 由权宜施设故，即依本体之流行假设言诠，亦得有范畴可说。但此中谈

---

① 熊十力：《新唯识论》（语体文本），《熊十力全集》第三卷，第319、321页。

范畴，或只得三项目，空时和因果于本体上决不可说有的。①

熊十力反对康德将时空视作感性直观的形式，他一方面将"空时"解释为物的存在形式，就此而言，与当时已经广为流传的辩证唯物主义只有一步之遥。②另一方面，他又将"空时"理解为意识组织整理所记忆的感性材料的首要范畴，这又仿佛折回康德了。张庆熊曾发现其难圆其说之处：

> 倘若时空范畴是在意识中纯主观地构成的，并且理智的认识把时空范畴作为格式去固定感性的素材，那么这个观点与康德的先验唯心论在总体上的差别就并不很大了。③

熊十力以"空时"为范畴之首，这说明了他认为知识经验在开始形成时与时空关系是不可分割的。他力图对康德有所发展，但其相关讨论又难免有力不从心之尴尬。他自己也意识到粗疏，曾无数次慨叹，无限意思，唯等"量论之作"，但"量论"终究未竟，其在知识论，包括时间的问题上，只能抱憾了。但其努力之功，对后辈多有启发。

四、"刹那生灭"与"创生不已"

旧唯识学以阿赖耶识为根本识，以"此能执持诸法种子，令不失故，名一切种"（《成唯识论》卷二）。就其因相而言，亦名"种子识"。阿赖耶识"恒转如暴流"（《唯识三十颂》），识变万法的过程即是"种子生现行，现行熏种子"。种子是"刹那生灭"的。

在佛教中，"刹那"又译为"一念"，为时间的最小单位。佛教之意并不在其具体有多长，而是以此示诸行无常，万法皆空。熊十力很重视"刹那"之说，《新唯识论》亦"赞同印度佛家的见解，主张一切法都是刹那灭"：

---

① 熊十力：《新唯识论》（语体文本），《熊十力全集》第三卷，第 329 页。就"数量"言，"一"可以表示绝对本体；"同异"可以表示本体流行的"翕与辟"；"有无"可以表示绝对、真实本体的存在。熊十力认为，范畴本身并非"实法"："（假法者……是一切事物上所具有的规律，非离事物而别为独立实在的东西故……）假法，即相当于范畴。"

② 尽管就最根本处，熊十力所谓"物"只是本心之翕变。虽然作为不是精通科学的哲学家，他更多采用的依旧是形上学之思辨，但他确实希望借鉴科学研究的结论，比如物理学中的质能关系等论证"有物生成"的具体过程，有心寻求科学上的证据来支持其本体论，这是非常值得钦佩的。

③ 张庆熊：《胡塞尔的现象与熊十力的新唯识论》，上海人民出版社 1995 年版，第 228 页。

怎样叫做刹那灭呢？即凡法于此一刹那顷才生，即于此一刹那顷便灭，所以说，生时即是灭时。他一切法决不会有一忽儿的时间留住的。世间见有常存的物，却是一种倒见。①

"刹那生灭"是佛教的特色，虽在教外，以及经验层面，都常被质疑，但熊氏认为后者其实都是"只从大化流行的迹象上去着眼，而不能理会大化流行之微妙"，结果堕入空见而已。他认为，佛教"刹那"之义真正洞察了事物之内蕴，即强调宇宙万象之大化流行、变动不已，生灭之间没有停留的间隙。世俗之"刹那"只是如年月日一样的时间单位，若以此看万法，生灭之间虽极其短暂，毕竟有始终、有间隔。他在"用"的层面即本体之流行的意义上论"刹那"，在此意义上，"刹那"的实质是"化恒新而蜕故不留，时非实而无隙可断"，变动不居的宇宙，刹那刹那故故不留、新新而起。他也以此批评了各种实体论，包括柏格森著名的"雪球论"。

更重要的是，唯识学所理解的"刹那"又别有要义：

惟佛教大乘师谈刹那义，颇不许杂世俗时间的观念。易言之，刹那非时间义，不可说刹那就是极小而不可更析的时分。窥基《唯识述记》卷十八云："念者，刹那之异名。"据他这个说法，则以吾人心中一念才起之际，便是一刹那。这一念才起，即便谢灭，绝没有留住的。……刹那不可说是时间，……唯依自心而假说。②

熊十力在此更看重的是"念"。在佛教中，"念"除了作为刹那的别译，也指"心念"，即心识中刹那相续之念头。唯识学将相续的前念后念关系视作等无间缘，"无间"就是强调连续不断，无有间隔。这样，"刹那"这个时间单位就与"心"的活动相勾连了，是以自心之念念生灭为缘而假为施设的概念。另外，唯识学还将"念"作为五别境心所之一，即对所缘之事明白记忆而不令忘失的精神作用。这也与柏格森特别主张的记忆与绵延的观点甚是相契。③

陈荣捷曾说熊十力将佛学的"刹那转变"（instantaneous transformation）与《周易》的"生生之谓易"互相阐发，且创造性地为"动态的变化"（dynamic change）

① 熊十力：《新唯识论》（语体文本），《熊十力全集》第三卷，第119页。
② 同上书，第116—117页。
③ 柏格森以"绵延"为"真的时间"，并且说："我们意识存在的根本基础就是记忆，这就是说，过去向当前中的延伸，也就是活动着的、不可逆转的绵延。"（［法］柏格森：《创造进化论》，第21页）

提供一个"形上学基础"（metaphysical basis）。①熊十力提供的"形上学基础"，即以本心为体。熊氏以"颇有体用截成二片之嫌"批评旧唯识学，即"有宗至唯识之论出，虽主即用显体，然其谈用，则八识种现，是谓能变，是谓生灭。其谈本体，即所谓真如，则是不变，是不生不灭"②。他认为旧唯识学以刹那生灭言八识活动，以"恒转"论阿赖耶识，但就真如本体而言却是空寂的，因而难免以世间为妄，时时薾于出离世间，所以他说："佛家者流，求体而废用。"他则援易入佛，而《周易》与旧唯识学最大的不同也在此：

> 夫惟大《易》创明体用不二，所以肯定功用，而不许于功用以外求实体，实体已变成功用故。肯定现象，而不许现象之外寻根，根源已变成现象故。③

宇宙万象都是本体之用，不仅"用"是刹那生灭，"体"也是"能变""恒转""相续不已"的：

> 把一切行的本体，假说为能变……这是从功用立名。因为本体全显现为万殊的功用，即离用之外亦没有所谓体的缘故。我们从体之显现为万殊和不测的功用，因假说他是能变的。……我们从能变这方面看，他是非常非断的。因此，遂为本体安立一个名字。叫做恒转。恒字是非断的意思，转字是非常的意思。非常非断，故名恒转。我们从本体显现为大用的方面来说，则以他是变动不居的缘故，才说非常，若是恒常，便无变动了，便不成为用了。又以他是变动不居的缘故，才说非断，如或断减，也没有变动了，也不成为用了。不常亦不断，才是能变，才成为大用流行，所以把他叫做恒转。④

佛教讲"识"的刹那生灭，是为了以无常破有常之执，其旨是转识成智，悟空入灭。但熊十力从《周易》"体用不二"出发，以生生之"体"为"用"之本、源，"体"的相续不已护卫了"用"的"刹那生灭"，由此他要否定佛教因无常而舍离"识"所转变的世间万法：

---

① What Hsiung has benefited from Buddhism is not so much idealism as the concept of instantaneous transformation. He applies it to the doctrine of production and reproduction in the Book of Changes and reinforces it. The idea of dynamic change was already prominent in Neo-Confucianism, especially in Wang Yang-ming, but Hsiung provides it with a metaphysical basis. (Wing-Tsit Chan, *A Source Book in Chinese Philosophy*, Princeton: Princeton University Press, 1963, p. 764.)

② 熊十力：《十力语要》卷一，《熊十力全集》第四卷，第 78 页。

③ 熊十力：《乾坤衍》，《熊十力全集》第七卷，第 501 页。

④ 熊十力：《新唯识论》（语体文本），《熊十力全集》第三卷，第 95—96 页。

　　本书谈转变，即于一切行，都不看作为实有的东西。就这点意思说，便和旧说诸行无常的旨趣是很相通的了。但是，本书的意义，毕竟有和旧学天壤悬隔的地方，就是旧师于一切行而说无常，隐存呵毁，本书却绝无这种意思。因为我们纯从宇宙论的观点来看，便见得一切行都无自体。实际上这一切行，只是在那极生动的、极活泼的、不断的变化过程中。这种不断的变化，我们说为大用流行，这是无可呵毁的。我们依据这种宇宙观，来决定我们的人生态度，只有精进和向上。其于诸行无所厌舍，亦无所染着了。①

　　从他强调"刹那"不是时间单位，到以用显体，借"刹那"假说本体流行之生生不息，他不仅在体用不二的原则下确保了现象界、人生的实在性和积极意义，也将本来仍有有间可断的"刹那"转换为"相续不已"了。当然此处仍只是"假说"，因为本体是超时空的。

　　熊十力认为，佛老都又见于"刹那"之义，但佛家以刹那言无常，归于反人生；老庄归本自然，而废人能。他以"天行健，君子以自强不息"的《周易》精神来讲刹那生灭，主张宇宙是刚健有为的，人生是精进向上的，这样就与佛老彻底背道而驰了。另一方面，其言诸行"绵绵不断"，自然也可见柏格森绵延的意味。②柏氏以"绵延"反对时间的空间化，强调时间的连续性；同时，他还特别声明绵延不是同质的延续，而是创造，"宇宙延续着（endures）。我们越是研究时间，就越是会领悟到：绵延意味着创新，意味着新形式的创造，意味着不断精心构成崭新的东西"③。

　　熊十力主张，哲学之建本立极，归根到底是为人生提供安身立命之所。在他看来，本体含藏万有、贯通宇宙人生，他说：

　　　　吾人识得自家生命即是宇宙本体，故不得内吾身而外宇宙。吾与宇宙，同一大生命故。④

本体即生命、本心即我心。以体用不二为宗，他肯定现实人生的重要价值，主张以辟运翕，不为物化，他也称此为生生不息之"乾德"。就其人生观而言，最大的

---

　　① 熊十力：《新唯识论》（语体文本），《熊十力全集》第三卷，第86—87页。
　　② 当然老子也说道是"绵绵若存，用之不勤"（《道德经》第六章）"绳绳不可名"（《道德经》第十四章）。但这里熊十力更直接的资源还是柏格森。
　　③ ［法］柏格森：《创造进化论》，第16页。
　　④ 熊十力：《新唯识论》（语体文本），《熊十力全集》第三卷，第358页。

特色在于强调"生生即是创造"。在他看来，"创造"源于"体"：

> 若从实体处着眼，则万物与吾人，一切创造，一切变动，一切富有日新的盛德大业，都应归本于实体是无尽藏。①

本体即"无尽藏"，蕴含了未来自由发展的各种可能性，这是"创造"观念的本体论根据。"创造"即是本体之"用"，是宇宙进化发展的动力。熊十力以"恒转"论本体，强调的就是本体之健行不已、刚健有为。就翕辟成变而言，此相反相成之作用推动宇宙大化流行、生生不息，但体现本心之刚健不息、不肯物化之势用的"辟"是主导力量，"辟"的本性就是精进向上，创新不已，从而避免心为物役。

在本体上，熊十力不仅反对旧唯识学耽空溺寂，也和朱谦之、梁漱溟等中国学者一样批评柏格森之生命冲动的盲目性，他认为柏格森将生命与本能混同："本能即是习气，习气缠缚于人，茫无涯泛，不可穷诘，隐然为吾身之主人公。……柏氏犹在习气中讨生活，实未证见自性也。"②习气是不能作为本体的，相反，熊十力将"生命"定义为"恒创恒新谓之生""自本自根之谓命"，"自本自根"即以本心为本源、为主宰，恒顺其生生不息之本性以发展；"恒创恒新"则经常强调要"以精进力创起净习"，使生命有定向、有价值。用他的话来说，就是要"于用上识得主宰的意义，使知道用之所以如此者，正以用之本体是具有刚健与明智及不可变易的等等德性。所以本体现为用时，这用才是具有主宰，而不是盲目的冲动的。"③在他看来，"创造"是天人相合、性修不二的过程，人生的本质和价值即在注重后天修为，日日舍故，时时求新。

> 吾人于一方面当然承认人类之自由创进，创进者，言人类的进步是由其自力创造得来。另一方面当知吾人的生命元是禀受于天，天者，宇宙实体之

---

① 熊十力：《体用论》，《熊十力全集》第七卷，第134页。

② 熊十力：《十力语要》卷三，《熊十力全集》第四卷，第440页。在他看来，这实为很多西哲之通病，并以此与佛教类似，如"至于生命论派之学者，大概体验夫所谓意志追求、或生之冲动处。此盖在与形骸俱始之习气上有所理会，遂直以习气暴流、认为生命。佛家说众生以势如暴流之赖耶识为主公。赖耶即一团习气也。西哲如叔本华、柏格森等，持说之根底，不能外此。"（熊十力：《作者生前已发表过的论文书札·与友论新唯识论》，《熊十力全集》第八卷，第337页）"西洋叔本华之言意志与柏格森言绵延与生之冲动，皆与印度人言无明或闇者相近。此皆从有生以来，一切欲取习气上理会得之，未能克治惑习而见自本性，故不悟生化大源本来空寂也。"（熊十力：《十力语要》卷三，《熊十力全集》第四卷，第374页）

③ 熊十力：《新唯识论》（语体文本），《熊十力全集》第三卷，第104页。

名。未可曰人力无来源也。天工人事两相融合，乃着此奇迹。①

　　全性起修名继，全修在性名成。本来性净为天，后起净习为人。……故吾人必以精进力创起净习，以随顺乎固有之性，而引令显发。②

一方面，"天"是"人"之源，"人"禀于"天"，本体之流行日新贯通天人；另一方面，个体之完成、人类的进步，都有赖于后天人力之努力，才能显发、实现本体和天性。他反对先儒过恃天性的"减"的工夫，认为"所谓天性者，恰是人创出来"，主张于"精进处"见生命，倡导精进者"自强不息……日新而不用其故，进进而无所于止"，永不懈怠、活泼向上、自强不息、创新不已。

　　总之，熊十力一方面强调，创造的根源在本体之中，本体为"创造"提供了源源不断的内在根据和持久动力；另一方面，人心之"辟"能发挥心体之大用，通过后天的修为以践履、显发心体，以精进不已、勇猛向上的创造力突破物之痼弊，迈越各种障碍、险陷。成己成物之"成"，都有赖于创造。

　　熊十力论创造当然有柏格森思想和佛教刹那生灭的资源，但更重要的是《周易》之生生不已的精神和中国现代形成的"创造"之风。其创造之说最突出的特点即在有"本"，即以本体为创造之源，创造不仅出自本体、也显发和实现本体，他声明："有本才得创新，创新亦是返本。"③就其创造的时间性而言，不仅面向未来，同时也返本，即回归传统，不断从传统汲取资源和力量，又通过创造不断出新、使过去能延续、拓展，使传统能活在现代、走向未来。

　　熊十力曾深研唯识学，又反复玩易，终于出佛入儒，根柢《大易》以成《新论》。同时，他又努力消化西学，尤其对康德、柏格森用力甚多。我们可以在其时间观中看到其学思之广博与深邃。他以体用不二为宗旨，将现实世界、物质、知识等都视作心体流行之大用，从而为时间找到了根据：时间兼主客，是物的形式，也是心之作用。时间兼绝对与相对。时间虽然非实有，但作为范畴之首，是科学知识得以成立的重要条件。在体用不二的视域下，他主张科学以哲学为源，摄物归心，并以"创造"为生命的本质，主张革故鼎新、面向未来的同时，回归传统，返本归体，其创造的时间是连续性和间断性的统一，有着源源不断的根据和动力，也有绵绵不绝的持久生命力。

　　毋庸置疑，熊十力的哲思多半依仗个人的参学与体悟，尤其是对西方哲学，终有隔膜。虽有心为科学留地盘，但量论未竟，有关时间等问题终究还有颇多不

<hr />

① 熊十力：《明心篇》，《熊十力全集》第七卷，第235页。
② 熊十力：《新唯识论》（文言文本），《熊十力全集》第二卷，第144页。
③ 熊十力：《新唯识论》（语体文本），《熊十力全集》第三卷，第418页。

通和粗疏。但其努力毕竟有所得，同时也启发了其学生延续其思考。牟宗三也很早注意到时间问题，并沿着熊十力开辟的思路向前推进。

第二节　牟宗三："心"与"时间"

　　牟宗三（1909—1995）初涉哲思时就已经意识到"时间"问题的重要性，从早年运思易理到后期哲学体系的建构，对"时间"的考察贯彻其哲学思考之始终，只是随其学术生涯中运思对象、主题的变化，他的时间观也经历了一个不断调整、深化的过程。这个过程大致可分为三阶段，第一阶段是其着力学习西方逻辑、知识论的时期。在其最早的学术专著《周易的自然哲学与道德函义》中，他详细梳理了胡煦易学中对时空问题的讨论，阐释了"具体的'时—位'"与"构作的'时—空'"两个概念的丰富内涵。在之后的《认识心之批判》一书中，他主要承袭了康德的时间观念，在静态的精神结构中对"时间"作了多方面的考察。第二阶段，他借用黑格尔"历史哲学"的思想，以心之全部活动转而为精神表现的历程理解"历史"，并据此深入考察了中国的文化生命，期以完成"历史的精神发展观"。第三阶段，他融汇中国传统资源与康德，创建"道德的形上学"，在"两层存有论"架构下，将"时间"置于"有限性""有限心"序列，以"识心之执"为"时间"之源，以"时间相"为现象诸相的"基体"或"底据"。尽管他在三阶段对"时间"的具体阐述有调整、发展，但一以贯之的是不离"心"论"时间"。他始终以离物而即心的方式理解与规定"时间"，对"时间"之根源、时间相等方面进行了缜密的分析。

　　时间与空间密不可分，牟宗三对"时间"问题的考察也常常与"空间"相互联系，但"时间"更为根本。早期他就曾注意到在中国思想传统中对时空问题少有具体讨论，也意识到时空观念在融贯中西思想，尤其是为科学知识奠基中的重要性，故对此有着理论的自觉。其思考对安顿现象界、展露本体界涵有敏锐的洞见与超越的智慧，大大拓展了20世纪中国哲学思考时间之广度和深度。

一、时间之"主观建构"

　　1932年，尚在北京大学求学的牟宗三撰成了第一本学术专著：《周易的自然哲学与道德函义》。其中，他非常重视和推崇清代胡煦易学思想，他说：

　　　　时间与空间中国人鲜有解析，而胡氏则特注意，且其观点亦很对，即

（i）相对而绝对，（ii）由物事之生成而被显，（iii）具体的"时—位"与构作的"时—空"之区分是。这个构作的时—空，胡氏以干支名之，象之。即天干地支这两个系列便足以表象时间与空间之合一。①

在绵延庞杂的易学史中，牟宗三敏锐地发现胡煦易学思想的特别之处，即其对时间和空间的关注。他尝试用西方哲学的术语重新解释古老的易学概念，详细分析了胡氏有关时空观念的诸多具体观点和特征，尤其值得注意的是他对胡氏"爻时位"和"干支"概念的阐释。

牟宗三以"生成哲学"概括胡氏易学的主要特征。胡氏将世界理解为"始终微盛"的生成过程，此生成过程之动为阳、为"时"，之静为阴、为"位"，"爻"表示一个体有始有终的生成过程，并可以九六初二三四五上等八个"数"的方式确定地表达。对此，牟宗三进而解释道：

> 盖月日交光即有时空性在也。日月为易而四时成，时间性也。相交而位成，空间性也。
> 生成的时位合一之所限便是一个爻，即一个体。②

"时"表示"动"，即个体在生成过程各阶段不同状态的持续与更迭，可具体表现为"初中末"三候；"位"表示"静"，指个体不同阶段所处的空间位置，可具体表现为"上中下"三等；一个体之完整的生成过程可以用"时""位"合一的"爻"来表示。

牟宗三很赞赏胡氏时位合一的发现，尤其是其以"数"来解说个体生成过程的观点。他将此由个体生成过程派生分化而成的称作"具体的'时—位'"，并指出："时间空间即由此具体的时位而抽象成。"③

"抽象的时间与空间"，牟宗三亦称为"构作的'时—空'"，他认为真正的"时间"和"空间"是人们通过对具体的时位之抽象"构作"而成的，在胡氏易学中表现为"干支"的形式，"干象时间……支象空间"。时位合一，故时空亦合一，但时、时间更为重要，六爻合一卦，一卦统六爻。他说：

> 卦统者即是一个时系（time-system）之谓也。……以时系意卦统非必即无空，盖取重于时也。④

---

① 牟宗三：《周易的自然哲学与道德函义》，《牟宗三先生全集》，第1卷，台北：联经出版事业有限公司2003年版，第269—270页。

② 同上书，第270、242页。

③ 同上书，第272页。

④ 同上书，第274页。

地支本来对应于十二时辰，是纪时之工具，就其作为空间之象，不仅再次证明时空一体，更强调以"时"为重，"支"所象的空间是"有时之空"（momentary space），而非"无时之空"（time-less space）。牟宗三也把"时"称作"时扩"（temporal extension）、"生成过程之行状（biography）的系列""时动方面的系列（the series of temporal aspect）"等；把"位"称为"空扩"（spatial extension）、"生成过程之扩张的系列""空扩方面的系列（the series of spatial aspect）"等。"扩"字表明牟氏强调"时"或"位"是连续的，不是一个个间断的点：

> 吾意相对论上的空—时（space-time）合一，最好以"时—位"二字代之。因为 space、time……每易认为是"空间"及"时间"。其实并无所谓"间"尤其无所谓"空"。故很难表示所谓"四度凝以体"，故为表示此种"凝一"起见，把"间"字去了，而直译为"空—时"；但凝一体仍无所谓"空"也。所以"时—位"二字倒最好。"位"字即是"主位"或"座位"（seat）之意。有了"位"才能预定出"空"与"间"（interval）的观念。四度凝一体，它虽可以预定出"空间"，但实在它本身不是"空，间"，乃实在是一个"时位"。①

前已论及，对 space、time 最合适的中文翻译，学术界一直颇有争议。牟宗三强调时空都无"间"，又主张"空间"并非"空"，而是"时"之"凝"。正因为取重于"时"，《周易》重终有始、彰显了永远创新生生不息的精神。生成过程是曲线的而非直线的，是一"螺旋式"的形态；一个体之时间是间断、有限的，但个体之间相因相连，时间又是连续、无限的。时间是循环的，表现为甲子之轮转。

"干支"即"构作的'时—空'"是如何"构作"而成的？牟宗三解释道：

> 胡氏以为这并不是先天的（apriori），乃是由经验之历试历验而归纳成的，即时空是建基于经验世界之生成条理上。人可以发现之，历试历验而使其渐近于准确。这观点又是对的。②

也就是说，人在后天无数的经验中逐渐发现了世界变化的节奏、秩序，通过反复将人心的发现与具体物事的生成过程比较、调整并最终抽象、稳定为"干支"这样的时间和空间观念。牟宗三认同胡氏把时间视作人在后天经验中对生成条理的归纳，是"心"之"构作"。具体的时位与物事有关，但构作的时空如干支却不属

---

① 牟宗三：《周易的自然哲学与道德函义》，《牟宗三先生全集》，第 1 卷，第 262 页。
② 同上书，第 275 页。

于"物"，亦并非实有，只是对三候之时三等之位之生成系列的逻辑抽象。干出于生数，支出于成数，时空与"数"密切相关。"构作的'时—空'"是人的主观构建，"数"之观念也是人基于对世界数学性的发现而抽象以成的一个公共符号。通过干支纳法，世界有了"数学底基础"，人们可以通过"干支"这一特殊的时空形式说明和理解天地万物的生成流转。

> 假若汉人的思想可说是科学的，则胡煦将即是科学底哲学，即他要给汉易树基础。所以我说胡煦是中国的最大之纯粹哲学家。①

牟宗三特重胡煦，即因其自发触及了中学传统中罕被关注的时空问题，且创见颇多，特别是对《周易》"数"的关注。牟氏认为，由此不仅可以为汉易奠基，也可以为中国思想找到与科学相接近的传统资源，开出知识论的新局面。当然，他对胡氏时间观的阐释建基于其西方哲学，尤其是知识论的视域。

如我们所知，在西方真正将时间和空间范畴引入知识论领域的，就是康德。1949 年渡海之前，牟宗三完成了他的第一部研述康德哲学的专著——《认识心之批判》。他意识到康德时间观的重要意义，在此书中对"时间"作了多方面的考察，如讨论"时空与运动""时空与数学""时间与算数学"等问题，并提出了"时空格度由超越的想像而直觉地被建立""时空为直觉底形式"等富有洞见的论断。此书之末，他附了篇长文《时空为直觉底形式之考察》，其中对时空的看法可归结为以下两点：

> 一、时空属于心之主观建构，其建构之活动如上所定；二、所如此建构之时空必为直觉之形式因而复为现象之形式。②

康德曾评说自己的时空学说：

> 我的空间和时间的唯心性的学说，远远没有把整个感性世界弄成为仅仅是一个假象；反之，它是保证最重要的知识之一（即数学所先天阐述的知识）得以应用于实在的对象上去以及阻止人们去把它当做仅仅是假象的唯一办法。③

---

① 牟宗三：《周易的自然哲学与道德函义》，《牟宗三先生全集》，第 1 卷，第 183 页。
② 牟宗三：《认识心之批判》（下），《牟宗三先生全集》，第 19 卷，第 764 页。
③ ［德］康德：《未来形而上学导论》，庞景仁译，商务印书馆 1978 年版，第 55 页。

康德将时间和空间视作主体的先天感性形式，以"唯心性"的时间和空间担保普遍必然知识的可能性。总体而言，牟宗三的这些观点基本是对康德哲学的转说。

如前已述，牟宗三认同胡煦之"构作的'时—空'"是非先天的，而在康德，时空作为直觉的形式是先天的（牟氏在此文中写作"先验的"）。对于时空形式与经验的关系，他通过对士密斯的批评维护康德的立场，但他同时也指出，康德只就时空之"形上"和"超越"两个方面解析了时空的先验性；然而对"时空之起源"的解析，康德却不甚明了。牟宗三进而区分了"心理上之先在"与"逻辑上之先在"，并以后者为康德之真实义[1]，并就"时空之起源"而指出：心之活动有两个方面，一是"建构此形式"即心在经验中"因反省心之活动而获得"时空形式，一是"形式赋与"，即时空作为人心之固有的"潜能之形式"在经验中成就一直觉活动。这两方面缺一不可且不相矛盾。牟宗三为康德的辩诉艰辛而隐晦，他想超越形式"获得"与"赋予"的冲突，回看他对胡氏时空之"构作""不是先天的"的讨论[2]，也与此有关。但背后潜藏的问题是：时空之获得是否真的如其所言，是"永久"而决非"逐渐"之有或现？[3] 时空仅仅有一种绝对的、固有的、静态的、单一的形式吗？事实上，这些也是其日后思考的要点之一。

牟宗三对《认识心之批判》并不满意，自认此书非成熟之作，未能参透康德划分现象与物自身之洞见的重大意义。不过，无论是其对胡煦易学时空观的现代阐释，还是对康德时间主观说的接受都表明，他认同以"心"理解"时间"的思想途径，主张时间属于"心"之主观建构，赞成以时间和空间为知识奠基。

二、历史之"精神表现"

赴台之后，牟宗三开始撰写《历史哲学》等"新外王三书"。何为"历史"？他说：

> 心之全部活动转而为"精神"表现之全部历程。……历史之精神表现即是一部在发展途程中企求完成之哲学系统。[4]

---

① 参见牟宗三：《认识心之批判》，《牟宗三先生全集》，第 19 卷，第 762 页。

② 牟宗三指出，先天后天是胡氏易学的出发点，但其对二者的区分"与邵朱及西洋所谓先天后天意义都不同"。详见牟宗三：《周易的自然哲学与道德函义》，《牟宗三先生全集》，第 1 卷，第 185—195 页。

③ 牟宗三说："彼就直觉之活动而出现，吾人即反省此活动而获得之，而见其必为内在而固有，必为心所建立，必为先验者而非后验者。其'有'望'隐'而言为'潜'，然当其以随活动而为'有'而'出现'，则一'有'永久有，一'现'永久现，一'成'永久成：决非逐渐有，逐渐成。盖时间只为一形式，并非一具体物，故其'有'或'现'不为一'成为过程'也。"（参见牟宗三：《认识心之批判》，《牟宗三先生全集》，第 19 卷，第 765 页）

④ 牟宗三：《历史哲学》自序，《牟宗三先生全集》第 9 卷，第 21 页。

牟氏以"精神表现"论历史，他认为历史并非一些在特殊时间点发生的偶然的、客观的历史事件的集合，而其试图探寻的，就是历史的"时间性"。

黑格尔在《历史哲学》中区分了三种观察历史的方法：原始的方法、反省的历史和哲学的历史，并指出，历史哲学即是对历史的思想的考察：

> 哲学用以观察历史的惟一的"思想"便是理性这个简单的概念。"理性"是世界的主宰，世界历史因此是一种合理的过程。①

黑格尔反对当时德国流行的客观主义历史学，认为历史学家无法避免"带着他的范畴，透过这些范畴来看面前的材料"，历史就是被人以理性建构而成的、有着内在联系的发展过程。同时，他虽然承认每个文明都有自己独特的根基，但他试图从"世界历史"的个体现象中，找到普遍的内在的精神发展道路，所以他认为世界精神的本性"永远是同一的"，他说："世界历史无非是'自由'意识的进展。"②以"自由"意识发展的不同程度为标志，黑格尔认为世界历史如同太阳，从东方到西方，从亚洲到欧洲，包括中国在内的东方因而被他视作匮乏自由的"历史的幼年时期"。

此时牟宗三深受黑格尔《历史哲学》影响，意欲完成历史之精神发展观，指出人类之常道。但此时亦是其"文化意识及时代悲感最为昂扬之时"③，批抉中国文化之症结，开出中国文化健康发展之途径是其学思之责。故中国文化之疏通，成为其历史哲学的主要内容。与黑格尔相较，牟宗三《历史哲学》中所阐发的中国历史之"精神表现"更为丰富。比如在"理性"之外，他又提出中国文化另有一种表现为"艺术性主体"的"综和的尽气之精神"；对"理性"，他指出不同于西方的"理论理性""逻辑理性"，中国文化的"理性"是"道德主体"的"实践理性"或"道德理性"。他认为历史的"精神表现"有不同形态、不同原理、不同方式，不同的精神表现皆要求在历史中扩大、彰著，不经过发展，则精神只是潜隐地存在，而无法实现。

黑格尔认为世界历史即精神在时间里的发展，并力图建构历史的"历史性"原则，后来恩格斯高度肯定他"是第一个想证明历史中有一种发展、有一种内在联系的人"。牟宗三进而指出：中西文化生命之异即"一往是'综和的尽理之精神'"与"一往是'分解的尽理之精神'"，他说：

---

① ［德］黑格尔：《历史哲学》，第8页。
② 同上书，第17页。
③ 牟宗三：《道德的理想主义》修订版序，《牟宗三先生全集》第9卷，第3页。

　　　　西方文化生命一往是"分解的尽理之精神"。……中国文化生命一往是
　　"综和的尽理之精神"与"综和的尽气之精神"。然此所谓"一往"是有时
　　间性。①

牟宗三在此处的"时间性"即：在大量貌似偶然、特殊的史实中，有一贯通古今
的"精神实体"。虽然在历史进程中，"精神"的具体表现各异，但有其内在的有
机发展，随着时间流逝、历史延展，"精神"必定荡涤黑暗腥秽，在"光明与常
道"中演进，所以历史具有明确的方向和价值。"时间性"意味着历史精神终将陆
续实现、历史必然不断"进步"。

　　具体到中国文化，"综和的尽理之精神"有其发展脉络，比如由"主观精神"
到"客观精神"即是一"进步"，这就是"综和的尽理之精神"之发展脉络。牟
宗三在讨论"夏商周"时认为，由母系进至父系为一大"进步"，其标志是亲情意
识的扩大，精神从其最直接性中解放。就殷周言，由亲亲至于尊尊，由笃母弟而
至笃世子，这也是一大"进步"。其理由是：这一转变由私而公，人格更开阔，生
命能够客观化。礼乐制度为一客观精神，这保障了客观精神之稳定。

　　"历史之精神表现即是一部在发展途程中企求完成之哲学系统。"②在牟宗三那
里，"精神表现"不仅绵延不息而且丰富多姿。如秦之发展为"物量数量之精神表
现"，楚汉相争函着"综和的尽气之精神"，西汉二百年为"理性之超越表现时
期"，东汉二百年为"理性之内在表现时期"。所谓中国历史无非是"中国精神"
之实现和进步。

　　牟宗三以王夫之"通论"为本观史，"通"即纵贯古今，亦即"一往"之时
间性。虽然他重在疏通中国文化，但其"古今"关涉整个人类。他认为精神表现
的不同形态在各民族间，会有"先后之异""偏向之差"，出现方式亦不相同。但
他确信：

　　　　人类各民族史之精神表现，必在其发展奋斗中，刮垢磨光，而趋于系统
　　之完成，归于精神之大通。③

　　如前已述，牟宗三以"综和的尽理之精神"与"分解的尽理之精神"区别中
西历史，表现在主体则分别是"道德主体"与"知性主体"。前者展开为"道德的
形上学"，后者展开为逻辑、数学与科学。二者都是人的精神表现，原则上彼此相

---

　　① 牟宗三：《历史哲学》自序，《牟宗三先生全集》第9卷，第22页。
　　② 牟宗三：《历史哲学》旧序一，《牟宗三先生全集》第9卷，第22页。
　　③ 同上书，第21页。

通，但究竟如何相通？这对牟宗三是个问题。他不同意黑格尔历史哲学所思辨构造的精神起于东方，归于西方的德意志中心论调，认为东西方精神乃各自独立发展，那么二者在什么层次上能相通呢？既然在黑格尔这里找不到答案，牟宗三只能又再次回到康德。但这次，他不仅对中国各期哲学进行了详细理解与诠释①，对康德哲学也有了更为透彻的了解。②经过渡性著作《智的直觉与中国哲学》，他终于在《现象与物自身》《圆善论》中完成对康德哲学的消化与"道德的形上学"之挺立。《圆善论》偏重道德形上学的挺立，对"时间"问题并无专论。因此，以下对牟宗三"时间"问题的考察集中在《现象与物自身》一书。

三、时间与"有限心"

从《现象与物自身》之书名就可以看出，牟宗三此著即以康德《纯粹理性批判》作为直接的对话者。在《纯粹理性批判》中，康德指出：感性直观以时空为形式条件，通过人的感官获取对象的材料。知性以范畴为形式条件，整理感性材料。感性与知性结合而获得对象的知识。感性直观决定了人类知识的边界或限度，即人只能认识"现象"，他将那无法对人的感性直观呈现的对象称为"物自身"（或"物自体"）。康德不承认人具有直观"物自身"的能力，也不承认感性直观能够呈现"上帝""灵魂""自由意志"等理性对象。但是，康德用了"理性直观"一词，虚拟地表示，"上帝"等无限存在者才具有此能力。

牟宗三对康德区分"现象"与"物自身"、"感触直觉"与"智的直觉"（牟宗三用语，通常译作"感性直观"与"理性直观"）非常赞赏。但他认为，康德并没有证成"现象"与"物自身"区分之洞见，其根本原因在于康德否认人有"智的直觉"。否认人有"智的直觉"，则"感触直觉"与"智的直觉"被割裂，人被限定在"感触直觉"所对应的"现象界"，被限定为与无限性绝缘的存在者。然而在中国哲学传统中，人是有限而能无限的存在，可以有"智的直觉"，能够呈现"物自身"。由此，牟氏建构起"两层存有论"，即本体界的存有论（亦曰"无执的存有论"），以及现象界的存有论（亦曰"执的存有论"）；并在此视域下，重新探讨了"时间"问题。

首先，牟宗三坚持了康德对感性的看法。比如，康德认为，人类的感性主体去摄取外物以为对象是在"一定样式"下摄取之。所谓"一定样式"，包含两层意思：一是人类感性主体生理上特殊构造，由此各感官所摄取的只能是物体诸多面相中的某一方面或有限属性；第二层的意思是，感官需要以"时空形式"去摄取

① 此时，牟宗三的相关著作有：《才性与玄理》《佛性与般若》《心体与性体》《从陆象山到刘蕺山》等。

② 比如牟宗三译注了康德之《纯粹理性批判》《实践理性批判》等。

外物。在此，牟宗三继续沿承了康德时空观的基本立场：时空乃是人类感性的基本形式。

在人类常识中，时空常常被视作世界万物自身的客观属性，如以时间为事物的绵延持存，以空间为事物的广延。世界无限，所以时间无始无终，空间无边无际。在基督教观念中，时间空间都是上帝的创造。时间有开端（被创造之时就是开端），也有终结（凡世终结处）。康德将时空纳入主观范畴，与以上看法迥异其趣。牟宗三对此深表认同，也坚持说感性主体必须依时空之形式去摄取对象。人有感官、感觉，感觉中先天具有时空形式。当感触直觉将对象给予我们时，对象已经被放到了时空形式中。或者说，对象已经转换为带着时空形式的"现象"。"形式"是架子，它有边界，有界限，有限制。进入时空形式的现象即是被限定的有限的存在。所以时空仅与"有限""现象"有关。物之有时空性并不是物所固有的，而是我们的感性去摄取外物时以时空为形式而带上去的，因此物之时空性的根源在我们的"心"，时空之所以是有限的，因为构建时空的是人的"有限心"。

但在牟宗三看来，康德的时空观裹挟着某些矛盾。比如：上帝及其创造物"物自身"有时空性吗？一方面，上帝之"智的直觉"不以时空为形式条件，故不在时空中，无时间性与空间性。上帝之直觉只创造物自身，不创造现象，故康德甚至将时空性之有无作为区分现象与物自身的标记，因而时空不能应用于物自身。另一方面，上帝所创造的都是有限物，即使是物自身，亦是有限物之物自身。而有限物之所以为有限物正因其有物质性，是一组合体；就人而言，就是有感性。有限物是一现实存在。如是，现实的有限物是否能无时空性，这在牟宗三看来是很可疑的。有限物似乎必然含有时空性，以时空性为其必然的属性。这样，物自身的时空性问题就暗昧不明了。

再则，如果时间空间是那当作物自身看的有限存有之一必然的属性，则没有理由说时间空间必然地属于有限而被造的存有之存在，但却不属于无限存有之存在。牟宗三说：

> 假定时间、空间是被造物之为物自身之一必然属性，则势必作为创造者的上帝……亦必在时间、空间中，即必服从时间、空间之条件，今说上帝不服从这些条件，即时空不属于无限存有底存在，这便成自相矛盾。[1]

他指出，康德说上帝创造万物并不带有时空之形式去创造，然而它所创造的却有时空性，但此说亦可疑。因为被造的有限的物自身是上帝所创造的，而时空又是其必然的属性，则上帝造之时，必连时空一起而造之。如果说只造时间中的存在

---

[1]   牟宗三：《现象与物自身》，《牟宗三先生全集》第21卷，第112页。

物，即只为这存在物底创造因，而却不造其必然的属性，即不为时空自身底创造因，这话说不通。他进而敏锐地挑明，康德之所以深陷此"夹逼的状态"，关键之误在于，他把"现象"与"物自身"都当成了"事实"概念。当作"事实"看，"物自身"与"现象"之时空性便难以稳定下来。问题的症结在于康德视有限物为客观存在，如果将其视为主观物，此问题则迎刃而解。

四、"时间"与"识心之执"

在牟宗三看来，"物"是什么取决于人类以何种心去面对。他认为，人心只有一个，但其用却呈现为二：一是"不执着心"，或者叫"无执的无限心"；二是"执着心"，或者叫"有执的有限心"。后者在中国哲学中被称为"识心"（佛家），"成心"（道家），"见闻之知底知觉运动"即气之灵之心（儒家），在西方哲学中被称之为认知心，包括感性、知性等，他也以"识心"来称呼此认知心。

牟宗三依据中国传统，再三声明人之本质即"虽有限而可无限"。一方面，个人的知解能力有限，皆有其所不能，亦不能尽一切义务，由此必须承认人是有限的。另一方面，儒释道等中国哲学传统都主张视德性与幸福之圆满的谐和一致的"圆善"思想：

> 如是，则人即有无限性，而且即是一无限的存在，而亦不同于上帝之为无限存在。……人不是决定的有限，而乃是"虽有限而可无限"。此亦不是偶然的，乃即是人之最内在的本质也。[①]

因而，二者之区分，因心之"执"而起：有执则有限，无执即无限。

"执"原为佛家之语，由我法二执，而成烦恼、所知二重障，众生因而迷而不悟，生死流转、不得涅槃。然而若能破执，即可离迷起悟，转识成智，成就佛性。牟宗三以有限的认知心为"识心"，认为其本质就是"执"：

> 识心之执就是认知心之执性。执性由其自执与著相两义而见。识心由知体明觉之自我坎陷而成。由坎陷而停住，执持此停住而为一自己以与物为对，这便是识心。[②]

"知体明觉"即无限的自由心，其自觉地自我坎陷而成"识心之执"：执持它自己而成为认知主体，又把物自体推出去而视其为对象，所以识心之执的基本结构即

---

① 牟宗三：《现象与物自身》，《牟宗三先生全集》第 21 卷，第 29 页。
② 同上书，第 171 页。

主客对偶，所谓"现象"就是识心之执"皱起"或"挑起"而成。他说：

> 在无限心底明照前，物既是这样的物自身，则只当在"识心之执"底认知活动前，它始成为决定的有限存在物，成为现象义的对象，因此，它有时空性，有生灭相。此是客观地从它本身说。若溯时空性之源，则根本是源于识心之执，因此，说时空是主观的，物之有时空性是我们的感性去摄取外物时以时空为形式而带上去的，因此说那被摄取的物有时空性。①

以有执之心对万物，即必然地有现象，其所知的亦必然是现象。有执，即意味着感性必须以时空为形式，知性必须使用这样的概念。以"识心之执"对之，物以时空性呈现。所以时空性只与"识心之执"对应，而不是物的固有属性。

在康德那里，智的直觉只属于上帝；在牟宗三这里，"虽有限而可无限"的人不仅有感触直觉，也有智的直觉。感触直觉即是认知之心或"识心"陷于感性中而"皱起"现象，即在其摄取外物时使对象着之以时间相与空间相；智的直觉创造、实现、呈现物自身，则无需时空形式，亦无时空相。现象与物自身之分，不是"事实"之区分，乃是主观之心"执"与"无执"之别，是一"价值"之决定。物自身是一个价值意味的概念，它只对着智的直觉呈现，且其存在形态系于"无执"的"无限心"，并无时空架子框限之、封限之、扭曲之，因此可谓之自在相、如相。由此，牟宗三反对康德以时空性为区别现象或物自身的标尺，在他看来，心之"执"与"无执"才是判分二者的决定因素，"时间"本于人因"执"而至的"有限心"。

另一方面，康德只是说时空是感性的形式，属于心之主观建构。牟宗三认为，时空由"识心之执"而成，形成之以用于感性。这样他就确定地将时空与主观性、有限心联系在一起。

牟宗三进而指出，"识心"有三种形态：知性、想象，以及感性所发的感触直觉。那么，形成时空的"识心之执"到底是什么？

五、时间与"想像心"②

牟宗三进一步将此心具体到"纯粹的想像"或"超越的想像"：

> 纯粹的想像无经验的内容，……不过就是时间与空间。纯粹而超越的想

---

① 牟宗三：《现象与物自身》，《牟宗三先生全集》第 21 卷，第 19 页。
② 因牟宗三引文中均为"想像心"之故，此一小节非引文中的"想象"一词都统一为"想像"。——编注

像形式地形构成或涌现地执成一纯粹的影像，即时间与空间。……此像一旦形成，它即是一"形式的有"；而当其用于感性而为感触直觉之形式条件时，它即被名曰"纯粹的形式"。它是"超越的想像心"所形式地形构成或涌现地执成者，故它是"心之主观建构"，因此而亦为"先验的"。①

感触直觉活动时，时空与之俱在，当其直觉外物时，把其所直觉的现象置定于时间空间中，因而现象有时间相与空间相。但是，直觉发于当下，囿于当下，它不是形成时空的原因。时空作为"形式的有"先于感触直觉，而能成为感触直觉的形式条件，并且可以用于感触直觉。能跳出而不囿于当下者是"想像"，故时间空间之超越的根源即是"超越的想像心"。"想像心"构成时空，所以是超越的。感性论之所以为超越的感性论，正因为感触直觉以先验的时空形式为形式条件。

康德只将时空视作感觉上的量度的"纯粹影像"，牟宗三则进而解释此"纯粹影像"的根源在"超越的想像心"。在他看来，说时空的根源在"超越的想像心"，把感觉上的量度之纯粹影像说成是时空，这是一种"倒映的说法"。何以如此？其理由在于，当感触直觉以时空为形式条件去摄取对象时，将对象置定并被排列于时空中。当直觉摄取一对象时，此对象之量度即为时空这一形式条件所表象。时空在直觉之摄取中直接地表象所摄取者之时间性与空间性，同时亦即表象了它们的量度性。而且，这个量度性只为时空所表象，尚未为量概念所决定。因此，如果我们以感觉上的对象之量度为首出，我们即可说此量度之纯粹影像是时间与空间。也就是说，我们通过时间与空间这一对纯粹影像，我们即可把那量度具体地形像化出来。因此，说时间空间为纯粹影像是由其所原表象者而倒映回去说。立足于不同面相，时空所呈现也不同：

> 就感触直觉以及此直觉之对象而言，我们就说时间、空间是它们的先验形式；就感觉对象之量度而言，我们就说时空是量度底纯粹影像。②

时空作为影像，由纯粹而超越的想像所构成，这是牟宗三对时空根源性的解释。

"想像心"之活动是一种"综合"。与感触直觉之综合——先验杂多之综合不同，想像中是再现之综合，即把过去的现象重现出来，加以综合。想像从一个现象转移到另一个现象，预设不同现象服从同一规律，从而实现不同现象之联结。牟宗三指出，"预设"是一种"执"，想像心之综合也是一种"执"。广而言之，三重综合都是"执"：感性的综合是"执"，想像的综合是"执"，统觉之综合也

---

① 牟宗三：《现象与物自身》，《牟宗三先生全集》第21卷，第136—137页。
② 同上书，第139页。

是"执"。当然，作为"执"，后两者也不尽相同。统觉之综合是概念之重认之综合，它是对于想像所形成的先验杂多之综合再予以统一。统觉所使用的工具是概念，是以概念展开的思。

想像之综合之所以能使现象之重现成为可能，不仅在于想像机能就对象之量度而形成时间与空间，更重要的是，它可对每一范畴而形成一规模（Schema），以此作为范畴落实之感触条件。牟宗三同意康德的说法：规模依时间而形成，在他看来，"时间本身"也是感触直觉中以时间为形式，是时间所表象的时间本身：

> 超越的想像之就时间而形成规模必须是就时间之所表象，以时间这个形式条件为主，而复亦渗透到其所表象者。所谓渗透到其所表象者，目的不在对于其所表象者之特殊内容期有所知，而是意在牵率着其所表象者，就之而先验地或超越地形成一规模。①

以时间为主，表象是时间的先验决定，以一切表象俱不离时间故。若以时间所表象者为主，亦可说每一规模相是时间所表象者之一先验的决定，因而反映于时间上，遂说为时间之一先验决定。

可以看出，由感触直觉执之拘限于当下而跃起而进至于想像，进而由此想像说明时空之起现以及规模之构成，此乃"想像之执"。时空之起现而用于直觉以为其形式，便成直觉执中现象之时间相与空间相。规模之构成以迎接范畴而使之落实，这便是范畴之感触条件。想像即已执成大略的十二相，并执成时空为一形式的有。再由想像而跃起以至于思，即知性之起现概念。借此概念，它顺时空之决定现象之时相与空相，进一步复经由规模决定现象之普遍的性相，此即"知性之执"。感触直觉之执、想像之执、知性之执三者层层递进，使现象彻底成为"决定的对象"。

六、时间与"存有论"

牟宗三主张"时间"是人的有限心所建构，将"时间"视作"识心"形态之一的"想像心"所执而成者。依照"人虽有限而可无限"义，他区分了两层存有论：本体界与现象界的存有论（亦曰"无执的"与"有执的"存有论），以及现象界的存有论（亦曰"执的存有论"）。由前者可见宇宙与人的本来面目；由后者，即陷入由感性与知性所搅扰而扭曲的人生与宇宙，此为人生与宇宙之僵滞。所以，重要的是以道德本心的明觉发用即"智的直觉"之逆觉体证破"执"。由此，物自身展露，因"识心之执"所构建的时间亦被化而无之。牟宗三以此为

---

① 牟宗三：《现象与物自身》，《牟宗三先生全集》第 21 卷，第 148 页。

"调适上遂的疏导"。

牟宗三对时间问题的讨论虽然由康德出发，但其思考所及，不仅有爱因斯坦相对论，亦自觉对照或批判胡塞尔、怀特海、海德格尔等20世纪其他西方哲学家的观点，其中尤其不能忽视的是海德格尔。①他认为海德格尔在西方文化传统中，因为不承认"智的直觉"，无法建立"本体界的存有论"，故只能"把存有论置于时间所笼罩的范围内"，"割截而下委，辗转纠缠于时间范围内，以讲那虚名无实的存有论"，"割断超越的实体或理境，空头地言人之存在之实有与时间（通过时间了解实有）"，尽管偶有妙语，但总体上不仅"无意义"，而且"大都是戏论"，实为"形上学的误置"。②在他看来，海德格尔所阐释的"时间"并没有最终跳出康德的现象界，他甚至认为"时间"在海德格尔只是一个"借用"的概念，亦即："用来表示人在现实存在上表现其真实的人生有发展奋斗的过程。"③

和"时间"对应的，仍旧是人之存在的有限性。据实而论，牟宗三对海德格尔"时间"误解甚多④，但沉沦之人在现象界的时间性和生死相中辗转纠缠，他试图以"智的直觉"、超越的实体、道德理想的力量向上引领，这些努力确有"足以借镜处"。

尽管牟宗三思想归宗于本体界，但这并不意味着现象界时空之主观构建是无意义的。由被决定的现象以及时空相推演下去，便会得到诸多存有论的概念，而"时间相"为尤重要：

> 由时间相，（1）我们可自然想到一多相与广度量相；（2）自然想到实在相与虚无相以及强度量相；（3）自然想到因果相以及力相，主被动相与产生相；自然想到常住相以及常体不变相与自身同一相；自然想到交互相以及共在相以及抵阻相；（4）最后，自然想到态势相以及要是、已是、是已、变化等相。⑤

---

① 牟宗三坦诚自己并未读完海德格尔《存在与时间》（他译作《实有与时间》）全书，但他翻译了其中部分章节，甚至自称其书是对海德格尔《形而上学引论》之"重写"。"我由康德的批判工作接上中国哲学，并开出建立'基本存有论'之门，并藉此衡定海德格建立存有论之路之不通透以及其对于形上学层面之误置，则我此书所代表之方向即于当代哲学界亦非无足以借镜处。……所以我觉得有重作《形上学引论》之必要。我此书即可视作此部工作之再作。"（牟宗三：《智的直觉与中国哲学》序，《牟宗三先生全集》第20卷，第3页）

② 参见牟宗三：《智的直觉与中国哲学》序，《牟宗三先生全集》第20卷，第7页。

③ 牟宗三：《智的直觉与中国哲学》，《牟宗三先生全集》第20卷，第455页。

④ 部分学者对此已有详尽分析。代表性观点可参考倪梁康：《牟宗三与现象学》，《哲学研究》2002年第10期；赵卫国：《牟宗三对海德格尔基础存在论的误置》，《陕西师范大学学报》2010年第1期。

⑤ 牟宗三：《现象与物自身》，《牟宗三先生全集》第21卷，第232页。

由被决定的现象以及时空相推演下去，便会得到诸多存有论的概念，而"时间相"尤为重要。人类的"识心之执"有其客观的结构，也具有经验的实在性，因此，时空虽主观，但却不是个人的幻觉。由"时间相"而想到种种相，这表明"时间相"乃诸相产生之前提，牟宗三称之为"基体"或"底据"（Underlying ground）。由此可知时间在安顿现象界、成就人类知识，特别是科学知识中的重要作用。

牟宗三一方面承继康德将时间视为主体感性形式之说，另一方面，以中国哲学，特别是儒家哲学为根柢，进而推演、补缺康德的时间理论。他以人"虽有限而可无限"，一心可呈现为有限的"有执心"与无限的"无执心"，人既有"感触直觉"，也有"智的直觉"等理论为前提，将"时间"归于"有限性"，视之为有限之执心——"想像心"之建构，并用时间以表象或决定现象，遂使现象有"时间相"。由此，知识、科学得以奠基，现象界的存有论得以建立。另一方面，欲解除宇宙与人生之僵滞，需要本体界的存有论松动而朗现之。有执，即意味着感性必须以时空为形式，知性必须使用这样的概念。无执，则不以时空形式观之，不以生灭概念想之，物自身系于无执的无限心这个主体。此有价值意味的物自身，就是物之实相。视时间本身是"执有"而不是客观自存的实有，知其为执有之假相，为假法，方便之权说，当人从执心之转至无执心，时间就可从根源上被消解。

牟宗三以"心"论时间的理路，虽与常识有出入，但富有洞见且解析精详，其对作为感性形式的时间之根源、意义、有限性及其超越等方面都展开了讨论，这些努力拓展了20世纪中国哲学思考时间之广度和深度。

第三节　贺麟："时间"即"心中之理"

贺麟（1902—1992）以翻译和研究斯宾诺莎和黑格尔哲学而闻名于学界，但其并非只攻西学，亦深受中学熏染，更关心时代。以"新心学"显明的贺麟，对熊十力难得的不满是："熊先生于本心即性，本心即仁，皆有所发挥，惟独于'本心即理，心者理也'一点，似少直接明白的发挥。"[①]他则以"心即理也""心者理也"为中心建构哲学。贺麟自言其学问有三个特点："有我"（即"有我的时代、我的问题、我的精神需要"）、"有渊源"（即"中国传统的文化和儒家思想"）以

[①]　贺麟：《五十年来的中国哲学》，第15页。但对此，他也充满理解和期待："不过或由于熊先生注重天地万物一体之仁，以生意盎然，生机洋溢，生命充实言本体，而有意避免支离抽象之理。或者他将于他次一著作《量论》中，更畅发'心即理也'之旨，亦未可知。"（同上书，第28页）

及"吸收西洋思想"①。就时空而言,贺麟曾著长文《时空与超时空》②,以"时空是心中之理"的命题接续康德在时空问题上的"不朽见解",反对以时空为离心而有的客观事物。更重要的是,贺麟敏锐而坚定的要将"时空"问题视作中国人以及中国哲学自己的问题,赋予"礼时为大"以新含义,回应时代问题、安顿世道人心,并试图以此"补充与发挥"康德之时空观。贺麟的时空之思既是他对中西时空观念史的阐发和推进,更是对现代中国之人生问题的探究与回答,是其复兴中国文化、挺立中国哲学的题中之义。

一、"新心学"中的"心"与"理"

1934 年,刚过而立之年的贺麟发表了《近代唯心论简释》一文,该文被视作贺麟"哲学思想的宣言","此后的许多文章,都是此文所阐述的基本思想的扩充与引申"③。可以说,此文标志着贺麟"新心学"体系的初创。

从题目来看,有两点值得注意。

首先是"唯心",意味着他的"新心学"是要确立宇宙人生的"唯"即根基或本体的。在心物关系中,以心为本;在心之理与其他要素如情意等相较,他强调理的主宰,"心者理也"④。这样,"新心学"既与唯物主义思潮不同,也有别于朱谦之的唯情论或梁漱溟的唯意志主义等非理性主义思潮。他批评冯友兰"离心以言理",实际是把心视作"形而下的实际事物"⑤;反之,他高扬"心即理也""心中之理",因而其唯心论明显具有主观性。当然,此"唯"同时也标志着其与张东荪之"多元论"不同的立场。

---

① 贺麟:《文化与人生》序言,上海人民出版社 2010 年版,第 9 页。

② 该文于 1940 年发表于《哲学评论》第 7 卷第 4 期。后作为第二篇论文收入 1942 年出版的《近代唯心论简释》。在 1942 年的初版和 1944 年的再版中,都只有"上篇"而无"下篇"。1959 年商务印书馆出版《资产阶级学术思想批判参考资料(第四集)》时,增补了"下篇论超时空",并说明"此系手稿,未曾发表",并附《论时空——答石峻书》一文(原载于 1944 年《思想与时代》第 35 期),1990 年商务印书馆出版《哲学与哲学史论文集》、2009 年上海人民出版社出版《近代唯心论简释》时都包括了"上篇""下篇"和《论时空——答石峻书》三部分。谢幼伟说:"《近代唯心论简释》一书,虽仅为一部哲学论文集,而非系统的著述,然亦自有其一贯之主张。此一贯之主张,即贺君唯心论之主张是。"(贺麟:《哲学与哲学史论文集》,商务印书馆 1990 年版,第 411 页)徐梵澄说,"《时空与超时空》是全集中最沉博的一文。虽然篇与篇之间似乎没有联系,但正是理性论最强有力的支柱"(徐梵澄:《〈近代唯心论简释〉述评》,收入贺麟:《近代唯心论简释》,上海人民出版社 2009 年版,第 280 页)。

③ 贺麟:《贺麟选集》前言,张学智选编,吉林人民出版社 2005 年版,第 4 页。

④ 徐梵澄说:"心者理也,是一个最扼要的主旨。"(徐梵澄:《〈近代唯心论简释〉述评》,贺麟:《近代唯心论简释》,第 280 页)

⑤ 贺麟:《五十年来的中国哲学》,第 44 页。

其次是"近代",如同冯友兰自觉是"接着说",贺麟也声明其学问虽有"渊源",但亦"有我""有吸收"。"有我"不仅是作为个体有感受或心得,更有"我的时代",也就是他要开展出传统心学的"近代"形态。无论中、西,都有强盛的唯心论传统,但中国"近代"形态的"新心学"必须能面对和回应中国的时代问题:古今中西之争中,中国向何处去?

贺麟对"心"的定义,既明确展示了其"心"之"渊源",也清晰阐发了其"心"之"有我",即"新"或"近代"的形态:

> 心有二义:(1)心理意义的心;(2)逻辑意义的心。逻辑的心即理,所谓"心即理也"。心理的心是物,如心理经验中的感觉、幻想、梦呓、思虑、营为,以及喜怒哀乐爱恶欲之情皆是物,皆是可以用几何方法当作点线面积一样去研究的实物。①

就"心"而区分心物,纳物入心,这是唯心论的基本套路。贺麟此文基本未作哲学史的考查,但在《时空与超时空》中,他提出了一些"主观时空观"的重要代表,都是明确时空在心中,反对把时空视作"心外之实物"。

尽管贺麟强调心物合一,但把"心理的心"视作"物",无疑又将人心剖为两半,一半是逻辑的、理性的,另一半是感觉经验和情感欲望等。一方面,他说:"理是心的一部分,理代表心之灵明部分。理是心的本质,理即本心,而非心的偶性,如感觉意见情欲等。"②作为心的一部分,"理"是心之"性","非理性"则是"心"中之"物"、是"偶性"。另一方面,他主张"注重心与理一,心负荷理,理自觉于心"③。以"心即理也"之心"主乎身""命物",作为"理想的超经验的精神原则""经验、行为、知识以及评价之主体"。当然,这种理性主义难免会无视或弱化生命的完整性以及情意的存在及其积极价值。

但是,无论是把"心即理也"名为"逻辑意义的心",还是认为"物"是可以"用几何方法当作点线面积一样去研究",都是与中国古代非常不同的表述。"逻辑"是一现代输入的西方新词,是否讲逻辑是中国现代非常注重的中西差别之

---

① 贺麟:《近代唯心论简释》,第3页。

② 贺麟:《时空与超时空》,《近代唯心论简释》第19页。对于贺麟的"心物"之论,当年谢幼伟曾有质疑:"贺君一方面认为心物永远平行,而为一体之两面,另一方面又认心为主宰,物为工具,心为体,物为用,心为本质,物为表现,此其平行论与主从,或体用论,能否调和,作者对之亦有所疑盖心物如确平行,则心物之间,似不能有主从或体用之可言。如心物确有主从或体用之可言,则心物似非平行。"(贺麟:《哲学与哲学史论文集》,第414—415页)贺氏对此也有回应,试图通过对黑格尔哲学的主观化阐发,沟通斯宾诺莎的心物平行说与黑格尔的精神外化论,建构新心学。但其辩护未能很圆融。(同上书,第419页)

③ 贺麟:《近代唯心论简释》,第4页。

一。中国传统的"理"有现代的"逻辑"义,但如冯友兰、金岳霖等所言,逻辑的原则和方法在中国古代只是惊鸿一瞥,并非主流。贺麟也有见于东方哲学玄妙而形而上,却疏于沟通有无、主客的逻辑桥梁,以及西方哲学以逻辑为主体活动根基的优势。他也自觉以"逻辑之心"为核心范畴来构建他的唯心论。[①]另一方面,将"物"当成"有形者"以作"几何"的研究,或以"下界说"的方式探物之"性"(essence),也并非中国传统观"物"的基本方法和态度,毋宁说,这更是现代科学的要求。强调"逻辑""几何",这是"新心学"之"新",或"近代唯心论"之"近代"的标志。同时,贺麟之"理"含义丰富:"理是一个很概括的名词,包含有共相、原则、法则、范型、标准、尺度以及其他许多意义。"[②]此"理"作为"心"演绎出来的先验的逻辑观念,其内涵已不再限于宋明思想中的天理、物理、伦理,而包含了西方哲学中"共相""形式"等含义;其言心物关系对斯宾诺莎和黑格尔也多有借鉴。主动对话西方哲学,这也是中国现代哲学的特征之一。

在贺麟看来,唯心论正是"因科学发达、知识进步而去研究科学的前提知识的条件,因物质文明发达而去寻求创造物质文明、驾驭物质文明的心的自然产物"的结果,其首先要去了解创造物质文明的精神基础、要去追溯构成科学知识的基本条件。值得留心的是,贺麟将"认识"与"评价"都视作人心的活动内容,所以其唯心论的领域亦兼及道德、政治等方面,并强调"具体的共相"[③],这就兼顾了知识和价值、可信与可爱,避免了唯科学主义或实用主义。他说:

> 唯心论又名理想论或理想主义。就知识之起源与限度言,为唯心论,就认识之对象与自我发展的本则言,为唯性论,就行为之指针与归宿言,为理想主义。理想主义最足以代表近代精神。近代人生活的主要目的在求自由。但自由必有标准,达到此标准为自由,违反此标准为不自由。漫无标准与理

---

①　贺麟曾讲过一个生动的故事来说明"逻辑之心"在唯心论中的意义:"波士威记下了与英国著名的约翰生博士在散步时的谈话,问约翰生:'贝克莱说任何东西都是观念,你看呢?'约翰生一脚踢开一块石头,说:'我踢的是石头,不是观念,我这就把贝克莱驳倒了!'贺追问:你约翰生踢的是经验外的石头还是经验内的石头?只能是经验观察的、知觉的、观念化的石头!而唯一不在观念化(经验)之中的东西就是逻辑之心。心理之心有什么稀奇的,可用科学去研究,而逻辑之心已是极点(太极),更无前提(无待),只依自性而动;所以本质上即是自由的,为主而不为客;依自己创造的对象来认识自己,命物而不命于物。唯心论即应此逻辑之心、理性之心、理念之心而起论,研究此种唯心论,就是研究一切知识和意义的前提条件,万事万物的本性精华。"(宋祖良、范进编:《会通集——贺麟生平与学术》,生活·读书·新知三联书店出版社1993年版,第68页)

②　贺麟:《时空与超时空》,《近代唯心论简释》,第18页。

③　贺麟:《近代唯心论简释》,第6页。

想之行为，不得谓之自由。①

将唯心论视作"理想主义"，并以"理"为"行"的标准和理想，其对知识与行为关系的讨论在后来的"知行合一"思想中得到了更充分的阐发，也在其时空观中得以贯彻。更重要的是他将"理想主义""自由"视作"近代精神"，也意味着"新心学"的宗旨即在确立"标准"并实现"自由"，这也是"近代性"的另一表现。当然这并不意味着中国古代没有自由精神，而是说，近代的自由与古代有着不同的特质，比如贺麟强调"自由"必须建立在认识和遵循"标准"的基础之上，这显然与其"新心学"的理性主义是一致的。

二、"时空是心中之理"

在"新心学"的视域中，时空也有了特殊的意涵和意义，"心"和"理"是贺麟时空观的关键词。

贺麟始终将时空统一起来讨论的，他首先梳理了哲学史上的各种时空观，指出在此问题上，有一些"正相反对的说法"，具体表现为"物与理对或事与理对""客观与主观的对立"和"不确定的时空说与确定的时空说对立"三个方面。他分析了古今中外哲学史上各种有关时空问题的不同观点，并明确提出了自己的见解。他说：

> 我关于时空的思想，分开来说，可用四个命题表达；总起来说，可用一个命题表达。
> 　1. 时空是理。
> 　2. 时空是心中之理。
> 　3. 时空是自然知识所以可能的心中之理或先天标准。
> 　4. 时空是自然行为所以可能的心中之理或先天标准。
> 　总结上面四点，可以说"时空是自然知识和自然行为所以可能的心中之理或标准。"②

---

① 贺麟：《近代唯心论简释》，第6页。对于"唯心论"一词可能遭至的误解，贺麟早有领会。他以体用言心物，并如此区别唯物论与唯心论："唯物论者离心而言实在，离理而言实在，离价值而言实在。换言之，唯物论者以为真实之物，是离意识而独立存在，是不一定合理性合理想，有价值有意义的。唯心论者则合心而言实在，合理而言实在，合意义价值而言实在。换言之，唯心论者认为心外无物，理外无物，不合理性，不合理想，未经过思考，未经过观念化的无意义无价值之物，均非真实可靠之物。"（贺麟：《哲学与哲学史论文集》，第129页）
② 贺麟：《时空与超时空》，《近代唯心论简释》，第18—21页。

第一个命题是回应"物或事与理"的冲突。贺麟批评牛顿认时空为实物或实有（entity），也否定爱因斯坦等相对论者以及受相对论影响的哲学家以时空为事（event），他认为此二者皆将时空当作了物理学研究的对象。他赞赏康德以时空为"感性的先天原则（原则即是理）""感性所具有的两个纯范型，或构成先天知识的原则"，以此为"不朽的伟大发现"。"时空是理"一开始就明确反对将时空视为"物"或"事"与康德一样，贺氏强调时空不是经验中的事物，而是使经验中的事物可能的先天之理或先决条件。

第二个命题涉及"客观与主观"的对立。他指出牛顿以及现代许多实在论和唯物论的哲学家或者主张时空是离人类意识而独立存在的物或事，或是以运动来度量的客观存在，或者是事物与事物间的客观关系等，其实质都是将时空视作客观的。当然也有许多哲学家认时空是主观的，只是心中的状态、抽象观念、原则等，不是离心而独立的存在，比如在中国古代，他推崇陆象山和陈白沙；在西方近代哲学家中，他认为斯宾诺莎及康德是"持时空主观说最有力者"。当然他再次接受了康德的"颠扑不破的真理"，并指出康德所谓时空之主观性可概括为三层意思，即"时空的理想性""属于主体方面的认识功能或理性原则"和"为时空在经验方面之所以是必然普遍而有效准的原则奠立基础"，由此他批评了各种独断地离开主观去肯定客观（无论是实物或物自身，还是属于客观对象方面的性质或关系）之说，他指出："心外无（可理解的）理，心外无时空，心外无（经验中的）物。离心而言时空，而言时空中之物，乃毫无意义。"①时空是"理"，具有客观性、普遍性，但"理"在心中，客观归于主观。同时，时空作为主体特有的"认识功能或理性原则"，是人心的部分和本质。

第三个命题与时空的"不确定或确定""无限与有限"相关。贺麟将不确定的时间称为"绵延"（duration）、不确定的空间称为"扩张"（extension），以此为感觉的对象或内容，换而言之，是"物"而非"理"；他认为"绵延"与"扩张"是可加以衡量，但尚未经衡量的量（unmeasured measurable quantity）。时间是衡量"绵延"的准则，空间是衡量"扩张"的准则，所以时空都是确定的，而可度量的、确定的时空，也是有限的。正因为时空具有确定性，才可名之为"理"或"标准"，并且可以衡量不确定的"绵延"与"扩张"。这样他不仅与柏格森等也划清了界限，也反驳了将时空视作个人主观的、无常的意见或幻想的观点，再次肯定了康德之时空所强调的普遍必然性。

第三个命题的宗旨是将时空作为"自然知识"所以可能的理或标准，贺麟把"自然知识"分为三种：

---

① 贺麟：《时空与超时空》，《近代唯心论简释》，第13页。

（1）感觉的自然知识，为自然的时空标准所决定；（2）权断的实用的自然知识，为权断的时空标准所决定；（3）科学的或因果律的自然知识，为理性的时空标准或因果律所决定。①

这里，他将"时空标准"分为三种：自然的、权断的、理性的，并指出不同的时空标准可作为相应的自然知识的先决条件。时空标准愈精密愈合理，其所决定的自然知识也愈精密愈有条理。时空"即是吾人行使感觉机能时所具有之两个内发的原理或标准，据此原理或标准，吾人可以整理排列感觉中的材料，因而使得感觉也不是纯全混沌而被动，乃亦有其主动的成分，而自然知识因此形成"②。就时空为"心中之理"而言，贺麟称之为"心之德"，亦即以时空为心之功能或德性。就时空为使基于感官的自然知识可能之理而言，贺麟又名之曰"感之理"。贺麟"心之德"与"感之理"之论基本是对康德之"不朽见解"的接受，但他的时空标准是多样的，从而也为各种知识之可能性找到了基础。

贺麟认为，确定的时空一定是"有限的时空"，而"有限的时空"也必然是确定的时空，此"有定有限的时空"，才是可以作为科学"所以可能的心中之理或先天标准"的时空。贺麟澄清了关于时空无限性的几种含混之论。比如以"无限的时空"为"不确定的时空"，即感觉中混沌复杂的材料、无限制未经范型规定过的物质（unlimited or formless matter）；他认为作为认识的对象，其不确定性是可以消除的。其次是以"无限的时空"为"无穷（endless）的时空"，即有限空间的无穷伸展、有限时间的无限延长。但他认为此种"直线式的无限"是出于"想象的作用及理智之不依规范的滥用"，所以是要排斥的说法。可见这两种"无限"均通过理性的认识活动，均可化为"有限"。在此，贺麟第一次提出了对康德的批评，即"不能不拒绝接受康德认时空为无限的体积或量的说法"，并认为康德之论是"受了牛顿的影响而尚未解脱者"。第三种是以"无限的空间"为"普遍性"（universality），等于一切地任何地，等于超空间；以"无限的时间"为"永恒性"（eternity），等于一切时任何时，等于超时间。他认为超时空与形而上学同义，与"自然知识"无涉；但"就知识的性质分析起来，超时空的关键，在于知时空"③，坚持了时空问题上的理性主义。

但贺麟与康德在时空观上的最大分歧在第四个命题上。第四个命题涉及"自

---

① 贺麟：《时空与超时空》，《近代唯心论简释》，第 31 页。

② 同上书，第 20 页。

③ 同上书，第 38 页。贺麟后来补作下篇"论超时空"，并声明"本文是《论时空与超时空》全文的一部分。上篇论时空，大意发挥并补充康德的学说……此为下篇，主旨在解答超时空是否可能的问题，并说明超时空的真意义。……超时空与形而上学同义，假如超时空不可能，则形而上学亦不可能"（同上）。

然知识"与"自然行为"的关联，康德只考察了时空为科学建基的方面，但贺麟认为，时空不仅是"自然知识"，而且也是"自然行为"所以可能的先天之理或标准。与三种"时空标准"相应，他也将"自然行为"区分为不同层次的三种：即完全遵循"自然的时空标准"的"本能行为"、建筑在"权断的时空标准"之上的"实用的社会化的自然行为"，以及"理性的时空标准"决定的"合礼的艺术化的自然行为"。他认为第一种是"自然人"的行为，实质只是"享受自己生存的纯绵延"，既非道德也不实用，在生存竞争文明进步的社会里，"终在被淘汰之列"。第二种如钟表时间，虽非自然，但"建筑在个人实用的目的、行为的方面与社会效率的增进秩序的维持上"，有实用性。不过，他重点阐发的是第三种时间标准及其意义。在他看来，西方哲学，包括他极为钦佩的康德，对此都无所见①，但"中国哲人早已把握住时间空间（特别时间）的标准与道德行为的关系"，这突出地体现在其对古老的"礼时为大"的新阐发中。

三、"礼时为大"

在贺麟看来，儒家之"礼"就是"理与时之合"：

礼一方面是符合时空标准的道德行为，一方面又是用时空标准去节制情欲使符合道德律的理则或尺度。道德而不进于"礼"则道德永远不能艺术化，不能与当时当地的人发生谐和中节的关系。②

显然，贺麟认为，道德律即某种"心中之理"。贺麟熟谙康德哲学又自觉接续阳明心学，在此他仅简单以"人性本善""理性"和"意志自由"做担保，并指出"遵循理性而行乃是意志自由的本质"③。他进而将"理"与"礼"联结而论，以"礼"为循理而行的道德行为。

当然，上溯其源，《礼记》已言"礼也者，理也"（《礼记·仲尼燕居》），《礼记正义》云："理，道理。言礼者，使万事合于道理也。"后人在此发挥颇多，尤其是宋明儒者，如朱子云："礼即理也，但谓之理，则疑若未有形迹之可言。制而为礼，则有品节文章之可见矣。"（朱熹：《晦庵先生朱文公文集》卷六十，《答曾择之》）阳明曰："礼字即是理字。理之发见，可见者谓之文；文之隐微，不可见者谓之理：只是一物。"（王阳明：《传习录》）换而言之，"理"无形迹、不可见，而"礼"是制度节文，是隐微之理的外在体现。贺麟视"礼"为道德行为或

① 他也提到，亚里士多德虽有所涉，但语焉不详。（详见贺麟：《时空与超时空》，《近代唯心论简释》第33页）
② 贺麟：《时空与超时空》，《近代唯心论简释》，第34页。
③ 同上书，第36—37页。

理则、尺度，也是强调"礼"之可知可见、可循可行。

"礼，时为大。"（《礼记·礼器》）。圣人制礼有先后，与"顺""体""宜""称"等相比，"时"居其首，于礼中最大。此"时"，《礼记》解之曰"尧授舜，舜授禹，汤放桀，武王伐纣，时也。言受命改制度"。尧舜相禅、汤武征伐，都是"时"，"时"，即客观的历史境况；以"时"为大，即"礼"并非一成不变的，而是据"时"而革。孔子言礼有"损益"，此处则以"时"为"损益"的根据或动力。朱子则云："礼，时为大。有圣人者作，必将因今之礼而裁酌其中，取其简易易晓而可行，必不至复取古人繁缛之礼而施之于今也。"（朱熹：《朱子语类》卷八十四）古今有别，"礼"亦有取有裁，需要合乎时宜。

贺麟以"礼时为大"为"礼之特质"，即强调任何道德都必须合乎时宜。他指出"礼"作为时空标准必须注意"当时当地"，要与实际的时空中各种具体场域合拍中节，不能"错过此转瞬即逝的时间成分"。

但贺麟视时空为心中之理，其"时"与旧说仍然有别。在他看来，首先，礼乐相须，时间的准则"实为使音乐之为音乐、音乐之有节奏的唯一要素。但音乐上的时间乃是为理性、为审美的规范所决定的时间。有其自然处，但是美化的自然，有其权断处，但是以美为目的而权断"[1]。儒家主张礼乐并用，"礼"并非一些外在的死板的规矩或仪式，其以"仁"为本，且可以通过"乐"自然活泼地呈现出来。"节奏"是音乐之美的重要元素之一，通常被喻为音乐的骨骼，具体表现为声音的长短、高低、强弱等在时间中的某种周期性的连续展开。音乐中，声音变化有先后秩序，且又合乎规律，此即贺麟所谓音乐之美中的"理性"的规范或权断。当然他也说"有其自然处"，但他认为音乐并非自然的直接呈现，而是经过"美化"的，此"美化"中就蕴含了时间因素，亦即人心中的理则。至于此"美化"的、合乎时间规律的，为何一定是符合道德的？贺麟虽未深究，但在康德哲学，或中国儒家传统中，并不缺少有关美善合一、合规律性与合目的性合一的论证。

其次，贺麟认为"礼"中依旧体现了时空的统一性，因为礼不仅不能爽时，也须合乎时宜的空间标准。尽管这些贺麟所论不多，但中国儒家传统中空间的确充满了伦理意味，某些乐舞也必须在适合的空间中进行，比如八佾即不可舞于庭。另一方面，"礼"的艺术化形式多样，既可以是以时间准则为重的音乐诗歌，以可展现为以空间准则为重的图画雕刻建筑。可以说，"礼"在儒家传统中，既是以某种有限、确定的时空方式展开的行为，又是无时不在、无处不有，具有普遍性和永恒性的，换而言之，礼是时空与超时空的统一。

20世纪20年代以来，朱谦之、梁漱溟、方东美等都是侧重以"易"为源论时

---

[1]　贺麟：《时空与超时空》，《近代唯心论简释》，第35页。

空，其重点在将"变易""生生"等思想与柏格森的绵延互相发明，强调时间的创化义，强调以情意等非理性因素为时间的动力。虽然为了自觉避开非理性主义的盲目冲动，他们同时也论"不易"论"调和"。他们也论礼乐之美、道德的艺术化，侧重就时间的流动性绵延性而论礼乐发抒的情意之活泼、自由。比如梁漱溟说："这些礼文，或则引发崇高之情，或则绵永笃旧之情……礼乐使人处于诗与艺术之中。"①对于时空作为"理性"的能力或标尺，换而言之，在音乐流动中的时空相对稳定的静态结构，他们所论确实不多。②贺麟直接由"礼乐"而言时空，言道德律与时空准则的合一，主张"时空的准则与纯道德律合一而产生'礼'，时空的准则与审美的纯规范合一而产生艺术。礼即是艺术化的道德，而艺术化的道德，就是不矫揉造作而中矩度有谐和性的自然的本然的道德。也可以说是与时谐行随感而应的自然道德"③。古代在论"乐从和"亦会涉及音乐的节奏、自然界和人之身心的同构关系④，贺麟则直接以时空切入了音乐的"形式"或"结构"。他以时空为道德行为，以及道德自然化、艺术化的必要条件。时空在这里，是标准、规范，是偏于"静"的理，这也提供了我们理解和复兴中国传统的"礼乐"另一视域。但这些中国思想者都心仪儒家的礼乐传统，主张尽善尽美、强调与时谐行随感而应，因而又殊途同归。

然而，即使在中国儒家传统中，"礼"与"理"也不能完全等同，更不可简单地以"礼"代"理"⑤，经过现代文化洗礼的哲学家更注意到"理"的丰富性。特

---

① 梁漱溟：《中国文化要义》，《梁漱溟全集》第三卷，第113—114页。在写于1966年的《儒佛异同论》中，他仍极赞儒家礼乐为"社会人生所必不可少"："儒家极重礼乐仪文，盖谓其能从外而内，以诱发涵养乎情感也。必情感敦厚深醇，有发抒，有节蓄，喜怒哀乐不失中和，而后人生意味绵永，乃自然稳定。"（梁漱溟：《儒佛异同论》，《梁漱溟全集》第七卷，第166页）

② 相较而言，朱谦之在1935年曾著《中国音乐文学史》，对音乐的研究更丰富。但此书的最大贡献在考察"音乐"与"文学"的关系，对音乐本身的审美原则展开得并不深入。

③ 贺麟：《时空与超时空》，《近代唯心论简释》，第35页。

④ "如果去掉古代所不可避免的神秘解释，其关键就在：要把（一）音乐（以及舞蹈、诗歌）的节律与（二）自然界事物的运动和（三）人的身心的情感和节奏韵律相对照呼应，以组织、构造一个相互感应的同构系统。"（李泽厚：《华夏美学·美学四讲》，第25页）

⑤ 清儒凌廷堪曾提出"以礼代理"主张，以挑战宋明理学。钱穆也曾论及清中叶部分学者"相戒恶言理，而以礼代之"："夫而后东原之深斥宋儒以言理者，次仲乃易之以言礼。同时学者里堂、芸台以下，皆承其说，一若以理、礼之别，为汉、宋之鸿沟焉。"（钱穆：《中国近三百年学术史》，《钱宾四先生全集》第17卷，第639页）清儒之崇礼有其特殊的时代背景，但正如方东树所言："凡事凡物之所以然处，皆有理，不尽属礼也。……夫谓理附于礼而行，是也；谓但当读礼，不当穷理，非也。……夫言礼而理在，是就礼言理。言理不尽于礼，礼外尚有众理也。即如今人读书作文，学百艺，以及天文算数兵谋讼狱河防地利，一切庶务，谓曰须明其理，则人心皆喻；谓曰此皆是礼之意，则虽学士，亦惶惑矣。"（方东树：《汉学商兑》卷中之上，台北：商务印书馆，第62页）

别是张东荪，强调中国必须学习西方的"理"即理智（reason），而不能仅止于中国传统的"礼"即条理（order）。另一方面，与现代生活相应，传统的礼乐、包括其中与音乐节奏相关的时间之准则也需现代化。

四、"超时空"

虽然贺麟之"理"也有共相之义，但其理不在心外，与冯友兰的客观之理有别；当然最大的悬隔在于贺麟强调时空是"理"而非"物"或"关系"，而冯氏则视时空为"关系总和"。贺麟侧重静态的形式、冯友兰关注动态变化中的秩序。贺麟讲自然行为的三个层次与时空三个标准的联系；冯友兰讲境界，不同境界中人其受时空的制约不同，此处也殊途同归。

在冯友兰那里，有超越道德境界的天地境界，此中之人"同于大全"，"他觉解人虽只有七尺之躯，但可以'与天地参'；虽上寿不过百年，而可以'与天地比寿，与日月齐光'。"[1]冯氏认为不可思议的"大全"是超时空的，但这与贺麟所言的"超时空"不尽相同。

贺麟说："所谓超时空之真义，不在超绝时空，知行与任何时空不相干，堕入虚无寂灭之域，乃即在于运用理性以把握时空，决定时空，使时空成为表现理性法则之工具也。"[2]就超时空有"从心所欲不逾矩"之义，二人还是若合符节，但冯氏以共相、理是"不在时空中"的，是在"事先""事上"的，这是贺麟不认可的，在他看来，超时空就"寓于"自然行为"其中"，是完全自由的"理性为体、时空为用"的局面。他认为"超时空"与"形而上学"同义，"中文的'形而上学'，就字义讲即是超时空之学"[3]，"超时空"是"形而上学"可能的必要条件。他反对将"超时空"理解为"与时空不相干"的抽象真理，从真实事物、具体真理、存在出发，他说：

> 所谓超时空的境界、体验、生存，亦即指心与理一，神与道俱，与造物者游，与无死生者友，与天地精神往来的境界、体验、生存而言。道体超时空，体道之境界亦超时空。性体超时空，识性之体验亦超时空。仁体超时空，识仁，得仁，三月不违仁之境界亦超时空。因为体道与道体，识性与性体，得仁与仁体，一而不可分。[4]

在超时空的境界中，自然行为是完全自由的，但自由之真义即在"心与理一"，即

---

① 冯友兰:《新原人》，《三松堂全集》第四卷，第 500 页。
② 贺麟:《时空与超时空》，《近代唯心论简释》，第 37 页。
③ 同上书，第 38 页。
④ 同上书，第 40 页。

完全自觉地体认和遵循时空标准。他努力以清晰的理性之光照亮超时空之域，扫除时空问题上的神秘主义，遗憾的是"论超时空"只是"手稿"，其又有"述而不作""译而不作"之意，其"新心学"的形而上学内容虽然丰富，形式却并不谨严。

贺麟对哲学方法有着相当的自觉。在时空问题上，他主要运用的是从先天的公理或原则出发推论出各种定理式观点的先验逻辑方法，他也是研究辩证法和直觉的高手。在《时空和超时空》一文中，他首先非常明确地列出关于时空的一个总命题和四个分命题，还通过"外在的证明""内在的证明""形而上的证明"和"先天的证明"予以阐发和论证。他还自陈"用康德的先验逻辑方法来弥补康德之不足"，也就是他将康德的方法用于理解中国哲学有关时空与行为之关系的讨论。这样他不仅试图沟通中西时空观，也将时空从知识论、或书斋中解放出来，不仅与他知行合一的学说自成一体，更使"时空"成为"人人已有的切身问题"。

五、时空是"人人已有的切身问题"

贺麟认为，"时空"是哲学家必须面对的"很困难很专门的哲学问题之一"，甚至是"最哲学的哲学问题之一"。在他看来，哲学必须关切人生，要对"人的重要的根本的问题进行研究"：

> 哲学的知识或思想……是应付并调整个人以及民族生活上、文化上、精神上的危机和矛盾的利器。哲学的知识和思想因此便被认为是一种实际力量——一种改革生活、思想和文化上的实际力量。[1]

对贺麟而言，"时空"作为哲学问题的重要性源自他对"哲学"之功能或职责的理解。他认为哲学应该以人生为本，应该成为能实际影响和促进生活、解决人生困境的重要动力。不仅哲学家要思考时空问题，事实上，"时空"本质上是每一个人都不可回避的问题：

> 时空乃是人人已有的切身问题……时空既是与我们心性知行有密切关系的问题，故我们有权利也有义务加以考察，加以解答。蕴于我们心中，出于我们本性，与知识行为都有关系的问题，亦即人类的普遍的问题。[2]

这首先意味着"时空"并非书斋中的玄想，而是出于每个人的本性、与每个人的

---

[1] 贺麟：《五十年来的中国哲学》，第15—16页。
[2] 贺麟：《时空与超时空》，《近代唯心论简释》，第10页。

知识和行为密切相关的问题。"理"是"心"之性、"时空"是"心"中之"理"，循"理"而行，人才能实现不为物役的自由。

贺麟认为，"人生"、尤其是中国人的"人生"，既是每个中国人都不可能彻底回避的问题，这也是其哲学之思的出发点和基本方向，他曾说：

> 自信十余年来，我的思想没有根本的转变，没有今日之我与昨日之我的矛盾的地方，只是循着同一个方向进行发展，即是从各方面，从各种不同的问题去发挥出我所体察到的新人生观和新文化应取的途径。①

贺麟希望以哲学的方式思考和指引人生，并将"时空"视作探讨和解决人生问题的基础观念。在他看来，哲学之生命在于能对大众有益，而大众若想过有意义的生活，也需要亲近哲学。人生是哲学之本，他希望每个中国人都应具有"典型的中国人气味"，希望每个中国人都有一点"儒者气象"，但他主张传统的儒家思想在现代应该沿着"艺术化、宗教化、哲学化"的方向有新的开展，一方面应该"减少狭义道德意义的束缚"，另一方面要"提高科学兴趣""奠定新科学思想的精神基础"。他在《时空与超时空》的开篇说：

> 大概讲来，西洋人注重时空，东方人注重超时空。……古代人注重超时空，近代精神则注重时空。宗教、艺术、哲学中注重超时空，科学、政治、经济、实业则注重时空。②

如前所述，贺麟认为真正"超时空"的自由是以认识和遵循"时空"为前提的，中国古代虽然在时空与行动上有独见，但总体特点与近代精神不匹配。比如，他意识到"时空问题似与数学物理有关"，而这方面恰是中国传统哲学的"短板"："中国过去的哲学家对此问题似不感兴趣，很少谈到，少有贡献。"③如果说中国传统哲学在人生方面创获颇丰，蕴含了比较丰富的有关时空问题的探究，但从数学物理方面去理解、思考时空就十分单薄。④然而在中国的现代化进程中，时空与数学物理的勾连已无法忽视。贺麟认为现代儒者应该是品学兼优之人，"凡有学问技能而又具有道德修养的人，即是儒者"⑤。工业化的社会需要"儒商""儒工"等

---

① 贺麟：《文化与人生》序言，《文化与人生》，第8页。
②③ 贺麟：《时空与超时空》，《近代唯心论简释》，第10页。
④ 就此而言，牟宗三在其第一本哲学著作《周易的自然哲学与道德函义》就注意到胡煦易学中的时空问题，尤其是胡煦对时空与"数"的讨论，确实是慧眼独具出手不凡。他以胡煦易学为"科学底哲学"，以胡煦为"中国的最大之纯粹哲学家"，亦并非溢美之词。
⑤ 贺麟：《文化与人生》，第18页。

新的人才，不仅要提高道德水准，还需要发展专业的知识水平。现代儒者对"时空"的把握就不能仅关注个体的自然知识或人生境界，更必须从科学、知识等出发理解时空、留意普遍化客观化的公共时间，并以此作为自己行动的准则，这是"人生观现代化"的要求。

贺麟指出，重视和探究时空问题，也是中国哲学现代化的内在要求。他认为建构真正独立的"中国哲学"是每一个爱国的中国哲学人最深沉也最浓烈的热望：

> 若要中国哲学界不仅是西洋哲学的殖民地，若要时空问题成为中国哲学自己的问题，而不仅是中国人研究外国哲学中与自己不相干的问题，或西洋哲学问题在中国，我们必须将中国哲学家对于时空问题的伟大识度，提出来加以发挥，使人感觉到这原来是我们心坎中、本性内、思想上或行为上的切身问题。①

贺麟的时空观试图融汇知识与行动、认识与评价。如前所述，他也称"新心学"为理想唯心论、道德的理性主义，主张以理性把握和遵循时空，也以时空标准为理想超越和改造现实，"用理想以作认识和行为的指针，乃是任用人的最高精神能力，以作知行的根本。"②他以理想为价值的本源，一方面重视理想在认识中的作用，"吾人理想愈真切，则对于事实之认识亦更精细。理想可以制定了解事实之法则和方式，使吾人所搜集之事实皆符合理想的方式，而构成系统的知识。理想不唯环违背事实，而且可以补助并指导吾人把握事实，驾驭事实"③。另一方面强调理想对行动的指引，主张以理想鼓舞人们改造现实、引导人们追求自由。理想高于现实，也超越当下。他重视"礼"与"理"的关系，但他并没有以"礼"释"理"，更不会以"礼"代"理"，从而确保了现代之"理"更为丰富的含义。贺麟汲取了西方哲学重视时空的传统和成果，但更发掘和融入了中国哲学对时空与行动之关系的贡献，用心构建了一个"现代儒者"的时空观。

本章小结

在现代的"心学"阵营中，熊十力和牟宗三是学脉绵延的师生，恩师奠基开

---

① ② 贺麟：《时空与超时空》，《近代唯心论简释》，第10页。
③ 贺麟：《哲学与哲学史论文集》，第135页。

道，学生青胜于蓝，二人有更多共享的思想资源和研究成果，他们与贺麟最大的不同是非常浓厚的佛学背景、以及对《周易》的推崇。他们以时空为人心之"执"，并结合《周易》来讨论时空的具体特征。主张"新心学"的贺麟与他们是同道，虽然他在《五十年来的中国哲学》中青眼有加的牟宗三还只是初出茅庐，但似乎已可料见其后数十年之风光无限。仅就"时空"问题而言，三者都非常重视康德的观点，试图将之与中国传统尤其是陆王一系会通，重视时空作为知识先决条件的作用，并主张时空不离心，将客观归于主观；并且还努力将理论有所推进。三者都重视哲学与人生、知识与行动的关系、重视体用关系，熊、牟以"心"之有执与破执往返于时空与超时空之域；相较而言，贺麟具有更强的理性主义特征，无论时空还是超时空，都是以"理"为基，同时也将超时空与形而上学何以可能相联系。尽管贺麟有基督教背景，但在学理上也不赞同以上帝为时空的创造者，"惟有理智的动物，能够将时空作为知识的对象的人，方有超时空的可能。因为人既然能够研究时空，思想时空，构成理论来解释时空，则此人必不仅是受时空限制的玩物，且会觉得时空不过是思想对象之一，知识内容之一，或理性之我认识外界的功能或形式之一（康德），因而有超时空之感。故理解时空，即是超时空。"①其时空之超越性和无限性仍源自人心，这点亦与熊、牟合辙。三者中，熊十力更受益于柏格森时间，他也将"时间"理解为创生不已大化流行的本体之"用"，为不可度量的绵延；但其同时视"空时"为"范畴"之首，是主观的"两大格式"，这又是鲜明的康德烙印。然而熊十力声明"空时，本缘物上具有此形式"②，这点与张东荪又颇为接近，不同的是，张氏主张"多元认识论"，他只认为"空时"作为主体的"内界格式"，与外界"条理"相应、且交互作用，但他并不赞同"唯心主义"③。贺麟曾说："故我认为大体上我们必须接受康德的不朽见解，自己加以补充与发挥，而不可对康德之说盲目不加理会。"④张东荪自诩为"修正的康德主义"（revised Kantianism），在循着"康德的真贡献"讨论时空的同时，也不断调整和改进就说。张东荪前期试图将认识论建成独立而完整的哲学，后来因思量哲学与人类幸福的关系而转向知识社会学，由此也可见贺麟兼顾知识与价值、主张知行合一的重要性。总之，我们从中国哲人复杂丰富的观点交锋中亦可清晰地看出贺麟之言：时空是重要的哲学问题，更是中国人自己的时代问题。

---

① 贺麟：《时空与超时空》，《近代唯心论简释》，第38页。
② 熊十力：《新唯识论》（语体文本），第313页。
③ 详见张东荪：《认识论》，第33—34页、第53页。
④ 贺麟：《时空与超时空》，《近代唯心论简释》，第18页。

第八章

"实践"与自由的"时间"

万物总在时间中，我们也总在认识和感受时间，是否能超越时间的限制而获得自由？冯契和李泽厚的答案是一致的，即人类在社会实践的基础上，终将不断突破时间的束缚，而趋向至自由的时间。从思想资源来看，他们都将马克思主义的实践论引入哲学之思，同时融汇中西而各成一家之言。就时间问题，他们也都区别了作为物质客观存在形式的时空和认识主体知觉中的时空，并都试图以实践为基础，在人类历史的视野中探索人类如何从有限趋向无限、从特定时空到超越时空限制以实现自由等问题。当然，哲学是极具个性和创造性的精神活动，冯、李的时间观也各有慧眼。

第一节　冯契："广义认识论"中的时间智慧

冯契（1915—1995），原名冯宝麟，出生于浙江诸暨。他不仅以一己之力完成了纵观古代到现代的中国哲学史，更创立了以"智慧说三篇"（《认识世界和认识自我》《逻辑思维的辩证法》《人的自由和真、善、美》）为中心的"广义认识论"。冯契的哲学被称作是"马克思主义哲学中国化的新突破""20世纪90年代中国化马克思主义哲学的新形态"①。但他不仅仅是一个马克思主义哲学家，他将实践论引入智慧的探索，会通马克思主义哲学、中国传统哲学和西方哲学而自成体系，其根基在中国，其胸怀在世界。毋宁说，他致力于开辟中国哲学的现代形态，并积极参与世界哲学的构建。②

---

① 参见许全兴：《马克思主义哲学中国化的新突破——读冯契的"智慧说"》，杨国荣主编：《追寻智慧：冯契哲学思想研究》，上海古籍出版社2007年版，第1页。

② "世界哲学"是冯契晚年经常论及的重要概念。他高度赞赏胡适"世界哲学"的观点，并说："无疑，新时代的哲学或胡适所说的'世界的哲学'的建立，将是一个漫长的（转下页）

在冯契的广义认识论中，他以实践为基础，对时空的含义、具体特征，以及古今之变、时空的有限与无限、相对与绝对等多重辩证关系进行了深入的探讨。正如冯契明确将智慧作为其哲学的目标，其时间之思不仅是知识，更是实现真善美统一和自由的智慧。

一、实践与"今"

冯契的哲学问题始于求学时代与其师金岳霖的一次讨论。他不赞同金氏区分"知识论的态度"和"元学的态度"，主张应该建立一种不限于知识，而是研究智慧的"广义的认识论"（Epistemology）。对他而言，"知识与智慧关系问题"，既是其师哲学的继承和发展，更是他自己思想的起点和创新，而他后来也找到了解决这问题的密钥，这就是马克思的"实践"。

冯契认为，认识论不能从感性开始，实践才是认识的基础。他所说的"实践"包括"社会实践"和"革命实践"，前者是社会的人们改造世界的活动，其中最基本的是劳动生产，其次是阶级斗争和科学实验；后者则强调"人的实践活动展开为由过去、现在奔向未来的过程"，也是说，实践本身也是时间性的，是一个新陈代谢的发展过程。他在讨论"实践"概念时特别引用了李大钊"崇今"观点：

> "今"即现在不是一个割裂过去和现在的一条线或一个点，不是没有内容、刹那生灭的时刻。"今"是当前人们抓得住的生活实践，也就是行为。每一个实践活动都是现在的、现实的，如李大钊所说的是个"引的行为"，推动历史的过去趋向未来，所以"今"是动力。它凭过去的材料创造未来，所以"今"是创作。按照这种观点，历史就被理解为那些投身于现实的人们的创造活动，实践推动着历史前进，推动着人的认识不断前进。这是把实践作为革命的实践来理解。①

在冯契看来，实践是现在的行动，但其连接过去引向未来。实践继承也改造过去，指向更创造未来，实践作为人类当下现实的活动，是人类认识乃至历史进步的真

（接上页）过程。"（冯契：《智慧的探索》，《冯契文集》第八卷，第 477—478 页）"我们正面临着世界性的百家争鸣。中西文化、中西哲学在中国土地上已开始汇合（当然仅仅是开始），这不仅仅表现在马克思主义哲学的中国化，而且表现在某些专业哲学家尝试建立中西结合的哲学体系。今后也还会如此，中国土地上还会出现这样那样的中西哲学的结合，结合得好的便有生命力，而且可以在世界范围内独树一帜，成一家之言。"（冯契：《中国近代哲学的革命进程》，《冯契文集》第七卷，第 652 页）"马克思主义哲学不是一个封闭的体系，不要离开世界哲学的潮流。马克思主义哲学同中国传统的结合标志着世界哲学的开端。"（冯契：《哲学讲演录·哲学通信》，《冯契文集》第十卷，第 220 页）

① 冯契：《认识世界和认识自己》，《冯契文集》第一卷，第 58 页。

正动力。这里不仅表达了他对时间之流逝的理解，也将实践与时间，尤其是"今"的维度联系起来了，彰显了实践的现实品格。他进而强调，"人的实践在本质上是要求自由的活动"，实践，以及在此基础上形成的人的认识等，都是不断发展的，并趋向于以真善美的统一为特征的自由；只有这样的实践观点才是"讲认识论的第一的和基本的观点"，在实践的基础上，人们才能开展认识世界和认识自己的辩证活动。

把实践理解为"今"，即当前的现实的感性活动，"今作为当前的实践活动，它是有长度的，有内容的"①。也就是说，实践活动是具有绵延的同一性的，是"历史过程的环节、过去和未来的纽带"。建立在实践基础之上的感觉主体及其活动也具有同一性，这个贯彻于主体感觉经验之中的同一性也是在实践的过程中获得且不断发展的。冯契强调实践的绵延性，除了阐明事物的同一性对于认识活动的重要性，也在强调认识的每一次飞跃、历史的每一点进步，背后都包含着人类持久而艰辛的实践。他认为，人作为一种生物，其天性就是避苦求乐。但是建立在社会实践基础上的马克思主义的"革命的功利主义"，其对苦乐能进行理智的权衡、能用理想来指导现实，所以对实践的过程和结果的评价不会拘限于一己一时，而是能够"以人民群众的利益为出发点""把目前利益和长远利益统一起来"。必须将实践视作一个持久的过程，才不会为一时一地之成败左右。他力图区分实践唯物主义和直观唯物主义，强调实践和认识都是人的主观能动性的活动，虽然具有当下性，但可以超越特定时空的限制。

二、实践与"时空形式"

冯契赞赏其师金岳霖《知识论》的贡献，但他同时也指出：《知识论》此书"关于感觉的学说虽有唯物主义倾向，但不是彻底的唯物主义"，因为"当时金先生还没有马克思主义的实践观点，不懂得对象的实在感首先是由实践提供的"，"如果我们进一步把'所与是客观的呈现'的理论放在社会实践基础上加以阐发，那么，我们应该能把唯物主义的感觉论推进一步。"②

冯契把实践引入金岳霖的知识论，将认识理解为以实践为起点、基础和动力的从"无知"到"知"、由"知识"到"智慧"的辩证过程。认识过程的首要问题就是"感觉能否给予客观实在"？③ 从唯物论的观点出发，他指出："肯定在实践和感觉中人能获得客观实在感，实践经验、实践中获得的感觉能够给予客观实

---

① 冯契：《认识世界和认识自己》，《冯契文集》第一卷，第101—102页。

② 冯契：《金岳霖先生在认识论上的贡献》，《冯契文集》第八卷，第191页。

③ 冯契把认识过程的主要环节概括为四个问题，即"感觉能否给予客观实在？理论思维能否达到科学真理？逻辑思维能否把握具体真理？理想人格或自由人格如何培养？"［详见冯契：《中国古代哲学的逻辑发展》（上），《冯契文集》第四卷，第33页］

在。这是由无知到知的开端。"①就时空问题而言，他以实践为出发点，从对象的实在感及其时空、认识主体知觉中时空形式等方面展开讨论。

首先，时间空间即客观实在的事物个体的广延和绵延。作为人的感性活动，实践和感性直观具有统一性。在最基础最重要的实践活动即劳动生产的过程中，实践者不仅肯定自己的真实存在和物质力量，也不会怀疑物质对象的独立存在："对象的实在感是实践或者感性活动中主体最基本的体验，我们讲实体、个体，这'体'就是由此而来的。"②客观实在是"有"，这是唯物主义的基本要求。冯契曾批评现象学的"悬置"，认为"现象学的方法……把外在世界括到括号里边去，就是对自己的意识现象进行考察，脱离了认识世界来认识自己。"③"把外在世界括到括号里"，不承认物质世界的实在性，这就难以真正架起沟通世界与自己的桥梁，认识活动就被限制在主体一方。

无疑，人的知觉中有时空形式，但冯契认为这首先来自知觉之外客观存在的事物本身：

> 日常感性经验中的"事物"总是有体而又区分为彼此、这个和那个的。"事物"这个词包括事体和物体，讲物体注意的是它的广延（extension），物体是一个一个占空间地位的东西；讲事体注意的是它的绵延（duration），事体是一件一件有时间长度的事件。……绵延和广延实际上是不能分割的。④

时间空间即事物个体的广延和绵延，二者不可分割，统一于具体的"事物"。事物和事物的时空，都是客观实在的，时空是事物的存在形式。

其次，感觉、知觉中的时空是认识主体在识别个体或感知事实时的主观经验：

> 个体占有空间位置，具有绵延的同一性。这个在前，那个在后，这个在东，那个在西，这是时间和空间位置。……个体总是在特殊的时空关系中。在感觉、知觉的经验中，个体、事实和时空关系是不可分割的。不论是个人的经验，还是社会历史的经验，人们总是把个体、事实安排在时空关系中。……知觉到的个体、事实，总是同时具有时空形式的。⑤

"人们总是把个体、事实安排在时空关系中"，这个"安排"，首先就是认识主体对

---

① 冯契：《认识世界和认识自己》，《冯契文集》第一卷，第70页。
② 同上书，第93页。
③ 同上书，第83页。
④ 同上书，第109—110页。
⑤ 同上书，第113—114页。

客观存在的事物之时空形式的感知或识别。认知主体将个体事物安排在时空秩序中，知识经验中对个体、事实的客观实在感，都与事物本身的时空关系密切相关。

第三，认识过程中的时空限制及其超越。从无知到知的认识过程中，有从感性认识到抽象知识的飞跃，抽象知识是不受特殊时空限制、不受个体和事实的时空界限的限制的，如此概念和理论思维才能有效地摹写或规范现实。但现实或实在总有时空秩序，概念和理论思维的内容也包含有时空尺度或适用的时空范围的规定，知识在适用的范围内不受特殊时空的限制，但不能完全脱离时空。所以时空的限制与超越也是相对的。同时，科学概念、理论中包括假设，假设作为可能性是超越现实的；但科学的假设又反映了现实的可能性，与经验有内在的联系，也不能脱离现实的时空。

第四，时空形式是"经验与概念""理论与事实"之间的媒介。经验与概念的结合总包含有时空形式，概念对所与的摹写和规范，都以时空为必要环节。概念的摹写要"将有特殊的时空位置的事物安排在时空的架子中"以规定时空位置；概念的规范即是把概念图式化（模式化），并以"理想形态的时空秩序给事物、事实以历史的框架"。通过概念对所与的摹写和规范的双重作用，认知主体将"所与"化为"事实"，将感觉发展为知识，也摆脱了对个别事物"此时此地"之特殊时空的限制，进而通过语言文字而超越知识主体的时空有限性。主体感觉经验中的"所与"会随着时空的变化而消失，但知识能流传千载。

第五，冯契还特别强调"逻辑范畴与时空形式"的结合。类、故、理等逻辑范畴是所有科学共同使用，各门科学各有其领域、有其时空关系上的特点，所以各有一套特殊的用以摹写和规范现实的概念、范畴。"逻辑秩序和时空形式结合，是贯串于所有的科学的一般的思维模式。"[1]当然，逻辑范畴归根结底还是离不开实践，思维模式也是构建科学知识的重要条件。

总之，冯契区分了客观外在的与事物相联系的时空以及认识主体知觉中的时空形式。他主张"时空秩序是经验的实在性和先验的理想性的统一"。他坦言这就是康德在《纯粹理性批判》中的观点，但是"不同的是，我引进了马克思主义的实践观点，并把时空秩序的经验的实在性和先验的理想性的统一了解为一个过程"[2]。首先，时空作为安排经验事实的形式，有"经验的实在性"，但这种实在性是实践经验提供的，知识中的时空秩序与感性经验也有着一致性，实践经验是时空客观实在感的来源，也是人类知识大厦的基石；其次，时空秩序有"先验的理想性"，但人的感觉和认知能力都是在实践中提高和丰富的，人能超越具体事物的特定时空、借助想象力使概念图式化，这都是因为在实践中，人不仅改造了外

---

[1] 冯契：《认识世界和认识自己》，《冯契文集》第一卷，第155页。

[2] 同上书，第150页。

在世界，同时也变革了内在的精神世界。

　　冯契赞同科学法则的普遍有效性首先就在于它"不受经验事实的特殊时空的限制"。具体的事物在特定的时空中，实践活动和知觉经验也与特定的时空有关，但是概念、知识和思维模式等都是抽象的、一般的，必须跳出时空的限制。以实践为基础的认识活动是一个不断深化、不断扩展以至无穷的辩证发展过程，在此过程中，人们能够获得超越特定时空的、普遍有效的规律性知识。①这样冯契以实践为基，从认识能力和思维形式两个角度对此问题作出了肯定的回答，不仅拒斥了休谟的怀疑论，也否定了康德以唯心论的时空先验性做担保，以及划定现象与物自体的二元论，同时也克服了金岳霖讲逻辑和归纳原则时的先验论倾向。

三、四界与时空

　　虽然冯契曾明确说过自己的哲学旨趣"不在于构造一个本体论的体系"，在他看来，认识论、本体论和价值论是统一的，因而他有关本体论的探索以本然界、事实界、可能界、价值界为基本范畴。

　　"本然界"也可称作"自在之物"，即没有能所区分、主客对立时的自然界。此中自然界客观存在，但尚未进入人的实践和认识领域。"事实界"是"自然界之进入经验、被人理解的领域"，也就是随着实践进入人的认识领域，且已被认识的本然界。"可能界"是"可以思议的领域"，成为可能的条件就在于"与事实界有并行不悖的联系"，"可能界"以"事实界"为根据，同时只有那些本质的、规律性的联系及其所提供的可能才能构成"现实的可能性"，并合乎规律地转化为现实。"价值界"是"人化的自然，是人类在其社会历史发展中凭着对自然物进行加工而造成的文化领域"。作为人化的自然，"价值界"是以现实的可能与人自身需要相结合的目的指导实践，改造自然，从而使"事实界"转化为"价值界"。

　　尽管冯契将从本然界到事实界、可能界、价值界的进展视作一个相互关联的过程，但"界"本身就意味着区隔、范围和限度。对于"四界"与时空的关系，冯契并没有做专题研究，但综观其哲学，我们可以尝试着展开一些讨论：

　　从唯物主义的视角，"本然界"当然是客观实在的，"本然界"中的事物当然也有其广延和绵延，有其确定的时空位置和秩序。但此中时空与人无关，即没有进入人的知识经验，没有被人用先验的时空形式安排过。但"本然界"中的事物只是客观地"有"时空，为其他三界之时空奠定了基础。

---

　　① "普遍有效的科学知识何以可能"即休谟问题，康德的提法是"先天综合判断如何可能"，冯契将此问题改为"普遍有效的规律性知识何以可能"。他以"规律性"代替康德的"必然"，这是为了反对只将必然视作形式逻辑的必然，或如康德把规律主要理解为因果决定论。他不仅主张形式逻辑，也强调辩证逻辑，同时认为现代科学的规律超出了因果决定论的范围。（参见冯契：《认识世界和认识自己》，《冯契文集》第一卷，第145页）

人类在实践的基础上由"无知"到"知"的过程，即是将"本然界"化为"事实界"，"自在之物"化为"为我之物"的过程。"事实总是为我之物，是人所认识到、经验到的对象和内容。"①"事实界"中的时空是与人有关的，是人知识经验中的时空，其以"本然界"时空为内容、是对"本然界"时空的反映。"一念可以囊括十方，一念可以贯通三世。空间上的十方、时间上的过去现在未来三世，就其本身来说是对象，它是人的观念之所指，而并不是观念的内容。"②"事实界"与"本然界"的时空不一定符合、一致，这一方面说明"事实界"时空经验的复杂性和丰富性，比如可能有对"本然界"时空的错觉或幻觉；另一方面，人可以通过实践和认识能力的不断提高予以克服和改进，以求时空之"实"。

"事实界"由无数的事实构成，自然界的各种秩序表现为"事实界"的联系。冯契指出，"事实界"最一般的秩序有两条：即"现实并行不悖"与"现实矛盾发展"。前者说明现实世界中的事物是"相融"的③，事实在空间上并存、时间上相继的分化，事实尽管千差万别，丰富多样，但不违背逻辑；事物井然有序，或者万物并存，各得其所，有着确定的时空位置；或者事实的变化运动各有其理，呈现为自然均衡或动态平衡的秩序。"事实界"这种"并行不悖"的秩序不仅为理性地把握世界提供了前提，而且也构成了形式逻辑的客观基础。

但是"事实界"的均衡总是相对的、有条件的，"并行"有一定时空范围。同时，"如说日月代明、四时错行、万物并育等，列举现象来说明并行不悖，但这种并行不悖，自然均衡的变化现象的根源是什么？还需深入把握其内在矛盾来解释"④。事物、过程、运动形态本身都包含有差异、矛盾，现实不仅并行不悖而且是矛盾发展的；时间流逝，万物共存，无论是分化的万物，还是整个物质世界，都是矛盾运动的。现实的矛盾运动，或者说现实的辩证法的秩序，构成了辩证逻辑的客观基础。冯契认为，广义的逻辑，包括形式逻辑和辩证逻辑，都有其客观基础。"事实界"是并行不悖与矛盾发展的统一，既有时空形式，也有川流的时间。"事实界"是理事统一、普遍秩序和特殊秩序统一的领域，特殊事物有着特殊的时空关系，但人们可以运用普遍规律追溯和推测过去、探索和预测未来，这也是"事实界"时间性的体现。

当主体"以一定观点为视角、依据事实材料（也许是零碎的）、运用逻辑思维（至少不违背矛盾律）"来把握"事实界"时，"事实界"就化为"可能界"。过去和现在属于"事实界"，未来则有各种可能：

---

① 冯契：《认识世界和认识自己》，《冯契文集》第一卷，第256页。

② 同上书，第241页。

③ 冯契在此继承了金岳霖《论道》中"没有不相融的事实"的原则。

④ 冯契：《认识世界和认识自己》，《冯契文集》第一卷，第260页。

　　现实世界即宇宙洪流就像孔子说的，"逝者如斯夫，不舍昼夜"（《论语·子罕》），它源源不断奔流前进：往后看，现在的事物不断成为过去；向前看，现在的事物不断奔向未来。对于现在（即"今"）……应把今看作与人现实的实践、经验相联系着的，今不是无内的刹那，它纳过去于今，胎未来于此。就过去者来说，过去的有"已然则尝然"，尝然的有已是无了，而又"不可无"，因为它和现在的有相联系着。就未来者来说，未来的有是可能的有，可能的有在今天还是无，可它也和现在的有相联系着。广大的有包括尝然的有和可能的有，二者都可说是有和无的统一，称之为有，是因为它们都与现在的有相联系着，我们通常把现在的有和尝然的有归入事实界，把可能的有归入可能界。不过，这里讲现在、尝然、可能，主要从认识运动的秩序说的。①

　　冯契反对如柏拉图那样在现实世界之外另建一个理念世界，他坚持只有一个现实世界。"事实界"化为"可能界"与时间的流逝有关，对于过去和现在，尝然的有和现在的有，都是事实，事实只有一个。可能与未来有关，未来有多种可能。现在是过去的未来，是过去的某种可能性转化成的现实；现在的某种可能性也将会成为未来的现实。"事实界"的联系很复杂，"可能界"比"事实界"更丰富，但其中某些本质的、规律性的联系及其所提供的可能性，即"现实的可能性"，是在时间流逝中，会成为现实、进入事实界的可能性。冯契指出可能性的实现是个过程，这个过程有其秩序，表现为时间的绵延。他接着讨论了金岳霖的"理有固然，势无必至"和"几与数谓之时"等命题，肯定现实的历程中有不确定性、偶然性，所以人无法全部预知其未来。但他认为如果我们"全面地把握对象的本质的联系，把握其根据和条件，那么是可以把握发展的必然趋势，是可以在'势之必然处见理的'"，也就是可以把握"几与数"，理解时势。实践是能动的改造世界的活动，以此为基，冯契的未来之思比其师更为乐观。

　　这种乐观更表现在"价值界"的创造。人们不仅能把握现实的可能性，还能以人的需要为目的，创造条件使可能化为现实。人类结合目的、通过社会实践改变自然，"一切价值（指正价值，包括功利与真善美等）都是现实的可能性和人的本质需要相结合的产物"②。冯契认为以实践为基础的认识活动是认识世界和认识自己的统一，人的实践中不仅能化理论为方法，也能化理论为德性，从而转识成智，创造真善美的价值世界，进入自由的境界。他对人类的智慧及其未来充满信

---

①　冯契：《认识世界和认识自己》，《冯契文集》第一卷，第267—268页。

②　同上书，第39页。

心，"人类的全部历史就是走向自由的历程"①。

冯契不仅肯定人类在实践的基础上可以实现超时空的自由，还讨论了如何言说超时空的问题。很多哲学家以本体为不可言说的超时空之境。冯契则认为可用"总名"去称谓不可说者："如我们讲到的时空……是达名，我们讲的有限中揭示无限、在瞬间把握永恒等就是利用时空范畴作辩证的综合，以表述超名言之域。"②"达名"所表示的是最高的类，如"时空"概念；"总名"所表示的是元学的理念，是表示宇宙整体的，是理念（Idea）。"达名"是名言之域之名，"总名"是不可名之名，是强为之名，此"名"要表达的是"义"，而非对象，但以此范畴的辩证综合可说超时空的"不可说"、建构哲学体系。

无论是个人还是群体，其存在都是有限、相对、暂时的，但是人作为精神主体，不仅能意识到自己的有限、相对、暂时的性质，也向往无限、绝对，追求永恒、不朽。冯契不相信各种宗教，但赞成中国古人以"立德、立功、立言"为"三不朽"的传统，认为在现世间的德行、功业、著作中有所建树，泽及后世，其社会影响是包含超越时空限制的不朽的精神价值的。然而，最重要的还是要在实践和教育中认识自己和塑造自己，"不断地以创造性活动表现自己，把我的德性对象化显性以弘道；而又同时从为我之物吸取营养凝道而成德。正是在这一显性弘道和凝道成德的交互作用过程中，我以德性之智在有限中把握无限、相对中把握绝对"③。与时代精神为一，与生生不已的实在洪流为一，这才是真正的自我超越。

四、哲学与时代

对于哲学与时代的关系，冯契有着高度自觉："真正的哲学都在回答时代的问题，要求表现时代精神"④。"智慧说"的开篇就谈时代问题，他将"中国向何处去"确立为中国近代的时代问题，并指出这个时代问题在思想文化领域中表现为"古今中西"之争，即"怎样有分析地学习西方先进的文化，批判继承自己的民族传统，以便会通中西，正确回答中国当前的现实问题，使中华民族走上自由解放、繁荣富强的道路"⑤。在他看来，"古今、中西"之争贯串于中国近现代历史，今后还将延续若干年。他分析了中国近现代哲学中为了回答此时代问题而呈现出来的"革命进程"，比如近代哲学中历史观、认识论问题突出、逻辑和方法论、自由

① 冯契：《人的自由和真善美》，《冯契文集》第三卷，第260页。
② 冯契：《认识世界和认识自己》，《冯契文集》第一卷，第348页。冯契引用王弼的"名""称"之辨以区分"达名"和"总名"，并指出："我们现在用世界统一原理、宇宙发展法则、本体、第一因、天道、大全等来称谓理性直觉所把握的实在之流或物质运动的长河，其实也是称出乎我，各取其义。"（同上书，第347—348页）
③ 冯契：《认识世界和认识自己》，《冯契文集》第一卷，第364页。
④⑤ 冯契：《智慧说三篇·导论》，《冯契文集》第一卷，第3页。

学说和价值论问题备受关注，都是"时代"给哲学领域提出的重要问题。

"时代"提出问题，也制约着哲学的进程。无疑，无论是内容还是方法，时代的政治、经济、社会心理等客观条件都会深刻影响哲学家们对哲学问题的具体探索过程。比如新中国成立后，百家争鸣、开放自由的学术氛围不仅使某些哲学领域取得重要的理论成果，也"使得金岳霖、朱光潜等专业学者接受马克思主义，并作出了新的贡献"；相反，"定于一尊"的变相的经学时代，不仅事实上"阻碍了马克思主义的发展"，同时更"打击了专业学者的积极性"。[1]所以冯契一直呼吁"开辟'同归而殊途、一致而百虑'的唯物辩证法的新阶段"，高扬在新的时代，马克思主义者应该以自信的心态，通过参与世界范围内的百家争鸣，以平等自由的讨论态度来对待不同的学术观点，并促进自我发展。

在阐发哲学要回应时代问题、时代制约哲学发展的同时，冯契也强调哲学自身发展的相对独立性，即"从哲学家对现有思想资料的批判继承来说，中国近代哲学既有与自己的传统哲学的纵向联系，又有与西方近现代哲学的横向联系。与民族经济将参与世界市场的方向相一致，中国哲学的发展方向是发扬民族特色而逐渐走向世界，将成为世界哲学的一个重要组成部分。所以从哲学本身来看，也有一个古今、中西的关系"[2]。"时代"并非历史长河中的一个孤立的"点"，时代的问题及其回答与"过去"有关；一国之"时代"也并非游荡于世界之外，也与同时代的其他国家相联——这个特征在现代全球化中表现尤为突出。所以他认为，中国近现代的哲学家，首先要讲求"古"与"今"的辩证法，既要注意中国传统哲学与近代哲学的纵向联系，能够站在发展的高级阶段如近代哲学回顾历史、回顾传统哲学；其次也应该关注中西哲学的横向联系，善于把西方的先进思想和中国的优秀传统结合起来，这样才能回答时代问题，体现时代精神。

冯契认为，"时代精神不是抽象的，它通过思想家个人的遭遇和切身感受而体现出来。一个思想家，如果他真切地感受到时代的脉搏，看到了时代的矛盾（时代的问题），就会在他所从事的领域里（如哲学的某个领域里），表现为某个或某些具体问题"[3]。在《中国近代哲学的革命历程》中，他就是围绕这个时代问题来阐发和评价每位哲学家的，但他笔下的每一位哲学家也都有自己的个性、有自己关注的特殊问题以及提供的不同答案。冯契也讨论了他自己在哲学领域真切感受到的问题及其时代意义。他的哲学问题即"知识与智慧关系问题"，要回应的就是在"古今中西之争"中凸显出来的"科学主义和人文主义、实证主义和非理性主义的对立"，也就是王国维所谓"可爱与可信"的矛盾。这个问题不论在西方还是

---

① 详参冯契：《中国近代哲学的革命历程》，《冯契全集》第七卷，第651—652页。

② 冯契：《认识世界和认识自己》，《冯契文集》第一卷，第4页。

③ 同上书，第5页。

中国都很显著并且还在继续发展。他的广义认识论主张认识与评价统一、探索从无知到知，再转识成智的辩证发展过程，并且非常明确提出以实践唯物主义的辩证法为基石，不仅要处理好马克思主义和非马克思主义的关系，更要融贯古今会通中西。

"时代"，指某个时期，与时间有关，甚至在英语、德语中就是同一个词。但"'时代'不是像'钟点'或'年份'那样纯粹计时的概念，而首先是一个思想概念和精神概念，因为在'时代'中人们关注的绝不是某个特殊时间，而是某种特殊的历史状态和精神文化特征，'时代'总是包含着人们对某种精神和文化意义的特殊理解"①。一百多年来，我们也一直在识别我们所处的"时代"，如过渡时代、革命时代、改革时代、图像时代、数字时代、大时代、小时代……时代更是一个与人类的精神文化相关的时间概念，时代精神即在某个时代环境中的文化、学术、道德等方面的氛围和思潮。②

诚然，哲学与时代的关系问题并非冯契首创。黑格尔说："哲学也就是被把握在思想中的它的时代。"③马克思亦言"任何真正的哲学都是自己时代的精神上的精华"④。冯契认为"哲学史可以定义为：根源于人类社会实践主要围绕着思维与存在关系问题而展开的认识的辩证运动"⑤。哲学史就是人类的认识史，实践是认识的基础，他强调哲学之所以与时代紧密相联，首先是因为实践的现实性在"今"基础上产生的认识活动不能脱离"今"的实践活动。近现代以来中国社会实践的巨大变革，不仅提出了新的时代问题，也产生了新的回答问题的视角或方法。比如中国近代哲学中，历史观问题突出，就是因为要回答"中国向何处去"的时代问题，要解决"古今中西"之争；进化论和唯物史观的传入又提供了与古代"公羊三世说"完全不同的视角，逻辑学则带来了新的方法论，严复译介《天演论》的同时，就非常注重"名学"。所以，中国古代哲学中虽然也在道器之辩的框架中讨论历史观的相关问题，但无论是其重要性，还是视角和方法，与近代形态都有很大差异⑥，就此而言，哲

---

① 张汝伦：《中国哲学与当代世界》，《哲学研究》2017年第1期。

② 唐诗中已经常有"时代"二字，如"不是对花长酩酊，永嘉时代不如闲。"（［唐］韦庄《江上题所居》）"卧瓫迷时代，行歌任死生。"（［唐］卢照邻《羁卧山中》）现代意义的"时代"属于在日语中被赋予了新的意义的"日语借词"。（参见陈力卫：《东往西来：近代中日之间的语词概念》，第476页）

③ ［德］黑格尔：《法哲学原理》序言，邓安庆译，人民出版社2017年版，第13页。

④ 马克思：《〈科隆日报〉第179号的社论》，《马克思恩格斯全集》第1卷，人民出版社1995年版，第220页。

⑤ 冯契：《中国古代哲学的逻辑发展》上册，《冯契文集》第四卷，第9页。

⑥ "宋明时期的理气（道器）之辩，首先是关于天道观的问题，其次是历史观的问题。这个论争演变到近代，首先就是历史观的问题，然后才是天道观或一般发展观问题。"（冯契：《中国近代哲学的革命历程》，《冯契全集》第七卷，第11页）

学问题本身就是有时代性的①，时代问题本身也在转变，近代与古代不同，当代也与近代有别，冯契说：

> 历史已经翻开新的一页。时代的中心问题已经由"中国向何处去"的革命问题，转变为"如何使我国现代化"的建设问题。我们在改革、开放中建设有中国特色的社会主义，古今中西之争有了新的历史内容。如果说近代哲学要研究"革命的逻辑"，那么当代哲学便应研究"建设的逻辑"了。②

在时间的流逝中，时代问题随着社会实践的推进而有变化，通过革命建立社会主义新中国，部分地回答了"中国向何处去"时代问题，但也产生了新的实践和理论内容，即如何建设新中国，如何实现中国的现代化。冯契与冯友兰一样，都重视中国的现代化，但冯契以实践为基础，以认识论为主线；冯友兰以别共殊为视者，二者对现代化具体内涵的理解亦各有千秋。

冯契还谈到他的两部哲学史对中国古代和近代的不同处理方式：

> 在古代，我比较注重把握哲学家的体系，把它们放在当时历史条件下进行分析，以揭示其中所包含的认识环节，前后联系起来考察其逻辑发展。在近代，由于现实经历着剧烈变革，思想家们一生变化较大，往往来不及形成严密的哲学体系。因此，我认为对近代哲学不要在体系化上作苛求，而应注重考察思想家们在一定历史阶段上的独特贡献，看他们在当时提出了什么新观念来反对旧观念，从而推进了中国近代哲学的革命进程。③

每一个时代都有不同的时代问题，冯契非常充分地考虑到时代特征对哲学家及其哲学思考的影响，既知人，也论世，这样才能对哲学家及其成果作出具有历史温度的评析。

另一方面，正如冯契再三引用李大钊有关"今"的阐释，主张"今"并非没有绵延的刹那，或与过去断裂的现在，他也主张应该把时代问题放在整个人类的

---

① 成中英曾说："哲学问题本身是没有时代性的，它本身不需要现代化。但提出了解和处理问题的方式却有时代性。因此，我们谈论中国哲学的现代化，必须在方法上寻找现代的了解方式、表达方式，并与我们的体验相结合。"（参见成中英：《中国哲学的现代化》，李翔海编：《知识与价值——成中英新儒学论著辑要》，中国广播电视出版社 1996 年版，第373 页）

② 冯契：《中国近代哲学的革命历程》，《冯契全集》第七卷，第 648 页。

③ 同上书，第 655 页。

历史长河中予以考察，要继承古代的优秀传统和智慧，这是一种有大尺度的时间观[1]。当然，在他看来，真正能回答近代的时代问题，必须把"古代传统"转化为"近代传统"。冯契还指出，哲学可以于"势之必然处见理"，能够把握历史发展规律，所以现代化的中国哲学也是推进中国社会和政治的现代化变革的先导、前提。他还特别强调要认真反思和吸取历史的教训。"今"同样还创造未来，所以优秀的哲学同时如古代的"立言"，更有其超越时代、引领时代乃至不朽的一面。

时代与哲学的关系还体现在冯契主张的历史与逻辑相结合的方法上。冯契赞赏黑格尔将哲学体系"在历史中的次序"同"观念的逻辑规定在推演中的次序"相统一的观点，认为其唯心论中包含着"历史与逻辑的统一"的合理因素。冯契在强调以实践为哲学的来源和发展动力的同时，他也主张"历史从哪里开始，思维进程也就从哪里开始"，主张通过清除历史进程中的外在形式和偶然的东西，以把握历史的逻辑联系和发展规律。历史中呈现出时代的更迭和时代精神的变迁，是合乎逻辑的，即是一串圆圈组成的近似于螺旋形的曲线。

从冯契对王国维学问和命运的阐释，我们可以窥见他对学问和时代的观点。王国维主张"故欲学术之发达，必视学术为目的，而不视为手段而后可"[2]。在他看来，"若哲学家而以政治及社会之兴味为兴味，而不顾真理之如何，则又决非真正之哲学"[3]。冯契高度评价王国维为学术而学术、"学无新旧也，无中西也，无有用无用也"[4]的精神，但也指出其悲剧之由：

> 正是由于这一点，使得他在学术上不随波逐流，而能有比较高的造诣。但是，也正因为他强调学术脱离政治、脱离现实，因此他后来走到与世隔绝，成了遗老，最后酿成悲剧。而他的悲剧也恰恰证明，学术虽不应从属于一时政治需要和随风倒，但终究不能脱离政治、脱离现实。[5]

所以，从冯契所说的哲学家要善于把握时代的脉搏，哲学要反映时代精神、要回答时代问题中，我们可以体会到极其丰满且富有启发性的含义，比如：

---

[1] 孙正聿强调"巨大的历史尺度"，"每个时代的哲学都必须以巨大的历史尺度去批判地考察全部哲学史，吸收哲学史的全部积极成果，揭露先前哲学所蕴含的内在矛盾，发现先前哲学所遇到的真实的理论困难，从而以解决这种理论困难的方式去推进哲学的发展。"（孙正聿：《哲学通论》，人民出版社 2010 年版，第 532 页）

[2] 王国维：《论近年之学术界》，《王国维全集》第 1 卷，第 123 页。

[3] 王国维：《文学小言》，《王国维全集》第 14 卷，第 92 页。

[4] 王国维：《观堂别集卷四·国学丛刊序》，《王国维全集》第 14 卷，第 129 页。

[5] 冯契：《中国近代哲学的革命历程》，《冯契全集》第七卷，第 241—242 页。

第一，"现实"与"理想"。任何人都生活在特定的时代，不可能完全超脱特定时空的影响，他只能在他的罗斯岛上跳跃，否则其构想的应然世界归根到底也只是一堆散沙①；但是哲学不仅只是对现实的和解，黑格尔说，哲学还有"理念"，因而"一切的关键都在于，在时间性的和转瞬即逝的东西的显相（Scheine）中去认识实体，这个内在之物和现在存在着的永恒之物"②。冯契特别强调"现实"与"理想"的关系，他把"得自现实之道还治现实之身"的过程视作在实践中从现实生活中汲取理想，又创造条件使理想在社会生活和人类自身得到实现的过程。理想建基于现实，又超越现实。个体需要理想人格，社会需要理想蓝图，理想激发人的感情，是行为的动力。因而，对时代问题的回答，不仅是认清现实，也要指明理想，以及化理想为现实的具体道路。

第二，关注时代问题并非随波逐流、抓热点赶时髦。梁启超说："凡'思'非皆能成'潮'；能成'潮'者，则其'思'必有相当价值，而又适合其时代之要求者也。凡'时代'非皆有'思潮'，有'思潮'之时代，比文化昂进之时代也。"③每个时代都有很多"思"，有些显赫一时终如过眼云烟，有些曾遭冷落却照亮前程，"思"来"思"往，只有那些真有价值，且与时代相契的"思"才能成"潮"。中国近现代确实是"文化昂进之时代"，百家争鸣、思潮丛生，但"潮"起"潮"落，其中也只有某些更为特殊的"思"才可能成为时代精神乃至时代精神的精华。冯契强调事实界秩序的复杂性，主张要清除各种个体的、偶然的、非本质的联系，以探寻普遍的主要的矛盾关系。时代问题不是"管闲事"④或"逐臭"⑤，而是

---

① "妄想一种哲学超出它的现在世界，就像一个人妄想跳出他的时代之外，跳出罗陀斯岛一样，是愚蠢的。如果它的理论确实超越了时代，而建设一个依照应然存在的世界，那么这个世界诚然也存在，但只存在于它的意见———堆散沙中，人们可以随意添加任何想象的成分。"（黑格尔：《法哲学原理》序言，第13页）

② ［德］黑格尔：《法哲学原理》序言，第12页。

③ 梁启超：《清代学术概论》，《梁启超全集》第十集，第216页。

④ "通过本质映现在外界中所形成的无限繁复的情况，即这些无限的材料及其调节，并不是哲学的对象。如果哲学纠缠在这些事情上，那是管闲事了；甚至对这种闲事提些好的建议，也大可不必。"（［德］黑格尔：《法哲学原理》序言，第12—13页）

⑤ 熊十力曾指出："吾国学人总好追逐风气，一时之所尚，则群起而趋其途，如海上逐臭之夫，莫名所以。曾无一刹那，风气或变，而逐臭者复如故。此等逐臭之习，有两大病：一、各人无牢固与永久不改之业，遇事无从深入，徒养成浮动性。二、大家共趋于世所矜尚之一途，则其余千途万辙，一切废弃，无人过问。此二大病，都是中国学人死症。"（熊十力：《十力语要》，《熊十力全集》第四卷，第102—103页）逐臭之风使得学人不能抉择一己所愿学之学、难以甘受世间冷落而埋头钻研学问，既不能感受研究学问之生趣，亦无法于学术真有创辟。熊十力以"孤冷"自居，主张"凡有志根本学术者，当有孤往精神"，但是他是具有"近代观念"之人，学问于他并非避难之所，他自己也说："余之学佛学儒，乃至其他，都不是为专家之业，而确是对于宇宙人生诸大问题求得明了正确之解决。"［熊十力：《新唯识论》（语体文本壬辰删定记)，《熊十力全集》第六卷，第6页］从其现实关怀而言，亦有以革心而革政之（转下页）

对时代主要矛盾运动的发掘和思考。

在冯契看来，对时代问题的辨析首先需要"始终保持心灵的自由思考"①，拨开各种热闹喧嚣，不惧某些权威压力。这是他自己的人生信条，也是他作为"爱智者"终生践履的品格。其次需要敏锐的洞察力。冯契和陈旭麓是既能在困难中相濡以沫又能在学问上彼此切磋的好友，冯契称赞陈旭麓是当之无愧的兼具"才学识"的史家，并认为三才中"史识"最重要，是"治史的眼睛"。"正因为他有一双敏锐的治史的眼睛，所以能透过史实的种种现象，揭示出其中的本质联系，写成这部才气横溢、情文并茂的著作。那么，怎样才能有治史的眼睛？先决条件是要'解蔽'（荀子、戴震用语）。只有解除种种蒙蔽，思想获得解放，才能有明澈的眼力，以洞察历史的真相。"②冯契将"解蔽"理解为学术上的民主态度，亦即解放思想，自作主宰，自尊其心，也尊重别人。科学家探索时空真谛，很艰辛；哲学家给时代把脉，发现一段时间的精神特质，同样不易。他认为在新的历史条件下，哲学要能跟上时代的步伐，能真正从理论上回答时代的问题，必须"从改革的眼光来进行历史的反思""加强哲学和自然科学的结合""看到我们正面临一个世界性的百家争鸣"③。时代奔涌向前，真正的哲学总是开放的，立足现实，且面向未来、面向世界——换而言之，在时空中，且超越时空。

第三，"站在发展的高级阶段回顾历史"。胡适主张以进化论为基础的"历史的态度"（The Genetic Method）④，钱穆强调"历史之温情与敬意"⑤，他们都赞同思想的时代性。冯契同样指出对哲学与哲学史的讨论需要结合"时代"具体分析，要在具体的历史条件中，挖掘哲学理论的实际突破并评判其价值，如此才能把古今视作由不同环节构成的、既有传承又有发展的过程。但胡适的"明变"和"评判"往往更强调思想的真理性是"这个时间，这个境地"的，其生命力只存在于某个特殊的历史时期，进化是一个更迭换代的过程，过去与现在之间有着较大的断裂。钱穆反对进化论以现在为"已往历史最高之顶点"的傲慢，其"通变"以"于国家民族之内部自身求得其独特精神之所在"为第一要务，更偏向历史与当前

（接上页）旨，欲以学问"导人群以正见"，虽然有远离政治之想，但并不真与世绝缘。但其最后的悲凉，也说明了在某些特殊时代，真正能既关注现实、又坚持己见之艰难。另，杜维明曾著《消弭学术界的趋时风气——介绍熊十力先生的〈戒诸生〉》之文，收入《杜维明文集》（第一卷），郭齐勇、郑文龙编，武汉出版社 2002 年版，第 33—35 页。

① 冯契有一句名言："不论处境如何，始终保持心灵的自由思考，这是'爱智者'的本色。"在冯契晚年的一次采访中，记者问道："回顾您的哲学生涯，您觉得一个哲学家最重要的素质是什么？"他的回答是"始终保持心灵的自由思考"。

② 冯契：《近代中国社会的新陈代谢》序，《冯契文集》第八卷，第 469 页。

③ 冯契：《哲学要回答时代的问题》，《冯契文集》第八卷，第 281—283 页。

④ 胡适：《实验主义》，《胡适全集》第 1 卷，第 282 页。

⑤ 钱穆：《国史大纲》，《钱宾四先生全集》第 27 集，第 19 页。

现实的内在延续，以历史的辉煌来让鼓舞人心、重建民族的文化认同。胡适重"重新估定一切价值"，钱穆以"表彰国光为己任"，各有所偏。①冯契主张"站在发展的高级阶段回顾历史"，一方面与胡适接近，相信历史进程是变迁与发展的。他不回避思想的时代性同时意味着局限性、不否认古代传统包含着糟粕，但他的基础不是进化论而是唯物史观。另一方面，"站在发展的高级阶段"不是居高临下以否定历史，或是以高级阶段的结构为模式去剪裁历史，而是因为更成熟、更完备的高级阶段有助于理解低级阶段的某些"征兆""萌芽"的历史价值、有助于发现"胚胎"是如何成长、发展的，从而更好地发现历史的演进脉络、更合理地评价具体思想——即使可能只是包裹在极其朴素的形式中，或隐藏在并不成熟的状态中——在历史中的贡献与不足。这是马克思主义给予冯契的启发和营养。如此，冯契从而能更辩证、更全面地揭示"时代"与"哲学"的多重关系：时代既制约也推动哲学，哲学既要回应时代又能突破时代。

张汝伦说："冯契先生的广义认识论，就是他融贯中西马三种哲学传统，又从自己的问题意识出发产生的一个重要成果"，尽管尚不圆融，但具有原创性且成果丰硕，代表了未来中国哲学前行的方向。②杨国荣则认为冯契的智慧说以近代"古今中西之争"为思想背景，"既在一定意义上参与了'世界性的百家争鸣'，也作为当代中国哲学的创造性形态融入世界哲学之中"③。斯人已逝，但哲思长存。

第二节　李泽厚：实践、情感与"时间"

李泽厚（1930—2021），湖南长沙人。安乐哲在《哥伦比亚二十世纪哲学指南》中，选择了九个20世纪以来重要的中国哲学家进行评述，其中，李泽厚被定位为"马克思主义的改革者"（the transformation of Marxism）④。

叔本华将康德的时空观喻为其哲学皇冠上的两颗钻石之一，罗素则说康德的

①　当然，胡、钱二人立意之别，与他们各自的"时代"也直接相关。胡适当时的时代主流是要反传统，要创建"新文化"；钱穆则希望在日军的铁蹄下重振民族自信。

②　张汝伦：《冯契：用现代思想开拓中国传统哲学》，《社会科学报》2015年9月17日。

③　杨国荣：《世界哲学视域中的智慧说——冯契与走向当代的中国哲学》，《学术月刊》2016年第2期。

④　参见贾晋华：《二十世纪哲学指南中的李泽厚》，《中华读书报》（2013年12月11日13版）。另外，干春松曾撰文《李泽厚与"改革的马克思主义"》，梳理和评析了李泽厚在马克思主义中国化方面的诸多探索及其意义。该文原载《文化纵横》2011年第12期，后收入赵士林主编：《李泽厚思想评析》，上海译文出版社2012年版，第35—45页。

时空观是《纯粹理性批判》中最重要的部分，可见康德的时空观在其哲学体系中的重要性。康德时空观对 20 世纪中国思想家也产生了普遍而深刻的影响。李泽厚对时间问题的思考也是从康德启程的，但他不满意康德唯心主义的先验论框架，在他看来，以制造—使用工具为标志的"社会性的群体实践"，才是人类认识形式的真正来源和进化动力，也是时空观念的真正基地。以"实践"为基，他批判了康德的先验时空观，阐发了时空的客观社会性；他创造了"积淀"一词，提出"经验变先验"的命题，试图联结人类与个体的主客观时间。他倡导以"重建七情，珍惜有限"的"故园情意"为偶然人生之皈依，"使自己的有限性和主客观时间都具有或可无限延伸的'内容'和'意义'"①。他关注马克思"自由时间"理论，亦博取皮亚杰等等思想，但他更倡导回到中国儒学传统，阐发和建构十三亿中国人的"巨大时空实体"。李泽厚曾自谦地声明自己多年来的哲思不过是在画着不断扩展的"同心圆"，"社会实践"可谓是此圆之"圆心"。

一、"客观时间"与"主观时间"

"时间与空间，合而言之，为一切感性直观之纯粹方式，而使先天的综合命题所以可能者"②。康德强调时空是构成一切感性经验的前提条件，是纯直观的先天形式。作为感性形式，时空本身不能得自经验，是"先验（a priori）的"。时空的先验性，这显然是康德非常自得的创见之一③，但这也正是李泽厚首先要批判的观点。他将康德的时空观总结为：

> 康德……把时空作为人类感知世界的主观把握方式；它不能得自经验，反而是构成一切感性经验的前提条件；它不能独立自存，却普遍必然地存在于一切感性经验之中。④

李泽厚认为，此"先验"的实质是将构造知识所必需的普遍认识形式即时间空间视作"从天上掉下来和头脑中固有的东西"，是认识形式的唯心主义。认识有形式，更有其内容。他以恩格斯的时空观为武器批判康德的时空观。恩格斯指出：

---

① 李泽厚：《历史本体论·己卯五说》，生活·读书·新知三联书店 2008 年版，第 89 页。
② ［德］康德：《纯粹理性批判》，第 67 页。
③ "康德在时、空问题上提出的'先验的观念性'与'经验的实在性'，也是他整个哲学认识论的特征。康德自己宣称，他的哲学就是'先验的观念论'（又叫'形式的观念论'）和'经验的实在论'。"（李泽厚：《批判哲学的批判——康德述评》，生活·读书·新知三联书店 2007 年版，第 101 页）
④ 李泽厚：《批判哲学的批判——康德述评》，第 94 页。

> 一切存在的基本形式是时间和空间，时间以外的存在和空间以外的存在，同样是非常荒诞的事情。①

在物质第一性的前提下，恩格斯一方面强调了时空的物质本性，主张时空同物质运动不可分割，是变化着的事物的存在形式，事物的变化通过时空的形式而得到表现。另一方面，物质世界是无限的，运动是绝对的，时空也是辩证发展的。恩格斯确立了既唯物又辩证的时空观。

从"一切存在的基本形式是时间和空间"的命题出发，李泽厚首先就强调要区分"客观的时间"和人们"主观的关于时间的表象和观念"。他认为，时间、空间和物质一样都是客观存在的，具体的客观事物，也包括作为血肉之躯的人类自身，其现实存在表现为"一定的先后延续和上下左右的活动场所"，这就是"客观的"时间和空间。人们关于时间、空间的各种表象和观念，是对现实的时间和现实的空间的反映，是"主观的"时间和空间。前者是后者的前提和反映内容，正因为物质具有时空这样的运动形式，人们才可能去认识它。

无论是牛顿主张的与物质运动无关的、空盒子一样的绝对时空，还是爱因斯坦论证的与物质运动不可分割的相对时空——二者似乎互为轩轾，但在李泽厚看来，其实都是人们对作为物质运动存在形式的客观时空的主观认识。康德将时空并列并视作"感性直观之纯粹方式"，而柏格森批评康德混淆时空、将时间空间化，并强调时间的真正本质是不可分割的绵延——二者仿佛针锋相对，但讨论的也还是主观的时空经验，虽然前者延续了牛顿时空观的客观性、绝对性，后者则高扬了时间的主观性、相对性。牛顿、爱因斯坦侧重于展示的是物理学对时空的认识，其认识对象主要是物质运动本身；康德、柏格森的时空观则是对客观的物理时空的哲学反思，其研究对象更多侧重于主观的时空，即人们的时空观念本身。当然，这个区别并不截然对立，比如爱因斯坦也关注"我的时间"。

恩格斯在批判杜林的时间时区分了"现实的时间"与"时间概念"，前者是"杜林先生不可能这样轻易地摆脱掉"的，后者可能"在杜林先生的脑子里变化着"。李泽厚强调辨析的"客观时间"与"主观时间"，思路与此大致相近，都是坚持从唯物主义立场出发理解时空。"时间概念"或"主观时间"可以不断变化，但不能改变"现实的时间"或"客观时间"的物质本性，现实的、客观的时间是主观时间最基础的认识对象，也是时间之普遍有效性的重要担保之一。后来列宁进而指出：

> 否认时间和空间的客观实在性，在理论上是唯心主义，在实践上就是向

① ［德］恩格斯：《反杜林论》，中共中央马克思恩格斯列宁斯大林著作编译局编译，人民出版社 1999 年版，第 52 页。

信仰主义投降或对它束手无策。①

李泽厚坚持了时空问题的唯物主义立场，不仅承认物理学时空观的科学和哲学意义，同时指出，现代西方哲学中各种有关时间的神秘主义，就是由于彻底忽视或拒斥了时间之客观实在性，从而滑入了唯心主义的泥沼。

时间是客观存在的吗？时间是绝对的吗？这些一直是物理学和哲学讨论的热点。如我们所知，牛顿虽然相信绝对的时空观，但他无法从实验角度证明存在着"均匀地流逝"的绝对时间。休谟曾批评过这种绝对时间观，而爱因斯坦不仅否认了绝对时间，甚至也质疑过时间本身是否真实存在。20世纪后半叶的物理学中，既有挑战人们有关时间存在、时间流逝等信念的论断，也有试图从新的科学视角让消失的时间复生、重新理解时间的具体特征的创见。②

李泽厚并未回避科学界的争论。一方面，他立足于马克思主义，坚持时间和空间的客观实在性，并结合现代物理学的相关成果予以论证。另一方面，他明确指出，不应该把作为物质存在形式的客观时空与人们关于时空的表象和观念混为一谈。各种主观的时空观，即使观点迥异甚至互相攻讦，但都是人们对客观物质的存在形式即客观时空的不同反映，客观时空是主体最直接、最基础的认识对象或质料。

当然，时空问题一旦进入我们研究领域，其结果就都是某种主观的观念了。但李泽厚明确区分了客观时间与主观时间，这也清晰地回答了我们一开始就提出的疑问——"时间"就只是"我们的""时间经验"吗？康德、包括冯友兰、贺

---

① ［苏联］列宁：《唯物主义和经验批判主义》，中共中央马克思恩格斯列宁斯大林著作编译局编译，人民出版社1998年版，第182页。

② 牛顿声称时间、空间、位置和运动等"通常只与感觉对象有关"，他设计了著名的水桶实验以证明存在着与"相对空间"不同的"绝对空间"，但"绝对时间"并未得到实验的证明；根据牛顿的热力学第二定律，时间甚至可能只是人类为了解释"熵变以及能量转化学说"主观臆想出来的东西。休谟在《人性论》中提出我们通过感知变化来获得时间的观念，独立于观测者的绝对时间或标准时间并不存在，"时间不可能独自出现"，爱因斯坦多次坦言其相对论的发现正是受到了休谟的启发，他还有一句广为人知的话："过去、现在和未来之间的分别只不过有一种幻觉的意义而已，尽管这幻觉很顽强。"（［美］爱因斯坦：《悼念贝索》，《爱因斯坦文集》第一卷，第839页）这往往被视作"时间不存在"的宣言。20世纪后半叶，随着量子力学的进一步发展，使很多科学家惊异地发现，时间变量会消失，他们提出了"不存在时间的现实世界"的观点；或者认为时间从未流动，时光流逝很可能是一种错觉。但也有科学家强调必须相信时间的存在，或致力于以新的科学视角论证或理解时间的特征。如罗韦利以薛定谔的猫为例，强调"时间是如此基本，除掉时间可能会颠覆物理学家的世界观"。又如普利高津主张"物理学的不可逆性过程使得时间流动成了世界的一个客观性质。"（参见《环球科学杂志社》编：《时间的本质》，机械工业出版社2019年版，第20—35页）各种精彩纷呈的论辩，展现了时间问题的持久而神秘的魅力，无论是科学还是哲学，对时间的理解一直在不断演进之中。

麟等同样强调时间的客观性，即时间作为主观形式或"理"而具有的不以人的意志而转移的普遍必然性，但李泽厚在此更强调不管是客观或主观的时间经验，都有其直接或间接的反映或体验的对象，这个对象是在人心之外而客观存在的——这与张东荪既强调外界有"条理"又不认可"条理"的客观存在不同。换而言之，具有其他感觉能力的动物，或不同感觉能力的人（如金岳霖所谓的不同"官觉类"，以及人的"正觉""错觉"或"野觉"等）对同一对象会有不同的时间经验，但这不能决定或改变对象本身的时间。①无论如何，客观时间是主观时间的基础，主观时间以客观时间为内容。时间首先是物质运动的基本形式，主观时间是形式和内容的统一。

二、社会实践——时空的基地

李泽厚进而提出，客观的时空不仅是主观时空的认识对象，而各种观点迥异的时空表象或观念，究其根本都是在人类的社会实践中历史地形成和演进的，是对客观时空日益丰富和拓展的认识成果。

康德的一项重要贡献即将时间和空间引入了认识论并视之为一切普遍必然知识的先决条件。他创造性地把时空问题与人类的认识活动联结起来了，指出作为"先天感性形式"的空间和时间，是普遍必然知识之可能的重要保障。他进而阐明时间作为内感觉与空间的不同，并将时间作为"知性纯粹概念"（范畴）与感性之间的中介的"先验构架"。

李泽厚指出，康德强调时空与感性直观的联系，尤其是强调时空作为直观形式具有主动综合的性质等等，这些观点的确非常重要而深刻。"康德的先验论之所以比经验论高明，也正在于康德是从作为整体人类的成果（认识形式）出发，经验论则是从作为个体心理的感知、经验（认识内容）出发。"②一方面，康德确立了时空作为感性形式的普遍有效性，有效地回应了个体时空经验的主观性和相对性；另一方面，康德所以能跳出时空的相对性，在于他的出发点是"整个人类"。李泽厚在高度肯定康德之贡献的同时，进而追问"整体人类的成果"是何以获得的。康德认为时空是一切认识得以可能的基石，而李泽厚要进而为康德的认识论

---

①　比如，人与动物都有空间感，但又彼此有别。比如"牛眼看大，鹅眼看小"，又如鸽子的空间感远胜人类，等等。对于动物是否有时间意识，一直有争议。一些动物行为专家根据实验，认为动物也可以具有前瞻后瞩的能力、也有时间观念，也可以通晓过去，感知未来。阿尔茨特曾讨论动物"内部世界的构建"，在他看来，动物同样有时间、空间观念，还有计数能力、想象力等等。（参见［德］福尔克·阿尔茨特：《动物有意识吗》，马怀琪、陈琦译，北京理工大学出版社2004年版）另可参看冯峰：《动物有时间观念吗?》一文，《百科知识》2007年第8A期。

②　李泽厚：《批判哲学的批判——康德述评》，第70页。

奠基。在他看来，感觉并非认识论的真正开端，"生活、实践的观点，应该是认识论的首先的和基本的观点"①。有关时空的讨论不仅不能只局限于个体层面，也不能囿于感觉经验层面。相反，必须联系人类历史、联系社会实践的具体过程，正是在社会实践中产生了认识时空的需要、能力和相关成果。康德超越经验论的地方，即在他跳出了个体心理。但他视时空为"先验的"，对于个体而言，时空形式似乎无所从来；虽然他通过"形而上学的阐明"和"先验的阐明"进行辩护，但还是停留于此，以此为先天地存在于主体的心灵当中的纯粹方式。由康德走到马克思的李泽厚则试图追问这个貌似无须再探究的原则，并明确将"社会实践"作为一切时空观念的根基：

> 人类的时空观念不是仅凭感官被动地感知世界形成的，而是在历史性的群体结构制约下，由使用工具、制造工具而开创的主动改造环境的基本活动所要求、所规定而形成的。
>
> 时、空表象不仅通过人的个体感官，而且更重要的是从社会实践获得的。……时、空表象或观念丝毫没有先验或先天的性质，它们是社会实践向我们主观意识中的积淀和移入。这里，社会（非个体）实践（非感官知觉）是关键性的中介环节。②

物质生产的社会实践活动，是人类的最终实在、本体、事实。正是在社会实践中，产生了认识客观世界物质存在和运动的形式、特征等方面的需要和能力，进而形成了对时空的主观认识。人类的社会实践活动通过"以一定的先后延续和上下左右的活动场所"表现出来，这就是时空观念之来源。人类早期的时空观念往往与现实生活中的某些特殊事物或内容相纠缠，比如会认为时间就是春夏秋冬及其转换，空间就是东南西北的具体方位及其变更等。③这正是由于人类在社会实践中需要了解和确立季节推移或位置变化对生产、生活的影响，需要协调人类的社会实践与其活动展开的自然环境之间的关系。就时间而言，一方面宇宙万物的变化有着先后的秩序性和稳定的持续性，并且这些变化本身就具有某些均匀的节律、规则的周期，这就是物质世界的客观时间；另一方面，人类在社会实践中逐渐熟悉、掌握了客观时间及其变化的某些特征和规律，形成了有关时间的某

① 李泽厚：《批判哲学的批判——康德述评》，第70页。
② 同上书，第107、111页。
③ 其实时空与现实生活的关联也可反映在计量时间的单位。除了年月日等计量单位是基于星体的运行，我们也常用自己的手、脚等为尺度。中国古代会说一炷香或一袋烟的时间。佛教中某些特别的单位也如此，比如：一由旬相当于一头公牛走一天的距离，一俱卢舍是牛声或鼓声得闻之最大距离；又如又俱舍论卷十二云"刹那"："如壮士一疾弹指顷，六十五刹那。"

些观念，这些认识成果就成为主观时间，而人类也因此逐渐培养、增进和获得了某些对时间的感知、认识能力。李泽厚从人类历史的视角出发，认为康德实际上是将人类在一定历史时期有关时空的认识成果视作先于经验并整理经验材料的主观形式，而时空形式的主动综合性即实质上是在社会实践的基础上形成的对时空的认识能力。我们可以打个比喻，康德的做法是截断众流，而李泽厚是要寻流溯源。

李泽厚强调"实践"在马克思主义哲学中的核心地位。①何为"实践"？李泽厚认为"实践"有广义和狭义之分，狭义的实践（practice）即以使用—制造工具为核心的劳动；广义的实践（praxis）则包容宽泛："从生产活动中的发号施令、语言交流以及各种符号操作，到日常生活中种种行为活动，它几乎相等于人的全部感性活动和感性人的全部活动，其中还可以分出好几个层次。"②在他看来，狭义与广义之分只是一种"'理想型'的理论区分"，在现实中，二者经常纠缠在一起。狭义的实践活动很重要，因为人类主要依靠物质生产活动而维系生存，这是广义的实践活动的基础。然而，人类不会总是停留在基础上，人类一直在迈向更丰富的内容、更高的层次的实践，这样，语言，以及与此相关的心理的意义在人的生活中就越来越显明了。

李泽厚再三强调，康德时空观所强调的"先验的"东西，实质是"人类集体从漫长的历史经验中抽取提升出来的，并保存在人们的科学、文化之中，不断积累发展着，使人的认识能力日益扩大"③。一方面，主观时空本来就是以客观时空为其对象的，人类在包含科学活动的社会实践中，逐渐达成了对物质存在形式的一致性认识，因而形成了一种具有统一、普遍等特征的时空观，并随着社会实践的发展而不断拓深延展，不断趋近对客观时空的全面、多层的把握；另一方面，人们以年月、钟表、舆图、指标等各种具体规范的方式来表现时空，并在一定程度上有效地满足了在生活、实践中协调一致或相互沟通的需要。同时，人类的社会实践不仅需要协调人类与外在的自然，也需要协调人类自身。现实时空的客观存在、社会实践的共同一致性，要求人类产生了对客观世界存在形式的统一认识，这是时空同质性的原因。这种同质性的时空观念形成后，具有客观性普遍性，转

---

① 20世纪70年代末，李泽厚、刘纲纪等在美学研究中首先提出了实践的本体地位。一般认为，"文革"结束后，李泽厚第一次在康德哲学、皮亚杰发生认识论和西方马克思主义的影响下，提出了实践在马克思主义哲学中的核心地位的观点。（参见黄楠森：《论实践论在马克思主义哲学中的地位》，《教学与研究》1996年第1期；亦可参见邢贲思、黄楠森、方克立主编，贺金瑞等著：《新时期马克思主义哲学创新发展论辩》，百花洲文艺出版社2007年版，第174—181页）

② 李泽厚：《实用理性与乐感文化》，生活·读书·新知三联书店2005年版，第4页。

③ 李泽厚：《批判哲学的批判——康德述评》，第165—166页。

而成为能够直接引导或规范我们认识活动和现实生活的尺度、成为似乎是某种超越经验的形式性的时空，从而避免了基于个体心理感受或体验的时空的主观性和相对性。

与柏格森接近，李泽厚也承认有相对于个人而言的"我的时间"，即主观时间，并将此视作"真的时间"："'真实的'时间本是一种个体的、主观的、不同质的"，但他并不贬低客观时间的意义，强调时间的空间化、可以测度和隔断的时间在生产、生活乃至科学活动中的重要价值。他认为，主观时间"除了在艺术中和某些日常生活中，反而处于次要的地位"，而"空间化的时间观，尽管似乎不符时间本性，但有其合理的存在根据"①。正是时空的客观社会性，使得科学，以及公共生活成为可能。

时空与数学的关联是时空观中的一个重要内容，也是康德时空观的重要创见之一。李泽厚依旧从社会实践的角度出发阐明这个问题。首先，从人类历史来看，数与形的概念是在现实生活中的计数活动、测量面积体积等活动中逐渐形成的；其次，就算术与时间而言，一方面，算术概念主要源自主体"在时间中的活动操作"，是对主体"操作活动的反映和符号化的规范"；另一方面，时间观念的形成则是以"用数来计算、测度的实践活动"为基础的。就几何与空间来说，位置、直线、曲线等这些几何概念，也是在主体使用和制造工具的劳动中，"对空间的支配、利用而获得的"。所以时空与数学的关联归根结底是在社会实践中，人类对客观现实关系的反映和抽象。如康德所言，时空不是概念、理性，作为直观形式，时空是感性的，但李泽厚强调时空的感性中其实积累沉淀着社会理性要素，这也是时空的普遍性、确定性、规范性的由来。

总之，李泽厚的结论是："时空的观念本质正在于它们的客观社会性"，他以作为时空观念源头和基础的人类社会实践的"客观社会性"，代替了康德时空先验性的"普遍必然性"。

更重要的是，人类的社会实践是发展的，人类感知世界的方式和成果也绝非一成不变。比如经典物理学的空间与欧式几何学一致，但随着近代工业技术和科学实验的发展，产生了非欧几何学，空间观念也必然有改变。从牛顿到爱因斯坦，时空观的变化正显示了人们对时空的主观认识通过社会实践的不断推进而提高。康德的时空观基于牛顿力学，他"以某种固定不变的先验框架来规范、支配感性材料"，试图以普遍必然性的时空观为科学奠基，但事实上，这种绝对不变的先验形式和牛顿设想的永恒无限的空盒子一样都落入虚构。②但是社会实践的发展，不

---

① 李泽厚：《批判哲学的批判——康德述评》，第 113 页。

② 但是李泽厚注意到康德和爱因斯坦某些哲学观点和方法上的亲缘性（详见李泽厚：《批判哲学的批判——康德述评》，第 158—160 页），这也打开了康德时空观面向现代科学的可能空间。

仅扩大了认识领域，也提高了认识能力，因而社会实践还是时空观发展的内在动力。

时空之有限与无限也是古往今来各种时间观念中的重要内容。在康德那里，时空的有限与无限是四个二律背反之首，他也因此将时间的无限性驱逐出人类的认识论，并将之归于上帝的"智性直观"。恩格斯在《反杜林论》中从认识的辩证法角度批判了杜林在此主题上对康德的沿袭。李泽厚在此基础上，更结合和发展了马克思"自然人化""人化自然"的概念，来阐明人类对时空的认识是一个由有限趋向无限、不断发展并走向自由的过程。当然，这同样也需要立足于人类社会实践的发展，正是随着实践活动领域的不断推广和拓深，人类对时空的理解也不断突破各种有限性而趋向无限。

李泽厚认为"自然人化"包括"外在自然的人化"和"内在自然的人化"。"外在自然"指人所生存的自然环境，又可从"硬件""软件"或"狭义""广义"两个方面来分析，"硬件"或"狭义"的外在自然的人化就是"人类科技发明和物质文明不断进化的历史"，主要是通过制造—使用工具的社会实践，不断改造了外在的自然环境，改善了人类的生存状态，从而使得人类越出动物世界，"获有了超生物性生存的'自由'"。比如阿伦特曾将伽里略发明望远镜视作决定现代特征的三件大事之一，因为：

> 伽里略所做的和他的前人未做的是以这样一种方式——人类以"确凿无疑的感官"认知接触到宇宙的秘密——来使用望远镜的，即他将其看来永远不能及的、充其量展现了猜测和想象的不确定性的东西置于了世间生物及其感觉的掌握之中。①

我们当然可以说望远镜是人类眼睛的延伸，但借助它，人们不仅能看到仅凭眼睛的视觉无法抵达的空间，也扭转了过去曾以为是"眼见为实"的空间观念。当然伽里略的伟大和望远镜的意义不止于此。阿伦特所论及的另两件大事分别是美洲大发现以及随之而来的全球开发和宗教改革，而前者也极大地影响了人们的时空观。近现代以来新工具的发明和与之相关的科学理论的新发现，对人类传统时空观的振动很大。在20世纪20年代的科玄论战中，胡适在他的"自然主义的人生观"之首就说："（1）根据于天文学和物理学的知识，叫人知道空间的无穷之大。（2）根据于地质学及古生物学的知识，叫人知道时间的无穷之长。"②"知识"会

---

①　［美］汉娜·阿伦特：《人的条件》，第261页。

②　胡适：《科学与人生观》序二，张君劢等著：《科学与人生观》，黄山书社2008年版，第22页。

改变人们的时空观，而知识之源，是社会实践；知识倚仗的工具，就是"硬件"或"狭义"的外在自然的人化。在此基础上，人类不仅可以知时空之大与长，以可探时空之微与短。[①]

"自然的人化"是人类主体性的重要体现，但近现代以来，人类对自然的改造、利用和控制，已经过多地损害了自然并进而危及人类自身的生存。有鉴于此，李泽厚更强调关注"软件"或"广义"的"自然人化"，也就是改变自然与人的相互关系：

> 不仅红花绿草、明月春风，而且急流险滩、荒林野漠……之所以也成为今日人类的审美对象，而不再是恐怖、威吓或无关的事物（如在远古时期或原始民族），是由于历史发展所造成自然与人的关系产生重要变化的结果。这也属于"自然人化"的范畴。我强调，这"人化"不是观念性或主观性的……而是人类本体存在性的。即自然与人的客观关系有了历史性的变迁：自然成为人类存在的一个组成部分。它由恐怖或无关的自在对象，变而为与人可以有着亲切关系的自为存在。这才是人类主观意识中的自然人化（如风景画、山水诗、花鸟画）的根本客观基础。[②]

人类的社会实践不是被动地适应和顺从自然，更是在不断影响、改造这自然，"外在自然"的存在方式和运动状态的变化，使得客观时空呈现出新的特征。所以对客观时空的认识本身也是无止境的发现过程。另一方面，现代社会人类对自然过度的索取和征服已经带来的重重危机，这使得人们必须调整社会实践的方式和方向，使得人们有可能以认识、科学之外的方式理解时空问题——比如李泽厚在"自然人化"的"软件"中所主张的审美方式，人可以在审美中超越有限，获得自由。这样，他以不同类型的社会实践为基础，再次阐发了人类时空观类型或内容的丰富性和开拓性。

三、"内化"与"积淀"——时空形式或结构之形成

李泽厚认为，作为主观形式的时空，是以人类漫长的社会实践为基础而逐渐形成的；人类以此时空形式去认识世界的能力也是在社会实践中不断提高的。某些动物的时空感很敏锐，但不过是通过遗传获得的本能；缺乏社会实践的婴幼儿或原始人群，他们的时空感也非常缺乏。晚年李泽厚建构了以"经验变先验，历

---

① 随着地质科学的发展，"深时"也逐渐成为众人关注的概念。"'深时'（deep time）是地下世界的纪年。深时就是地球那令人眩晕的漫长历史——时间从当下向前向后无尽延展。"（参见［英］罗伯特·麦克法伦：《深时之旅》，第13页）

② 李泽厚：《说天人新义》，《历史本体论·己卯五说》，第243页。

史建理性，心理成本体"为主要命题的"历史本体论"。其中，"经验变先验"是要解决先验形式的来源问题。就时空观而言，即是要阐明人类在社会实践基础上形成的时空经验如何成为康德时空观中的"先验"的。他认为时空形式的形成和发展的具体机制是"内化"与"积淀"，二者连接了人类与个体、理性与感性、历史与当下，并在不断发展的社会实践中建构了人类的"新感性"。

李泽厚在早期的《批判哲学的批判——康德述评》中就已论及"内化"理论。他认为"内化"是皮亚杰在考察逻辑与操作的联系时提出来的，具有重要的科学和哲学价值。李泽厚认为皮亚杰的高明之处在于"注意了动作、操作在形成人的逻辑思维和整个开放性的认识结构中的巨大基础作用，为科学具体地阐明认识的起源和发展提供了重要的唯物主义的基础"[1]。皮亚杰重视历时性，强调理论建构是个发生学的时间过程，当然，他并没有将社会实践作为理论的起点。李泽厚引入"实践"，并提出了"理性的内化"：

> 人们不是在静观的对外物的观察归纳中，也不是在先验的纯粹直观中，而是在能动地改造世界的劳动操作的实践中，去把握时、空，去确定客观世界的存在形式，并逐渐把它们内化、移入为包括时、空在内的人们一整套认识形式和心理—逻辑结构。这就是我所谓的"理性的内化"。[2]

时空作为直观形式虽然是感性的，但是包含着在实践中逐渐形成的理性的内容和特征，并在之后的实践过程中逐渐进入、建构认识主体的认识形式和心理—逻辑结构。比如与时空相联系的数学，就是通过"理性的内化"而成为形式结构的一个极为重要的方面，反过来又成为人们认识世界形式结构方面的强大武器。

康德非常强调时空作为直观形式具有"主动综合"的性质，特别将作为内感觉形式的时间作为"知性纯粹概念"（范畴）与感性之间的中介的"先验构架"，并认为这种"先验架构"来自一种先验的"创造的想象力"的综合活动。李泽厚认为，这点非常重要，因为时空确实不同于声色香味等某些被动的感官知觉，人类的认识也并非直接的照镜子似反映。康德将时空收归认识主体，强调了人类认识的主观能动性的一面，从而比机械唯物主义粗糙的直观反映论更能解释人类认识的秘密和人类的主体性。李泽厚认为这是认识论的革命，也是他在哲学史上对康德情有独钟的重要原因之一。然而他还是强调，时空的这种主动综合的性质仍然是社会实践的成果，是一种在社会实践中逐渐获得并构建起来的认识形式和结

---

[1] 李泽厚：《批判哲学的批判——康德述评》，第48页。让·皮亚杰（Jean Piaget）：一般译作皮亚杰，李泽厚早期论著中会译为"皮阿惹"，但后来也采用"皮亚杰"的译名。以下除了引用的李泽厚原文，一般论述中仍用通行的"皮亚杰"。

[2] 李泽厚：《批判哲学的批判——康德述评》，第114页。

构，然后逐渐将这些认识成果内化、移入人的主观世界，成为感性直观形式。

所以李泽厚"理性的内化"需要阐释在社会实践基础上产生的理性认识的能力、结构或成果如何凝结而成为主体内在的心理—逻辑结构，他提出了另一个重要的概念即"积淀"。

康德强调了时空与感性直观的联系，李泽厚认为这一点至为重要，因为时空不同于被动的纯感觉，也不是概念、理性，时空"这种感性直观中积淀有社会理性，因之对个体来说，它们似乎是先验的直观形式，无所由来；然而从人类整体说，它们仍然是社会实践的成果"①。在这里他用了"积淀"，以别于"内化"，他说：

> 这种成果便不同于如形式逻辑那样，只是操作活动的"内化"，即外在实践活动转化为内在理性结构，而更是积淀，即社会理性积累沉淀在感性知觉中。前者（内化）是逻辑，后者有与审美相关的"自由直观"的因素，它可以"以美启真"，有一种自由创造的性质。②

"积淀"说在《批判哲学的批判——康德述评》中只是简单提及，早期李氏还曾使用过"凝冻""沉淀"等相近的概念。但在其以后的研究中，"积淀"一词逐渐确定下来。他后来进而将"积淀"分为广、狭二义，把"内化"纳入广义的"积淀"，认为"时空直观"是"理性的内化"的产物之一，其以人类统一的社会实践为基，因而具有人类的普遍性，可以作为认知的形式去整理感性材料。广义的"积淀"旨在说明时空作为人类普遍的直观形式是如何形成和发展的。狭义的"积淀"，则是指个体"情理结构"的形成过程，具有较为明显的个体性特征，因为每个个体所处的文化、所经历的境遇等都有差异性。比如，一个经验丰富的教师，对"一节课"的时间就相对敏感；一个接受音乐训练的学生，对时值的变化反应极为准确。个体的生活、工作经验会建构其感受时间的方式或能力，从而形成具有个体的时间观。

李泽厚坦言有关"积淀"是一个"尚待开发的课题"，他认为：

> "积淀"或将成为今后的哲学和美学的一个重要课题。它可能提供一个社会与个体、理性与感性、历史与心理的统一如何可能的中介。③

---

① 李泽厚：《批判哲学的批判——康德述评》，第 115 页。
② 同上书，第 115—116 页。
③ 李泽厚：《李泽厚哲学美学文选》，湖南人民出版社 1985 年版，第 222 页。

"积淀说"是李泽厚的多年苦心研究的创造性成果，他一方面沿着马克思主义哲学的指引，以实践为基础讨论主观时空形式的构成和发展；另一方面也批判性地吸收或改造了多种观点，如康德之"先验论"、荣格之"集体无意识原型"、克莱夫·贝尔之"有意味的形式"、格式塔心理学等等。他还特别关注皮亚杰的"发生认识论"，尤其是有关儿童时空观之建构的理论。

马克思的"实践"的引入，使李泽厚告别了康德时空观的先验性；"积淀"的发明，又解释了时空作为感性形式所内含的理性和历史因素，以及时间形式中的普遍性和个体性等特征。"实践"使其从康德的个体走向马克思的人类，"积淀"则帮助他从人类再回到个体。诚然，"积淀说"中还不乏尚待科学证实或逻辑论证的理论困境。但李氏在回应其他学者的质疑的过程中①，也逐渐丰富了"积淀"的内涵。比如他曾深情地呼唤：

> 回到人本身吧，回到个性、感性和偶然吧、从而也就回到现实的日常生活来吧。不要再受任何形上观念的控制支配，主动迎接、组合和打破这积淀吧。②

这里特别值得注意的是，李氏提出要"主动迎接、组合和打破这积淀"，也就是说，"积淀"本身也是一个具有"时间性"的概念，过去"积淀"的形式可以在当下的艺术创造乃至日常生活中被打破、重构。他还说：

> 我造了"积淀"这个词，"积淀"的意思就是把社会的、理性的、历史的东西累积沉淀为一种个体的、感性的、直观的东西，它是通过自然的人化的过程来实现的。③

---

① 比如 20 世纪 80 年代就有高尔泰的"感性动力说"、刘晓波的"突破说"等，批评李泽厚"积淀说"所蕴含的保守性。如"'积淀'只是量的递增，其结果作为累计的形成物不会产生结构和功能，因此只能是静态的而不是动态的，不会成为引起美的条件。美不是作为过去事件的结果而静态地存在。美是作为未来创造的动力因而动态地存在的，所以它不可能从'历史的积淀'中产生出来，而只能从人类对于自由解放，对于更高人生价值的永不停息的追求中产生出来。……从变化和发展的观点看，即从人类进步的观点看，不是'积淀'，而是'积淀'的摒弃，不是成果，而是成果的超越，才是现代美学理论基础。"（参见高尔泰：《美的追求与人的解放》，《当代文艺思潮》1983 年第 5 期）"他的目光由'积淀'转向过去，我的目光由'突破'指向未来。"（参看刘晓波：《与李泽厚对话——感性、个人、我的选择》，《中国》1986 年第 10 期），等等。

② 李泽厚：《华夏美学·美学四讲》，第 407 页。

③ 李泽厚：《李泽厚哲学美学文选》，第 385 页。

"积淀说"试图揭示的是文化—心理结构的形成，其所要解决的问题不仅是人类不同于动物的心理是如何产生和发展的，同时更要说明外在的、社会的、理性的因素如何能够转化为内在的、个体的、感性的心理，用他的另一说法，即是如何实现所谓的"内在自然的人化"，或"建立新感性"。

实践不仅是人化自然的过程，同时也是自然人化的过程。李泽厚指出"自然的人化"也包括"外在与内在"两个方面。比如在人类实践中偶尔发现了四季交替昼夜往来的变化规律，并将之强化巩固，趋向定型化，形成"时间"形式，依此去掌控自然、实现人类的目的，这就是"外在自然的人化"；就时间而言，就是作为物质运动形式的客观时间被人发现、利用，人因而有了某种主观时间经验。"内在自然的人化"是指"人本身的情感、需要、感知、愿欲以至器官的人化，使生理性的内在自然变成人。这也就是人性的塑造"[1]。包括感官的人化和情欲的人化两个方面，其成果就是建立了"新感性"，从而使人的生活远离了动物的方式。在《美感谈》里，他区分了原始积淀、艺术积淀、生活积淀。原始积淀"在创立美的活动的同时，也使得人的感官和情感与外物产生了同构对应"；艺术积淀是"从具体意义的艺术到有意味的形式，从有意味的形式到一般的装饰美"的过程；生活积淀最为广泛的，包含着社会氛围的积淀和一些无意识层面的内容。比如音乐中的节奏、节拍等都是时间的某种"有意味的形式"，既有某种稳定性、规律性，又有变化、有个性。另一方面，这个时间形式的功能就不只是如康德所言，局限于认知，同时有审美的价值。李氏特重审美时空的意义，其阐发也比贺麟"礼时为大"之论更详尽、丰富和深刻。

李泽厚从哲学的意义上提出了"心理本体"的概念：

> 它是哲学，是从本体所理解和把握的作为历史积淀的感性结构。无疑，落实在感性结构中的人类历史是它的经验基地。[2]

"心理本体"的内容并非具体的心理经验，也不是非以自然科学的方法或原则来研究心理现象及其规律。它只是某种以人类实践为基础，在历史中不断生成、变化并逐渐积淀下来的"结构""形式"或"框架"。时空形式、语言等，都是"积淀"下来并成为人类历史的"文化心理结构"，进而逐渐成为左右"人活着"某种力量。

李泽厚自言其哲学从康德到马克思再回到康德，而康德的贡献"主要是在主

① 李泽厚：《美的哲学》，《实用理性与乐感文化》，第287页。
② 李泽厚：《关于主体性的第三个提纲》，《实用理性与乐感文化》，第236页。

体性的主观结构方面"。关于"主体性",他曾有一个相对全面的界说:

> 主体性概念包括有两个双重内容和含义。第一个"双重"是:它具有外在的即工艺—社会的结构面和内在的即文化—心理的结构面。第二个"双重"是:它具有人类群体(又可区分为不同社会、时代、民族、阶级、阶层、集团等等)的性质和个体身心的性质。这四者相互交错渗透,不可分割。①

他一再强调这个"主体性"(subjectality)是一个"本体论"的概念,而在"主体性"的四个方面中,群体的工艺社会结构面是基础性、根本性的,对人类文化心理结构面和个体的身心起着决定的作用;但工艺—社会结构和文化—心理结构、人类群体和个体身心之间的关系如何?这种关系又是怎样形成的?他认为马克思主义哲学"过分侧重理性、社会、群体",对这些方面讨论甚多,但却未能正式提出"心理本体",尤其是其中的情感问题。所以又回到康德的主体性问题,并以此为其主体性研究的主题。"积淀"是他"制造"的一个很独特自然也颇受争议的词,但他试图以此来解释主体性的主观方面即文化—心理结构问题。

值得注意的是,李泽厚所谓的"心理本体"的结构是感性的,所以"积淀"的结果,即"新感性"的诞生。时空作为感性形式,其"感性"是被"积淀"改造过,融入了理性特征的,因而不再是纯粹的自然属性或生物特征。这是人的主体性的体现,是人有别于动物的尊严之所在,也使人类不仅拥有普遍的、同质的认识论意义上的时空观,同时也创造丰富多样的审美层面的个体时空观。

"建立新感性"意味着人类和个体的时空观是不断变化和发展的。比如,近百年来,由于钟表时间的普及化,中国人精准把握时间的意识和能力获得了很大提高,时间感明显加强了。又如李泽厚曾说,中国人过去长期过着一种"田园牧歌式"的生活,其生活节奏和韵律"习惯于缓慢、悠长、平静、安宁",这是一种"慢悠悠、懒洋洋"的时间体验;当下正在向工业社会的生产生活方式过渡,后者的时间体验似乎是显得"乱糟糟、闹哄哄"的②。这是中国从古代进入现代、由农业社会进入工业社会在时间感受上的重要变化之一。能动的社会实践不仅改造了客观世界,也改造了认识主体的主观世界,使得主体具有并能使用时空这种特殊且有效的把握世界的认识形式和结构。

杨国荣曾提议李泽厚在"经验变先验"之后再补充"先验返经验"一语,

---

① 李泽厚:《关于主体性的补充说明》,《实用理性与乐感文化》,第218页。
② 李泽厚:《华夏美学·美学四讲》,生活·读书·新知三联书店2008年版,第288页。

即通过类的认知活动形成普遍的先验形式之后，还应返回个体性中才能实际起作用。①李氏由马克思再回到康德、通过积淀以建立新感性，其用意都在从群体到个体。"新感性"中的时空形式亦然，因为先天形式必须返归于个体，与个体的具体情境相结合。事实上，他注重人类普遍的时空观，也关心中国人和个体的时空观，包括个体时空观中的普遍、客观因素，也包括特殊的、个体性的主观时间体验。

四、"情本体"与十三亿人的"时空实体"

"井蛙不可以语于海者，拘于虚也；夏虫不可以语于冰者，笃于时也。"（《庄子·秋水》）个体生活世界的空间和时间会成为各自认识的限度，人类对空间和时间的认识是以各自的生活经验为半径的，榆枋之见难解鲲鹏之志，小年不知大年。但人类不断发展的社会实践能突破、超越固有时空的限制，从而能形成更广的空间、更久的时间意识。②"拘"和"笃"即与时空有待，有待就不逍遥；只有破除此限，才能实现生命的自由。在李泽厚看来，时空形式不仅具有认识功能，同时也有审美的作用，而审美是实现自由的时间的重要路径。

李泽厚一再强调哲学应以人的"命运"为主题，所以哲学首先要回到生活、归依"人活着"的根本。由此，他主张"人的哲学"，反对"上帝的哲学""动物的哲学""机器的哲学"等。他又指出，在人类历史的演进中，"心理成本体"，在现代社会中，"理性"已成病，所以他要着力建构心理本体中的"情感本体"，以"情"为人生的真谛、存在的真实、最后的意义。从 20 世纪中国哲学的内在逻辑来看，李泽厚的"情本体"正是基于对现代新儒家，尤其是冯友兰和牟宗三在构建"新理学"或"内在超越"的心性之学的不满。③另一方面，李泽厚的"情本体"是对西方哲学如康德、马克思、海德格尔、萨特等思想的接续和发展。他欣赏康德的主体性、有得于马克思的自由时间理论，他还将海德格尔引为同道：

---

① 详参杨国荣：《历史与本体——李泽厚哲学思想论略》，《学术月刊》2022 年第 3 期。

② 准确地说，也包括感受、认识更精密的空间和更短暂的时间的能力。

③ 详见方用：《20 世纪中国哲学建构中的"情"问题研究》，上海人民出版社 2011 年版，第七章。另外，陈来在《仁学本体论》中，明确指出他写作此书"立意以仁本体回应李泽厚的情本体"（参见陈来：《仁学本体论》，生活·读书·新知三联书店 2014 年版，第 501 页）。他认为"李泽厚以情为本体，终究难免于中国传统哲学对'作用是性'的批评，情之意义在感性生活和感性形式，还是在用中讨生活，不能真正立体"（参见陈来：《论李泽厚的情本体哲学》，《复旦学报》（社会科学版）2014 年第 3 期）。李泽厚在之后也曾多次回应过陈来的批评。

　　哲学上，黑格尔把康德"人是什么"的"先验心理学"变为精神是什么，构造了理性吞并一切的思维的逻辑本体论，海德格尔把康德的"人是什么"变为存在是什么，构造了个体向死而生的激情的基础本体论，我希望把康德的"人是什么"变为心灵是什么，构造人类向个体积淀生成的历史本体论。海德格尔虽从"人是什么"出发，却绝对摈斥人类学、心理学的一切经验阐释，突出活生生的个体有限性所应紧紧把握住选择和决定未来可能性的"去在"（此在）。但这个完全摈弃经验和科学的"去在"，却成了危险的空洞深渊。①

在他看来，海德格尔的哲学回到人、回到活生生的个体，这是非常独到的，但他把人阐释为一种"向死而生"的"此在"，认为个体只有领悟了死亡的真谛，才能从"活在世上"，从"与他人共在"的"沉沦"状态中跳脱出来，才能显示"真我"。这种区分"本真"与"非本真"、割裂"此在"与"共在"的方式，其实质仍旧是抽空了具体情境的空洞形式，是一种理性抽象的普遍性，他也不赞同海德格尔"黑暗的深渊""士兵的哲学"②。

　　20世纪80年代，中国曾出现了持续近十年的"萨特热"，李泽厚亦是推波助澜者。萨特考察"三维时间的现象学"，指出人们通常将时间视作由过去、现在和未来三个维度构成的集合，但因此遇到了一个悖论：

　　过去不再存在，未来尚不存在，至于瞬间的现在，众所周知，它根本不存在，它是一个无限分割的极限，如同没有体积的点一样。这样，整个系列便都消失了，并且是加倍地消失了。③

---

　　①　李泽厚、刘绪源：《中国哲学如何登场?》，上海译文出版社2012年版，第7页。

　　②　李泽厚自陈其"情本体"乃是承续海德格尔，但对其作了修正和发展。他说："'烦'、'畏'确乎不只是意识，它就是那非常实在的现代人当下感性生存的状态本身。所以它具有'本体'性质。此人生'情'况即是本体。'心理成本体'，我以为这是Heidegger哲学的主要贡献。"（参见李泽厚：《历史本体论·己卯五说》，第91页）他认为海德格尔所揭示的"烦"（Sorge）、"畏"等情态真实地呈现了现代人当下的感性生存状态。但他又指出："海德格尔将本真从非本真中剥离出来，提供了一个黑暗的深渊。人们念念不忘那'无定的必然'（死亡），满怀激情向前冲行，像士兵一样，但这样并不能找到Being。"（参见李泽厚：《课虚无以责有》，《实用理性与乐感文化》，第369页）这与方东美"双重苦闷"之说曲径相通。晚年海德格尔由"烦""畏"而倾心于悦乐（Joy），李泽厚认为，这可以是"与中国传统接头，但要注意，中国传统的'人'是现实具体的'人'及其日常行为……因此，便并不也不能先排开非本真的中性人（das Man）的'人活着'来谈Dasein或Being。"（参见：《哲学探寻录》，《实用理性与乐感文化》，第170页）

　　③　［法］萨特：《存在与虚无》，第146页。

如此，人们将难以摆脱被切割的命运，无法完整地把握自身的存在，所以他认为"研究时间性的唯一可能性的方法就是将时间当作一个整体来加以剖析"①。萨特区分了"原始的时间性"和"心理的时间性"，并强调"在世的人的反思意识在日常存在中是面对心理对象而存在的，这些心理对象是它们所是的，它们在我们的时间性的绵绵不绝的网络之上出现的"②。李泽厚显然比较认可这种由"心理的和意识的连续活动构成的心理绵延"的时间性。但更重要的，他还是要回到中国的传统与现实：

> 中国五千年的生存经验——再往上推，可以有八千年，这样的体量和这样漫长的时间，我称之为十三亿人的"巨大时空实体"，它的生存智慧才是今日哲学最重要的依据，这才是我的哲学最根本的出发点和基础。③

中国"十三亿人的'巨大时空实体'"，这是李泽厚"情本体"哲学思考的起点和归宿。他认为中国文化的本质是"由巫到史，释礼归仁"，"情本体"则更推进一步，力图"释仁归情"。他再三诠释和强调重视感性、经验才是儒家文化的真正本源和特质。在他看来，拒斥各种超越，主张"一个世界"才是中国文化最显明而独特之处，他断定各种追求"超验"的路径都是失败的，反复声张"情本体即无本体"，阐明所谓的"情"就是现象；以"情"为本体，即回到现象、回到中国人真实的、具体的感性生活：

> 所谓"历史本体"或"人类学历史本体"并不是某种抽象物体，不是理念、观念、绝对精神、意识形态等等，它只是每个活生生的人（个体）的日常生活本身。④

李泽厚以"本体"为人生最后的实在、根源，主张哲学之思的真正根基应指向个体的感性的日常存在。从其哲学的内在脉络而言，"情本体"与其"广义"的实践论一脉相承，因为他将"日常生活中种种行为活动"乃至"人的全部感性活动和感性人的全部活动"都纳入了"实践"的范围。但究其根源，"情本体"还是本于儒家传统，他也明确标榜自己的哲学是"儒学四期"。儒家哲学最终指向的是"乐"，在他看来，"情本体"外推是"乐与政通""和谐高于正义"的政治哲学，内推便是"以审美代宗教"的宗教哲学。所以，虽然"情"总是个体的、具体的，

---

① ［法］萨特：《存在与虚无》，第146页。
② 同上书，第209页。
③ 李泽厚、刘绪源：《中国哲学如何登场？》，第31页。
④ 李泽厚：《历史本体论·己卯五说》，第20页。

但李泽厚却将其称作"历史本体"或"人类学历史本体";虽然他要面对的是"每个活生生的(个体)的日常生活本身",却要上溯至五千乃至八千年、涵盖十三亿人的"巨大时空实体"。他认为儒家文化不仅主张"未知生,焉知死",同时还强调"以普通日常生活为具体为本根实在,以细致、丰富、多样的人世冷暖为'本真本己',以'活在世上'的个体与他人的你、我、他(她)的'共在'关系,来取代个体与 being 或上帝的单向却孤独的'圣洁'关系"①。李泽厚提出,他要以"情本体"填充海德格尔哲学、创造性地"回到康德":

> "回到康德"并非真正回到康德的先验哲学,而是恰恰相反,把康德翻过身来,即以马克思(工具本体)来作为康德(心理本体)的物质基础,而这基础,又是以人的物质生存—生活—生命亦即中国传统的"天行健""太初有为"为核心的。这样才能扭转海德格尔的方向。
>
> 只有回到"与他人共在"的"非本真"亦即人类学、心理学的世间生活中来,才能真正让个体紧紧把握这"去在",对命运做出自己的选择和决定,我以为,这样才回答了康德的问题(人是什么)。②

这样,李泽厚一边回归中国儒家传统,建构以"情本体"为内容的"儒学四期",另一方面又以"情本体"来连接康德、马克思和海德格尔,使主体的人作为一个具体的感性存在者,在有历史积淀的、有人间关系的现实世界中开展他丰富的实践或生活。

李泽厚将"乐感文化"视作儒家文化的基本精神,也是其"情本体"哲学之所向。他将"乐"区分为"悦耳悦目、悦心悦意、悦志悦神"三个层次,并主张三个层次的"乐"都是以感性为基础和归宿的。③他认为,只有"一个世界",人的情感在日常生活中产生,也在日常生活中得到超越。人生有限,但可珍惜的真情"片刻"却能常住心灵、证明个体曾经真正活过;生命无常、充满偶然,但在充满诗意的情感中能进入天地境界,可以安身立命,永恒不朽。"日常生活"就是我们的"故园情意",亦是可皈依的"超时间"。

与冯友兰一样,李泽厚在此也提到了"天地境界",提到了时间的超越、永恒不朽。不同的是,冯友兰依赖的是理性的"觉解",他主张"以理化情"或"以情从理",终究还是"无情"④,但李泽厚是在"情"中安身立命、享此大乐的。在他看来,平淡琐碎的衣食住行、姿态各异的俗世情缘、丰富多彩的生活体验、五

---

① 李泽厚:《实用理性与乐观文化》,第 84 页。
② 李泽厚、刘绪源:《中国哲学如何登场?》,第 7 页。
③ 李泽厚:《华夏美学·美学四讲》,第 342 页。
④ 详见方用:《20 世纪中国哲学建构中的"情"问题研究》,第五章第三节。

味杂陈的人生际遇……这些来到我们人生的偶然，并非幻象，也非戏拟，无需诅咒、不可逃避。这些人与事构成了我们真实的人生，值得"执著"、留恋，也值得领悟其意味，实现时空之"超越"。

就具体的路径而言，冯友兰主张"学养"，更倾向于传统的道德工夫；李泽厚则以美学为第一哲学，主张无论是道德理性，还是科学理性，都可以通过积淀融入"情"中，"美"可以启"真"、可以储"善"，所以他力倡通过审美提高"乐"的层次和生命的境界。

"情本体"的实质就是由情和理的不同比例而构成的心理结构，因为个体的生活、实践有差异，所以这个结构具有个体性。因此，李泽厚不否认个体对时间的各种迥异的主观体验，认为这也是人类时间观中的重要组成部分。与柏格森一样，李泽厚认为"个体的、主观的、不同质的"时间确实是"真实的"，并且在艺术中和某些特殊的日常生活中，有着不可替代的重要意义。但是"情"中有"理"，个体对时间的把握同样也有普遍性；当然，更重要的还是作为物质运动形式的"客观时间"的存在，以及人类实践和生活交往的统一性，所以在人类大多数的社会生活和科学认识中，人们依旧需要和能够达到普遍的、公共的时间。事实上，柏格森也曾明确主张我们意识状态有两个方面：

> 我们的知觉、感觉、情绪、观念却呈现两个方面：一方面是清楚的，准确的，但不属于任何个人；另一方面是混杂紊乱的，变动不停的，不可言状的。
> ……社会生活在实际上比我们的内心生活和私人生活更为重要。我们本能地倾向于把我们的种种印象凝固化，以便使用语言表达来表达它们。①
> 科学要从时间中去掉绵延，从运动中去掉可动性，才能处理它们。②

换而言之，尽管柏格森强调"我的时间"才是"真的"，但他也不曾否认时间同时也具有确定性、同质化、可以言说等特征，并认为这是我们社会生活和科学活动中不可或缺的因素。李泽厚则明确指出群体普遍的和个体特殊的时间都是"我的时间"，二者互相渗透相互关联，是个体真实生活的不同侧面。

五、逝者如斯夫

《论语今读》是李泽厚以"情本体"为关键词，对儒家原始经典的一次"既解构又重建的工作"。对于"子在川上，曰：'逝者如斯夫！不舍昼夜'。"一句，他

① ［法］柏格森：《时间与自由意志》，吴士栋译，商务印书馆1997年版，第87—88、78页。
② 同上书，第78页。

称之为"是对时间的咏叹调",认为"这大概是全书最重要一句哲学话语",并作了很长的"记"。李泽厚之"记"的基本意思可以概括为以下几个方面:

首先,李泽厚指出,"逝者如斯夫"体现了儒家哲学重实践重行动的特点,他认为儒家的本体是"动"的。《论语》注家汗牛充栋,而此条他的"注"中引用的是康有为的《论语注》:

> 《康注》,天运而不已,水流而不息,物生而不穷,运乎昼夜未尝已也,往过来续无一息也。是以君子法之,自强不息。①

康有为这个解释所体现的就是《周易》乾卦健行不已的精神,《周易》推天道以明人事,君子法天之行健而自强不息。

对"逝者如斯夫",历来解说不一,如有视之以"圣人观物之学"的、有解之为"伤逝",或论之以"道体"的。②李泽厚显然也欣赏"伤逝"说呈现的"情

---

① 李泽厚:《论语今读》,第 280 页。

② 郑玄注:"逝,往也,言凡往者如川之流也,伤有道而不见用也。"(程树德撰:《论语集释》,程俊英、蒋见元点校,中华书局 2013 年版,第 705 页)郑注明确以"伤"之情言"逝",以时间与情感来阐发川上之叹。何晏引包咸曰:"包氏曰:'逝,往也。言凡往者如川之流也。'"宋初邢昺疏依旧承袭此说:"正义曰:此章记孔子感叹时事既往不可追复也。……夫子因在川水之上,见川水之流迅速,且不可追复,故感之而兴叹。言凡时事往者如此川之流夫,不以昼夜而有舍止也。"(参见 [魏]《何晏集解》,[北宋] 邢昺疏:《论语注疏》,中华书局 2000 年版,第 133 页)这种颇具悲观气息的"忧叹"与"慨然"影响甚深,尤其是在文学作品中,比如《世说新语》就有"伤逝"章,感伤逝者、哀念亡人;"逝川与流光,飘忽不相待。"([唐] 李白:《古风》),等等。李泽厚说:"魏晋时代的'情'的抒发由于总与人生—生死—存在的意向、探询、疑惑相交织,而常常达到一种哲理的高层。这倒正是以'无'为寂然本体的老庄哲学以及它所高扬着的思辩智慧,已活生生地渗透和转化为热烈的情绪、敏锐的感受和对生活的顽强执着的原故。从而,一切情都具有着智慧的光辉,有限的人生感伤总富有无限宇宙的含义。扩而充之,不仅对死亡,而且对人事、对风景、对自然,也都可以兴发起这种情感、情怀、情调来而变得非常美丽。"(参见李泽厚:《古典文学札记一则》,《文学评论》1986 年第 4 期)但从程朱以往,逐渐向"道体"说转换,二程兄弟首开先河,他们批评魏晋以降之"伤逝"论,并从理学视域重新阐发了此章之意蕴。"'逝者如斯夫!不舍昼夜'"自汉以来,儒者皆不识此义,此见圣人之心纯亦不已也。《诗》曰'维天之命,於穆不已',盖曰天之所以为天也。'於乎不显,文王之德之纯',盖曰文王之所以为文也。纯亦不已,此乃天德也。有天德便可语王道,其要只在慎独。"(参见 [宋] 程颢、程颐:《二程集》,第 141 页)二程兄弟认为"逝者如斯夫"章孔子"见道"之论,所论即为"道体",滔滔逝水是"道体"之显现,"道体"是"於穆不已"的"天德",亦是"纯亦不已"的"圣人之心"。伊川进而主张:"此道体也,天运而不已,日往则月来,寒往则暑来。水流而不息,物生而不穷,皆与道为体,运乎昼夜,未尝已也。"(参见朱熹:《四书章句集注·论语集注》,《朱子全书》第 6 卷,第 144 页)朱熹亦云:"天地之化,往者过,来者续,无一息之停,乃道体之本然也。然其可指而易见者,莫如川流。故于此发以示人,欲学者时时省察,而无毫发之间断也。"并加按语云:"自此至篇终,皆勉人进学不已之辞。"(同上)一方面,认为"逝"即"往者过,来者续,无一息之停"的(转下页)

感"与"生命"之融汇，但他认为此是老庄之智慧，而他以"动"论"逝者如斯"，则显然是倾向于"道体"说。他明确指出此为儒家特有之精神，儒家以"动"为体，因而有别于一切以"静"为体的哲学或宗教。他认为后儒受佛教影响，虽谈生生，但又重"静"，直到熊十力才再次发现了这个"动"的本体。

其次，他指出这句话"特别涉及时间在情感中才能与本体相关涉"。这里，他区分了以钟表为标志和标准的"外在时间"和人的"内在时间"，前者是"空间化的实践时间"，后者才是"真正"的时间，只存在于个体的情感体验中：

> 这种"时间"是没有规定性的某种独特绵延，它的长度是心理感受的长度。①

"内在时间"具有主观性，是"倏忽"还是"悠远"，是"一瞬"还是"永恒"，都有赖于情感主体的体验。当下生活如此，作为时间现象的历史亦同，只有在情感体验中时间、历史才成为本体。

如我们所知，李泽厚有一个复杂的"本体群"，这里他强调"情感本体"与"工具本体"有别，后者以"历史进展的外在时间"为尺度，个体在此历史长河中没有自由，常为黑格尔所谓"理性的狡计"之牺牲品。情感时间不同，"人能在这里找到'真实'，找到自由，找到永恒，找到家园，这即是人生本体所在"：

> 人面临死亡所感到的虚无（人生意义）在此才变为"有"。废墟、古物、艺术作品均因此由"无"（它本身毫无实用价值或意义）而成为"有"。中国传统诗文中的"人生无常"感之所以是某种最高感受，正由于一切希望、忧

（接上页）"天地之化"，但他并不因此起悲心，因为"天地之化"就是"道体之本然"，而川流是"道体之本然"最"可指而易见者"，他强调孔子的川上之叹意在"于此发以示人，欲学者时时省察，而无毫发之间断也"，即由用见体，以体发用，如此便与儒家注重力行的实践向度贯通，"川流"既是"道体"又是"工夫"。但此"工夫"只要是否如小程所言只在"慎独"？这恐怕可以再细究。"圣人观物之学"为宋人戴溪之论："此圣人观物之学。天下之事，日夜相代乎前；矢激川流，一息不停，尚复固闭留滞，亦可谓所过不化矣。伊川先生曰'言道之在'，如此恐未然。东坡曰'逝者如斯而未尝往也'，此语乃佳。当知川流不息而水之清明者未尝动，则知君子所存者神矣。"（参见［宋］戴溪：《石鼓论语答问》（四库全书本），台湾：商务印书馆 1986 年版，卷中）。钱穆后来总括有关此句的三种诠释，他说："逝，往义。舍同舍。或训止，然昼夜不止，不当言不止昼夜。不舍昼夜者，犹言昼夜皆然。年逝不停，如川流之长往。或说：本篇多有孔子晚年语，如凤鸟章，美玉章，九夷章，及此章，身不用，道不行，岁月如流，迟暮伤逝，盖伤道也。或说：自本章以下，多勉人进学之辞。此两说皆得之。宋儒以道体之说释此章，亦一解。"其论则集合三解：一，言逝、言伤；二，"勉人进学之辞"；三，论道体。（参见钱穆：《论语新解》，《钱宾四先生全集》第四卷，第 331 页）

① 李泽厚：《论语今读》，第 281 页。

愁、焦虑、恐怖、惊讶、失望、孤独、喜悦等等均在此"人生无常"感前自惭形秽。①

山河俱在，英雄已远，断井残垣，物是人非……"外在时间"是不可逆的，但在情感时间中，过去、现在、未来融为一体，山河大地或历史古迹等都成为人们观照自己、体验存在、肯定人生、领悟终极意义的"对象化的情感客体"。人可以在艺术中重温历史，只有在此情感时间中才能真正领悟个体之有限性、历史性。

第三，内在的"情感时间"为"本真"，外在的"物理时间"为"非本真"，甚至在某些时候为"无"。"人活着"就有各种关系、离不开各种"情"：

> 我活着便成了我活在关系里：五伦关系、种族关系、党派关系、公民关系。②

他还主张重修"亲情、友情、爱情、人际关系情、乡土家园情、集体奋进情、科学艺术情"等七情。③情感时间是人生的避难所和依居地，但他强调"本真"的时间又必须以此"非本真"的实用时间为基石，因为人总是活在与他人共在的世间，亦活在公共时间中。由此，他反对海德格尔将"本真""非本真"两种时间对立起来。

第四，"情感与时间的各种关系，其中包括情理结构的比例等等，是一个复杂而颇待开发的巨大问题"④。李泽厚之"情本体"，不仅反抗了各种抽象的理性主义，也抵御了20世纪以来某些以"反历史、毁人性"为特征的哲学、以"语言"为本的哲学，以及以反理性、强调"不可通约""不确定""非逻辑""独特性"等为根本特征的后现代主义。他声明：

> "人均有死"乃一抽象命题，每个人都还活着才具体而现实，对此活之情感体验才"有"。这才是"此在"之真义。⑤

他认为对时间"逝者如斯"之领悟必须以情感体验作为"某种根本或出发点"，并尝试以"积淀"等理论阐释情理结构之比例。

---

① 李泽厚：《论语今读》，第281—282页。
② 李泽厚：《历史本体论・己卯五说》，第95页。
③ 同上书，第107页。
④ 李泽厚：《论语今读》，第282页。
⑤ 同上书，第283页。

冯友兰也特别阐明"体验"的真实性和重要性，他说：

> 对于"动的大全"这个概念，有深刻理解的哲学家，必然也直接地感受到有一个无头无尾、无始无终的洪流在那里流动，这就是"道体"。孔子在川上的那种感受，正是这种直觉，所以道学家们称之为"见道体之言"。①

冯氏主张此道体之"见"即直觉，并强调真正的哲学家对于哲学中的主要概念，"不仅要有理智的理解，而且要有直觉的感受"，他以"觉解"为工夫，"觉解"首先即对"概念""理"之了解；他指出直觉、当下之悟，作为一种创作的方法，"只有一个或几个俄顷之间"；但之前需要有"预备工夫"，之后需要"修补或证明工夫"，这些都离不开概念和理性活动。冯友兰认为直觉与概念、情与理缺一不可。但归宗在理。李泽厚的情理结构更倚重"情"，"理"不是外在的，而是融化、凝聚在个体的心理结构中，因而个体把握和体验时间的方法，除了理性，更基本的还是有直觉特征的审美。

其实，有关"逝者如斯"，李泽厚在更早完成的《华夏美学》中也曾做专题讨论：

> 时间情感化是华夏文艺和儒家美学的一个根本特征，它是将世界予以内在化的最高层次。……时间在这里是情感性的，它的绵延或顿挫，它的存在或消亡，是与情感连在一起的。如果时间没有情感，那是机械的框架和恒等的苍白；如果情感没有时间，那是动物的本能和生命的虚无。只有期待（未来）、状态（现在）、记忆（过去）集于一身的情感的时间，才是活生生的人的生命。……这种情感本身成了推动人际生成的本体力量。孔子对逝水的深沉喟叹，代表着孔门仁学开启了以审美替代宗教，把超越建立在此岸人际和感性世界中的华夏哲学——美学的大道。②

在这里，李泽厚反对以往各种对时间的规定：如主观理智的概念、客观事物的性质，或认识的先验感性直观，等等。他完全从审美的意义上讨论时间、讨论时间与情感、与真实人生的关联，并认为这正是儒家哲学特有的品格，即以审美的方式，在"一个世界"实现超越。在此，他也强调艺术以"积淀"的方式"直接建造着这个本体"，丰富人的情理内容、逐渐形成人的情理结构。

总之，李泽厚通过区分"工具本体"与"情感本体"，讨论了两种时间。与

---

① 冯友兰：《中国哲学史新编》（第七册），《三松堂全集》第十卷，第 650 页。
② 李泽厚：《华夏美学·美学四讲》，第 61—62 页。

"工具本体"相关的是空间化的时间，这是人类社会实践的产物，也是人类群体生存共同享有的公共资源，这是一种工具性的外在时间。但真正的时间与"情本体"相关，只存在于个体的情感体验中，"因为只有在艺术中，时间才可逆，从而因艺术而重温历史，使一己求生之欲望虽消逝而人性情感却丰富。'丰富'一词的含义，正是指由于接触到人类本体的成长历程，而使理性不再主宰、控制而是深深浸入和渗透情感本身之中"①。两种时间各有其基础和价值，但这二者并非彼此绝缘，"在工具本体到心理本体的行程中，时间也由客观的空间化派生出主观的情感化，即时间不只是供计算的钟表数字（人在群体活动中的生物—生理—生活—社会的参照系），而成为某种情感的强力绵延。在情感中，空间化的时间停止了，时间成为超时间"②。

然而，有关"逝者如斯"之论，答案并未昭然若揭。③如李泽厚所言，十三亿人的"时空实体"，本来就是一个面向 21 世纪的课题。如何推进从工具本体到心理本体的行程、如何使"积淀"而成的新感性真的具有面向未来健行不已的力量，依旧是路遥遥。

本章小结

马克思主义哲学的传入，带来时间观方面最重要的影响主要是两点，第一是唯物史观，给中国人指出了一条"中国向何处去"的具体道路，这对 20 世纪的中国乃至世界来说，都是意义非凡的。如前所述，唯物史观取代进化史观，有其理论与实践的双重根据。第二是马克思主义的时空观。在广泛流传的艾思奇《大众哲学》中，并没有把"时空"作为独立问题予以讨论，他提到了"世界上一切事

---

① 李泽厚：《论语今读》，第 282 页。

② 李泽厚：《人类学历史本体论》，天津社会科学院出版社 2008 年版，第 109 页。

③ 学者们一直努力继续开发"逝者如斯"更多的阐释空间。比如有以先秦时期的语言为切入点，结合《诗经》中"逝者其耋""逝者其亡"等，指出"逝者"是"被用来表示将来的时间概念"，认为孔子的"逝者"反映的是他面对流水时内心产生的是一种对未来时间的紧迫感，在深层上含有政治抱负、仕隐抉择诸问题（参见张耀：《"逝者其亡"与"逝者如斯"——对"逝者如斯夫"本义的再研究》，《文史天地》2018 年第 3 期）。又如有试图以孔子面对"川流"的意象所获得的情感体验为源头，具体考察这种情感体验的内涵在历代阐释过程中发生的变化和转换（参见曾海军：《"子在川上"之后——论经典世界中的情感体验》，《四川大学学报》2008 年第 2 期）。

物都有特定的秩序", "一切事物的运动变化,本身都具有着一定的状态和秩序"①,也提到"空间并不是物质"等,但并未将时间空间与物质运动的存在形式明确联系起来。传统哲学教科书中的时空观的理论根据基本是恩格斯的《反杜林论》《自然辩证法》和列宁的《唯物主义和经验批判主义》等经典著作,其要义主要是:"第一,时间和空间是运动着的物质的存在形式。……第二,时间和空间是客观存在的。第三,时间和空间是无限的。"部分敏于思考的学者对此也有更深入和更开阔的研究。②

冯契和李泽厚都明确区分作为物质运动形式的"时空"与人类知觉中的时空,以实践为知觉中的时空形式的真正来源,并以实践和认识的辩证发展过程来探讨时间之有限与无限的辩证关系。相较而言,冯契更强调将认识与评价相结合,其时空观更侧重科学的认知,注重科学时空观的哲学意义。李泽厚则以"情本体"和"积淀"理论,阐发时间的客观普遍性和主观特殊性、有限性和无限性等问题。他则更钟情于审美体验中的时间,他认为这种与情感密不可分的时间,是儒家最重要的特征,也是我们领悟生命真谛的唯一道路。

冯契和李泽厚都以一己之力疏通了中国从古代到现代的哲学路程,他们也是新中国成立以后构建起自己哲学体系的哲学家。将"实践"引入关于"时间"的探讨,他们不仅有效地回答了古今时间史上的很多理论困境,也为"时间"打开了一个更为丰富和开阔的世界,更为个体和人类的生命之安顿,以及自由之实现提供了重要的路径。最重要的是,他们确立了时间的外在客观性,不再将时间仅限于各种认识活动中。他们的理论贡献为中国哲学的时间发展史留下了浓墨重彩的风景。总而言之,冯契、李泽厚的理论抱负宏达,不仅试图为当下的中国人在"一个世界"中寻找安身立命之所,同时更希望中国哲学"有一个现代化的世界性登场"③。当然,他们的课题将在21世纪继续。

"李泽厚在20世纪80年代前后,站在中国大地,其看法直抵人心。他的一些具有时代意义的见解,也体现了这一点……20世纪90年代移居美国后,李泽厚虽然在文化和法律上都没有放弃中国身份,关注的也依然是中国问题,但却没有了站在中国大地这一现实背景。这一时期的李泽厚,或多或少有点隔着太平洋看中国,或作为访客看中国的味道,当初的真切感、相关感、命运与共感,已发生变化。可以说,移居美国之后,李泽厚与中国的关系逐渐少了身临其境、切近参与的关切和体验,多了远眺彼岸、隔岸观察的冷静、超然和疏离。从其关注的问题

① 艾思奇:《大众哲学》,人民出版社2009年版,第214页。
② 如《新时期马克思主义哲学创新发展论辩》中提到了刘奔的《时间是人类发展的空间:社会时空特性初探》(《哲学研究》,1991年第10期)、俞吾金的《马克思时空观新论》(《哲学研究》,1996年第3期)等两篇文章(参见该书第57—60页)。
③ 李泽厚、刘绪源:《中国哲学如何登场?》,第2页。

看，也有类似趋向。……晚年，甚至一度试图与赖以安身立命的马克思主义脱钩，……思想的发生和演化既有其观念渊源，又有现实的根据，李泽厚的思想发展，也表明了这一点。"①与其不同，冯契终其一生都生活在中国大陆，亲历着中国革命和建设中的风风雨雨，这也是其哲学之思最直接最真实的源头，他的哲学始终关注着中国的时代问题。冯、李之别，再次展示了实践的现实性品格及其特殊意义。

21世纪伊始，另一个与时间相关的地质学概念——"人类世"（Anthropocene）——被正式提出并迅速引发了跨学界的激烈讨论。②虽然关于"人类世"的起始时间仍众声喧哗、其指代的意义也见仁见智。孙周兴澄清了对"人类世"的颇多误解，更进而确定了"人类世"这个地质学概念的重要哲学意涵：

> "人类世"意味着人类统治形式的转变，更确切地说，是技术统治时代的到来，或者说，是技术统治压倒了政治统治。③

孙周兴将此视为人类社会形态转变、技术统治时代确立的重要标志，并揭示了"人类世"的本质是"非人类世"的。"人类世"所揭示的时代特征，使得哲学的

---

① 杨国荣：《历史与本体——李泽厚哲学思想论略》，《学术月刊》2022年第3期。
② 魏科梳理了"人类世"概念的发展史："在2000年一个国际会议上，诺贝尔奖获得者、大气化学家保罗·克鲁岑，受不了主讲人反复强调地球正处于全新世（一个覆盖了从1.8万年前到今天的地质年代）的看法，提出了'人类世'的概念。2002年，《自然》杂志发表了他的文章《人类地理学》，在这篇文章里，保罗·克鲁岑正式提出'人类世'的概念，并对'人类世'一词给出了具体阐释：'自1784年瓦特发明蒸汽机以来，人类的作用越来越成为一个重要的地质营力；全新世已经结束，当今的地球已进入一个人类主导的新的地球地质时代—人类世。'……2011年5月，约20名诺贝尔奖得主向联合国提交《斯德哥尔摩备忘录》，建议将人类现在所处地质年代改为人类世。2016年，《科学》杂志发表综述《人类世在功能上和地层上与全新世截然不同》，来自英国地质调查局的科林·沃特斯等人依据大量数据，提出人类世应该被认作是一个新的地质时间单位，其开始的时间应该为20世纪中期，即1950年左右，当时核能时代开始、人口膨胀、工业急剧发展、矿产和能源加快使用。人类活动给地球留下了无处不在而且持久的印记，与之前的全新世截然可分。2016年8月29日，第35届国际地质大会在南非召开，会议正式通过'人类纪''人类世'和'人类期'的概念，随着地质年表的修订，被世界公认的人类世彻底到来。"（参见魏科：《人类世造就"热室地球"》，《百科知识》2018年20期）有科学家提议"人类世"始于1945年原子弹测试，也有学者认为"人类世"有多个起点，而不是一个单一的起点时间；而赫拉利的"人类世"则涵盖了"过去这7万年"，他说："科学家将地球的历史分为不同的'世'，……按正式说法，我们现在正处于全新世。但更好的说法可能是把过去这7万年称为'人类世'，也就是人类的时代。原因就在于，在这几万年间，人类已经成为全球生态变化唯一最重要的因素。"（［以色列］尤瓦尔·赫拉利：《未来简史——从智人到神人》，林俊宏译，中信出版社2017年版，第65—66页）
③ 孙周兴：《人类世的哲学》，第100页。

"未来之思"愈加迫切。①这个概念另一个非常值得注意的特点是其强调了人类活动对地球和环境的影响和改造作用。不同于纯粹通过观察自然或天体运动的秩序或循环而获得的"自然时间",也有别于完全以人事更替为标志的帝王纪年这样的"社会时间","人类世"这个时间概念直接以人类活动对自然界的影响为本质,这个概念将深刻影响着人类看待世界、看待人与自然的视角和方式。就此而言,这也是一个与人类社会实践同呼吸共命运的时间概念。

---

① "从自然人类角度来说,所谓'人类世'其实是'非人类世',因为'人类世'意味着技术工业造成的自然人类文明的断裂以及一个新世界——技术人类生活世界——的形成,意味着自然人类向技术人类的转换。"(参见孙周兴:《人类世的哲学》,第102页)近十年来,孙氏提出了"圆性时间"的概念,并高扬"未来才是哲思的准星"。

结语

逝者如斯夫

中国现代哲学的时间之旅至此，只得暂时歇歇脚了。这个 20 世纪 "伸头" 又 "拖尾"，但这很无奈，因为哲学活动无法像历史事件那样有确定的起始，思想之流不能当下立现，也不会即刻打住。如果我们非得找个标志，那么 1868 年 6 月 30 日《上海新报》第一次在报头以英文标注西历的 "1868 July 30th" 可以作为现代纪时系统悄悄变革的起点①，但这个 "尾"，却终究难以确认。20 世纪的思想家还在继续他们的思考，而 21 世纪至今的二十年，亦新作迭出、成果斐然。有更新的 "时间转向" 吗？应该还在创作中，我也在期待中。

一、艰难的 "时间" 之思

陈旭麓在《中国近代史十五讲》开篇就情深意切地写道：

> 中国的近代是一个最富思辨的时代，我们的祖辈对前此没有见到和亲历的新事物：轮船，铁路，学堂，地动说，进化论，民约论等等，哪一样不是经过艰苦的思辨而后承认的。千百种刊物和论著，无不是这种艰苦思辨的详尽记录。
>
> 前人艰苦思辨的事物，往往是吸引后人论述历史的珍贵内容；那些站在思辨前列的人，更是后人热烈探讨的对象。春秋战国时代的诸子百家，文艺复兴时代的大师哲人，尽管年经百代，地异欧亚，人们总不会忘记他们，反复考订他们的生平，咀嚼他们的言论，弃其糟粕，吮其精华，以开创自己时

---

① 《上海新报》1868 年 6 月 30 日的报头同时也以中文标注了中历；而《申报》则在 1872 年的创刊号上同时出现了 "大清同治壬申三月二十二日" "英四月三十日"，1875 年元旦的报头信息则更丰富："大清同治甲戌十一月廿四日" "西历一千八百七十五年正月初一日即礼拜五"。尽管明末传教士已经将 "西历" 和 "钟表" 传入，但毕竟流布范围有限。报纸则意味着新的时间文化系统向普及化、平民化的传播，不仅直接影响了普通民众，也因其广泛性而引发了思想界的争辩与反思。湛晓白讨论了报纸的出现、发展与中西两种时间系统的密切关系。（详见湛晓白：《时间的社会文化史》，第 7—11 页）

代的思辨。近代中国是我们祖国刚刚走过来的昨天，与我们的生活如此亲切，它的遭遇和前进更不能不使我们百回千转地思之了。①

此文作于 20 世纪 80 年代，忽忽又已四十年飞逝。在中国走向现代化的历程中，出现了越来越丰富的新事物、产生了越来越多元的新思想。中国现代哲学中的"时间"观念，也因新"事"不穷而有新"思"屡现。

我们采用了"比较模糊""可以有矛盾"、内容更为广泛且富有意味的"观念"（idea）② 的方式讨论"时间"。让我们首先从一些日常生活中时间现象出发，考察"时间"的不同面向，尤其是 19、20 世纪之交中国思想界对西方"time"一词的引入与思考，讨论了中国传统哲学中的"时""宙""世"等概念与"time"的异同。即将开启的时间之旅便在古今中西的对话中缓慢穿行。

第一章从黄遵宪开始。黄遵宪是"走向世界第一人"，尽管他并不明确主张改历，但他将轮船乃至电报、热气球、照片等大量新事物写入诗中，并在多次跨海之游和为任他国的经历中较早充分接触到西方的时间系统，也敏感地捕捉了中西、古今两套时间系统所引起的独特内在体验，如"加速""准时""时差"等。可以说，他的诗是中国即将走出"天下"和"古代"、走向"世界"和"现代"的预言，也是国人的时间观念即将革故鼎新的预言。传统的"古今"之变将被"古代""近代"或"现代"的更迭所替代，中国思想家开始思考"古代""近代"或"现代"等概念的具体内涵。

真正热情呼唤"20 世纪"，并明确自表其志、积极参与改历的是梁启超。第二章梳理并思考了中国现代客观纪时系统的变革与传承，世纪和钟表所呈示的"时间"确实是外在的、客观的、公共的，但并非一个空的形式。其所承载的文化信

---

① 陈旭麓：《中国近代史十五讲》，华东师范大学出版社 1997 年版，代前言第 1 页。（该文写于 1983 年，曾收入《近代史思辨录》，广东人民出版社 1984 年版）

② 金岳霖区分了"观念"与"概念"，他以"意念"言 idea，"意念是相当于英文中的 idea……这里所谓概念相当于英文中的 concept……意念与概念底分别，从心理状态说，是前者比较模糊，后者比较清楚。从思议底内在结构说，前者可以有矛盾虽然不必有矛盾，后者不能有矛盾。"（金岳霖：《知识论》，《金岳霖全集》第三卷（上），第 369 页）"就所指说，意念有意味。"（金岳霖：《道、自然与人》，生活·读书·新知三联书店 2005 年版，第 369 页）就现代中国哲学中对"时间"一词的引入和理解而言，也有从作为"观念"到逐渐概念化的过程。牟宗三说："由游离不明确的观念（idea），而至转成确定的概念（concept），就有其普遍性。观念大都是不十分明确的，明确化就成概念，一成概念就有普遍性。"（牟宗三：《中西哲学之会通十四讲》，《牟宗三全集》第 30 卷，第 7 页）高瑞泉长期从事"观念史"研究，不仅建构了"中国的现代性观念谱系"，对观念史的哲学意义、基本方法等多有揭示。详参高瑞泉论：《中国现代精神传统：中国的现代性观念谱系》以及《"风气"：观念史的视角》（《华东师范大学学报（哲学社会科学版）》2021 年第 5 期）、《词汇：中国观念史研究的进路》（《学术月刊》2021 年第 5 期）、《观念的力量及其实现》（《华东师范大学学报（哲学社会科学版）》2019 年第 6 期）等论文。

息、所内含的时间与存在的紧密联系，尤其是古老的中历所揭示的某些科学性因素和所寄托的个体思乡、怀旧和自我认同等内在情感，都不能熟视无睹或漠然不应。这也是至今我们终究不舍中历、再度关注传统节日和节气的重要缘由，有"节"（调节、节制、节假、节气）的生活在对抗现代人的"忙与盲"中意义重大。"时间"不仅要"可信"，也应该"可爱"，这也是20世纪中国时间观念发展中一直交织缠绕的特征。

面对三千年未有之巨变和船坚炮利、欧风美雨的步步进逼，国人被迫着将"古今"之辨与存亡绝续的现实联系起来，迫切需要为国家为民族寻找方向、开辟道路，所以"时间"问题凸显，而对"时间"的思考首先落实在历史领域，集中在对中国之"当下"的辨析，以及对未来的构想、具体发展道路的设计等方面。第三章以康有为、严复、孙中山等为中心，讨论了由进化论提供的一套崭新的世界观、特别是"进步"信念之确立所产生的时间观上的重大变革。在此，时间上的"古今"之辨被置换为空间上的"中西"之别，同时被扩展为从"过去"经"现在"而奔向"未来"的直线，时间的流逝标志着趋向更高价值的理想世界。"竞争"和"创新"是推动进化、实现进步的重要力量之一，救亡保种的急切和追赶世界的焦虑共同影响着思想者对中国道路的选择和中国速度的谋求——当然，"快"，本来也是现代性最为显著的时间体验之一。但是否必须循序渐进、还是可能突驾而上？思想界议论纷纷。对中国文化而言，"进步"是随着西方进化论的引入而形成的现代精神传统，但"进步"的时间观几乎贯穿于中国现代哲学的每一种历史观。

进化和进步的精神同时也使国人发现和彰显了"青年"的价值，从而在一个以尊老重老为主流的文化传统中开启了崭新的"青年"时代，"青年"第一次被寄予厚望，意气风发地走上了历史舞台，唯物史观也为他们提供了另一种未来的可能。第四章集中讨论了"青年"特有的时间特征和意识，特别是"文化年龄"对"青年"的重要意义。陈独秀、李大钊、胡适、鲁迅等新文化运动的主将唤醒和塑造的是重今、求新、愿意探索未来、对未来充满信心、敢于和未来做交易的"新青年"，也是有着强烈个体时间意识的青年，无论是为国之未来，还是为己之前途，都是以"我"的觉醒为基础的。"我"的觉醒，也使得"青年"更多地从"青年"之特殊性、从个体的视角去理解时间的本质和价值，而"老龄社会"与"后喻时代"的迅速来临，又赋予当代"青年"新的时代重责。

西方文化的危机，尤其是世界大战的惨烈，在很大程度上颠覆了中国人向西方寻找"未来"的梦。第五章中，一批思想家，如朱谦之、梁漱溟、方东美等，回转目光，重新思考中国古老的时间智慧，从儒释道各家挖掘思想资源，并努力建构一套有"情"有"意"的、既有现代意识，又能与西方对话的时间观。他们的时间中有"爱"、有"家"、有"乐"、有真善美的价值、更有对中国文化传统的温情、敬重及其再生、复兴的坚定信念。文化既是个体的生命之源，也是个体趋向突破一己、趋向无限的时空载体。

有"情"有"意"的时间是"可爱"的，但如前所述，时间同样也必须建筑在"可信"的基础之上。随着中国哲学体系化的黄金时代来临，有关"时间"的思考也越来越主题化、思辨化、深刻化。第六、七两章，选择了金岳霖、冯友兰、张东荪、熊十力、牟宗三、贺麟等比较成功建立起自己的哲学体系的思想家，分别在"道""理""心"等视域下考察了他们"时间"之思的理论成果。他们更圆熟的哲学素养、更谨严的逻辑演绎、更开阔的学术视野、更深沉的现实关怀，也使得他们赋予了"时间"以更加"可信"的品格，同时也稳健地推进了中国传统哲学和时间观的现代化。

有关时间的主观性和客观性、个体性和普遍性、有限性和无限性等种种冲突及其解决，也一直贯穿于思想家的相关讨论中。马克思主义哲学蕴含着丰富、深刻的时间理论，比如有关自由时间的理论，就为理解"闲暇"提供了一个新的视角："闲暇"不仅和个体的心境有关，更是一个与社会制度建设联系密切的问题。更重要的是，马克思主义哲学的"实践"概念，是破解有关时间问题各种矛盾的真正基石。第八章引入"实践"来讨论"时间"，试图能更辩证地阐发时间的多个面向及其内在关联。这方面作出重大理论贡献的是冯契和李泽厚，他们自觉以"实践"为"时间"的奠基，明确区分了"时间"的不同层面、阐释了"时间"丰富而辩证的内涵，并以"实践"联系、沟通和发展"时间"的不同特性，通过各自哲学体系的构建，不仅有效地破解了古今时间史上的很多理论谜团，也为理解"时间"打开了一个崭新和开阔的视角。他们的理论贡献为个体和人类的生命之安顿，以及自由之实现提供了重要的路径，是中国现代哲学的时间之思中积极丰硕的智慧之果。

二、时间就是生命

中国现代哲学中的"时间"观念不仅内容丰富，而且也有其发展的内在脉络。中国现代的"时间"之思是历史和逻辑的统一。

如果寻找一句深刻影响整个中国现代的名言，"时间就是生命"应该是恰如其分不负众望的。

一百多年前的中国，一边是急速加剧的内忧外患，一边是中西文化的巨大落差，一批被警醒被刺痛的思想家，首先敏感地觉察到中国人不懂得珍惜时间、未意识到时间的本质就是生命。[1]富兰克林有关时间的箴言，被反复引用、强调、自

---

[1] 　如湛晓白所言，更早的对于浪费时间的自觉反省，是"以一种传统的批判方式，矛头直指官僚阶层堕落颓靡的生活作风"。1898 年，熊希龄和谭嗣同等维新人士在湖南长沙发起延年会，其要义即在"最大限度地剔除一切不必要的时间浪费，以集中精力，提高效率，在同等时间内创造更大的生命价值，达到相对意义上的'延年'"（参见湛晓白：《时间的社会文化史》，第 268—270 页）。

勉、育人，胡适、李大钊、鲁迅、冯友兰……他们都曾是这句名言的信服者，他们赋予此名言以理论形态，并都以各自的方式坚持之、实践之。比如，在胡适、鲁迅看来，此语旨在唤醒个体自觉、尊重每一个体生命之价值；在李大钊看来，此语是新文化运动之"青年"珍视青春、重今之必然；而于冯友兰，必须守时、惜时则是因为"人生里各种事都是以抢救底精神成功底"①……他们同时也逐渐意识到，由于社会组织方式、生产方式的巨大变革，中国人必须要有一套与工业社会、城市化生活相对应的新的时间意识。所以，他们一方面明确意识到"时间"与救亡图存、富国强民以及个体生命的重要意义，一方面也痛感必须从过去的那种悠游、散漫、随意的时间观念中解放出来。落后与追赶的紧迫心理和现实要求无疑不断强化这种时间意识。一切都为了"经济"，"效率"成为生命价值的重要标尺，也成为时间的本质。

诚然，民国的思想家对富兰克林此语的引用和解释都还具有较强的主观性和随意性，但他们确实都凸显了时间之价值的问题，并将"守时""惜时"视作现代人必有的基本素养和道德特质，贯穿于学校教育和日常生活中，甚至还曾从国家层面发起"守时运动"、将国民是否守时视作国家进步的标志之一。当时甚至有人提出"时间观念的落后，由为一切落后基本原因之一"②。

总之，民国以来，自上至下、自政府官员至学者，都非常注重"时间"，认为现代时间观念的确立，不仅是个体生命价值之实现和创造、同时更是民族、国家和文化生命赓续的重要力量。

毛泽东一向以诗人和政治家的敏感和豪情倡导时间的重要价值，如"俱往矣，数风流人物，还看今朝"（毛泽东：《沁园春·雪》，1936 年 2 月）。新中国成立之初，百废待兴，"多少事，从来急；天地转，光阴迫。一万年太久，只争朝夕"（毛泽东：《满江红·和郭沫若同志》，1963 年 1 月）。这种"还看今朝"和"只争朝夕"的精神，鼓舞着中国人民坚定地投身革命与建设的时代洪流之中，也成为个体实现自我、创造生命价值的内在动力。③

改革开放后，中国人再次感受到了奋起直追、缩短与世界之差距的紧迫性，深圳口号"时间就是金钱、效率就是生命"不胫而走，成为新的时代精神，也成为四十年来中国飞速发展、实现从当初的"赶上时代"到现在的"引领时代"伟大跨越的重要保障；对于个体而言，这种时间观有效地激发了他们努力掌控人生、

---

① 冯友兰：《新事论》，《冯友兰全集》第四卷，第 318 页。

② "时间经济又确是一切节约中最基本的观念，这个责任就落在个人及社会的道德范围以内。我感觉在近来，我们一切落后，而时间观念的落后，尤为一切落后基本原因之一。"（参见杨振声：《节约时间》，《新运导报》第 14 卷第 6 期，1947 年，第 4 页）

③ 国家主席习近平在 2019 年新年贺词中，以"岁月不居，时节如流"开篇，贺词中也提到"只争朝夕"。

不断挑战、发展和充实自我。

马克斯·韦伯在《新教伦理与资本主义精神》一书里，也曾大量摘录和分析富兰克林的这些有关时间的劝世良言：如"时间就是金钱""信用就是金钱""金钱具有滋生繁衍性"等等。在韦伯看来，富兰克林身上具备某些包括"独特的伦理特质"，可以视作某种资本主义精神的典型代表：资本主义社会，人与人之间的商品交易频繁，具有"守时"等观念的人不仅能树立良好的信誉，顺畅的流通往来又利于资本的快速积累和运转，因而"守时"具有特殊的价值，成为时代之美德，值得世人效仿。"惜时"要求在提高效率的同时勤勉不辍，积极主动地安排工作。①这是一种与传统农业社会相对封闭、自给自足、较多依赖农时的生产方式，以及小富即安的心态非常不同的时间意识。

富兰克林那些有关时间的名言，确实可以视作大工业时代的座右铭之一，其广泛的影响实际遍及整个世界。一方面，这些语句激励人们守时惜时，努力做时间和工作的主人，积极创造更多的价值；另一方面，又逼迫着人们自觉不自觉地投身于资本和社会的机器轰鸣之中，甚至使人们反过来沦为工作时间和资本的奴隶，人们被无情地剥夺了"懒惰权"②。对于中国人而言，并没有产生"天职"的精神土壤，其所关注的时间和生命更多是立足现实的、当下的需求。时间可以换来金钱、节省时间提高效率可以改善生命价值，但不能将金钱、效率与时间、生命完全等同。康德说，人是目的。如果说时间就是生命，金钱、效率最多只是手段，或部分生命价值。民国时胡适曾将怎样利用闲暇的时间视作国家文明的标志之一，梁实秋等以闲暇处有生活，当代人满心怀旧地吟唱《从前慢》、对"慢生活"③的倾慕和践履，

---

①　富兰克林在其自传中，将一些他认为非常重要的美德细目加以排序，依次是：节制、缄默、秩序、决心、节俭、勤奋、诚信、正义、中庸、清洁、平静、贞洁、谦卑。对他来说，"节制"是所有这些品德中最基本的，而并未专门列出"守时"或"惜时"等条目。但广为流传的"时间"箴言首先与"秩序"有关："放东西各归其位，办事情各按其时"，"秩序"的解释分别对应于空间和时间；其次与"勤奋"有关："珍惜时光。手里总忙有益之事。剪除一切无谓之举。"（参见［美］本杰明·富兰克林：《富兰克林自传》，蒲隆译，译林出版社 2009 年版，第 42—43 页）马克斯·韦伯引用了自传中的部分材料，以讨论富兰克林独特的"伦理品质"，但韦伯认为，富兰克林最为独特和重要的是他"以工作为目的"，并将其作为自身义务的"天职观"。（参见［德］马克斯·韦伯：《新教伦理与资本主义精神》，阎克文译，上海人民出版社 2010 年版，第 182—186 页）

②　1880 年，马克思的女婿保罗·拉法格发表长文《懒惰的权利或拒绝工作的权利》，提出"懒惰权"（The Right To Be Lazy），并强调"懒惰"是无产阶级保障其自由、公正、维护其人性的重要权利。

③　意大利人贡蒂贾尼于 2005 年秋季成立"慢生活艺术"组织，并于 2007 年 2 月 19 日在意大利米兰举办了第一个"世界慢生活日"。"世界慢生活日"的目的是倡议人们减慢生活节奏，因为"慢生活，才快乐"。他有意选择星期一为"世界慢生活日"，因为他认为，星期一通常是一周中人们最忙碌的日子，而在这一天提醒人们意识到减慢生活节奏有着特别的意义。2010 年来，中国部分城市也曾引进此理念，或组织相应的节日活动。

都值得我们从更深更广的视角重新审视"时间就是生命"的丰富内涵。跳出资本的控制和片面追求效率的预设、超越个体之福祉的追求，中国现代哲学极大地扩充、拓展了富兰克林之"时间就是生命"的意涵。

事实上，人的本质、生命的意义，都是在社会实践中逐渐形成并不断发展的。马克思主义实践观的引入，无疑为我们思考时间之本质、探寻生命之自由开辟了更为现实的理论基础和更为宏阔的理论视野。

三、孔夫子的箴言

孔夫子的箴言①

席勒/诗　钱春绮/译

壹

时间的步伐有三种：

未来姗姗而来迟，

现在像箭一般飞逝，

过去永远静立不动。

当它缓行时，任怎样急躁，

也不能使它的步伐加强。

当它飞逝时，任怎样恐惧犹疑，

也不能使它的行程受阻。

任何后悔，任何魔术，

也不能使静止的移动一步。

你若要做一个聪明而幸福的人，

走完你的生命的路程，

你要对未来深谋远虑，

不要做你的行动的工具！

不要把飞逝的现在当作友人，

不要把静止的过去当作仇人！

与歌德同为"狂飙突进运动"的代表人物、同时也是著名的德国诗人、剧作家和哲学家的席勒（1759—1805）曾写了两首有关时间和空间的组诗，诗名为《孔夫

---

① ［德］席勒：《席勒文集》I（诗歌小说卷），张玉书选编，钱春绮、朱雁冰译，人民文学出版社 2005 年版，第 51 页。

子的箴言》，但这些诗句显然并非孔夫子所吟咏，乃至几乎也不可能出现在中国传统文化中。这明明就是一个西方人眼中的时间和空间。

此处所引是其中的第一首，有关时间。诗起首即论"时间的步伐"，分别以"姗姗而来迟""像箭一般飞逝""永远静立不动"来描述时间之未来、现在和过去的特征，并据此特征郑重告诫人们要采取与"步伐"相应的行动，才可能成为"一个聪明而幸福的人"。比如要对未来深谋远虑，但不能心焦气躁地随意"使它的步伐加强"；要以抓住飞逝的现在，不要因恐惧犹疑而错失时间；要与静止的过去为友，因为后悔和改变与已逝已无能为力。

这首有关时间的诗值得细细品味：

首先，有关过去、现在和未来的区分。在孔子时代，有古今之辨，如前所述，中国传统中的过去、现在和未来是随着佛教三世轮回之说而传入的，但论时间流逝世事迁移，直到晚清还常以"古今"论之。进化论思潮引起的巨大变革才将古今的封闭之环拽开，并增添了代表完美理想的"未来"之维，中国人关于"未来"的想象不再是重返三代乃至更为久远的无何有之乡，一个崭新的、从未出现过的"黄金时代"在还不曾到来过的时间序列之前方遥遥招手。冯友兰曾以鬼神论过去和未来，说人们难得不"以鬼为神"，即以过去为基础遥想未来，但那个"神"终究是在无极而太极的道体流行中不曾真正出现过的、被人们更加"合理化"的，亦即：

> 一完全合乎其理之实际底个体，即令有之，亦必在无限底将来之中，决不在过去，亦不在现在。……一完全合乎其理之事物，如其有之，需经无限底时间方能有。说它须经无限底时间方能有，即是说它在事实上永不能有。①

换而言之，作为理想之"未来"，不曾出现过；但是随着时间之流逝，事物会趋向合理化、完善化，但作为一个"合理"的典型，并没有限度，是无限发展的。孔子关心生前，搁置死后；偶尔会论"后生""来者"，但他不会如席勒之诗所言，讨论这个"过—现—未"的时间结构。

其次，有关"未来"。席勒之诗不仅论"未来"，而且在三种"步伐"中，首先关注的就是姗姗来迟的"未来"，他将"未来"视作一个必然的、有着自身节奏的存在。人可以构想未来，但不能随意"创造"未来；要顺从未来的步伐，而非以人力勉强或穿凿。这也算是笃信"知识就是力量"的西方近代文化中的一抹中国风——但更接近于道家之无为。

---

① 冯友兰：《新理学》，《冯友兰全集》第四卷，第174—175页。

有关"过去",席勒说"过去永远静立不动",无论如何都不可能改变过去,这与孔子所谓"成事不说,遂事不谏,既往不咎"(《论语·八佾》)的态度确实异曲同工。已逝的过去也许并不如意,席勒也宣布过去并非"仇人",但这个"永远静止不动"的过去就如冯友兰所说的时时作祟的"鬼",并非与现在未来无力。对于过去,从周、复礼的孔子也主张有"损益",近现代所谓"古为今用""重估复兴""继承发展""旧邦新命""解构重构"等种种努力,即是在重思过去,发掘过去中支撑我们走到现在,乃至创造未来的特殊力量。换而言之,"过去"并未真正静止地留在过去,而是一直流淌在我们的文化和生命中。

对于"现在",其最显著的特征便是"飞逝",而且是"如箭一般",往而不返,所以席勒也告诫大家,不要以为可以和现在为友,因而飞逝的现在无法与之相伴相随。这倒是与孔子的川上之叹息息相通:

> 逝者如斯夫,不舍昼夜!(《论语·子罕》)

孔子由此,主张"终日乾乾,与时偕行"主张,倡扬与时消息、趋时变通。有关中国时间观的本源总是一再被追溯到《周易》,而《周易》作为六经之首,其对中国文化的影响并不只在儒家。比如"其学无所不窥"的庄子之说,就被称作"《庄》是《易》之变"(方以智:《药地炮庄》),《庄子》也反复论及"安时而处顺""应时而变""时不可止""与时俱化"等。这一点或许与席勒又有悬隔:无论儒道,其实都强调与"时"为友,与"现在"同行。过去不是仇人、现在更不是。

如前所论,西方时间文化的主流是要追求永恒,如罗素所言:

> 追求一种永恒的东西乃是引人研究哲学的最根深蒂固的本能……宗教是从上帝与不朽这两种形式里面去追求永恒。上帝是没有变化的,也没有任何转变的阴影;死后的生命是永恒不变的。
>
> 有哲学倾向的神秘主义者不能够否认凡是在时间之内的都是暂时的,于是就发明一种永恒观念;这种永恒并不是在无穷的时间之中持续着,而是存在于整个是时间过程之外。……永生并不意味着在未来时间中的每一时刻里都存在着,而是意味着一种完全独立于时间之外的存在方式,其中既没有前,也没有后,因此变化也就没有逻辑的可能性。①

永恒不是"常在",而是超越时间。因为变化莫测的时间不可信、不可爱。他们以

---

① [英]罗素:《西方哲学史》(上卷),第78页。

时间之流逝为幻，因而会诅咒时间之残酷、会悲叹时间之无情①。

中国的情况却颇为不同，张岱年说：

> 自孔子至戴东原，大多哲学家都承认变化是实在的，一切物都是变动的，宇宙是一个如川的大流。西洋及印度的哲学家，有认为变动是虚幻者，在中国似乎没有。中国思想家都认为变动是实在的。这是中国哲学之一个特点。②

平心而论，"大多"的说法更合适；"都"，有点武断，因为从孔子至戴东原，有佛教的东传并逐渐融入中国哲学、成为中国哲学不可分割的部分，如其所言，佛教的时间观与西方的比较接近，也是性空、为幻。这也直接影响了魏晋以来中国人对川水之逝的理解。③但如李泽厚所言，"孔子对逝水的深沉喟叹，代表着孔门仁学开启了以审美替代宗教，把超越建立在此岸人际和感性世界中的华夏哲学——美学的大道"④。尽管对美学是否能荣任第一哲学之功仍可商榷，但承认此岸、世间确实是中国文化的主流。即使在佛教中，以中道为宗的大乘思想也更关注于世间觅菩提、生死即涅槃。

然而，更重要的是《周易》的传统。《周易》以变动为实在、为真实；并且在强调"变易"的同时，也承认"不易"，所以对时间而言，既是流逝不已的，但也

---

①　比如巴门尼德说："存在物存在……它不是产生出来的，所以也不会消灭，完整、唯一、不动、无限。它没有过去和未来，因为它整个在现在，作为完整、统一、联系的（连续的）东西。"（参见巴门尼德之"残篇"，北京大学哲学系编译：《古希腊罗马哲学》，商务印书馆1961年版，第52页）西方的莎士比亚则以"状貌狰狞""欺人害人"等词来修饰时间（参见［英］莎士比亚：《鲁克丽丝受辱记》，朱生豪等译，《莎士比亚全集》［六］，人民文学出版社1994年版，第474—475页）；在十四行诗中，莎士比亚又屡屡以"时间的镰刀"来比喻时间破坏和摧毁一切的强大力量，如"时光又撕毁了它从前的赠品。时光戳破了青春颊上的光艳，在美的前额挖下深陷的战壕，自然的至珍都被它肆意狂喊，一切挺立的都难逃它的镰刀。"（参见莎士比亚：《十四行诗》之六〇，《莎士比亚全集》［六］，第584页）；并忍不住愤怒而绝望地质问："时间老头啊，你这钟表匠，你这秃顶的掘墓人，你真能随心所欲地摆弄一切吗？"（参见莎士比亚：《约翰王》，《莎士比亚全集》［二］，第657页）"时间的镰刀"不仅是莎士比亚十四行诗中的著名比喻，也是西方文化中"时间老头"的随身物。

②　张岱年：《中国哲学大纲》，《张岱年全集》第二卷，第129页。

③　时间流逝的不可逆转性，常常让人感慨万千甚至悲观绝望。古今中外大量的诗歌名言表达了人们的无奈、愁叹乃至悲愤、诅咒，中国亦不例外。如古代无名氏的劝诫："少壮不努力，老大徒伤悲"；又如近代朱自清《匆匆》中感慨"我们的日子为什么一去不复返呢？……等我睁开眼和太阳再见，这算又溜走了一日。我掩着面叹息。但是新来的日子的影子又开始在叹息里闪过了。"

④　李泽厚：《华夏美学·美学四讲》，第62页。

有迹可循有道可遵。所以孔子一方面感慨"逝者如斯",另一方面也欣喜"鸢飞鱼跃"。宋儒非常重视和赞赏这两句话,前者被视作是孔子见道体之言,认为孔子就不舍昼夜之流水,而见道体之大用流行;后者,则被朱子用以表达自己完成逃禅归儒转变之标志,以及构建理学的重要资源。

《时间的故事》中说:

> 概观世界上的所有文化,我们惊奇地发现,只有两种文化能够以长久的方式将时间神化或人格化。第一种是希腊—罗马传统,它在中世纪时发展出著名的"时间老头"形象。另一种是中国。寿老或寿星是中国"长寿神"的两个名字。

但是作者同时意识到中西还是有别:在希腊—罗马传统中,时间神(古希腊的克洛诺斯,在拉丁语中称之为萨吞)的"镰刀是时间收割一切的象征","他的蛇……咬自己尾巴的做法模仿了时间吞噬自身。萨吞吃掉自己孩子的那个著名故事也被后来的中世纪神话评论者解释为意指时间吃掉了它路上的一切,或者用奥维德的话说,'时间吞噬一切'。"在中世纪以后的大量西方艺术作品中,如彼特拉克的《胜利》、提埃坡罗的《时间老头揭示真理》、佩里耶的《时间修剪丘比特之翼》等,时间老头都随身携带着大镰刀,并且是一个毁坏者的形象。但中国的寿星,其巨大的、鼓起的前额则被视为"世上'一切生命的来源'",他的随身物,如蟠桃、仙鹤等,都是长寿的象征。①

李约瑟曾著文讨论过中国与西方的时间观和历史观,开篇就问:

> 中国和西方所特有的时间概念和历史概念的差别(若有的话),与近代科学技术仅仅产生于西方文明的事实,这两者之间,是否存在着某种联系呢?②

他试图从时间观出发寻找破解"李约瑟难题"的线索,在此先不论其答案是否有效③,但我们还是必须承认:中国古代和西方近代的时间观确实各有千秋,并极为深刻而广泛地与思想、文化的各个层面相关。

如我们所知,17、18世纪,中西方已经有过一次相当广泛的文化交流,欧洲

---

① 详参[英]利平科特等著:《时间的故事》,第260—277页。

② [英]李约瑟:《中国与西方的时间观和历史观》,潘吉星主编:《李约瑟文集》,辽宁科学技术出版社1986年版,第96页。

③ 比如吴国盛就认为包括李约瑟难题本身可能"只是一个由现代性话语拼凑起来的伪命题",他也不认为李约瑟对时间问题的回答存在"很强的理论上的根据"(详见吴国盛:《时间的观念》,第46—47页)。

各国对中国文化亦津津乐道。①作为德国"狂飙突进运动"、启蒙运动的代表人物，席勒是非常自觉地引入和思考中国文化，并希望以异域的文化来丰富或改造欧洲文化。②我们现代人读到席勒《孔夫子的箴言》中的孔子形象，似乎并不特别陌生，因为百年来我们已经过于熟悉了来自西方的过去、现在和未来的说法，却与古代中国的语言颇为疏离。但在席勒之诗中，孔子的箴言确实更接近启蒙时代欧洲人的在说话。

另一方面，席勒诗中清晰地区分了有关时间"三种步伐"的特征，以及对之迥异的三种态度，但这在事实上并不可能。外在的客观时间可以分割，但抽刀无法断水，人心中的主观时间难以被劈开。孔夫子身在鲁，心从周，以复礼为怀，"过去"于之绝不是"永远静立不动"的存在；他又说："仁远乎哉？我欲仁，斯仁至矣"（《论语·述而》），"未来"于之亦非"姗姗而来迟"。

20世纪西方哲学的时间观特别强调了时间之"过去""现在""未来"的重叠和交织，比如胡塞尔的"晕圈结构"，或海德格尔的"向死而在"，等等。在中国现代哲学中，梁漱溟、冯友兰、李泽厚等也都曾从不同视角讨论过"过去""现在""未来"三者之间互相影响彼此融合的情况。

萨伊德（Edward Said）曾提出过"旅行中的理论"的概念，以此探讨观念如何在不同的时空中游动。他列举了理论或观念之旅行方式需要经历的三四个步骤，即：

> 第一，需要有一个源点或者类似源点的东西，即观念赖以在其中生发并进入话语的一系列发轫的情况。第二，当观念从以前某一点移向它将在其中重新凸显的另一时空时，需要有一段横向距离（distance transversed），一条穿过形形色色语境压力的途径。第三，需要具备一系列条件——姑且可以把它们称之为接受（acceptance）条件，或者，作为接受的必然部分，把它们称之为各种抵抗条件——然后，这一系列条件再去面对这种移植过来的理论或观念，使之可能引进或者得到容忍，而无论它看起来可能多么地不相容。第四，现在全部（或者部分）得到容纳（或者融合）的观念，就在一个新的时空里由它的新用途、新位置使之发生某种程度的改变了。③

---

① 如朱谦之曾于1940年出版《中国思想对于欧洲文化之影响》一书，系统地论述了19世纪以前中国思想文化西传、中国文化对耶稣会士、启蒙运动、法国革命和德国革命的影响等问题，是中西文化交流史研究方面具有里程碑意义的著作。

② 比如：席勒曾给友人寇尔纳的信中写道："我们需要一出来自异域的新戏，戈齐的一个童话正合适。"这里所说即他后来成功改编的名剧《图兰朵》。在剧中，中国公主成了欧洲启蒙主义思想的代言人。

③ ［美］爱德华·W. 萨伊德：《世界·文本·批评家》，李自修译，生活·读书·新知三联书店2009年版，第401页。

可见，异域的席勒要真正读懂古代的孔夫子并不容易。

另一方面，毋庸置疑，在现代中国，"时间"问题的凸显和探究确实与西方时间观的译介、引入、刺激、启发有着极为密切的关系。这首先是因为我们已经进入了一个以"世界"为特征的时代，必须面对和接纳"世界"的文化。我们可以看见，亚里士多德、奥古斯丁、康德、柏格森、爱因斯坦、罗素、怀特海、海德格尔、胡塞尔、马克思……这些在时间问题上曾有过显赫成果的西方人，都先先后后来到中国哲人的时间之思中。但中国对这些异质的时间观又并非来者不拒照单全收、也难免有各种误解或附会。面对陌生的知识，很不容易彻底摆脱格义的境况。何况，中国人思考时间问题，首先是要解决中国人的现实问题，处理中国人的"事"——在中国人看来，"时间"与科学之"事"、道德之"事"或审美之"事"有关，与"青年"或"老年"之"事"有关，与中国现代救亡图存和复兴发展之"事"有关……归根到底，与"生命"之"事"有关。所以对外来文化的改造、发展，甚至是抵抗，也是必然的。比如海德格尔还在继续追问"时间"，但他搬出上帝来"救渡"的观念①在中国难免水土不服。方东美称之曰"双重苦恼"的哲学家，李泽厚叹其为"士兵的哲学"，中国人还是要努力地借助传统的力量走出自己的时间困局。所以牟宗三强调个体生命不能"只是横剖面地挂搭在现在的时空中""只限制在眼前时间的这一瞬、空间的这一点"，而必须有"纵贯的文化背景"；个体生命是有限而短暂的，但文化生命是生生不息的，而且"它可以从自然生命跳上来找一个超越的根据来润泽提撕我们的自然生命"，从而使个体生命能成长、扩大、持久且充满意义。②穿越不同时空的理论，在中国、在某一个特殊的时刻，形成了某种既面向世界又充溢着浓浓中国气息的新理论，这理论确实不是原汁原味的，但并非是错误的、更非是没有价值的；毋宁说正是在新的土壤中，绽放了不一样的思想之花。

在中国现代，"古今中西之争"促使人们反思"进化""发展""历史"等观念，这些观念的根基则是"时间"；"古今中西之争"同时也引发人们探究科学和哲学的关系、探究生命的本质和价值，"时间"依旧是不可回避的枢纽。由此，"时间"成为中国现代哲学的内在关切点。众多哲学家从不同立场与层次出发思考"时间"问题，也产生了各具特色的时间理论。中国现代哲学中的"时间"之思复杂而丰富，总的特征就是在古今中西"之间"从对抗和断裂走向对话和融合，这"之间"既有中西之间的彼此参照与启发，也有古今之间的相互发明和接续。各种

---

① "只还有一个上帝能救渡我们。留给我们的唯一可能是，在思想与诗歌中为上帝之出现准备或者为在没落中上帝之不出现作准备；我们瞻望着不出现的上帝而没落。"（［德］海德格尔：《只还有一个上帝能救渡我们》，熊伟译，《海德格尔选集》，上海三联书店1996年版，第1306页）

② 参见牟宗三：《中国哲学十九讲》，《牟宗三全集》第29卷，第87—88页。

不同的时间观也如逝水，一度汇集、又再度分流……其中既有小溪之清澈，也有大江之壮阔，既有湍流，也有涟漪……"万物并育而不相害，道并行而不相悖"（《礼记·中庸》），时间之思，也并非只有一个终点。

梁漱溟曾说：生命、时间的本质就是连绵不绝的"事事相续"，冯友兰强调不能离开"具体底事"，而说"空洞底时间"。杨国荣在其新著《人与世界：以事观之》中更明确地指出：

> "人事有代谢，往来成古今。"这里的"人事"，可以引申为广义上人所作之"事"及其结果，"古今"则展开为历史的变迁过程。……由"人事代谢"论"古今往来"，无疑有见于"事"与"史"之间的关联。……离"事"而言"古今"（"史"），则"古今"（"史"）仅仅展现为空幻的时间之流，所谓"今古何处尽？千岁随风飘"，便隐喻了这一点。正是人所作之"事"，赋予历史的衍化以具体的内容。[1]

这里所谓"史"，亦即逝者如斯的"时"。"时"与"事"不可分离，"时间"的内容、意义都是由具体的"事"充实、决定的，无"事"，时间将无所寄。不同的"事"，有相异的"时"；"事"变则"时"迁。回顾中国这一百多年的来时路，事事相续，时时流转——这正是"易"的精神，是中国人时间之思的源。

我们以席勒这首谈论时间的诗暂时结束这趟漫长的时间之思，不是因为他完美地给出了有关"时间"的标准答案，而是这首诗反映了古今中西的某种奇妙且有趣的关联。我们选择了一个心仪中国古代文化的西方人的诗作休止符，正如我们出发时选择了一个告别传统、走向西方的中国人的充满时间意向的诗为起点一样。"时"与"事"不可分，时间的流逝并非只是无情地带走一切，同时也在积极地创造更高的价值。在事事相续中，我们领悟时间的真谛、品味生命的精彩。我们相信，时间之思并不就此打住，更多精彩将在"既济"之后的"未济"中继续开展。当然，中国哲学"现代化的世界性登场"也还有很多路要走；但逝者如斯，健行不已。

---

[1]　杨国荣：《人与世界：以事观之》，生活·读书·新知三联书店 2021 年版，第 198 页。

主要参考文献

[德]恩格斯:《反杜林论》,中共中央马克思恩格斯列宁斯大林著作编译局编译,人民出版社 1999
    年版。

[苏联]列宁:《唯物主义和经验批判主义》,中共中央马克思恩格斯列宁斯大林著作编译局编译,
    人民出版社 1998 年版。

毛泽东:《毛泽东选集》,人民出版社 1991 年版。

陈独秀:《陈独秀著作选编》,任建树主编:上海人民出版社 2009 年版。

冯友兰:《三松堂全集》,河南人民出版社 2001 年版。

冯契:《冯契文集》,华东师范大学出版社 2016 年版。

方东美:《方东美全集》,台北:黎明文化 2005 年版。

方东美:《中国哲学之精神及其发展》,孙智燊译,中华书局 2018 年版。

黄遵宪:《黄遵宪全集》,陈铮编,中华书局 2005 年版。

胡适:《胡适全集》,季羡林主编,安徽教育出版社 2003 年版。

贺麟:《现代西方哲学讲演集》,上海人民出版社 2012 年版。

贺麟:《五十年来的中国哲学》,商务印书馆 2012 年版。

贺麟:《文化与人生》,上海人民出版社 2010 年版。

贺麟:《近代唯心论简释》,上海人民出版社 2009 年版。

龚自珍:《龚自珍全集》,上海人民出版社 1975 年版。

金岳霖:《金岳霖全集》,人民出版社 2013 年版。

康有为:《康有为全集》,姜义华等编校,中国人民大学出版社 2007 年版。

李大钊:《李大钊全集》,人民出版社 2006 年版。

李泽厚:《华夏美学·美学四讲》(增订本),生活·读书·新知三联书店 2008 年版。

李泽厚:《批判哲学的批判——康德述评》,生活·读书·新知三联书店 2007 年版。

李泽厚:《中国近代思想史论》,生活·读书·新知三联书店 2008 年版。

李泽厚:《中国现代思想史》,生活·读书·新知三联书店 2008 年版。

李泽厚:《论语今读》,生活·读书·新知三联书店 2008 年版。

李泽厚:《实用理性与乐感文化》,生活·读书·新知三联书店 2005 年版。

李泽厚:《历史本体论·己卯五说》,生活·读书·新知三联书店 2008 年版。

李泽厚:《回应桑德尔及其他》,生活·读书·新知三联书店 2014 年版。

李泽厚:《李泽厚哲学美学文选》,湖南人民出版社 1985 年版。

李泽厚,刘绪源:《该中国哲学登场了?》,上海译文出版社 2011 年版。

李泽厚,刘绪源:《中国哲学如何登场?》,上海译文出版社 2012 年版。

梁启超：《梁启超全集》，汤志钧、汤仁泽编，中国人民大学出版社 2018 年版。

梁漱溟：《梁漱溟全集》，山东人民出版社 1989—1993 年版。

鲁迅：《鲁迅全集》，人民出版社 2005 年版。

牟宗三：《牟宗三全集》，台北：联经出版事业公司 2003 年版。

钱穆：《钱宾四先生全集》，台北：联经出版事业股份有限公司 1998 年版。

钱玄同：《钱玄同文集》，中国人民大学出版社 1999 年版。

孙中山：《孙中山全集》，尚明轩主编，人民出版社 2015 年版。

谭嗣同：《谭嗣同全集（增订本）》，蔡尚思、方行编，中华书局 1981 年版。

唐君毅：《唐君毅全集》，九州出版社 2016 年版。

魏源：《魏源全集》，岳麓书社 2004 年版。

王国维：《王国维全集》，谢维扬、房鑫亮主编，浙江教育出版社，广东教育出版社 2009 年版。

熊十力：《熊十力全集》，萧萐父主编，湖北教育出版社 2001 年版。

徐志摩：《徐志摩全集》第一卷，天津人民出版社 2005 年版。

严复：《严复全集》，汪征鲁、方宝川、马勇主编，福建教育出版社 2014 年版。

章太炎：《章太炎全集》，上海人民出版社 1982—2017 年版。

张岱年：《张岱年全集》，河北人民出版社 1996 年版。

张东荪：《人生观 ABC》，世界书局 1929 年版。

张东荪：《知识与文化》，岳麓书社 2011 年版。

张东荪：《理性与民主》，岳麓书社 2010 年版。

张东荪：《思想与社会》，岳麓书社 2010 年版。

张东荪：《认识论》，商务印书馆 2011 年版。

张东荪：《理性与良知—张东荪文选》，张汝伦选编，上海远东出版社 1995 年版。

朱自清：《朱自清全集》，时代出版社 2000 年版。

朱谦之：《朱谦之文集》，福建教育出版社 2002 年版。

陈旭麓：《近代史思辨录》，广东人民出版社 1984 年版。

陈旭麓：《近代中国社会的新陈代谢》，上海人民出版社 1992 年版。

陈旭麓：《中国近代史十五讲》，华东师范大学出版社 1997 年版。

陈力卫：《东往东来：近代中日之间的语词概念》，社会科学文献出版社 2019 年版。

葛兆光：《宅兹中国——重建有关"中国"的历史论述》，中华书局 2011 年版。

高瑞泉主编：《中国近代社会思潮》，上海人民出版社 2007 年版。

高瑞泉：《中国现代精神传统——中国的现代性观念谱系》，上海古籍出版社 2005 年版。

高瑞泉：《动力与秩序：中国哲学的现代追寻与转向（1895—1995）》，广西师范大学出版社 2019 年版。

贡华南：《汉语思想中的忙与闲》，生活·读书·新知三联书店 2015 年版。

黄金麟：《历史、身体、国家》，新星出版社 2006 年版。

李欧梵：《上海摩登——一种新都市文化在中国（1930—1945）》，毛尖译，浙江大学出版社 2017 年版。

李欧梵：《中国现代文学与现代性十讲》，复旦大学出版社 2002 年版。

李欧梵演讲：《两间驻望：中西互动下的中国现代文学》，席云舒录音整理，上海人民出版社 2021 年版。

林毓生:《中国传统的创造性转化》,生活·读书·新知三联书店 2011 年版。

宋英杰:《二十四节气志》,中信出版集团 2017 年版。

孙周兴:《人类世的哲学》,商务印书馆 2020 年版。

《环球科学杂志社》编:《时间的本质》,机械工业出版社 2019 年版。

吴国盛:《时间的观念》,北京大学出版社 2009 年版。

王树人:《回归原创之思——象思维视野下的中国智慧》,江苏人民出版社 2020 年版。

汪民安、陈永国、张云鹏主编:《现代性基本读本》,河南大学出版社 2005 年版。

汪晖:《世纪的诞生》,生活·读书·新知三联书店 2020 年版。

薛福成:《薛福成日记》,蔡少卿整理,吉林文史出版社 2004 年版。

谢幼伟:《现代哲学名著述评》,山东人民出版社 1997 年版。

笑思:《家哲学——西方人的盲点》,商务印书馆 2010 年版。

邢贲思、黄楠森、方克立主编,贺金瑞等著:《新时期马克思主义哲学创新发展论辩》,百花洲文艺出版社 2007 年版。

余英时:《现代儒学论》,上海人民出版社 1998 年版。

杨国荣:《人与世界:以事观之》,生活·读书·新知三联书店 2021 年版。

张培瑜等著:《中国古代历法》,中国科学技术出版社 2007 年版。

张闻玉:《古代天文历法讲座》,广西师范大学出版社 2017 年版。

张祥龙著:《家与孝——从中西间视野看》,生活·读书·新知三联书店 2017 年版。

张祥龙、杜小真等著:《现象学思潮在中国》,首都师范大学出版社 2003 年版。

湛晓白:《时间的社会文化史——近代中国时间制度与观念变迁研究》,社会科学文献出版社 2013 年版。

郑海麟著:《黄遵宪与近代中国》,生活·读书·新知三联书店 1988 年版。

竺可桢:《竺可桢全集》,上海科技教育出版社 2004 年版。

左玉河:《张东荪文化思想研究》,中国社会科学出版社 1997 年版。

张耀南:《张东荪知识论研究》,台北:洪业文化事业有限公司 1995 年版。

张耀南:《知识论转向——张氏构建与中华哲学新子学时代》,人民出版社 2018 年版。

张庆熊:《胡塞尔的现象与熊十力的新唯识论》,上海人民出版社 1995 年版。

杨国荣主编:《追寻智慧:冯契哲学思想研究》,上海古籍出版社 2007 年版。

赵士林主编:《李泽厚思想评析》,上海译文出版社 2012 年版。

[古希腊]亚里士多德:《物理学》,徐开来译,苗力田主编:《亚里士多德全集》第二卷,中国人民大学出版社 1991 年版。

[古希腊]亚里士多德:《形而上学》,苗力田译,苗力田主编:《亚里士多德全集》第七卷,中国人民大学出版社 1993 年版。

[古罗马]圣奥古斯丁:《忏悔录》,周士良译,商务印书馆 1996 年版。

[英]洛克:《人类理解论》,关文运译,商务印书馆 1983 年版。

[英]牛顿:《自然哲学的数学原理》,赵振江译,商务印书馆 2006 年版。

[英]伯特兰·罗素:《人类的知识》,张金言译,商务印书馆 1983 年版。

[英]伯特兰·罗素:《西方哲学史》,何兆武、李约瑟译,商务印书馆 2016 年版。

[英]伯特兰·罗素:《罗素文集》,王正平等译,改革出版社 1996 年版。

[英]达尔文:《物种起源》,舒德干等译,北京大学出版社 2005 年版。

［英］利平科特等著：《时间的故事》，刘研、袁野译，中央编译出版社 2010 年版。

［英］彼得·狄肯斯：《社会达尔文主义——将进化思想与社会理论联系起来》，涂骏译，吉林人民出版社 2005 年版。

［英］霍布斯鲍姆（Hobsbawm, E.）［英］兰格（Ranger, T.）编：《传统的发明》，顾杭、庞冠群译，译林出版社 2004 年版。

［英］罗伯特·麦克法伦：《深时之旅》，王如菲译，文汇出版社 2021 年版。

［英］怀特海：《过程与实在——宇宙论研究》，杨富斌译，中国城市出版社 2013 年版。

［英］李约瑟：《中国与西方的时间观和历史观》，潘吉星主编：《李约瑟文集》，辽宁科学技术出版社 1986 年版。

［德］莱布尼兹：《莱布尼茨与克拉克论战书信集》，陈修斋译，商务印书馆 1996 年版。

［德］康德：《纯粹理性批判》，蓝公武译，商务印书馆 2017 年版。

［德］康德：《未来形而上学导论》，庞景仁译，商务印书馆 1978 年版。

［德］席勒：《席勒文集》I，张玉书选编，钱春绮、朱雁冰译，人民文学出版社 2005 年版。

［德］黑格尔：《自然哲学》，梁志学、薛华等译，商务印书馆 2009 年版。

［德］黑格尔：《历史哲学》，王造时译，上海书店出版社 2006 年版。

［德］黑格尔：《哲学史讲演录》，贺麟、王太庆等译，上海人民出版社 2013 年版。

［德］黑格尔：《法哲学原理》，邓安庆译，人民出版社 2017 年版。

［德］雅斯贝尔斯著：《历史的起源与目标》，李雪涛译，华东师范大学出版社 2016 年版。

［德］海德格尔：《存在与时间》（中文修订第二版），陈嘉映、王庆节合译，商务印书馆 2018 年版。

［德］海德格尔：《海德格尔选集》，孙周兴选编，上海三联书店 1996 年版。

［德］奥斯瓦尔德·斯宾格勒：《西方的没落》，吴琼译，四川人民出版社 2020 年版。

［德］马克斯·韦伯：《新教伦理与资本主义精神》，阎克文译，上海人民出版社 2010 年版。

［德］哈特穆特·罗萨：《加速：现代时间结构的改变》，董璐译，北京大学出版社 2015 年版。

［德］哈特穆特·罗萨：《新异化的诞生——社会加速批判理论大纲》，郑作彧译，上海人民出版社 2018 年版。

［德］克劳斯·黑尔德：《世代生成时间经验》，《中国现象学与哲学评论》第一辑，上海译文出版社 1995 年版。

［法］莫娜·奥祖夫：《革命节日》，刘北成译，商务印书馆 2012 年版。

［法］柏格森：《创造进化论》，肖聿译，华夏出版社 1999 年版。

［法］柏格森：《材料与记忆》，肖聿译，华夏出版社 1999 年版。

［法］柏格森：《时间与自由意志》，吴士栋译，商务印书馆 1997 年版。

［法］萨特：《存在与虚无》，陈宣良等译，生活·读书·新知三联书店 2007 年版。

［法］吉尔·德勒兹：《电影 2：时间—影像》，谢强、蔡若明、马月译，湖南美术出版社 2004 年版。

［法］伊夫·瓦岱：《文学与现代性》，田庆生译，北京大学出版社 2001 年版。

［法］波德莱尔：《波德莱尔美学论文选》，郭宏安译，人民文学出版社 1987 年版。

［美］爱因斯坦：《爱因斯坦文集》，许良英等编译，商务印书馆 2010 年版。

［美］汉娜·阿伦特：《人的条件》，竺乾威等译，上海人民出版社 1999 年版。

［美］刘易斯·芒福德：《技术与文明》，陈允明等译，李伟格等校，中国建筑工业出版社 2009 年版。

［美］瓦妮莎·奥格尔：《时间的全球史》，郭科、章柳怡译，孙伟译校，浙江大学出版社 2021 年版。

［美］苏珊·桑塔格：《论摄影》，黄灿然译，上海译文出版社 2008 年版。

［美］尼尔·波兹曼：《娱乐至死·童年的消逝》，章艳、吴燕莛译，广西师范大学出版社 2009 年版。

[美]丹尼尔·J.布尔斯廷：《发现者——人类探索世界和自我的历史（时间陆地与海洋篇）》，严撷芸译，上海译文出版社 2006 年版。

[美]托马斯·弗里德曼：《世界是平的：一部二十一世纪简史》，何帆等译，湖南科学技术出版社 2010 年版。

[美]杜赞奇：《从民族国家拯救历史——民族主义话语与中国现代史研究》，王宪明译，社会科学文献出版社 2003 年版。

[美]罗伯特·波格·哈里森：《我们为何膜拜青春——年龄的文化史》，梁永安译，生活·读书·新知三联书店 2018 年版。

[美]玛格丽特·米德：《文化与承诺——一项有关代沟问题的研究》，周晓虹周怡译，河北人民出版社 1987 年版。

[美]艾恺：《最后的儒家：梁漱溟与中国现代化的两难》，王宗昱、冀建中译，江苏人民出版社 1996 年版。

[美]艾恺：《持续焦虑——世界范围内的反现代化思潮》，生活·读书·新知三联书店 2022 年版。

[美]爱德华·W.萨伊德：《世界·文本·批评家》，李自修译，生活·读书·新知三联书店 2009 年版。

[美]吉梅纳·卡纳莱丝：《爱因斯坦与柏格森之辩：改变我们时间观念的跨学科交锋》，孙增霖译，漓江出版社 2019 年版。

[意]克罗齐：《历史学的理论和实际》，傅任敢译，商务印书馆 2017 年版。

[加拿大]丹·福尔克：《探索时间之谜——时间的科学和历史》，严丽娟译，海南出版社 2016 年版。

[加拿大]大卫·莱昂：《后现代性》，郭为桂译，吉林人民出版社 2004 年版。

[加拿大]丹·福尔克：《探索时间之谜——时间的科学和历史》，严丽娟译，海南出版社 2016 年版。

[巴西]威廉·弗卢塞尔：《摄影哲学的思考》，毛卫东、丁君君译，中国民族摄影艺术出版社 2017 年版。

[魏]王弼撰、楼宇烈校释：《周易注》，中华书局 2011 年版。

[宋]程颢、程颐著：《二程集》，王孝鱼点校，中华书局 1981 年版。

[宋]朱熹：《朱子全书》（修订本），上海古籍出版社、安徽教育出版社 2002 年版。

[清]李光地纂：《周易折中》（纲领二），刘大钧整理，巴蜀书社 2008 年版。

沈国威：《近代关键词考源：传统、近代、现代》，《东亚观念史集刊》2013 年第 4 期。

沈国威：《近代关键词考源：保守、进步、进化、退步、退化》，《东亚观念史集刊》2014 年第 6 期。

俞吾金：《马克思对现代性的诊断及其启示》，《中国社会科学》2005 年第 1 期。

俞金尧：《历史学：时间的科学》，《江海学刊》2013 年第 1 期。

孙周兴：《当代哲学的处境与任务》，《探索与争鸣》2020 年第 6 期。

孙周兴：《圆性时间与实性空间》，《学术界》2020 年第 7 期。

梅家玲：《发现少年，想象中国——梁启超〈少年中国说〉的现代性、启蒙论述与国族想象》，台湾：《汉学研究》第 19 卷第 1 期。

费孝通：《家庭结构变动中的老年赡养问题——再论中国家庭结构的变动》，《北京大学学报》（哲学社会科学版）1983 年第 3 期。

杨国荣：《"四重"之界与"两重"世界——由冯契先生"四重"之界说引发的思考》，《华东师范大学学报（哲社版）》2019 年第 3 期。

杨国荣:《历史与本体——李泽厚哲学思想论略》,《学术月刊》2022 年第 3 期。

张汝伦:《中国哲学与当代世界》,《哲学研究》2017 年第 1 期。

张耀:《"逝者其亡"与"逝者如斯"——对"逝者如斯夫"本义的再研究》一文,《文史天地》2018 年第 3 期。

曾海军:《"子在川上"之后——论经典世界中的情感体验》,《四川大学学报》2008 年第 2 期。

图书在版编目(CIP)数据

逝者如斯夫:20世纪中国哲学中的"时间"观念/
方用著.一上海:上海人民出版社,2023
ISBN 978-7-208-18227-1

Ⅰ.①逝… Ⅱ.①方… Ⅲ.①时间哲学-研究-中国
Ⅳ.①B016.9

中国国家版本馆 CIP 数据核字(2023)第 058421 号

责任编辑 毛衍沁
封面设计 零创意文化

逝者如斯夫
——20世纪中国哲学中的"时间"观念
方 用 著

出　　版　上海人人出版社
　　　　　（201101　上海市闵行区号景路159弄C座）
发　　行　上海人民出版社发行中心
印　　刷　启东市人民印刷有限公司
开　　本　787×1092　1/16
印　　张　26.5
插　　页　2
字　　数　511,000
版　　次　2023年6月第1版
印　　次　2023年6月第1次印刷
ISBN 978-7-208-18227-1/B·1684
定　　价　108.00元